Hajo Holborn, Deutsche Geschichte in der Neuzeit

Band 2

HAJO HOLBORN

Deutsche Geschichte in der Neuzeit

Band 1

Das Zeitalter der Reformation und des Absolutismus (bis 1790)

Band 2

Reform und Restauration, Liberalismus und Nationalismus (1790 bis 1871)

Band 3

Das Zeitalter des Imperialismus (1871 bis 1945)

R. OLDENBOURG MÜNCHEN UND WIEN

HAJO HOLBORN

Deutsche Geschichte in der Neuzeit

Band 2

Reform und Restauration,
Liberalismus und Nationalismus
(1790 bis 1871)

R. OLDENBOURG MÜNCHEN UND WIEN

Die Übersetzung des Gesamtwerkes DEUTSCHE GESCHICHTE IN DER NEUZEIT besorgte Annemarie Holborn.

Das amerikanische Original erschien in den Jahren 1959 bis 1969 unter dem Titel „A History of Modern Germany“ im Verlag Alfred A. Knopf, New York.

Band 3 enthält ein Register für das Gesamtwerk

ISBN 3-486-43241-9

Druck: R. Spies & Co., Wien
Umschlagentwurf: Gerhard M. Hotop, München

INHALT

Erster Teil

Reform und Restauration, 1790—1840

1. *Idealismus und Neuhumanismus* 3

Gesellschaftsstruktur 3 — Bildungsreform 5 — Triumph der Aufklärung 8 — Aufklärung und christliche Theologie 9 — Bibelkritik 10 — Revision der kirchlichen Theologie 11 — Rationalistische Literatur 12 — Ästhetische Kritik 13 — Einfluß der Schweiz 14 — Gotthold Ephraim Lessing 16 — Winckelmann 19 — Jean Jacques Rousseau 21 — Herder 22 — Goethe 25 — Friedrich Schiller 29 — Immanuel Kant 31 — Johann Gottlieb Fichte 38 — Andere Philosophen 40 — Romantiker 43 — Die neue deutsche Kultur 48

2. *Deutschland und die Französische Revolution, das Ende des Reiches und der Zusammenbruch Preußens, 1789—1807* 52

Reibungen zwischen Frankreich und Deutschland 53 — Österreichisch-preußische Intervention 54 — Rückzug der Verbündeten 56 — Zweite Teilung Polens 57 — Englands Eintritt in den Krieg 57 — Carnot, „Organisator des Sieges“ 58 — Friede von Basel 60 — Friede von Campo Formio 61 — Friede von Amiens 62 — Neuordnung Deutschlands 63 — Österreichisches Kaiserreich 65 — Dritte Koalition 65 — Der Friede von Preßburg 67 — Der Rheinbund 68 — Preußens Niedergang 69 — Friedrich Wilhelm II. 70 — Friedrich Wilhelm III. 72 — Reformen vor 1806 73 — Außenpolitik 77 — Die Schlacht von Jena und ihre Nachwirkungen 78 — Der Tilsiter Friede 81

3. *Reform und Befreiung, 1807—1815* 83

Französischer Einfluß 83 — Reform in den deutschen Staaten 85 — Preußen 89 — Freiherr vom Stein 92 — Städteordnung 98 — Bauernbefreiung 102 — Erklärung von 1816 105 — Pläne nationaler Vertretung 106 — Fürst von Hardenberg 110 — Stein in Rußland 118

4. *Die Befreiungskriege und der Wiener Kongreß* 120

Preußen mobilisiert 120 — Österreichs Politik: Metternich 123 — Kriegsplan der Alliierten: Leipzig 126 — Wiederaufleben der Kleinstaaten 127 — Der Wiener Kongreß 130 — Preußen am Rhein 135 — Die kleineren Staaten 137 — Der Deutsche Bund 141 — Waterloo und der Friede von 1815 143

5. *Die Restauration nach 1815* 146

Metternichscher Absolutismus 146 – Preußische Reformen nach 1815 148 – Der Staatsrat 150 – Verfassungspläne 151 – Das Ende der Reformära 152 – Wirtschaftspolitik: Der Zollverein 154 – Volksbewegungen 156 – Die Wiener Schlußakte 159 – Süddeutsche Verfassungen 161

6. *Schulen und Kirchen zu Beginn des 19. Jahrhunderts* 165

Erziehung 165 – Das Gymnasium 168 – Neuordnung der Universitäten 171 – Literarische und künstlerische Kultur 176 – Religion 177 – Neuordnung der protestantischen Kirchen 180 – Die preußische Agende 181 – Schleiermacher 184 – Liberales und positives Christentum 185 – Neupietismus 186 – Johann Wichern 187 – Katholizismus 190 – Kölner Wirren 196 – Anfänge katholischer Sozialtätigkeit 198 – Bemühungen um Versöhnung von Kirche und Staat 200

7. *Der Übergang vom Idealismus zum Realismus* 202

Hegel 202 – Hegels Geschichtsphilosophie 204 – Preisgabe des Naturrechts 207 – Gegenbewegungen gegen Hegel 209 – Marx und Engels 210 – Wirklichkeitswissenschaft 213 – Barthold Georg Niebuhr 214 – Leopold Ranke 215 – Naturwissenschaften 219 – Alexander von Humboldt 220 – Medizin 221

Zweiter Teil

Liberalismus und Nationalismus, 1840–1871

8. *Soziale und politische Bewegungen, 1830–1848* 227

Wirtschaftliche und gesellschaftliche Kräfte 228 – Verfall der Zünfte 228 – Landwirtschaft 229 – Innere Wanderung 231 – Weiterer Verfall der Zünfte 232 – Wachstum der Fabriken 233 – Das Zeitalter der Eisenbahn 234 – Der preußisch-deutsche Zollverein 237 – Bank- und Finanzwesen 238 – Wirtschaftskrise 238 – Entwicklung der Industrien 240 – Arbeiter und Handwerker 241 – Auftreten von Kapitalisten 242 – Friedrich List 245 – Politische Bewegungen 246 – Westeuropäische Einflüsse 247 – Rückwirkungen der Revolution von 1830 248 – Hambacher Treffen 250 – Frankfurter Wachensturm 251 – Anlaß zur Reaktion 252 – Die Jungdeutsche Schule 253 – Friedrich Wilhelm IV. von Preußen 255 – Kirchenpolitik 257 – Der „Deutsch-Katholizismus" 258 – Der „Vereinigte Landtag" 258 – 1848: Liberale Führer 260 – Dualisten und Gemäßigte 261 – Radikale 264 – Rechtsstaat 265 – Beziehung zu Frankreich 266 – Nationalismus 267

9. *Die Revolution von 1848/49* 271

Polen: Aufstände 271 – Schleswig-Holsteiner Erbfolgefrage 271 – Schweiz: Bürgerkrieg 273 – Europäische Revolution 1848 273 – Revolutionen in Deutschland 274 – Revolution in Österreich 275 – Nationale Revolutionen im Habsburgerreich 276 – Preußen 276 – Der 18. März in Berlin 279 –

Friedrich Wilhelm nimmt die konstitutionelle Regierung an 281 – Nationale Politik des preußischen Königs 281 – Reaktionen in Deutschland 282 – Das Vorparlament 283 – Die Bauernschaft 285 – Gesellen und Meister 286 – „Das Gespenst des Kommunismus" 287 – Die Deutsche Verfassunggebende Nationalversammlung 288 – „Zentralgewalt" und „Reichsverweser" 291 – Grundrechte 292 – Der Prüfstein: Schleswig-Holstein 293 – Der Waffenstillstand von Malmö 295 – Schwäche der Nationalversammlung 295 – Wendepunkt der Revolution 296 – Das Wiedererstarken Österreichs 297 – Reichstag 299 – Die Oktoberrevolution 299 – Erstarken der Konservativen in Preußen 301 – Die Kamarilla 303 – Das Junkerparlament 304 – Auflösung der preußischen Nationalversammlung 304 – Die oktroyierte Verfassung 306 – Bürgerrechte 306 – Das Gottesgnadentum der Monarchie 307 – Liberale Gesetzgebung 307 – Dreiklassenwahlrecht 307 – Die Verfassunggebende Nationalversammlung: Neue Probleme 308 – Schwarzenbergs Politik 309 – Großdeutschland oder Großösterreich 310 – Großdeutsch gegen kleindeutsch 311 – Preußische Politik gegenüber der Frankfurter Versammlung 311 – Verfassung des Deutschen Reiches 312 – Wahl Friedrich Wilhelms zum Kaiser 314 – Friedrich Wilhelms Ablehnung 314 – Auflösung der Nationalversammlung 315 – Zentralmärzverein 316 – Volksaufstände 317 – Preußens Politik nach der Revolution 319 – Joseph von Radowitz 319 – Radowitz' Programm 320 – Potsdamer Konferenzen – 321 – Aussichten der Radowitzschen Politik 322 – Radowitz scheitert 324 – Wiederherstellung des Deutschen Bundes 324 – Die Olmützer Punktation 327

10. *Das Zeitalter der Reaktion* 329

Gründe für das Scheitern der Revolution 329 – Fehlen einer gemeinsamen Front 330 – Unantastbarkeit des Eigentums 331 – Klassenunterschiede 331 Zu viele Schauplätze 332 – Popularität des Nationalismus 332 – Einstellung gegenüber anderen Nationen 333 – Die politische Reaktion 335 – Das neue Herrenhaus 336 – Reaktion und Selbstverwaltung 337 – Der uneinheitliche Charakter der Reaktion 338 – Entfernung der Liberalen aus dem Staatsapparat 338 – Die Rolle der Kirchen 339 – Die Protestanten 339 – Polizeistaatliche Methoden 340 – Wochenblattpartei 341 – Prinz Wilhelm 342 – Preußischer Armeegeist 342 – Wiederherstellung der alten Ordnung 343 – Bedeutung der Reaktion 344 – Die Opfer: die Demokraten 345 – Hermann Schulze-Delitzsch 346 – Die Genossenschaften 346 – Realpolitik 348 – Johann Gustav Droysen 349 – Die kleindeutschen Historiker 350 – Spezialisierung der Wissenschaft 350 – Fortschritt der Naturwissenschaften 351 – Interesse an Schopenhauer 352 – Wirtschaftliche Zustände 353 – Industrieproduktion 355 – Das Finanzwesen 355 – Der Arbeitsmarkt 356 – Entstehen einer neuen vermögenden Klasse 357 – Deutschland als Teil der Weltwirtschaft 357 – Die Regierungen und der Kapitalismus 358 – Der Zollverein 359 – Diplomatische Nachwirkungen des Krimkrieges 361

11. *Der preußische Verfassungskonflikt und die Anfänge des Ministeriums Bismarck* 363

Die Neue Ära 363 – Die Wahlen im Jahre 1858 364 – Wirkung des italienischen Krieges 365 – Der Friede von Villafranca 366 – Ergebnisse des

Krieges 367 – Neue Heeresorganisation 368 – Albrecht von Roon 370 – Heeresvorlage von 1860 372 – Schicksalsstunde des Liberalismus 374 – Öffentliche Demonstrationen 375 – Der Nationalverein 376 – Die Ära der Konflikte 376 – Die Fortschrittspartei 377 – Konservative Reaktion 379 – Krise 379 – Otto von Bismarck 381 – Ziele der Staatskunst Bismarcks 384 – Die Rolle der Religion in der Politik 386 – Bismarcks früher Ultrakonservativismus 387 – Bismarck als preußischer Gesandter beim Bundestag 387 – Prinzipienfreiheit Bismarckscher Politik 389 – Bismarck in St. Petersburg 390 – Bismarck als Ministerpräsident 391 – Gegensatz zwischen Ministerpräsident und Parlament 392 – Heer und Beamtentum 393 – Das „elendste" Wahlrecht 394 – Ausnutzung der Einigungsbestrebungen zur Niederwerfung des Liberalismus 395 – „Eisen und Blut" 395 – Österreich: Nachwirkung des italienischen Kriegs 396 – Neuordnung des Reiches 396 – Handelspolitik 397 – Österreichisch-preußischer Konflikt 398 – Der polnische Aufstand von 1863 399 – Die Konvention Alvensleben 399 – Vereitelung österreichischer Pläne 401 – Schleswig-Holstein 403 – Krieg mit Dänemark 404

12. *Die Gründung des neuen deutschen Reiches, 1865–1871* 408

Die Reform des Deutschen Bundes 408 – Konvention von Gastein 410 – Preußisch-italienische Allianz 411 – Napoleon III. und die deutsche Frage 411 – Herannahen des Krieges 413 – Diplomatischer Kampf in Frankfurt 414 – Ausbruch des Krieges 415 – Der böhmische Feldzug 416 – Moltke 417 – Schlacht von Königgrätz 420 – Friedensabkommen 420 – Friede von Nikolsburg 421 – Ausländischer Druck 422 – Verträge mit süddeutschen Staaten 423 – Ende des Verfassungskonfliktes 425 – Die Nationalliberale Partei 426 – Das konservative Lager 426 – Der Norddeutsche Bund 428 – Norddeutscher Reichstag 431 – Zollverein 434 – Der Norddeutsche Bund nach 1867 435 – Preußen und die annektierten Provinzen 437 – Die nationale Bewegung in Süddeutschland 439 – Beziehungen zu Frankreich 442 – Die Luxemburgkrise 443 – Die spanische Thronkandidatur 445 – Die Emser Depesche 448 – Kriegserklärung 449 – Krieg gegen Frankreich 451 – Krieg gegen die französische Republik 452 – Konflikt zwischen Moltke und Bismarck 454 – Friedensverhandlungen 455 – Die Annexion von Elsaß-Lothringen 456 – Nationale Einigung Deutschlands 458 – Die Novemberverträge 460 – Die Verfassung von 1871 461 – Kaiserproklamation 463

Erster Teil

Reform und Restauration
1790—1840

Erstes Kapitel

IDEALISMUS UND NEUHUMANISMUS

Das geistige und literarische Leben in Deutschland nahm trotz geringer Unterstützung und Anerkennung von seiten der politischen Herrscher in der zweiten Hälfte des 18. Jahrhunderts einen neuen Aufschwung. Nach 1770 und stärker noch nach 1780 brach ein mächtiger Strom schöpferischer Leistungen hervor, so daß dieses Zeitalter in kultureller Hinsicht eines der bedeutendsten in der Geschichte des Abendlandes wurde. Bei dieser geistigen Umwälzung gewann der abendländische Mensch eine neue Dimension bewußter menschlicher Existenz. Die neue Bewegung entstand aus kleinen und bescheidenen Ursprüngen und wurde selbst nach 1780 nur von auserlesenen Gruppen getragen. Auf das allgemeine Bildungswesen innerhalb Deutschlands hatte sie erst seit 1815 einen bestimmenden Einfluß, als man sich auch im Ausland mit ihr zu befassen begann. In den dreißiger Jahren des 19. Jahrhunderts schieden die letzten großen Führer des Idealismus und Neuhumanismus aus dem Leben, und neue Kräfte wurden wirksam.

Gesellschaftsstruktur

Die 50 Jahre nach 1770 erlebten eine einzigartige Blüte geistiger und künstlerischer Schöpferkraft. Im 18. Jahrhundert machten fast ausschließlich die Bürger wichtige Wandlungen durch. Wachsende Wirtschaftstätigkeit in Verbindung mit einer relativen Sicherheit von Leben und Besitz schuf in einer Reihe von Städten eine differenziertere Gesellschaft. Freilich entstand in Deutschland keine Klasse der ganz Reichen. Ende des Jahrhunderts lebten in Hamburg einige Dutzend Kaufleute, von denen jeder ein Kapital von über einer Million Mark besaß. Verglichen mit Holland war dies nicht viel, während Hamburg gleichzeitig weit über das übrige Deutschland hinausragte. Vermögen von 100 000 Mark ließen einen Mann in den Augen seiner Mitbürger in Berlin, Breslau, Leipzig und Frankfurt – um von weniger wichtigen Orten zu schweigen – als reich erscheinen. Die Mehrzahl der Reichen oder Wohlhabenden fand sich kaum unter den alten Familien. Selbstverständlich gab es in den neuen Städtegründungen des Absolutismus, wie z. B. in Mannheim, kein altes Patriziat. Auch hatte der Merkantilismus vielen Fabrikanten besondere Vorrechte gebracht und sie von den Verpflichtungen gegenüber den Zünften befreit. Es war kein großer Nachteil, daß sie dadurch von kommunalen Ämtern ausgeschlossen waren, denn in allen Landesstädten war die Stadtregierung eine bloße Fassade, hinter der die landesfürstlichen Beamten die Angelegenheiten der Stadt leiteten.

Neben dieser Gruppe der kürzlich Aufgestiegenen standen auch alle „Staats- und Hofbediensteten" außerhalb der herkömmlichen Stadtorganisation. Diese Kategorie umfaßte nicht nur die Soldaten, sondern auch alle zivilen Beamten und die Geistlichen. Sie leisteten ihren Eid nicht der Stadt, sondern ihrem jeweiligen Landesherrn. Unter Regierungen, die jede Phase des Lebens kontrollierten, war das Beamtentum zahlreich und im Wachsen begriffen. Soweit die Mitglieder des Beamtentums durch die Universitäten gegangen waren, mischten sie sich leicht unter die anderen akademisch Gebildeten in den Städten, die Geistlichen und die gelehrten Berufe, die damals hauptsächlich aus Juristen und, wo es höhere Schulen gab, aus Lehrern bestanden. Auch Ärzte verstärkten allmählich ihre Reihen. Mit dem Aufstieg neuer Gruppen in den Städten wurde die soziale Schichtung elastischer als zuvor. Die sozialen Klassen waren immer noch recht scharf voneinander geschieden. Das Aufrücken eines Mannes von einer niederen Klasse zu einer höheren Gruppe war etwas sehr Ungewöhnliches, wenn es auch Familien gab, die imstande waren, es innerhalb von zwei oder mehr Generationen zu vollziehen. Fast alle Führer der deutschen geistigen Bewegung entstammten Familien, die Generationen lang Handwerker gewesen waren, bis ihr Vater oder Großvater, gewöhnlich auf dem Weg akademischen Studiums, zu einer höheren Stellung gelangte. Der Sohn eines Meisters konnte wohl Zugang zur höheren Schule und Universität gewinnen und schließlich Pfarrer oder Lehrer werden. Sein Sohn wiederum konnte zu einer Universitätsprofessur oder sogar einer Stellung in den höheren Rängen des Beamtentums aufsteigen. Wenn er sehr erfolgreich war, konnte er Geheimrat oder Staatsminister werden und ein Adelspatent erhalten.

Diese neuen Gruppen waren etwas ganz anderes als die Bürger des 16. Jahrhunderts, die in einer sich selbst verwaltenden Gemeinschaft tief verwurzelt waren. Die neuen Gruppen waren Bürger, weil sie in Städten lebten, und sie unterschieden sich vom Adel und von den Bauern durch geringere und größere Rechte. Das herkömmliche Kriterium des sozialen Standes, nämlich die Geburt, war in ihrem Falle der beruflichen Fertigkeit und der Bildung untergeordnet. Als eine Klasse im vollen Sinne des Wortes kann man sie nicht ansehen. In den meisten Fällen waren sie direkt oder indirekt vom Staat abhängig. Dies galt sogar für eine große Zahl von Kaufleuten und Fabrikanten. Auch untereinander waren sie in verschiedene Gruppen mit verschiedenen sozialen Werten eingeteilt. Sie alle anerkannten die gesellschaftlichen Formen des Adels als vorbildlich und schnitten ihren eigenen Lebensstil soviel wie möglich nach den Gewohnheiten des Adels zurecht. Goethes „Wilhelm Meister", das tiefsinnigste Erziehungsprogramm des deutschen Idealismus, betrachtet es charakteristischerweise als ganz natürlich, daß der junge Bürgerssohn seine Erziehung von einem Edelmann und von Schauspielern empfängt. Darin sind zwei besonders wichtige Schwächen des aufstrebenden Bürgers angedeutet. Die Bühne lehrte ihn, seinen Körper, der in den Schul- und Schreibstuben so gut wie in Vergessenheit geraten war, mit seinem inneren Wesen zu koordinieren und seinem Auftreten und seinen Gesten einen sinnvollen Ausdruck zu geben. Der Edelmann seinerseits lieferte das Vorbild für eine vollere Entwicklung und einen freieren Gebrauch der Totalität der persönlichen Fähigkeiten durch sein größeres Selbstvertrauen und seinen größeren Mut: Ein Jahr nachdem er geadelt worden war, bemerkte Goethe 1782: „... in Deutschland ist nur dem Edelmann eine gewisse allgemeine, wenn ich sagen darf personelle Ausbildung möglich. Ein Bürger kann sich Verdienst erwerben und zur höchsten Not seinen Geist ausbilden; seine Persönlichkeit geht aber verloren, er mag sich stellen, wie er will."

So stand der deutsche Bürger unter dem Schatten des deutschen Edelmanns, und es gelang ihm nie, auch nicht im 19. Jahrhundert, sich ganz davon freizumachen. Aber seine anfängliche Bewunderung war nicht frei von Kritik, die mit fortschreitender Zeit hörbarer wurde. Er rieb sich an den Vorrechten des Adels und an der Willkür der unberechenbaren Tyrannenfürsten wund. Es kam noch hinzu, daß die Städte in einem überwiegend agrarischen Deutschland keine beträchtliche Macht darstellten. Weit über das Reich zerstreut, hatten sie es mit verschiedenen Regierungen zu tun, von denen die Mittelklassen infolge ihrer Stellen in Staat und Kirche oder infolge direkter Geschäftsverbindungen abhingen. Die Bürger hofften auf Erleichterung ihrer Beschwerden, wenn mehr aufgeklärte Fürsten zur Regierung kämen und tüchtige Räte ernennen würden, und suchten selber zu einer solchen Entwicklung durch die Förderung der Bildung beizutragen.

Bildungsreform

Leibniz hatte sich noch höhere Ziele gesteckt, und dasselbe gilt in bescheidenerem Maße von Pufendorf und Thomasius. Leibniz hätte es gerne gesehen, wenn sich die Berliner Akademie zu einem Mittelpunkt der praktischen Reform entwickelt hätte. Sie sollte als eine Art staatlichen Beirats in Fragen der Erziehung, der Wirtschaftsentwicklung und der allgemeinen Kultur fungieren. Friedrich II. beanspruchte alle diese Aufgaben für sich selbst und beschränkte die Akademie auf die philosophische und gelehrte Diskussion. Sein eigenes Interesse konzentrierte sich ganz auf die neue philosophische Abteilung der Akademie, und zwar in einem solchen Maße, daß es ihm völlig entging, daß der Schweizer Mathematiker Leonhard Euler (1707–1783), der 1741–1766 der Akademie angehörte, der einzige Wissenschaftler von wahrem Genie unter allen Mitgliedern war. Das Übergewicht der Franzosen, von denen die meisten von nur bescheidenem Range waren, verringerte den Einfluß von Friedrichs Akademie in Deutschland. Die Deutschen zogen es vor, die wirklich großen Führer der französischen Aufklärung zu lesen.

Der Versuch der deutschen Denker, sich den absolutistischen Herrschern als Verbündete anzubieten und mit ihnen auf einer Ebene relativer Gleichberechtigung zusammenzuarbeiten, wurde nicht nur in Berlin, sondern auch anderswo in Deutschland zurückgewiesen. Soweit sie sich näher mit Politik beschäftigen wollten, konnten sie dies nur auf dem Weg über den Staatsdienst tun, aber in diesem Falle mußten sie den Befehlen folgen und wurden gewöhnlich in niedrigeren Stellen gehalten. So war es nur natürlich, daß sich die deutschen Intellektuellen von der Politik abwandten und sich ihrem Privatleben und der Erforschung der Welt des Geistes widmeten. Hier herrschte Freiheit, im Gegensatz zur mechanischen Ordnung des Staates; und hier herrschte Gleichheit, von der die aufgeklärten Herrscher zwar oft sprachen, die sie aber in Wirklichkeit offenkundig verweigerten. Bei diesen intellektuellen und künstlerischen Bestrebungen gesellten sich den Bürgern bald eine Anzahl von Adeligen zu, die den Wunsch nach individuelleren Erfahrungen verspürten, als sie die begrenzte Welt der Höfe, des Heeres und der aristokratischen Herrensitze zu vermitteln imstande war. Zwischen Bürgern und Adeligen kam es in der Beamtenschaft und in den Universitäten zu mehr als oberflächlichen Berührungen, obgleich die Klassenunterschiede unmittelbar in die Hörsäle hineingetragen wurden, wo die jungen Adeligen ihre besonderen Bänke hatten. Auch unterzogen sich diese nicht der Schmach von Abschlußexamen, doch mußten sie wenigstens den Besuch einer Universität nachweisen können, wenn sie die Beamtenlaufbahn einzuschlagen wünschten. Die Freimaurerlogen, von denen die erste innerhalb Deutschlands 1733 in Hamburg gegründet wurde, trugen viel dazu bei, Menschen verschiedener sozialer Stellung zusammenzubringen.

Die geistige und literarische Bewegung Deutschlands vollzog sich jedoch hauptsächlich in den höheren Mittelklassen, d. h. vor allem unter den „Akademikern". Bis zu welchem Grad die Universität die Funktion gesellschaftlicher Auslese erfüllt, läßt sich an der Tatsache erkennen, daß die Buchstaben „Dr." offiziell als Teil des Namens gelten, als eine Art Ersatz für das „von", das Symbol des Adels. Im späten 18. Jahrhundert besuchten viel mehr Bürgersöhne die Universität, als sich ohne Schwierigkeit in höheren Berufen verwenden ließen. Es gab ein Überangebot an Juristen, aber die Lage der jungen Theologen war noch schlimmer. Es war üblich gewesen, daß die Theologen einige Jahre an höheren Schulen lehrten, da das Amt des Geistlichen erfahrene Männer erforderte. Selbst damals noch promovierten die meisten Lehrer der Mittelschulen in den theologischen Fakultäten, denn die philosophischen Fakultäten dienten immer noch vorwiegend als Vorbereitung zum Studium der Theologie, der Jurisprudenz und der Medizin. Aber die Überfüllung im Kirchen- und Schuldienst drängte die fertigen

Theologen oft in armselige Stellen als Hauslehrer in Junker- und Bürgerfamilien, wo sie häufig nicht besser als die Dienerschaft behandelt wurden.

Andererseits waren diese Familien begierig, ihre Kinder zu bilden, und die Zahl derer nahm zu, die sich nicht mehr mit dem Wort des Pfarrers und nicht einmal mit der Religion selber als dem ausschließlichen Gegenstand ihrer geistigen Interessen zufriedengaben, sondern sich eine eigene Meinung bilden und eine Kenntnis vom Menschen und der Welt erwerben wollten. Das Lesen verbreitete sich weit über die gelehrten Kreise hinaus. Während in der zweiten Hälfte des 17. Jahrhunderts etwa die Hälfte aller in Deutschland erschienenen Bücher noch lateinisch geschrieben waren, traf dies 1754 nur noch für ein Viertel, 1759 für ein Fünftel, 1781 ein Achtel, 1787 ein Zehntel und 1799 ein Zwanzigstel zu. Am Ende des Jahrhunderts hatte Leipzig 18 Druckpressen, von denen jede 70 bis 80 Leute beschäftigte. Die Stadt, von Goethe „ein Klein-Paris, das seine Leute bildet“ genannt, hatte über 50 Buchläden. Frauen spielten zunehmend eine Rolle in der Literatur, und dies war der erste Schritt zu einer Emanzipierung, die gleichzeitig den Frauen mehr und mehr Einfluß auf die Erziehung ihrer Kinder gab. Der Lesestoff war sehr vielfältig, darunter eine beträchtliche Menge leichter Ware. Reisebücher, gelehrte Berichte und Romane wurden begierig verschlungen. Defoes „Robinson Crusoe“ (1719) war so populär, daß er in den folgenden 50 Jahren in zahlreichen deutschen Robinsonaden nachgeahmt wurde. Außer der Erforschung der fernen Welt wandte sich der Wissensdrang dem menschlichen Leben und seinen Ausdrucksformen zu. Englische Schriftsteller wie Richardson, Fielding, Goldsmith und Sterne trugen zur Entdeckung der poetischen Elemente in allen Lagen des Lebens bei, auch gerade des bürgerlichen Lebens, das im 17. Jahrhundert bestenfalls Stoff für die Komödie abgegeben hatte. Geschichten oder Schauspiele, die die stilisierte Gefühlswelt von Fürsten und edlen Helden beschrieben, wurden seltener. Das erste bürgerliche Drama war Lessings „Miß Sara Sampson“ aus dem Jahre 1755, und der erste bürgerliche Roman, Thümmels „Wilhelmine“, entstand 1764.

Das Anwachsen eines Lesepublikums wurde durch Wochenschriften und Journale gefördert. „Tatler“, „Spectator“ und „Guardian“ fanden ihre deutschen Gegenstücke, die versuchten, die Wissenschaft zu popularisieren, die Ergebnisse der literarischen Schulen zu vermitteln oder auch nur zu unterhalten. Ihr Vorhandensein beweist, daß die literarische Diskussion bis in die Bürgerhäuser gedrungen war. Aber noch waren es nicht sehr große Kreise, die in einzelnen Städten ein ernsthaftes literarisches Interesse pflegten. Das Theater beruhte immer noch auf Schauspielergesellschaften, die von Ort zu Ort zogen, und obgleich die Schauspielkunst große Fortschritte machte, mußten selbst die besten Gesellschaften häufig ein wenig hochstehendes Programm anbieten, um das Publikum anzuziehen. Der 1767–1769 unternommene Versuch, in Hamburg eine ständige, von privaten Gönnern unterstützte und von Lessing geleitete

Bühne einzurichten, schlug fehl, wie 60 Jahre vorher Händels Bemühungen um eine Hamburger Oper. Auch gab es zweifellos damals nicht genug deutsche Bühnenschriftsteller. Nur der Staat vermochte die Mittel für die Erhaltung von Theatern zu beschaffen. Das Vorbild, das Joseph II. 1776 in Wien und Karl Theodor 1779 in Mannheim gegeben hatten, wurde in Berlin nachgeahmt, als nach dem Tode Friedrichs II. der neue König das französische Theater der deutschen Schauspielkunst übergab. Herzog Karl August gründete 1791 das Hoftheater in Weimar, das Goethe bis 1817 leitete. Auch die Oper blieb in den Händen der Höfe. Dagegen wurde die Pflege der Musik mit größerer Unabhängigkeit betrieben. Die Musik hatte, wie wir sahen, ursprünglich ihren Mittelpunkt in der Kirche gehabt, aber jetzt eroberte sie sich einen festen Platz im Bürgerhaus. Die musikalische Nachfrage spornte zu technischem Fortschritt an, zur Entwicklung des Cembalos oder Klavichords zum modernen Klavier. Die Bürger hatten genügend Interesse für die moderne weltliche Musik, um zum Aufbau von Orchestern und Gesangvereinen beizutragen. Das hervorragendste Orchester Deutschlands geht auf die Initiative von Leipziger Bürgern zurück. Seine Konzerte wurden im Gebäude einer Zunft, dem Gewandhaus, abgehalten. Der Gesangverein in seiner klassischen Form hatte seinen Ursprung in einem Berliner Verein, der zur Singakademie wurde.

Triumph der Aufklärung

Auf diesem sozialen Hintergrund erwuchs die neue, auf humanitäre und ästhetische Ideale ausgerichtete Kultur des deutschen Bürgers mit ihren besonderen Formen der Geselligkeit. Um die Mitte des 18. Jahrhunderts triumphierte die Aufklärung, aber lutherische Orthodoxie und Pietismus waren, wenn auch in der Defensive, so doch nicht entwurzelt und behielten einigen Einfluß auf das deutsche Leben. So sehr auch die deutsche Aufklärung in ihren Anfängen und ihrer späteren Entwicklung von Westeuropa abhing, so hatte sie doch religiösere und philosophischere Ausprägung als diese. Der Glaube an einen persönlichen Gott von höchster Weisheit und höchster Güte, den Schöpfer einer vollkommenen Welt, der der unsterblichen Seele des Menschen die Kraft verliehen hat, durch sittliche Tugenden zu den höchsten Zielen des Universums aufzusteigen, wurde von keinem ernsthaften deutschen Denker bezweifelt. Der philosophische Materialismus, der in Frankreich eine der wichtigen Denkrichtungen wurde, fand in Deutschland keinen Platz. Auch zögerte man hier lange, die Entwicklung zu einem epistemologischen Skeptizismus und Empirismus, die sich in England von Locke bis Hume vollzog, mitzumachen. Im frühen 19. Jahrhundert schritt Westeuropa ohne Unterbrechung auf diesem Kurs des Empirismus fort, während Deutschland sich in den idealistischen Systemen Kants, Fichtes, Hegels und Schellings davon löste.

Aufklärung und christliche Theologie

Die deutsche Aufklärung war keine vorübergehende Episode oder künstliche Nachahmung fremder Vorbilder. Sie war vielmehr eine notwendige Vorstufe für den deutschen Idealismus, der viele grundlegende Anregungen von ihr bekam. Sie überlebte sogar als eine volkstümliche Kraft die Periode des deutschen Idealismus und wurde 1840 wieder einflußreich. Natürlich hatte sie sich unterdessen verändert, nicht nur durch den Einfluß des französischen Liberalismus, sondern auch durch die deutsche Wissenschaft, wie sie sich im Gefolge des deutschen Idealismus entwickelt hatte. Intellektuelle und religiöse Bewegungen beeinflussen sich jederzeit gegenseitig, und die Geistesgeschichte einer Nation läßt sich bis zu einem gewissen Grade mit der geologischen Geschichte vergleichen, in der die verschiedenen Zeitalter eine Schicht auf der anderen ablagern. Die Geistesgeschichte läßt sich nicht als eine Aufeinanderfolge von Stadien verstehen, als ob ein Gedankensystem das andere ablöst. Eine Kultur kann eine Mannigfaltigkeit von Denkrichtungen aufnehmen. Orthodoxie, Pietismus, Aufklärung und Idealismus haben während der letzten beiden Jahrhunderte der deutschen Geschichte nebeneinander existiert, wenn auch auf verschiedenen gesellschaftlichen Ebenen.

Ohne daß es ihren früheren Vertretern bewußt geworden wäre, versetzte die deutsche Aufklärung des 18. Jahrhunderts der christlichen Theologie einen tödlichen Stoß. Wenn Gottes Güte und Weisheit in den unveränderlichen Naturgesetzen, die das All regieren, zu erkennen ist, erscheint sein einmaliges göttliches Eingreifen in die Geschichte der Welt unglaubhaft. Die herkömmliche christliche Vorstellung hatte einen aktiven, mit Willen und Persönlichkeit begabten Gott vorausgesetzt. Dagegen postulierten die neuen Philosophien einen der Welt entrückten Gott, dessen Walten sich nur in der ursprünglichen Schöpfung ausdrückt und in den Gesetzen, mit denen er sie ausgestattet hat. Die Vorstellung, Gott habe den Wunsch gehabt, seine Absichten über diesen generellen Akt hinaus zu enthüllen, war an sich ein Stein des Anstoßes. Eine weitere Schwierigkeit bestand in der Annahme, daß eine derartige Botschaft die Menschen nur in einem abgelegenen Winkel der Welt erreicht haben sollte. Die Vernunft wurde jetzt als fähig erklärt, die Absichten Gottes voll und klar zu begreifen, und die Offenbarung, die während mehr als eineinhalb Jahrtausenden christlicher Theologie als der Vernunft überlegen gegolten hatte, wurde von der autonomen Vernunft ihres Thrones entsetzt. Christian Wolff kennzeichnete die Offenbarung als eine Ergänzung der Vernunft. Soweit ihr Inhalt über die Vernunft hinausgeht, kann er nicht mit ihr im Widerstreit sein. Dies war einer der zahlreichen schwachen Kompromisse, die viele Deutsche dieser Generation machten, wenn sie den Glauben ihrer Kindheit nicht ganz verlieren wollten. Die Theologen versuchten um jeden Preis, den ganzen Text der Heiligen Schrift, auch die Wunderberichte, in einer vernunftmäßigen Art zu erklären. Dies führte mit Notwendigkeit zu den gewagtesten und zu den flachsten Interpretationen.

Bibelkritik

Gleichzeitig regte diese Tendenz ein kritisches Studium der Bibel als der Quelle des protestantischen Glaubens an. Johann Salomo Semler (1725–1791) in Halle war der hervorragendste Gelehrte auf diesem Gebiet. Seine zahlreichen Werke, unter denen die „Abhandlung von der freien Untersuchung des Kanons" besondere Erwähnung verdient, machten ihn zum ersten großen Erforscher der Bibelkritik in Deutschland. Er war Pietist, der sein Leben lang einen echten, warmen Glauben an Christus aufrechterhielt. Den Rationalismus gebrauchte er als Werkzeug, um die eigentliche Grundlage des lutherischen Glaubens an die Gültigkeit der Schrift als der Quelle unserer Kenntnis des ursprünglichen Christentums zu zerstören. Seiner Meinung nach gibt der Hauptteil der Bibel die Lehren der natürlichen Religion wieder, während ein kleinerer Teil abweichende Ansichten enthält. Letztere hält er nicht für kanonisch und glaubt, daß man sie von den Gedanken und Motiven reinigen müsse, die ihren Ursprung in besonderen historischen Bedingungen haben. Die christliche Religion sei älter als das Neue Testament, dessen Schriften ganz spezifischen weltlichen Zwecken gedient haben. Semler zögerte, die gänzliche Außerachtlassung des Kanons in der Kirche zu verlangen, aber er machte einen Unterschied zwischen der satzungsmäßigen Religion der Kirche und der freien Privatreligion. Die Ausschaltung der Autorität des Kanons erlaubte ihm, einen religiösen Individualismus zu postulieren, der in der Tradition Gottfried Arnolds stand.

Es war der Pietismus, der Semler befeuerte, alle Autoritäten beiseitezuschieben, um die christliche Religion auf ihren reinen Kern, auf eine Religion des Herzens, zurückzuführen. Hermann Samuel Reimarus von Hamburg (1694–1768) – eine einsame Gestalt – hatte bereits begonnen, mit den Waffen des Rationalismus gegen das Christentum an sich zu Feld zu ziehen. Kurz vor seinem Tode vollendete er seine „Apologie oder Schutzschrift für die vernünftigen Verehrer Gottes", die er angesichts des vorherrschenden religiösen Empfindens vorläufig nicht veröffentlicht zu sehen wünschte. Lessing, der Reimarus' Ansicht nicht teilte, aber eine Diskussion über die Voraussetzungen und Prinzipien der Theologie anregen wollte, veröffentlichte Bruchstücke des Buches 1774–1777. Reimarus leugnete die Offenbarung vollständig und erklärte die Vernunft zur schöpferischen Kraft der Religion. In einer Hinsicht, nämlich im Glauben an das Bestehen absoluter Ideen der Vernunft, war Reimarus weniger individualistisch als Semler. Reimarus' Angriffe auf das Christentum begegneten in Deutschland allgemeiner Ablehnung.

Revision der kirchlichen Theologie

Diese Kritik des Kanons wurde von einer durchgängigen Revision der Kirchengeschichte begleitet. Johann Lorenz Mosheim (1693–1755), der erste Kanzler der Universität Göttingen, behandelte die Kirchengeschichte ohne Bezugnahme auf ein *corpus mysticum.* Er sah in der Kirche eine der legitimen Regierung und ihren Gesetzen untergeordnete Anstalt, die hauptsächlich der geistigen und moralischen Lebensführung diente. Ludwig T. Spittler (1752 bis 1810) behandelte die Kirchengeschichte ganz als einen Bestandteil der allgemeinen Geschichte. Dieser Schwabe, ungefähr 20 Jahre lang Professor der Geschichte in Göttingen, war in Deutschland der hervorragendste Kenner der Geschichtsschreibung Voltaires und im Grunde ein Profanhistoriker. Die Kirche war für ihn lediglich eine Einrichtung zur Aufklärung des Volkes. Genau wie die aufgeklärten Staatsmänner seiner eigenen Zeit stellte Spittler die großen religiösen Reformer als die eigentlichen Förderer des historischen Fortschritts hin. Gottlieb J. Planck (1751–1833) setzte Spittlers Werk in Göttingen fort und übertrug die rationalistische Kritik auch auf die Geschichte der protestantischen Lehre, für die die Orthodoxie dieselbe Autorität wie für den biblischen Kanon beanspruchte. In Plancks Behandlung erschienen die Lehren als „zufällige Meinungen, willkürliche Behauptungen, augenblickliche Einfälle, Verirrungen des Verstandes oder gar Schlimmeres".

Die natürliche Vernunft war eine zuverlässigere Quelle aller Wahrheit als die göttliche Offenbarung geworden. Daraus ergab sich zwangsläufig, daß die Regeln der Frömmigkeit und Sittlichkeit mehr aus der Philosophie als aus der Religion hergeleitet wurden. Schon Melanchthon hatte im Gegensatz zu Luther das Verlangen nach Erlösung, nach der höchsten Glückseligkeit, als einen annehmbaren Beweggrund für die Religion erklärt. Die lutherische Orthodoxie hatte diesen eudämonistischen Zug sogar noch mehr betont. Die Aufklärung dehnte das Glücksstreben auf das ganze menschliche Leben aus. Leibniz hatte gelehrt, daß das Bemühen um größere Vervollkommnung und größeres Glück wahre Sittlichkeit sei. Es sei die Pflicht des Menschen, sich hohe Ziele zu stecken, aber das höchste Glück liege nur in der eigenen inneren Harmonie oder in dem Ausgleich der egoistischen und der altruistischen Haltung. In dem Utilitarismus einer eudämonistischen Ethik fand der neue Säkularismus seinen klarsten Ausdruck. Aber das Bemühen um die Realisierung der Tugend wurde von dem deutschen Bürger sehr ernstgenommen. Mit Ausnahme einiger Freiheiten in geschlechtlichen Dingen, die im Vergleich zu den Ausschweifungen des Adels recht mild waren, war der Bürger in seinem gewöhnlichen Betragen gewissenhaft und mäßig in seinen Vergnügungen.

Diese Generationen hatten ein Bewußtsein ihres eigenen Wertes und waren nicht willens, einen Geist der Buße zu pflegen. Das Knien verschwand damals ganz aus den lutherischen Kirchen und mit diesem Symbol auch die Praxis der Beichte und der Buße. Die lutherische Lehre der Rechtfertigung wurde ganz und gar aufgegeben. Man konnte sich nicht damit abfinden, daß Gott Sünder freisprechen oder gute Menschen zu Sündern erklären solle. Die Gerechtigkeit solle nach dem Recht zugemessen werden, und man glaubte zuversichtlich, daß der Wunsch nach dem Guten schon als dessen Erfüllung angerechnet würde. Schließlich habe Gott dem Menschen nur die Sehnsucht nach dem Guten eingepflanzt, ohne ihm die sichere Fähigkeit zu verleihen, es zu erfassen, während der Mensch seinerseits Gott dafür zu entschuldigen habe, daß er das Böse in dieser Welt zuläßt. Der Zusammenbruch des Glaubens an die Offenbarung und die christlichen Dogmen drängte die Theologen in eine apologetische Haltung, die nur wenig von der Substanz des traditionellen Christentums verteidigte. So war es kein Wunder, daß gebildete Menschen ihre Verbindungen mit einer Kirche zu vernachlässigen begannen, die nichts anzubieten hatte, was nicht auch aus der Philosophie und Naturwissenschaft gewonnen werden konnte. Auch sollte man bald entdecken, daß die Kunst mehr Geheimnisse als die Religion in sich bergen mochte.

Rationalistische Literatur

Tiefsinn war während der ersten Jahrzehnte des Jahrhunderts kein Kennzeichen der deutschen Literatur. Sie war von der Religion und Philosophie der Aufklärung beseelt und trat in all ihren Formen für diese Ideale ein. Die didaktische Absicht von Gedichten, Schauspielen und Romanen wurde allgemein als selbstverständlich hingenommen. Ihr Gegenstand war die Vervollkommnung der Welt und die Schönheit der Natur, verbunden mit der sittlichen Kraft des Menschen und dem Glück, das er in der Natur zu genießen vermag. Aber ihren höchsten Ausdruck fand diese Gedankenwelt nicht in der Literatur, sondern in Joseph Haydns „Schöpfung“ und in den „Jahreszeiten“. Eine ähnliche Welt ließ sich im Traume heraufbeschwören, wie es in der idyllischen Dichtung geschah, oder sie konnte in einer Satire mit der bestehenden Gesellschaftsordnung kontrastiert werden, obwohl diese literarische Gattung sich in Deutschland nicht mit Politik befaßte. Der Mensch war der eigentliche Mittelpunkt der gesamten Kunst wie auch der Philosophie. Man glaubte, zu einem besseren Verständnis des Menschen zu gelangen, wenn man ihm seinen festen Platz in der wirklichen Welt der natürlichen Kausalität zuwies. Die Dimension der Phantasiewelt Dantes, Cervantes' oder Shakespeares wurde zu bloßer Mythologie oder Allegorie reduziert, die man zur Deutung der Natur gebrauchte.

So wurden weite Bereiche der Wirklichkeit von den Schriftstellern dieser Zeit erschlossen. Ihr ideales Ziel war der Beweis der gemeinsamen Natur aller Menschen und ihrer Fähigkeit zu sittlichem Fortschritt. Aus dieser enthusiastischen

Hoffnung wurde die „Hymne an die Freude" des jungen Schiller geboren, die für Beethoven, der sie in seine „Neunte Symphonie" aufnahm, dem edelsten Glauben der Menschheit Ausdruck verlieh. Aber die rationalistischen Philosophien der Aufklärung setzten dem Verständnis für die menschliche Natur sehr bestimmte Grenzen. Die Helden dieser Spiele und Romane handelten aus sittlicher Überzeugung und nicht aus Leidenschaft. Ihre Konflikte entstanden aus dem Zusammenstoß mit äußeren Kräften, dem Widerstand einer noch verderbten Welt in der Form grausamer Tyrannei oder der Unduldsamkeit der Kirche. Die Tragik, die im Leben selber liegt und in der menschlichen Natur beschlossen ist, blieb diesen Rationalisten verborgen. So blieben die Gestalten, die sie schufen, etwas blutlos und künstlich.

Ästhetische Kritik

Das künstlerische Schaffen mußte nicht nur diese Grenzen der herrschenden Vorstellungen, sondern auch die Beschränktheit der Kunsttheorie überwinden. Die ästhetische Kritik war in der Renaissance wiederbelebt worden und erlebte seit der Zeit Descartes' eine große Blüte. Lange Zeit hindurch war Deutschland mehr Nutznießer als Teilnehmer an dieser Diskussion. Ihre Grundlehre war, daß die Kunst irgendwie vernünftiges Wissen und sittliche Lehren vermittelt. Sie ließ zwar einen gewissen Spielraum für die Schöpferkraft des Künstlers und hob ihn über die Stellung eines technischen Handwerkers hinaus, aber dadurch, daß Philosophie und Kunst näher zusammenrückten, ergaben sich ernste Probleme. Wenn es eine besondere, von der allgemeinen Logik verschiedene Logik der Phantasie gab, so konnte sie nur eine niedrigere Form des Wissens sein. Als solche wurde sie von einem der hervorragendsten Philosophen der leibnizschen Schule, Alexander Baumgarten, beschrieben, der vor Lessing den wichtigsten Beitrag zur ästhetischen Theorie lieferte. Er gab der Philosophie der Kunst oder, wie er sie zum ersten Mal nannte, der „Aesthetik" (1750) einen festen Platz in der akademischen Philosophie. Andererseits wurde die Kunst oft als eine allegorische Darstellung der Moral verstanden. Aber gleichviel, ob man ihr eine logische oder eine sittliche Bedeutung zuteilte, die Sprache sinnlicher Phantasie wurde dem theoretischen Wissen untergeordnet und erhielt keine Autonomie.

Diese Theorien machen es verständlich, daß theoretische Geister die literarische Produktion nicht nur zu fördern oder leiten, sondern auch der Zensur und Überwachung zu unterwerfen hoffen konnten, wie im Falle J. C. Gottscheds. Wenigstens ein Jahrzehnt lang (siehe Bd. I, S. 509) maßte er sich in der Welt der deutschen Kunst und Literatur eine diktatorische Autorität an. Die Kunst galt immer noch nach Aristoteles für eine Nachahmung der Natur oder der natürlichen Schönheit. Aber die Entscheidung, was dies in der Praxis bedeute, hing mit Notwendigkeit von dem Geschmack der jeweiligen Gesellschaft ab.

Gottscheds Versuch, den Deutschen einen eng verstandenen französischen Klassizismus aufzuzwingen, mußte den Geist, der in den deutschen Städten pulsierte, dämpfen. Was dieser Geist an gutem Stil und poetischer Form zu vollbringen vermochte, bewies Friedrich von Hagedorn (1708–1754) in seinen lyrischen und epischen Gedichten wie auch in seinen Fabeln. Hagedorn, der in der französischen und englischen Kultur völlig heimisch war und in behaglichen Verhältnissen im reichen Hamburg lebte, verlieh der Weltanschauung der Aufklärung in einem so natürlichen und fehlerfreien Deutsch Ausdruck, wie man es seit Jahrhunderten nicht mehr gehört hatte.

Einfluß der Schweiz

Als Hagedorns Hauptwerke erschienen, war Gottscheds Stern schon im Erlöschen. Der lebhafte und erbitterte Streit mit der Schweizer Schule vernichtete den Glauben an die Unfehlbarkeit Gottscheds. Die kulturellen Beziehungen zwischen Deutschland und der Schweiz wurden im 18. Jahrhundert eng. Basel, Zürich und Bern waren Bürgergemeinden, die auf den deutschen Bürger Eindruck machten, und mit dem Nachlassen der Bedeutung der konfessionellen Unterschiede zwischen Reformierten und Lutheranern wurde der Gedankenaustausch lebhafter. Das Gefühl der Schweizer revoltierte schon früh gegen die Kulturideale des Frankreichs Ludwigs XIV. und Ludwigs XV. Die Schweizer Kritik am französischen Klassizismus hatte einen stark politischen Unterton. Durch den Erwerb des Elsaß war Frankreich ein zu furchterregender Nachbar der Eidgenossen geworden. Sie reagierten darauf mit der Betonung ihrer eigenen Geschichte und ihres eigenen Wesens. Bei der Verteidigung ihrer politischen Einrichtungen gegen den französischen Absolutismus stützten sie sich auf den englischen Konstitutionalismus und in literarischer Hinsicht auf Shakespeare und Milton.

Die Schweizer nahmen zwar die grundsätzlichen ästhetischen Theorien des Zeitalters an, wollten aber den Inhalt der Kunst ändern. So wünschten sie nicht, religiöse Stoffe oder die Geschichte und die unverdorbene Natur – sie nannten sie „das Wunderbare“ – aus dem Reich der Kunst verbannt zu sehen. Von diesem Gesichtspunkt aus richteten die beiden Züricher Professoren Johann J. Bodmer (1698–1783) und Johann J. Breitinger (1701–1776) ihre Angriffe gegen Gottsched, und nach 1740 begann die deutsche literarische Bewegung, der Phantasie größeren Spielraum zu gewähren. In Leipzig übte Christian F. Gellert (1715–1769) die stärkste Wirkung aus. Selbst Friedrich II. fand ihn erträglich. Gellert versuchte sich auf vielen Gebieten. Seine poetischen Fabeln und religiösen Gedichte – letztere könnte man als die klassische Darstellung der Religiosität der Aufklärung bezeichnen – sind die schönsten Früchte seines anspruchslosen Talents. Eine weitere literarische Gruppe bildete sich um die Mitte des Jahrhunderts in Halle. Sie zählte unter ihre Mitglieder J. P. Uz und J. N. Goetz, der 1746 eine deutsche Übersetzung des Anakreon veröffentlichte. Demselben Kreis gehörten J. W. L. Gleim (1719–1803) und Ewald von Kleist (1715–1759) an. Sie alle begannen mit dem anakreontischen Stil und sangen von Leben, Frühling, Rosen und Wein. Viel von dieser Dichtung lebt im deutschen Studentenlied fort. So oberflächlich diese epikureische Haltung auch war, wurde sie doch oft witzig und gefällig dargestellt, und sowohl Gleim wie Kleist wandten sich später ernsteren Themen zu. Ewald von Kleist war ein preußischer Offizier, während alle anderen im Kirchen- und Staatsdienst standen. Durch diese Männer verbreitete sich das dichterische Schaffen zum ersten Mal bis in die preußische Hauptstadt. Halle und Berlin wurden von der Schweizer Ästhetik stark beeinflußt.

Nicht nur in Bodmer und Breitinger, sondern auch in Albrecht von Haller in Bern (1708–1777) besaß die Schweiz ein lyrisches und episches Talent von Rang. Seine Hauptwerke erschienen zwischen 1725 und 1736. Aus ihnen sprachen die starken Gefühle der Schweizer Schule, die Bewunderung der Natur und des natürlichen Lebens, verbunden mit einem wachen Patriotismus. Hallers Anschauungen waren von Leibniz beeinflußt. Reisen und Studium in Deutschland, Holland und England gaben ihm eine universale Bildung. Er war einer der bedeutendsten Naturwissenschaftler des 18. Jahrhunderts. Von 1736 bis 1753, als ihn Heimweh ins patrizische Bern zurücktrieb, war er Professor der Physiologie in Göttingen, der erste Naturwissenschaftler von europäischem Ruf, der an der neuen Universität lehrte. Er gab den deutschen Dichtern die Anregung zu einem höheren Stil, der im vollen Sinne von Friedrich Klopstock (1724 bis 1803) verwirklicht wurde. Klopstock, der im orthodoxen Glauben erzogen worden war und sich an den Klassikern gebildet hatte, hatte die Schule mit dem festen Entschluß verlassen, der große epische Barde zu werden, dessen Ideal Bodmer, der Übersetzer Miltons, aufgestellt hatte. Er veröffentlichte 1748 die ersten drei Gesänge seines „Messias", den er 25 Jahre später mit dem 20. Gesang beendete. Der „Messias" war kein Werk vom Range des „Verlorenen Paradieses", und außerhalb der religiös konservativen Schweiz erweckte sein Stoff kein großes Interesse beim literarischen Publikum. Die Bewunderung, die Klopstocks „Messias" und seine „Oden" auslösten, leitete sich von der Intensität leidenschaftlichen Fühlens her, die aus seiner gesamten Dichtung atmete und in schöpferischer Sprache und Form ihren Ausdruck fand. Es gelang Klopstock, das Deutsch den griechischen Versmaßen, vor allem dem homerischen Hexameter, anzupassen, und er schuf den deutschen rhythmischen Vers ohne Reim. Er verfügte über wenig schöpferische Phantasie und war mehr ein musikalischer Geist. Der außerordentliche Eindruck, den er auf seine Zeitgenossen machte, kam daher, daß er das Individuum durch die Erhöhung individueller, von der Vernunft nicht angekränkelter Gefühle mit dem Unendlichen zu verbinden vermochte. Er befreite die deutsche lyrische Dichtung von kleinlicher Hübschheit und befähigte sie, große Gedanken aufzunehmen. Aber obwohl er sich in seinen dichterischen Werken als eine vollausgeprägte, von der Anpassung an allgemeine Konventionen und Regeln freie Persönlichkeit zeigte, besaß er nicht die Fähigkeit zu geistiger Weiterentwicklung. Er bewegte sich nie aus seiner ursprünglichen, etwas archaischen Position heraus und lehnte die gesamte literarische und philosophische Bewegung von Goethe, Schiller und Kant ab. Auch widerstrebte ihm die, von Friedrich II. geförderte, französische und antichristliche Philosophie, und er geißelte grundsätzlich die Autokratie und den Militarismus der Monarchen. Die Französische Revolution begrüßte er enthusiastisch und rief das deutsche Volk auf, sich gegen seine Fürsten zu erheben. Der Dichter, der im dänischen König einen Schutzherrn gefunden hatte und fast 20 Jahre lang in Kopenhagen lebte, betrachtete sich als Befreier der deutschen Sprache und wandte sich in seinen späteren Jahren deutschen Stoffen zu. Gemeinsam mit Gluck hoffte er, seinen „Arminius" in ein Musikdrama umzuarbeiten, doch machte der Tod des Komponisten diesem Plan ein Ende. Die Wiedererweckung des teutonischen Zeitalters im musikalischen Drama mußte auf Richard Wagners „Nibelungen" warten.

Christoph Martin Wieland (1733—1813) stellt den extremen Gegenpol zu dem christlichen und germanischen Klopstock dar. Er war der Sohn eines schwäbischen Geistlichen und lebte seit 1771 in Weimar. Wieland war vor allem der französischen Literatur Diderots und Voltaires verpflichtet. Aufgeklärt, weltlich und elegant-sinnlich, verlor er sich nie in bloßem Gefühl. Er war schlau und ironisch-weise und hatte einen ungewöhnlichen Sinn für Formen und deren Beherrschung sowie Freude an Größe. Seine Fähigkeit, sich am Genie zu erfreuen, ließ ihn Goethe, Schiller und selbst die Romantiker würdigen. Für die junge literarische Bewegung in Deutschland war sein Verständnis für Shakespeare höchst folgenreich. Seine eigene Poesie und Prosa wie auch seine kritischen Schriften entfalteten einen pulsierenden und geschmeidigen Stil, der jeder von ihm gewählten Aufgabe gewachsen war. Wieland zeigt, wie weit die deutsche Literatur in der Entdeckung der Welt fortgeschritten und bis zu welchem Grade selbst die sinnliche Welt ein wesentlicher Bestandteil der deutschen Kultur geworden war. Aber seine Welt war zu romantisch-spielerisch und seine Kunst zu sehr bloße Reaktion auf Eindrücke, um als Gefäß für die neuen intellektuellen und künstlerischen Ideale der Jungen zu dienen. Es war Lessing, der der wachsenden literarischen Bewegung Deutschlands Stubstanz gab.

Gotthold Ephraim Lessing

Gotthold Ephraim Lessing (1729—1781) entstammte einer sächsischen Pfarrersfamilie. Er war der mutigste und wirksamste deutsche Schriftsteller seit Ulrich von Hutten. Unter den deutschen Bürgern hatte es vorher keinen so männlichen Charakter gegeben, und auch später sollte seinesgleichen nur selten in Erscheinung treten. Lessing verkörperte die Ideale der Aufklärung in vollem Maße. Sein klarer und forschender Geist bestand darauf, daß die menschliche Vernunft alle Handlungen bestimmt. Der Mensch soll die Furcht vor dem Übernatürlichen hinter sich lassen und sein Leben und seine Welt nach sittlichen Prinzipien aufbauen. Lessings Philosophie enthält nichts eigentlich Originelles. Seine Originalität lag mehr darin, daß er die Gedanken der Aufklärung mit neuer Kraft belebte. Er ging ihren Anfängen nach und stellte ihren ursprünglichen Sinn klar heraus. Dies zeigt sich vor allem in seiner ästhetischen Theorie, zu der er durch eine hellseherische Neuinterpretation des Aristoteles gelangte. Lessing befreite die Kunst und die Literatur von dem Ballast allzu vieler Regeln, die ihnen aufgezwungen und ihrer Natur fremd waren, und gab dadurch sowohl dem Werk des Künstlers als auch dem Kunstgenuß eine geistige Rechtfertigung. Die Sittlichkeit wurde ihrer eudämonistischen Beweggründe entkleidet. Das Gute soll um seiner selbst willen getan werden. Mit ernster Leidenschaft bekämpfte Lessing nicht nur die dogmatische Orthodoxie, sondern auch die intellektuellen Unehrlichkeiten der „Neologen", d. h. rationalistischen Theologen. Er glaubte, daß Gott seine unendliche Wesenheit im Universum aktiv kundtue. Wie die individuellen Gedanken in der Vernunft, so seien die Individuen in der Gottheit enthalten und nehmen durch die Entfaltung ihrer Möglichkeiten in einem aktiven Leben am göttlichen Prozeß teil. Lessing sieht eine Entwicklung des Fortschritts in mehreren Stufen. In der Seelenwanderung entwickeln sich die Seelen auf das endliche Ziel, das absolute Sittengesetz, hin, das Gott aus erzieherischen Gründen im Alten Testament und noch deutlicher im Neuen Testament offenbart hat. Am Ende werden aber auch diese Offenbarungen überflüssig werden, weil jede Seele unter dem Druck ihres eigenen Wissens zur Einheit mit dem Absoluten gelangen wird.

Lessings Philosophie fußte besonders in der Betonung der universalen Entwicklung und des Individuums auf Leibniz und enthält auch wichtige Elemente aus Spinozas Gedankensystem. Lessing hielt sich nicht für ein dichterisches Talent ersten Ranges, aber bei seinem Bemühen, den Deutschen ein kritisches Kunstverständnis zu vermitteln, vollbrachte er tatsächlich viel mehr, als er sich vorgenommen hatte. Er legte die Grundlage für die moderne deutsche Bühne nicht nur durch seine konstruktive Kritik, sondern auch durch seine eigenen Schauspiele, von denen „Minna von Barnhelm" (1767) und „Nathan der Weise" (1779) die schönsten sind. Die Komödie „Minna von Barnhelm" zeigt den ungeheuren Fortschritt, den die deutsche Literatur im Verständnis der Wirklichkeit und der realistischen Erfassung individueller Personen gemacht hat. Mit „Nathan der Weise" schuf Lessing das Ideendrama, das in der folgenden Zeit für die Literatur so wichtig werden sollte. Dieses Werk war eine künstlerische Summierung der Aufklärung. Lessings Aufruf zur religiösen Toleranz entsprang nicht nur religiöser Indifferenz. Christentum, Judentum und Islam werden als Individuationen einer einzigen Religion dargestellt, die es seit Anbeginn gegeben hat. Alle drei haben einen gemeinsamen Ursprung wie ein gemeinsames Ziel: die Vervollkommnung der Menschheit.

Lessing war der erste bedeutende deutsche Schriftsteller, der die Literatur zu seinem Beruf machte. Er ließ seine akademischen Studien in Halle im Stich, brach mit seinen Eltern und begab sich 1748 nach Berlin, um mit seiner Feder seinen Lebensunterhalt zu verdienen. Später betätigte er sich in Leipzig und Hamburg als Berater und Bühnenschriftsteller für Theatergesellschaften. Sein Leben blieb weiterhin ohne Sicherheit und ohne Lohn. Schließlich mußte er bezahlte Stellungen annehmen, zuerst in Breslau, dann, 1770, als Bibliothekar in Braunschweig-Wolfenbüttel. In diesen bedrängten Umständen, die noch durch bittere Mißgeschicke in seiner eigenen Familie und durch die Beschimpfungen seiner theologischen Verfolger erschwert wurden, hielt der Prophet der Religion der Humanität seinen Kopf hoch und seinen Geist klar und aktiv. Während seiner Berliner Jahre sammelte er einen Kreis um sich, der nach seinem Weggang einen größeren Einfluß ausübte als die Philosophen der Königlichen Akademie. Alle überragte Moses Mendelssohn (1729–1786), der Mann, dem Lessing in seinem „Nathan dem Weisen" ein Denkmal errichtet hat. Von einem blutarmen jüdischen jungen Mann arbeitete sich Mendelssohn zum Besitzer einer Seidenfabrik empor. Seine wenigen Mußestunden waren dem Studium der Philosophie und der Schriftstellerei gewidmet. Er baute eine Brücke zwischen dem modernen Denken und dem kulturellen Leben seiner isolierten Glaubensgenossen. Obwohl er weiterhin frommes Mitglied der jüdischen Gemeinde blieb, nahm er uneingeschränkt und produktiv an der Aufklärungsbewegung teil. Neben ihm stand Friedrich Nicolai (1733–1811), der die Sache der Aufklärung in volkstümlichen Traktaten und Romanen popularisierte, bis dann am Ende des Jahrhunderts die Großen in Weimar seinen prosaischen Rationalismus lächerlich machten.

Diese Berliner Schule blieb an Gedankenfrische beträchtlich hinter Lessing zurück, und es gelang ihr ganz und gar nicht, die neuen Ideen, die sehr rasch nach 1770 in den Vordergrund traten, zu absorbieren. Lessing selbst war zwar ein klassischer Vertreter der Aufklärung, stieß aber bis zu den äußersten Grenzen des aufklärerischen Denkens vor. Er suchte immer noch nach einer alleinigen rationalen Wahrheit, und selbst wo er sie als Ergebnis eines Entwicklungsprozesses sah, suchte er diese Entwicklung als eine gesetzmäßige Abfolge verschiedener Stadien zu erfassen. Er verwarf den geschichtlichen Beweis des Christentums als für die Bildung einer Lebensphilosophie belanglos, da ja Geschichte relativ sei. Was den Menschen des ersten Jahrhunderts als Wahrheit galt, ist nicht zwangsläufig für andere Zeitalter wahr. Aber Lessing schrieb dem Individuum eine schöpferische Fähigkeit zu, die sich nur schwer mit der gleichförmigen Wahrheit der Vernunft in Einklang bringen ließ, wenn auch der Begriff „Genie", den er auf die großen Künstler der Vergangenheit anwendete, lediglich die Kenntnis der richtigen Kunst und nicht volle Spontaneität in sich schloß. Sobald der Begriff des Genies erweitert wurde, war der Schluß unausweichlich, daß eine einzige Wahrheit nicht alle Erscheinungen der verschiedenen Stadien der Geschichte umfassen kann. Aber es bestand auch die Möglichkeit, die Einzelelemente der abendländischen Kultur bei weiterer Analyse voneinander zu scheiden. Bisher waren für alle Denker Christentum und klassisches Altertum einander ergänzende ideale Kräfte gewesen, und Lessing wich von dieser Tradition nicht ab. Aber die Männer waren schon an der Arbeit, die die Synthese von Altertum und christlicher Religion zerbrechen und eine neue Auffassung von der schöpferischen Kraft des Menschen vortragen sollten. Winckelmann und Rousseau machten ihren Einfluß geltend.

Winckelmann

Johann Joachim Winckelmann (1717—1768) wurde als Sohn eines armen Schuhmachers in der verschlafenen Provinzstadt Stendal in der Altmark geboren. Er litt in seiner Jugend bittere Armut, sollte jedoch später noch schwerer am Hunger nach Schönheit leiden. Schließlich hatte er das Glück, einen vornehmen Gönner zu finden, und in den Kunstsammlungen Dresdens konnte er seine neue Schau der klassischen Kunst entwickeln. Sein brennendes Verlangen, nach Rom zu gehen, wurde gestillt, wenn auch um den Preis seines Übertritts zur römisch-katholischen Kirche. Von 1755 an lebte er in Rom, wo er die Freundschaft und Gunst des Kardinals Alessandro Albani, eines großen Kunstsammlers, genoß. Winckelmanns Kunstvorstellungen, die wenigstens im Keim schon in einer kleinen, bereits vor seinem römischen Aufenthalt, im Jahre 1755, erschienenen Schrift enthalten waren, fanden ihre endgültige Ausgestaltung in seiner „Geschichte der Kunst des Altertums" von 1764, wahrscheinlich dem ersten deutschen Buch, das auch außerhalb Deutschlands ein weites Lesepublikum fand.

Bei seinem ursprünglichen Suchen nach einem neuen Kunstgeschmack spielte seine Unzufriedenheit mit dem neuen öffentlichen Geist in Deutschland eine Rolle. Politische Freiheit war für ihn der rechte Nährboden für die Kunst. Seine Kritik am Barock entstammte einem inneren Gegensatz zu dem Despotismus dieses Zeitalters, den er, genau wie die Schweizer, hauptsächlich auf französischen Einfluß zurückführte. Von Bernini und Michelangelo, die er verdammte, ging er auf die klassischen Meister Raffael und von ihm auf das antike Hellas zurück. In der griechischen Kunst fand er die ideale Norm der Schönheit. Es ist überflüssig festzustellen, daß nicht Winckelmann für das Erlöschen des Barock verantwortlich war. Dieser siechte im Klima des Rationalismus dahin, und schon der aufgeklärte Despotismus hatte eine wachsende Neigung für die klassischen Ideale an den Tag gelegt. Winckelmanns Denken war tief in das allgemeine Gedankengut Europas eingebettet. Shaftesbury hatte ihn gelehrt, seinen Weg zurück zu Plato zu finden. Montesquieu hatte die Zugänge zu historischer Interpretation eröffnet, und bei dem französischen Archäologen Graf Caylus war er auf einen gewissen Zusammenhang zwischen Kunst und Nationalcharakter hingewiesen worden. Aber Winckelmann verlieh dem klassizistischen Ideal Konkretheit und eine neue Rechtfertigung. Bisher hatte man versucht, das Wesen der Kunst durch Analyse des schöpferischen Aktes des Künstlers zu verstehen. Winckelmann stellte das Kunstwerk selbst auf das Postament und betonte, daß Kunst nicht als angenehmer Eindruck oder als reizende Verzierung aufzufassen sei, sondern als der Ausdruck einer höheren Existenz. Die höchste Kunst solle nicht nur eben schön, sondern erhaben sein. Er fand dieses Ideal in der griechischen Kunst, vor allem in der Plastik des 5. Jahrhunderts, verwirklicht. Durch die Reduzierung auf einfache Linien und Formen war die Bildhauerkunst für ihn die wahre Kunst, und die Skulptur des perikleischen Zeitalters ihre höchste Erfüllung, weil sie natürlich war, wenn auch nicht natürlich im Sinne des Naturalismus. Die griechischen Künstler haben die Natur nachgeahmt, indem sie ihre idealen Formen darstellten. Dadurch haben sie die Wirklichkeit des Ewigen herausgestellt, das, wenn auch unsichtbar, im Werke zugegen ist. Während die Idee des Wahren oder des Guten sich nicht fassen läßt, ist die Idee des Schönen im Kunstwerk Wirklichkeit geworden. Diese platonische Vorstellung führte Winckelmann dazu, von der griechischen Kunst zu sagen, sie verkörpere „edle Einfalt und stille Größe", und in der Nachahmung der Antike den einzigen Weg zur Größe zu sehen.

Die Kunst wurde dadurch zu einer sakralen Angelegenheit, und Winckelmann beschrieb Kunstwerke in der Sprache des Gefühls. Nach seiner Lehre wird Schönheit durch den Eindruck, nicht durch vernunftmäßiges Argumentieren erfaßt. Die sinnlichen und geistigen Fähigkeiten des Menschen erschließen gemeinsam den Zugang zum Kunstwerk. Diese „innere Empfindung", wie Winckelmann sie nannte, ist ein Verlangen, das im Unterschied zu den übrigen menschlichen Begierden nicht auf einen Besitz hinzielt, sondern auf das Erlebnis der Erscheinung des Absoluten im Sinnlichen. Bei genauer Analyse zeigt sich, daß dieses Verlangen nicht gestillt, sondern nur in eine tiefere Sehnsucht nach der unsichtbaren Welt absoluter Formen verwandelt wird. Das Heimweh, das Winckelmanns Denken kennzeichnet, spiegelt sich auch darin wider, daß er sein Ideal in der Vergangenheit findet. Obgleich er seinen Zeitgenossen ein Nacheifern dieser Ideale anempfahl, war er überzeugt, daß diese Vergangenheit für immer verloren sei.

Winckelmann war der Vater einer neuen Kunstgeschichte. Bisher hatte diese nach Art Vasaris aus der Geschichte der Künstler bestanden. In seiner „Geschichte der Kunst des Altertums“ faßte Winckelmann die griechische Kunst als den Ausdruck einer Nation auf und erkannte den Zusammenhang zwischen der Entwicklung der Kunst und den Wandlungen der allgemeinen Lebensverhältnisse. Die Geschichtsschreibung Voltaires und Montesquieus mit ihrem Begriff vom „Geist“ oder „Genius“ der Nationen und Zeitalter bereitete den Boden für Winckelmanns Geschichte vor. Bei der Erörterung der Ursachen für die Vortrefflichkeit der Griechen beurteilte er sie mit den rationalistischen Begriffen der westeuropäischen Aufklärung. Aber er öffnete zur geschichtlichen Welt eine neue Tür, durch die viele andere, vor allem Herder, ihm nachfolgen sollten.

Winckelmanns Theorien wichen stark von den allgemeinen Bahnen des deutschen Denkens ab. Die Kunst galt nun nicht mehr als eine niedrigere Form des Wissens oder der Ethik, sondern als autonom und verlangte eigentlich mehr eine eigene Methode des intuitiven Erfassens als rationales Verstehen. Die ideale Schönheit konnte nicht konstruiert werden, sondern war in einem einzigartigen historischen Klima gewachsen. Es war unlogisch, daß Winckelmann dieses historische Ideal als ein absolutes Vorbild für die Kunst hinstellte. Während er in dieser Hinsicht ein Kind des Jahrhunderts blieb, das die absolute Norm suchte, verriet andererseits diese Unstimmigkeit die Intensität seines Fühlens. Der Genuß der griechischen Kunst war seine Religion, im Vergleich zu der das Christentum bedeutungslos wurde. Schon Goethe äußerte sich über Winckelmanns heidnischen Geist, über seine „reine Verehrung der Götter als Ahnherrn, die Bewunderung derselben gleichsam nur als Kunstwerke“. Die Verbindung von Antike und Christentum wurde gelöst, und Winckelmann machte sich einen ästhetischen Humanismus zu eigen. Er war weit davon entfernt, eine naturalistische oder materialistische Philosophie zu propagieren, ganz im Gegenteil vertrat er einen auf dem Geist aufgebauten und auf platonischem Monismus ruhenden Humanismus. Dieser Neuhumanismus wurde durch Goethe, Schiller und Wilhelm von Humboldt eine der wichtigsten Kräfte der modernen deutschen Kultur. Friedrich August Wolf (1759–1824) wurde der Gründer der neuen Altertumswissenschaft, die die Griechen als die schöpferische Nation über die Römer stellte und die alte *humanitas* neu zu beleben suchte.

Jean Jacques Rousseau

Bevor Winckelmanns Lehren zur vollen Wirkung kamen, gewann in Deutschland noch ein anderer Denker Einfluß. In den Jahren 1761/62 erschienen Jean Jacques Rousseaus (1712–1788) *Contrat social, Nouvelle Héloïse* und *Émile*, mit denen er den Gipfel seines Ruhmes erklommen hatte. Rousseau machte auf die junge Generation einen ungeheuren Eindruck. Seine Persönlichkeit ermutigte alle individualistischen Regungen, und seine Schriften regten zur Gestaltung des eigenen inneren Erlebnisses in Poesie und Prosa an. Rousseaus leidenschaftliche

Proteste gegen die moderne Kultur und die lähmende Wirkung, die ein mechanistischer Rationalismus auf den Menschen ausübt, fanden in Deutschland aufmerksame Zuhörer. Seine Gedanken über die lebendige Natur und die Macht des menschlichen Wollens und Fühlens, worin er die heilenden Kräfte der Menschheit sah, erlebten in Deutschland den wärmsten Widerhall. Gleich seinen philosophischen Gegnern in Frankreich suchte Rousseau allgemeingültige Lösungen. Er vermochte nicht, seine Hauptthese — daß die Zivilisation den Menschen zugrunde gerichtet habe — durch historische Argumente zu erhellen oder zu beweisen. Seine Religion blieb deistisch. Die „natürliche Religion" galt ihm als die ideale Wahrheit. Während alle Religionen Elemente einer relativen Wahrheit enthielten, kam die christliche Religion in Gestalt des Protestantismus der natürlichen Religion am nächsten. Aber die religiöse Wahrheit wurde nicht durch Überlegung gewonnen, sondern durch ein *sentiment intérieur*, das in der Einfalt eines unverdorbenen Herzens wächst.

Um die Fähigkeiten des natürlichen Menschen wiederherzustellen, entwickelte Rousseau Reformprogramme für die Gesellschaft und die Erziehung. Es ist charakteristisch, daß sein politischer Glaube in hohem Maße zur revolutionären Entwicklung in Frankreich beitrug, während die Grundgedanken seiner Erziehungslehre dort keinen unmittelbaren Widerhall fanden, sondern erst nach 1815 an Überzeugungskraft gewannen, als sie unter dem Mantel des deutschen Idealismus wieder nach Frankreich zurückkehrten. In Deutschland dagegen entfachte Rousseaus Erziehungsprogramm Flammen der Begeisterung, während seine politischen Gedanken hier keine zündende Wirkung hatten, obgleich sie einigen Einfluß auf Kant und Fichte ausübten.

Herder

Johann Gottfried Herder (1744—1803) erlebte schon früh die Wirkung Winckelmanns und Rousseaus. Er war ein gebürtiger Ostpreuße und studierte in Königsberg unter Kant, der in diesen Jahren die Philosophie der deutschen Aufklärung ähnlich wie Lessing darbot. Aber Herder wurde noch tiefer von der sybillinischen Weisheit eines anderen Königsberger Schriftstellers, J. G. Hamann, beeinflußt, der, vom pietistischen Glauben ausgehend, zu einem radikalen Antirationalismus gelangt war. In Riga gewann Herder als junger Lehrer und Geistlicher einen Eindruck von der slawischen Welt und der primitiven Kultur der Letten und Litauer. Nach zweijährigen Reisen, in deren Verlauf das denkwürdige Zusammentreffen mit Goethe in Straßburg stattfand, und nachdem er einige Jahre in Bückeburg, der kleinen Hauptstadt von Lippe, als Hauptprediger und Konsistorialrat verbracht hatte, kam er als Haupt der lutherischen Kirche nach Weimar. Er war einer der reichsten und produktivsten Geister seiner Zeit und der Urheber einer Fülle von frischen und originellen Gedanken, die nicht nur von seinen deutschen Zeitgenossen, sondern auch von den folgenden Generationen in ganz Europa — besonders auch von slawischen Intellektuellen — begierig aufgegriffen wurden. Herders Gedanken sind viel mißverstanden worden. Er hat sie nie systematisch zusammengefaßt und oft abgewandelt. Für großangelegte Darstellung und scharfe Begriffsdefinition besaß er nur geringe Fähigkeit. Kant äußerte, es fehle Herder an „logischer Pünktlichkeit in Bestimmung der Begriffe", obgleich er „einen in sich nicht lange verweilenden vielumfassenden Blick, eine in Auffindung von Analogien fertige Sagazität, im Gebrauch derselben aber kühne Einbildungskraft" besäße. Herders Begabung war ästhetisch und poetisch und arbeitete mehr über das Ohr als das Auge.

Die Entwicklung zu einer neuen Auffassung des Menschen, die von Shaftesbury bis Rousseau und Winckelmann immer rascher geworden war, fand in Herder ihre Vollendung. Gerade diejenigen Kräfte, die von den meisten Denkern der europäischen Aufklärung als ungezügelte Leidenschaften, Unwissenheit und Aberglauben verschrien worden waren, wurden jetzt zu einem wesentlichen Bestandteil der Persönlichkeit erklärt. Aus der Totalität der menschlichen Persönlichkeit entspringe das „innere Gefühl", der Mutterschoß aller menschlichen Gedanken und Handlungen. Die Wahrheit sei nicht das Ergebnis der Vernunft, sondern der gesamten schöpferischen Kräfte des Individuums, und werde nicht durch Reflexion, sondern in Sprache, Mythos, Religion und Poesie ausgedrückt. Deshalb gebe es nicht eine Wahrheit oder Norm, sondern nur die Vielheit der historischen Formen. Keine Gegend, Zeit oder Nation besitze den gesamten Inhalt der Humanität, die in Tausenden von Formen und in ständigem Wechsel durch die Geschichte läuft. Ebensowenig kann nach Herders Ansicht ein höherer oder geringerer Wert den frühen oder späten Stadien der Kultur beigemessen werden. Wie die Kindheit nicht bloß der Weg zum Mannesalter ist, sondern ihre eigenen Bedürfnisse und Ideale hat, so besitzen auch die primitiven Kulturen ihren Eigenwert. In ihrer Sprache und Dichtung drücken sie eine echtere Wahrheit aus als die Philosophien reifer Kulturen, in denen die harmonische Totalität des menschlichen Wesens durch künstliche Reflexion verschüttet worden ist.

Es ist nicht schwer, in diesen Beobachtungen den Gegensatz zwischen Rousseaus *homme naturel* und *homme artificiel* zu entdecken. Aber Herder greift die Probleme von einem anderen Gesichtspunkt aus an. Sein Denken ist ausschließlich auf die Kultur ausgerichtet. Der absolutistische Staat als eine seelenlose Maschine bildet für Herder einen Gegenstand bitteren Hasses. Er verabscheut die Monarchie Friedrichs II., in der er geboren war, als ein Reich des Pyrrhus und ist sicher, daß sein „verjochtes Vaterland" erst dann glücklich sein wird, wenn es in einen brüderlichen Bund aller seiner Teile umgeformt wird. Herder begrüßte die Französische Revolution, weil sie dem Absolutismus in Frankreich ein Ende bereitete. Aber er kritisiert die Herrschaft der Jakobiner, jener „kecken, stolzen, frechen Menschen, die sich berufen glauben, alles zu ordnen, ihr Bild jedermann aufzuprägen ... Gut, daß diese Dämonen ... selten erscheinen; wenige von ihnen können auf Generationen Unglück verbreiten." Der Staat, vor allem der auf kalter Macht aufgebaute Staat, erschien Herder als eine Maschine, die den Menschen seinen natürlichen humanen Aufgaben entfremdet. Herder war besonders kritisch gegenüber der Monarchie Friedrichs, weil dieser die deutsche Kultur ablehnte, während er von Peter dem Großen und Katharina, die sich in Übereinstimmung mit der russischen Nationalität befanden, freundlicher dachte. Herders Vorliebe galt einem althergebrachten patriarchalischen Staat. Rousseaus Ideal der Gleichheit berührte ihn nicht.

Herder befaßte sich mit den kulturellen Tätigkeiten der Menschheit und mehr mit dem Volk als mit dem Staat. Die schöpferische Kraft des Menschen verwirkliche sich in menschlichen Tugenden, Sitten und Künsten und wandle sich in den verschiedenen Völkern und Zeitaltern, von denen jedes seine eingeborenen natürlichen Eigenschaften zum Ausdruck bringe. „Jede Nation hat ihren Mittelpunkt der Glückseligkeit in sich, wie jede Kugel ihren Schwerpunkt." Während Leibniz von den Monaden als den „lebendigen Spiegeln des Universums" gesprochen hatte, faßt Herder die Nationen als lebendige Spiegel auf, wobei jede in ihrem besonderen Brechungswinkel die Menschheit widerspiegelt. Die frühe Volksdichtung sei nicht weniger Kunst als die hochentwickelte Literatur und Homer so groß wie Sophokles. Herder gibt zu, daß die Individualität in ihrem Geschmack und ihrem Streben nicht universal sein kann, aber er sieht in einem derartigen „Nationalismus" — ein von ihm geprägter Ausdruck — einen nützlichen Ansporn zur kräftigen Entfaltung der Kulturen.

Von Herders Kulturnation führt kein gerader Weg zur modernen politischen Nation. Herders Nationen oder Völker erstreben Humanität, keine politische Organisation. Er verleiht ihnen nicht das Recht nationaler Selbstbestimmung. Dagegen vermochte Herders „Nationalismus" das Bewußtsein einer nationalen Kulturgemeinschaft zu wecken, das später hohe politische Bedeutung erlangen sollte. Wären seine politischen — oder vielleicht besser gesagt antipolitischen — Ideen nicht im Gedankenaustausch mit den Ideen anderer modifiziert worden, so hätten sie zu einer traditionalistischen und antizentralistischen Haltung geführt. Aber wo Herders quietistischer Nationalismus mit Kants oder Fichtes Autonomie des menschlichen Willens oder mit den Gedanken der Französischen Revolution zusammentraf, entfaltete seine Philosophie eine explosive politische Kraft. Dies zeigte sich schon im deutschen Nationalgefühl der napoleonischen Zeit, und in der Freiheitsbewegung der slawischen Nationen während des 19. Jahrhunderts nahm dieser Prozeß noch größere Ausmaße an.

Als Philosoph unterließ es Herder, eine systematische Geschichtsphilosophie zu entwickeln. Im ganzen gesehen, vertrat er einen mehr oder weniger abgewandelten Pantheismus, obgleich er als Theologe einen gewissen Anschein von Theismus zu wahren wünschte. Während er anfänglich glaubte, die Universalgeschichte werde von der Vorsehung geleitet, versuchte er später, die Geschichte in die Natur einzubetten, und zwar nicht in materialistischer oder naturalistischer Weise, sondern in einer vitalistischen Begriffssprache. Aber all seine philosophischen Konstruktionen liefen schließlich doch auf die Annahme hinaus, daß es die Menschheit ist, die die wahre Humanität als die schaffende Kraft in ihren echten historischen Verwirklichungen hervorbringt. Im Grunde war die Religion für ihn nur eine höhere Form der Humanität. Von der Bibel sagt er, sie sei ein menschliches Buch, von Menschen für Menschen geschrieben. Das Alte Testament ist ihm eine Schatzkammer hebräischer Volksdichtung. Theologische Exegese zu betreiben, um christliche Dogmen aufzustellen, erscheint ihm absurd. Diese Einstellung machte selbst die christliche Offenbarung zu einem Erzeugnis des Volksgeistes. Herder vermochte nicht, ein Gesetz der historischen Entwicklung herauszuarbeiten. Er war, wie er es ursprünglich beabsichtigt hatte, der Historiker der „menschlichen Seele überhaupt". Die Kultur entspringe der Totalität des Fühlens junger Nationen. Diese Totalität sei durch die künstlichen Elemente späterer kultureller Entwicklungen gefährdet worden. Aber das wahre Genie kann die Kultur neu beleben. Ein Genie wie Shakespeare verjüngt Sprache und Poesie und mit ihnen die natürliche Schöpferkraft des Menschen.

Goethe

Als Herder anfing, seine Theorien über die Bedeutung des Genies darzulegen, war er schon mit Goethe in Berührung gekommen und hatte mit ihm die „Genieperiode" oder den „Sturm und Drang" in der deutschen Literaturgeschichte eingeleitet. Im Jahre 1773 veröffentlichte Goethe seinen „Götz von Berlichingen", ein Schauspiel nach der Art Shakespeares, das sich über alle klassischen Formen des zeitgenössischen Dramas, einschließlich des Lessingschen, hinwegsetzte. Auch sein Stoff war nicht weniger ungewöhnlich. Er betraf die Welt des deutschen Mittelalters, das als das Zeitalter echter *humanitas,* vollblütigen Lebens und heroischer Taten hingestellt wurde. „Götz" wurde als ein Protest gegen die künstlichen Konventionen und die philisterhafte Öde der bestehenden Ordnung geschrieben. Ein Jahr später erschien „Werthers Leiden", ein Roman, in dem eine einsame Seele höchster Sensibilität am Konflikt mit der Welt zugrunde geht. „Werther" rief nicht nur in Deutschland, sondern auch in ganz Europa einen Sturm der Gefühle hervor.

„Werthers Leiden" überragte Rousseaus *Nouvelle Héloïse* durch Goethes überlegene Einbildungskraft, dergleichen keiner seiner engsten literarischen Freunde und Nachahmer besaß. Ihre Auflehnung gegen die herkömmliche Ordnung war radikal und schritt über die Literatur zur Kritik der sozialen und politischen Zustände fort. Während Goethe im Rückblick auf seine Jugend sagt, es sei damals „in Deutschland kaum jemand eingefallen, jene ungeheure privilegierte Masse [den Adel] zu beneiden oder ihr die glücklichen Weltvorzüge zu mißgönnen", schrieb er 1790: „Ritter, Räuber, Wohltätige, Dankbare, ein redlicher biederer Tiers Etat, ein infamer Adel ... das sind nun schon zehn Jahre die Ingredienzien und der Charakter unserer Romane und Schauspiele." Doch führte dieser revolutionäre Schwung, der jene jungen Schriftsteller beseelte, zu nichts. Er mag eine gewisse Empfänglichkeit für soziale Reformen geschaffen haben, darüber hinaus trug er jedoch nur zur Reform der privaten gesellschaftlichen Formen bei. Dies war recht wichtig, was Ehe und Familie anging, dagegen von mehr symbolischer Bedeutung in Fragen der Mode. Goethe und sein Herzog gaben die Rokoko-Kleidung auf und erschienen im „Wertherkostüm", das weniger salonhaft und für das Umherschweifen im Freien geeigneter war.

H. L. Wagner, M. R. Lenz und F. M. Klinger, dessen Schauspiel „Sturm und Drang" der ganzen Bewegung ihren Namen verlieh, waren als Schriftsteller bald vergessen. Wenig von dem, was etwa der Vertreter der Amoral, Wilhelm Heinse (1749—1803) oder die Dichter des Göttinger „Hainbundes" schufen, überlebte diese Jahre. Als der literarische Lärm scheinbar nachgelassen hatte, kam ein junger Schwabe, Friedrich Schiller (1759—1805), 1781 mit seinen „Räubern" heraus, 1783 erschien der „Fiesko" und 1784 „Kabale und Liebe", alles leidenschaftliche Anklagen der Tyrannei. Diese Stücke zeigen ein für den Bühneneffekt hochentwickeltes Talent, und obgleich sie nicht frei von Klischees und literarischen Übertreibungen sind, atmet aus ihnen doch echte und reine Begeisterung. Unterdessen hatte Goethe, der 1775 nach Weimar gekommen war, neue Wege eingeschlagen. Das erste Jahrzehnt in Weimar war die Zeit, in der seine größten Visionen Gestalt anzunehmen begannen, und Werke wie „Faust" und „Wilhelm Meister" sollten ihn für den Rest seines Lebens begleiten. Seine Tätigkeit als Staatsminister stellte ihm konkrete Aufgaben und gab ihm einen Einblick in das Leben eines Gemeinwesens. Seine Liebe zu Charlotte von Stein wurde ihm zur Quelle eines Glückes, das auf dem Gefühl persönlichen Wachstums beruhte. In diesen Jahren schien es, als ströme seine lyrische Dichtung mühelos aus ihm hervor, während er gleichzeitig in immer weitere Provinzen des Geistes eindrang. Neben Leibniz war Goethe der universalste Geist, von dem die deutsche Geschichte weiß. Als seine persönlichen Aufgaben und Verpflichtungen in Weimar sich seinem Entwicklungsstreben als hinderlich erwiesen, ging er 1785 nach Italien. Unter einem südlichen Himmel, in der Welt der Antike, fand Goethe zu sich selbst. Er kehrte 1787 als Klassizist aus Italien zurück. Indem er damit der Freiheit des ästhetischen Stiles Grenzen setzte, fing er gleichzeitig an, seinem Leben eine bestimmte Ordnung aufzuerlegen. Seine Ehe, die Wiederaufnahme einiger Amtspflichten, die sich von nun an auf die Verwaltung des Bildungswesens, des Theaters und der Künste beschränkten, sowie seine völlige Hingabe an seine schöpferische Arbeit kennzeichnen ein Leben, das sich auf einer stetigen und geraden Bahn bewegte. Im Jahre 1790 veröffentlichte er zum ersten

Mal eine Ausgabe von „Gesammelten Werken". Abgesehen von seinen großen lyrischen Gedichten enthielt diese Ausgabe die neuen klassischen Schauspiele „Iphigenie auf Tauris" und „Tasso", das „Faust"-Fragment und den ersten Teil des „Wilhelm Meisters". Erst jetzt konnte das deutsche Publikum Goethes volle Gestalt und die neue Weltanschauung, die er vertrat, ermessen.

Obgleich Goethe Deutschlands größter lyrischer Dichter war, steht er doch trotz der weltweiten Aufnahme seines „Faust" hinter Homer, Dante oder Shakespeare zurück. Aber die Einheit seiner Persönlichkeit und seiner künstlerischen Leistung weisen ihm eine einzigartige Stellung an der Schwelle unserer eigenen Zeit an. Sein eigenes Innenleben wurde zum Gegenstand seiner Kunst. In seinem Alter äußerte Goethe, daß all seine Werke Fragmente eines einzigen Bekenntnisses seien. Er gab seiner Selbstbiographie den Titel „Dichtung und Wahrheit", nicht weil er das Gefühl hatte, er habe Einbildung und Tatsachen vermischt, sondern um anzudeuten, daß er die Gestalten und Ereignisse seiner persönlichen Erinnerung zu symbolischer Gültigkeit erhoben habe. Rousseau hatte den Weg in dieser Richtung gewiesen, aber sein Vermögen, die äußere Welt widerzuspiegeln, war nur begrenzt, während Goethes Fähigkeit, die Welt objektiv zu reflektieren, unendlich war. Das Wunder seines Genies war das Ineinanderspiel von künstlerischer Phantasie und dem leidenschaftlichen Streben nach der Vollendung seiner Persönlichkeit. Die Dichtung war für ihn das Mittel, die Wirklichkeit scharf zu erfassen und sich zu eigen zu machen. Aber gleichzeitig half ihm die künstlerische Objektivierung zur Harmonisierung der tiefen Gefühle, die alle Phänomene des menschlichen Geistes und Lebens in ihm hervorriefen. Der ständige Dialog über große Dinge, der im Herzen und Geiste Goethes vor sich ging, ermöglichte Werke wie den „Faust".

Goethe war kein in abstrakt-logischen Begriffen denkender Philosoph. Er begnügte sich vielmehr damit, in Symbolen Weisheit zu finden. Die Natur war für ihn ein lebendiges Universum. Die unendliche Kraft, die sie beseelt, bringe die Vielfalt der Formen und Schichten des Lebens hervor, das von Gestein und Pflanzen zum Menschen aufsteigt. Goethe vertrat einen Pantheismus, der die Welt als eine gute Welt bejahte. Dies besagt nicht, daß alles in dieser Welt für gut befunden werden soll. Die göttliche Kraft, die die Welt belebt, stößt zu immer höheren Formen vor, und nur wo Geist und Natur zusammenfallen, wird die Fülle des Lebens verwirklicht. So setzt die Phantasie des Künstlers das schöpferische Werk der Natur fort, indem sie die typischen Formen der Natur wahrnimmt und sie ins Bewußtsein bringt. Das Universum ist die Emanation der Urphänomene. Das geometrische und mechanistische Universum Newtons, dem die Zukunft gehören sollte, schätzte Goethe nicht. Er billigte keine Mikroskope, weil sie zur Voraussetzung haben, daß die Beobachtung der Teile zu einem Verständnis des Ganzen der Natur führt, während genau wie in der Kunst die Teile erst dann gedeutet werden können, wenn der Sinn des Ganzen ergründet worden ist. Goethes naturwissenschaftliche Studien, wie „Zur Morphologie der Pflanzen“ oder „Geschichte der Farbenlehre“, wurden für die Physiologie und Biologie fruchtbar.

Natur und Individualität waren die beiden Pole des Goetheschen Denkens, in dem die christliche Religion keinen rechten Platz fand. Er selbst sagte, er sei „zwar kein Widerchrist, kein Unchrist, aber doch ein dezidierter Nichtchrist“. Er hatte eine tiefe Hochachtung vor dem Urchristentum, betrachtete es aber als einen historischen Höhepunkt und niemals als die Quelle absoluter Weisheit. Der Mensch hat die natürliche Aufgabe zu wachsen und durch eigene Anstrengung zu reifen. „Hätt Allah mich bestimmt zum Wurm, so hätt er mich als Wurm geschaffen.“ Mit ganz ungewöhnlicher Schärfe bemerkte er, Kant habe seine Philosophentoga befleckt, als er dem Menschen das „radikal Böse“ zuschrieb. Die Selbstvollendung des Menschen wird durch das Individuum und nicht durch die Gesellschaft oder den Staat zuwege gebracht. Goethe besaß ein seltenes Verständnis für die Geschichte von Kultur und Kunst, und gelegentlich zeigte er tiefe Einblicke in die politische Geschichte. Aber letztere war für ihn der am wenigsten interessante Teil der Natur, in dem der Zufall eine bedauerlich große Rolle spielt und über dem ein Moderduft hängt. Der Staat verläßt sich hinsichtlich seines Gedeihens auf den einzelnen, von dem erwartet wird, daß er sich aktiv für die Aufrechterhaltung der natürlichen Gesellschaftsordnung einsetzt. Besonnene Herrscher und fleißige Bürger sind vonnöten. Goethe vertrat mit Überzeugung den Geist des aufgeklärten Absolutismus der antimilitärischen und wohltätigen Art. Trotzdem schlug sein Herz höher, wenn er große politische Gestalten, wie Friedrich, entdeckte, und er wurde ein großer Bewunderer Napoleons.

Goethe war, wie er selbst sehr wohl wußte, ein Kind des deutschen Bürgertums, wie es die Verhältnisse des 18. Jahrhunderts geformt hatten. Als solches war er auf das eigene innere Leben als den Schauplatz aller größeren menschlichen Konflikte ausgerichtet. Die großen politischen Kämpfe unter den Nationen wie auch die gesamte Welt der sozialen Spannungen und Leiden blieben außerhalb des Bereichs seines dichterischen und philosophischen Werkes. Die Gebiete der Natur und des Geistes, die er erfaßte, waren von einem so gewaltigen Ausmaß, wie es nur wenige Menschen je beherrschten, und er gestaltete sie zu einem Kosmos der Schönheit und der Weisheit. Dies vollbrachte er nach seiner Rückkehr aus Italien 1787, als er sich auf eine vorwiegend beschauliche Existenz beschränkte. Das vulkanartige Feuer, das in ihm brannte, wurde eingedämmt, und die tragischen Dissonanzen menschlicher Existenz, die ihn in seiner Jugend zu überwältigen drohten, wurden gemildert. Diese Entsagung war das persönliche Opfer, das er seinem Werke brachte.

Friedrich Schiller

Nach einer Jugend, die unter dem Druck einer engen Umgebung stand und durch die Tyrannei von Herzog Karl Eugen von Württemberg unerträglich gemacht wurde, fand Friedrich Schiller seinen ersten Ausdruck im Sturm und Drang. Der junge Schwabe, der in seinen „Räubern" Rousseaus Aufruf „zurück zur Natur" zu einer Idealisierung von Verbrechern umgestaltet hatte, die sich in die Wälder schlugen, um eine entwürdigende Zivilisation zu bekämpfen, hatte ein stark politisch-revolutionäres Temperament. In den Jahren nach 1784 machte er eine Wandlung durch, die ihn, wie Goethe, zur Sublimierung seiner Persönlichkeit führte. Als Schriftsteller entwickelte er sich von einem radikalen Subjektivismus zu einem ethischen Idealismus und zu klassischen Formen. Charakterstärke und Willenskraft halfen ihm über chaotische, von Armut und schweren Sorgen gequälte Jahre hinweg, bis es ihm gelang, sich häuslich einzurichten und eine Heimat in Jena und danach in Weimar zu finden. Aber die Jahre seiner größten Produktivität zwischen 1789 und 1805 standen unter dem Schatten zunehmender Krankheit, die aber seine einzigartige Reinheit des Gefühls und die kühne Hingabe an hohe Ideale nicht zu trüben vermochte.

Während Goethe als Dichter seine Persönlichkeit zu erweitern trachtete, indem er den Kern seines eigenen Wesens entwickelte, und in der Natur das Element des Seins fand, griff Schiller in die Sphäre des sittlichen Handelns des Menschen über. Er war in der Tradition der Leibnizschen und Wolffschen Philosophie aufgewachsen und hatte sich danach die Gedanken der Schule Shaftesburys zu eigen gemacht. Diese Gedanken führten ihn früh zu einer pantheistischen Deutung des Alls, die in seinen begeisterten Worten über die Schönheit der Welt und die göttliche Natur des Menschen Ausdruck fand. Mehr als irgendein anderer, mit der Ausnahme Rousseau, war Schiller von der Solidarität der Menschheit und ihrer Bestimmung zu Fortschritt, Vollkommenheit und Glück überzeugt. Auch Rousseaus Auflehnung gegen die erdrückenden Konventionen fand in ihm einen glühenden Anhänger. Die Kultur muß in der Natur begründet sein und ihr endliches Ziel in einem freien Staate der Vernunft verwirklichen. Kant vertrat dieselbe Denkform. Doch ging Schiller in seinem konkreten Ideal der Humanität, in dem Sinnlichkeit und Vernunft in eine Synthese gebracht werden, sowohl über Rousseau als auch über Kant hinaus. Der Kunst schrieb er die Funktion zu, den Menschen über bloßes Wissen hinweg auf die Ebene der schönen und harmonischen Persönlichkeit zu heben, für die die Griechen in der Vergangenheit und Goethe in der Gegenwart als Vorbilder dienten. Erst nachdem diese neue Humanität ins Leben getreten ist, besteht die Möglichkeit, den freien Staat der Vernunft auszubauen. Dazu war die Menschheit noch nicht vorbereitet, wie der Verlauf der Französischen Revolution Schiller lehrte, der sie anfangs als befreienden Durchbruch begrüßt hatte.

Während Schiller so den Gedanken an einen Umsturz des Staates aufgab, hielt er doch zäh an der erzieherischen und öffentlichen Aufgabe des Künstlers fest. So ätherisch viele Schillerschen Gedanken auch erscheinen mögen, beschränken sie sich doch nie auf das rein Ästhetische. Die Sinnlichkeit, die sich nach dem Besitz des Gegenstandes ihres Verlangens sehnt und damit den Menschen für immer an eine materielle Welt fesselt, geht in der Kunst eine Einheit mit dem Geist ein. Das Kunstwerk wird durch das Gefühl genossen, ruft aber nicht den Wunsch nach Besitz hervor, sondern erweckt dank seines idealen Charakters das Bewußtsein von der Transzendenz des Lebens. Das Erlebnis der künstlerischen Form verbindet die sinnliche und vernünftige Natur des Menschen. Wie Schiller es ausdrückt: „Nur durch das Morgentor des Schönen drangst du in der Erkenntnis Land." Aber Schiller hält es für die Pflicht des Künstlers, den Schlüssel der Kunst zur Erschließung der sittlichen Welt zu benützen, er soll den Konflikt zwischen Materie und Geist, zwischen Freiheit und Schicksal klar herausstellen und zeigen, wie dieser Konflikt sich im Leben der Individuen als Tragik auswirkt. Doch indem der Mensch durch seinen schöpferischen Geist der Welt Sinn und Gestalt gibt, erwirbt er sich Freiheit. Selbst in der Niederlage kann der Idealist seine Größe nicht verlieren, da sie nicht in seiner physischen oder materialen Existenz beschlossen liegt.

Die Stoffe, die seinem heroischen Charakter angemessen waren, entnahm Schiller der Geschichte. Seine Tragödien, „Don Carlos" von 1787, dann die in rascher Folge zwischen 1799 und 1804 erschienenen Werke „Wallenstein", „Maria Stuart", „Die Jungfrau von Orléans", „Die Braut von Messina" und „Wilhelm Tell", versuchen, die Natur und das Schicksal des Menschen in großen und idealen Dimensionen darzustellen. Diese Stücke sind zwar intellektuell konstruiert, und ihre didaktische Absicht, eine künftige Generation freier Menschen zu erziehen, ist nicht immer erfolgreich verschleiert, aber Schiller besaß einen vollendeten Sinn für die Möglichkeiten der Bühne und für dramatische Handlung. Darüber hinaus verfügte er über eine Sprache von plastischem Ausdruck und musikalischem Rhythmus, die seinen Stücken eine dichterische Schönheit von seltener Qualität verleiht. Er war der eigentliche Schöpfer des modernen deutschen Theaters. Da er glaubte, daß ihn das Studium der Philosophie von Zweifel und Furcht befreit habe, wünschte er, über die philosophische Stellung, die er im Verlauf dieser Jahre gewonnen hatte, Zeugnis abzulegen. Dabei entging er der Gefahr des Predigens nicht nur durch die Magie seiner Sprache, sondern auch durch seine hohen Gefühle, die mit erhabenen Gedanken Hand in Hand gingen. Wenn Goethe betete: „Gib uns ein reines Herz und große Gedanken", so fand dieses Gebet in bewegender Weise in Schiller Erfüllung; und des letzteren Behauptung, daß die Kunst den Weg zur Wahrheit und Vernunft wiese, wurde durch seine philosophischen Gedichte und Oden als wahr erwiesen.

Goethe und Schiller trafen 1794 in Jena zusammen, und es entwickelte sich eine enge Freundschaft, die bis zu Schillers frühzeitigem Tode 1805 anhielt. Ihre Beziehung beruhte sowohl auf gegenseitiger Bewunderung und gemeinsamen literarischen und philosophischen Interessen wie auch auf dem Bewußtsein, daß ihre Charaktere sich ergänzten. Das von Goethe geleitete Weimarer Theater und die kritisch-literarischen Zeitschriften, die Schiller im benachbarten Jena herausgab, waren die Sprachrohre, durch die diese beiden Männer das gebildete Publikum in Deutschland erreichten. In diesem Jahrzehnt herrschten sie wie zwei Konsuln über das gebildete Deutschland. Schillers Anwesenheit in Jena bis 1799, als er nach Weimar zog, und Goethes Verwaltung der Universität Jena gaben dieser kleinen Universitätsstadt große Anziehungskraft. Wilhelm von Humboldt, der damals die Grundlage zu seinem Humanismus legte, lebte hier einige Jahre in enger Berührung mit Schiller und Goethe. Durch K. L. Reinhold (1758 bis 1823) wurde die Universität Jena die erste Hochschule außer Königsberg, die Kants kritische Philosophie vertrat. Fichte kam 1794 nach Jena, Schelling 1798 und Hegel 1801. Kein Ort außerhalb des klassischen Griechenlands kann sich rühmen, so viele große Philosophen in einem einzigen Jahrzehnt beherbergt zu haben. Daß dies in der Universität des Herzogtums Weimar geschah, ist symptomatisch für die enge Verbindung, die zwischen dem Aufblühen der neuen deutschen Literatur und Philosophie bestand.

Immanuel Kant

Immanuel Kant (1724–1804), auf dessen Werk die spätere deutsche Philosophie beruht, wurde als Sohn eines armen Handwerksmeisters in Königsberg geboren. Sein ganzes Leben lang verließ er nur selten diese Stadt, und niemals überschritt er die Grenzen von Ostpreußen. Im Jahre 1755 wurde er an der Königsberger Universität Dozent; geduldig wartete er auf eine Professur, obgleich Friedrich ihn bei der Besetzung einer Vakanz überging. Kant wurde damals als ein fähiger Schriftsteller auf dem Gebiet der Philosophie weit bekannt und formulierte eine Theorie über die Ursprünge des Universums, die als die Kant-Laplacesche Theorie eine wichtige Rolle in der modernen Naturwissenschaft gespielt hat. Eine Professur bekam Kant erst 1770. Damals war er ein echter Vertreter der deutschen Aufklärung, wahrscheinlich nächst Lessing ihr bester Interpret, und ein sehr wirkungsvoller akademischer Lehrer, der auch geistig interessierte Mitglieder des preußischen Adels zu seinen Freunden zählte.

Von naturwissenschaftlichen Problemen wandte sich Kant in seinen Veröffentlichungen ethischen Fragen zu, und dieser Wechsel spiegelt den Eindruck wider, den Rousseau auf ihn machte. Doch folgte von 1770 an eine Periode des Schweigens, während der er ganz damit beschäftigt war, sich von den bestehenden philosophischen Traditionen loszulösen. Er war beinahe 60 Jahre alt, als er

1781 seine „Kritik der reinen Vernunft“ veröffentlichte, auf die 1788 die „Kritik der praktischen Vernunft“ und 1790 die „Kritik der Urteilskraft“ folgten. In den übrigen Jahren seines Lebens gab er noch andere, kleinere Werke heraus, darunter „Die Religion innerhalb der Grenzen der bloßen Vernunft“ (1793) und „Zum ewigen Frieden“ (1795). Der gefällige Stil von Kants „vorkritischen“ Schriften findet sich selten in seinen späteren Werken, die eine neue Periode der abendländischen Philosophie einleiten. Kant stand in der Tradition der neuzeitlichen Philosophie, die Descartes begründet hatte. Wie der große französische Denker, ging Kant bei seinem Versuch, die Gültigkeit der Erkenntnis zu beweisen, wie sie von der modernen Naturwissenschaft dargelegt worden ist, von dem Bewußtsein des Individuums aus. Bei dem Versuch, den absoluten Abgrund zwischen menschlichem Bewußtsein und der Welt der Erscheinungen zu überbrücken, halfen sich Descartes sowohl wie Leibniz mit der Annahme metaphysischer Begriffe. Locke und Hume hatten diese metaphysische Methode kritisiert. Die englischen Philosophen traten für einen streng „wissenschaftlichen“ empirischen Weg zur Wirklichkeit ein und argumentierten, daß keine Vorstellung der Vernunft den Anspruch auf Universalität und Notwendigkeit erheben könne. Allgemeine Ideen gingen nicht über das Besondere hinaus und seien auf Grund des allgemeinen Konsenses, nicht auf dem Wege des Denkens formuliert. Der englische Empirismus gab nicht nur die Metaphysik, sondern auch den Glauben an die Herrschaft der Vernunft über die Wirklichkeit auf.

Locke hatte keine große Gefolgschaft in Deutschland gefunden, wo die Leibniz-Wolffsche Schule eine nahezu absolute Herrschaft ausübte. Doch hätte sich diese Schule nicht für immer behaupten können, besonders nicht, nachdem David Hume dem englischen Empirismus einen neuen, mächtigen Ausdruck verliehen hatte. Es war Humes Skeptizismus hinsichtlich der Fähigkeit der Vernunft, die Wirklichkeit zu ordnen, und nicht so sehr der Empirismus, wogegen Kant sich wandte. Kants „kritische Philosophie“ setzte zwar der Vernunft Schranken, aber doch nur, um den Thron der Vernunft gegen den Skeptizismus zu sichern. Er verneinte die gesamte metaphysische Tradition, wie sie von Aristoteles und der Stoa zu Descartes, Spinoza und Leibniz weitergetragen worden war, und beschränkte alle Erkenntnis auf die Erfahrung, wobei er ein unerschütterlicher Verteidiger des Rationalismus blieb. Die „Kritik der reinen Vernunft“ weist nach, daß die englischen Empiriker nicht bewiesen haben, daß die Erfahrung die Mittel an die Hand gibt, durch die der menschliche Geist die Gegenstände der Erfahrung ordnet. Kant zeigt, daß der menschliche Geist die vielfältigen Sinneswahrnehmungen und Eindrücke mittels universaler Grundformen, der Formen der Anschauung (Raum und Zeit) und der Vernunft (der Kategorien wie Kausalität, Wirklichkeit, Einheit usw.) zu einer zusammenhängenden Erfahrung gestaltet. Diese Denkformen gehen aller eigentlichen Erfahrung voran, sie sind *a priori* vorhanden, und tatsächlich macht nur dieses *a-priori*-Prinzip der menschlichen

Erkenntnis eine geordnete Erfahrung möglich. Als eine notwendige und universale Ordnung entspringt die Wirklichkeit dem betrachtenden Subjekt durch Akte der Anschauung und des Verstehens, welche die eigentliche Struktur des menschlichen Geistes ausmachen. Anschauung und Verstehen sind keine willkürlichen und individuellen Akte, sondern allgemeingültige und notwendige Akte objektiven Urteilens. Die Formen der Anschauung beziehen die mannigfaltigen Sinneswahrnehmungen und Eindrücke auf ein Raum-Zeit-System, und die Kategorien des Verstehens ordnen die Gegenstände der Erfahrung als Wirklichkeit, Einheit, Ursache und Wirkung usw. All diese Akte intellektueller Synthese werden schließlich in der „transzendentalen Apperzeption" vereint, dem Bewußtsein des denkenden Subjekts von der Kontinuität seiner Erfahrung und der aktiven Rolle seines Denkens bei all seinen Erfahrungen.

Die *a-priori*-Begriffe sind nur im Reich der Sinneswahrnehmungen und Eindrücke wirksam, und diese können wiederum nur durch jene erfaßt werden. Die „Dinge an sich", von denen wir annehmen müssen, daß sie außerhalb dieser begrifflichen Formen existieren und unsere Sinneseindrücke verursachen, können dagegen nicht erkannt werden. Hier wären demnach die Grenzen aller theoretischen Erkenntnis erreicht, und damit würde jede Metaphysik verbannt. In dieser Hinsicht konnte Moses Mendelssohn von dem „alles zermalmenden Kant" sprechen. Kritisches und methodologisch gesichertes Wissen – oder Wissenschaft – wurde von ihm auf die Naturwissenschaft beschränkt. Kants Erkenntnistheorie war im Grunde eine philosophische Rechtfertigung der Naturwissenschaft Newtons, die von dem herkömmlichen Wissenschaftsbegriff radikal abwich. Die Naturwissenschaft ist nach Kant nicht ein Kopieren oder Beschreiben der Natur, sondern eine Synthese der Wahrnehmungen gemäß den universalen Normen des menschlichen Geistes. Es ist die Aufgabe der Philosophie, diese Normen klar ins Bewußtsein zu heben, indem sie dieses von dogmatischen Vorurteilen freimacht und seine schöpferische Spontaneität wiederherstellt.

Nach Kant bleibt der Vernunft eine objektive Erkenntnis des „Dings an sich" vorenthalten, und dieser Skeptizismus wurde von späteren Philosophen wie Schelling und Hegel vielfach kritisiert. Aber Kant glaubte, daß die theoretische Vernunft nur eine unter mehreren Tätigkeiten des menschlichen Geistes sei. Denken, Wollen und Fühlen sind die Funktionen des menschlichen Geistes, und im Erforschen der letzteren beiden sieht Kant den Weg, der in das Gebiet jenseits der wahrnehmbaren Welt hineinführt. Die „Kritik der praktischen Vernunft" analysiert die praktische Anwendung der Vernunft oder des moralischen Willens. Nicht das Verhältnis von Wahrnehmungen und theoretischen Urteilen, sondern das Verhältnis von Wille und Zweck bildet den Gegenstand der philosophischen Ethik. Auch hier wiederum läßt sich eine Lösung nicht von dem Inhalt eines empirischen Willens erwarten, sondern nur von einer *a-priori*-Synthese, welche die Form eines moralischen Gesetzes oder Imperativs annehmen muß. Das auf empirische Objekte gerichtete Verlangen ist von jenen abhängig und daher kein Akt des reinen Willens. Natürlich muß der einzelne im praktischen Leben bestimmte Mittel wollen, um bestimmte Zwecke zu erreichen. Aber von dieser Tatsache lassen sich nur Ratschläge der Lebensklugheit oder „hypothetische Imperative" herleiten. Wahres sittliches Handeln kann nicht auf persönlichen Wünschen aufgebaut werden, nicht einmal auf so hochstehenden Wünschen wie denen nach Glück oder Vollkommenheit. Wenn die Natur beabsichtigt hätte, das Glück zur Bestimmung des Menschen zu machen, so hätte sie ihn mit einem untrügerischen Instinkt statt mit einem Gewissen begabt, das mit den Begierden des Menschen ständig im Widerstreit liegt. Ein rationaler sittlicher Wille kann philosophisch niemals durch etwas definiert werden, was außerhalb des Bereichs der Vernunft liegt. Nichts ist gut außer dem guten Willen. Daraus folgt, daß ein Sittengesetz oder „kategorischer Imperativ" das Ergebnis der Autonomie oder der Selbstbestimmung der praktischen Vernunft sein muß. Der menschliche Wille muß freiwillig die Pflicht auf sich nehmen, die in Maximen ausgedrückt wird, welche als Prinzipien einer allgemeinen Gesetzgebung für Menschen praktischer Vernunft dienen können. So formuliert Kant den kategorischen Imperativ: „Handle so, daß die Maxime deines Willens jederzeit zugleich als Prinzip einer allgemeinen Gesetzgebung gelten könne."

So wurde ein allgemeines Sittengesetz aufgestellt, das dem Individuum keinen Platz ließ, aus dessen Gewissen es ursprünglich entsprang. Es war demokratisch in dem Sinne, daß es von jedem Individuum strenge Konformität verlangte. Die Würde des Menschen beruht demnach auf seiner Fähigkeit, ein Gesetz zu achten, ohne dabei auf seinen persönlichen Vorteil bedacht zu sein. In diesem Lichte gesehen, ist der Mensch sich selbst ein sittlicher Zweck, und Kant verlangt: „Handle so, daß du die Menschheit, sowohl in deiner Person, als in der Person eines jeden anderen, jederzeit zugleich als Zweck, niemals bloß als Mittel brauchst." Sittlichkeit ist nur als ein Ergebnis der Freiheit möglich, und obgleich die theoretische Vernunft die Realität der Freiheit nicht beweisen kann, vermag sie diese doch auch nicht zu widerlegen. Da aber die Freiheit wirklich sein muß, wenn es Sittlichkeit geben soll, wird die Realität des „Dings an sich" von der praktischen Vernunft erwiesen. Die Gewißheit, die auf diese Weise erlangt wird, ist jedoch von theoretischem Erkennen sehr verschieden. Das Gewissen und die Fähigkeit, seinem Rate zu folgen, machen es nötig, diese Vorbedingungen anzunehmen, die sittliches Handeln ermöglichen. Der Begriff der Freiheit ist kein Gegenstand der Erkenntnis, sondern ein Postulat, ein Akt des Glaubens, und zwar eines Glaubens, der *a priori* und daher notwendig und allgemeingültig ist.

So wird die praktische Vernunft von der reinen Vernunft unabhängig gemacht, und dies brachte Sinneswelt und moralische Welt in schroffen Gegensatz. Als ein Mitglied der ersteren ist der Mensch durch die in der Natur herrschenden Notwendigkeiten gebunden, während er als Mitglied der letzteren, der noumenalen oder intelligiblen Welt, Freiheit besitzt. Da das sittliche Bewußtsein den Zugang zu einer die wirkliche Welt transzendierenden Sphäre öffnet, sieht Kant in ihm die einzige Möglichkeit zur Rechtfertigung der Religion. Seine philosophische Ethik verrät ihren Ursprung in der alten lutherischen Ethik, die seine pietistische Mutter und seine frühen Lehrer ihm tief ins Herz eingepflanzt hatten. Seine Kritik an der flachen utilitaristischen Ethik des 18. Jahrhunderts trägt einen echt lutherischen Stempel. In seiner Religionsphilosophie, besonders in seiner Annahme eines „radikal Bösen" im Menschen, lassen sich ähnliche lutherische Züge erkennen. Aber Kant betrachtete sich nicht eigentlich als einen Christen. Eine theologische Ethik verwarf er ganz und gar. Die natürliche Religion der *philosophoi* wurde in seinen Händen zu einer vernünftigen Religion der Moral, und obgleich er Gott, die Seele und die Unsterblichkeit als Ideen beibehielt, vollendete sein Rationalismus die Auflösung des christlichen Dogmas. Die sichtbare Kirche bedarf nach Kant eines statutarischen Glaubens, der jedoch nicht absolut ist und vom „Blödsinn des Aberglaubens und dem Wahnsinn der Schwärmer" unbedingt gereinigt werden muß. Aber die sichtbare Kirche ist bloß eine äußere Vertreterin der unsichtbaren Kirche, und diese wiederum bleibt ein rein vernunftmäßiges Symbol der geistigen Gemeinschaft sittlicher Menschen, die auf die Verwirklichung des Sittengesetzes in der Geschichte der Menschheit hinarbeiten.

Der Staat ist für Kant der Bereich, in dem das Verhältnis zwischen sittlicher Freiheit und natürlicher Notwendigkeit ausgeglichen werden muß. Kants politisches Denken kam erst in den Jahren unmittelbar vor der Französischen Revolution vollständig zur Reife. Selbst vor der Revolution hatte Kant versucht, die moralische Freiheit auf die politische Welt auszudehnen. In der Revolution, die er ein „Phänomenon" nannte, das sich „in der Weltgeschichte nicht mehr vergißt", sah er einen großen sittlichen Akt, der die Welt der Notwendigkeit umformt. Während des ganzen Jahrzehnts nach 1790 blieb er ein Bewunderer der Französischen Revolution, trotz des „Elends und der Greueltaten", die in ihrem Gefolge um sich griffen. Kants frühe Gedanken über den Staat waren von den üblichen Theorien des aufgeklärten Absolutismus nicht wesentlich verschieden. Da die Fähigkeiten der Vernunft in der Gattung und nicht im Individuum voll entwickelt werden, erschien ihm eine „bürgerliche Gesellschaft" erforderlich, die den allgemeinen Willen gegen widerspenstige Einzelwillen durchsetzt. Die gleichzeitige Betonung der geistigen Freiheit ließ sich unschwer mit einer Institution vereinbaren, die dazu bestimmt war, die Natur zu überwachen, um den Boden für das Wachstum einer jenseits des Bereichs der Politik liegenden Sittlichkeit vorzubereiten.

In seinen späteren Werken trat Kant jedoch für eine engere Verbindung zwischen Sittlichkeit und bürgerlicher Gesellschaft ein. Er verlangt nicht nur „bürgerliche Gleichheit" und „bürgerliche Selbständigkeit", d. h. den Schutz der Rechte des Individuums auf Leben und Lebensunterhalt gegenüber Verletzungen durch andere Individuen und die Regierung, sondern auch „gesetzliche Freiheit", die Bürgerrechte in einem repräsentativen Verfassungsstaat. Kant übernahm zwar die Theorie der Volkssouveränität, gab aber zu, das Ideal eines sich selbst Gesetze gebenden souveränen Volkes sei „nur eine Idee", denn er sah nicht, wie man ohne einen Zwangsstaat auskommen könne, der benötigt wird, um die unsittlichen und unfreien Akte des Menschen hintanzuhalten. Die ideale repräsentative — Kant nannte sie „republikanische" — Verfassung ist ein auf jede Staatsform anwendbares Vorbild. Die Machthaber müssen „autokratisch herrschen und dabei doch republikanisch regieren", d. h. in Analogie zu vernunftmäßigen Grenzen, die sich ein Volk geben kann.

Da Kant dem Bürger nicht das Recht zuerkannte, eine unrechtmäßige Regierung zu bekämpfen, war das praktische Ergebnis der Kantischen philosophischen Konstruktion im Hinblick auf liberale politische Rechte nur sehr bescheiden. Seine Hoffnung, daß die Herrscher sich in ihren autokratischen Handlungen „republikanisch" erweisen würden, zeigte sich zwar in der preußischen Reformzeit als nicht ganz unbegründet. Aber es war unrealistisch, wie Kant bei seiner Forderung nach Gleichheit aller Individuen den Klassencharakter des bestehenden deutschen Staates ganz außer acht ließ. Immerhin eröffnete Kant eine Periode der Geschichte, in der die Philosophen bei der Aufstellung politischer Programme führend waren.

Ein anderer Versuch Kants, ein Verhältnis zwischen der sinnlichen und der intelligiblen Welt herzustellen, seine in der „Kritik der Urteilskraft" enthaltene Kunstphilosophie, übte eine unmittelbare Wirkung aus. In der „Kritik der reinen Vernunft" und der „Kritik der praktischen Vernunft" erstreckte sich der Bereich der Vernunft auf die Erkenntnis der Formen, d. h. der allgemeinen Gesetze in der theoretischen und der universalen Normen in der praktischen Vernunft. In der einen blieb der Gegenstand der Erkenntnis, in der anderen der empirische Wille in ein undurchdringliches Dunkel der Irrationalität eingehüllt. Aber die organische Natur und die Kunst passen nicht in dies Kantische Schema. Sie sind nach Kant nie auf allgemeine Regeln, sondern immer auf ein individuelles Beispiel bezogen und beanspruchen doch allgemeine Anerkennung. Das Urteil, daß eine Landschaft oder ein Kunstwerk schön oder erhaben seien, richte sich immer auf das Spezifische, obgleich es allgemeine Gültigkeit verlange. Kant fand seine Lösung in dem teleologischen Charakter von Kunstwerken und organischen Wesen. Die innewohnende Einheit der konstituierenden Teile eines Ganzen läßt sie uns so erscheinen, *als ob* sie von einem unbekannten Schöpfer mit einem Zweck begabt worden seien. Weder naturwissenschaftliche Gesetze noch ethische Normen können auf teleologische Urteile angewendet werden, die über den Intellekt und die Vernunft hinausweisen. Hinsichtlich der Kunst erkennt Kant auch eine schöpferische Fähigkeit jenseits der Denkfähigkeit des Menschen an. Im künstlerischen Genie tritt eine Intelligenz in Erscheinung, die anders als die Natur handelt. In seiner Behandlung der Kunst entfernte sich Kant am weitesten von einem philosophischen Dualismus. Auf dem Wege philosophischer Überlegung gelangte er zu einem Standpunkt, der demjenigen sehr nahestand, welchen die großen deutschen Schriftsteller dieser Zeit einnahmen.

Die Wirkung der kritischen Philosophie Kants auf das deutsche Denken war ungeheuer. Während der nächsten 50 Jahre nahm das philosophische Leben Deutschlands keine der zeitgenössischen philosophischen Ideen Westeuropas in sich auf, da diese den deutschen Philosophen seltsam überlebt erschienen. Erst nach 1848 drang eine neue Welle westlichen Einflusses ein. Trotzdem wurde Deutschland, oder besser gesagt das protestantische Deutschland, nicht kantianisch. Die großen Figuren, an denen das Ende des 18. Jahrhunderts so reich war, und zwar sowohl in der älteren wie in der jüngeren Generation, waren selbst zu sehr Individualisten, als daß sie die Kantische Philosophie einfach als einen neuen oder endgültigen Glauben übernommen hätten. Zudem enthält das Kantische System, um das sich die Philosophen nun beinahe zwei Jahrhunderte lang bemüht haben, einige schwierige Stellen und Unklarheiten. Kant war zweifellos überzeugt, er habe die Vernunft gegenüber dem Skeptizismus der britischen Empiriker unangreifbar gemacht. Er habe zwar mit der „Kritik" der Vernunft die Grenzen der Vernunft abgesteckt, aber doch nur, um ihre Autorität um so sicherer wiederherzustellen. Er glaubte, eine Grundlage geschaffen zu haben, auf der die Philosophen mit Zuversicht weiterbauen könnten. Nichtsdestoweniger deuteten selbst diejenigen, die dieses Ziel der Kantischen Philosophie grundsätzlich anerkannten, seine Gedanken ihren eigenen Bedürfnissen entsprechend um. Friedrich Schiller, der wohl am meisten von allen „nicht berufsmäßigen" Philosophen dazu beitrug, die Kantischen Gedanken einem weiteren Publikum zugänglich zu machen, war zu sehr ein Verehrer an den Altären der griechischen Götter, um die christlichen Nebentöne der Kantischen Philosophie zu würdigen. Er verwandelte den Kantischen Moralismus in einen moralischen Ästhetizismus. Friedrich Schleiermacher (1768–1834) verwarf die Kantische Ethik und Religionsphilosophie als künstlichen Rationalismus, der nicht imstande sei, den christlichen Glauben auszudrücken. So wurde die Kantische Philosophie mit dem aktiven Widerhall, den sie fand, sofort wichtigen Abwandlungen unterworfen. Kants These von der schöpferischen Spontaneität der menschlichen Vernunft erregte wahrscheinlich den weitesten Beifall.

Aber gerade denjenigen, die eine solche Ermutigung zu frischem Voranschreiten im Reiche des Geistes begrüßten, mußten die Grenzlinien, die Kant gezogen hatte, als neue Fesseln erscheinen. Die Kantische Methode brachte nicht wirklich ein Weltbild hervor, d. h. eine einheitliche Deutung des Universums und der Stellung, die der Mensch darin einnimmt. Sie rückte die reine und die praktische Vernunft weit auseinander und ergab bloß eine „formale" oder „begriffliche" Erkenntnis. Von dem „Ding an sich" wurde gesagt, es sei zwar logisch notwendig, könne aber nicht erkannt werden. So schien es vielen, als sei der Skeptizismus nicht überwunden worden. Solange die Vernunft als eine Funktion des Bewußtseins galt und die objektive Wirklichkeit nicht erfassen konnte, blieb sie eine subjektive Eigenschaft, und es tat sich eine tiefe Kluft zwischen Denken und Existenz auf. Hegel sagte einmal von der Kantischen Philosophie: „Dieses ist eine vollendete Verstandes-Philosophie, die auf Vernunft Verzicht tut."

Johann Gottlieb Fichte

Johann Gottlieb Fichte (1762—1814) war der erste Philosoph, der das Kantische System umformte und dessen Ergebnisse auf eine feste Grundlage stellte. Er war als Sohn einer armen Weberfamilie in der Lausitz geboren. All seine Ideen trugen den Stempel seines aktiven Charakters und gebieterischen Geistes. Das Studium Kants bildete seine methodische Schulung. Ab 1790 führte er, erst in Jena, dann in Berlin, die Kantische Philosophie auf die Metaphysik zurück, wenn auch nicht auf die alte Metaphysik, die auf der Konstruktion einer objektiven Welt beruhte. Er ging vom Subjekt aus, das auch im Kantischen Denken an der universalen Vernunft teilhatte. Kant hatte jedoch neben die Vernunft eine zweite Vorbedingung der menschlichen Erfahrung, nämlich die Mannigfaltigkeit der äußeren Objekte, gestellt. Fichte erklärte diese objektive Welt genauso zu einem Teil des menschlichen Bewußtseins wie die rationalen Fähigkeiten. Er beschreibt das Selbstbewußtsein als das Ich und das Nicht-Ich und entdeckt im vernünftigen Ich die Fähigkeit, sich selbst zum Gegenstand des Denkens zu setzen. Dieser Akt des „Sich-selbst-Zusehens" der Intelligenz ist für ihn — wie später für Schelling und Schleiermacher — die eigentliche Methode der Philosophie. Durch intellektuelle Anschauung erwirbt der Mensch alles Wissen der Sinneswahrnehmung, der intellektuellen Begriffe und der Vernunft sowie die sittlichen Ideen, die für Fichte das Absolute darstellen. Aber alles, was das Studium der ins Bewußtsein gerufenen Objekte, d. h. des „Nicht-Ich", zustande zu bringen vermag, besteht darin, daß es sie Schritt für Schritt ordnet, aber niemals in ihrer Totalität erfaßt. Dieser schöpferische Prozeß kann jedoch nur in einem absoluten Sittengesetz seine Rechtfertigung finden. Die Vernunft ist sittliches Handeln. In der Zeit voranschreitend, erlegt sich das Ich durch die Setzung des Nicht-Ich Schranken auf. Die Erfahrung der Endlichkeit all dieser gesetzten Inhalte des Denkens offenbart die Absolutheit der Sittlichkeit. So erscheint der freie sittliche Wille als der wahre Souverän des Seins. Die Entwicklung der Freiheit ist die Rechtfertigung für die ungelösten Probleme und ist die Aufgabe der Welt. Fichte ordnet die theoretische Vernunft ganz und gar der praktischen Vernunft unter. Aber dadurch, daß er das Vorhandensein unintendierter freier Handlungen zugeben muß, stößt er an die Grenzen seiner rationalen Deduktionen. Um diese Schwierigkeiten zu überwinden, näherte er sich in seinen späteren Jahren einem philosophischen Irrationalismus.

Doch gab Fichte seinen Idealismus nicht auf, in dem der Geist oder die Vernunft nur ein Element der Sittlichkeit ist. Das ganze empirische Leben ist beständig dabei, sich in eine moralische Ordnung zu verwandeln. Es ist von einem absoluten Ich, dem Bilde des Göttlichen, bestimmt. Sein ewiges Wesen wird in den freien Handlungen der Individuen dargestellt, und diese Handlungen müssen nach den Möglichkeiten des einzelnen und durch seine freie Selbstbestimmung zur Verwirklichung der Vernunft beitragen. Fichte konstruiert die Geschichte der Menschheit als ein einziges Leben, das von einem ursprünglichen Zustand einer unbewußten oder halbbewußten Rationalität über Stadien zunehmender Nichtbeachtung der sittlichen Autorität zur Anarchie der Meinungen und Leidenschaften und schließlich zu einer Stufe fortschreitet, auf der das Individuum hinter seinen Entschlüssen eine höhere und universale Regelmäßigkeit zu entdecken beginnt. Willkür verwandelt sich jetzt in sittliche und intellektuelle Freiheit; Selbstdisziplin und die umsichtige Anwendung der Vernunft sind imstande, die Vernunft im Leben zu realisieren.

Was Fichte von Kant unterscheidet, ist nicht so sehr der größere Radikalismus seines ethischen Idealismus wie sein kühner Glaube an die Verwandlungsfähigkeit der Wirklichkeit. Die Vernunft schafft die Welt und führt die Menschheit zu ihrem vorbestimmten Ziel. In diesem Lichte gesehen, werden Staat und Gesellschaft vorübergehende und fragwürdige Organisationen, die nach Belieben aufgebaut oder abgeschafft werden können, um der Sache der Vernunft zu dienen. In seiner Weltanschauung und seinem Temperament hat Fichte eine gewisse Verwandtschaft mit den Führern der Französischen Revolution. Aber verglichen mit dem Fortschritt der Menschheit spielte die praktische Politik immer nur eine geringe Rolle in Fichtes Denken. Ursprünglich erwartete er alles vom kulturellen Wachstum des Individuums und verlangte dementsprechend die äußerste Beschränkung aller Regierungstätigkeit. Aber bald übernahm er die Kantische Rechtfertigung des Staates als einer Einrichtung, die für den Schutz der Freiheit des Individuums gegen die Verletzer dieser Freiheit notwendig ist. Nachdem Fichte dieses Prinzip angenommen hatte, ging er darin sehr weit. Wenn der Staat seinen Bürgern Leben und Lebensunterhalt garantieren soll, müssen ihm die Mittel zur Verwirklichung dieses Zieles an die Hand gegeben werden, und dies umschließt die volle Aufsicht über die Wirtschaft des Landes. So veröffentlichte er 1800 seinen „Geschlossenen Handelsstaat", das erste neuzeitliche Programm des Staatssozialismus in Deutschland. Doch sollte auch der sozialistische Staat dem Fortschritt der Vernunft dienen, der die Welt vereint. In der weiteren Entwicklung seiner Philosophie begann Fichte dem Staat die Aufgabe zuzuschreiben, die Erziehung des Menschen zu fördern. Der Staat, für

Kant ein Rechtsstaat, soll, wie Fichte es ausdrückt, auch ein Kulturstaat werden. Der absolutistische Staat, der sich für aufgeklärt hielt, obwohl er sich auf bloße Gewalt stützte, wird jetzt für sündig erklärt. Unter dem Erlebnis der Fremdherrschaft in Deutschland wurde Fichte zum feurigen Propheten des Nationalstaats. In dem durch die Erkenntnis der Bestimmung der Menschheit geistig gewandelten Deutschland sah er die führende Nation, und daher schien ihm dessen äußere Freiheit von höchster Wichtigkeit. Aber selbst in der Form seiner im Winter 1807/08 in Berlin gehaltenen „Reden an die deutsche Nation" richtet sich Fichtes Nationalgefühl auf die Befreiung der Menschheit durch vernunftmäßige Gedanken.

Die Philosophie Fichtes, wie sie in den 1790er Jahren ans Licht trat, bildete das Sprungbrett für die Entwicklung der metaphysischen Systeme von F. W. J. Schelling (1775–1854) und G. W. F. Hegel (1770–1831). Wie Fichte begannen diese beiden schwäbischen Denker ihre Laufbahn als Theologen, und noch mehr als Fichte wurden sie von der Wiederbelebung des Spinozaschen Pantheismus beeinflußt. Der Ausgangspunkt ihrer frühen Studien war die Analyse des Verhältnisses zwischen Subjekt und Objekt, das beide, bis zu einem gewissen Grade den Fußstapfen Fichtes folgend, als ein Verhältnis der Identität definierten. Doch war die Welt Schellings nicht mehr diejenige Kants oder Fichtes, sondern die Goethes. Goethes Naturbetrachtung wurde von dem jungen Schelling auf ein metaphysisches System übertragen, indem er den Hauptakzent von der Sittlichkeit auf ein vorwiegend ästhetisches Interesse verlegte. In der Philosophie Hegels, die etwas später zur Reife kam und, wie wir sehen werden, das deutsche Geistesleben nach 1815 beherrschte, wurde die Weltgeschichte zum Schauplatz, wo sich die intelligible und die empirische Welt begegneten.

Andere Philosophen

Die Zahl der schöpferischen deutschen Philosophen dieser Zeit ist zu groß, als daß man sie alle hier auch nur kurz näher beschreiben könnte. Einige von ihnen sollten mehr Schüler im Ausland als in Deutschland finden, wie z. B. K. C. F. Krause (1781–1832) in Spanien. Neben Gestalten wie J. F. Fries (1773 bis 1843), J. F. Herbart (1776–1841), Franz Baader (1765–1841) stand Arthur Schopenhauer (1788–1860), der trotz seiner glänzenden schriftstellerischen Gaben in der Zeit des deutschen Idealismus den Anschein eines traurigen Versagers erweckte, jedoch nach 1850 als Philosoph den größten Einfluß in Deutschland ausübte. Schopenhauer, dessen Hauptwerk „Die Welt als Wille und Vorstellung" 1819 erschien, zog aus Kants Werken Schlüsse, die ihn zu einem unbedingten Gegner der Schulen Fichtes, Schellings, Fries' und Hegels machten. Während alle diese Philosophen bestrebt waren, die Macht der Vernunft über das Leben zu verteidigen und den Rationalismus mit der christlichen Religion zu harmonisieren, glaubte Schopenhauer weder an die Vernunft noch an die christliche Religion.

Der Kantische Satz, daß die Welt der Objekte uns nur in den Anschauungen unseres Bewußtseins vermittelt wird, wurde von Schopenhauer ins Irrationale gewendet. Wenn die Welt lediglich eine Vorstellung unseres Bewußtseins ist und nicht einmal Begriffe wie Raum und Zeit auf das „Ding-an-sich" zurückgeführt werden können, sind wir gezwungen anzunehmen, daß unsere Anschauungen reine Phänomene oder Illusionen der Wirklichkeit sind, die das Leben als verführerische Trugbilder erschafft. Gemeinsam mit Kant suchte Schopenhauer den Zugang zum Absoluten mehr auf dem Wege der praktischen als der theoretischen Vernunft, aber der jüngere Philosoph sprach auch dem menschlichen Willen jede Vernunft und Sittlichkeit ab. Der Wille sei ein blinder Trieb und ein eitles Begehren, das unaufhaltsam versuche, ein Bedürfnis, einen Mangel oder ein Leiden zu stillen. Die Erfüllung einer Begierde erwecke nur viele neue Wünsche. Solange der Mensch von seinem Willen angetrieben werde, bedrücke ihn die Unruhe von Hoffnung oder Furcht, und er finde weder Glück noch Frieden. Der Mensch werde nicht von der Vernunft, sondern von dem Willen zum Leben beherrscht. Schopenhauer war der Begründer der modernen Psychologie des Unbewußten, die Nietzsche und Freud später weiterentwickeln sollten. Die theoretische Erkenntnis ist nur eine untergeordnete Manifestation des unbewußten menschlichen Willens und würde den Menschen nicht beschäftigen, wenn die Gegenstände des Wissens nicht solche des Willens und der Begierde wären.

Wollen wir die wirkliche Wahrheit erkennen, so müssen wir die Interessen des Willens aufgeben. In der ästhetischen Betrachtung können wir einen wunschlosen Zustand der Schau erreichen. Die Kunst befreit von der Knechtschaft und dem Leiden, die der Wille auferlegt, und das Genie des Künstlers schafft eine bessere Verwirklichung der Welt, als sie die Wissenschaft hervorzubringen vermag. Die Wissenschaft ist an Kategorien gebunden, die nicht über die empirische Wirklichkeit hinausführen können. Aber die Vorstellungskraft des künstlerischen Genies reicht bis zu ewigen Ideen hin. Zwar sind die Kunstwerke Formen der Illusion, aber aus eben diesem Grunde spiegeln sie den Charakter dieser illusorischen Welt richtig wider. Der wahre Gehalt des Lebens wird in der Tragödie dargestellt, während eine noch tiefere Wahrheit sich in der Musik enthüllt. Im Gegensatz zur Literatur wird die Musik durch keine Objekte des Willens gefesselt. Daher ist sie die Sprache, in der die Welt selber philosophiert. Doch war die ästhetische Betrachtung, die dieser Sohn des Zeitalters von Goethe und Schiller allzu hoch stellte, kein Selbstzweck. Schopenhauer stimmte mit Kant und Fichte darin überein, daß nur die Sittlichkeit dem Menschen Würde zu verleihen oder zurückzugeben vermöge. Sittlichkeit konnte jedoch für Schopenhauer nur die Verneinung des Willens zum Leben bedeuten. Der asketische Heilige, der diesen Willen unterdrückt, erfaßt die höchste philosophische Wahrheit. Er hat den illusorischen Charakter der Welt erkannt und ist dadurch instand gesetzt, den nur in der Welt des Scheines herrschenden Unterschied zwischen sich selbst und anderen Individuen zu überwinden. Tatsächlich lebt in mir und den anderen dieselbe Kraft. Sobald der Irrtum des Prinzips der Individuation beseitigt ist, wird das Mitleid mit den Mitmenschen hervorquellen, und dieses Mitleid ist die Grundlage echter Sittlichkeit. Schopenhauer beschreibt in der Begriffssprache der indischen Philosophie, die gerade damals in Deutschland bekannt zu werden begann, die Individualität, die durch die Verneinung des Willens zum Leben in das Nichts oder Nirwana zurückkehrt.

Schopenhauers Pessimismus und Nihilismus machten auf seine Zeitgenossen keinen Eindruck. Obgleich die Wurzeln seines Denkens im selben Boden ruhten, dem die idealistischen Schulen entwachsen waren, wurde er als ein wilder Schößling am Baume der Philosophie betrachtet. Zu den Anschauungen der Schopenhauerschen Philosophie, die ihn von Hegel oder Schelling trennten, gehörte die zentrale Stellung, die christliche Grundgedanken, wie die Erbsünde, die Prädestination und die Erlösung durch die Liebe, in seinem System einnehmen. Als Sören Kierkegaard (1813—1855), der ein Schüler Hegels und Schellings gewesen war, kurz vor seinem Tode Schopenhauers Schriften las, war er überrascht, wie viel er mit ihm gemeinsam hatte. Aber obwohl Schopenhauer einige grundsätzliche christliche Gedanken besser als mancher bedeutende Theologe verstand, war doch das Christentum in seiner allgemeinen Verdammnis der Sinnlosigkeit des Lebens miteinbegriffen. Schopenhauer war der erste namhafte Deutsche, der der christlichen Religion gegenüber eine ausgesprochen feindselige Haltung einnahm. Tatsächlich war er — was vorher in Deutschland nicht möglich gewesen war — in seiner Jugend mit der kirchlichen Religion nicht in Berührung gekommen. Doch kam dies damals noch äußerst selten vor, und Philosophen wie Fichte, Schelling und Hegel fanden das Gehör der gebildeten Klassen nur deswegen, weil sie in ihren Vernunftsystemen der Religion einen Platz einräumten.

Der Zug zur Religion kennzeichnete viele Angehörige der Generation, die sich ihre persönliche Lebensphilosophie in den letzten Jahren des 18. Jahrhunderts bildete. Sie alle waren schon Nutznießer der Leistungen Kants, Herders, Goethes und Schillers und verlangten zu einer noch höheren Würde des Menschen und einem sich unaufhörlich erweiternden geistigen Horizont fortzuschreiten. Dieser Fortschritt ließ sich kurz mit dem Wort Kultur umschreiben, das bald von den Deutschen viel mißbraucht werden sollte. Wie das englische Wort *culture* wurde der Ausdruck Kultur ursprünglich gleichbedeutend mit Zivilisation gebraucht. Kant war der erste deutsche Schriftsteller, der einen Unterschied zwischen den beiden Begriffen machte, und zwar war es Rousseaus Kritik an den verderblichen Elementen der Zivilisation, die Kant zu seiner neuen Definition veranlaßte. Kunst und Wissenschaft wurden von ihm als Bestandteile der Kultur erklärt, während die Anpassung an äußere Bräuche in den Bereich bloßer Zivilisation fiel. Auch Sittlichkeit gehörte zur Zivilisation, solange sie bloß auf äußere Anständigkeit hinzielte, und Kant klagte darüber, daß unter den bestehenden politischen Verhältnissen die Entwicklung einer höheren Sittlichkeit weitgehend erstickt werde. Diese höhere Sittlichkeit, die nicht nach Lohn und Ehre fragt, sondern ausschließlich auf persönlicher Überzeugung beruht, war für Kant das Herzstück der Kultur.

Romantiker

Der Drang nach einer solchen Kultur vereinte auch eine Gruppe jüngerer Männer. Unter ihnen befanden sich Friedrich Schlegel (1772–1829), sein älterer Bruder August Wilhelm Schlegel (1767–1845), Friedrich von Hardenberg, der unter seinem Schriftstellernamen Novalis bekannt ist (1772–1801), Ludwig Tieck (1773–1853), Heinrich von Kleist (1777–1811), Friedrich Hölderlin (1770–1843), Clemens Brentano (1778–1842), Achim von Arnim (1781–1831), E. T. A. Hoffmann (1776–1822) und Jean Paul (Jean Paul Friedrich Richter, 1763–1825). Anfänglich hatte diese Bewegung ihren Mittelpunkt in Jena und danach in Berlin, wo sie lebhafte Fehden mit dem einheimischen Rationalismus ausfocht. Sie wird gewöhnlich als die romantische Schule (in Frankreich *romantisme*) bezeichnet, und es bestand in Deutschland allgemein die Tendenz, einen schroffen Gegensatz zwischen der Klassik Goethes und Schillers auf der einen und der Romantik auf der anderen Seite zu sehen. Tatsächlich jedoch waren beide Gruppen Teile einer einzigen Bewegung, die mit dem Sturm und Drang anfing. Zwar erkannten der reife Goethe und Schiller allgemeingültige Gesetze und Formen an, für die ihnen die griechische Antike als Vorbild diente, aber es war ein griechisches Ideal, das sie selbst geschaffen hatten, und mehr eine Projektion ihres eigenen Glaubens als eine bindende Norm, wie es im französischen Klassizismus Corneilles und Racines der Fall gewesen war. In seinen späteren Jahren hielt Goethe nicht einmal in vollem Maße an dem hellenischen Ideal seiner mittleren Jahre fest, sondern machte auch den Orient zum Gegenstand seiner geistigen und dichterischen Interessen. Die Klassik Goethes und Schillers beruhte auf dem Subjektivismus, der auch die Kantische und Nachkantische Philosophie charakterisierte. Was die jüngere Generation von der Generation Goethes und Schillers unterschied, war ihre Weigerung, die Schranken anzuerkennen, welche die beiden älteren Dichter sich auferlegt hatten und die sie befähigt hatten, in ihrer Persönlichkeit und ihrem Werk zur Einheit zu gelangen. Die Romantik griff auf den jungen Goethe, auf Herder und auf den Sturm und Drang zurück, unwillig, irgendwelche Einschränkung des Individuums durch die Unterwerfung unter allgemeingültige Gesetze und Ideale zu dulden. Für Goethe und Schiller in ihrer klassischen Periode war es eine Grundwahrheit gewesen, daß das empirische Leben unter dem Deckmantel der sinnlichen Welt ewig gültige Formen der Wahrheit und Schönheit enthält und daß es die Aufgabe allen philosophischen und künstlerischen Bemühens ist, diese Formen aufzuzeigen und sie in einer höheren Vervollkommnung des Individuums wirksam zu machen. Am Ende ließen sich Zeit und Ewigkeit, Ideal und Wirklichkeit, Freiheit und Norm harmonisieren.

Diesem „objektiven Idealismus" stellten die Romantiker ihren „subjektiven Idealismus" gegenüber. Sie leugneten sowohl die Gültigkeit solch ewiger Formen der Wahrheit und Schönheit wie auch die Möglichkeit, den Sinn des Lebens in zeitlosen Symbolen auszudrücken. Für sie war das Leben die Emanation des absoluten Geistes in der Welt, es war daher nicht „Sein", sondern „Werden", eine ewige Bewegung einmaliger individueller Akte, die nur durch die tätige Anwendung der sensitiven Einfühlung der Individuen verstanden und wiedergegeben werden konnte. Da sie eine Scheidung von Wirklichkeit und Geist in der Welt ablehnten, erklärten sie, das Verstehen hänge von der ungeteilten sinnlichen und intelligiblen Natur des Menschen ab, wie sie am besten an seinem ästhetischen Sinn exemplifiziert werde. Durch diesen Sinn, nicht durch ein System allgemeingültiger Wahrheit, werde eine innere Erhebung erreicht, ein Bewußtsein der Teilhabe an der ewigen Bewegung, die das Leben des Universums bildet. Durch eine solche dichterische Sicht, die als eine Art schöpferischer Aufnahmefähigkeit betrachtet werden kann, gewinnt das Individuum höhere Kraft, ohne jedoch zu einer permanenten Form zu gelangen. Es vermag eine entfernte Ahnung des Absoluten zu gewinnen, während es gleichzeitig die Vielfältigkeit der Einzelphänomene der geistigen Welt anerkennt. So freudevoll dieses persönliche Erlebnis auch sein mag, es muß zwangsläufig das Gefühl der Endlichkeit des Individuums verstärken und immer wieder ein neues Suchen nach dem Absoluten anregen. Das Heimweh war ein zentrales Gefühl der Romantik, das nur zeitweise durch Witz und Ironie, Haltungen, welche die Relativität aller Umstände und Anschauungen des menschlichen Lebens andeuten, überwunden werden konnte.

Die Romantik ging in ihrer Auffassung des Subjektivismus sehr weit und machte diesen sogar oft zu einem absoluten Wert. Im Grunde wurde das poetische Genie als die höchste Personifizierung des menschlichen Vermögens von einer Generation bewundert, die ihren tiefsten historischen Eindruck in dem Erlebnis von Goethes Persönlichkeit und Welt empfangen hatte. Der Persönlichkeit, folgerte man, solle die Freiheit gegeben werden, ihrem eigenen inneren Gesetz und Lebensstil zu folgen. Der Begriff des Naturrechts, den der Sturm und Drang zuerst in Frage gestellt hatte, der aber immer noch einen größeren oder geringeren Einfluß auf Kant und die klassischen Schriftsteller ausgeübt hatte, wurde von der Romantik durchweg verworfen. Aber ohne einen festen Leitstern fanden sich die Romantiker auf offener See. Sie ließen den Gefühlen und Stimmungen der Seele freien Lauf, die sie in einer neuen Tiefe erforschten und dichterisch darstellten. Es gelang der romantischen Phantasie, einen geistigen Inhalt in aller Wirklichkeit zu entdecken und in Mythos, Märchen und Träumen neue Welten jenseits der realen Welt zu finden. Nicht nur ein magischer Zauber wurde über alle Erscheinungen gesponnen, sondern auch das menschliche Leben wurde von einem neuen erwärmenden Licht erhellt. Erst die Romantik machte die Liebe zur Grundlage der Ehe, wie sie auch viele andere menschliche Beziehungen neu gestaltete. Wenn ein Franzose wie Victor Hugo das Wort *romantisme* als Synonym von Liberalismus anwenden konnte, so meinte er damit den neuen Glauben an die Individualität, für den die Romantiker sich einsetzten.

Aber es kam nicht so weit, daß die Romantik aus sich heraus vorbildliche Maßstäbe geschaffen hätte. Unter den deutschen romantischen Schriftstellern befand sich kein Goethe oder Schiller vergleichbares literarisches Genie. Ihnen allen fehlte es an dem plastischen Sehvermögen der Klassiker, und ihre Lyrik weist statt dessen eine tiefe Verwandtschaft mit der Musik auf. Bezeichnenderweise zeigten sich die Romantiker von ihrer besten Seite, wo sie ihre Gedanken um ein schon bestehendes Werk ranken konnten. Angefangen mit Friedrich Schlegel, waren sie wahrhaft große Literatur- und Kunstkritiker. Auch waren sie große Übersetzer, die es verstanden, die künstlerische Form und den Sinn eines Werkes ganz ins Deutsche umzusetzen. Wenn Shakespeare im 19. Jahrhundert geradezu den Platz eines deutschen „Klassikers" einnahm, so geschah dies dank der Übersetzung von A. W. Schlegel und L. Tieck, die man gelegentlich die größte dichterische Leistung der romantischen Schule genannt hat. Doch war sie nur das bedeutendste Ergebnis einer allgemeineren Bestrebung, die auf die Verwirklichung dessen, was Herder im Auge gehabt hatte, auf die Erschließung der Literatur aller Nationen und aller Zeiten für den aktiven geistigen Genuß, gerichtet war. Die Schöpfung einer allen Menschen zugänglichen „Weltliteratur" stellt eine bleibende Errungenschaft der deutschen Romantik dar.

Dies war gleichzeitig der Ausdruck einer neuen Einstellung zur Geschichte, die die Romantiker beseelte. Die Aufklärung hatte die Geschichte verweltlicht und ihr durch die Werke von Montesquieu, Voltaire und Gibbon eine neue Bedeutung gegeben. Diese neue Geschichtsinterpretation hatte auch in Deutschland Vertreter gefunden, obgleich es den akademischen Historikern, die Lehrbücher für die Studenten und nicht Werke für ein allgemeines Leserpublikum schrieben, an literarischer Qualität fehlte. Aber diese vornehmlich von Göttinger Gelehrten verfaßten Studien waren mehr als eine bloße Nachahmung der westeuropäischen Aufklärung und die Anwendung ihrer Methoden und Gedanken auf die Probleme der deutschen Reichsgeschichte. So pedantisch und juristisch diese Geschichtsbehandlung war, bahnte sie doch den Weg für eine stärker individualisierende Geschichtsschreibung. In noch größerem Maße bewies dies Justus

Möser (1720—1794), der Geheime Referendar des merkwürdigen Bistums Osnabrück, in dem seit 1648 ein katholischer Bischof mit einem protestantischen Administrator in der Regierung abwechselte. Hier in Osnabrück waren die seltsamsten Formen des Reichsrechts und des Ständestaats zusammen mit einer alten Bauerngesellschaft bestehen geblieben. In seiner „Osnabrückischen Geschichte“ und seinen „Patriotischen Phantasien“ zeigte Möser einen lebendigen Sinn für die menschlichen Werte, die selbst in ungewöhnlichen historischen Erscheinungen verborgen sein mögen.

Aber nur Herder hatte grundsätzlich die Geschichtsphilosophie der Aufklärung in Frage gestellt, die in der Geschichte den Beweis für die Unveränderlichkeit der menschlichen Natur und Vernunft sah, die, wenn auch modifiziert, entstellt oder durch historische Umstände gesteigert, im Grunde sich gleichbleiben. Mit dem Glauben an die vernünftige Natur des Menschen war die Aufklärung zu einer umfassenden Neuinterpretation der Universalgeschichte aufgestiegen. Ihre Stärke lag darin, daß sie die Weltgeschichte als Einheit sah und aus klar definierten kausalen Erklärungen bestand. Der individuelle Wert aller historischen Phänomene wurde jedoch nicht erkannt. Die primitiven Völker oder praktisch auch frühere Jahrhunderte der Geschichte wurden lediglich als unvollkommene Stadien in der Entwicklung der Menschheit beurteilt, zuweilen sogar als Stadien, die sich im Lichte der Vernunft vielleicht hätten vermeiden lassen. Dagegen war für Herder die Individualität die Manifestation einmaliger Ideen von gleich großer Bedeutung, und die historische Entwicklung war für ihn die organische Entfaltung einzigartiger Kräfte. Doch hatten die Klassiker von Winckelmann bis Schiller ihr griechisches Ideal als eine höchste, alle anderen überragende Norm aufgestellt, und diese Richtung war so stark, daß sich selbst Herder in seinen späteren Jahren dem in Weimar herrschenden klassischen Geiste anpaßte.

Die Romantiker schritten jedoch auf dem Weg, den Herder gewiesen hatte, kühn weiter. Dies bedeutete nicht notwendigerweise, daß die Verehrung des antiken Hellas aufgegeben wurde. Ekstatisch sehnte sich Friedrich Hölderlin nach Griechenland, aber nicht mehr nach dem stillen apollinischen Hellas Winckelmanns, sondern dem Land des Dionysos und der religiösen Mysterien. Aber im ganzen wandte sich das romantische Geschichtsinteresse den nichtklassischen Kulturen zu, vor allem der deutschen Vergangenheit. Die Frühzeit der germanischen Geschichte und das Mittelalter kamen jetzt in volle Sicht. Die romantische Dichtung führte unmittelbar zu dem wissenschaftlichen Werk von Jakob und Wilhelm Grimm (1785—1863, 1786—1859) mit ihrer Sammlung der frühen literarischen Denkmäler und zu den Arbeiten Friedrich Karl von Savignys (1779 bis 1861) und der historischen Rechtsschule mit ihrem Studium der Frühperioden Deutschlands.

Die dem Individuum und seiner Entwicklung gewidmete Aufmerksamkeit, die zu einer der wichtigsten Quellen des neuen kritischen Geschichtsstudiums werden sollte, wurde von einem ungenügenden Verständnis der Struktur der Universalgeschichte begleitet; ganz allgemein wurde das romantische Bewußtsein mit seiner Ausweitung ins Unendliche dadurch beeinträchtigt, daß es an einer eigenen klaren Stellungnahme fehlte. Daher nahmen viele Romantiker eine Wendung zur Religion, als erster Friedrich Schleiermacher. In seinen „Reden über die Religion an die Gebildeten unter ihren Verächtern" von 1798 ermahnte der Mann, der in seinem späteren Leben als der bedeutendste Reformer der protestantischen Kirche und Theologie in Deutschland wirken sollte, die Hörer seiner philosophischen Vorlesungen, daß die Einheit allen geistigen Lebens nur in der Religion gefunden werden könne. Von Kants kritischer Analyse der menschlichen Erkenntnis ausgehend, behauptete er, daß eine Synthese der sinnlichen und der vernünftigen Welt eine vorherige Beziehungssetzung des Individuums zu dem universalen Lebensgrund voraussetzte, was keine reine oder praktische Vernunft zuwege bringen könne, sondern nur das Gefühl „schlechthinniger Abhängigkeit", d. h. vollkommener Unterordnung unter eine göttliche Bestimmung. Schleiermachers Definition sollte den Charakter der christlichen Theologie entscheidend umgestalten. Nicht mehr Lehren und Dogmen, selbst nicht der Glaube an Gott und die persönliche Unsterblichkeit, sondern das Gefühl der Immanenz des Unendlichen im Endlichen werden als das eigentliche Wesen der Religion betrachtet.

Schleiermachers Wunsch, die totale Einheit des geistigen Lebens trotz der Unzulänglichkeit der rationalen Erkenntnis zu begründen, fand bei seinen Zeitgenossen Sympathie und Widerhall, führte aber gleichzeitig zu der Forderung nach einer solchen Einheit in einer integrierten Organisation von Leben und Gesellschaft. Ein Jahr nach dem Erscheinen von Schleiermachers „Reden über die Religion" veröffentlichte Novalis einen Aufsatz mit dem Titel „Christenheit und Europa", der eines der bedeutendsten Programme der romantischen Sozialphilosophie wurde. Alle romantischen Dichter und Schriftsteller lehnten den absoluten Staat ab. Wie Kant begrüßten sie anfänglich die Französische Revolution und betrachteten sie auch noch in späteren Jahren als eine unvermeidliche, wenn auch bedauernswerte Folge der Sünden des Despotismus. Aber während Kant auf die Zukunft blickte, von der er hoffte, sie werde einen Fortschritt über die vergangenen und gegenwärtigen Stufen der Geschichte hinaus bringen, sah Novalis das Ideal in dem Stadium verkörpert, das dem Zeitalter des Absolutismus voranging. Er verherrlichte das Mittelalter als die Periode der Einheit und des Friedens, in der Europa unter der Führung eines weisen Klerus ein geistiges Reich bildete. Religion war der Lebenshauch der mittelalterlichen Kultur, und die Kirche gab dem menschlichen Geist Ideale höchster Schönheit und Wahrheit. Novalis findet Symptome des Niederganges schon im späten Mittelalter, aber erst durch den Protestantismus und den modernen Rationalismus scheint ihm die volle Zersetzung eingetreten zu sein. Die religiöse Spaltung gab den seelenlosen Staaten Gelegenheit, die kirchliche Autorität an sich zu reißen. Vernunftmäßiges wissenschaftliches Denken zerstörte die Schönheit, die der mittelalterlichen Ordnung entsprang, und entthronte schließlich Gott, indem es ihn zum müßigen Betrachter eines sich selbst vorantreibenden mechanischen Universums machte.

Novalis' Auffassung von der mittelalterlichen Kirche und Kultur war der Ausdruck eines enthusiastischen Pantheismus. Er sah offenkundig über viele historische Tatsachen hinweg und wurde auch dem Wesen der katholischen Religion nicht völlig gerecht. Aber in späteren Jahren trug die romantische Idealisierung des Mittelalters viel zur Wiederbelebung des deutschen Katholizismus, vor allem in den gebildeten Kreisen, bei. Ihr Vorspiel war der Übertritt einiger Vertreter der Romantik, darunter Friedrich Schlegels, zum Katholizismus. Manche romantische Seele fand im katholischen Glauben die Autorität, die zu finden ein ruheloses Suchen noch individueller Wahrheit nicht imstande war. Auch wurde der Boden für eine bestimmtere Stellungnahme zur Politik vorbereitet, der sich die Romantiker anfangs nur unverbindlich als einem Tummelplatz interessanter intellektueller Turniere genähert hatten. Aber als sich nach den Schlachten von Austerlitz und Jena (1805/06) die französische Herrschaft über ganz Europa verbreitete, halfen romantische Ideen, die von Edmund Burkes Konservativismus und dem Traditionalismus der französischen Emigrantenschriftsteller belebt wurden, allgemeine politische Theorien zu formulieren. In seinen „Elementen der Staatskunst" von 1808/09 wandte Adam Müller (1779 bis 1829), ein gebürtiger Berliner, der zum Katholizismus übergetreten war, zum ersten Mal romantische Gedanken auf die konkreten Probleme der Politik an. Es war Müllers mit äußerster Energie verfolgtes Ziel, den mechanistischen Staat des Absolutismus und die egalitäre und liberale Gesellschaft der Französischen Revolution zu vernichten. Feudalismus und eine soziale Hierarchie wurden von ihm für die idealen Gesellschaftsorganisationen erklärt. Er hielt sie für die einzigen Formen, welche die organische und sittliche Natur des Staates begründen könnten. Adam Müller, Friedrich Schlegel und Friedrich Gentz, der Übersetzer von Burke, gingen in diesen Jahren nach Wien, um die Unterstützung des österreichischen Staats für ihre Ideen zu gewinnen.

Die neue deutsche Kultur

Gegen die Vorstellung einer einheitlichen romantischen Bewegung sind Einwände erhoben worden; mit Ausnahme kleiner Gruppen, die sich kurz vor der Jahrhundertwende in Jena und Berlin, etwas später in Dresden und Heidelberg bildeten, standen auch tatsächlich die Vertreter der „romantischen Schule" wenig miteinander in Berührung. Von Anfang an waren die Gegensätze unter den verschiedenen Persönlichkeiten groß, sowohl hinsichtlich ihrer sozialen Herkunft wie auch in bezug auf ihre geistigen Anschauungen und ihren Charakter. Unter diesen vielen, höchst verschiedenartigen Naturen wurden die an sich schon recht unscharfen romantischen Ideen nach ganz verschiedenen Richtungen hin entwickelt, so daß sie sich einer einfachen Verallgemeinerung entziehen. Schon 1788 beobachtete Mirabeau den Aufschwung der deutschen Literatur und Poesie inmitten einer intensiven Tätigkeit theoretischer Reflexion, und er sagte voraus, daß die deutsche Epoche eher Früchte als Blüten tragen werde, weil der Verstand den Sieg über die Einbildungskraft erlangt habe. Ob diese Prophezeiung sich erfüllte, läßt sich schwer entscheiden, doch ist es wahrscheinlich richtiger zu sagen, daß die Früchte des Denkens gleichzeitig mit den Blüten der Phantasie reiften. Es ist für die geistige Bewegung in Deutschland bezeichnend, daß sie in ihrem Verlauf zwischen ästhetischer Schau und philosophischer Betrachtung wechselte. So wurde auch jetzt wieder ein Versuch gemacht, eine systematische philosophische Übersicht über all die gedanklichen Elemente zu finden, die die Klassik und Romantik geschaffen hatten. Die neuen Gedankengebäude wurden von F. W. J. Schelling und G. W. F. Hegel geschaffen. Letzterer hatte in der Zeit nach 1815 die größte Gefolgschaft in Deutschland und behielt sie bis weit in die dreißiger Jahre. Aber neben den Baumeistern metaphysischer Systeme war in der Zeit nach 1815 schon eine Generation jüngerer Gelehrter an der Arbeit. Die Reihen der Dichter lichteten sich, und das Talent wurde von akademischen Studien angezogen. Hier betätigte sich eine Gruppe von Männern, die einerseits Erben der großen Konzeptionen der Dichter und Philosophen waren, andererseits aber auch von Goethe und den Romantikern den Wert des individuellen Phänomens gelernt hatten, der den generalisierenden Abstraktionen und dichterischen Intuitionen leicht entgeht. Die Sprach- und Literaturwissenschaft, die Geschichtswissenschaft in all ihren Zweigen und schließlich die Naturwissenschaften waren die Gebiete, auf denen sich die deutschen Universitäten eine führende Stellung erwarben, die sie selbst nach dem Zusammenbruch der großen philosophischen Systeme aufrechterhielten.

Die Blüte der neuen deutschen Kultur zwischen 1770 und 1815 – zuerst in dem Buche von Madame de Staël beschrieben (1810), das schnell über die ganze Welt ging – war das Werk des deutschen Bürgers, wenn auch einige Adelige in den späteren Stadien daran beteiligt waren. Von der politischen Macht und der vollen Beteiligung am politischen Leben abgeschnitten und der sozialen Gleichberechtigung entbehrend, sahen sich diese deutschen Bürger zur Verwirklichung ihrer Persönlichkeit im Reiche des Geistes um. In dieser Haltung läßt sich ein stillschweigender Protest gegen die bestehenden politischen und sozialen Zustände entdecken, und gelegentlich kam dieser auch offen zum Ausdruck. Aber im allgemeinen waren die Führer des deutschen Idealismus davon überzeugt, daß eine Reform des öffentlichen Lebens mehr eine Sache der Erziehung als des politischen Handelns sei, und sie waren den Regierungen dankbar, daß sie ihnen die Freiheit zum Philosophieren ließen. Ein weiterer Grund für ihre fortdauernde Gebundenheit an die bestehenden Staaten lag darin, daß ihre Existenz größtenteils auf ihren Stellen im Staats- und Kirchenbeamtentum beruhte. Selbst der freie Schriftsteller schrieb vor allem für ein Beamtenpublikum. Wenn die Bürger in den Städten politische Interessen über die lokale Sphäre hinaus gezeigt hätten, wäre möglicherweise die Versuchung zu politischer Gruppenbildung aufgetaucht. Aber es ließen sich keine Anzeichen für ein derartiges Interesse entdecken. Deshalb war es besser zu versuchen, sich von den Philistern in den Städten und erst recht von der primitiven Masse der deutschen Bevölkerung, den Bauern, abzuheben. Es war ein streng aristokratisches Ideal, das die deutschen Denker mit ihrem Geniekult aufstellten. Die sozialen Unterschiede wurden als natürlich hingenommen. Wo sich, wie in der Romantik, ein tieferes Interesse am Leben des gemeinen Mannes entwickelte, behielt es doch den Charakter großer Überlegenheit. Das Wort *fraternité* fand im politischen Wortschatz Deutschlands keinen Platz.

Die Vertreter des neuen deutschen Geistes stellten ein Ideal des Menschen auf, das weit über den Schranken von Staat und Nation zu stehen beanspruchte. Der „Nationalwahn" erinnerte Kant an tierische Instinkte, die durch „Maximen der Vernunft" ersetzt werden sollten. Aber ein derartiges Nationalgefühl war in den unteren Klassen in höherem Maße vorhanden, als es die Gebildeten ahnten, und es sollte in den Freiheitskriegen seine außerordentliche Kraft beweisen. Kant hatte wohl nicht ganz unrecht, wenn er es als eine eher primitive Haltung einschätzte. Dieser latente, eingeborene Nationalismus bedurfte zu seiner Aktivierung der Führung der traditionellen eingeborenen Autoritäten, d. h. der Fürsten und der Kirche. Aber die Vertreter des Idealismus strebten nach einem höheren und stärker individualisierten Gefühl. Dafür fehlte es jedoch an einem konkreten Rahmen. Das deutsche Reich erweckte keine moralische Loyalität mehr. Sein endgültiger Zusammenbruch 1806 stieß auf völlige Apathie. Als Goethe, der sich damals auf einer Reise befand, die Nachricht hörte, machte er folgenden Eintrag in sein Tagebuch: „Zwiespalt des Bedienten und Kutschers auf dem Bock, welcher uns mehr in Leidenschaft versetzte als die Spaltung des Römischen Reiches." In der führenden Bildungsschicht beschränkte sich das deutsche Nationalgefühl ganz auf das kulturelle Gebiet. Soweit ein Nationalstolz vorhanden war, gründete er sich auf den besonderen Beitrag, den die deutsche Philosophie und Literatur für die Förderung der Menschheit als Ganzes leisteten. Während andere Nationen, d. h. Frankreich und England, ihre Energien in politischen Kämpfen verausgabten, schuf Deutschland geistige Ideale, die für alle Nationen gültig waren. So wurde das Fehlen jeglichen konkreten politischen Programms zu einem Element der Stärke erklärt. An dieser Haltung änderte die Französische Revolution nichts. Obgleich sie in ihrem frühen Stadium warme Zustimmung unter den deutschen Schriftstellern fand, verlangte keine wichtige Persönlichkeit dieselben Bürgerrechte für die Deutschen, und die Schreckensherrschaft sowohl wie die nachfolgende Zeit auswärtiger Kriege überzeugte die meisten deutschen Denker, daß die Revolution ein Erzeugnis des trügerischen Rationalismus der französischen Aufklärung war.

Selbst noch nachdem die Franzosen das Rheinland überrannt hatten, blieb die Anschauung der deutschen gebildeten Klassen kosmopolitisch. Seit der Neutralisierung von Norddeutschland im Jahrzehnt zwischen 1795 und 1805 durch den Frieden von Basel fehlte jeder Ansporn zu einem praktischen Eingreifen in die Politik. Erst nach der Auflösung des Reichs und der Niederlage Österreichs und Preußens in den Jahren 1805–1807 ließen sich neue Stimmen vernehmen. Im Winter 1807/08 hielt Fichte seine „Reden an die deutsche Nation" in Berlin. Er predigte einen neuen Begriff der Nationalität. Die Nationen seien keine bloßen Unterabteilungen der Menschheit, sondern Individualitäten, in denen sich der menschliche Geist verwirkliche. Ein universaler Geist könne nur das Nebenprodukt der Entwicklung einzelner Nationen sein. Fichte forderte seine Zuhörer auf, sich der französischen Herrschaft zu widersetzen und ihr Deutschtum zu verteidigen. Er definierte den Sinn der deutschen Nationalidee in weltbürgerlichen Begriffen. Als Hüter der höchsten Ideen der Menschheit verdienen die Deutschen ihre nationale Freiheit, nicht weil sie Deutsche seien, sondern weil ihre Kultur Vorbild jeder künftigen Kultur der Menschheit sein könne.

Was Fichte zu seiner Auffassung des Nationalismus führte, war die neue Philosophie der Individualität. Die Romantik mit ihrer noch stärkeren Betonung der Individualität war in ihrer Liebe zur deutschen Geschichte und Überlieferung noch wesentlich konkreter. Trotzdem identifizierten die Romantiker die Nation nicht mit dem Nationalstaat, sondern mit der deutschen Kultur, die für sie in einer gemeinsamen europäischen und christlichen Zivilisation eingebettet war. Erst in Ernst Moritz Arndt (1769–1860), dem Sohn untertäniger Bauern auf der schwedischen Insel Rügen, und noch radikaler in Ludwig Jahn (1778–1852) brach ein starker, schrankenloser Nationalismus durch. Beide waren unnachgiebig allem Ausländischen abgeneigt und wollten solcherart den deutschen Volksgeist (bei Jahn: das deutsche Volkstum) rein erhalten. Arndt stand unmittelbar unter dem Einfluß der politischen Tradition Schwedens, und Jahn zeigte noch deutlichere demokratische Tendenzen. Der Turnvater wollte durch disziplinierten Sport nicht nur die alte germanische Reckenhaftigkeit, sondern auch die Freiheit wiederherstellen. Arndt, ein Meister volkstümlicher deutscher Prosa, diente im Befreiungskrieg dem Freiherrn vom Stein als offiziöser literarischer Gehilfe. Aber nach 1819 bewahrte ihn diese Tatsache ebensowenig wie Jahn vor Schwierigkeiten mit der preußischen Reaktion. Der unmittelbare Einfluß der beiden Schriftsteller auf ihre Zeitgenossen war gering, doch fanden sie Gefolgsleute in der jüngeren Generation und trugen daher viel zur Entwicklung des neueren deutschen Nationalismus bei.

Zweites Kapitel

DEUTSCHLAND UND DIE FRANZÖSISCHE REVOLUTION, DAS ENDE DES REICHES UND DER ZUSAMMENBRUCH PREUSSENS, 1789–1807

Die deutschen Denker, die im letzten Drittel des 18. und in den ersten Jahren des 19. Jahrhunderts ein geistiges Reich der Dichtung und Philosophie begründeten, wurden von den politischen Ereignissen, die mit dem Ausbruch der Französischen Revolution begannen, nur wenig berührt. Anfänglich waren nicht einmal die deutschen Regierungen über die Umwälzung in Paris besonders beunruhigt. Joseph II., der sich auf einer Reise nach Frankreich eine Vorstellung von den Gefahren gebildet hatte, die sich über der französischen Monarchie zusammenballten, war durch die Aufstände in Belgien und Ungarn bedroht und außerdem 1787 in den Krieg mit der Türkei verwickelt. Preußen sah sogar die innere Schwäche Frankreichs mit Befriedigung. Friedrich Wilhelm II. hatte 1788 in die inneren Angelegenheiten der Niederlande eingegriffen, weil die Republikaner Wilhelm V. von Oranien vertrieben hatten, dessen Frau eine Schwester des preußischen Königs war. Eine preußische Armee unter Herzog Ferdinand von Braunschweig brachte den *Stadtholder* nach dem Haag zurück. Überraschenderweise erwies sich dieser Feldzug als ein einfacher Spaziergang, der den preußischen Herrschern ein ungerechtfertigtes Vertrauen auf die Tüchtigkeit ihres Heeres einflößte. Es sollte nicht mehr lange dauern, bis ein fremder Eroberer durch das Brandenburger Tor in Berlin einzog.

Im Bündnis mit England und den Niederlanden fühlte sich die preußische Regierung in der Lage, Machtvergrößerung zu suchen, indem sie Österreich das Leben erschwerte. Sie nahm mit den Führern der Aufstände in Ungarn, Galizien und Belgien Verbindungen auf und verstärkte ihre Beziehungen zu der Türkei und zu Polen. Eine Zeitlang schien es, als werde Preußen versuchen, seine Ziele mit Gewalt durchzusetzen, doch ließ sich Friedrich Wilhelm II. überreden, eine friedliche Beilegung auf Grund des *status quo ante* anzunehmen. In der Reichenbacher Konvention vom 27. Juli 1790 versprach Leopold II., den türkischen Krieg ohne Gebietserweiterungen zu beenden, während Preußen sich bereit erklärte, die revolutionären Elemente in den verschiedenen Habsburgerländern nicht mehr zu unterstützen. Der Kaiser schloß 1791 mit der Türkei Frieden. Rußland kämpfte weiter, und es gelang ihm, im Frieden von Jassy von 1792 die Dnjestr-Linie und die Anerkennung seiner Besitzungen auf der Krim zu gewinnen.

Wenn die Reichenbacher Konvention überhaupt einen Sinn gehabt hat — und Bismarck verneinte dies —, so war es der Versuch, den österreichisch-preußischen

Gegensatz zu begraben, der zu einem Wettlauf um die Gunst Rußlands geführt und damit die beständige Ausdehnung des russischen Reiches ermöglicht hatte. Daher war es folgerichtig, das Feld der Zusammenarbeit der beiden Mächte zu erweitern. Als der polnische Reichstag im Frühjahr 1791 eine monarchische Verfassung annahm, die dazu bestimmt war, dem Staat eine brauchbare Nationalregierung zu geben, kamen Österreich und Preußen überein, die Integrität und die Verfassung Polens anzuerkennen. Aber das Verständnis der beiden größten deutschen Mächte ruhte auf schwankender Grundlage. Preußen hatte sein Augenmerk immer noch auf weitere polnische Annexionen gerichtet, vor allem auf Danzig und Thorn, aber sogar auch auf Krakau. In diesem Augenblick übernahm Preußen die Regierung von Ansbach-Bayreuth, womit es zum ersten Mal eine politische Rolle in Süddeutschland spielte. Österreich war über den Erwerb der fränkischen Fürstentümer durch Preußen beunruhigt und wollte das Gleichgewicht in Deutschland wiederherstellen. Die österreichischen Staatsmänner trugen sich mit Plänen, Bayern im Austausch für Belgien oder für ein von Frankreich zurückgewonnenes Elsaß zu absorbieren.

Diese Gegensätzlichkeit der Ziele untergrub von Anfang an die Grundlage, auf der eine gemeinsame Politik gegenüber einem revolutionären Frankreich hätte aufgebaut werden können. Tatsächlich wollte keine der beiden Regierungen in Frankreich intervenieren. Leopold, der dort als Herrscher eines erzfeudalistischen Staates und als Bruder von Marie Antoinette unter schwerem Verdacht stand, war vorsichtig und ließ sich nicht in irgendwelche Aktionen hineinziehen, am allerwenigsten von den ultraroyalistischen Emigrantengruppen, die eine Propaganda in Umlauf setzten, die den Interessen Ludwigs XVI. und seiner Königin nur schadete.

Reibungen zwischen Frankreich und Deutschland

Zur ersten Reibung zwischen Frankreich und Deutschland kam es bei der Frage der Abschaffung feudaler Lasten. Einige deutsche Fürsten und Grafen besaßen Güter im Elsaß. Nach dessen Besetzung durch Frankreich war es ihnen gelungen, auf Grund besonderer Abmachungen mit der französischen Regierung aus diesen Gütern Einkommen zu beziehen. Ein im Sommer 1790 verabschiedetes Gesetz nationalisierte den Besitz der französischen Kirche, löste die Klöster auf und unterband die Jurisdiktion außerhalb Frankreichs residierender Bischöfe. Die Erzbischöfe von Trier, Mainz und Köln und die oberrheinischen Bischöfe legten beim Kaiser offizielle Beschwerde ein und verlangten, das Reich solle eingreifen. Die Mißgeschicke einiger Mitglieder des Reichsadels und einiger geistlicher Fürsten am Rhein trugen zu der Wärme des Empfangs bei, den der deutsche Adel den hochgeborenen Emigranten aus Frankreich zuteil werden ließ, welche bald in vielen Orten im Rheinland, vor allem in Koblenz und

Mainz, in großer Zahl erschienen. Unter ihnen befand sich Ludwigs XVI. jüngster Bruder, der Graf von Artois (später Karl X.), dessen Ziel die volle Wiederherstellung der politischen und sozialen Rechte von Adel und Krone war. Diese Emigranten versuchten ihre deutschen Gastgeber davon zu überzeugen, daß die revolutionäre Ordnung bei der geringsten Gewaltanwendung wie ein Kartenhaus zusammenfallen würde.

Österreichisch-preußische Intervention

Auf Leopold II. und Friedrich Wilhelm II. machten die emigrierten französischen Adeligen nur geringen Eindruck. Als die beiden Herrscher im August 1791 in Pillnitz in Sachsen zusammentrafen, weigerten sie sich, irgendeiner der Forderungen, die der ungebetene Graf von Artois vorlegte, beizupflichten. Die österreichisch-preußische Erklärung, die erst Wochen nach dem mißglückten Fluchtversuch der königlichen Familie aus Paris veröffentlicht wurde, stellte fest, daß die Geschehnisse in Frankreich die Interessen aller Herrscher berührten und daß Kaiser und König bereit seien, in Frankreich einzugreifen, um die Handlungsfreiheit Ludwigs XVI. wiederherzustellen und eine gemäßigte Verfassung einzuführen, vorausgesetzt, daß andere Mächte ihrer Macht entsprechende Streitkräfte beitrügen. Dies war eine recht schwache Geste, denn es war wohlbekannt, daß England nicht zu einer Intervention bereit war. Als Ludwig XVI. die neue französische Verfassung im September 1791 annahm, glaubte Leopold nicht mehr an die Möglichkeit einer gemeinschaftlichen europäischen Intervention. Aber innere Kräfte in Frankreich trieben auf den Konflikt zu, und die Pillnitzer Erklärung, deren Bedeutung von den royalistischen Auswanderern in der Öffentlichkeit absichtlich entstellt wurde, kam den Absichten der jakobinischen Führer entgegen, die von den inneren Schwierigkeiten des revolutionären Regimes gern auf äußere Probleme ablenken wollten. Zum selben Zweck konnte auf die Verbindungen verwiesen werden, die zwischen royalistischen Kreisen in Frankreich und im Ausland bestanden. So wurde von Kaiser Leopold verlangt, er solle die militärischen Demonstrationen der Emigranten im Rheinland unterdrücken, und obwohl Leopold in der Erfüllung dieser Forderung sehr weit ging, war die Entwicklung auf einen Krieg hin unaufhaltbar. Österreich und Preußen schlossen im Februar 1792 ein Defensivbündnis. Am 20. April 1792 stimmte die französische Konstituante beinahe einmütig für die Kriegserklärung gegen Franz II. (1792—1835), der einen Monat vorher seinem Vater nachgefolgt war. Die Girondisten erwarteten einen kurzen Krieg, doch sollten 23 Kriegsjahre mit nur kurzen Unterbrechungen folgen. Diese Jahre verschlangen viele Kinder der Revolution, und viele der ursprünglichen Ideen gingen verloren, während die französische Nation zu ihrem größten Triumph und schließlich zu ihrer Niederlage voranschritt. Nichtsdestoweniger brachten die Ideen der Französischen Revolution und französische Waffen ein neues Deutschland und ein neues Europa hervor.

Am 14. Juli 1792, dem dritten Jahrestag des Sturm auf die Bastille, fand die letzte Krönung eines deutschen Kaisers in Frankfurt statt. Das anschließende Treffen der deutschen Fürsten in Mainz, das letzte große Fest, das der Hochadel des Heiligen Römischen Reiches abhielt, zeigte wenig Einigkeit und noch weniger Bereitschaft, aktiv am Krieg gegen Frankreich teilzunehmen. Preußen hatte große Streitkräfte mobilisiert, während die österreichischen Truppen schwach waren. Die beiden Verbündeten waren sich nicht völlig einig darüber, wie sie sich für ihre militärischen Anstrengungen schadlos halten könnten. Es herrschte das Gefühl, daß Preußen sie in Polen suchen werde, während Österreich den bayrisch-belgischen Tauschplan wiederaufnahm. Es kam nicht zu bindenden Abmachungen, und die ungeklärte Streitfrage tat dem gegenseitigen Vertrauen der beiden Verbündeten Abbruch. Trotz der Revolution in Frankreich waren sie noch immer in das alte Spiel des Mächtegleichgewichts verstrickt. Ende Juni begann die Hauptarmee endlich ihren Marsch von Koblenz nach Paris. Ihr Befehlshaber war Herzog Ferdinand von Braunschweig, ein so aufgeklärter Fürst, daß nur wenige Monate vorher die Franzosen versucht hatten, sich seiner Dienste zu versichern. Trotzdem unterzeichnete er, bevor er nach Frankreich hinüberging, den nur leicht revidierten Entwurf eines Manifests, das von einem französischen Emigranten abgefaßt war und in bombastischer Sprache die Nationalversammlung und den Stadtrat von Paris für die Sicherheit der königlichen Familie verantwortlich machte, widrigenfalls mit der völligen Zerstörung von Paris und anderen Städten zu rechnen sei.

Das Manifest entzündete die Volksstimmung in Frankreich und machte es für die französischen Revolutionäre möglich, den Krieg als einen Krieg der nationalen Verteidigung gegen die Tyrannei zu proklamieren. Gleichzeitig gab es den Radikalen die Chance, den Sieg über die gemäßigten Elemente davonzutragen. Der König wurde gefangengesetzt. Anfang September, während die Armeen der Verbündeten zuerst Longwy und dann Verdun einnahmen und der Weg nach Paris offenzustehen schien, ermordete der Mob hilflose politische Häftlinge in den Gefängnissen von Paris und anderen Städten. Unter dem Schatten dieser Greuel fand die Wahl des Konvents statt. Er trat am 20. September zusammen und schaffte tags darauf die Monarchie ab. Am selben Tag wendete sich der Gang des militärischen Feldzugs. Zwar zeigten sich die Verbündeten den armseligen und nicht einmal zahlreichen Truppen, welche die Franzosen ins Feld zu schicken vermochten, weit überlegen. Aber im Feldzug von 1792 wurde die Entscheidung nicht durch die Zahl der Sansculotten herbeigeführt, sondern durch die ausgezeichnete Qualität der Offiziere, meist Bürgerlicher, die nach der Entfernung des Adels aus den oberen Befehlsstellen rasch befördert worden waren. In ihrem eigenen Lande kämpfend und von der Bevölkerung unterstützt, genossen die französischen Truppen den Vorteil größerer Beweglichkeit, während die Invasionsarmeen an ihre Nachschublinien gebunden waren. Aber die größten Schwierigkeiten entstanden für die Verbündeten durch die Haltung ihres Feldherrn. Herzog Ferdinand glaubte nicht eigentlich an die offensive Strategie, die auszuführen er sich hatte überreden lassen. Als entgegen den Voraussagen der Emigranten die Bevölkerung mürrisch und feindselig blieb, als die Österreicher es unterließen, Truppen in ursprünglich zugesagter Stärke zu entsenden, und als die Ereignisse in Paris darauf hindeuteten, daß die Verbündeten die Monarchie nicht würden retten können, wurde der Herzog unsicher. Auch war es offenkundig, daß der österreichischen und der preußischen Regierung nicht in erster Linie an der Überwältigung Frankreichs lag, sondern an ihren Gebietsentschädigungen. Am 20. September stießen die Verbündeten auf ein französisches Korps bei Valmy, wo nur ein Artilleriegefecht stattfand, das den Marsch auf Paris nicht blockiert hätte. Aber der Herzog ordnete eine Rast an und begann sich nach Deutschland zurückzuziehen. Goethe hatte recht, als er den preußischen Offizieren am Lagerfeuer sagte: „Von hier und heute geht eine neue Epoche der Weltgeschichte aus, und ihr könnt sagen, ihr seid dabei gewesen.“ Angesichts der neuen, von der Französischen Revolution entfesselten Kräfte hatte das alte Europa seine Hilflosigkeit bewiesen. Damit hatten diese Kräfte Zeit gewonnen, sich zu organisieren.

Rückzug der Verbündeten

Der Rückzug der verbündeten Truppen über den Rhein im Oktober ermöglichte den französischen Armeen große Erfolge. Sie vermochten Belgien im Norden, Savoyen und Nizza im Süden zu besetzen. Beschränkte Streitkräfte eröffneten vom Elsaß aus eine Offensive nach dem Norden. Speyer wurde am 30. September, Worms vier Tage später eingenommen. Am 21. Oktober fiel Mainz in die Hände der Franzosen, und eine französische Abteilung vermochte sogar, Frankfurt fünf Wochen lang zu besetzen. Die Wirkung, die das Erscheinen der Franzosen auf die Deutschen ausübte, war verheerend. Die Regierung von Pfalz-Bayern versicherte die Welt mit lauter Stimme ihrer Neutralität, und der Landgraf von Hessen-Darmstadt schickte seine Soldaten so weit er konnte vom Rhein fort. Der Kurfürst von Mainz verließ mit seinem üppigen Hof seine Hauptstadt. So war es nicht verwunderlich, daß die kleinen Fürsten in diesem Winkel des Reichs ihre geringen Kontingente nach Hause zurückriefen.

Mittlerweile führte die preußische Regierung unerfreuliche Verhandlungen mit Österreich und bestand auf dem Preis für ihre militärischen Anstrengungen, d. h. auf Entschädigungen in Polen. Katharina von Rußland hatte, sobald sie nach dem Frieden von Jassy die Hände frei bekam, ihre Expansionspolitik gegen Polen wiederaufgenommen, wobei sie die Opposition einiger Gruppen des polnischen Adels gegen die Verfassung als Hebel benutzte. Sie kritisierte zwar die Französische Revolution scharf und laut, aber wichtiger war ihr, Österreich und Preußen in Westeuropa kämpfen zu sehen, damit sie im Osten ihre Früchte einsammeln könne. Preußen und Österreich waren in der unangenehmen Lage, entweder Rußland allein vorrücken zu lassen oder die Unantastbarkeit und die Verfassung Polens gegen Rußland zu verteidigen und gleichzeitig gegen Frankreich einen Krieg zu führen. Preußen ließ sich durch die Aussicht auf Gewinne verleiten. Friedrich Wilhelm empfand nicht die geringsten moralischen Skrupel, den Bündnisvertrag von 1790 mit Polen zu brechen und die österreichische Regierung ganz und gar zu übergehen.

Zweite Teilung Polens

Hinter dem Rücken Österreichs einigten sich Preußen und Rußland auf die zweite polnische Teilung. Rußland riß den Rest von Litauen wie auch Podolien und Wolhynien an sich, während Preußen Danzig, Thorn, die Gebiete um Posen und Kalisch einsteckte, die zu einem „Südpreußen" vereinigt wurden. Im Januar 1793 ergriffen preußische und russische Truppen von ihrer Beute Besitz. Der Leiter der österreichischen Außenpolitik, Graf Philipp Cobenzl, war dadurch kompromittiert und wurde durch den preußenfeindlichen Grafen Thugut, einen herben und etwas plumpen Diplomaten, ersetzt, der jedoch neue Energie in die Kriegsbemühungen Österreichs gegen Frankreich hineintrug. Das österreichisch-preußische Bündnis war in diesem Kampfe kein zuverlässiges Werkzeug mehr.

Englands Eintritt in den Krieg

Am Vorabend des russischen und preußischen Angriffs gegen Polen wurde Ludwig XVI. in Paris guillotiniert, und die Aufregung, die dieses Ereignis in England hervorrief, ermöglichte es William Pitt, das englische Volk von der Notwendigkeit des Krieges zu überzeugen. Er hatte sich lange Zeit bemüht, den Krieg zu vermeiden, da die Revolution ursprünglich geteilte Meinungen und sogar einige Unruhe in England hervorgerufen hatte. Die Eroberung Belgiens durch Frankreich und dessen Nichtbeachtung der internationalen Abmachungen für den Schelde-Verkehr waren der ursprüngliche Grund für den offenen englisch-französischen Gegensatz gewesen, der schließlich 1792 dazu geführt hatte, daß England verlangte, Frankreich solle alle von ihm besetzten Länder räumen. Dies war zugleich eine Antwort an die Französische Nationalversammlung, die am 19. November 1792 allen Völkern, die ihre Freiheit gewinnen wollten, brüderliche Unterstützung versprochen hatte. Frankreich erklärte nicht nur England, sondern auch den Niederlanden den Krieg. Pitt begann mit dem Aufbau der ersten großen Koalition, die Spanien, Sardinien, Neapel, Portugal und offiziell auch Rußland umschloß, obgleich sich keine Hilfe von Katharina erwarten ließ. Das deutsche Reich hatte zwar im März 1793 Frankreich endlich den Krieg erklärt, aber die Reichsstände blieben passiv, bis sich im Herbst des Jahres einige deutsche Staaten unter dem Ansporn englischer Subsidien zum Handeln bewegen ließen.

Die Hauptlast des Kampfes wurde jedoch von den österreichischen und preußischen Armeen getragen. Eine österreichische Armee unter dem Herzog von Koburg-Saalfeld vertrieb die Franzosen erfolgreich aus den Niederlanden und wäre wahrscheinlich in Frankreich eingefallen, wenn Österreich und England nicht hauptsächlich an der vollständigen Besetzung Belgiens interessiert gewesen wären. Eine preußisch-österreichische Armee unter dem Herzog von Braunschweig eroberte nach einer längeren Belagerung Mainz zurück und kämpfte mit gutem Erfolg in der Pfalz und im Elsaß. Angesichts der militärischen Schwäche der Franzosen wären weitere Fortschritte auf diesem Schauplatz möglich gewesen, aber die politischen Meinungsverschiedenheiten der österreichischen und preußischen Regierungen und der Mangel an gegenseitigem Vertrauen unter den Befehlshabern gingen so weit, daß eine großangelegte Offensive nicht durchgeführt werden konnte. Dazu machte Frankreich in den Wehen des Bürgerkriegs einen hoffnungslos geschwächten Eindruck, so daß seine Unterwerfung nicht als eine unmittelbar dringende Angelegenheit erschien. Aber die verbündeten Staatsmänner irrten sich schwer. Die revolutionären Zuckungen beschworen zwar die Gefahr eines völligen Chaos herauf, aber die Jakobiner bauten aus dem brudermörderischen inneren Kampf und ihren abscheulichen Verbrechen eine zentralisierte Regierungsgewalt auf, wie sie weder Frankreich noch irgendein anderes Land je vorher gekannt hatten.

Carnot, „Organisator des Sieges"

In Lazare Carnot hatte der Wohlfahrtsausschuß ein Mitglied, das zum „Organisator des Sieges" wurde. Er besetzte die Führerstellen mit frischen militärischen Talenten, wie Jourdan, Hoche und Pichegru, und der junge Major Bonaparte bewährte sich zum ersten Mal bei einem verzweifelten Versuch, Toulon wieder zu erobern. Carnot schuf die Massenheere, welche die fremden Eindringlinge durch die *levée en masse* besiegten. Die neue Armee bewaffneter Bürger, die im Frühjahr 1794 die unerhörte Stärke von 800 000 Mann erreicht hatte, konnte neue Methoden der Kriegführung anwenden. Im Gegensatz zu den Söldnerheeren des Ancien Régime, die von einer eisernen Disziplin zusammengehalten wurden, verließ sich das neue Heer auf die Überzeugungskraft, die das Ideal der Gleichheit aller eingab. Das Desertieren war anfänglich ein ernstes Problem, konnte jedoch bei der großen Zahl von Soldaten, die der Regierung zur Verfügung standen, leichter ertragen werden. Nachdem sie die ersten Siege erfochten hatten, waren die französischen Heere nicht nur rein zahlenmäßig, sondern auch durch ihre neuartige Taktik überlegen. Während die alten Heere auf dem Marsch und auf dem Schlachtfeld als eine geschlossene Einheit behandelt wurden, konnten aus den modernen Divisionen Kampfeinheiten gebildet werden, die neue Arten von Manövern vor und in der Schlacht ermöglichten. Auch als Einzelkämpfer konnten die Soldaten des neuen Bürgerheeres eingesetzt werden, und es ließen sich Scharmützel- und Tirailleurtaktiken entwickeln. Von größter Bedeutung war es, daß Carnot und die Generäle seiner Wahl den Glauben an die Überlegenheit der Defensive und an die Notwendigkeit begrenzter strategischer Ziele aufgaben. Ein neuer Geist ergriff die Armeen der Französischen Revolution; die strategische Offensive galt nun als die beste Form der Verteidigung, und in der Schlacht suchte man schnelle Entscheidungen. Napoleon Bonaparte sollte diese neue Strategie zu ihrer höchsten Vollkommenheit entwickeln.

Im Spätherbst 1794 begann sich das Glück zu wenden. Im Dezember konnte Hoche infolge der ungenügenden Zusammenarbeit zwischen Österreich und Preußen die Österreicher aus ihren Stellungen in der Pfalz hinausdrängen. Im Gefolge dieses Ereignisses mußten sich die beiden Verbündeten auf das rechte Rheinufer zurückziehen. Die Franzosen konnten wieder in Belgien einfallen. Im Juni 1794 besiegte Jourdan die österreichische Armee unter dem Herzog von Koburg-Saalfeld. Im Winter 1794/95 wurde Holland überrannt und eine batavische Republik ausgerufen. Im Oktober 1794 erreichten französische Truppen Bonn, Köln und Koblenz. Diese französischen Erfolge von 1794/95 waren hauptsächlich das Ergebnis der fortgesetzten Streitigkeiten zwischen Preußen und Österreich sowie der Wirkung, die die polnische Frage auf die Politik der beiden Mächte ausübte. Die Beteiligung Preußens an den Kämpfen an der Rheinfront war schon 1794 ganz gering, da es von den Schwierigkeiten, die sich in Polen zusammenbrauten, in Anspruch genommen war. Im März 1794 brach hier ein Aufstand aus, bei dem der niedere Adel, der Klerus und die Stadtbürger unter der mutigen und fähigen Führung von Thaddäus Kosciuszko sich gegen die fremden Unterdrücker ihrer nationalen Freiheit erhoben. Die preußische Armee war bei der Bekämpfung dieser östlichen Revolutionäre nicht besonders erfolgreich. Das Dazwischentreten einer starken russischen Armee unter Suvorov, die im November 1794 Warschau eroberte, brachte die Entscheidung. Katharina zog es vor, die dritte und letzte Teilung Polens mit Österreich statt mit Preußen zu verhandeln. Danach wurden dem Staate Friedrichs des Großen Warschau und andere polnische Gebiete zugestanden, die als Neu-Ostpreußen zusammengruppiert wurden. Diese Gebiete waren durchweg polnisch, und selbst zeitgenössische preußische Beobachter zweifelten, daß man je auf die Loyalität der Einwohner werde rechnen können. In seinem Zug nach dem Westen wurde Rußland der direkte Nachbar Preußens am Njemen und am Bug.

Friede von Basel

Die Umstände, welche die dritte Teilung Polens begleiteten, verursachten den endgültigen Zusammenbruch des österreichisch-preußischen Bündnisses. Da die preußischen Finanzen erschöpft waren, wurde der Wunsch, Frieden zu schließen, unwiderstehlich. Nach dem Fall Robespierres im Juli 1794 und mit dem Vordringen der französischen Armee an die begehrten „natürlichen" Grenzen Frankreichs — d. h. die Pyrenäen, die Alpen und den Rhein — nahm auch in Paris die Friedenssehnsucht zu. Ursprünglich betrachtete sich Friedrich Wilhelm II. als Vermittler zwischen Österreich und dem Reich auf der einen und Frankreich auf der anderen Seite, doch wurde er schließlich in Verhandlungen für einen Separatfrieden hineingedrängt. Am 15. April 1795 unterzeichneten Preußen und Frankreich den Frieden von Basel. In diesem offenen Vertrag wurde die Besetzung der preußischen Gebiete auf dem linken Rheinufer durch Truppen der Französischen Republik zugestanden. Die definitive Verfügung über diese Länder wurde einem endgültigen Friedensvertrag zwischen Frankreich und dem Reich überlassen. Preußen sollte diesen Frieden vermitteln, und unterdessen sollte der Krieg von Norddeutschland ferngehalten werden. Ein Geheimabkommen sah vor, daß Preußen besondere Entschädigungen östlich des Rheins in Betracht ziehen würde, falls das Reich in einem künftigen Friedensvertrag das linke Rheinufer an Frankreich abträte. Norddeutschland sollte unter einer preußischen Garantie neutralisiert werden. Eine Demarkationslinie wurde in einem späteren Abkommen festgesetzt, in dem schon vorgesehen war, daß Hannover möglicherweise durch preußische Besetzung zur Neutralität gezwungen werden könne.

Der Separatvertrag zwischen Preußen und Frankreich, in dem die Abtretung der deutschen Gebiete westlich des Rheins sowie die künftige Auflösung der geistlichen Fürstentümer klar angedeutet wurden, erweckte in Deutschland laute Kritik. Vor allem in Süddeutschland, das von jetzt ab dem französischen Druck vollständig ausgesetzt war, wurde tiefe Erbitterung gegen Preußen empfunden. Dies war der Anfang der preußenfeindlichen Haltung vieler Kreise, die die Politik der süddeutschen Staaten in den nächsten Jahrzehnten mitbestimmte. Sowohl unter Friedrich Wilhelm II. wie, von 1797 an, unter Friedrich Wilhelm III. glaubte die preußische Regierung, sie habe eine wirklich große Stellung als die Beschützerin von ganz Norddeutschland vom Rhein bis zur Weichsel gewonnen. Aber offensichtlich war dies eine Selbsttäuschung, denn es ließ sich voraussehen, daß sich die kleinen norddeutschen Staaten nur so lange an Preußen halten würden, als der Krieg zwischen Österreich und Frankreich währte. Sobald diese beiden Mächte Frieden schlossen, würden gewiß die kleinen Staaten ihre Unabhängigkeit wieder behaupten, indem sie sich auf Frankreich verließen. Es besteht kaum ein Zweifel, daß die zehn Jahre preußischer Neutralität, die der

Basler Friede einleitete, dazu führten, daß Preußen 1806 ganz allein gegen Napoleon kämpfen mußte. Aber wahrscheinlich hätte auch die weitere Zusammenarbeit mit Österreich das herannahende Unheil nicht aufhalten können, solange die preußischen und österreichischen Staatsmänner nicht begriffen, welch gewaltige Kraft die Französische Revolution entfesselt hatte, und solange sie frei zu sein glaubten, ihre alte Politik der Manöver und Ausflüchte fortzusetzen. Leopold von Ranke sagte, das bedeutendste historische Ergebnis des Basler Friedens sei die Ruhe gewesen, die dieser für die Entfaltung der deutschen Literatur in ihren größten Jahren geschaffen habe. Dieser Gedanke enthält viel Wahres, obwohl wir hinzufügen müssen, daß der unrealistische politische Friede Norddeutschlands die geistige Bewegung von den unerbittlichen Gegebenheiten des politischen Lebens isolierte.

Friede von Campo Formio

Nach dem Basler Frieden sahen sich Österreich, das Reich und England einem Frankreich gegenüber, das nach der Hinrichtung Robespierres im Herbst 1795 die Regierung des Direktoriums einsetzte. Die Kämpfe im Innern Frankreichs waren immer noch recht ernst, und die Ergebnisse der kriegerischen Ereignisse von 1795 brachten keine Entscheidung. Ebenso unentschieden war auch im folgenden Jahr die Lage an der rheinischen und süddeutschen Front, aber der junge General Bonaparte bewerkstelligte 1796 die Eroberung von Nord- und Mittelitalien und fiel in Kärnten und in die Steiermark ein. Zwischen Österreich und Napoleon wurde in Leoben ein Präliminarfriede unterzeichnet, auf den im Oktober 1797 der weniger günstige Friede von Campo Formio folgte. Österreich mußte Belgien und die Lombardei formell abtreten. Dafür erhielt es Venedig und Venetien, dessen Unabhängigkeit Napoleon gerade zerstört hatte. Frankreich erhielt in Geheimartikeln das Versprechen auf das gesamte linke Rheinufer mit Ausnahme der preußischen Besitzungen, durch deren Ausschluß Österreich die Möglichkeit vorwegnehmen wollte, daß Preußen rechtsrheinische Entschädigungen bekäme. Andererseits verpflichtete sich Frankreich, Entschädigungen für Österreich zu erwirken, darunter das Erzbistum Salzburg und ein Stück bayrischen Landes. Österreich und Frankreich kamen überein, dafür zu sorgen, daß diejenigen deutschen Fürsten, die Gebiete westlich des Rheins verlören, durch Gewinne auf dem rechten Rheinufer belohnt würden. Zu diesem Zwecke und zum Abschluß eines endgültigen Friedens zwischen Frankreich und dem Reich sollte ein Kongreß in Rastatt zusammentreten.

Während Frankreich seine Herrschaft über die italienische Halbinsel zu verstärken und auszudehnen begann und sich außerdem die Schweizer Eidgenossenschaft durch die Schöpfung der Helvetischen Republik unterordnete, begann der Kongreß von Rastatt seine Arbeit. Hier trafen Vertreter von Frankreich, Österreich und Preußen mit denen der anderen Reichsstände zusammen. Die kleinen deutschen Fürsten waren sich darüber klar, daß es für sie am vorteilhaftesten sei, die Gunst Frankreichs zu erwerben. Auch auf Preußen traf dies zu. Österreich war nämlich nicht bereit, alle seine geistlichen Herrschaften zu opfern, auf denen der Einfluß des Kaisers im Reich so weitgehend beruhte. So fand ein allgemeines Wettrennen um die Unterstützung Frankreichs statt. Die österreichische Regierung war unangenehm überrascht, daß Frankreich das ganze linke Rheinufer verlangte und große Hoffnungen bei Preußen und bei den deutschen Fürsten weckte. Es gab einen Augenblick, wo sich Österreich erbot, auf alle Entschädigungen zu verzichten, vorausgesetzt, daß Preußen dasselbe täte. Danach wandte sich Österreich vergeblich an Preußen mit der Bitte um Vermittlung, nur um dann in neuen Verhandlungen zu versuchen, Frankreich weitere Zugeständnisse in Italien und, auf Kosten Bayerns, in Deutschland abzugewinnen. Ein neuer Krieg folgte, in dem Rußland unter dem Zaren Paul I. eingriff. Ein englisch-russisches Heer landete 1799 in Nordholland, mußte aber nach kurzer Zeit das Land wieder verlassen. Dagegen verursachte die russische Armee, die Suworow im Frühjahr 1799 nach Italien führte, einen völligen Wandel des Gleichgewichts. Im Herbst waren die Franzosen vollständig aus Italien vertrieben worden, und die Schweiz fiel zum größten Teil in die Hände der österreichischen und russischen Streitkräfte. Reibungen zwischen Erzherzog Karl und Suworow machten eine wirkungsvolle militärische Zusammenarbeit unmöglich, und die russische, österreichische und englische Regierung zeigten sich unfähig, eine gemeinsame Politik für diese „Zweite Koalition" gegen Frankreich einzuhalten.

Friede von Amiens

Im Spätseptember wurden die Österreicher und Russen einzeln besiegt und mußten sich aus der Schweiz zurückziehen. Selbst noch bevor Napoleon aus Ägypten zurückkehrte, war die militärische Stellung Frankreichs wieder gefestigt. Die Abberufung Suworows verstärkte noch die Stellung des neuen französischen Herrschers, Napoleon Bonapartes, der seit dem Staatsstreich des Brumaire (9. November 1799) erster Konsul war. Sein neuer italienischer Feldzug, der im Jahre 1800 in der Schlacht von Marengo gipfelte, nötigte die Österreicher, einen ungünstigen Waffenstillstand in Italien anzunehmen. Am 3. Dezember 1800 wurde die nördliche österreichische Armee von Moreau bei Hohenlinden in Bayern entscheidend geschlagen. Österreich wurde gezwungen, um Frieden zu bitten, und am 9. Februar 1801 wurde der Friedensvertrag in Lunéville unterzeichnet. Jetzt sah sich England völlig isoliert. Schon in diesem Augenblick faßte Napoleon den Plan, England zu unterwerfen, indem er alle festländischen Häfen für seine Schiffahrt und seinen Handel schloß. Die Gelegenheit schien günstig. Durch die Eroberung Italiens und durch ein Bündnis mit

Spanien ließen sich die südeuropäischen Häfen sperren. Im Norden war Zar Paul darüber beunruhigt, daß die englische Seemacht sich im Mittelmeer breitmachte, nachdem Napoleons ägyptische Expedition durch den Sieg Nelsons bei Abukir vereitelt worden war und die Engländer Malta erobert hatten, und überredete Schweden und Dänemark, sich mit ihm in der Verteidigung der Seerechte der Neutralen gegen England zusammenzutun. Die preußische Politik wählte eine entsprechende Linie. Im April 1801 besetzte Preußen sogar Hannover und Bremen, die andernfalls von Frankreich oder von Rußland hätten überfallen werden können. Die schweren Gefahren, welche die Politik der festländischen Mächte für England heraufbeschworen hatte, wurden einerseits durch die Ermordung des russischen Zaren, andererseits durch die Nachfolge Alexanders I. (1801–1825) auf den russischen Thron wie durch die Vernichtung der dänischen Flotte im April 1801 verringert. Frankreich und England waren nun beide zu einem Kompromiß bereit. Nach längeren Verhandlungen unterzeichneten sie im März 1802 den Friedensvertrag von Amiens. 14 Monate später sollten die beiden Mächte den Krieg wieder aufnehmen.

Neuordnung Deutschlands

Dieser weltweite Kampf bildete den Hintergrund für das Ende des alten deutschen Reichs. Bei seiner Neugestaltung, die nach dem Frieden von Lunéville stattfand, war das Übergewicht Frankreichs gegenüber dem Kaiser überwältigend. Der einzige Einfluß, der um diese Zeit aus augenfälligen Gründen bei Napoleon ins Gewicht fiel, war der des Zaren. Das Bemühen der deutschen Fürsten, sich beim französischen Sieger in Gunst zu setzen, kannte keine Grenzen. Der Reichstag übertrug das Geschäft der Entschädigungen für Gebietsverluste westlich des Rheins einer „Deputation“, die aus den Kurfürsten von Mainz, Böhmen, Sachsen, Brandenburg und der bayrischen Pfalz, dem Herzog von Württemberg, dem Landgrafen von Hessen-Kassel und dem fränkischen Großmeister des Deutschordens bestand. Ihre dem Reichstag als endgültiger Abschied vorgelegten Empfehlungen wurden als sogenannter Reichsdeputationshauptschluß am 24. März 1803 angenommen.

Viele der vom Hauptschluß gezogenen Grenzen haben bis weit ins 20. Jahrhundert fortbestanden. Alle geistlichen Reichsfürsten, mit Ausnahme der beiden Mitglieder der Deputation, wurden das Opfer der neuen Gebietsverteilung. Doch mußte der Erzbischof von Mainz, der Erzkanzler des Reichs, Mainz aufgeben und Regensburg als Bischofsstuhl annehmen. Karl Theodor von Dalberg (1744–1817), ein kluger und geschmeidiger Diplomat, beeindruckte Napoleon als eine nützliche Figur im Spiel der deutschen Politik. Die kleinen Besitzungen des Deutschordens wurden aufrechterhalten, um den vielen Adeligen, die ihre Kapitelstellen verloren hatten, als Zufluchtsort zu dienen. Alle Reichsstädte, abgesehen von Bremen, Hamburg, Lübeck, Frankfurt, Nürnberg und Augsburg, wurden zusammen mit einer Gruppe kleiner weltlicher Herrscher ihrer Autonomie beraubt. Aus diesem Komplex wurden die neuen deutschen Mittelstaaten gebildet, deren Schicksal es war, groß genug zu sein, um den Stolz der Souveränität zu fühlen, aber zu schwach, um unabhängig existieren zu können. Bayern wurde der verhältnismäßig stärkste Staat; die Feindseligkeit zwischen Österreich und Bayern wurde durch ständig wiederholte Versuche Österreichs, bayrisches Gebiet zu annektieren, wachgehalten. Bayern bekam die benachbarten Bistümer Passau und Freising und das schwäbische Bistum Augsburg sowie die fränkischen Bistümer am Main, Bamberg und Würzburg, außerdem viele Städte und Abteien in Franken und Ostschwaben. Danach war Bayern kein homogenes Stammesherzogtum mehr, während sein westlicher Nachbar, Württemberg, trotz beträchtlicher Annexionen ein vorwiegend schwäbischer Staat blieb. Württemberg bekam viele Städte und Abteien, besonders in Oberschwaben.

Die verhältnismäßig größten Gewinne wurden Baden zugesprochen. Es erhielt das Bistum Konstanz und alle Gebiete auf dem rechten Rheinufer, die den Bistümern Basel, Straßburg und Speyer oder der Kurpfalz gehört hatten. Von jetzt ab erstreckte sich Baden vom Bodensee bis Mannheim am Rhein entlang, was ihm eine gewisse geographische Einheit gab. Aber es fehlte dem Baden genannten Landstrich an Breite, und er ließ sich nicht einmal vorübergehend gegen Frankreich verteidigen. Napoleon wünschte das westliche Ufer des Oberrheins und die wichtigen Schwarzwaldpässe in den Händen eines Staates zu sehen, der einer französischen Invasion keinen Widerstand entgegensetzen konnte. Obwohl bei dieser Neugestaltung der süddeutschen Staaten, denen wir das um vieles vergrößerte Hessen-Darmstadt und Nassau hinzufügen müssen, die französischen Interessen den Ausschlag gaben, entwickelte sich in diesen neuen Staaten bald ein eigenständiges Staatsbewußtsein.

Daß die neuen südlichen Staaten ihren Rückhalt nun bei Frankreich suchen und den habsburgischen Einfluß im Reich bekämpfen würden, war zu erwarten; auch andere Regelungen ließen die antiösterreichische Tendenz der neuen Ordnung durchscheinen. Österreich bekam nur die kleinen Bistümer Brixen und Trient, dagegen erhielt der Habsburger Großherzog von Toscana das Erzbistum Salzburg, und der Fürst von Modena, ein anderer Habsburgerprinz, der aus Italien entfernt wurde, mußte als Fürst des altösterreichischen Breisgau eingesetzt werden. Im Gegensatz dazu fiel Preußen reiche Beute zu. Es bekam das Bistum Paderborn und Teile von Münster, womit es seine westfälischen Besitzungen abrundete. Auch bekam es viele Gebiete und Orte um den Harz und nördlich von Thüringen, wie das Bistum Hildesheim und die vorher zu Mainz gehörenden Länder in dieser Gegend, so z. B. Erfurt und das Eichsfeld, wie auch die Reichsstädte Goslar, Nordhausen und Mühlhausen. Trotz dieses mitteldeutschen Zuwachses gewann Preußen keine Brücke zwischen seinen östlichen und westlichen Provinzen, wenn auch die Verbindung zwischen ihnen verbessert wurde.

Der Reichsdeputationshauptschluß zertrümmerte das Reich, obgleich sich das Dokument den Anschein einer bloßen Reform der ehrwürdigen Institution zu geben suchte. Für den Reichstag wurden genaue Stimmenzahlen ausgearbeitet; Köln und Trier wurden im Kurkollegium durch Salzburg, Württemberg, Baden und Hessen ersetzt. Aber die Hoffnung, das Reich könne überleben, war müßig. Unter den 112 abgeschafften Reichsständen waren diejenigen, die als die Hauptstütze des Kaisers und der wenigen noch bestehenden gemeinsamen Organe des Reichs gedient hatten. Die meisten übriggebliebenen Fürsten waren mehr an ihrer eigenen Souveränität als an gemeinsamen nationalen Banden interessiert und richteten sich in ihrer Außenpolitik nach dem französischen Diktator. Das Reich war zu einer bloßen Kulisse geworden. Dies wurde in Wien lebhaft empfunden.

Österreichisches Kaiserreich

Seit 1795 hatte Österreich ohne die geringste Hilfe vom Reich die Kriegslast gegen Frankreich allein getragen, und der Reichstagsabschied von 1803 setzte das Deutsche Reich in enge Verbindung mit Frankreich. Die Nachricht, Napoleon beabsichtige, sich zum „Kaiser der Franzosen“ zu machen, ließ den Plan reifen, den Habsburgerländern ihre eigene Stellung zu geben, ohne Rücksicht auf die ungewisse künftige Entwicklung des Deutschen Reichs. Am 11. August 1804 nahm Franz II. den Titel und die Würde eines erblichen Kaisers von Österreich für alle seine dynastischen Besitzungen an. In der Proklamation wurde versichert, daß dieser neue Rang keines der Rechte der einzelnen Gebiete beeinträchtigen solle, vor allem nicht die ungarischen, noch die Bande lockern werde, die die deutschen Erbländer mit dem Römischen Reich verknüpften. In Wirklichkeit war die Einführung einer österreichischen Kaiserkrone mit der Verfassung des Heiligen Römischen Reichs unvereinbar, aber im Hinblick auf dessen Dahinschwinden mußte der Wunsch, die Einheit des Habsburgerreiches zu stärken, den Ausschlag geben.

Dritte Koalition

Zur Zeit des Reichsdeputationshauptschlusses vom März 1803 näherten sich Frankreich und England rasch dem Zustand offener Kriegführung. Im Mai 1803 wurde der Friede von Amiens gebrochen, und der Krieg wurde erneut mit Energie begonnen. Aber da Frankreich keine genügend starke Flotte besaß, machte er zunächst nur langsame Fortschritte. Die englischen Seestreitkräfte mußten sich mit Blockadeoperationen begnügen, und Napoleon antwortete darauf mit dem Ausschluß des englischen Handels aus den unter seiner Gewalt stehenden Ländern. Er besetzte sofort Hannover mit französischen Truppen und schloß die Elbe und die Weserhäfen. Unterdessen hielt der Flottenbau die französischen Schiffswerfte an der Arbeit, während Napoleon eine große Armee im Boulogne zusammenzog. Der Plan einer Invasion Englands wurde immer wieder verschoben, da die britische Überlegenheit zur See die Überquerung des Kanals zu einem allzu gewagten Unternehmen machte. Währenddessen gelang es Pitt, eine neue, aus Rußland, Schweden und Österreich bestehende festländische Allianz gegen den französischen Kaiser zu bilden.

Österreich schloß sich dieser dritten Koalition nur mit großem Zögern an. Keine der Mächte hielt es mehr für notwendig, die Revolution in Frankreich zu bekämpfen, da Napoleon sie unterdrückt zu haben schien. So sollte die Koalition nicht dazu dienen, in die inneren Angelegenheiten Frankreichs einzugreifen, sondern sie sollte das europäische Gleichgewicht wiederherstellen. Die Franzosen sollten über den Rhein zurückgedrängt und aus Holland, aus der Schweiz und aus Italien vertrieben werden. Aber weder Erzherzog Karl, Österreichs hervorragender General, noch Graf Philipp Cobenzl, der neue Leiter der österreichischen Außenpolitik, glaubten, daß Österreich sich genügend von seinen früheren Kriegen erholt hätte. Erst als Napoleon im Mai 1805 die Krone Italiens erwarb, war Österreich willens, Frankreich wieder zu bekriegen. Sowohl Napoleon wie Zar Alexander I. bemühten sich, die Preußen als Verbündete zu gewinnen. Napoleon bot ihnen Hannover an, wenn sie sich Frankreich anschlössen, doch hätte eine derartige Politik Preußen von Frankreich abhängig gemacht. Napoleon dachte schon daran, am rechten Ufer des Niederrheins Fuß zu fassen, und verlangte die Abtretung der preußischen Rheinfestung Wesel. Als aber französische Truppen auf ihrem Marsch von Hannover an die Donau Anfang Oktober 1805 durch das preußische Ansbach marschierten, verlangte Preußen, Napoleon solle sich mit ihm auf der Basis des Lunéviller Friedens einigen, andernfalls werde es ein Mitglied der Koalition werden. Am Vorabend der Schlacht von Austerlitz kam der preußische Vertreter, Graf Haugwitz, im Hauptquartier Napoleons an. Er hatte nicht den Mut, die Forderungen Preußens vorzubringen, sondern unterzeichnete statt dessen zwei Wochen später in Schönbrunn ein Defensiv- und Offensivbündnis zwischen Frankreich und Preußen. Damit war der Höhepunkt einer langen Zeit der Unentschlossenheit, der Furcht und eines falschen Sicherheitsgefühls auf seiten der preußischen Regierung erreicht, worüber noch genauer zu sprechen sein wird.

Das Jahr 1805 erlebte den Höhepunkt von Napoleons festländischen Eroberungen. Durch Überredung und Druck verschaffte sich Napoleon die aktive Unterstützung Bayerns, Badens und Württembergs. Süddeutschland wurde zum Hauptfeld der Operationen, gegen alle Erwartungen der Österreicher, die Erzherzog Karl nach Italien geschickt und die deutsche Front in den Händen des untüchtigen Generals Mack gelassen hatten. In einem der glänzendsten Feldzüge seiner gesamten Laufbahn verstand es Napoleon, die rückwärtigen Verbindungen der österreichischen Armee abzuschneiden und Mack am 20. Oktober 1805 in Ulm zur Kapitulation zu zwingen. Der Sieger marschierte direkt auf Wien, das er am 13. November besetzte. Die Russen und die geringen österreichischen Streitkräfte unter Kutusow zogen sich auf das nördliche Ufer der Donau in Mähren zurück. Auf die Dauer jedoch war Napoleons Lage in Österreich unhaltbar. Seine Armee war durch die Aussendung von Besatzungskräften geschwächt, und die zahlenmäßige Überlegenheit Kutusows mußte noch zunehmen, wenn Erzherzog Karl mit seinen Truppen von Italien eintraf. Aber aus Ehrgeiz beschloß Zar Alexander, weder auf den Erzherzog noch auf die mögliche preußische Intervention zu warten, und so war Napoleon imstande, am 2. Dezember 1805 den beiden Kaisern die vernichtende Niederlage von Austerlitz beizubringen. Es war beinahe genau 50 Jahre her, daß Fürst Kaunitz, der in der Kirche von Austerlitz beigesetzt war, das Bündnis der drei Mächte gegen Friedrich II. zuwege gebracht hatte. Über seinem Grab wurde die Schlacht geschlagen, die zwei der Hauptpfeiler habsburgischer Macht, die Stellung Österreichs in Italien und in Süddeutschland, zerstörte. Aber die französischen Waffen zerbrachen auch das Bündnis zwischen Österreich und Rußland. Zar Alexander zog sich mit seinem Heer nach Rußland zurück, und Österreich wurde gezwungen, den demütigenden Frieden von Preßburg anzunehmen.

Der Friede von Preßburg

Österreich mußte alle Regelungen, die Napoleon in Italien getroffen hatte, anerkennen und Venedig, Istrien und Dalmatien abtreten. Außerdem mußte es Tirol, Vorarlberg, Brixen und Trient an Bayern und die vorderösterreichischen Länder an Württemberg und Baden abgeben. Baden bekam den Hauptteil des Breisgaus, die Stadt Konstanz und einige Abteien und Herrschaften, während Württemberg Teile des Breisgaus, mehrere Städte und andere Gebietserweiterungen erhielt. Österreich annektierte Salzburg, und das sehr vergrößerte Bayern gab eines seiner jüngsten Beutestücke, das Bistum Würzburg, auf, das dem Herrscher von Salzburg, Erzherzog Ferdinand, als Fürstentum dienen sollte. Den drei Kurfürsten von Bayern, Württemberg und Baden wurde völlige Souveränität gegeben, Österreich erkannte sie als Könige oder, im Falle von Baden, als Großherzog an. Unter diesen Umständen konnte das Reich nicht länger den Anspruch auf irgendwelche Daseinsberechtigung erheben. Die letzten süddeutschen freien Städte, die freien Reichsritter und die Mehrzahl der Reichsgrafen wurden von den neuen souveränen Territorialstaaten annektiert. Die Mediatisierungen von 1806 folgten auf die Säkularisierungen von 1803.

Praktisch waren damit die neuen deutschen Staaten an den korsischen Kaiser gefesselt. Wie Napoleon seine Verwandten auf die europäischen Throne in Neapel, Italien, Spanien und Holland brachte oder das deutsche Großherzogtum Berg auf dem rechten Ufer des Niederrheins für seinen Schwager Joachim Murat schuf, so versuchte er auch, durch bonapartische Heiraten Bande mit den deutschen Dynastien zu knüpfen. Eugène Beauharnais, Vizekönig von Italien, heiratete eine bayrische Prinzessin; Karl von Baden, der Präsumptiverbe, heiratete Napoleons Stieftochter Stephanie Beauharnais, und Napoleons jüngerer Bruder Jérôme wurde der Gatte einer württembergischen Prinzessin. Aber Napoleon war sich darüber klar, daß die Verbindungen der deutschen Fürsten mit den Habsburgern und den Romanovs nicht so leicht wettgemacht werden konnten. Zudem wollte er die Hilfsquellen Deutschlands für seine eigenen politischen und militärischen Pläne ausbeuten. Am 12. Juli 1806 wurden die Verhandlungen mit den kleinen deutschen Staaten durch Napoleons Diktat der Schaffung eines Rheinbundes zum Abschluß gebracht.

Der Rheinbund

Ursprünglich traten 16 Staaten dem Bunde bei. Außer Bayern, Württemberg, Baden, Hessen-Darmstadt und Berg wurden zehn kleine nichtmediatisierte Grafen oder Fürsten einbeschlossen. Den Vorsitz führte der Fürstprimas Dalberg, der die Stadt Frankfurt mit den umliegenden Gebieten erhielt. Napoleon erklärte sich zum Protektor des Bundes. Die Rheinbundstaaten mußten sich verpflichten, Heere von insgesamt 63 000 Mann aufrechtzuerhalten; sie schlossen ein ständiges Militärbündnis mit Frankreich ab. Wenn eines der Mitglieder des Bündnisses in einen Krieg verwickelt wurde, sollten alle anderen ihm zu Hilfe kommen. Napoleon konnte sich auf den Rheinbund verlassen, der einen Teil seines föderativen Systems, oder besser gesagt des französischen Reiches, darstellte. Die Bundesakte schien außerdem einige Hoffnung zu gewähren, daß der neue Bund zu einer größeren Gemeinsamkeit der deutschen Mitgliedsstaaten führen werde. Außer dem Vorsitz des Fürstprimas sah sie die Einrichtung eines Königskollegiums und eines Fürstenkollegiums vor. Nach der Bundesakte sollten die Formen des Zusammentretens dieser Organe, die Gegenstände ihrer Beratungen und die Ausführung ihrer Beschlüsse von einem künftigen „Grundstatut“ bestimmt werden, aber die Kollegien des Rheinbundes traten nie zusammen, um Pläne für ein solches Grundstatut zu besprechen. Staaten wie Bayern und Württemberg wachten ängstlich über ihre neugewonnene Landeshoheit, die sie durch die Schaffung einer Bundesgewalt für gefährdet hielten. Auch erkannten sie, daß eine derartige Autorität völlig unter der Kontrolle Napoleons stehen würde, der nicht ohne Grund zehn kleine Fürsten als Mitglieder der Organisation beigezogen hatte. Napoleon hätte drastischer und häufiger in die inneren Angelegenheiten der deutschen Staaten eingreifen können, als er es zwischen 1806 und 1812 tatsächlich tat. Es war das Herannahen des Krieges mit Preußen, das ihn veranlaßte, sich mit einer Organisation für die Rekrutierung von Hilfstruppen und die Unterstützung seiner Außenpolitik zu begnügen. Die Kette von Kriegen, die im Herbst 1806 ihren Anfang nahm, hielt Napoleon davon ab, den Plan einer Stärkung der Bundesgewalt des Rheinbundes jemals wieder aufzugreifen.

Am 1. August erklärten die Mitglieder des Bundes ihren Austritt aus dem Reich. Kaiser Franz legte am 6. August die Krone des Deutschen Reiches nieder und löste gleichzeitig all seine deutschen Lande vom Reiche los. Zweifellos hatte der Kaiser nach der deutschen Verfassung nicht das Recht, den Thron aufzugeben und damit das Reich aufzulösen, aber da diese Verfassung schon einige Jahrhunderte lang durchlöchert war, war sie in der Tat nicht mehr durchführbar und ohne reale rechtliche Bedeutung. Wie unwirklich das Deutsche Reich geworden war, läßt sich an Napoleons Abneigung gegen die Übernahme der deutschen Kaiserkrone erkennen.

Preußens Niedergang

Während so das Deutsche Reich 1000 Jahre nach seinem Beginnen in den Staub sank, nahte die Stunde, in der die Monarchie Friedrichs des Großen, die jüngste Großmacht, die sich im Schoße des Reiches entwickelt hatte, in ihren Fundamenten erschüttert werden sollte. „Wir sind auf den Lorbeeren Friedrichs des Großen eingeschlafen“ war die Erklärung, die Königin Luise, die Gattin Friedrich Wilhelms III., für das Unglück Preußens im Jahre 1806 gab, und sie enthält viel Wahres. Aber in den 20 Jahren, die dem Tode Friedrichs gefolgt waren, war vieles geschehen, das nicht nur die Keime der Katastrophe, sondern auch Elemente künftiger Stärke in sich barg. Die meisten Menschen hatten die Nachricht vom Ableben des Alten Fritz mit einem Stoßseufzer der Erleichterung vernommen. Seine Willenskraft hatte seinen Staat völlig beherrscht und ebenso die Initiative des einzelnen erstickt. Es konnte nicht ausbleiben, daß die einsame Distanziertheit seines Lebens und seiner Persönlichkeit selbst auf die Gefühle seiner Bewunderer eine ernüchternde Wirkung ausübte. Die Verachtung der Religion, die er an den Tag legte, befremdete das gemeine Volk, und seine beißende Kritik an den geistigen und künstlerischen Bestrebungen Deutschlands stieß die Bürger ab, die mit Stolz auf ihre kulturellen Errungenschaften zu blicken begannen. Die Änderungen im Merkantilismus, die Friedrich in seinen letzten Jahren einführte, schadeten dem Geldbeutel des Volkes, und wenn auch vor allem die französischen Verwalter der Akzise und des Tabak- und Kaffeemonopols Zielscheiben der Verstimmung im Volke waren, so wurde doch der König von seiner Verantwortung nicht freigesprochen.

Friedrich Wilhelm II.

Der neue König, Friedrich Wilhelm II. (1786—1797), wurde vom preußischen Volke freudig begrüßt, und seine ersten offiziellen Handlungen erweckten allgemeine Begeisterung. Man empfand tiefe Befriedigung, wenn der neue König in der Kirche erschien oder die Überlegenheit der französischen Kultur in Frage stellte. Das bisher dem französischen Drama geweihte königliche Theater in Berlin wurde in ein deutsches Nationaltheater verwandelt. Die Berliner Akademie verlor ihren französischen Charakter. Obwohl ihre neuen Mitglieder den Geist eines flachen Rationalismus vertraten, der seine Heimat in Berlin gefunden hatte und bald nicht nur von den Schriftstellern von Weimar und Jena, sondern auch von den jungen Romantikern, die in der preußischen Hauptstadt zusammenkamen, angefochten werden sollte, wurde die Akademie in unmittelbare Berührung mit der einheimischen geistigen Bewegung gebracht.

Die französischen Steuerverwalter wurden entlassen, und die Verwaltung der Akzise wurde wieder dem Generaldirektorium unterstellt. Das Tabak- und Kaffeemonopol wurden abgeschafft. Die preußische Regierung strebte eine allgemeine Reform des Merkantilismus an. Die wichtigste Seite der preußischen merkantilistischen Praktiken, eine strikte Kontrolle des Getreidehandels, wurde liberalisiert. Aber im ganzen waren diese Maßnahmen mehr Versuche, Popularität zu gewinnen, als Schritte einer konstruktiven Politik. Man entdeckte bald, daß diese Änderungen die Einkünfte ernstlich verringern würden. Trotzdem wurde der Plan einer nach den sozialen Klasseneinteilungen abgestuften allgemeinen Steuer aus Furcht vor der Opposition der begüterten Klassen rasch wieder fallengelassen. Nach wenigen Jahren wurden alle liberalen Maßnahmen aufgegeben und die Steuern auf die wichtigsten Verbrauchsgüter hinaufgesetzt. Daß die wirtschaftliche Lage nicht völlig unerträglich wurde, war nur der beträchtlichen Erweiterung von Handel und Gewerbe zu verdanken, welche sich nach 1795 noch ausdehnten, als Preußen auf Grund seiner neutralen Stellung große Gewinne aus dem internationalen Handel einstreichen konnte. Die Staatsfinanzen aber litten, vor allem infolge der zahlreichen Kriege, zum Teil aber auch durch politische Unentschiedenheit und Unfähigkeit. Die Kriegskasse von 50 Millionen, die Friedrich II. seinem Nachfolger hinterlassen hatte, war schnell erschöpft, und zehn Jahre später hatte sich eine öffentliche Schuld von 48 Millionen Taler angehäuft. Der Erwerb neuer Provinzen half dabei nichts, da der König es liebte, im großen Stile Domänen an seine Günstlinge zu verschenken.

Friedrich Wilhelm II. war ein freundlicher Herr, der sich um persönliche Anerkennung bemühte. Er besaß eine ganze Reihe liebenswürdiger Eigenschaften und Gaben. So spielte er z. B. gut und mit Hingabe das Cello oder, wie die damals ebenso wie heute noch gern spöttelnden Berliner es ausdrückten, „als ob er dafür bezahlt würde“, und diesem königlichen Interesse verdankt die

Nachwelt einige der schönsten Streichquartette Mozarts. Aber obgleich Friedrich Wilhelm II. der autokratische Herrscher seines Staates sein wollte, besaß er keine politischen Gaben. Diejenigen Menschen, die seinen persönlichen Neigungen schmeichelten und sich seinem Geschmack anpaßten, übten auf ihn den größten Einfluß aus. Er war eine schwache Persönlichkeit und ließ sich ebenso von seiner Sinnlichkeit wie von der Zerknirschung über seine Fehltritte treiben. Der preußische Hof erlebte das Regiment von Maitressen und Günstlingen, die es verstanden, den König mit sonderbaren mystischen Veranstaltungen zu beeindrucken. Im Schloßgarten von Charlottenburg, wo Königin Sophie Charlotte 100 Jahre vorher anregende und tiefe philosophische Gespräche geführt hatte, wurden für den König alberne spiritistische Séancen von seinen Rosenkreuzer-Gefährten in Szene gesetzt, von denen Johann Rudolf von Bischoffwerder und Johann Cristoph Wöllner die Rolle von Hauptberatern übernahmen, ersterer in der Außenpolitik und im Militärwesen, letzterer in der Innenverwaltung. Die Häupter der protestantischen Staatskirche zeigten ihre skandalöse Servilität, indem sie ihren Segen zu zwei bigamistischen Abenteuern Friedrich Wilhelms gaben, wobei sie sich auf Luthers Haltung gegenüber der Doppelehe Philipps von Hessen als Präzedenzfall beriefen.

Es war unlogisch, daß dieses Regime eine Reform der evangelischen Kirche unternehmen wollte. Ganz zweifellos war der Zustand von Kirche und Religion in Preußen in vieler Hinsicht beklagenswert, aber ein weiteres autoritäres Eingreifen von seiten des Staates konnte die üble Lage nur noch verschlimmern. Wöllners Religionsedikt von 1788 versuchte eine derartige Intervention in der ungeschicktesten Weise. In seinem ersten Teil wurde zwar die Politik der Toleranz gegenüber allen religiösen Glaubensrichtungen und Gruppen, die bisher nur ausgeübt worden war, kodifiziert. Aber der zweite Teil stipulierte, daß in den protestantischen Kirchen die Autorität der alten Glaubenssätze durchgesetzt werden sollte. Insbesondere sollten die Geistlichen an die orthodoxen Lehren gebunden werden. Das Edikt wurde in kleinlicher Weise ausgeführt und erregte großen Anstoß. Es führte zwangsläufig lediglich zur Heuchelei. Da selbst das Beamtentum von Rationalisten durchsetzt war, konnte das Edikt umgangen werden. Die Kommission, die mit der Verwaltung der Kirchen- und Schulpolitik sowie mit der Zensur beauftragt war, mußte 1794 zugeben, daß die erhofften Resultate sich nicht verwirklicht hatten. Aber Friedrich Wilhelm drängte auf ein strengeres Vorgehen. Damals erhielt Kant einen Verweis, und es wurde ihm untersagt, über Religion zu schreiben.

Die Unmoral am Hof Friedrich Wilhelms II. spiegelte sich natürlicherweise in der Berliner Gesellschaft wider, und eine gewisse Wohlhabenheit, die den günstigen wirtschaftlichen Bedingungen zu verdanken war, förderte noch die moralische Leichtfertigkeit. Trotzdem führte nicht nur das schlechte Vorbild des Hofes zum Verfall der Sitten in der Gesellschaft, sondern oft genug auch der

Einfluß der neuen Gedanken in Literatur und Philosophie. Diese kritisierten fast alle die bloße Konformität mit den herkömmlichen Normen des Betragens und ermutigten das Individuum, sein Leben im Einklang mit seinen eigenen inneren Sehnsüchten zu gestalten. Doch war es leichter, die alten gesellschaftlichen Verpflichtungen zu verwerfen als die positive Ethik des deutschen Idealismus zu verwirklichen, der in diesen Übergangsjahren nicht selten eine mehr zersetzende als aufbauende Wirkung auf die sittliche Lebensführung des einzelnen ausübte. Wohl gab es auch gegensätzliche Beispiele, doch konnten sie in der Atmosphäre der Laxheit den allgemeinen Charakter des öffentlichen Lebens nicht tiefergehend beeinflussen.

Friedrich Wilhelm III.

Die Thronbesteigung Friedrich Wilhelms III. (1797—1840) brachte eine Besserung, wenn auch keinen völligen Wandel mit sich. Der 27jährige Fürst war ein ehrlicher Mann mit bescheidenen Gewohnheiten. Er lebte in glücklicher Ehe mit der lebhaften und hübschen Luise von Mecklenburg (1776—1810), die Interesse an der modernen deutschen Literatur zeigte und gelegentlich durch ihr enthusiastisches Temperament einen wohltätigen Einfluß auf die Politik ausübte. Die Günstlinge und Maitressen Friedrich Wilhelms II. wurden sogleich vom Hofe verbannt, und obgleich sein Sohn die übliche militärische Fassade des königlich-preußischen Haushalts aufrechterhielt, war es beinahe der Stil eines deutschen Bürgerhauses, den Friedrich Wilhelm III. am Hof in Berlin und Potsdam einführte. Dieser Stil wurde von seinen beiden Söhnen und Nachfolgern, Friedrich Wilhelm IV. und Wilhelm I. beibehalten. Leopold von Ranke nannte Friedrich Wilhelm III. den „einfachen" König; mit dieser Bezeichnung charakterisierte er nicht nur die Abneigung des Königs gegen den Luxus, sondern auch seine große persönliche Bescheidenheit, die ihn gegen jede Art von Schmeichelei feite. Der König war in Wirklichkeit scheu und, vor allem in der Frühzeit seiner langen Regierung, sehr unsicher. Er besaß nur einen mittelmäßigen und prosaischen Verstand, und dies hinderte ihn daran, klare politische Entscheidungen zu fällen. Ein Mann toleranter religiöser Überzeugungen, wollte er auch ein wohlmeinender aufgeklärter Herrscher werden.

Trotzdem wünschte Friedrich Wilhelm III. seinen Staat selbst zu regieren. Doch vermochte er ebensowenig wie sein Vater, das Werk eines Friedrichs des Großen zu vollbringen. Schon Friedrich Wilhelm II. hatte die direkte Verwaltung der militärischen Angelegenheiten aufgegeben und zu diesem Zweck 1787 das Oberkriegskollegium gegründet. Im übrigen herrschte er mit einigen wenigen Ministern, die sein Vertrauen genossen. Sein Nachfolger überging dagegen die Minister und verließ sich, wenn er Rat brauchte, auf seine persönlichen Sekretäre. Friedrich der Große hatte sogenannte Kabinettssekretäre als technische Gehilfen verwendet, die jedoch keinen Einfluß auf die Bestimmung der Grundzüge der Politik hatten. Unter Friedrich Wilhelm III. traten sie zum Leidwesen der Minister als die eigentlichen politischen Ratgeber des Königs auf, eine Rolle, für die sie außerordentlich schlecht geeignet waren, da keiner von ihnen staatsmännische Gaben besaß. Dieses System vergrößerte nur noch die Unentschiedenheit des Königs. Zudem nahmen die Minister, die oft genug eine Politik auszuführen hatten, die sie mißbilligten, das Einmischen untergeordneter Figuren übel. Der Stolz und das Selbstbewußtsein der preußischen Minister hatte seit den Tagen Friedrichs II. zugenommen, und um 1800 konnte man in der preußischen Beamtenschaft recht viel Talent finden. In ihren Reihen bereiteten sich neue Entwicklungen vor.

Reformen vor 1806

Friedrich Wilhelm III. war von der Reformbedürftigkeit des Staates überzeugt. Aber als es sich herausstellte, daß jede Reform eines Teiles zwangsläufig zur Neuordnung des ganzen Staatsgebäudes führte, zögerte er, drastische Schritte zu unternehmen. Die wichtigste Reform, die in den Jahren 1799–1805 erfolgreich durchgeführt wurde, war die Bauernbefreiung auf den Domänen. Die Bauern wurden zunächst von den Frondiensten befreit, die sie den Verwaltern der königlichen Domänen schuldeten. Von jetzt ab zahlten sie Pacht in Form von Geld oder Naturalien. Ihre Erbuntertänigkeit wurde aufgehoben, das war jene Form der Abhängigkeit, die die Bauern ans Land fesselte und die Ehe sowohl wie die Bestimmung eines Erben von dem Einverständnis des Gutsherrn abhängig machte, vorausgesetzt, daß diese Pacht überhaupt erblich war. Durch diese Reform, die zum großen Teil dem Kabinettsrat Beyme zu verdanken war, bekamen die Bauern der Domänen ein Besitzrecht auf ihre Länder.

Es war die größte Agrarreform, die jemals in Preußen durchgeführt worden ist. In den östlichen Provinzen, Schlesien nicht miteingerechnet, wurden 50 000 Bauerngüter geschaffen, während z. B. in der Zeit zwischen 1816 und 1850 die Gesetzgebung über die Rittergüter nur 45 000 Hofstellen schuf. Tatsächlich hätte Friedrich Wilhelm III. gern nach den Domänenbauern auch die Bauern auf den Rittergütern befreit. Aber die Junker erhoben gegen einen Eingriff in ihre Vorrechte Einspruch. Die privilegierte Stellung des Landadels brachte zwar gewisse Nachteile mit sich. Eben das Besitzmonopol des Adels auf die Landgüter drückte die Bodenpreise, denn es schloß die Investierung städtischen Kapitals in Bodenwerten aus. Aber da das ausschließliche Recht des Adels auf den Gutsbesitz mit vielen politischen Folgen verquickt war, wich der König einer prinzipiellen Entscheidung aus, folgte aber einer sehr liberalen Praxis, indem er Bürgern, die Rittergüter zu erwerben wünschten, Freiheiten gewährte. Aber noch verwickelter war das Problem der Privatbauern, denen gegenüber der adelige Gutsherr gewisse Verpflichtungen hatte. Es wurde von ihm erwartet, daß er die Hütte des Bauern in gutem Zustand erhielt, daß er ihn im Falle einer Mißernte mit Nahrungsmitteln versah und ihm zur Bezahlung seiner Steuer Geld lieh, wenn er besonders Not litt. Auch war es dem Edelmann nicht gestattet, seine Bauern herauszusetzen und ihr Land zum Rittergut zu schlagen (Bauernlegen). Aber die Regierung hatte nie einen systematischen Versuch gemacht, diese Gesetze in Kraft zu setzen, mit Ausnahme der letztgenannten, und selbst hier gab es viele Verstöße. Der Apparat der preußischen Monarchie war nicht hoch genug entwickelt, um die abgelegenen ländlichen Gegenden zu beaufsichtigen, und die ländliche Regierung lag fast vollständig in den Händen des Adels.

Aber wenn die Untertänigkeit und mit ihr die Garantie der Beschaffung landwirtschaftlicher Arbeitskraft verschwinden sollte, mußte der *Bauernschutz*, der die Bauern vor der Vertreibung durch ihre Herren sicherte, ganz aufgegeben werden. Einige ostpreußische Junkerfamilien sahen diesen Zusammenhang relativ rasch, und da damals die wirtschaftlichen Bedingungen eine Ausdehnung der landwirtschaftlichen Produktion verlockend erscheinen ließen, befreiten sie ihre Bauern, ohne dem *Bauernschutz* besondere Beachtung zu schenken. Auch erkannten einige Junker, daß die Arbeit unterdrückter, untertäniger Bauern immer unbefriedigend bleiben und daß auf weite Sicht freie Bauern und Landarbeiter billiger und leistungsfähiger sein würden. Aber angesichts der starken Abneigung der Mehrzahl der Junker gegen jeglichen Wandel auf diesem Gebiete fürchtete sich Friedrich Wilhelm III., zu schnell vorzugehen. Reformen in einzelnen Provinzen stellten vielleicht einen besseren Weg dar, und Ostpreußen schien dafür am geeignetsten. Hier war dann auch Minister Friedrich Leopold von Schrötter zusammen mit einer Gruppe jüngerer höherer Beamter 1806 an der Arbeit, Pläne für eine Agrarreform der Provinz zu entwerfen, als die Katastrophe über die preußische Monarchie hereinbrach.

Ähnliche Reformgedanken wurden auf dem Ressort der Finanzen erwogen. Seit 1797 war eine gewissenhafte Verwaltung der preußischen Finanzen wiederhergestellt worden. Im Jahre 1806 waren Schulden in der Höhe von 22 Millionen Talern abgezahlt und 17 Millionen in die Kriegskasse eingezahlt worden, aber es blieb immer noch eine Schuld von 53 Millionen, eine recht hohe Summe, wenn man bedenkt, daß der jährliche Staatshaushalt mit weniger als 30 Millionen Talern auskam. Dieser Etat war für die steigenden Bedürfnisse des Staates nicht ausreichend. Die direkten Steuern waren seit den Tagen Friedrichs II. und die Heeresbesoldung seit denen Friedrich Wilhelms I. nicht erhöht worden. Die Ausrüstung des Heeres war veraltet, und die Festungen waren in schlechtem Zustand. Die Annektierung neuer Provinzen und der relative Wohlstand dieser Jahre hätten es ermöglichen müssen, neue Einnahmequellen zu erschließen. Friedrich Wilhelm III. setzte 1798 eine königliche Finanzkommission ein und beauftragte sie im besonderen, die Möglichkeit der Einführung einer Grundsteuer des Adels zu studieren und ganz allgemein eine Anzahl von Steuerprivilegien spezieller Gruppen abzubauen. Aber fast das einzige praktische Ergebnis dieser Überlegungen, die sehr weitreichend waren, war die Aufhebung einiger weniger geringfügiger Zollbefreiungen des Adels, die bereits erregte Proteste hervorrief. Obgleich das Heer eine 25prozentige Solderhöhung bekam, blieb es immer noch notwendig, für seine Mitglieder nebenbei Gelegenheiten zu lohnender Beschäftigung im zivilen Beruf zu finden. Daraus ergaben sich Reibungen und Konflikte mit den Zünften über das Eindringen gewerblich unkontrollierter und von der Steuer befreiter Leute in die städtischen Gewerbe. Angesichts des Widerstreites zwischen der Heeresorganisation und der Ordnung der zivilen Wirtschaft argumentierten schon einige Minister, wenn auch noch vergeblich, daß das Monopol der Zünfte aufgehoben werden müsse. Einige der Vorschläge der königlichen Finanzkommission wurden für die praktische Gesetzgebung verwendet, als Freiherr vom Stein im Oktober 1804 an die Spitze des Finanz- und Wirtschaftsdepartements im Generaldirektorium berufen wurde. Seiner Energie gelang es, eine Reform der Akziseverwaltung durchzudrücken, die den Unterschied in der Behandlung von Stadt und Land milderte. Seine Reorganisation des Salzmonopols bedeutete einen großen Schritt in Richtung Aufhebung der inneren Zollinien, die den Handel zwischen den einzelnen Provinzen drosselten. Wir finden ihn 1806 damit beschäftigt, eine allgemeine Einkommenssteuer nach englischem Vorbild auszuarbeiten, ein Plan, der in Preußen erst ein halbes Jahrhundert später verwirklicht werden sollte. Aber vor 1806 glaubte selbst Stein, daß die Reform der Regierung nur schrittweise vor sich gehen könne.

Friedrich Wilhelm hatte sein Augenmerk auch auf die Abstellung einiger Schwächen der Armee gerichtet, die in den Kriegen zwischen 1793 und 1795 augenfällig geworden waren. Die volle Bedeutung des neuen Heerestypus, den die Französische Revolution ins Leben gerufen hatte, wurde in Preußen nur von einigen Offizieren erkannt. Die Wandlungen in der Taktik, die Verwendung von *tirailleurs* zu Beginn der Schlacht, die Bildung von Divisionen als selbständige Heereseinheiten, der verstärkte Einsatz der Artillerie wie auch, daß man sich aufs Furagieren verließ und dadurch die Möglichkeit gewann, ohne große Vorratstrains auszukommen, machte den Preußen Eindruck. Aber es wurde keine Maßnahme getroffen außer der Organisation von zwei Dutzend Bataillonen von Füsilieren, die wie die *tirailleurs* in Schützenlinien kämpfen sollten. Ein Wandel der allgemeinen Heerestaktik war unmöglich, solange die Armee zum größten Teil aus unzuverlässigen Soldaten bestand. Denn die neue Taktik, die sich auf den einzelnen Soldaten stützte, verlangte die Wachsamkeit und Loyalität, die der französische Bürger in Uniform besaß. Dagegen bestand die Hälfte der preußischen Armee aus Söldnern, die durch ihre Unzuverlässigkeit altmodische Taktiken und eine brutale Disziplin notwendig machten. Der Rest des Heeres setzte sich aus einheimischen Bauern und Handwerkern zusammen. Da es unwahrscheinlich war, daß diese desertieren würden, konnten sie etwas menschlicher behandelt werden.

Bei den jungen, intelligenten Offizieren, die unter dem Einfluß der neuen philosophischen Lehre von der Würde des Menschen standen, erweckte diese alte Disziplin großes Unbehagen. Sie hätten es gern gesehen, wenn sich die Armee ausschließlich aus Soldaten der eigenen Länder rekrutierte und die Rekrutierung erweitert würde, so daß sie größere Teile der Stadtbevölkerung einbegriffen hätte. Die Kriege der Französischen Revolution und Napoleons sperrten im Reich die meisten Rekrutierungsmärkte, die früher Söldner geliefert hatten. Wenn andererseits der Bauernschutz im Verlauf der Agrarreform preisgegeben wurde, mochte manch ländlicher Herd verschwinden und der Ertrag des Kantonalsystems unzureichend werden. Dieses Dilemma zeigte, deutlicher als alles andere, wie sehr die ganze soziale und politische Struktur auf die Aufrechterhaltung des Heeres ausgerichtet war. Sobald auch nur ein einziger Stein dieser Struktur entfernt wurde, mußte der ganze Bau zusammenstürzen. Man wich jeder Entscheidung über die Zukunft der preußischen Armee aus und rekrutierte Soldaten in den neuen polnischen Provinzen. Die Offiziere, die eine gründliche Heeresreform befürworteten, konnten sich nicht durchsetzen. In den höheren Rängen war die Armee mit überalterten Offizieren und Generälen überlastet. Die Überlebenden der großen Tage Friedrichs II. schienen die Unbesiegbarkeit der preußischen Monarchie zu verbürgen, und der gutherzige König zögerte, sie zu entlassen.

Friedrich Wilhelms Schüchternheit und Phantasielosigkeit, die verbunden waren mit einer störrischen Entschlossenheit, die Zügel nicht aus der Hand zu geben, waren wohl der Grund dafür, daß er es nicht verstand, die Begabungen, die es in Preußen gab, voll auszunutzen. In Gegenwart hervorragender Persönlichkeiten fühlte er sich nicht wohl. Friedrich II. hatte alle militärischen Angelegenheiten selbst geleitet, abgesehen von der Verwaltung der wirtschaftlichen Probleme, die in den Händen der Kriegsabteilung des Generaldirektoriums lagen. Friedrich Wilhelm III. glaubte, die tatsächliche Ausübung der Befehlsfunktionen dem Obersten Kriegsrat überlassen zu haben, doch er verließ sich gleichzeitig auf seine persönlichen militärischen Adjutanten. Aber neben dem Kriegsdepartement, dem Kriegsrat und den Generaladjutanten des Königs hatten noch andere Offiziere, wie die Heeresinspektoren und die kommandierenden Generäle, weitgehend unabhängige Funktionen. Die Verwirrung in der Organisation des militärischen Oberbefehls war groß und sollte verhängnisvolle Folgen haben.

Außenpolitik

Die Unentschlossenheit des Königs vervielfachte nicht nur die internen Fehler, sondern auch die internationalen Gefahren. Friedrich Wilhelm III. besaß nichts von dem brennenden Verlangen nach größerer Macht, das Friedrich II. belebt hatte. Die finanzielle Erschöpfung, die nach einer Reihe von Kriegen Friedrich Wilhelm II. gezwungen hatte, den Basler Frieden zu schließen, machte auf ihn einen tieferen Eindruck. Für Preußen durch Aufrechterhaltung der Neutralität den Frieden zu bewahren, war das eigentliche Ziel seiner gesamten Außenpolitik. Preußen trat der zweiten Koalition von 1799 nicht bei, und als schließlich Rußland und Österreich uneins wurden, schien diese Politik gerechtfertigt. Das Rapprochement zwischen Zar Paul und Napoleon im Jahre 1800 öffnete für Preußen die Möglichkeit, den Vermittler zwischen Frankreich und Rußland zu spielen und seine Besitzungen in Norddeutschland abzurunden. Diese Politik drohte jedoch, Preußen in Konflikt mit England zu bringen, und trug nicht dazu bei, sein politisches Ansehen bei Napoleon zu erhöhen, da dieser mit Rußland direkt verhandeln wollte. Die Ermordung des Zaren Paul und die freundliche Haltung seines Nachfolgers Alexander gegenüber England setzte Preußen der Gefahr völliger Isolierung aus. Doch schuf der zwischen Frankreich und England 1802 abgeschlossene Friede von Amiens eine vorübergehende Erleichterung, und der Reichsdeputationshauptschluß von 1803 trug Preußen reiche Beute ein. Aber es hatte den Gewinn der norddeutschen Gebiete nicht seiner eigenen Stärke zu verdanken, sondern nur der Tatsache, daß Napoleon mit der Zustimmung des Zaren das Deutsche Reich auseinanderbrechen und Österreich auf Südosteuropa begrenzen wollte.

Mit dem Abschluß des Friedens zwischen Frankreich und dem Reich durch den Vertrag von Lunéville von 1801 war die Bestimmung, die der Basler Friede hinsichtlich der Neutralität von Norddeutschland getroffen hatte, hinfällig geworden. Als im Frühjahr 1803 der Krieg zwischen Frankreich und England wieder ausbrach, entsandte Napoleon französische Truppen nach Hannover. So stand ein französisches Heer mitten zwischen den westlichen und östlichen Provinzen der preußischen Monarchie, aber selbst jetzt beabsichtigte Friedrich Wilhelm III., neutral zu bleiben, und verharrte bei dieser Politik, als es zum Bruch zwischen Rußland und Frankreich kam. Erst nach der Verletzung der fränkischen Besitzungen durch den Einmarsch französischer Truppen entschloß sich, wie bereits erwähnt, Friedrich Wilhelm III. – diesmal auf den Rat Hardenbergs, der bei dieser Gelegenheit seinen Ruf bei Alexander I. begründete – zum Potsdamer Vertrag vom 3. November 1805. Er erklärte sich bereit, seine Waffen in den Dienst einer Vermittlung zwischen Napoleon auf der einen und Rußland-Österreich auf der anderen Seite zu stellen und versprach im Falle einer Weigerung Napoleons den Beitritt Preußens zur Koalition. Auch jetzt noch hoffte der König auf Frieden, und dies erklärt zum Teil die Bereitschaft des Grafen Haugwitz, nach der Schlacht von Austerlitz den demütigenden Vertrag von Schönbrunn mit Napoleon zu unterzeichnen. Darin wurden im voraus die territorialen Veränderungen anerkannt, die Napoleon in Süddeutschland beabsichtigte. Der Vertrag sicherte den Verzicht Preußens auf die fränkischen Fürstentümer und Cleve, wofür Preußen Hannover bekommen sollte. Die Besetzung Hannovers mußte Preußen zwangsläufig in Konflikt mit England bringen. Es war Napoleons eigentliche Absicht, Preußen zu zwingen, der europäischen Politik Frankreichs dienstbar zu werden. Tatsächlich enthielt der Vertrag auch ein förmliches französisch-preußisches Bündnis.

Die Berliner Regierung weigerte sich, den Vertrag von Schönbrunn ohne Änderungen zu ratifizieren. Haugwitz wurde nach Paris entsandt, und die preußische Armee wurde törichterweise demobilisiert. Darauf schraubte Napoleon, der inzwischen mit Österreich Frieden geschlossen hatte, den Preis sofort in die Höhe. Der Vertrag von Paris, zu dem Friedrich Wilhelm III. im Februar 1806 seine Einwilligung gab, brachte Preußen in noch größere Abhängigkeit von der französischen Politik. Die Besetzung Hannovers durch Preußen und der darauffolgende Abbruch der Beziehungen zu England führten zu einer völligen Stilllegung des preußischen Seehandels, der in dem Jahrzehnt zuvor so viel zum Wohlstand Preußens beigetragen hatte. Dieser Druck auf die preußische Wirtschaft wurde sofort wirksam und brachte die Kaufleute in Bedrängnis. Bald wurde es klar, daß Napoleon nicht vorhatte, Preußen als gleichberechtigten Verbündeten zu behandeln. Es wurde bekannt, daß Napoleon England Hannover angeboten hatte, um mit seinem Hauptgegner zu einer Verständigung zu gelangen, während gleichzeitig die Verteilung der französischen Truppen auf weitere Pläne gegen Preußen deutete. In der hohen Beamtenschaft und selbst in der königlichen Familie wurde offene Kritik an der unterwürfigen Politik laut, die der König unter dem Einfluß seiner Kabinettssekretäre verfolgte. Friedrich Wilhelm III. wurde ängstlich. Er mobilisierte das Heer und richtete an Napoleon ein Ultimatum, das vor allem den Abzug der französischen Truppen von den preußischen Grenzen forderte. Napoleon erwiderte das mit der Forderung nach Abrüstung der preußischen Armee. Am 9. Oktober 1806 erließ Friedrich Wilhelm III. eine Kriegserklärung.

Die Schlacht von Jena und ihre Nachwirkungen

Der Bankrott der preußischen Außenpolitik wurde durch die Unfähigkeit seines militärischen Oberkommandos besiegelt. Der 71jährige Herzog Ferdinand von Braunschweig, der zum Oberbefehlshaber ernannt wurde, hatte inzwischen an Entschlußkraft nicht gewonnen und war unfähig, sich unter den verschiedenen Persönlichkeiten, die einen Anteil an den wichtigen Entscheidungen beanspruchten, zu behaupten. Die preußische Armee war noch nicht einmal versammelt, als Napoleon mit Blitzesschnelle im nördlichen Thüringen über sie herfiel. Es gelang ihm, das preußische Heer von seiner Verbindungslinie mit Berlin abzuschneiden. Am 14. Oktober griff er die Armee des Fürsten Hohenlohe bei Jena an. Die Schlacht wurde, fast noch ehe sie begonnen hatte, von Napoleon gewonnen. Er hatte sich die beherrschenden Stellungen gesichert und verfügte über überlegene Streitkräfte. Am selben Tag stieß Marschall Davout weiter nördlich bei Auerstädt mit der preußischen Hauptarmee unter dem Herzog von Braunschweig zusammen. Die verworrene Führung, die sowohl durch die schwere Verwundung, die der Herzog zu Beginn der Schlacht empfing, wie durch die persönliche Einmischung des Königs noch mehr beeinträchtigt wurde, ermöglichte es Davout, mit seinen zahlenmäßig unterlegenen Truppen einen vollen Sieg davonzutragen. Sowohl in der Schlacht von Jena wie in der von Auerstädt kämpften die preußischen Soldaten tapfer. Aber in der Niederlage brachen die Bande der Disziplin völlig auseinander.

Von der ruhmreichen preußischen Armee blieb wenig übrig, und die Feigheit der Generäle ließ die verlorenen Schlachten in eine völlige Katastrophe für den Staat ausarten. Zwei Wochen später kapitulierte Fürst Hohenlohe mit den restlichen Truppen bei Prenzlau, nicht weit von Stettin. Selbst im Unglück legte General Blücher Mut, Tatkraft und Entschlossenheit an den Tag, mußte aber schließlich in der Nähe von Lübeck sein kleines Korps übergeben. Inzwischen kapitulierten die preußischen Festungen, die, wenn auch für eine lange Belagerung schlecht ausgerüstet, immer noch eine starke Besatzung hatten, auf schimpfliche Weise, wobei sie oft nicht einmal den Anschein eines Widerstandes zu erwecken suchten. Nicht nur Erfurt, Magdeburg und die Elbelinie, sondern auch die Festungen des Odertals fielen in die Hände der Franzosen. Nur Danzig und Graudenz an der Weichsel schlugen sich tapfer, und in dem kleinen befestigten Ostseehafen von Kolberg scharte Major von Gneisenau die Garnison und die Stadtbevölkerung zu einer glänzenden Verteidigung um sich, die die Franzosen nicht zu brechen vermochten. Auch unter der Beamtenschaft waren mutige Taten selten. Während Stein die Staatskassen rettete, erließ der Gouverneur von Berlin folgende Proklamation an die Bevölkerung: „Der König hat eine Bataille verloren. Ruhe ist die erste Bürgerpflicht." Als sich Napoleon Berlin näherte, ging der Gouverneur nach Königsberg, wohin der Hof geflohen war, ohne die großen Waffendepots im Berliner Arsenal zu zerstören.

Am 27. Oktober 1806 zog Napoleon in Berlin ein. Die in der Hauptstadt zurückgebliebenen Minister und Beamten leisteten dem fremden Eroberer einen Eid. Da die Verwaltung intakt geblieben war, konnte Napoleon unverzüglich große Zahlungen herausschlagen. Friedrich Wilhelm III. eröffnete Friedensverhandlungen, doch war Preußen für den Kaiser nur von zweitrangiger Bedeutung. Sein Sinn war ganz und gar auf den großen Kampf gegen England gerichtet. Am 21. November erließ er von Berlin die Proklamation, die den gesamten britischen Handel und alle Engländer vom Festland ausschloß. Diese Kontinentalsperre war das bedeutendste Programm wirtschaftlicher Kriegführung, das bisher in der Geschichte entworfen worden war, doch bedurfte es zu seinem Erfolg des Beitritts Rußlands. Preußen sollte nur als ein Pfand in dem Kriege verwendet werden, der den Zaren zwingen sollte, der englandfeindlichen Front beizutreten. Napoleon bot Preußen zunächst den Frieden, dann aber, als er das volle Ausmaß der preußischen Demoralisierung sah, nur einen Waffenstillstand an unter der Bedingung, daß alle Provinzen westlich der Elbe abgetreten, alle föderativen Bande mit anderen deutschen Staaten aufgelöst und die herannahenden russischen Truppen aus Preußen herausgehalten würden. Die letzte Bedingung bezweckte, Preußen in den Krieg mit Rußland zu verwickeln. Sie war einer der Hauptgründe dafür, weshalb Friedrich Wilhelm III. am 21. November gegen die Mehrheit seiner Minister und Generäle den Beschluß faßte, den Krieg auf der Seite Rußlands fortzusetzen.

Stein wurde vom König zum Außenminister ausersehen. Aber er fühlte sich in der Diplomatie zu unerfahren, um diese Stellung anzunehmen, obgleich er die Gelegenheit dazu benutzte, auf die Einrichtung eines Ministerrates zu drängen, und forderte, daß das königliche Kabinett nicht länger als höchstes Staatsorgan fungiere. Friedrich Wilhelm war nicht geneigt, sich von seinen nächsten politischen Beratern, den Kabinettssekretären, isolieren zu lassen. Immerhin gestattete er die Ernennung dreier Minister, für den Krieg, für die inneren Angelegenheiten und für die auswärtige Politik, die sich mit dem König beraten, aber immer noch weitgehend von der Zusammenarbeit und sogar der Leitung der Kabinettssekretäre abhängig bleiben sollten. Stein weigerte sich leidenschaftlich, unter solchen Gegebenheiten zu arbeiten. Sein unnachgiebiges Bestehen auf einer Neuordnung der höchsten Staatsämter erregte den Zorn des Königs, der Stein in den ersten Tagen des Jahres 1807 in der übelsten Form eines absoluten Herrschers entließ.

Der preußische Hof begab sich von Königsberg nach Memel, der östlichsten Stadt der Monarchie, und hier wurden Verbindungen zu den Russen aufgenommen. England und Preußen schlossen Frieden, aber die Verhandlung über einen Subsidienvertrag kam zu spät. Österreich ließ sich nicht überreden, am Krieg gegen Frankreich teilzunehmen. In den polnischen Provinzen Preußens brachen größere Aufstände aus und wurden von Napoleon, der nach Warschau gegangen war, unterstützt. Aber die preußisch-russische Zusammenarbeit machte Fortschritte, und die Lage Napoleons, der so weit von seinen heimatlichen Hilfsquellen entfernt war, barg Gefahren in sich. In der Schlacht von Preußisch-Eylau vom 7./8. Februar 1807 gelang es ihm nicht, die russische Armee unter Bennigsen zu besiegen. Ein preußisches Korps, das von seinem Stabschef Scharnhorst geschickt geleitet wurde, trug viel dazu bei, den Franzosen diese Niederlagen beizubringen. Hardenberg überredete Friedrich Wilhelm, den Krieg fortzusetzen, obgleich Napoleon die russisch-preußische Zusammenarbeit auseinanderzusprengen suchte. Am 26. April 1807 schlossen Alexander I. und Friedrich Wilhelm in Bartenstein ein Bündnis, in dem sie sich zur Fortsetzung des Krieges verpflichteten, bis die Franzosen über den Rhein zurückgetrieben worden seien. Vor allem sollten Italien, Deutschland und möglicherweise Holland von der französischen Herrschaft befreit werden. Preußen sollte in Deutschland seinen Status von 1805 mit besseren Grenzen wiedergewinnen. An die Stelle des früheren Deutschen Reiches sollte ein deutscher Staatenbund unter der militärischen Führung von Österreich und Preußen treten. Die Kriegsziele, auf die man sich in Bartenstein einigte, stimmten mit denjenigen überein, die William Pitt 1805 formuliert hatte, als die dritte Koalition gebildet wurde. Sieben Jahre mußten jedoch vergehen, bis ein derartiges Programm für die Wiederherstellung Europas realisiert werden konnte.

Der Tilsiter Friede

In dieser Zeit gewöhnte Hardenberg Friedrich Wilhelm daran, mit einem verantwortlichen Staatsminister zusammenzuarbeiten, statt auf den Rat eines oder mehrerer seiner Kabinettssekretäre zu hören. Was dem temperamentvollen, herrischen Freiherrn vom Stein nicht geglückt war, setzte Graf Hardenberg mit seinen gewinnenden diplomatischen Formen durch. Auch der Respekt, den Zar Alexander Hardenberg bezeugte, machte auf Friedrich Wilhelm Eindruck. Aber so wichtig dieses Ereignis auch für die innere Geschichte Preußens war, seine Zukunft hing unmittelbar von dem Verlauf der militärischen Geschehnisse ab, und dieser war enttäuschend. In der Schlacht von Friedland vom 14. Juni 1807 brachte Napoleon den Russen eine schwere Niederlage bei, die sie zum Rückzug hinter den Njemen zwang. Dieser militärische Rückschlag erweckte Widerstand gegen jede russische Einmischung in Westeuropa, und der Zar ließ sich leicht von dieser Kritik bestimmen. Ohne sich vorher mit Preußen ins Einvernehmen zu setzen, beeilte sich Alexander, mit Napoleon Frieden zu schließen. Am 7. Juli 1807 wurden in Tilsit ein Friedensvertrag und ein Bündnis zwischen Rußland und Frankreich abgeschlossen. Dieses Ereignis hätte das Ende Preußens bedeuten können, und Napoleon ließ keinen Zweifel darüber, daß er seine Zustimmung zum Fortbestehen eines verstümmelten Preußens nur aus Rücksicht auf die Wünsche Rußlands gab. Zar Alexander versprach seine Hilfe zur Beilegung des Krieges zwischen Frankreich und England, während Napoleon in weniger offener Weise seine Mitarbeit bei der Beilegung des russisch-türkischen Krieges versprach. Diese beiden Fragen bildeten fünf Jahre später die Ursache für die Wiederaufnahme des Konflikts zwischen den beiden Kaisern. Aber selbst in Tilsit war ihr gegenseitiges Vertrauen nicht ohne starke Vorbehalte. Napoleon tat Alexander den Gefallen, einen preußischen Staat als eine Art Puffer zwischen dem französischen und russischen Reich bestehen zu lassen. Auch sah er von einer vollständigen Wiederherstellung Polens ab. Nur diejenigen Gebiete, die Preußen bei der zweiten und dritten polnischen Teilung an sich gerissen hatte, und der Netze-Distrikt wurden zum Großherzogtum Warschau zusammengefaßt. Sachsens Herrscher wurde, nachdem er mit Napoleon Frieden geschlossen hatte und als „König von Sachsen" dem Rheinbund beigetreten war, Großherzog des erneuerten polnischen Staates. Aber Preußen verlor nicht nur alle seine Besitzungen westlich der Elbe, einschließlich Magdeburgs und der Altmark, sondern mußte auch die Niederlausitz an Sachsen abtreten und letzterem eine Verbindungsstraße zwischen Sachsen und Polen zugestehen. Durch die Besetzung der preußischen Oderfestungen wurde der Strom direkt unter französische Kontrolle gebracht. Bis zur Weichsel erstreckte sich die Macht Frankreichs. Danzig wurde Freistadt, hatte aber eine französische Garnison. All diese Maßnahmen dienten nicht nur dazu, Preußen zu unterjochen, sondern auch, Rußland aus dem alten Europa zu vertreiben und ihm nur an der nördlichen Ostseeküste Ausdehnung zu gestatten. Napoleon ließ die Eroberung Finnlands durch Rußland zu.

Im Friedensschluß von Tilsit, der den Höhepunkt der napoleonischen Macht über Europa bedeutete, war Preußen ein untergeordneter Faktor. Zwischen Frankreich und Preußen fanden keine eigentlichen Verhandlungen statt. Hardenberg, der Architekt des russisch-preußischen Bündnisses, wurde als Vertreter Preußens von Napoleon abgelehnt und mußte sein Ministeramt niederlegen. Preußen mußte die ihm gestellten Friedensbedingungen binnen 48 Stunden akzeptieren. Dieser französisch-preußische Friede von Tilsit vom 9. Juli 1807 wurde noch bedrückender durch die Konvention vom 12. Juli über den Abzug der französischen Truppen aus den preußischen Provinzen östlich der Elbe, denn diese Räumung sollte von der Zahlung einer großen Entschädigung, deren Höhe jedoch noch nicht festgesetzt wurde, abhängen. So blieb das zusammengeschmolzene Preußen der Gnade seines Eroberers ausgeliefert.

Drittes Kapitel

REFORM UND BEFREIUNG, 1807–1815

Nach dem Frieden von Tilsit wurden die Gebiete des ehemaligen Deutschen Reiches vierfach aufgeteilt: Die Länder am linken Rheinufer wurden dem Französischen Reich eingegliedert. Der größte Teil Deutschlands bildete den Rheinbund, während Österreich und Preußen auf die südöstlichen und nordöstlichen Grenzländer beschränkt waren. In dieser Periode verspürte ganz Deutschland in der einen oder anderen Form den Einfluß französischer Ideen und Institutionen, doch deren Wirkung war je nach der Gegend sehr verschieden.

Französischer Einfluß

Beinahe 20 Jahre lang wurde das linke Rheinufer, das in sieben *départements* eingeteilt war, direkt von Frankreich regiert, und die von den Franzosen eingeführten Reformen faßten im Rheinland tiefe Wurzeln. Die französische Verwaltung war äußerst fähig und erfolgreich. Das Chaos geteilter Autoritäten in einem unter vielen Herren zerstückelten Land wich einer rationelleren Ordnung, die ihre Spitze in Paris hatte. Der Fortschritt gegenüber der feudalen Regierung der geistlichen und kleinen weltlichen Fürsten war gewaltig und wurde von der Bevölkerung begrüßt. Die Abschaffung aller feudalen Vorrechte, die Einführung des napoleonischen *code civil* wie auch die französische Gerichtsverfassung und Lokalverwaltung fanden allgemeinen Beifall. In sozialer wie in wirtschaftlicher Hinsicht stand das Rheinland den französischen Verhältnissen näher als das übrige Deutschland. Der Unterschied zwischen Stadt und Land war stark, obgleich die städtischen und industriellen Elemente höher entwickelt waren. Die egalitäre Gesellschaft, die Napoleon in Frankreich schuf, wurde hier im Rheinland auf verwandten Boden verpflanzt. Als ein Teil des Französischen Reiches war das Rheinland der Nutznießer einiger aus der Kontinentalsperre erwachsender wirtschaftlicher Vorteile. Der Ausschluß aller englischen Produkte vom Festland gestattete die Ausdehnung der Produktion sowohl der französischen Industrie wie auch der des Rheinlands. Vor allem profitierte der Distrikt um Aachen von diesem industriellen Aufschwung. Die absolutistischen Züge des französischen Regimes erweckten bei der Mehrheit der Rheinländer, die an willkürliche Regierungsformen gewöhnt waren, keinerlei Animosität. Dagegen wurde die französische Schul- und Kirchenpolitik offenkundig mit großem Mißtrauen aufgenommen.

Die Staaten des Rheinbundes machten keine einheitliche Entwicklung durch. In Norddeutschland gab es zwei bedeutendere Staatengruppen. In den alten deutschen Staaten, vor allem in Sachsen und Mecklenburg im Osten, blieb die Wirkung des französischen Systems minimal. Wie bisher blieben sie Staaten mit alter Ständeverfassung und privilegierten Klassen. In Sachsen ließ sich die weitgehende Herrschaft, die die Kurfürsten schon seit langem über die Stände gewonnen hatten, aus der alten Verfassung nicht ableiten. Trotzdem sah es König Friedrich August I. nicht ungern, daß Napoleon Gleichberechtigung für die Katholiken anordnete, ein Zugeständnis, das der König von den Ständen vielleicht nicht eingeräumt bekommen hätte. Während er den *code civil* in Polen einführte, änderte er nichts an den sächsischen Gesetzen. Anders war die Lage in den von Napoleon geschaffenen Staaten. Das Großherzogtum Berg auf dem rechten Rheinufer verlieh er seinem Schwager Murat. Der größte Staat, der aus Hannover, Braunschweig, Kurhessen und den westelbischen preußischen Territorien bestand, erhielt den Namen Königreich Westfalen. Napoleons fröhlicher, gutherziger, aber ausschweifender jüngster Bruder, Jerôme Bonaparte, wurde in Kassel als König eingesetzt. Napoleon selber beschäftigte sich eingehend mit den Regierungen von Berg, Westfalen und dem Großherzogtum Frankfurt, das er 1810 für Dalberg schuf. Vor allem Westfalen sollte für das aufgeklärte französische Regierungssystem werben, um die Sympathien der Bevölkerung der benachbarten deutschen Staaten, einschließlich Preußens, zu gewinnen. Und tatsächlich übte das westfälische System auf das Denken der deutschen Staatsmänner beträchtlichen Einfluß aus. Genau wie das Französische Reich beruhte es auf einer egalitären Gesellschaft mit Beseitigung aller lokalen Immunitäten und auf der strikten Zentralisierung aller politischen Macht. Repräsentative Körperschaften wurden zwar nicht vollständig abgeschafft, aber gleichviel, ob es sich um den nationalen Senat und das Tribunat oder um die Räte in den Departements oder Städten handelte, ihnen allen wurden theoretisch nur beratende Funktionen belassen, und es gelang ihnen nicht einmal diese zu behaupten. Durch das Konkordat von 1801 machte Napoleon auch die Kirche der Regierung dienstbar.

Trotzdem gelang es dem napoleonischen Regime in Nordwestdeutschland nicht, bereitwillige Unterstützung im Volke zu finden. Obgleich die freien Agrargesetze den Bauern gefielen und jedermann über die Höflichkeit der neuen Beamten erfreut war, fehlte es doch in dieser vorwiegend landwirtschaftlichen Gegend an den wirtschaftlichen und sozialen Kräften, die aus der französischen Ordnung vollen Nutzen hätten ziehen können. Bei allen Schwächen seines aristokratischen Regimes war Hannover auf die herkömmlichen Formen seines politischen Lebens stolz, und die preußischen Länder von Westfalen empfanden einen preußischen Patriotismus, trotz des Despotismus und der Klassenpolitik ihrer Verwaltung. Die Bevölkerung von Kurhessen hatte zwar am Kassler Hofe viel Unmoral gesehen und die Schmach des Soldatenhandels seiner Herrscher erlitten, aber die Ausschweifungen eines französischen Königs erschienen noch unerträglicher und die Einziehung zur neuen Armee nicht viel besser als der frühere Soldatenhandel. Zudem gelang es der französischen Verwaltung in Nordwestdeutschland während der sechs Jahre ihres Bestehens nicht, ihre allgemeinen politischen Prinzipien in die Praxis umzusetzen. Daher war es 1814 ein leichtes, alle die Institutionen, die sie aufgebaut hatte, wieder zu beseitigen und die einheimische Ordnung wiederherzustellen. Immerhin wurden die französischen Ideen nicht ganz vergessen.

Süddeutschland zeigte sich für französische Gedanken und Einrichtungen empfänglicher. Die neuen, zwischen 1803 und 1806 entstandenen Mittelstaaten – Bayern, Württemberg, Baden, Hessen-Darmstadt und Nassau – waren in Wirklichkeit neue Staaten, aber sie wurden alle um den Kern eines alten Territorialstaates unter einer legitimen Dynastie errichtet. Die Veränderungen waren hier von noch größerer Tragweite als in Westfalen und wurden mit noch größerer Geschwindigkeit als dort eingeführt, aber sie wurden von einheimischen Regierungen vollzogen. Ein deutsches Nationalgefühl war in Süddeutschland nur schwach, abgesehen von den kleinen intellektuellen Kreisen, die sich über den Verrat Preußens an Deutschland durch den Vertrag von Basel und über die Anschläge Österreichs gegen Bayern beklagten. Die Abhängigkeit der süddeutschen Regierungen gegenüber Napoleon ließ sich nicht verbergen, konnte aber zur Rechtfertigung für viele unpopuläre Schritte ausgenutzt werden. Andererseits konnten die einheimischen Regierungen den nicht ganz unbegründeten Anspruch erheben, daß ihre Existenz die Bevölkerung vor einem weiteren Eingreifen des französischen Kaisers bewahrte. Aber viele alte Bräuche und Gesetze wurden plötzlich mißachtet und abgeschafft. Trotzdem konnte man das napoleonische System weitgehend als eine neue Form des Josephinismus betrachten, der in Süddeutschland viele Anhänger gefunden hatte. Der österreichische Breisgau, der jetzt unter Karl Friedrich ein Teil Badens wurde, hatte sich, wenn auch mit größerer Vorsicht, in derselben Richtung bewegt. So konnte das französische System in Süddeutschland nicht als ganz fremd erscheinen.

Reform in den deutschen Staaten

In allen diesen Staaten machte die Art der Probleme, vor die sie sich gestellt sahen, eine radikale Reform unvermeidlich. In früheren Jahrhunderten wurde ein neues Gebiet einem Staat durch einfache Personalunion angegliedert. Die bestehenden lokalen Gesetze und Einrichtungen, wie die Stände oder die Gerichtshöfe, wurden beibehalten, und in der Zentralregierung wurde ein Amt geschaffen, das sich mit den Angelegenheiten des besonderen Territoriums befaßte. Auch der größte Staat, Bayern, hätte unmöglich die große Anzahl heterogener neuer Länder auf diese Weise absorbieren können. Große und kleine Fürstentümer und Bistümer, Abteien, Städte und die Güter von Reichsrittern ließen sich nicht mit den alten Methoden annektieren. Ebensowenig konnte man hoffen, historische Rechte zu schützen. Überall wurden diese völlig außer acht gelassen. Nach geographischen oder wirtschaftlichen Gesichtspunkten wurden Bezirke als Verwaltungseinheiten geschaffen und als ebenbürtige Teile des Staates behandelt, obwohl sie natürlich, was ihre Flächenausdehnung und Bevölkerungszahl anging, verschieden sein mochten. Im ganzen folgte die Organisation dem Beispiel der französischen *départements* und *arrondissements,* die aus demselben Grunde geschaffen worden waren, nämlich um lokale und provinziale Verschiedenheiten und besondere Vorrechte auszulöschen. Dieses durch und durch rationalistische Planen ließ es logisch erscheinen, auch in der Zentralregierung das französische System zu übernehmen. So wurden die Dienststellen, die sich mit den speziellen regionalen Problemen befaßten, abgeschafft. Ministerien, die Funktionen über den ganzen Staat ausübten, ersetzten die verwirrte Organisation der alten zentralen Ämter.

Diese Reformen schufen den Rahmen der neuen unitarischen Staaten, in denen der Absolutismus frei von allen Rücksichten auf altehrwürdige Gesetze seine Herrschaft ausüben konnte. Hier wurde die Souveränität der Fürsten als Rechtfertigung benutzt, um nicht nur jede höhere Autorität, sei es das Deutsche Reich oder den Rheinbund, auszuschließen, sondern auch jede Teilnahme der inneren Kräfte an der Regierung zu unterbinden. Alle historischen Stände wurden aufgelöst. Vorläufig wagte keiner der süddeutschen Staaten, eine Volksvertretung einzuführen, selbst nicht in der leeren Form der napoleonischen Räte, obgleich Bayern 1808 die Einrichtung einer derartigen nationalen Vertretung versprach. Die Selbstverwaltung der Städte wurde so gut wie unterdrückt. Die absolutistischen Regierungen wurden gewöhnlich von bürokratischen Ministern geleitet. Nur in Württemberg war der Monarch selber mit der Regierung betraut. König Friedrich I., ein brutaler, niedriger, gehässiger, wenn auch schlauer Mann, schrieb ein neues unerfreuliches Kapitel in die Annalen der deutschen fürstlichen Tyrannei. Der skandalöse Mißbrauch, den er mit seiner despotischen Stellung zur Befriedigung seiner persönlichen Gelüste und Launen trieb, war einer der Gründe für den Haß und die Verachtung, die der Freiherr vom Stein für den „Sultanismus“ der kleineren deutschen Fürsten empfand. Aber obgleich der Unwille der schwäbischen Bevölkerung wuchs, steht es außer Frage, daß in dieser Zeit die Grundlage für ein integriertes modernes Staatswesen Württemberg geschaffen wurde.

In Bayern hielt Minister Maximilian von Montgelas, Sohn eines savoyardischen Aristokraten, der sich in München niedergelassen hatte, zwischen 1799 und 1818 die Zügel der Regierung in der Hand; in Baden regierte Sigismund von Reitzenstein. Diese beiden Männer waren radikale Schüler der rationalistischen Aufklärung. Eine Zeitlang versuchte die badische Regierung, einen nicht allzu abrupten Übergang von den schon recht fortschrittlichen Methoden, die Karl Friedrich (gest. 1811) angewendet hatte, zu dem neuen System zu finden. Aber unter Großherzog Karl entwickelte die Bürokratie eine gefährliche Betriebsamkeit, die reichlich Verwirrung stiftete. Immer wieder mußten Verordnungen und Gesetze kurz nach ihrer Kundmachung revidiert, wenn nicht gar widerrufen werden. Das Beamtentum dieser Zeit war schlecht darauf vorbereitet, um mit der Vielzahl von Problemen, die sich ihm stellten, fertig zu werden. Zudem ließ die Ehrlichkeit dieser Beamten viel zu wünschen übrig. Gegen den Widerstand des Adels, der wegen des Verlustes seiner Freiheiten grollte, führten die Regierungen der neuen Staaten eine egalitäre Ordnung ein. In Baden wurde der *code civil* mit leichten Abänderungen übernommen, und auch in Bayern stand seine Annahme zur Diskussion. Aber überall wurde die persönliche Freiheit der Bauern proklamiert, obwohl ihre wirtschaftlichen Dienste nicht abgeschafft wurden. Zwar galten von da ab diese Verpflichtungen als durch Zahlungen ablösbar, aber da die Staaten weder Geldsummen stellten noch ein klar geregeltes Verfahren ausarbeiteten, blieben die wirtschaftlichen Lasten der Bauern noch ein weiteres halbes Jahrhundert bestehen.

Dagegen fand die Gleichheit der Bürger ihren Ausdruck in einem neuen Steuersystem, das alle auf sozialem Rang fußenden Privilegien aufhob und eine Besteuerung auf der Basis der finanziellen Leistungsfähigkeit anstrebte. Vor einer direkten Besteuerung der Einkommen scheuten die süddeutschen Staaten allerdings ebenso wie Paris zurück. Die Aufhebung aller inneren Zollgrenzen bedeutete einen großen Fortschritt, obwohl die an den äußeren Grenzen erhobenen Zölle hoch blieben. Bei dem Zustand der wirtschaftlichen Entwicklung Süddeutschlands wäre eine liberale Zollpolitik wahrscheinlich nicht ratsam gewesen. Dagegen mag es fraglich erscheinen, ob sich die Aufrechterhaltung von Zünften wirtschaftlich rechtfertigen ließ. Die Kürze der Zeit, in der alle Reformen begonnen wurden, macht verständlich, warum diese nicht in allen Fällen logisch zu Ende geführt wurden. Der bürokratischen Revolution von oben war nicht wie in Frankreich eine Volkserhebung vorangegangen. Doch sogar die napoleonische Gesetzgebung, die das Vorbild der Deutschen war, hatte mit den bestehenden sozialen Kräften Kompromisse geschlossen. Die allgemeine Wehrpflicht, die *levée en masse,* war von Napoleon zugunsten der Bourgeoisie revidiert worden, indem gegen Zahlung einer Steuer eine Freistellung erkauft werden konnte. In dieser sozial selektiven Form wurde die Wehrpflicht in Süddeutschland die Regel. Aber im Gegensatz zu Frankreich wurden nicht nur der Bourgeoisie, sondern auch dem Adel Zugeständnisse eingeräumt. Immerhin ist bemerkenswert, daß diese nicht durch Verhandlungen zwischen der Regierung und einem einzelnen Stand zustande kamen, der Privilegien als ein historisches

Recht verlangte, sondern daß die Regierung sie gleichsam aus freien Stücken gewährte.

Auch gegenüber der Kirche wurde die Souveränität des Staates zur Geltung gebracht. In früheren Jahrhunderten war die Gewalt der bayrischen Herzöge und Kurfürsten über die Kirche sehr weit gegangen. Später hatte die Kirchenpolitik Josephs II. in München tiefen Eindruck gemacht, aber die Regierung Karl Theodors hatte, um den einheimischen Klerus beherrschen zu können, der Unterstützung des Papstes bedurft. Mit der Zertrümmerung der alten Reichskirche durch die Säkularisierung und mit dem Kampfe Napoleons gegen das Papsttum stand jedoch der Weg für die Errichtung einer Landeskirche offen. Die bayrische Kirche sollte auf die bayrischen Gebiete beschränkt und die Diözesen sollten den politischen Grenzen angepaßt werden. Der Klerus sollte aus der einheimischen Bevölkerung rekrutiert und in bayerischen Institutionen ausgebildet werden. Hinter dieser Politik stand nicht nur der Wunsch nach einer Ausdehnung der politischen Gewalt, sondern auch die Überzeugung der Aufklärung, es diene dem Wohl der Bevölkerung, wenn die Kirche der weltlichen Gewalt beraubt werde und, wie man annahm, dadurch auf eine rationalere Form der Religion ausgerichtet würde. So kam es, daß die Staatsmänner keinerlei Skrupel empfanden, die großen Klosterbesitze einzuziehen. Die Schulen wurden jetzt allgemein zu Staatsinstitutionen erklärt und hauptsächlich auf die Erziehung von Staatsbürgern abgestellt. Diese Trennung von Erziehung und Kirche in Süddeutschland bedeutete eine große Veränderung, da sie an vielen Stellen mit dem Ende konfessioneller Gleichförmigkeit zusammenfiel.

Angeblich lebten im Jahre 1800 nur drei Protestanten in München. Es war ihnen nicht erlaubt, ihren Glauben öffentlich zu bekennen, und sie mußten nach Augsburg reisen, um an einem Gottesdienst teilnehmen zu können. Das neue Bayern König Maximilians I. Josephs (1799—1825), der mit einer protestantischen Prinzessin vermählt war, sicherte den Kirchen vollen Schutz zu, und Graf Montgelas förderte den Geist der Toleranz im bayrischen Erziehungswesen. Aber der Widerstand gegen diese Maßnahmen unter der Bevölkerung war recht stark. Der Versuch, simultane Volksschulen zu gründen, schlug fehl. Wenn ein neuer Geist geweckt werden sollte, mußte dies zuerst auf den höheren Stufen geschehen, und es blieb keine andere Wahl, als Männer aus Norddeutschland nach Bayern zu bringen. Montgelas berief Schelling nach Würzburg, Friedrich Heinrich Jacobi und Friedrich Thiersch an die Münchner Akademie und machte Hegel 1806 zum Direktor des Gymnasiums in Nürnberg. Thiersch sollte der Reformer der höheren Schulen im neuhumanistischen Geiste von Weimar werden. Für die deutsche Nationalgeschichte war es von hoher Bedeutung, daß die lange kulturelle Isolierung des alten Bayern und der Bistümer am Main gebrochen wurde und ein freier Gedankenaustausch zwischen allen Gegenden Deutschlands stattfinden konnte. Unter der badischen Regierung Reitzensteins wurde die Universität Heidelberg reorganisiert. Diese Neuordnung war mehr als ein Jahrhundert lang durch die bitteren religiösen Streitigkeiten der Pfalz verhindert worden und schuf nun die Grundlage für die wichtige Rolle, die Heidelberg in der nationalen Geschichte des folgenden Jahrhunderts spielen sollte.

Aber weder Montgelas noch Reitzenstein hatten irgendwelche nationalen Ziele. Ganz im Gegenteil, ihre ganze Politik bezweckte ausschließlich die Integrierung der heterogenen Herrschaften, die ihnen zugefallen waren. In Bayern sprach man gern vom neuen bayrischen „Reich“, und ganz allgemein sprach man von der Schaffung getrennter „Nationen“, womit die Verbreitung eines patriotischen Loyalitätsgefühls gegenüber diesen neuen Staaten gemeint war. Im ganzen gelang es den süddeutschen Staatsmännern, daß sich die Bevölkerung den neuen politischen Einheiten zugehörig fühlte. Dabei war es nicht überraschend, daß innerhalb der einzelnen Staaten sehr viel gegenseitiges Mißtrauen zwischen den Bevölkerungen der durch ihre Geschichte unterschiedenen Teile fortbestand und besonders durch die religiösen Unterschiede lebendig erhalten wurde. Aber nicht einmal das deutsche Nationalgefühl während der Befreiungskriege konnte das Bestehen der süddeutschen Mittelstaaten gefährden. Die inneren Einrichtungen schlugen erstaunlich schnell Wurzeln, und nach 1815 ließ die allgemeine Zustimmung zu den Errungenschaften der kurzen Periode des Rheinbundes den natürlichen Widerwillen des Adels in den Hintergrund treten. In der Tat kam es gelegentlich vor, daß Gesetze dieser Zeit abgeschafft wurden und daß daraufhin ihre Wiedereinführung Gegenstand populärer politischer Bewegungen wurde. Unter der Bevölkerung rührte sich starke Opposition gegen den unbeschränkten Absolutismus der Regierungen; sie hätte einen explosiven Charakter angenommen, wenn nicht das napoleonische Frankreich den Schatten seiner Macht über Deutschland geworfen hätte. Unter den bestehenden Verhältnissen ließ sie sich durch innere Zugeständnisse zufriedenstellen. Dennoch verlor das politische Leben Süddeutschlands nicht die starke Prägung, die es durch das französische System empfangen hatte. Während die konservativen Kräfte die bürokratische Allgegenwart verteidigten, versuchte die Opposition, die freiheitlichen Ideen zu entwickeln, die ebenfalls in der politischen Philosophie Napoleons enthalten waren. Die neuen Mittelstaaten Süddeutschlands überlebten die napoleonische Zeit nicht nur einfach als Staatsgebilde, sondern sie machten auch die Institutionen und Gedanken dieser Zeit zu einem grundlegenden Bestandteil ihrer zukünftigen politischen Bestrebungen.

Preußen

Im Gegensatz zu den Ländern des Rheinbundes, die sich seit 1806 ausschließlich der Stärkung ihres eigenen Staatswesens innerhalb der ihnen von ihrem französischen Protektor gesteckten Grenzen widmeten, richtete das verstümmelte Preußen seine Politik ebenso auf die Wiederherstellung seiner äußeren wie seiner inneren Stärke. Friedrich der Große hatte diesem Staat ein tiefes Gefühl seiner europäischen Machtstellung eingeflößt. Während der vergangenen zehn Jahre schien dieser Ehrgeiz verschwunden zu sein, aber jetzt, nach der Niederlage, erwies es sich, daß noch Funken in der Asche waren. Aber es zeigte sich außerdem, daß seit den letzten Jahren des großen Königs im preußischen Staat neue Kräfte erwacht waren, die freilich nicht stark genug gewesen waren, um den Charakter der Regierung umzugestalten. Erst die Katastrophe von Jena und Tilsit gab ihnen Gelegenheit, einen entscheidenden Einfluß auf die Politik der Monarchie zu gewinnen. Alle preußischen Reformer waren sich in dem Glauben einig, daß der friderizianische Staat, wie sie es ausdrückten, ein „Maschinenstaat" gewesen sei, in dem der einzelne wie ein Rad in einem Mechanismus zu funktionieren hatte. Das Individuum wurde als reines Mittel zum Zweck behandelt, und seine moralischen Energien wurden unterdrückt. Aber die Mißachtung des moralischen Charakters des Menschen hatte auch die Grundlagen des Staates untergraben. Die Apathie, mit der die Bevölkerung den Zusammenbruch Preußens hingenommen hatte, und der Eifer, mit dem sich die Menschen der fremden Herrschaft angepaßt hatten — als ob die Ereignisse von Jena bis Tilsit lediglich die persönlichen Mißgeschicke des Königs gewesen wären —, waren logische Folgen eines Regierungssystems, das von seinen Untertanen blinden Gehorsam verlangte, statt die Treue freier Bürger zu gewinnen. Jetzt wurde erklärt, daß sowohl die freie Entwicklung des Individuums wie seine Erziehung zur Beteiligung am öffentlichen Leben zu den grundsätzlichen Zielen der Regierung gehöre. Ein Staat, der sich zum Träger der höchsten Ideale menschlicher Kultur und zum Beschützer des sittlichen Strebens jedes einzelnen Bürgers machen würde, konnte hoffen, die freiwillige Mitarbeit seiner Untertanen zu gewinnen.

Der Staat sollte auf eine breite gemeinverständliche Grundlage gestellt werden, und seine politischen Ziele sollten sich mit den Ideen identifizieren, die die deutsche Aufklärung, der deutsche Idealismus und Neuhumanismus formuliert hatten. Dies gab der Politik der preußischen Reformer von vornherein eine stark deutsche Note. Sie wollten zwar den preußischen Staat ganz unmittelbar in eine „Nation" verwandeln, aber die Kultur, die sie der preußischen Monarchie zu geben gedachten, war deutsch, und es war nur natürlich, daß sie ihre Reformarbeit in Preußen als eine ihnen von Deutschland übertragene Mission auffaßten. Die konkrete politische Aufgabe wies in dieselbe Richtung. Preußen vermochte sich von der französischen Herrschaft nur dann zu befreien, wenn die Franzosen aus Deutschland vertrieben wurden. Es waren nicht ausschließlich die außerhalb von Preußen geborenen Reformer, für die die deutschen Ziele eine gewisse Bedeutung gewannen.

Die preußische Reformbewegung hatte ihren Ursprung in der hohen Beamtenschaft, und dies hieß, daß sie nur mit der Unterstützung des Königs wirksam werden konnte. Das Unglück, das über die Monarchie hereingebrochen war, überzeugte Friedrich Wilhelm III. von der Notwendigkeit schleuniger Reformen. Aber er war ein vorsichtiger und phantasieloser Mann, und obgleich er gelegentlich mutiger Entscheidungen fähig war, erschreckte ihn doch das Ausmaß der vorgeschlagenen Reformen. Im wesentlichen war schließlich der fragmentarische Charakter der tatsächlichen Reform in seiner Natur begründet. Soviel Enthusiasmus und Selbstvertrauen die Reformer auch besaßen, sie hätten die zaudernde Haltung des Königs nur dann überwinden können, wenn sie eine starke Volksbewegung hinter sich gehabt hätten. Aber es fehlte in Preußen an einem volkstümlichen politischen Leben. Es versteht sich, daß die Bauern ohne politischen Ehrgeiz waren, aber dasselbe gilt für die Stadtbevölkerung, die sich hauptsächlich aus Handwerkern und kleinen Kaufleuten zusammensetzte. Soweit diese überhaupt eine politische Haltung an den Tag legten, bestand sie in dem konservativen Verlangen, in ihrer alten Ordnung belassen zu werden. Die oberen Schichten, vor allem in den wenigen größeren Städten, wie in Königsberg und Berlin, konnten nicht allein handeln, sondern warteten, bis die Beamtenschaft ihnen das Signal gebe.

Die größte Macht besaß der Adel. Die Junker herrschten nicht nur auf ihren Gütern ohne Einmischung von seiten der Regierung, sie versahen auch die Armee des Königs mit der Mehrzahl ihrer Offiziere und die Regierung mit der Mehrzahl ihrer hohen Beamten. Aber nicht einmal die Junker waren einer gemeinsam durchgeführten politischen Opposition fähig. Mit Ausnahme der tatsächlichen Anreger oder Anhänger der Reform hatten die preußischen Adeligen zwei Generationen lang den monarchischen Absolutismus nicht in Frage gestellt. Wenn die Junker in eine feindselige Haltung getrieben wurden, konnten sie zunächst mit Intrigen am Hof und in der Regierung reagieren. Außerdem hatten sie ihre Zusammenkünfte in den Kreistagen, auf denen die Landräte gewählt wurden. Diese örtlichen und provinzialen Einrichtungen dienten als die wichtigsten Zentren einer laut werdenden Opposition, um so mehr, als die konservativen Junker vor allem anderen die lokalen und provinzialen Einrichtungen verteidigen wollten. So bildete die Opposition der Junker keine einheitliche Front, sondern vertrat sehr verschiedenartige Interessen. Immerhin konnten die Junker ihrer Unzufriedenheit Ausdruck geben, und ihr Widerstand machte auf den König Eindruck.

Die Reform des preußischen Staates wurde von der hohen Beamtenschaft der Regierung und von einer Gruppe von Offizieren ausgeführt, die das Vertrauen Friedrich Wilhelms III. erwarben. Teils waren es Mitglieder des alten deutschen und preußischen Adels, teils Männer, die ihr Adelspatent im Verlauf ihrer Regierungskarriere erworben hatten, dazu kam eine Anzahl von bürgerlichen

Räten. Durch ihre Erziehung und ihre Ideale bildeten sie eine festumrissene Gruppe, und ihre Hauptgefolgschaft außerhalb der Regierung bestand aus gebildeten Menschen. Die Reformbewegung hatte nur eine kleine und etwas künstliche soziale Grundlage. Sie hing weitgehend von der absoluten Gewalt der alten Monarchie ab, die sie in einen modernen Staat umzubilden gedachte. Sie durfte den Adel nicht ganz in die Opposition treiben, weil die Dienste dieser Klasse für die Befreiung vom fremden Joche benötigt wurden.

Nach dem Tilsiter Frieden herrschten fürchterliche Zustände. Napoleon hatte unmittelbar nach der Schlacht von Jena begonnen, von jeder Provinz hohe Entschädigungen zu erpressen, und selbst noch nach dem Tilsiter Frieden entzogen die französischen Verwalter der Bevölkerung jeden Pfennig, dessen sie habhaft werden konnten. Der mäßige Wohlstand, den Preußen in dem Jahrzehnt vor Jena genossen hatte, wurde über Nacht vernichtet, und die Kontinentalsperre richtete in der preußischen Wirtschaft ein völliges Chaos an. Der gesamte Getreideausfuhrhandel, die Hauptquelle wirtschaftlicher Expansion, wurde gesperrt. Da kürzlich die Steigerung des Handels zu einer Hausse in Grundbesitzwerten geführt hatte, folgte nun ein Zusammenbruch des Marktes. Die Zahl der Zwangsversteigerungen war groß. Unterdessen hielt der französische Sieger eine Armee von 150 000 Mann in Preußen, fuhr fort, Tribute einzuziehen, und weigerte sich, das Land zu räumen.

Freiherr vom Stein

Dieser Zustand verlangte ein Eingreifen. Daß dies nicht nur geschah, um vorläufige Lösungen zu finden und die überkommene Ordnung zu stützen, sondern daß dabei die Errichtung eines Staates ins Auge gefaßt wurde, der ein höheres Ideal der Humanität verwirklichen und stark genug werden sollte, um seinen Platz unter den europäischen Mächten wiederaufzunehmen, war in erster Linie das Werk des Freiherrn vom Stein (1757—1831). Zur Zeit des Tilsiter Friedens bestand Napoleon auf der Entlassung Hardenbergs und schlug sogar Stein als dessen Nachfolger vor. Offenbar glaubte er, Stein werde keinen franzosenfeindlichen Kurs einschlagen, da seine Nassauer Güter im französischen Bereich lagen, und sein Konflikt mit dem König werde sein Ministerium weniger wirksam machen. Aber es waren Hardenberg und die „Patrioten“, einschließlich der Königin Luise, die Friedrich Wilhelm III. zur Rückberufung Steins veranlaßten, und letzterer vergaß in diesem Augenblick bereitwillig die peinlichen Meinungsverschiedenheiten, die zu Beginn des gleichen Jahres den Grund zu seiner Entlassung gebildet hatten. Am 4. Oktober 1807 wurde er leitender preußischer Minister, und obwohl er in dieser Eigenschaft nur etwas weniger als 14 Monate diente, hinterließ sein Ministerium unauslöschliche Spuren in der neueren deutschen Geschichte.

Stein entstammte einer reichsritterschaftlichen Familie, und diese Tatsache gab ihm ein Gefühl persönlicher Unabhängigkeit, die ihn dem Hochmut von Fürsten und Königen gegenüber kaltließ. Es war nicht seine Herkunft, die, wie öfters behauptet worden ist, in ihm den Glauben an ein starkes und einheitliches deutsches Reich erweckte. Der Wert, der in diesen Kreisen während Steins Jugend der Reichsverfassung noch beigemessen wurde, lag in dem Schutz, den sie den überlebenden besonderen Vorrechten von Klasse oder Land bot, begründet. Doch hatte ein gewisses Mißtrauen Steins gegenüber den absolutistischen und bürokratischen Praktiken der modernen Territorialstaaten wahrscheinlich in der Welt der Reichsritterschaft, in der er aufgewachsen war, seine Wurzeln.

Entscheidend jedoch wurde Steins Geist von den Ideen geformt, die er in den Jahren seines Göttinger Studiums und auf den nachfolgenden Reisen durch Deutschland und England aufnahm. Er war tief beeindruckt von Montesquieu, dessen Lehre von der Gewaltenteilung als Voraussetzung für eine ausgewogene und harmonische Gesellschaft Stein sein Leben lang begleitete. Die Schriften des Deutschen Justus Möser ließen ihn an die Existenz eines freien Gemeindelebens bei den alten Germanen glauben. Schon Montesquieu hatte von diesen altgermanischen Begriffen der Freiheit gesprochen und hatte die freie Verfassung Englands von ihnen abgeleitet. Das Studium der englischen Verfassung war für Stein ein logischer Schritt, vor allem in Hannover, wo viele Leute vorgaben, halb englisch zu sein. August Wilhelm Rehberg und Ernst Brandes, seine beiden engsten Freunde aus der Studienzeit, teilten mit ihm die Bewunderung für die englischen Institutionen. Brandes führte 1790 Edmund Burkes Abhandlung gegen die Französische Revolution in Deutschland ein. In der Widerlegung von Naturrecht und Volkssouveränität wie auch in der Vorstellung vom organischen historischen Wachstum nationaler Institutionen fand Stein eine Rechtfertigung seines eigenen Denkens. Die Französische Revolution stieß ihn ab, besonders nachdem sie zur Abschaffung der Monarchie geführt hatte, und er wurde ein ausgesprochener Anglophile, eine Haltung, die im deutschen Liberalismus des 19. Jahrhunderts viel Nachahmung fand.

Aber sein Abstand vom politischen Denken Frankreichs war viel geringer, als es ihm bewußt war. Stein und Rehberg sahen England mit den französischen Augen Montesquieus und studierten die französischen Physiokraten genau. Nachdem Stein tatsächlich die Führung übernommen hatte, ließ sich seine Stellung unschwer mit der Turgots vergleichen, nicht nur, weil er von oben her Reformen einführte, sondern auch, weil beide Männer Staaten zu reformieren suchten, die durch ein Zeitalter des Absolutismus hindurchgegangen waren, wie es England nicht gekannt hatte. Tatsächlich ließen sich die englischen Einrichtungen nicht auf deutschen Boden verpflanzen, und die Ideen, die Stein und andere Männer hinsichtlich der englischen Politik gewannen, sind vor allem deshalb interessant, weil sie zeigen, daß diese Männer nicht auf dem Weg rationalistischer Konstruktion, sondern auf dem einer vorsichtigen Entwicklung der traditionellen Formen vorzugehen wünschten.

Stein war in der preußischen Bürokratie rasch aufgestiegen. Er wollte sich ganz der inneren Verwaltung widmen. Er hatte die Verwaltung von Bergbau, Handel, Manufaktur und Finanz im Verlauf seiner Karriere, die ihn in die westfälischen Gebiete von Preußen brachte, gründlich beherrschen gelernt. Als er 1804 nach Berlin berufen wurde, war er Oberpräsident aller westfälischen Kammern. Diese westlichen Länder waren von den mittleren und östlichen preußischen Provinzen sehr verschieden. Sie waren kleiner als diese, doch dichter besiedelt und stärker urbanisiert und kannten nicht den krassen Unterschied zwischen Stadt und Land. Der Adel war verhältnismäßig schwach, und die Bauern waren freier als im Osten. Dem preußischen Absolutismus war es durchaus nicht gelungen, diesen recht abgelegenen westlichen Provinzen seinen Charakter ganz aufzuprägen. Die historischen Stände waren nicht so vollständig verschwunden wie im Osten, und es gab lokale Versammlungen („Erbentage"), an denen selbst Vertreter der Bauern teilnahmen. Zwar war die Macht dieser Versammlungen, politische Entscheidungen zu fällen, nur sehr gering, doch bildeten sie ein nützliches Bindeglied zwischen allen besitzenden sozialen Gruppen und der bürokratischen Staatsverwaltung. Stein betrachtete sie als ein Mittel zur Schaffung einer wahren Gemeinschaftsgesinnung, da derartige Einrichtungen die Bürokratie von der Servilität gegenüber Befehlen von oben befreiten und gleichzeitig das Denken der Bevölkerung „vom müßigen sinnlichen Genuß oder von leeren Hirngespinsten der Metaphysik oder von Verfolgung bloß eigennütziger Zwecke" auf „eine freie Tätigkeit und eine Richtung auf das Gemeinnützige" lenken würden. Steins Denken wurde vollständig von seinen sittlichen Idealen beherrscht. Das Verlangen nach einer vollen Entwicklung des Individuums hatte er mit dem neuen deutschen Idealismus gemeinsam. Er hatte es jedoch weder von Kant noch von Goethe oder Schiller empfangen. Die Quellen seiner eigenen Überzeugung lagen in dem optimistischen Moralismus der deutschen Aufklärung, deren Rationalismus und Optimismus allerdings von einem starken lutherischen Glauben gemildert wurden. So bedeutete die Entfaltung der Persönlichkeit für ihn vor allem die Entwicklung der menschlichen Fähigkeiten, um seine Pflichten gegen die Mitmenschen zu erfüllen. Die Pflichten der Persönlichkeit und der Gemeinschaft ergänzten sich gegenseitig.

Zweifellos wollte Stein den Staat gegen äußere Gefahren stärken, aber reine Macht an sich war nicht sein Ziel. Mehr als alles andere wollte er einen Staat, dessen Gesundheit darauf beruhte, daß seine Bürger der moralischen Besserung der Menschheit dienten. Eroberung und äußere Ausdehnung erschienen ihm verächtlich. Auch in seinem persönlichen Leben kämpfte er nie um Macht. Sein ausgeprägter Unabhängigkeitssinn verbot es ihm, sich an parteiischen Intrigen zu beteiligen. Diese Haltung unterschied ihn nicht nur von seinem Zeitgenossen Hardenberg, sondern auch von Bismarck, der bis zu seinem Tode um den Besitz von Macht kämpfte. Überdies war Stein im Gegensatz zu Bismarck, dem vor allem an der militärischen und diplomatischen Stellung Deutschlands in Europa gelegen war, vornehmlich an der Reform der sozialen Grundlagen des Staates interessiert, so unvermeidlich es auch war, daß ihn zwischen 1807 und 1814 die Befreiung von Napoleon beschäftigte.

Man könnte in dem Konflikt Steins mit Friedrich Wilhelm III. vom Winter 1806/07 eine Auflehnung der hohen Bürokratie gegen die Autokratie der preußischen Monarchen sehen. Was er mit der Unterdrückung der politischen Rolle der Kabinettssekretäre beabsichtigte, war die Anerkennung der Chefs der Ministerien als der höchsten Beamten in der Regierung. Die oberste Autorität des Königs stellte er nicht in Frage, aber von jetzt an sollte der Monarch seine Entscheidungen in dem nun geplanten Ministerrat treffen. Daß Stein auf der Unabhängigkeit der Minister bestand, war der Ausdruck seines Gefühls für persönliche Ehre und Selbstachtung. Seine Sehnsucht nach persönlicher Verantwortung wurde von der jüngeren Generation preußischer Staatsbeamter und Offiziere geteilt. In dem ostpreußischen Verwaltungsbeamten Theodor von Schön und in dem pommerschen Offizier Hermann von Boyen hatte die Kantsche Lehre zu einer aufrechten Gesinnung beigetragen. Unter dem Einfluß des deutschen Idealismus war eine Gruppe selbstbewußter Männer aufgewachsen, die nun in die preußische Regierung einen neuen Geist trugen, der zugleich unternehmend und weniger autoritär war.

Was Stein 1806/07 nicht gelungen war, hatte der glatte und diplomatische Graf Hardenberg im Sommer 1807 weitgehend durchgesetzt. Der König gewöhnte sich an Hardenbergs Rat, und das hieß an den Rat eines Ministers statt eines Kabinettssekretärs. Als Stein dann im Oktober 1807 den Posten eines obersten Zivilministers übernahm, war die Beseitigung des zivilen Kabinetts des Königs nicht mehr allzu schwierig. Die formelle Reorganisation der administrativen Staatsstruktur wurde jedoch von Stein im folgenden Jahre nur teilweise ausgeführt. Die Reform der Staatsministerien folgte dem französischen Vorbild. Die Gliederung nach Provinzen im ehemaligen Generaldirektorium wurde aufgegeben, und man schuf fünf Ministerien, nämlich ein Innen-, Außen-, Finanz-, Justiz- und Kriegsministerium. In gewisser Weise war diese Zentralisierung die Krönung des Werkes, das der preußische Absolutismus seit den Tagen des Großen Kurfürsten in der Vereinigung der heterogenen Territorien der Hohenzollern-Dynastie vollbracht hatte.

Aber für Stein war die Einrichtung zentralisierter Ministerien mit der Einführung liberalerer Regierungsformen verknüpft. Die fünf Ministerien sollten einen Rat bilden und als geschlossene Körperschaft handeln. Für die grundsätzliche Gesetzgebung schlug er die Einführung eines Staatsrates, bestehend aus den Ministern, ihren obersten Räten und den Prinzen, vor. Anscheinend befürchtete Stein, daß sich ohne ein derartiges Ratssystem ein neuer Absolutismus in Form der Allgewalt eines einzigen leitenden Ministers entwickeln könne. Auch erwartete Stein, der König werde in Zukunft mit und durch den Ministerrat herrschen. Aber es fehlte Friedrich Wilhelm III. an den persönlichen Gaben für eine derartige kollegiale Regierung. Er wollte sich auf einen einzigen Mann verlassen, und daher wurde Hardenberg 1810 als Premierminister mit dem Titel Staatskanzler eingesetzt. Auch wollten Steins Nachfolger ihre Gewalt nicht durch einen Staatsrat beschränkt sehen, und so wurde dieser Plan beiseite gelegt.

Die Abschaffung des Generaldirektoriums machte eine Reorganisation der Kriegs- und Domänenkammern in den untergeordneten Bezirken notwendig. Auf dieser Ebene fand keine große Veränderung statt, und einige der Steinschen Reformen waren nicht von Dauer. Die alten Kriegs- und Domänenkammern, jetzt Regierungen genannt, waren für die gesamte Verwaltung verantwortlich, einschließlich der Schul- und Kirchenangelegenheiten in den Bezirken, die sich ihrer Größe nach mit den französischen *départements* vergleichen ließen. Sie wurden jetzt weitgehend ihrer gerichtlichen Funktionen entkleidet in Anwendung der Theorie der Gewaltenteilung, doch wurden Streitigkeiten zwischen den einzelnen Bürgern und dem Staat nicht ganz und gar den gewöhnlichen Gerichtshöfen überwiesen. Nur finanzielle Fälle konnten ihnen vorgelegt werden, während alle anderen Beschwerden über Mißstände der Verwaltung nur bei der Regierung angemeldet werden konnten. Bei der Bildung der Bezirksregierungen folgte Stein seiner Vorliebe für kollegiale Entscheidungen. Die Präsidenten waren nicht wie die französischen *préfets* die Vorgesetzten der Bezirksbeamten, sondern Vorsitzende eines Kollegiums von Räten.

Ein derartiges kollegiales System schien eine größere Garantie gegen willkürliche diktatorische Beschlüsse zu gewährleisten. Aber wenn dies auch der Fall war, so förderte dieses System doch andererseits die Pedanterie und mußte aller Wahrscheinlichkeit nach die Hände eines fortschrittlichen Beamten binden. Auf jeden Fall hing die Nützlichkeit des kollegialen Prinzips von der tatsächlichen Zusammensetzung dieser Körperschaften ab. Stein beabsichtigte, den Regierungen einen liberaleren Charakter zu verleihen, indem er ihnen Vertreter der Stände als Mitglieder beifügte. Aber wenn er hoffte, durch die Hinzufügung von Laien den Staub aus den Ämtern zu verbannen, so wählte er dafür eine schlechte Methode. Was noch von den alten Ständen übrig war, stand unter der Kontrolle der privilegierten Klasse, deren Vertreter Verteidiger des *status quo* waren. Zudem erwies sich die Zusammenarbeit von Ehrenmitgliedern und Berufsbürokraten, die den Ministern und dem König verantwortlich waren, als gänzlich undurchführbar und wurde schnell wieder fallengelassen.

Fruchtbarer erwies sich ein anderer Gedanke Steins, der die Zentralisierung und Liberalisierung der Regierung zum Ziel hatte. Sobald die höchsten Ämter der Monarchie im vollen Sinne die Einheit des Staates repräsentierten, wie es nach der Abschaffung der Provinzialminister der Fall war, schien es sowohl wünschenswert als auch möglich, das Eigenleben der Provinzen zu verstärken. Stein selbst war, ehe er Minister wurde, Oberpräsident von Westfalen und in dieser Eigenschaft der Chef einer Anzahl von Kriegs- und Domänenkammern gewesen. Jetzt wünschte er, einen Vertreter der Zentralregierung in jede Provinz zu entsenden, um engen Kontakt zwischen der Provinz und dem Zentrum herzustellen. Diese neuen Beamten existierten nur zwei Jahre lang. Sie waren im kleinen Rumpf-Preußen von 1807 bis 1815 überflüssig, wurden aber nach 1815 zu einer allgemeinen Einrichtung. Während des 19. Jahrhunderts hielt dieses einzigartige preußische Amt viele historische Traditionen der verschiedenen Gebiete, aus denen der preußische Staat zusammengesetzt war, lebendig. Die 1815 und 1860 erfolgten Annexionen von Gebieten, die mit dem alten Preußen nichts zu tun hatten, wurden durch diese besonderen Beamten beträchtlich erleichtert. Gewiß vermehrte die Schaffung dieser zusätzlichen Instanz der Staatsverwaltung die Aktenarbeit der Regierung, wenn die Oberpräsidenten ihre Stellung in eng bürokratischer Weise auffaßten. Doch gab es unter ihnen höchst erfolgreiche Persönlichkeiten, unter denen Theodor von Schön (1773 bis 1856) in Ostpreußen und Freiherr Ludwig von Vincke (1778—1844) in Westfalen hervorragten; beide wurden geliebte Väter ihrer Provinzen, die sie in die Einheit der Monarchie verwoben. Seine eigentliche Bedeutung erlangte das Amt, als die Oberpräsidenten zu Vertretern der Regierung bei den neuorganisierten Provinzialständen wurden. Dies brachte sie in enge Berührung mit dem öffentlichen Leben der Bevölkerung. Sie wurden zu populäreren Figuren als die hinter verschlossenen Türen arbeitenden Mitglieder der Bezirksregierungen.

Unterhalb der Provinzen und Regierungsbezirke sollte keine bürokratische Verwaltung aufrechterhalten werden, sondern alle öffentlichen Funktionen wurden erwählten Beamten oder, wie es später hieß, der „Selbstverwaltung" zugewiesen. In gewisser Weise existierten solche Einrichtungen in den Landkreisen. Der Landrat war, wenn auch Staatsbeamter durch königliche Bestellung, ein Vertreter der Kreisstände. Aber der Kreistag bestand nur aus adeligen Landbesitzern, und der junkerliche Landrat respektierte natürlicherweise die politischen Vorrechte des Adels, von denen die Polizeigewalt und patrimoniale Gerichtsbarkeit auf den Rittergütern die wichtigsten waren. Es war eine Selbstverwaltung durch und für eine einzige Klasse. Stein plante eine radikale Reform der Organisation der Kreise. Indem er die kleinen Landstädte den Kreisen einverleibte, wollte er Kreistage schaffen, die aus dem Landadel, den Städtern und Bauern zusammengesetzt waren. Auch wollte er die patrimoniale Gerichtsbarkeit abschaffen. All diese Pläne riefen sofort die stärksten Proteste der Junker hervor, die Steins eiserne Willenskraft vielleicht zum Schweigen gebracht hätte, wenn er länger im Amte geblieben wäre. Doch war es nicht angezeigt, eine Entscheidung in diesen Fragen zu forcieren, solange das 1807 begonnene Gesetzgebungswerk hinsichtlich der sozialen Stellung der Bauern unvollständig war. In seinem Gendarmerieedikt vom 30. Juli 1812 griff Hardenberg diese Probleme wieder auf. Er schaffte das Amt des Landrats ganz und gar ab und ersetzte ihn durch einen von der Regierung ernannten Kreisdirektor. Kreisvertreter, die ihm zur Seite gestellt wurden, besaßen nur den Anschein von Autorität. Diese bürokratische Lösung erweckte den Zorn der Junker, und die Regierung beschloß, das Edikt nicht durchzuführen. Dadurch, daß die kleinen Kreisstädte, die unter den Steuerräten gestanden hatten, zu den ländlichen Kreisen geschlagen wurden, hatte sich das politische Übergewicht der Junker über die Kreise am Ende der Reformperiode tatsächlich nur noch verstärkt. Erst 60 Jahre später, im Jahre 1872, wurden die Kreise neu organisiert, und erst damals erhielten sie eine moderne Form der Selbstverwaltung.

Städteordnung

Steins wichtigste Leistung, durch die er den Gedanken der Selbstverwaltung zu einem wesentlichen Bestandteil der politischen Tradition Deutschlands machte, war die am 19. November 1808 veröffentlichte Städteordnung. Ohne die Initiative und den Enthusiasmus Steins wäre diese Städteordnung nicht ins Leben gerufen worden. Aber ihre detaillierte Formulierung mußte Stein zum größten Teil jüngeren und liberaleren Helfern überlassen, unter denen J. G. Frey, Polizeidirektor in Königsberg, den größten Einfluß auf die Gestaltung der neuen Ordnung ausübte. Durch die Königsberger Schüler Kants und Adam Smith' fiel sie liberaler aus, als es Stein nachträglich recht war. Doch ist es richtig, daß die Vorstellungen, die Stein mit der Neuorganisation der Städte verband, nämlich die Erneuerung ihres stolzen mittelalterlichen Lebens oder die Anwendung der englischen Städteverfassungen auf deutsche Städte, für die Ausführung dessen, was er vorhatte, nicht besonders praktisch waren. Der schlechte Zustand der englischen Städte schloß sie als Vorbilder aus. Fast alle alten freien deutschen Städte mit ihren mittelalterlichen Verfassungen waren nur wenige Jahre zuvor von den benachbarten Fürstenstaaten absorbiert worden, und die drei Hansestädte Hamburg, Bremen und Lübeck wurden von Napoleon 1810 ihrer Freiheit beraubt. Nur diese drei Städte und Frankfurt wurden 1814 wiederhergestellt und konnten mit Stolz auf eine ununterbrochene innere Entwicklung seit den Tagen der mittelalterlichen deutschen Stadtrepubliken zurückblicken.

Aber diese Verfassungen lieferten nicht das Vorbild für die Arbeit der preußischen Reformer. Was sie im Sinne hatten, lenkte sie unweigerlich auf die durch die Französische Revolution geschaffenen Präzedenzfälle. Es war nicht ihre Absicht, sich selbst verwaltende Republiken einzurichten, sondern städtische Gemeinden mit bestimmten Rechten der Selbstverwaltung auszustatten. Diese neuen lokalen Rechte sollten die Einheit des Staates nicht gefährden. Daher wurden gerade diejenigen Rechte, die das Hauptstück der republikanischen Freiheit der mittelalterlichen Städte ausgemacht hatten — und die ein wesentliches Element der angloamerikanischen Selbstverwaltung darstellen —, nämlich die Verwaltung des Rechts und seiner Anwendung, den preußischen Städten vorenthalten. Aus den städtischen Gerichtshöfen wurden königliche Gerichtshöfe, und die Polizei in den großen Städten wurde königlichen Direktoren unterstellt. In den kleinen Städten verwaltete der Bürgermeister die Polizei, aber nicht kraft munizipalen Rechtes, sondern unter den Bestimmungen und der Aufsicht der Bezirksregierung — eine rechtliche Unterscheidung, die von Frankreich entlehnt war. Im Aufbau der Stadtregierung schimmerte das französische Vorbild noch deutlicher durch. Die herkömmliche Auffassung, die in den Zünften die konstituierenden Mitglieder der Regierung sah, wie auch die ausschließliche Ausübung der Regierungsfunktionen durch einen Bürgermeister und eine Gruppe von Stadträten wurde fallengelassen.

Es wurde ein Verfassungssystem eingeführt, in dem gesetzgebende und ausführende Gewalt getrennt wurden. Das Hauptorgan, die Stadtverordnetenversammlung, war praktisch ein Stadtparlament. Sie wählte den Bürgermeister und die Stadträte, die zusammen den Magistrat, die Stadtregierung, bildeten. Die Stadtverordnetenversammlung genehmigte den Etat und überwachte die Ausführung ihrer Beschlüsse durch die Stadtregierung. Die Versammlung wurde von allen Bürgern in einer Abstimmung nach Distrikten gewählt. Die preußische Stadt setzte nicht Einwohner mit Bürgern gleich, wie dies mehr oder weniger in der Französischen Revolution der Fall gewesen war. Doch waren die Besitzgrenzen, deren Überschreitung das volle Bürgerrecht mit sich brachte, sehr niedrig und ließen selbst den kleinen Handwerker und Kaufmann zu. Andererseits bestand die Klasse der Nichtbürger, der sogenannten Schutzverwandten, nicht nur aus den Armen, sondern auch aus den früher „eximierten" Leuten, darunter den Beamten und den Geistlichen. Infolgedessen stand die Rathauspolitik, nachdem sie einmal ihren Anfang genommen hatte, wahrscheinlich zu sehr unter dem Einfluß kleiner Lokalinteressen.

Ursprünglich wollte Stein den Magistrat ausschließlich aus gewählten ehrenamtlichen Mitgliedern zusammensetzen, die eine gewisse Zeit unentgeltlich arbeiten sollten. Aber seine Mitarbeiter überredeten ihn, einen bezahlten, auf sechs Jahre gewählten Bürgermeister einzuführen, dazu einige Stadträte für die rechtlichen und technischen Abteilungen, die auf zwölf Jahre gewählt wurden und pensionsberechtigt waren. Der Gedanke freiwilligen Dienstes überlebte nur in der Schaffung sogenannter Deputationen zur Verwaltung einiger technischer Zweige, wie des Bau-, Schul- und Gesundheitswesens. Diese Deputation hatte ein Mitglied des Magistrats zum Vorsitzenden, bestand aber sonst aus Stadtverordneten und kooptierten Bürgern, die bereit waren, sich diesen besonderen

Aufgaben zu widmen. Trotzdem wurde der Charakter der preußischen Stadtverwaltung vor allem von den hauptamtlichen Beamten geprägt. Die Bürgermeister und Stadträte waren tatsächlich geschulte Berufsbeamte und bildeten einen Verwaltungszweig, der vom Staatsbeamtentum im Grunde nicht verschieden war. Sie hatten dieselbe Ausbildung wie diejenigen, die in die Staatsverwaltung gingen — gewöhnlich eine juristische —, und ihre Laufbahn führte sie oft von einer Stadt zur anderen. Obwohl die städtischen Beamten für die Wünsche der Öffentlichkeit empfänglicher waren als die Beamten im Staatsdienst, war die Wahrscheinlichkeit, daß sie von der offiziellen Linie zu weit abweichen würden, gering, da sie der Genehmigung der Regierung zu ihrer Anstellung bedurften. Mit diesem Recht, die Mitglieder des Magistrats zu bestätigen, engte die Regierung die Selbstverwaltung noch weiter ein. Die größeren Städte mußten sogar drei Kandidaten für das Bürgermeisteramt aufstellen, aus denen die Regierung einen auswählte. Andererseits wurde die direkte Aufsicht über die städtischen Angelegenheiten durch die Staatsregierung zum größten Teil aufgehoben, und der Steuerrat verschwand von der städtischen Bühne.

Die Reorganisation der Stadtverwaltung, die für das soziale Leben der Städte schwerwiegende Folgen haben mußte, war für Stein nur eine der Maßnahmen, mit denen er einen Staat schaffen wollte, der von einem erdrückenden Absolutismus befreit war und in dem die Energien des Volkes pulsierten. Die Reform der Landkreise, die Schöpfung repräsentativer Organe in den Provinzen und schließlich im Gesamtstaat sollten noch folgen und den Neubau des Staates zum Abschluß bringen. Wie die Dinge liefen, blieb die Reform der Stadtverwaltung der einzige Zweig, in dem der Gedanke der Selbstverwaltung verwirklicht wurde. Steins Hoffnung, die Bürger würden durch die städtische Selbstverwaltung eine Gemeinschaftsgesinnung entwickeln, ging erst später in Erfüllung. Am Ende des Jahrhunderts legte jede deutsche Stadt schon allein durch ihre äußerliche Erscheinung Zeugnis von dem Bürgerstolz ab, der in ihren Mauern lebendig war. Innerhalb der ihr vom Staate gesetzten Grenzen war die Verwaltung kompetent und frei von Korruption. Die Verbindung von Berufsbeamtentum und Repräsentativorganen war die Hauptquelle der Funktionstüchtigkeit der deutschen Stadtverwaltung. Aber in Abwesenheit wahrhaft demokratischer Institutionen war der Bürgergeist, den sie entwickelte, nur enger Natur. Alle großen Fragen des Jahrhunderts, nationale Vereinigung, Liberalisierung der staatlichen und nationalen Regierung, die Probleme einer Industriegesellschaft oder die großen Entscheidungen über Schul- und Kirchenpolitik, spielten zwar eine gewisse Rolle im Leben der städtischen Gemeinden, konnten aber unter den bestehenden Verhältnissen einer Lösung nicht viel nähergebracht werden. Diese mußte auf einer allgemeineren als der bloß lokalen Ebene gefunden werden, und die Männer, die sich mit solchen Problemen beschäftigten, kümmerten sich kaum um Stadtpolitik. Der Charakter der Stadtverwaltung wurde hauptsächlich von dem Teil der besitzenden Klassen bestimmt, dessen Interessen sich um lokale Fragen bewegten und der in sozialer Hinsicht konservativ war. Die elenden Viertel, die als Wohngegenden für die Arbeiterklasse gebaut wurden, legen beredtes Zeugnis für diese Seite der deutschen Stadtverwaltung ab, obgleich wir nicht vergessen dürfen, daß dergleichen auch in anderen Nationen vorkam. Trotzdem war in Deutschland die lokale Selbstverwaltung, wenn auch nur in begrenztem Maß, eine Schule öffentlichen Handelns. Um eine Erziehung in konstruktivem politischem Denken zu vermitteln, hätten die Städte weitreichender politischer Verantwortung und direkter Verbindungsglieder mit der Selbstverwaltung auf überlokaler Ebene bedurft, wie in England, wo das Zusammenwirken lokaler Verwaltung und eines nationalen Parlamentes eine Stärkung beider Institutionen brachte.

Niemand vermag mit Bestimmtheit zu sagen, wie die Entwicklung der deutschen Selbstverwaltung verlaufen wäre, wenn Stein seine Reformpläne zum vollen Abschluß hätte bringen können. Aber zweifellos ging die neue Stadtverordnung von 1808 weit über die bestehenden Verhältnisse hinaus und einer Zeit entgegen, die noch nicht gekommen war. Frey warnte Stein davor, sein Gesetz den Stadträten vorzutragen, und dieses Gesetz, das den Städten einige Autonomie zurückerstatten sollte, wurde auch tatsächlich ohne vorherige Beratung mit den Räten durch bloßes Fiat einer bürokratischen Regierung eingeführt. Die Reaktion der Bevölkerung gegenüber der neuen Städteordnung war nicht ermutigend. Die alten Zünfte und die herrschenden Familien nahmen den Angriff auf ihre soziale Stellung übel. Als J. G. Frey sich um den Bürgermeisterposten von Königsberg bewarb, verlor er die Wahl. Berlin wählte zu seinem ersten Bürgermeister einen Kammerpräsidenten, der gerade aus Protest gegen die Reformer, die angeblich den preußischen Staat ruinierten, zurückgetreten war. Dieser Mann war der Vater der beiden Brüder Gerlach, die unter Friedrich Wilhelm IV. die Führer der preußischen Reaktion waren. Womöglich noch schlimmer war die Haltung derjenigen Städte, die einfach ihre alten Häupter wiederwählten, da es ihnen zu teuer schien, ihnen eine Pension zu zahlen.

Steins Reformen waren auf eine Gesellschaft zugeschnitten, die noch nicht bestand. Der absolutistische Staat hatte seine Bürger als bloße Diener behandelt. So war es nicht überraschend, daß diese es schwierig fanden, als aufrechte Männer zu handeln, als ihre Herren und Meister ihnen dies plötzlich anbefahlen. Noch schwieriger war es, einigen Bürgersinn der Bauernklasse einzupflanzen, die immer noch die Majorität der Bevölkerung bildete. Bereitschaft, dem Vaterland zu dienen, geschweige denn ein freies bürgerliches Verantwortungsgefühl ließ sich nicht von ihnen erwarten, solange ihnen nicht ein Minimum an menschlicher Würde zurückgegeben war. Mit der Bauernbefreiung auf den königlichen Domänen in den Jahren vor Jena war ein guter Anfang in dieser Richtung gemacht worden. Dagegen hatte sich die Befreiung der Privatbauern, d. h. der Bauern auf den Rittergütern, als ein dorniges Problem erwiesen, da die Interessen des preußischen Adels nicht leichthin übergangen werden konnten. Die revolutionären Methoden, die in Frankreich eine freie landbesitzende Bauernklasse geschaffen hatten, konnten in Preußen nicht angewandt werden, da dort der Staat auf die Mitarbeit des Adels begründet war. In gewisser Hinsicht war diese Mitarbeit zu einer Zeit, in der fremde Eroberer im Lande waren, noch mehr vonnöten. In Neu-Ostpreußen hatte die preußische Verwaltung die Untertänigkeit aufgehoben und größere Bauerngüter geschaffen, ohne sich dabei um den polnischen Adel zu kümmern, aber dies konnte nicht als Vorbild für eine Reform in Preußen selbst dienen. Trotzdem schuf diese polnische Politik zusammen mit der Emanzipierung der Bauern auf den königlichen Domänen einen Präzedenzfall für die Befreiung der preußischen Privatbauern, und der Zusammenbruch des Staates nach Jena verlieh dem König größeren Mut.

Bauernbefreiung

Wie wir sahen, standen Pläne für eine Agrarreform in Ostpreußen zur Diskussion. Als Stein im Oktober 1807 sein Amt in Königsberg übernahm, fand er Entwürfe einer Reformgesetzgebung vor, die von dem Provinzialminister für Ostpreußen, Reichsfreiherrn von Schroetter, und einem jungen Rat, Theodor von Schön, vorbereitet worden waren. In der hohen Bürokratie dieser Provinz hatten die liberalen Gedanken Kants enthusiastische Anhänger gefunden, und das neue Evangelium von Adam Smith war durch C. J. Krauss von der Universität Königsberg aus verbreitet worden. Schön war das klügste und doktrinärste Mitglied dieser idealistischen Gruppe. Steins erste politische Entscheidung, die er in der ersten Woche seiner Ministertätigkeit traf, war die Annahme von Schöns Vorschlägen zur Agrarreform, und er brachte den König dazu, sie auf alle Provinzen, nicht nur auf Ostpreußen, anzuwenden. Das königliche Edikt vom 9. Oktober 1807 verkündete: „Nach dem Martinitage 1810 gibt es nur noch freie Leute, so wie solches auf den Domänen in allen Unseren Provinzen schon der Fall ist.“ Aber dieser erste Trompetenstoß der Reformgesetzgebung riß noch nicht alle Mauern nieder, mit denen die feudale Vergangenheit die Bauernschaft umgeben hatte.

Die unmittelbare Bedeutung des Edikts war allgemeinpolitischer Natur. Es verkündete die Abschaffung der drei Stände, auf denen der Staat beruht hatte. Das Gesetz erklärte nicht nur, daß der Edelmann bürgerliches und bäuerliches Land und der Bauer und Bürger adeliges Land erwerben konnten, sondern auch, daß Edelmann wie Bauer jedes Gewerbe ausüben und der Bürger zum Bauern werden könne. So wurde die herkömmliche Einteilung der Gesellschaft in getrennte Stände durch Klassen abgelöst, denen sich der einzelne nach seinem wirtschaftlichen Vermögen anschließen konnte. In ihrer praktischen Anwendung konnten diese liberalen Prinzipien allein eine harte Wirklichkeit nicht umwandeln. Der ökonomische Liberalismus mußte zwangsläufig die ökonomisch stärkste Klasse, und das hieß in Preußen den adeligen Rittergutsbesitzer, begünstigen. Die preußischen Junker hatten kein Verlangen, bürgerliche Berufe zu ergreifen. Natürlicherweise wünschten sie, die Gelegenheiten, die ihnen eine freie Wirtschaft zur Verbesserung ihrer Einkommen bot, auszunutzen, und im ganzen lernten sie rasch, ihre Güter als kapitalistische Unternehmungen zu bewirtschaften. Aber sie waren keineswegs geneigt, die politischen und rechtlichen Privilegien, deren sie sich in der Vergangenheit erfreut hatten und die sie auch für die Zukunft als vorteilhaft empfanden, aus der Hand zu geben. Die Zulassung von Bürgern zum Landbesitz hatte nicht zur Folge, daß der Adel den Städten und einem bürgerlichen Bewußtsein nähergebracht wurde. Im Gegenteil, diejenigen Bürger, die Eigentümer von Gütern waren, übernahmen den Lebensstil der Junker und verschmolzen gewöhnlich innerhalb von zwei bis drei Generationen mit dem Adel.

Was die Bauern durch das Edikt vom 9. Oktober 1807 gewannen, war nicht ganz klar. Der Begriff „Erbuntertänigkeit" war nie eindeutig definiert worden. Offensichtlich wurde der Bauer von vielen persönlichen Pflichten, wie z. B. von der Notwendigkeit der Zustimmung seines Herrn zu seiner Heirat, befreit, aber es war höchst zweifelhaft, was damit gemeint war, wenn das Edikt feststellte, daß der Bauer seinem Herrn nur diejenigen Verpflichtungen schuldet, die ihm „vermöge eines Grundstücks oder vermöge eines besonderen Vertrags obliegen". Für den Augenblick wurde die wirtschaftliche Macht der Gutsbesitzer kaum angetastet, und sie blieb dank ihrer Gerichts- und Polizeiherrschaft bestehen.

Es lag in der Natur des feudalen Rechts, daß kein klarer Unterschied gemacht wurde zwischen den Dienstverpflichtungen, die mit der persönlichen Stellung des Bauern zusammenhingen, und denen, die ihm auf Grund seiner Seßhaftigkeit auf dem Lande oblagen. Darüber hinaus hatte der Feudalismus immer dahin tendiert, die Ausübung politischer Gewalt auf Landbesitz zu gründen. Eine wirkliche Bauernbefreiung erforderte Reformen auf drei Stufen, eine Reform des Personenrechts, die das Edikt tatsächlich einleitete, des Bodenrechts und der öffentlichen Verwaltung. Letztere wurde von Stein in Angriff genommen. Er wollte die Gutsbezirke, die örtlichen, von den Gutsbesitzern beherrschten Einheiten, auflösen und ländliche Gemeinden begründen, in denen große und kleine Landbesitzer gleiche Rechte hätten. Die patrimoniale Gerichtsbarkeit sollte den Gutsherren entzogen werden, und ihre Befreiung von der Grundsteuer sollte entfallen. Aber die ersten Schritte, die Stein in dieser Richtung unternahm, brachten ihn mit der Opposition der Junker in ernste Schwierigkeiten. Vielleicht hätte Stein diesen Widerstand brechen können, wenn er länger im Amt geblieben wäre, aber keiner seiner Nachfolger nahm diese Fragen wieder auf. Erst nach der Revolution von 1848/49 wurde dem Adel die patrimoniale Gerichtsbarkeit entzogen, während die Befreiung von der Grundsteuer erst 1861 aufgehoben und die Selbstverwaltung der ländlichen Gemeinden nach den Prinzipien Steins erst 1891 eingeführt wurde. Und es dauerte bis zur Revolution von 1918, bis ein anderes wichtiges Vorrecht des Gutsherren, seine Rechte als Kirchenpatron, verschwand.

Die Reform der politischen Zustände auf dem Lande kam zum Stillstand, noch ehe Stein eine Entscheidung zu erzwingen vermochte. Die Reform der Besitzverhältnisse wurde nur mit großem Zögern unternommen. Theodor von Schön hatte ursprünglich angenommen, daß die persönliche Freiheit den geschickten Bauern instand setzen würde, durch Verhandlungen eine befriedigende wirtschaftliche Stellung zu gewinnen, und Stein war jedenfalls niemals besonders daran gelegen, zugunsten der kleinen Bauern zu intervenieren. Doch versuchte er den Prozeß zu hemmen, durch den der Junker sein eigenes Land beträchtlich vergrößern konnte, indem er seine Pächter entfernte oder Bauernland aufkaufte. Auch in diesem Falle läßt sich schwer sagen, wie weit er gegangen wäre, wenn er längere Zeit hätte wirken können. Die Entscheidung fiel unter Hardenberg, zuerst durch das Regulierungsedikt vom 14. September 1811, das dann durch die Erklärung vom 29. Mai 1816 drastisch abgeändert wurde. Danach mußten zwei Lasten den Bauern abgenommen werden, einerseits die Ungewißheit des Landbesitzes, andererseits diejenigen, die mit den Verpflichtungen zu Dienstleistungen verknüpft waren. In beiden Fällen war die tatsächliche Lage der Bauern sehr verschiedenartig. Doch gab es vor allem drei Gruppen: 1. die Erbpächter, die Bauern mit festem Besitzrecht, 2. die Lassiten, d. h. Bauern, die ein erbliches oder nichterbliches Nutznießungsrecht des Landes hatten, 3. die Zeitpächter.

Das Regulierungsedikt von 1811 beschäftigte sich nicht mit den Erbpächtern, deren Besitzrecht als gesichert galt. Es bestimmte, daß der erbliche Lassit, der ein freier Grundbesitzer werden wollte, ein Drittel des Landes, das er innehatte, dem Gutsherrn abtreten solle, der nichterbliche Lassit und der Zeitpächter die Hälfte seines Landes. Diese Regulierung erfaßte nicht die Entschädigungen, die der Bauer noch zusätzlich für Zwangsdienste schulden mochte. Obgleich das Edikt unter den Adeligen heftige Beschwerden hervorrief, war es tatsächlich für ihre Interessen sehr günstig. Allerdings beklagten sich nur wenige Junker darüber, daß die Agrarreformen das altehrwürdige patriarchalische Verhältnis zwischen Herren und Bauern zerstörte und das Land zur bloßen Ware machte. Adam Müllers Verherrlichung des mittelalterlichen Lehnwesens wurde nicht sehr wörtlich genommen, nicht einmal von dem unerschütterlichen konservativen Gegner aller Reformen, dem Brandenburger Junker Ludwig von der Marwitz. Wie sich am deutlichsten in Ostpreußen zeigte, stand die Mehrzahl der adeligen Gutsbesitzer der Einführung freier kapitalistischer Formen in der Landwirtschaft nicht feindlich gegenüber. Die Hausse im Getreidehandel vor 1806 hatte ihnen einen Vorgeschmack davon gegeben, welche Gelegenheiten sie ausnutzen könnten, wenn sie ihre Produktion durch Ausdehnung der bebauten Fläche und modernere Bewirtschaftung steigerten. Daher betraf der Widerstand der meisten Junker nicht die Beseitigung der feudalen Bodengesetze, sondern nur die angeblich unzureichende Entschädigung.

Erklärung von 1816

Teils aus reiner Gleichgültigkeit gegenüber den Agrarproblemen, teils aus Sympathie dem Adel gegenüber gab Hardenberg den Vorstellungen der Junker nach und erließ die Erklärung von 1816, die angeblich eine Auslegung des Regulierungsedikts von 1811, in Wirklichkeit aber ein ganz neues Gesetz war. Unter diesem Gesetz wurden alle Bauern von einer Neuregelung ausgeschlossen, die nicht spannfähig waren, d. h. kein Gespann von Zugtieren besaßen, sowie diejenigen, deren Bauerngüter nicht in den offiziellen Steuerakten eingetragen waren oder die ihr Land noch nicht lange besaßen. Da die preußische Regierung von 1816 an jede Tätigkeit zur Erhaltung einer zahlreichen Bauernklasse einstellte, fanden es auch die Bauern, die nicht von der Erklärung betroffen waren, schwierig, von dem Ertrag ihrer zusammengeschrumpften Felder zu leben. Der Übergang vom alten Dreifeldersystem zu einer verbesserten Wechselwirtschaft verschaffte zwar zusätzliches bestellbares Land, und die Auflösung des Gemeindelandes wirkte in derselben Richtung. Aber da die Bauern im Gegensatz zu den Rittergutsbesitzern keinen Zugang zu Finanzkrediten hatten, waren sie oft außerstande, zu intensiveren Formen der Bodenbebauung überzugehen. In der großen Agrarkrise der Jahre nach 1820, die übrigens auch viele Junker zugunsten neuer Besitzer aus der Bürgerklasse von ihren Familiengütern vertrieb, verschwanden viele der neuen Bauerngüter, manchmal sogar ganze Dörfer.

Seit 1816 stand es den Besitzern der großen Güter frei, ihr Land zu vergrößern, und sie waren ausreichender Arbeitskräfte sicher. In den nächsten 30 Jahren nützten sie diese Gelegenheit nach bestem Vermögen aus. Man hat ausgerechnet, daß bis zu einer Million Hektar zu ihrem Besitz geschlagen wurden und daß 46 000 bis 54 000 Bauerngüter zusammen mit 70 000 kleinen Familienstellen in die Hände des Adels fielen. Ihre Bevölkerung bildete die neue Klasse von Arbeitern auf den Rittergütern. Die oberste Gruppe unter ihnen waren die Instleute, Arbeiter, die gewöhnlich Jahr für Jahr auf ein Jahr in Dienst genommen und vom Gutsherrn untergebracht wurden. Ihre Löhne wurden in Geld und Naturalien oder mit der Nutznießung kleiner Stücke von Land ausgezahlt. In der Regel schloß ihr Arbeitsvertrag die Arbeit von Weib und Kindern mit ein. Auf sie alle war die harte Verordnung von 1810 anwendbar, die der Adel der Regierung als ersten Schutz seiner Kontrolle über die Arbeitsverhältnisse abgewonnen hatte. Diese Gesindeordnung regulierte die Beziehung von Herr und Diener in jedem Haushalt und wurde erst 1918 abgeschafft. Unter ihr konnten kein Arbeiter und keine Magd frühzeitig aus dem Dienste ausscheiden, Streiks wurden mit Haft bestraft; ein „väterliches Züchtigungsrecht“ konnte uneingeschränkt angewendet und Gehorsam erzwungen werden. Unter diesen Verhältnissen ging es den Gutsarbeitern nicht besser als den früheren unfreien Bauern, und sie unterschieden sich oft kaum von Leibeigenen. Wenn auch der Feudalismus von einem wirtschaftlichen Liberalismus abgelöst worden war, lebten doch die patriarchalischen Formen in diesem Bereich weiter. So ist es auch nicht verwunderlich, daß sich in dieser Atmosphäre keine freieren Formen des sozialen Umgangs entwickelten und daß die volle Unterwürfigkeit unter die herrschende Klasse als natürlich galt.

Das Vorhandensein kleiner Gruppen freier Bauern, vor allem in Ost- und Westpreußen, denen sich jetzt diejenigen Bauern zugesellten, die die Härten der Befreiung und der Wirtschaftskrise überlebten, brachte in dem sozialen Klima des ostelbischen Preußen keine Veränderung. Meist waren es Großbauern, und wenn ihre soziale Einstellung mit der der Junker auch nicht identisch war, so waren ihre wirtschaftlichen Interessen doch weitgehend die gleichen; da sie wie die Großgrundbesitzer Arbeiter beschäftigten, hingen sie von billiger Arbeitskraft ab. Sie neigten dazu, wie kleine Junker zu fühlen und zu handeln, und stellten bis weit in die neueste Zeit mit geringen vorübergehenden Ausnahmen ein durch und durch konservatives Element dar. Die Agrarreformen, die Stein 1807 so hoffnungsvoll begonnen hatte, um eine sich frei vermischende Gesellschaft von größeren und kleineren Besitzern zu schaffen, dienten seit 1816 der Bildung einer starren Sozialstruktur autoritären Charakters. Die kritische Wirtschaftslage in den Jahren nach dem Tilsiter Frieden trug viel zu dieser Entwicklung bei. Die Zerstörungen des Krieges waren zu groß, als daß der Wiederaufbau aller Bauernstellen möglich gewesen wäre. Die Stärkung des gefährdeten Kredits des Adels war beinahe der einzige Weg, um den ruinierten Finanzkredit des preußischen Staates wenigstens zum Teil zu retten. So wirkten all diese verschiedenen Fakten darauf hin, die soziale und politische Ordnung des östlichen Deutschland versteinern zu lassen.

Pläne nationaler Vertretung

Vielleicht wäre diese Entwicklung ganz anders verlaufen, wenn die Reorganisation der politischen Regierung Fortschritte gemacht hätte. Es war nicht nötig, wie es Stein als Ideal vorschwebte, Schritt für Schritt von der lokalen über die provinziale zur nationalen Verwaltung voranzuschreiten. Tatsächlich setzte er sich selber über diese Reihenfolge hinweg. Schon im Dezember 1807 führte der dringende Bedarf an Mitteln, um die den Provinzen von den Franzosen auferlegten Kontributionen zu bezahlen, zu einer Tagung der Provinzstände in

Ostpreußen. Aber Stein machte sogar Pläne zur Schaffung einer nationalen Vertretung, die im Herbst 1808 ein konkretes Stadium erreichten. Diese geplante Versammlung konnte nicht eigentlich als Parlament bezeichnet werden. Sie sollte lediglich das Recht erhalten, Gesetze zu debattieren, was jedoch das Recht der Gesetzesinitiative mit einschloß. Auch sollte sie nicht vom Volke gewählt werden, sondern von den Ständen und Berufsgruppen, wenn auch in einer Form, die das Übergewicht des Adels ausschloß. Ihre Zusammenkünfte sollten regelmäßig stattfinden und volle Publizität erhalten. Wiederum betonte Stein den Wert einer derartigen Einrichtung für die Erziehung des Volkes zu politischem Bewußtsein und politischer Fähigkeit: „Teilnahme der Nation an Gesetzgebung und Verwaltung bildet Liebe zur Verfassung, eine öffentliche richtige Meinung über Nationalangelegenheiten und die Fähigkeit bei vielen einzelnen Bürgern, die Geschäfte zu verwalten. Die Geschichte lehrt, wie überwiegend größer die Anzahl großer Feldherrn und Staatsmänner in freien als in despotischen Verfassungen war."

Steins Plan einer nationalen Vertretung war jedoch eng mit seiner Außenpolitik verknüpft. Während er seine gesamte Politik auf die schließliche Befreiung Preußens abgestellt hatte, machte es die Situation, in die er als Minister gestellt wurde, zweifelhaft, ob das Rumpf-Preußen überleben könne. Der Staat wäre zugrunde gegangen, wenn nicht das französisch-russische Bündnis Napoleon veranlaßt hätte, die Wünsche Alexanders zu respektieren. Der Zar hielt seine Hand über Preußen, und dies ließ Friedrich Wilhelm zu seinem russischen Freund aufblicken. Aber die Forderung nach einer gewaltigen Kontribution und die Besetzung des Landes durch französische Truppen befähigten Napoleon, Preußen noch mehr zu schwächen und es in einem Zustand elender Abhängigkeit zu halten. Im Winter 1807/08 gab es Augenblicke, wo Stein und Scharnhorst glaubten, sie könnten sich nur noch durch das Angebot eines Hilfskorps, das im napoleonischen Dienste kämpfen sollte, Erleichterung vom französischen Drucke verschaffen. Statt dessen wurden im Frühjahr 1808 neue Verhandlungen aufgenommen. Gleichzeitig nahmen noch andere Erwägungen im Geiste Steins, Scharnhorsts und Gneisenaus Gestalt an. Napoleons verräterische Absetzung der legitimen Dynastie hatte zu einer nationalen Erhebung des spanischen Volkes gegen den fremden Eindringling und zu schweren Verlusten in der französischen Armee geführt. Unter diesen Umständen entdeckten die preußischen Reformer neue und unerwartete Möglichkeiten, die Franzosen aus Deutschland zu vertreiben.

Der Aufstand in Spanien war in der Tat ein Ereignis von großer historischer Bedeutung. Er war der erste Ausbruch eines im Lande gewachsenen Nationalismus, der sich bald in Tirol wiederholen sollte. Eine alte homogene Nation, die immer noch in recht primitiven Verhältnissen lebte und in ihrer weit überwiegenden Mehrheit die überkommenen monarchischen und kirchlichen Einrichtungen als die göttliche Ordnung akzeptierte, stand gegen fremde häretische Eindringlinge auf. Von der Natur des Landes begünstigt, brachten die tapferen Verteidiger aus dem Volke den Franzosen fürchterliche Verluste bei. Aber ihr heroischer Kampf hätte ihnen letzten Endes keinen Erfolg eingetragen, wenn die Engländer nicht mit einem Expeditionskorps und mit Kriegsmaterial eingegriffen hätten. Die besonderen Umstände des spanischen Kriegs wurden in Königsberg oder auch in Wien nur undeutlich erkannt.

In Wien hatten nämlich die Beseitigung der spanischen Dynastie und die Reaktion des spanischen Volkes sowohl Bestürzung als auch frische Hoffnungen ausgelöst. Die österreichische Regierung wurde von Graf Stadion geleitet, der wie der Freiherr vom Stein und der damals als österreichischer Gesandter in Paris lebende Graf Metternich ein deutscher Reichsritter war. Erzherzog Karl, der seine hohen militärischen Fähigkeiten in den Kriegen von 1796 und 1799 bewiesen hatte, war Kriegsminister und Generalissimus der österreichischen Heere. Stadion traf seine Kriegsvorbereitungen vor allem durch eine Heeresreform, da in dem aus vielen Nationalitäten zusammengesetzten Habsburgerreich die Einführung der Selbstverwaltung gefährlich schien. Erzherzog Karl modernisierte die österreichische Armee nach vielen Belangen und schuf damit eine Reihe von Präzedenzfällen für das, was später in Preußen geschah. Eine seiner Reformen war die Schaffung einer Landwehr in den verschiedenen Habsburgerländern. Volkstümliche Kräfte und Gefühle begannen die dynastische Armee früherer Tage zu durchdringen, und in den meisten Provinzen wurde ein patriotisches Gefühl spürbar. Am stärksten war es jedoch in den deutschen Provinzen, und hier hatte das Nationalgefühl der führenden Gruppen eine doppelte Orientierung. Es enthielt sowohl das Element der Verbundenheit mit Heimat und Dynastie als auch ein Gefühl für Deutschland, von dem in diesen Kreisen immer noch angenommen wurde, daß in ihm die alte Kaisergewalt beschlossen läge.

Der spanische Krieg und die österreichische Rüstung erweckten unter den preußischen Reformern die glühende Hoffnung auf eine baldige Befreiung. Gemeinsam mit Scharnhorst und Gneisenau schmiedete Stein kühne Pläne. Diese sahen die Bewaffnung der gesamten Bevölkerung vor, und zwar nicht nur in Preußen, sondern auch in ganz Norddeutschland, das, wie sie glaubten, zum Aufstand gegen seine französischen Beherrscher aufgerüttelt werden könne. Das Versprechen einer nationalen Vertretung sollte die Volksfreiheit symbolisieren, die Deutschland nach der Befreiung von der napoleonischen Dynastie gewinnen würde. Aber Friedrich Wilhelm III. sträubte sich gegen solche Ratschläge. Wenn Rußland zum Kämpfen bereit gewesen wäre, hätte er sich vielleicht überreden lassen, das schwere Risiko einzugehen, aber auf dem Erfurter Kongreß vom Sommer 1808 erneuerte Zar Alexander sein Bündnis mit Napoleon und ermöglichte es diesem, seine Streitkräfte nach Madrid zu führen. Während die preußische Regierung ihre Verhandlungen in Paris fortsetzte, machte sich Stein daran, eine nationale Revolution vorzubereiten. Ein schlechter Diplomat und ein noch schlechterer Verschwörer, schrieb er einen höchst unvorsichtigen Brief, der von der französischen Polizei abgefangen wurde. Napoleon benutzte diesen Zwischenfall dazu, den preußischen Unterhändlern im September eine Konvention vorzulegen, die nicht nur eine übertrieben hohe Entschädigung, sondern auch, über den Tilsiter Vertrag hinausgehend, eine Beschränkung der preußischen Armee auf 42 000 Mann verlangte. Stein drängte auf Ablehnung der Konvention, aber seine Stellung war unhaltbar geworden. Selbst unter einigen Freunden der Reform verursachte das stürmische Tempo, mit dem Stein in der Innen- und Außenpolitik vorging, Widerstand. Friedrich Wilhelm fühlte sich von der Art, in der sein Minister den Vorschlag machte, Preußen als bloßes Mittel zur Befreiung Deutschlands zu benutzen, beunruhigt. Er war bereit, um der Erhaltung seines Thrones willen Demütigungen zu erdulden, und Steins Politik schien ihm tollkühn. Am 24. November 1808 mußte Stein sein Amt niederlegen. Wenig später erließ Napoleon gegen ihn einen Bann und ließ seine Güter in Nassau einziehen. Auf die Warnung des französischen Ministers in Berlin hin begab sich Stein nach Österreich, wo er im Jahre 1812 von Zar Alexander den Ruf erhielt, sein Berater zu werden.

Der österreichische Krieg im Jahre 1809 löste keine nationale Revolution in Deutschland aus. Österreichs Waffen vermochten nicht, die Grundlage für derartige Bewegungen zu schaffen. Die österreichische Armee wurde aus Bayern herausmanövriert, und Österreich selbst wurde zum Kriegsschauplatz. Erzherzog Karl bereitete Napoleon eine ernste Niederlage bei Aspern, versäumte es aber, seinen Erfolg auszunutzen, und der Krieg wurde bald bei Wagram entschieden. Nur in Tirol standen die Bauern zu einem heroischen Kampfe auf, und zwar nicht für das deutsche Vaterland, sondern gegen das bayerische Regime, das die alte Verfassung des Landes und seine Bande mit der Habsburgerdynastie zerstörte. Überall in Deutschland war die politische Loyalität des Volkes vorwiegend im Partikularismus der dynastischen Staaten verankert. Da sich die deutschen Dynastien 1809 weigerten, die Führung einer Volksbewegung zu übernehmen, verliefen die wenigen Versuche einer Erhebung, die in Norddeutschland unternommen wurden, rasch im Sande. Zwar wurde in Preußen die Debatte über eine Beteiligung am Kampfe gegen Frankreich erneuert, nachdem Österreich in den Krieg gezogen war, aber der König lehnte nach wie vor eine derartige Beteiligung entschieden ab. Nachdem man sich darein gefügt hatte, Napoleon unterwürfig zu sein, wurden auch die inneren Staatsreformen weniger dringend.

Fürst von Hardenberg

Graf Alexander Dohna und Freiherr Karl Altenstein, die Nachfolger Steins, erreichten nichts von Bedeutung. Keiner der beiden Männer war reaktionär, aber es fehlte ihnen an Führerqualitäten, die in der verzweifelten Lage Preußens nötig waren, und diese verschlimmerte sich noch, als nach 1810, dem Jahr, in dem Fürst Karl von Hardenberg (1750—1822) die Staatsführung wieder übernahm, das französisch-russische Bündnis brüchig wurde. Der König machte Hardenberg zum tatsächlichen Premierminister mit dem Titel eines Staatskanzlers. Der hannoversche Edelmann, der seit 1790 im Dienste des preußischen Staates stand, war ein geschickter Verwalter und Diplomat, ein liebenswürdiger und eleganter Kavalier im Stile des 18. Jahrhunderts, der die Politik als die Kunst des Möglichen auffaßte und innerhalb dieser Grenzen nicht nur sich selber, sondern auch anderen gern zu den angenehmen Seiten des Lebens verhalf. Sein lebhafter und kosmopolitischer Geist befähigte ihn, die praktische politische Weisheit sowohl des aufgeklärten Despotismus wie der Französischen Revolution und der napoleonischen Verwaltung aufzunehmen und, soweit es die Umstände gestatteten, auf den preußischen Staat anzuwenden. „Demokratische Grundsätze in einer monarchischen Regierung“ war das Motto seiner Verwaltung, aber so gern er auch Freiheit gewährte, sah er doch darauf, daß die Regierung die Kontrolle ihrer entscheidenden Vorrechte nicht verlor. Eine nationale Volksvertretung schien ihm recht wünschenswert, solange sie keine wirkliche Macht gewann.

Während Hardenberg auf Grund seines Glaubens an den wirtschaftlichen Liberalismus der Staatsreform eine radikalere Richtung gab als Stein und eine autoritärere Note auf Grund seines Vertrauens in die Bürokratie, so war er doch andererseits empfänglicher für die Wünsche des Königs und des Adels. Wir sahen bereits, wohin diese Politik in den Fragen der Agrarreform und der ländlichen Selbstverwaltung führte. Hardenbergs unmittelbares Bemühen galt der Konsolidierung der öffentlichen Schuld und einem Steuerprogramm, das die Mittel zur Zahlung der französischen Indemnität beschaffen sollte. Eine der Maßnahmen der Finanzreform war die Säkularisierung des Kircheneigentums, das in Zukunft die Kirchen finanziell völlig vom Staate abhängig machte. Zwar war der protestantische Kirchenbesitz schon lange lediglich als Teil des Staatsetats behandelt worden, aber die katholische Kirche hatte in Schlesien noch ausgedehnte Besitztümer. Die neue Finanzpolitik, die Hardenberg einführte, machte auch soziale und ökonomische Reformen notwendig. Es wurde volle Gewerbefreiheit proklamiert. Damit wurde nicht nur das Monopol der Zünfte gebrochen, sondern auch die wirtschaftliche Trennung von Stadt und Land aufgehoben. Der Angriff auf die Zünfte erregte damals viel Verstimmung, und auch die Verleihung bürgerlicher Gleichberechtigung an die Juden war nicht populär.

Die gleiche Behandlung von Stadt und Land wurde durch ein allgemeines Steuersystem herbeigeführt, das die unterschiedlichen Methoden von Akzise und Kontribution zu beseitigen suchte. Allein Hardenbergs Finanzreform war nur teilweise erfolgreich. Vor allem begegnete die Grundsteuer, deren allgemeine Erhebung er verlangte, dem heftigen Widerstand des Adels, der wiederum seine Befreiung von einer solchen Steuer durchsetzte. Hardenberg versuchte, öffentliche Unterstützung für seine Politik zu finden, indem er 1811 eine preußische Nationalversammlung von Notabeln zusammenberief. Anscheinend hoffte er, sie durch rationale Argumente und seinen persönlichen Charme zu überreden, ihn im Lande zu unterstützen. Aber die Versammlung, in der der Adel unverhältnismäßig stark vertreten war, diente nur als Brennpunkt zur Herausbildung einer Oppositionsbewegung im Adel. Ihre Hauptverfechter fand diese in den Provinzialständen, der ausschließlichen Domäne der Junker. Die hitzigen Reden der Brandenburger Stände unter der Führung von Marwitz und Graf von Finckenstein, den Hardenberg einige Wochen lang in Spandau einsperren ließ, erweckten beinahe den Anschein, als lebten die Kämpfe aus den Tagen des Großen Kurfürsten wieder auf. Hardenberg wich der Opposition durch Zugeständnisse und die rasche Vertagung der Versammlung aus. Trotzdem weckte sie sowohl bei einigen ihrer Mitglieder wie in der Regierung den Wunsch nach einer echten nationalen Vertretung mit einer klar abgesteckten Autorität und mit breiterer sozialer Zusammensetzung. Eine provinziale Nationalversammlung, die aus 18 Adeligen, 12 Städtern und 9 Bauern bestand und von den Ständen und Stadträten gewählt wurde, hielt von 1812 bis 1815 Sitzungen ab, aber Hardenberg war seinem Temperament nach ungeeignet, einer solchen Versammlung politisches Leben einzuhauchen.

Der bevorstehende Krieg zwischen Frankreich und Rußland führte in Berlin zu einer Wiederholung der leidenschaftlichen Debatten von 1808 und 1809 über die Außenpolitik. Die Patrioten, Scharnhorst, Gneisenau und Boyen, wollten mit Rußland kämpfen und erneuerten Steins Pläne für eine nationale Erhebung in Deutschland. Friedrich Wilhelm III. beharrte bei seiner Überzeugung, daß die Monarchie einen Befreiungskrieg nur im Bündnis mit Rußland und Österreich unternehmen könne. Das Österreich Metternichs lehnte es ab, sich gegen Napoleon zu stellen, und England verweigerte Subsidien. Schließlich willigte Preußen im Februar 1812 ein, Napoleon ein Korps von 20 000 Mann für den russischen Krieg zur Verfügung zu stellen. Wiederum wurde das Land als französische Operationsbasis mit der Einquartierung von Truppen und allen Zwangslieferungen für ihren Unterhalt belastet. In ihrer Verzweiflung über die Politik des Königs gingen einige Offiziere, darunter Carl von Clausewitz, nach Rußland. „Die Welt", sagte Gneisenau, „scheidet sich in jene, die freiwillig oder unfreiwillig für Bonapartes Ehrsucht kämpfen oder aber dagegen. In dieser Situation scheinen geographische Grenzen eine geringere Rolle zu spielen als Prinzipien."

Auch Gneisenau und Scharnhorst legten ihre Ämter nieder, blieben jedoch in geringeren Staatsfunktionen tätig. In gewisser Weise zeigte der Verlauf der Dinge, daß die Politik des Königs richtig gewesen war, aber niemand konnte die Katastrophe der *grande armée* erwarten, und der König konnte im Falle eines französischen Sieges keinesfalls damit rechnen, daß Preußen überleben würde. Erst die Vernichtung der Franzosen in Rußland machte die Befreiung Preußens möglich. Sie hätte nicht solch glanzvolle Formen angenommen, wenn Preußen nicht die Dienste der Männer zurückgewonnen hätte, die 1812 an seinem Charakter verzweifelten.

Gleich nach Tilsit wurden militärische Reformen begonnen. Im Juli 1807 machte der König General Gerhard von Scharnhorst zum Haupt der Militär-Reorganisationskommission, der auch Neithardt von Gneisenau und Carl W. von Grolman nebst anderen konservativeren Offizieren zugeteilt wurden. Die Reformer gewannen die Mehrheit, als Hermann von Boyen und Graf. Fr. von Goetzen in die Kommission kamen. Der beherrschende Geist dieser Gruppe war Scharnhorst. Dieser Sohn eines niedersächsischen Bauern, von Geburt Hannoveraner, hatte die Offizierskarriere in der Militärschule eines der kleinen deutschen Fürsten begonnen. Er hatte während der Revolutionskriege mit Auszeichnung in der hannoverschen Armee gefochten, hatte aber seinen öffentlichen Ruf als Militärschriftsteller und Direktor der Kriegsakademie in Hannover erworben. Im Jahre 1801 nahm er das Angebot an, in derselben Eigenschaft nach Preußen zu kommen. Sein geniales Lehrtalent machte sich rasch unter einer großen Gruppe jüngerer Offiziere fühlbar. Aber seine Lehren wandelten nicht das Denken des Oberkommandos um. Er übte wenig Einfluß auf den Herzog von Braunschweig aus, in dessen Stab er in der verhängnisvollen Schlacht von Auerstädt diente. Die Katastrophe von 1806/07 gab ihm endlich Gelegenheit, seine Ideen zu verwirklichen. Er bewahrte seinen Gleichmut angesichts vieler Kränkungen, die er während seiner Laufbahn auf Grund seiner niedrigen Abstammung erlitt, und seine Beharrlichkeit ließ nicht nach, als seine Vorschläge vorübergehend abgelehnt wurden. Zum Glück schätzte der König das gleichmäßige Temperament und die schlichten Sitten dieses scheinbar scheuen und zurückhaltenden Mannes. Scharnhorst erweckte den Eindruck eines anspruchslosen Gelehrten, war aber ein furchtloser Soldat im Kampfe. Nur wenige Menschen wurden der Tiefe seines Geistes und der glühenden Leidenschaft seines Willens gewahr.

Auch Gneisenau war kein Preuße. Er entstammte einer erst kürzlich geadelten sächsischen Bürgerfamilie. Eine außerordentliche Vornehmheit des Denkens und Fühlens zeichnete ihn aus. Scharnhorst erschien ihm immer größer als er selbst. Obgleich dies wahrscheinlich stimmte, was die Kraft der intellektuellen Analyse betraf, war doch die Spannweite der Gefühle Gneisenaus, die von den zartesten menschlichen Regungen bis zu den stärksten Gemütsbewegungen des Krieges reichten, bestimmt nicht geringer und fand in einer dramatischen und vornehmen

Persönlichkeit Ausdruck. Einige seiner Freunde urteilten etwas übertrieben, Gneisenau hätte in Frankreich politisch und militärisch mit Napoleon wetteifern können. Tatsächlich hatte er sich mit dem Korsen nur in der Kriegskunst gemessen und hier ebenbürtig erwiesen, als er nach dem Tode Scharnhorsts am Vorabend der Befreiung der führende Stratege der preußischen Armee in den Feldzügen von 1813 bis 1815 wurde. Während Gneisenau so das Werk Scharnhorsts auf dem Schlachtfeld vollendete, fiel es Boyen zu, es in der Staatsregierung zu erfüllen. Boyen, der 1814 Kriegsminister wurde, hatte als junger Offizier in Kants Hörsaal gesessen und die kantische Ethik in sich aufgenommen. Ein geborener Ostpreuße, war er tief im Staate Friedrichs des Großen verwurzelt, im Gegensatz zu Scharnhorst und Gneisenau, die leicht geneigt waren, Preußen nur als Mittel für ihre Pläne zu benutzen.

Wenn es Steins oberstes Ziel war, einen neuen vaterländischen Geist im Volke zu erwecken, indem er den Staat auf den moralischen Energien der Nation aufbaute, war es Scharnhorsts höchstes Ziel, „die Armee und Nation inniger zu vereinen". Militärische und zivile Reformen liefen nebeneinander her und stützten sich gegenseitig. Ohne die persönliche Freiheit der Bauern, ohne die Abschaffung der politischen Trennung der sozialen Klassen und auch ohne die Neuorganisation der Regierungsstruktur wäre der Aufbau eines neuen Heeres unmöglich gewesen. Zweifellos hätten Stein und Hardenberg die Zustimmung des Königs für viele ihrer Reformmaßnahmen nicht gewinnen können, wenn die Notwendigkeit für neue Militärkräfte nicht so dringend gewesen wäre. Aber wie Stein über die nationale Befreiung hinaus auf einen deutschen Staat hinzielte, der dank seiner inneren Freiheit blühte, erkannten Scharnhorst und seine Freunde und Schüler in dieser Freiheit nicht nur die Wurzel militärischer Macht, sondern auch die Sicherung menschlicher Würde.

Die katastrophale Niederlage Preußens 1806/07 brachte die neuen militärischen Führer in den Vordergrund. Sie waren zwar schon vorher auf Reform bedacht gewesen, aber auch sie hatten ihre radikale Entschlossenheit, auf fundamentalen Veränderungen zu bestehen, erst durch die bitteren Erfahrungen des vergangenen Jahres gewonnen. Andererseits machten die Verhältnisse eines besiegten Staates, der von der Willkür des Siegers abhängig war, durchgreifende Reformen außerordentlich schwierig, wenn nicht unmöglich. Dies galt vor allem für das den Reformern teuerste Ideal: die Mobilisierung der gesamten wehrbaren Bevölkerung des Staates für die Verteidigung, ohne Rücksicht auf Klassenunterschiede. Die alten Methoden der Rekrutierung waren unanwendbar geworden. Da Napoleon ganz Deutschland beherrschte und Preußen ohne Geldmittel war, ließ sich die Anwerbung von Söldnern außerhalb Preußens nicht bewerkstelligen. Ob das Kantonalsystem die nötige Zahl Soldaten stellen könne, nachdem Preußen durch den Tilsiter Frieden auf wenige Provinzen reduziert worden war, blieb zweifelhaft. Wie wir uns wohl erinnern, war das Kantonalsystem eine Methode der Aushebung, die hauptsächlich die Bauern erfaßte. Es bedurfte nur der Abschaffung lokaler und sozialer Exemtionen, um dieses System in eine allgemeine Aushebung zu verwandeln. Aber gerade auf diesen Exemtionen beruhte der Kastencharakter des preußischen Staates. Nicht nur der Adel, sondern auch das Bürgertum verwarf den Gedanken einer allgemeinen Wehrpflicht, und letzteres war in seinem Widerstand gegen den Verlust seines einzigen wichtigen Vorrechts sogar noch entschiedener. Man konnte darauf hinweisen, daß Carnots allgemeine Konskription von Napoleon nur in der Theorie beibehalten wurde, da er Stellvertretungen zugelassen hatte, was darauf hinauslief, daß die Reichen sich vom Militärdienst loskaufen konnten. Aber Scharnhorst wollte eben diese Verletzung der Grundsätze vermeiden. Nur der allgemeine Militärdienst aller Klassen könne ein allgemeines Verpflichtungsgefühl gegenüber dem Staate erwecken, und dieses wiederum, in Verbindung mit den neuen Rechten des Bürgers, werde ein neues Ideal der Männlichkeit verwirklichen.

Die Militär-Reorganisationskommission empfahl 1808 die Einführung der allgemeinen Wehrpflicht und die Schaffung einer Reservemiliz. Aber obwohl Friedrich Wilhelm III. dem Gedanken der allgemeinen Konskription freundlich gegenüberstand, billigte er ihn in diesem Augenblick nicht, und der Gedanke einer Miliz erschreckte ihn sogar als eine revolutionäre Maßnahme. Entscheidend für ihn waren dabei nicht so sehr sein Widerwille gegen die Bewaffnung der Bevölkerung und noch weniger Widerstand im Lande gegen die allgemeine Wehrpflicht als seine Furcht, er könne Napoleon durch die Annahme eines ehrgeizigen Militärprogramms die Rechtfertigung zur Intervention geben. Das war zu der Zeit, als Stein einen nationalen Befreiungskrieg beginnen wollte und schließlich aus dem preußischen Staatsdienst ausscheiden mußte. Gleichzeitig hatte Napoleon Preußen strenge Waffenbeschränkungen auferlegt. Das Kantonalsystem lieferte für eine Armee von 42 000 Mann eine genügende Zahl Rekruten und wurde mit all seinen Exemtionen bis 1813 unverändert beibehalten. Der einzige Weg, die Bedingungen der Pariser Konvention von 1813 zu umgehen, war die Einberufung zusätzlicher Kantonpflichtiger zu kurzer Ausbildung. Um dies zu ermöglichen, wurde in jedem Regiment ein kleiner Prozentsatz alter Soldaten auf Urlaub nach Hause geschickt. Die Leute nannten diese besonderen Rekruten „Krümper", wahrscheinlich weil sie neben den schmucken Soldaten unordentlich, krumm, aussahen. Es war eine der Legenden der deutschen Geschichte, daß das Krümpersystem Preußen befähigt hatte, große ausgebildete Streitkräfte aufzubauen, und die Verfasser der Abrüstungsbestimmungen des Versailler Vertrags von 1919 waren von dieser Legende beeinflußt. Tatsächlich aber war die zahlenmäßige Verstärkung der Armee, die auf diese Weise erreicht werden konnte, nicht erheblich. Die preußische Armee und ihre ausgebildeten Reserven zählten im Frühjahr 1813 weniger als 66 000 Mann.

Während für den Aufbau eines Volksheeres nur die Grundlagen geschaffen werden konnten, war es den Militärreformern möglich, ihre anderen Pläne über das Entwurfstadium hinaus voranzutreiben. Nach dem Verschwinden der fremden Söldner ließ sich die brutale Disziplin nicht mehr rechtfertigen. Brutalität vermag zwar menschliche Wesen in Maschinen zu verwandeln, jedoch keine tapferen Soldaten hervorzubringen, auf die man sich im Glück und Unglück verlassen kann. Die neue Disziplin beruhte auf einem glühenden Ehrgefühl und nicht auf der Anwendung des Stockes. Die neuen im August 1808 eingeführten Kriegsartikel schafften die Körperstrafe praktisch ab und setzten geregelte Verfahren der Kriegsgerichte fest. Diese Reform beabsichtigte auch, den Bürgern, die unter einem System der allgemeinen Wehrpflicht in die Armee treten sollten, das Soldatenleben weniger abstoßend erscheinen zu lassen. Der Bürgersohn sollte nicht auf die Stufe eines hörigen Bauern heruntergedrückt werden. Zudem ermöglichte ihm die Reorganisation, bis zu einem gewissen Grade mit dem Edelmann zu wetteifern.

Dem aristokratischen Offizierskorps hatte es 1806/07 nicht nur an wertvollen militärischen Führungskräften gefehlt, sondern es hat auch in vielen Fällen einen Mangel an einfachem Ehrgefühl und Pflichtbewußtsein an den Tag gelegt. Abgesehen davon, daß gegen schuldige Befehlshaber Untersuchungen angestellt wurden, machte es die Verkleinerung des Heeres möglich, verkalkte Generäle und überalterte Offiziere zu entlassen. Alle Reformer stimmten darin überein, daß persönliche Ehre, Tapferkeit und Wissen nicht das natürliche Monopol des Adels seien. Die französischen Offiziere zeigten all diese Eigenschaften in hohem Maße. So erklärte man jetzt zum Mißvergnügen der meisten Junker, daß künftighin in Friedenszeiten nur „Kenntnisse und Bildung", im Kriege „nur ausgezeichnete Tapferkeit und klare Urteilskraft" den Anspruch auf ein militärisches Kommando geben würden und daß Personen aus allen Klassen in die höchsten militärischen Ehrenstellungen gewählt werden könnten. Die alte Ordnung, wonach Junker gleich nach dem zehnten Lebensjahr als Gefreite-Korporale dienen konnten, bis sie automatisch ein Offizierspatent erhielten, wurde abgeschafft. Nach dreijährigem Heeresdienst konnte jedermann über 17 Jahren sich um eine der freistehenden Kornettstellen bewerben. Eine weitere Prüfung mußte abgelegt werden, ehe ein Kornett ein Offizierspatent gewinnen konnte. Die Schulbildung konnte offensichtlich nicht zur einzigen Vorbedingung eines guten Offiziers gemacht werden. Allgemeine Intelligenz, strikte Pflichterfüllung und angemessene Haltung waren Anforderungen, denen man gleichfalls gerecht werden mußte. Aber diese — weniger objektiven — Prüfsteine waren sozialen und politischen Vorurteilen ausgesetzt, um so mehr als die Regimentskommandeure an der Auslese und Beförderung der Offiziere einen wesentlichen Anteil hatten. Dies war wahrscheinlich insofern nützlich, als dadurch ein Korpsgeist unter den Offizieren aufkam, aber nicht notwendigerweise der denkbar beste

Geist. Das System wirkte sich dahin aus, daß nur diejenigen bürgerlichen Kandidaten aufgenommen wurden, die sich dem Augenschein nach dem Stil der Adeligen am besten anpassen würden. Gegen den Wunsch Scharnhorsts rettete Friedrich Wilhelm III. auch die militärischen Kadettenanstalten, die Gründungen Friedrich Wilhelms I., in denen die jungen Junkersöhne erzogen worden waren. Sie wurden jetzt allen Offizierssöhnen geöffnet, entsandten aber weiterhin bis zum Ende der preußischen Monarchie 1918 junge Männer in die Armee, die von dem Augenblick an, wo sie die Kinderstube verließen, von militärischen Erziehern umgeben und mit einem blinden Glauben an die Monarchie und die preußischen militärischen Tugenden erfüllt worden waren. Neben vielen anderen Generälen und militärischen Staatsmännern sind Albrecht von Roon und Paul von Hindenburg typische Produkte dieser Kadettenanstalten.

Immerhin war eine sehr beträchtliche Bresche in die Mauer sozialer Vorrechte geschlagen, die die alte preußische Armee umgeben hatte, und frische Talente vermochten die militärische Laufbahn einzuschlagen. Ebensowichtig war die Tatsache, daß Studium und geistige Interessen sowohl unter den adeligen wie den bürgerlichen Offizieren eine Heimat fanden. Scharnhorst brachte eine völlige Reorganisation der Militärbildungsanstalten zuwege. Eine „Allgemeine Kriegsschule für Offiziere", später Kriegsakademie genannt, wurde in Berlin zur Ausbildung in den verschiedenen Waffengattungen, wie Artillerie und Ingenieurwesen, geschaffen. Außerdem bildete diese Schule eine Klasse von ausgewählten Offizieren aus, die sich auf die Arbeit in den höheren Stäben vorbereiteten. Hier lehrte 1810 Carl von Clausewitz (1780–1831). Im Jahre 1818 wurde er Militärdirektor der Allgemeinen Kriegsschule. Während des nächsten Jahrzehnts schrieb dieser philosophisch begabteste Schüler Scharnhorsts und Gneisenaus sein Buch „Vom Kriege", das bedeutendste Vermächtnis des strategischen Denkens dieser Generation preußischer Offiziere. Ihr großer Lehrer war Napoleon, und sie versuchten, die Gründe für seinen Erfolg herauszufinden, um es ihm in späteren Schlachten gleichzutun. Diese theoretischen Studien legten den Grund für den späteren preußischen Generalstab, der einen Versuch darstellte, den fehlenden Genius Friedrichs des Großen durch eine geistige Offizierselite zu ersetzen.

Der Übergang vom autokratischen Absolutismus zu einer bürokratischen Regierung hatte seine Parallele auf militärischem Gebiet. Doch wurde er nicht auf die Befehlsgewalt im Kriege und auf strategisches Planen beschränkt. Vorläufig blieb der Generalstab ein untergeordnetes Organ der allgemeinen Heeresverwaltung, die im Verlauf der Steinschen Reorganisation der Zentralregierung zu einem einzigen Kriegsministerium vereinigt wurde. Dieses bestand aus zwei Departements, dem Allgemeinen Kriegsdepartement und dem Militärökonomiedepartement. Im ersteren waren alle Angelegenheiten der Verfassung und des Kommandos konzentriert. Es wurden drei Abteilungen geschaffen, eine für Personalien, eine zweite für Ausbildung, Kriegspläne und Mobilisierung und eine dritte für die Beaufsichtigung spezieller Heereswaffen und Ausrüstung. Das Militärökonomiedepartement war mit den Fragen von Finanz und Heereslieferungen betraut. Zu keiner anderen Zeit wurde das preußische Militärwesen so straff organisiert wie nach diesem Plan vom Dezember 1808, aber eine derartige Machtkonzentration wurde von vielen Seiten ungern gesehen. Zur Zeit der Promulgation dieses Plans befürchtete Friedrich Wilhelm III., ein Kriegsminister könne den direkten Kontakt des Königs mit dem Heer abschneiden. Er weigerte sich bis 1814, einen Kriegsminister zu ernennen. Scharnhorst wurde 1809 lediglich zum Chef des Allgemeinen Kriegsdepartements gemacht. Aber da er unmittelbaren Zugang zum König hatte, der ihm auch den Titel Generalstabschef verlieh, und da das Militärökonomiedepartement mit ihm zusammenarbeitete, wurde die Heeresreform nicht gefährdet. Der am wenigsten aufsehenerregende, dabei aber technisch wichtigste Teil der Reform vollzog sich in all diesen Jahren auf den Exerzierplätzen und Manövergeländen der Truppen. Die Schaffung kleinerer aus allen Waffenzweigen zusammengesetzter Heereseinheiten wurde vervollkommnet, obwohl die geringe Stärke des Heeres nur Brigaden statt Divisionen erlaubte. Die Zusammenarbeit von Infanterie, Kavallerie und Artillerie in diesen Einheiten gestattete der Armee, in jedem Gelände zu kämpfen und in tiefen Kolonnen anzugreifen. Das Aufgeben einer einzigen starren Schlachtlinie legte den untergeordneten Offizieren größere Verantwortung auf als zuvor, und die neue Taktik verlangte mehr persönliches Selbstvertrauen in den unteren Rängen. Die Felddienstordnung von 1812 beseitigte die alten Methoden des Drills und betonte die Rolle, die der einzelne Soldat zu spielen hatte.

Die Beteiligung Preußens als Satellit Frankreichs am Kriege gegen Rußland 1812 schien alles wieder zu verderben, wofür die preußischen Reformer sowohl auf zivilem als auch militärischem Gebiet gekämpft hatten. Ihr Ziel war eine enge Vermählung von nationaler Kultur und Staat gewesen, zu deren Verwirklichung sie für die Autonomie der Einzelpersönlichkeit Raum geschaffen hatten. Aber die internationale Lage zwang den preußischen Staat in die Dienstbarkeit Frankreichs und zwang den einzelnen, seine sittlichen Ideale zu vergessen. Unter diesen Umständen betrachteten es manche Reformer als ihr Recht und ihre Pflicht, den Kampf gegen Napoleon, wo immer sie nur konnten, fortzusetzen. Preußen war mit Deutschland nicht identisch, und darüber hinaus war der Gedanke der preußischen oder deutschen Nationalität für die Reformer universalen sittlichen Idealen untergeordnet. So konnte Stein sagen: „Das Vaterland ist da, wo sich Ehre und Unabhängigkeit finden."

Stein in Rußland

Freiherr vom Stein befand sich damals auf Einladung des Zaren Alexander I. in St. Petersburg. Er weigerte sich, in den russischen Dienst zu treten, übernahm aber die Funktion eines Beraters des Zaren, vor allem in deutschen Fragen. Seine Anwesenheit in Rußland war von großer Bedeutung. Sein Mut und sein Vertrauen auf den endlichen Sieg über Napoleon halfen dem Zaren und der russischen Aristokratie über die bitteren Enttäuschungen der frühen Niederlagen hinweg. Seine Bemühungen, eine nationale Revolution in Deutschland zu organisieren, waren dagegen weniger erfolgreich. Seine sowie Gneisenaus Versuche, die britische Regierung zu überreden, militärische Landungen in Nordwestdeutschland in Gang zu setzen, wurden hinhaltend behandelt. Doch ist es zweifelhaft, ob sie große Volksaufstände hätten auslösen können. Die Propaganda, die Stein und sein „deutsches Comité" unter den Soldaten in der Armee Napoleons und unter der Bevölkerung in Deutschland verbreitete, hatte wenig sichtbaren Erfolg, obgleich Stein in Ernst Moritz Arndt (1769—1860), dem Sohn eines unfreien Bauern in Schwedisch-Pommern, einen der großen Meister volkstümlicher Prosa zur Seite hatte. Aber die große Masse des deutschen Volkes war unfähig zu politischem Handeln. Selbst das lose Netzwerk der Verschwörerzellen, das an manchen Orten unter den Mittelklassen bestand, war unbeholfen und wirkungslos. Der republikanische Ton, den Steins und Arndts Propaganda in diesem Augenblick anschlug, wo alle deutschen Fürsten den Befehlen Frankreichs gehorchten, fand in einer streng monarchistischen Bevölkerung keinen Widerhall. Die in Rußland aus deutschen Gefangenen und Freiwilligen organisierte Deutsche Legion entwickelte sich nicht zu einem größeren Truppenkörper.

Steins größte Leistung war es jedoch, daß es ihm gelang, den Zaren zu bestimmen, den Krieg im Westen über die russischen Grenzen hinauszutragen, nachdem die Katastrophe die *grande armée* auf ihrem Rückmarsch aus dem brennenden Moskau ereilt hatte. Der russische Befehlshaber Kutusow, der Außenminister und viele national gesinnte Russen argumentierten, daß es keine weiteren russischen Kriegsziele mehr gäbe, nachdem die Eindringlinge vom heiligen Boden Rußlands vertrieben worden seien. Weiter zu rücken würde nur bedeuten, den Krieg Englands zu führen und Rußland in innereuropäische Streitigkeiten zu verwickeln. Die russische Armee war zusammengeschmolzen und konnte nicht allein im Herzen des Festlands kämpfen. Der Schlüssel der militärischen Situation lag in der Politik Österreichs, die nicht ermutigend war, während Preußen keinen gleichwertigen Ersatz dafür bieten konnte. Stein tat sein Bestes, den Zaren zu überzeugen, daß Deutschland gegen Napoleon mobilisiert werden könnte, und veranlaßte ihn, an dem Entschluß festzuhalten, im Frühjahr 1813 den großen Befreiungskampf zu wagen, selbst für den Fall, daß zu Beginn nur Preußen auf die Seite Rußlands treten würde. Alexander I. entschloß sich zu dieser Politik, da er sich zum Herrn von Polen machen wollte. Er hatte aber nur dann Aussicht, die Krone Polens zu erlangen, wenn das Französische Reich aufgelöst würde, und die Rolle des Befreiers von Europa sagte ihm zu.

Das Preußische Korps unter General Ludwig von Yorck (1759—1830) hatte in den Ostseeprovinzen operiert und wurde nicht in die Katastrophe von Napoleons Hauptarmee mit hineingezogen. Auf seinem Rückzug näherte es sich in den letzten Tagen des Jahres 1812 der ostpreußischen Grenze. Ohne Vollmacht der preußischen Regierung, die sich über ihre Politik unschlüssig war, zeichnete General Yorck am 30. Dezember 1812 mit kühnem Federstrich eine Konvention mit den Russen, durch die er die Neutralität seiner Truppen verbürgte. Yorck war politisch ein leidenschaftlicher Reaktionär und als solcher ein absoluter Gegner der Stein-Scharnhorstschen Reformen gewesen. Aber sein stolzer preußischer Patriotismus trieb ihn dazu, sich über die tief im Wesen des Preußen verankerte Tugend der Disziplin hinwegzusetzen und die Konvention von Tauroggen zu schließen, die im ganzen Lande von den Patrioten als erstes Zeichen eines bevorstehenden historischen Wandels begrüßt wurde.

Von nicht geringerer Bedeutung war die Wirkung, die dieses Ereignis auf den Zaren ausübte. Um den Krieg gegen Napoleon fortzusetzen, hatte er erwogen, die polnische Nation zu mobilisieren und sich bei den Polen durch die Wiederherstellung des Königtums Polen unter russischer Hoheit beliebt zu machen, und dies hätte die westlichen Grenzen des Russischen Reiches an die Mündung der Weichsel vorgeschoben. Aber die Polen blieben solchen Verlockungen gegenüber verstockt, während die Ostpreußen großen Enthusiasmus für den gemeinsamen Krieg gegen Frankreich bekundeten. Es bedurfte der Energie Steins, der in Königsberg auftauchte, um die Notabeln der Provinz anzustiften, sich ohne die Zustimmung der Berliner Regierung zum Kriege zu rüsten. Die Provinz nahm es auf sich, Yorcks Korps zu unterhalten und dazu eine Landwehr von 20 000 Mann zu stellen. Diese Manifestation der Opferbereitschaft des Volkes beeindruckte sowohl den Zaren wie den zaudernden König Friedrich Wilhelm III., der die Stärke der Überzeugungen des Volkes immer unterschätzte. Er lief tatsächlich Gefahr, daß sein Volk sich über ihn hinwegsetzen würde, da in den anderen Provinzen die Bevölkerung und die Armee unruhig wurden.

Viertes Kapitel

DIE BEFREIUNGSKRIEGE UND DER WIENER KONGRESS

Seit September 1812, während die traurigen und elenden Überreste der *grande armée* sich durchs Land schleppten, hatte Hardenberg die Möglichkeit der Befreiung erwogen. Aber es schien unrealistisch, ohne Österreich Krieg gegen Napoleon führen zu wollen, und Österreich ließ sich dazu nicht bewegen. Verständlicherweise erregten auch die polnischen Pläne des Zaren Besorgnis in Preußen. Doch wurden schließlich Verhandlungen mit Rußland eröffnet. Wieder mußte Stein vermitteln. Tatsächlich war Alexander jetzt bereit, Westpreußen und einen Streifen polnischen Gebietes an Preußen abzutreten, wodurch eine leichtere Verbindung zwischen Westpreußen und Schlesien hergestellt wurde. Als Entschädigung für die weiteren Teile Polens, die vor 1806 in preußischem Besitz gewesen waren, sollte Preußen deutsche Gebiete erhalten. Auf dieser Basis wurde am 27. Februar 1813 der Bündnisvertrag zwischen Rußland und Preußen abgeschlossen.

Preußen mobilisiert

Am 3. Februar hatte Friedrich Wilhelm III. seine Zustimmung zur Aufstellung von Jägerkorps gegeben, zu denen Freiwillige aus den besitzenden Klassen aufgerufen wurden. Eine Woche später wurden alle Befreiungen vom Militärdienst aufgehoben. Aber obgleich der König rüstete, war er noch nicht entschlossen zu kämpfen. Als er jedoch von Berlin nach Breslau ging, zeigte ihm die Haltung des Volkes, daß ihm im Grunde keine Wahl blieb. So zeichnete er am 27. Februar das Russische Bündnis, und am 15. März zog Alexander I. in Breslau ein. Zwei Tage später wurde die Schaffung einer Landwehr angeordnet. Sie sollte alle wehrfähigen Männer zwischen dem 17. und 40. Lebensjahr umfassen, die nicht in der eigentlichen Armee oder im Jägerkorps dienten. Mit Ausnahme der Jägerkorps wurde jetzt die allgemeine Wehrpflicht durch Aushebung verwirklicht, wie es Scharnhorst und die militärischen Reformer gewünscht hatten. Preußen vermochte 1813 280 000 Mann, oder sechs Prozent seiner Bevölkerung, zu mobilisieren. Dank seiner neuen militärischen Organisation und seiner eindrucksvollen Schlagkraft gewann es einen – im Verhältnis zu seinem geringen Umfang – erstaunlich großen Einfluß auf die anderen Mächte. Doch war die preußische Armee im Frühjahr 1813 noch keineswegs auf der Höhe. Die Landwehr war unausgebildet, und es fehlte an Waffen. Aber die Stimmung war gut, und die Organisation und Ausrüstung der Landwehr durch lokale Selbstverwaltung zeigte, wie wertvoll solche Einrichtungen waren. Trotzdem hätten sich die Schwächen der Armee verhängnisvoll auswirken können, wenn die Anfangsphase des Krieges nicht im Sommer durch einen Waffenstillstand beendet worden wäre. Es war von großer Wichtigkeit, daß die Jägerkorps gute Offiziere für die Landwehr stellten, und aus diesem Grunde konnte Boyen erreichen, daß die Landwehr nicht als bloßes Reservoir zur Auffüllung der regulären Armee benutzt wurde. Er wollte sie als eine ausgesprochene Bürgerarmee halten. In der Schlacht kämpften daher die Regimenter der Landwehr neben denen der regulären Armee.

Der Patriotismus, den die gesamte preußische Bevölkerung an den Tag legte, stand in starkem Gegensatz zu der Apathie im Jahre 1806, und es besteht kein Zweifel, daß die Arbeit der Reformer das meiste zu diesem Wandel beigetragen hatte. Mit Recht hatten die Reformer die Ansicht vertreten, daß im Volke große moralische Kräfte schlummerten, die für den Staat mobilisiert werden konnten. Ob sie die Natur dieser Kräfte ganz richtig eingeschätzt hatten, läßt sich bezweifeln. Ihre eigene Lebensphilosophie war zu idealistisch und individualistisch, ihr Nationalismus zu erhaben und moralistisch, um die Massen zu überzeugen. Selbst ihre politischen Maßnahmen waren der Zeit zu weit voraus, um beim Volke unmittelbaren Anklang zu finden, ganz abgesehen von der reaktionären Opposition gewisser Junkerkreise. Die Städter waren gegen die Gewerbefreiheit und hatten wenig Verständnis für die Selbstverwaltung. Selbst im Jahre 1815 war die Agrarreform noch kaum über ein bloßes Versprechen hinaus gediehen. Obgleich die Reformer im Offizierskorps, in der höheren Beamtenschaft und auch unter den Gebildeten eine Gefolgschaft fanden, waren sie in diesen Gruppen keineswegs tonangebend. Wir werden später sehen (siehe S. 168 ff.), wie Wilhelm von Humboldt als Leiter des Erziehungswesens 1809/10 versuchte, den Humanismus von Weimar zur Grundlage des preußischen Erziehungssystems zu machen. So bedeutend auch die Ergebnisse der Humboldtschen Reform schließlich waren, sie hatten dennoch keine uneingeschränkte Wirkung, und das aktive Interesse der preußischen Regierung an der modernen deutschen Kultur hatte die geistigen Führer nicht dazu bewogen, die nationale Politik der preußischen Reformer zu unterstützen. Goethe, Hegel und Schelling hielten sich von allen Bemühungen um die nationale Befreiung fern.

Der Patriotismus von 1813 beruhte auf Kräften, die elementarer waren als die Ideale Steins und Scharnhorsts. Die Reformer waren dieser Tatsache gegenüber nicht blind und versuchten, die Leidenschaften des Volkes völlig zu wecken. Im April 1813 schuf Scharnhorst den Landsturm, zu dem alle Männer gehören sollten, die nicht in der regulären Armee oder der Landwehr dienten. Sie hatten die Aufgabe, mit allen Mitteln des völkischen Widerstands, für den der Spanische Krieg das Vorbild abgab, die Heimat zu verteidigen. Aber der Aufruf und die Bewaffnung des gemeinen Mannes begegneten in Preußen scharfer Kritik. Der Appell an den Sansculottismus erregte unter dem Adel und der Bourgeoisie Befürchtungen, und man suchte die Mobilisierung des Landsturms zu beschränken und ihn in der Hand zu behalten, indem man ihn den Polizeibehörden unterstellte. Überall wurde die Volksbewegung von den bestehenden Staatsautoritäten dirigiert. Wo solche Behörden nicht das Signal gaben und die Zügel ergriffen, geschah von seiten des Volkes nichts. Es war für die Reformer eine der bittersten Enttäuschungen, daß in den Staaten des Rheinbundes keine Aufstände ausbrachen und daß nur die Bevölkerung von „Alt-Preußen", d. h. der vier östlichen Provinzen, die zwischen 1807 und 1815 Preußen ausmachten, erhebliche Opfer brachte. Von allen preußischen Reformen haben die Ausgleichung der Klassenunterschiede und die verbesserten Lebensbedingungen des Heeres am meisten zu dem Gemeingeist beigetragen, den das preußische Volk im Kriege bewies. Dabei waren der Haß gegen die fremden Bedrücker und der Wunsch nach der Wiederherstellung des normalen Wirtschaftslebens die vorherrschenden Motive. Obgleich die Hoffnung auf eine weitere Liberalisierung der preußischen Regierung und auf die nationale Befreiung Deutschlands im Denken vieler Gebildeter eine Rolle gespielt haben mag, bedurfte der Patriotismus der Massen, die vorwiegend aus Bauern bestanden, dieser besonderen Anreize nicht. Sie waren von preußischen Treuegefühlen beseelt. Die Dynastie galt immer noch als die höchste, von Gott eingesetzte Autorität, und nicht die moderne Philosophie, sondern die alte religiöse Lehre diente als Rechtfertigung politischen Glaubens und Handelns. Der Krieg ließ durchweg erkennen, daß die herkömmlichen Formen der Religion im Volke viel lebendiger waren, als man aus der Literatur der Zeit schließen würde. Das Motto „Mit Gott für König und Vaterland" drückt die vorherrschende Stimmung dieser Jahre recht gut aus. Monarchismus, Fremdenfeindlichkeit und ein vager, teils preußischer, teils deutscher Nationalismus wurden zu einer quasireligiösen Verpflichtung verschmolzen.

Es gelang Napoleon, in kurzer Zeit neue Truppen zu mobilisieren. Zwar waren diese nicht so gut ausgebildet und hatten nicht so gute Offiziere wie in früheren Jahren, aber sie stellten immer noch bessere und größere Streitkräfte dar, als sie die Alliierten im Frühjahr 1813 ins Feld zu stellen vermochten. In der Schlacht von Großgörschen vom 2. Mai 1813 nötigte Napoleon die Verbündeten, sich aus Sachsen zurückzuziehen, und erzwang drei Wochen später ihren Abzug aus Schlesien. Tatsächlich waren die Russen schon im Begriff, nach Polen zurückzuweichen. Aber trotz seiner großen zahlenmäßigen Überlegenheit war keine der Schlachten für Napoleon mehr als ein taktischer Sieg. Die französischen Verluste waren viel schwerer als die der Verbündeten, die jedesmal einen geordneten Rückzug bewerkstelligten. Geist und Führung der preußischen Armee waren ausgezeichnet. Die Reformer mußten auf die Ehre der direkten

Führung verzichten. Feldmarschall Blücher (1742–1819) wurde zum Oberbefehlshaber ernannt. Er war ein ziemlich ungebildeter alter Krieger, der sich mehr für die Jagd, das Glücksspiel und die Frauen als für das Studium interessiert hatte. Aber seine schneidige und lebendige Persönlichkeit machte ihn zum Soldaten- und Volkshelden. Auch war er ehrlich und gescheit genug, die Talente Scharnhorsts und Gneisenaus anzuerkennen. Er verließ sich ganz auf ihren Rat, und so schlug während dieses Krieges das Generalstabssystem seine Wurzeln. Scharnhorst diente als Blüchers Stabschef. Er wurde in der Schlacht von Großgörschen verwundet. Ohne auf seine Wunde Rücksicht zu nehmen, eilte er im Sommer nach Prag, um Österreich auf die alliierte Seite hinüberzuziehen, doch unterwegs raffte ihn der Tod dahin. Seine Stelle als Stabschef wurde von Gneisenau übernommen, während Grolman, Boyen, Clausewitz und andere als Stabschefs bei den einzelnen Korpskommandanten dienten. Auf diese Weise entwickelte sich die neue strategische Schule, der preußische Generalstab, als eine Art Nervensystem im Körper der preußischen Armee.

Österreichs Politik: Graf Metternich

Unzufriedenheit mit den Ergebnissen des Frühjahrsfeldzuges veranlaßte Napoleon, einen zweimonatigen Waffenstillstand anzubieten. Wie im Jahre 1807 hielt er es immer noch für möglich, durch Konzessionen in Polen mit Rußland einen Separatfrieden zu erreichen oder aber die Unterstützung Österreichs zu gewinnen. In diesen beiden Annahmen irrte er sich, und die Ruhepause gab Rußland und Preußen Gelegenheit, ihre Rüstungen zu vervollkommnen. Entscheidend aber war die Politik Österreichs, dessen Regierung seit 1809 in den Händen von Graf Clemens Lothar Metternich (1773–1859) lag. Dieser Abkömmling einer alten rheinischen Adelsfamilie war von 1806 bis 1809 österreichischer Botschafter in Paris gewesen und war ein eifriger Vorkämpfer des Krieges gegen das napoleonische Frankreich. Die Niederlage Österreichs hatte ihn für immer von einer rein gefühlsmäßigen Haltung zur Politik kuriert. Als er im Jahre 1809 Leiter der österreichischen Außenpolitik wurde, betrachtete er die Realitäten der Machtverhältnisse mit kalter Skepsis. Hinter seinen Methoden der Staatsräson stand noch ein starker Glaube an den Wert des alten europäischen Staatensystems und an das Gleichgewicht der Macht zwischen unabhängigen Staaten. Auch innenpolitisch sah Metternich das gesunde Regierungssystem in einem Gleichgewicht der Kräfte des Fortschritts und der Kontinuität. In einem Zeitalter, in dem die Französische Revolution die Menschen zu immer neuen Wandlungen aufgestachelt hatte, sollten die Regierungen auf der Aufrechterhaltung von Stabilität und Autorität bestehen. Metternich glaubte an den Absolutismus als ein universales Prinzip und an das Mächtegleichgewicht als die natürliche Ordnung Europas. Ein Rationalist und, in seinem Privatleben, ein Epikureer, verfolgte er beinahe 40 Jahre lang eine österreichische Politik, die darauf ausgerichtet war, nicht nur den Interessen des habsburgischen Reiches, sondern auch denen Europas als Ganzem zu dienen.

Keiner der führenden europäischen Staatsmänner war in seiner geistigen Einstellung ein so totaler Gegner der Ideen des napoleonischen Reiches wie Metternich. Zwar vergaß er nicht, daß Napoleon das revolutionäre Chaos in Frankreich gebändigt hatte. Trotzdem blieb Napoleon für Metternich ein Kind der Revolution, da er durch die Eroberung des Festlands das alte Staatensystem ruiniert hatte. Dieses wiederherzustellen, wurde das eigentliche Ziel der Metternichschen Diplomatie. In den ersten Jahren mußte sich seine Sorge jedoch auf das bloße Überleben Österreichs beschränken, und er konnte wenig tun, um den Druck, den Napoleon auf das Land ausübte, zu erleichtern. Die Heirat Marie-Luises, der Tochter Franz' I. mit dem französischen Kaiser schuf kein französisch-österreichisches Bündnis, das sich mit dem aus den Tagen von Kaunitz vergleichen ließ. Obgleich Österreich — im Gegensatz zu Preußen — einige politische Versprechen erhielt, mußte es Napoleon 1812 eine Hilfsarmee zur Verfügung stellen.

Der unerwartete Ruin Napoleons öffnete ein neues Kapitel. Viele österreichische Patrioten waren der Meinung, Österreich solle die Überreste der sich aus Rußland zurückziehenden napoleonischen Armee vernichten und sich, wie es 1809 beabsichtigt war, an die Spitze einer nationalen Erhebung in Deutschland stellen. Metternich teilte diese Gefühle nicht. Österreich war unzureichend bewaffnet, finanziell erschöpft und würde in Rußlands Abhängigkeit geraten. Der österreichische Staatsmann sah keinen Gewinn in der vollständigen Niederlage Napoleons, wenn das nur zu einer Machtanmaßung des anderen „der beiden größten Kolosse der älteren und neueren Geschichte“ führen würde. Ihm schien sogar, die Vorrangstellung Frankreichs sei der des Zaren vorzuziehen, da der Tod Napoleons voraussichtlich die Grundlagen des französischen Reiches erschüttern würde. Metternich wünschte das Gleichgewicht der beiden Riesen, um in Europa unter österreichischer Leitung das allgemeine Gleichgewicht der Mächte wiederherzustellen, das nach seiner Meinung auf „ewigem, unwandelbarem Recht“ beruhte. Daher unterstütze er das Bündnis zwischen Preußen und Rußland und hielt Österreich, während er aufrüstete, in einem Zustand der Neutralität, um im richtigen Augenblick durch Vermittlung oder Waffengewalt intervenieren zu können.

Durch kühle, listige, aber in ihren Endzielen unbeugsame Diplomatie hatte es Metternich im August 1813 soweit gebracht, daß die entscheidende Rolle Österreichs allgemein anerkannt wurde. Sowohl Napoleon als auch die Verbündeten mußten sich der bewaffneten Vermittlung Österreichs fügen. Wegen der unfruchtbaren Ergebnisse des Frühjahrsfeldzuges konnte Metternich sein Programm, Frankreich auf seine „natürlichen“ Grenzen zu beschränken, nicht vorlegen. Er verließ sich aber darauf, daß der Eroberer nicht einmal die von ihm formulierten geringfügigen Konzessionen machen würde, um die Lage Preußens und Österreichs zu erleichtern, und daß Franz I. dadurch überredet werden könne, auf seiten der Alliierten in den Krieg einzutreten. Tatsächlich erklärte Österreich am 11. August 1813 nach fruchtlosen Verhandlungen den Krieg. Die Sache der Alliierten gewann dadurch an Stärke, wurde aber durch diese neue Konstellation völlig verändert. Die Reformer in Preußen und Stein an der Seite des Zaren verloren an Einfluß. Sie verlangten die Freiheit der Nationen, zu deren Verwirklichung sie auch vor der Anwendung revolutionärer Mittel und gewagter militärischer Operationen nicht zurückschreckten. Metternich andererseits wollte die alten Staaten durch die erprobten Methoden legitimer Regierungen und vorsichtig berechneter militärischer Unternehmungen wiederherstellen. Während Kutusows Kalischer Proklamation vom 25. März, die unter Steins Einfluß verfaßt worden war, die deutschen Fürsten, die mit Napoleon zusammenarbeiteten, mit der Vernichtung bedrohte, wenn sie sich nicht an der nationalen Befreiung beteiligten, begann Metternich bald, ihnen goldene Brücken zu bauen. Der Zar seinerseits war nicht geneigt, das Prinzip der Legitimität völlig aufzugeben.

Diese Abweichung der Anschauungen beeinflußte auch die Führung des Feldzuges. Der österreichische Fürst Karl von Schwarzenberg, ein tapferer, wenn auch etwas konventioneller General, wurde oberster Befehlshaber der großen Armee, die sich in Böhmen versammelte und aus Österreichern, Russen und Preußen zusammengesetzt war. Bernadotte, Kronprinz von Schweden, schloß sich den Alliierten nördlich der Elbe mit einem kleinen Korps an, das, mit russischen und preußischen Truppen zur Nordarmee verstärkt wurde. Bernadotte wollte für Schweden Norwegen auf dem Festland erobern. Der ehemalige Marschall Napoleons war ein guter Offizier, da aber seine politische Stellung in Schweden noch heikel war, mußte er sich vorsichtig bewegen. Die dritte und kleinste Armee wurde aus zwei russischen und einem preußischen Korps in Schlesien gebildet und Blücher unterstellt. Hier bewies das neue militärische Denken der preußischen Schule rasch, daß nur ein entschlossener Offensivgeist und kühne strategische Maßnahmen der großartigen militärischen Führung Napoleons gewachsen waren. Die preußische Armee und Landwehr vermochten die ungewöhnlichen Anstrengungen, die ihre Führer von ihnen verlangten, auszuhalten. Napoleon hatte immer noch eine starke Stellung. Ganz abgesehen von den Festungen im östlichen Deutschland, die von französischen Garnisonen gehalten wurden, beherrschte er die ganze Elbelinie von Dresden bis Hamburg, und da seine Hauptarmee um Dresden konzentriert war, genoß er den Vorteil der inneren Linien. Er konnte sich mit überlegenen Streitkräften auf jede der drei Armeen werfen.

Kriegsplan der Alliierten: Leipzig

Der Kriegsplan der Alliierten sah vor, daß sich die jeweils angegriffene Armee zurückziehen solle und dann die beiden anderen gegen die Operationsbasis Napoleons vorrücken und ihn dadurch zwingen sollten, sich zurückzuwenden. In diesem Augenblick sollte die angegriffene Armee versuchen, die Nachhut der französischen Armee zu überwältigen. Dieser Plan, dessen Ausführung in der Praxis äußerst schwierig war, erwies sich im ganzen als recht erfolgreich. In einer Anzahl heftiger Kämpfe fügten die schlesische Armee und die Nordarmee Napoleon schwere Verluste zu. Er drängte zwar die böhmische Armee, als sie sich Dresden näherte, über das Gebirge zurück, konnte aber keine taktischen Vorteile gewinnen, da eines seiner Armeekorps, das Schwarzenberg nach Böhmen hinein gefolgt war, eine Niederlage erlitt. Alle schweren Kämpfe der späten August- und frühen Septemberwochen brachten keine strategische Entscheidung. Diese wurde erst durch die Ausführung des Planes von Gneisenau erzielt, der geraten hatte, die schlesische Armee nordwärts zu führen und Bernadotte zu überreden, die Überquerung der Elbe mit vereinter Macht zu erzwingen. Vor allem dank der heroischen Kampfesleistungen der Preußen besetzten die beiden Armeen das südliche Elbeufer. Sie wichen einem nordwärts gerichteten Stoß Napoleons aus, indem sie nach Westen marschierten und dadurch seine Verbindungslinien mit dem Rhein, womöglich sogar noch im Verein mit der böhmischen Armee, bedrohten. Dies zwang Napoleon, sich am 14. Oktober den Alliierten zu stellen, und am 16. und 18. Oktober folgten die schwersten und blutigsten Kämpfe. Napoleon verlor etwa ein Drittel seiner Armee. Dagegen gelang es den Alliierten weder die Hauptrückzugslinie zu sperren noch den Feind energisch zu verfolgen. Aber als sie am 19. Oktober in Leipzig einrückten, wußten sie, daß ganz Deutschland östlich des Rheins befreit worden war.

Die Schlacht bei Leipzig bedeutete den Höhepunkt der Zusammenarbeit der Alliierten. Infolge der Tätigkeit der preußischen Reformgruppe war der Beitrag Preußens im Verhältnis zu der tatsächlichen Stärke dieses kleinen Staates außerordentlich groß. Aber außerhalb des Schlachtfeldes war der Einfluß Preußens viel begrenzter, und nachdem die Waffen ihre Arbeit getan hatten, gab die Politik den Ausschlag. Schon vor der Schlacht bei Leipzig hatte Metternichs Diplomatie einen Erfolg davongetragen, der für die Zukunft Deutschlands weittragende Folgen haben sollte. Durch den österreichisch-bayerischen Vertrag von Ried vom 8. Oktober erklärte Bayern seinen Austritt aus dem Rheinbund und schloß sich der Koalition an. Österreich garantierte die volle Souveränität Bayerns, das für einige territoriale Zugeständnisse an Österreich gleichwertige Entschädigung erhalten sollte. Der militärische Vorteil dieser Zusammenarbeit war beträchtlich, wenn auch der Versuch einer bayerisch-österreichischen Armee unter Fürst Wrede, die Armee Napoleons auf ihrem Rückzug bei Hanau am

Main aufzuhalten, am 30. Oktober fehlschlug. Der Vertrag hatte viele politische Folgen. Er machte einem Jahrhundert österreichisch-bayerischer Feindschaft ein Ende und leitete ein halbes Jahrhundert enger Zusammenarbeit zwischen Wien und den süddeutschen Regierungen ein. Da Bayern auf Grund dieses Vertrages die fränkischen Fürstentümer Ansbach und Bayreuth behielt, wurde Preußen, das diese Gebiete zwischen 1791 und 1806 besessen hatte, daran gehindert, wieder nach Süddeutschland vorzudringen.

Wiederaufleben der Kleinstaaten

Der Abfall Bayerns brachte die Auflösung des gesamten Rheinbundes mit sich. König Friedrich von Württemberg und Großherzog Karl von Baden, der Schwiegersohn Napoleons, schlossen sich der Koalition widerstrebend an und wurden von den Verbündeten anerkannt. Trotz Steins Bemühungen nahmen die Ereignisse in Norddeutschland einen ähnlichen Verlauf. Stein war der Ansicht, der Befreiungskampf solle in der Abschaffung der deutschen Kleinfürsten gipfeln, die durch ihren Absolutismus zu Tyrannen und durch ihr Bündnis mit Napoleon zu Verrätern geworden waren. Er schlug vor, all diese Territorien unter alliierte Verwaltung zu stellen, die unter der Beteiligung der Bevölkerung Landwehren und Landstürme organisieren und die Hilfsquellen dieser Länder für den Krieg mobilisieren solle. Stein hoffte, daß eine solche gemeinsame Anstrengung den Nationalgeist entflammen und dadurch ein einigeres Deutschland schaffen würde. Ein Übereinkommen zwischen Rußland und Preußen vom 19. März 1813 sah die Einsetzung eines Zentralverwaltungsrates vor, an dessen Spitze Stein gestellt wurde. Aber weder Friedrich Wilhelm III. noch Alexander I. waren Männer, die mit ihren durchlauchtigsten Vettern unbarmherzig verfahren wären. Nur im Falle des Königs von Sachsen, der seit der Schlacht von Leipzig als Kriegsgefangener festgehalten worden war, wurde eine Ausnahme gemacht. Der Wunsch, Sachsen zu annektieren, überwog Friedrich Wilhelms monarchisches Solidaritätsgefühl. Sonst wurde Stein angewiesen, mit den bestehenden Regierungen zusammenzuarbeiten. Nach der Schlacht bei Leipzig sorgte Metternich dafür, daß der Verwaltungsrat in ein Zentralverwaltungsdepartement verwandelt wurde, das seine politischen Direktiven von einem diplomatischen Rat der verbündeten Großmächte erhielt. Die Funktionen dieses Departements waren die eines allgemeinen Kriegskommissariats oder, in moderner Terminologie, die einer Mobilmachungsbehörde. Für die Vorbereitung der künftigen Verfassungsordnung hatte diese Einrichtung so gut wie keine Bedeutung. Nur das Königreich Westfalen und das Großherzogtum Berg wurden mit ihren bonapartistischen Herrschern von den verbündeten Mächten abgeschafft und außerdem das Großherzogtum Frankfurt, da Dalberg nicht fürstlicher Abstammung war. Die Fürsten nördlich des Mains, die 1806 von Napoleon abgesetzt worden waren, durften allesamt zurückkehren. Im übrigen wurden die deutschen Fürsten, die damals einen Thron innehatten, als Herrscher anerkannt, und es fand keinerlei Restauration der Fürstentümer und Grafschaften statt, die vor dem Krieg von 1806 von anderen Staaten absorbiert worden waren. Stein war wegen des Überlebens der „sechsunddreißig Häuptlinge“, wie er sie nannte, unzufrieden, half aber doch, vier aristokratische Städte-Republiken, Hamburg, Bremen und Lübeck im Norden und Frankfurt im Südwesten, wiederherzustellen.

So wurde das Fortbestehen all dieser besonderen Souveränitäten sanktioniert. Aber sosehr Metternich auch ein konservatives Deutschland im Sinne hatte, auf das Österreich dann einen starken Einfluß auszuüben vermöchte, er konnte doch mit Recht argumentieren, daß seine Politik mit der vorherrschenden Stimmung des deutschen Volkes im Einklang stand. Wenn Stein glaubte, die Bevölkerung im Rheinbund warte nur auf das Signal, um sich zum Guerillakrieg zusammenzuscharen, und brenne darauf, wichtige Regierungsfunktionen selbst in die Hand zu nehmen, so war dies eine Illusion. Überall zeigte das Volk das Verlangen, von den Fürsten, die es als seine rechtmäßigen Herrscher betrachtete, Befehle entgegenzunehmen, und selbst den schlimmsten unter ihnen bewahrte es seine Ergebenheit. Wo sich etwas mehr Kritik bemerkbar machte, entstammte sie nicht dem Wunsche nach größerer nationaler Einheit, sondern dem Verlangen, zu früheren Dynastien zurückzukehren, wie z. B. im Falle der Bevölkerung des Breisgaus, die die Habsburger zurückhaben wollte, oder der von Ansbach-Bayreuth, die Preußen Bayern vorzog. Unter ihren Staatsregierungen jedoch waren die Deutschen ganz und gar bereit, gegen die Franzosen zu kämpfen. Die Bayern schlugen sich im Winterfeldzug vorzüglich, wie auch die von Steins Departement mobilisierten Nordwestdeutschen, als sie sich im Frühjahr den alliierten Truppen anschlossen.

Aber in den Wochen und Monaten nach der Schlacht bei Leipzig war die umstrittenste Frage unter den Alliierten, ob der Krieg gegen Napoleon fortgeführt werden solle. Es war außerordentlich schwierig, die Konflikte zwischen den politischen und militärischen Plänen selbst innerhalb der einzelnen Regierungen zu harmonisieren, aber erst recht, den Antagonismus innerhalb der Koalition zu überwinden. Die Befreiung Deutschlands bis zum Rhein war vollbracht. Aber eine Invasion Frankreichs mit seinen starken Festungen und seiner patriotischen Bevölkerung hätte möglicherweise die alliierte Armee in dieselben Schwierigkeiten wie 1792/93 gebracht. Dieser Gedanke veranlaßte anfangs die führenden Staatsmänner, Gneisenaus richtiges Urteil zu verwerfen und neue Verhandlungen mit Napoleon aufzunehmen. Gneisenau argumentierte, daß Napoleons Streitkräfte zu schwach geworden seien, um starken Widerstand entgegenzusetzen, und nicht mehr ausreichten, um alle Festungen zu bemannen. Aber von Frankfurt aus, wohin das Hauptquartier der Verbündeten verlegt worden war, wurden Napoleon die „natürlichen" Grenzen Frankreichs angeboten. Die französische Nation erhielt die Zusicherung größerer Ausdehnung, als sie sie unter ihren Königen gehabt hatte. Derartige Bedingungen waren jedoch für Napoleon unannehmbar. Auch die englische Diplomatie war nicht damit zufrieden, die Rheingrenze zu unterschreiben, denn England wünschte, vor allem seitdem Holland gegen das französische Regime revoltiert hatte, die Befreiung der Rhein- und Scheldemündung. Nachdem es klargeworden war, daß sich Napoleon nicht mit der Rolle eines rein nationalen Führers zufriedengeben werde, brach unter den Alliierten ein heftiger Streit über die Kriegsziele aus. Der wankelmütige Zar hielt den Augenblick für gekommen, sein ehrgeiziges Programm für die Hegemonie Rußlands in Europa vorzulegen. Er verlangte, daß Napoleon völlig geschlagen und von Bernadotte ersetzt werden solle. Wenn Frankreich auf diese Weise außerstande gesetzt würde, Rußland die Waage zu halten, würde der Zar imstande sein, sich zum Herrn von ganz Polen zu machen. Preußen könnte für seine polnischen Provinzen mit Sachsen und Österreich für Galizien mit dem Elsaß entschädigt werden. Ein derartig gestärktes Rußland könne sich danach ohne Störung von seiten Österreichs der Eroberung des Nahen Ostens hingeben.

Metternich bekämpfte diese Bedrohung des europäischen Gleichgewichts mit allen ihm zur Verfügung stehenden Mitteln. Als die alliierten Armeen, angeführt von den preußischen Truppen, die am Neujahrstag 1814 den mittleren Rhein überschritten, in Frankreich einfielen, war die Hauptarmee unter Schwarzenberg immer noch eher geneigt, mit Napoleon Frieden zu schließen, als ihn zu vernichten. Das Fehlen einer gemeinsamen Politik wirkte sich in der lahmen und uneinheitlichen Führung des Feldzugs in Frankreich aus und wurde durch Napoleons diplomatische Schritte noch verschlimmert. Am 3. Februar 1814 wurde ein diplomatischer Kongreß in Châtillon eröffnet, der mit einigen Unterbrechungen bis zum 19. März mit Napoleon verhandelte und ihm die Grenzen von 1792 anbot. Diese Verhandlungen spiegelten die Hoffnungen und Enttäuschungen wider, die die Partner hinsichtlich ihrer militärischen Chancen empfanden. Der Kongreß wurde unter dem Eindruck des Sieges eröffnet, den Blücher am 1. Februar bei La Rothière davongetragen hatte, aber zwei Wochen später wurden Blüchers Truppen an der Marne übel zugerichtet, woran vor allem die Passivität von Schwarzenbergs Armee schuld war. Während Napoleon sich schließlich weigerte, die ihm angebotenen Friedensbedingungen anzunehmen, gelang es den Alliierten, sich untereinander zu einigen. Am 1. März 1814 schlossen sie die Quadrupelallianz von Chaumont ab, in der sie sich nicht nur verpflichteten, den Krieg gemeinsam zu führen und keine Separatfrieden zu eröffnen, sondern auch für eine Zeit von 20 Jahren gemeinsam den Frieden gegen Verletzungen durch die Franzosen aufrechtzuerhalten. Napoleons hartnäckige Weigerung, zu einem Vergleich zu kommen, zwang selbst Metternich, alle Versuche, den Kaiser auf dem französischen Throne zu halten, aufzugeben, und so wurde die Wiederkehr der Bourbonen ins Auge gefaßt.

Um die Freiheit strategischer Initiative zu gewinnen, war Blücher nordwärts marschiert und hatte sich mit dem preußischen Korps vereinigt, das nach der Befreiung Hollands aus Belgien gekommen war. Die preußischen Truppen, denen es an wichtigen Vorräten fehlte, waren in schlechtem Zustand, und die französische Bevölkerung mußte sich von ihnen viele Ausschreitungen gefallen lassen. Immerhin gelang es Napoleon nicht, am 9./10. März bei Laon einen Sieg zu erringen, doch konnten die Preußen seine Niederlage nicht ausnützen. Napoleons letztes Wagnis, sein Marsch nach dem Osten, um die Alliierten zum Rückzug nach Lothringen zu zwingen, schlug fehl. Schwarzenberg und Blücher marschierten gegen Paris, das von Napoleons Marschällen übergeben wurde. Am 31. März hielten Alexander I. und Friedrich Wilhelm III. mit ihren Garden ihren Einzug in die französische Hauptstadt. Ludwig XVIII. wurde König von Frankreich, und der Zar, Castlereagh, Metternich und Hardenberg verhandelten mit der provisorischen Regierung Talleyrands über die Friedensartikel, die als der Erste Pariser Friede bekannt sind. Ein Vierteljahrhundert der Revolution und des Krieges ging zu Ende.

Die Verhandlungen, die zum Ersten Pariser Frieden vom 30. Mai 1814 führten, fanden zwischen den vier alliierten Großmächten und Frankreich statt. Drei andere Mächte, Spanien, Portugal und Schweden, durften danach ihre Unterschriften hinzufügen. Sobald Napoleon besiegt worden war, spielte Zar Alexander die Rolle eines wohlwollenden Beschützers des neuen Regimes Ludwigs XVIII. Er versprach dem royalistischen Frankreich sogar bessere Bedingungen, als sie dem französischen Kaiser angeboten worden waren. Auch England wünschte, mit der bourbonischen Monarchie eine Verständigung zu erreichen, während Metternichs Politik nach wie vor darauf hinzielte, Frankreich als eine europäische Großmacht zu erhalten. Tatsächlich bekam Frankreich mehr Territorien und festere Grenzen, als es die „Grenzen von 1792" bedeutet hätten. Verglichen mit 1792 gewann Frankreich Länder mit einer halben Million Einwohner und verlor nur die meisten seiner Kolonien an England. Von deutschen Gebieten behielt es außer dem Hauptteil des Elsaß alle auf dem linken Ufer des Oberrheins gelegenen Enklaven, die noch zur Zeit der Französischen Revolution dem Deutschen Reich gehört hatten. Aber dazu gewann es auch noch neue Territorien. Dem Besitz von Saarlouis fügte es das Land des Grafen von Saarbrücken hinzu, das ihm niemals vorher gehört hatte.

Der Wiener Kongreß

Während der Pariser Friede die französischen Probleme löste, blieben alle Fragen, die die Länder zwischen Frankreich und Rußland betrafen, einem allgemeinen Kongreß vorbehalten, der im Spätseptember in Wien zusammentrat. Der Zar und Friedrich Wilhelm III. sowie viele deutsche Fürsten und ehemalige Reichsstände waren dort zugegen, zusammen mit diplomatischen Vertretern von 200 Staaten, Fürsten und Städten. Außerdem zog Wien eine große Zahl von Leuten an, die gesellschaftliche Vergnügungen oder finanziellen Gewinn suchten. Der kaiserliche Hof veranstaltete zahlreiche Feste, und die österreichische Hocharistokratie ebenso wie die Familien geringerer Herkunft taten ihr Äußerstes, die Gäste zu unterhalten. Die Fröhlichkeit und der Luxus dieser Festlichkeiten ließen die glücklichen Tage wiederaufleben, deren sich die herrschenden Klassen vor der Revolution erfreut hatten. Aber die Klassenschranken wurden nicht mehr so eng gezogen, und der Zar ging mit seinem Beispiel in der Lockerung der Etikette voran. Die Diplomaten führten den Pomp des 18. Jahrhunderts und das Zeremoniell des Protokolls nicht wieder ein. Dennoch verstanden sie es nicht, dem Kongreß den Charakter einer Arbeitskonferenz zu geben. Genaugenommen trat der Kongreß nur einmal zusammen, nämlich um den endgültigen Vertrag zu unterzeichnen. Die Tätigkeit des Kongresses vollzog sich in Beratungen der vier siegreichen Mächte, die, vor allem wenn ihre Interessen in ernsteren Konflikt gerieten, auch Frankreich hinzuzogen, oder, wenn man formell sein wollte, in Beratungen der acht Unterzeichner des Pariser Friedens. Dazu bearbeiteten andere Komitees besondere Probleme, z. B. das deutsche Komitee, das aus Österreich, Preußen, Hannover, Bayern und Württemberg bestand, Fragen der deutschen Verfassung. Wie Metternich es einmal ausdrückte, war die Versammlung in Wien *Europe sans distance*, d. h., sie brachte die führenden Staatsmänner Europas vor eine aus allen Staaten bestehende Zuhörerschaft.

Die Wiederherstellung des europäischen Gleichgewichts war der Gedanke, der die führenden Diplomaten auf dem Wiener Kongreß vor allem beherrschte; es war das Hauptziel Metternichs, aber nicht minder dasjenige von Lord Castlereagh. Nachdem dieser Tory-Staatsmann schon auf dem Frieden von Paris die englischen Kriegsziele gegenüber Frankreich – nämlich die erste Seemacht der Welt zu werden – durchgesetzt hatte, konnte er sich mit kühlem Urteil der Aufgabe widmen, ein Konzert der europäischen Mächte aufzubauen, bei dem kein Staat die übrigen zu beherrschen vermochte. Dies bedeutete auch die Errichtung von Schranken gegen jeden erneuten Versuch Frankreichs, Eroberungen auf dem Festland zu machen, und die Beschränkung des russischen Vormarsches nach Mitteleuropa. Preußen sollte genügend dazugewinnen, damit es sich nicht ganz und gar Rußland verschreiben müsse, ohne andererseits so zu erstarken, daß es Österreich und Frankreich gefährlich werden könnte. Da England von den meisten spezifisch festländischen Konflikten relativ wenig betroffen wurde und als Finanzier der Allianz eine einflußreiche Stellung innehatte, spielte Castlereagh in Wien als Vermittler zwischen den streitenden Staaten und als Mann vernünftiger Kompromisse eine entscheidende Rolle. Dieser Tory verstand wenig von den Gefühlen des Volkes, und selbst wenn er es getan hätte, würde er darauf keine Rücksicht genommen haben. Castlereagh wollte das wiederhergestellte Gleichgewicht auf Staaten und nicht so sehr auf Nationen begründen.

Die Zusammenarbeit zwischen England und Österreich wurde mit Leichtigkeit bewerkstelligt. Wie in den Tagen von Marlborough und Prinz Eugen hatten die beiden Mächte in den Revolutionskriegen gegen Frankreich als den Verfechter einer Universalmonarchie gekämpft. Diese politische Tradition lebte im Befreiungskrieg wieder auf und fand in der gemeinsamen Diplomatie von Metternich und Castlereagh während des Kongresses eine neue Bekräftigung. Beide Staatsmänner fürchteten das russische Übergewicht nicht nur im Hinblick auf Mitteleuropa, sondern auch im Hinblick auf den Balkan und das Mittelmeer. In seinen politischen Grundanschauungen war der preußische Vertreter, Hardenberg, von dem Denken des österreichischen Kanzlers und des englischen Ministers nicht sehr weit entfernt. Er teilte ihre Meinung, Europa solle als eine Pluralität von Staaten restauriert werden, die nicht nur von ihren eigenen Interessen, sondern auch vom Interesse für das Wohl der europäischen Gemeinschaft als Ganzes zusammengehalten wurden. Die *convenance* des einzelnen Staates wurde durch die *convenance* Europas oder das Bestehen des sogenannten „öffentlichen Rechts" beschränkt. Den Glauben an ein europäisches System, dem sich die Wünsche der einzelnen Nationen letztendlich anpassen mußten, hatte Hardenberg mit Metternich, Castlereagh und Talleyrand gemein. Dieser Glaube war der Hauptgrund für den schließlichen Erfolg des Kongresses. Trotz seiner höchst rationalistischen und absolutistischen Prinzipien hielt das Wiener Abkommen länger als irgendein anderer vergleichbarer Friede. Viele der Grenzen, die in Wien gezogen wurden, bestehen heute noch. Aber noch wichtiger ist die Tatsache, daß ein ganzes Jahrhundert lang kein allgemeiner Krieg stattgefunden hat und daß das 1815 geschaffene europäische System selbst die großen Umwälzungen aushielt, die es im Gefolge der Kriege erlebte, die in der zweiten Hälfte des Jahrhunderts durch die nationale Einigung Italiens und Deutschlands ausgelöst wurden.

Hardenberg unterschied sich jedoch von Metternich, Castlereagh und Talleyrand nicht nur durch seine liberaleren politischen Ideen — bis zu einem gewissen Grade dienten ihm diese als Mittel, um größeren Einfluß über die Menschen zu gewinnen, und machten ihn auch für die nationalen Hoffnungen der preußischen Reformer empfänglich —, sondern ebenfalls durch seine Stellung als Kanzler der jüngsten und schwächsten der großen Mächte. Im Unterschied zu den anderen großen Mächten war Preußen nicht mit einer bloßen Restauration zufrieden, sondern wollte die Schwächen seiner Machtbasis überwinden, die durch die verstreute Lage seiner territorialen Besitzungen verursacht wurden. Zudem wollte es in Deutschland eine Rolle spielen, die dem Beitrag entsprach, den es zur Befreiung der Nation geleistet hatte. Mit der Hilfe Wilhelm von

Humboldts, dessen feiner kritischer Geist ein Memorandum nach dem anderen verfaßte, vertrat Hardenberg unermüdlich die preußische Sache. Der hannoversche Aristokrat war ein großer Diplomat, obgleich er der Kunst der diplomatischen Finessen und Tricks des *comte de la balance* Metternich nicht ganz gewachsen war. Beide Männer mußten ihren Monarchen beträchtliche Zugeständnisse machen, was im Falle Hardenbergs schwieriger war, da er weniger Pfeile im Köcher hatte. Ursprünglich neigte er zu einer engen Zusammenarbeit mit Österreich und England, die ihrerseits bereit waren, einen hohen Preis zu zahlen, wenn Preußen mit ihnen gegen Rußland zusammenarbeitete. Aber diese Politik war von Anfang an dadurch stark behindert, daß Friedrich Wilhelm III. entschlossen war, sein gutes Verhältnis zu Zar Alexander nicht zu gefährden, in dem er den Retter der preußischen Monarchie sah.

Zar Alexander I., den sein Lehrer, der Schweizer La Harpe, in die Gedankenwelt der französischen Aufklärung eingeführt hatte, sah in der Befreiung unterdrückter Nationen und in der Gewährung von Verfassungen die Mittel zu innerem und äußerem Frieden. Eine Föderation von Nationen war eines seiner vornehmlichen politischen Ideale. Seine Einmischung in europäische Angelegenheiten faßte er als eine Mission auf, die jedoch mit einer Expansionspolitik in der Tradition Katharinas II. nicht unvereinbar war. Auch ließ er seine autokratischen und expansionistischen Gedanken nicht fallen, als seine freigeistige Weltanschauung im Jahre 1813/14 religiösen Gedankengängen Platz machte, die er von seiner Berührung mit pietistischen Kreisen in Baden und Württemberg und von den Schriften der deutschen Romantik erhielt. Er träumte von einer theokratischen Ordnung auf Erden, begründet durch von Gott erwählte Herrscher, und von einer brüderlichen Gemeinschaft der Nationen. Eine solche Kombination von Vorstellungen machte auf die Staatsmänner des Kongresses einen beunruhigenden Eindruck, und keiner der Minister schien auf den Zaren einen dauernden Einfluß zu haben. Dem Denken der westlichen Minister am nächsten standen Graf Nesselrode, der von Geburt Westfale, in seinen späteren Jahren russischer Kanzler war, und der russische Botschafter in Wien, Graf Rasumovski, dessen Name der Nachwelt durch die ihm von Beethoven gewidmeten Werke bekanntgeworden ist. Aber der Zar hörte offenbar lieber auf die Ratschläge des alten La Harpe, des polnischen Fürsten Czartoryski, des Griechen Capodistria, des Korsen Pozzo di Borgo und des Freiherrn vom Stein, den er einlud, ihm als Berater in deutschen Angelegenheiten zu dienen, und der natürlicherweise die Vorstellungen auch den preußischen und ebenso einigen deutschen Staatsmännern mitteilte.

Die Monate unmittelbar nach der Eröffnung des Kongresses standen schon unter dem Schatten von Alexanders Forderung, man solle ihm freie Hand lassen, das Königreich Polen wiederherzustellen und sich zum König dieses konstitutionellen Nationalstaates zu machen. Österreich und England widersetzten sich diesem Plan heftig und versuchten, die Unterstützung Preußens für eine gemeinsame Politik der westlichen Mächte zu gewinnen. Aber Friedrich Wilhelm III. weigerte sich, dem polnischen Programm Alexanders entgegenzutreten. Als Gegendienst für Konzessionen Rußlands in Westpreußen und gegen das Versprechen, Rußland werde das Hauptfriedensziel Preußens, den Erwerb Sachsens, unterstützen, nahm die preußische Regierung davon Abstand, dem polnischen Projekt des Zaren Hindernisse in den Weg zu legen. Dies führte zu einem gründlichen Wandel der Metternichschen Politik, nicht nur die europäischen Beziehungen, sondern auch die deutsche Frage betreffend. Er und Hardenberg waren beide davon überzeugt, daß die Zukunft Deutschlands von dem „friedlichen Dualismus" Österreichs und Preußens abhinge. Metternich war den Wünschen Preußens weitgehend entgegengekommen, selbst wo sie, im Falle der Annexion Sachsens, recht hochgeschraubt erschienen. Aber er war entschlossen, ein Preußen, das sich von der Solidarität der westlichen Staaten ausschloß, an kühnen deutschen Projekten zu hindern.

Die Annexion Sachsens durch Preußen zeigte die stärksten Ansätze einer aktiven nationalen Politik. Schon Friedrich der Große hatte dieses wohlhabende und damals industriereichste deutsche Land begehrt, das an Brandenburg, Schlesien und die preußischen Besitzungen zwischen Elbe und Harz angrenzte. Die Annexion Sachsens hätte das Zentrum der Hohenzollernmonarchie abgerundet und gefestigt. Im Norden und Osten hätte Preußen Böhmen umklammert und an seinem südlichsten Punkt Bayern berührt. Schon in dieser Hinsicht war Sachsen die erstrebenswerteste Kompensation, die Preußen erwerben konnte, aber jetzt wurde dieser Machtzuwachs von den preußischen Patrioten verlangt, um Preußen innerhalb der deutschen Nation eine führende Stellung zu geben. Der Historiker Barthold Georg Niebuhr verteidigte diesen Anspruch aufs leidenschaftlichste. „Preußen", schrieb er, „ist stolz auf den Beruf, sich und Deutschland zu verteidigen; es muß aber zu diesem Beruf gestärkt werden, damit es sich nicht erschöpfe und verblute." Und dieses Preußen war für ihn kein geschlossener Staat, sondern das Herz und der Kopf der deutschen Nation: „Es ist das gemeinsame Vaterland eines jeden Deutschen, der sich in Wissenschaften, in den Waffen, in der Verwaltung auszeichnet." Seltsamerweise kümmerten sich in diesem Augenblick die nationalen Patrioten sowenig wie die Fürsten um die Stimmung des Volkes. Loyalitätskundgebungen des sächsischen Volkes an seine alte Dynastie galten ihnen nichts. Selbst Boyen glaubte, es könnte „eine herrliche Nation" daraus werden, „wenn man die anfangs heterogenen Teile durch eine zweckmäßige Verfassung zu verbinden verstände".

Friedrich Wilhelm III. wies Hardenberg an, seine Opposition gegen die polnischen Pläne des Zaren aufzugeben, und dies führte zur Spaltung in der Quadrupelallianz. Die Annexion Sachsens durch Preußen war in Österreich höchst unpopulär und wurde auch von den deutschen Mittelstaaten abgelehnt.

Metternich trat an die Spitze der deutschen Opposition. Aber indem er die Interessen dieser Staaten förderte und ihnen zur Verwirklichung ihrer Gebietsansprüche verhalf, beeinträchtigte er die Zukunft einer deutschen Föderation noch mehr. Wenn Österreich und Preußen vor dem polnisch-sächsischen Konflikt eine Einigung über die Verfassung dieser Föderation erzielt hätten, wäre sie ein festerer Bund geworden, und die beiden großen deutschen Mächte hätten den Widerstand der kleinen Staaten brechen können, indem sie ihnen die Erfüllung ihrer territorialen Wünsche vorenthielten.

Preußen am Rhein

Die Spaltung in der Quadrupelallianz weckte Metternichs und Castlereaghs Wunsch, sich den Beistand Frankreichs zu verschaffen. Jetzt war für Talleyrand die Stunde gekommen, das Prestige der wiederhergestellten französischen Monarchie in europäischen und deutschen Angelegenheiten vor Augen zu führen. In gewisser Weise waren die Ereignisse die erste Probe für den wiederhergestellten Grundsatz des europäischen Gleichgewichts. Der diplomatische Kampf war heftig, und es wurden scharfe Worte gewechselt. Am 3. Januar 1815 schlossen England, Österreich und Frankreich ein geheimes Bündnis ab, in dem sie sich verpflichteten, zusammen zu kämpfen, wenn sie wegen ihrer gemeinsamen Stellungnahme angegriffen würden. In Berlin sprach man vom Krieg gegen Österreich. Aber auf beiden Seiten gab es viele Übertreibungen und falsche Drohungen, und die Lösung wurde wenige Tage später gefunden. Zar Alexander gestand Österreich seine polnischen Besitzungen in Galizien zu, die es in der ersten polnischen Teilung bekommen hatte, und gab seine Zustimmung, daß Krakau, die alte polnische Königsstadt, eine freie Republik würde. Preußen gab alles, was es auf Grund der dritten Teilung gewonnen hatte, an Rußland ab, behielt aber nicht nur Danzig und das schließlich um Thorn vergrößerte Westpreußen, sondern auch eine beträchtliche Landbrücke, die danach die Provinz Posen bildete. Diese vierte polnische Teilung brachte weitere dreieinhalb Millionen Polen unter das Zepter des Zaren. Das russische Polen schnitt tief in die östlichen Provinzen Preußens ein, aber vom militärischen Standpunkt Preußens aus gesehen war seine Grenze erheblich verbessert, mehr noch, als Alexander ursprünglich hatte zugeben wollen. Metternich tröstete sich zu Recht oder Unrecht mit dem Gedanken, daß die Zugeständnisse des Zaren eine vollständige nationale Wiedergeburt Polens verhindert hätten.

Preußen mußte den Gedanken der Annexion des gesamten Königreichs Sachsen aufgeben und sich mit dessen nördlicher Hälfte bescheiden, die zwei Fünftel der Bevölkerung Sachsens enthielt. Die Ober-Lausitz und die Nieder-Lausitz, das Land um Wittenberg, auf dem in nun vergangener Zeit die Kurwürde beruht hatte, und das nördliche Thüringen mit Erfurt wurden preußisch. Selbst diese begrenzten Gewinne trugen sehr beträchtlich dazu bei, die mittleren Provinzen Preußens zu verknüpfen, aber die Diplomaten zählten Köpfe oder, wie sie es nannten, „Seelen" und fanden, Preußen habe einen berechtigten Anspruch, viel mehr zu bekommen. Es war Castlereagh, der die Absicht hatte, Preußen am Rhein zu entschädigen. Er hatte schon sein Bestes getan, die wiederhergestellten Niederlande soviel wie möglich zu stärken. Sie sollten unter der Herrschaft der Oranier die belgischen Provinzen einbeziehen, die Österreich nicht zurückhaben wollte, dazu das Bistum Lüttich und Luxemburg. Die Vereinigten Niederlande erschienen stark genug, um einen neuen französischen Vorstoß in die strategische Gegend der Flußmündung abzuwehren, und konnten gleichzeitig für England als ein nützliches Tor zum Festland dienen. Aber hinter diese Niederlande wollte Castlereagh eine große Militärmacht stellen, und Preußen schien der ideale Staat zu sein, die Wache am Rhein zu übernehmen. Dieser Gedanke, dessen Ursprung auf den jüngeren Pitt zurückgeht, bedeutete, daß Preußen das gesamte linksrheinische Ufer zwischen Bingen und Emmerich am Rhein ungefähr bis zu einer Linie, die von Cleve nach Aachen und Trier führt, erhielt. Zusammen mit den wiederhergestellten westfälischen Besitzungen Preußens am rechten Flußufer schuf dies einen Gebietsblock, der Preußen zum alleinigen Herrn des Niederrheins machte. Von den östlichen Provinzen waren diese Gebiete durch Hannover und Hessen-Kassel getrennt.

In diesem Vorschlag Englands, der Metternichs Unterstützung fand, sahen preußische Staatsmänner einen Versuch, Preußen zu schwächen. Sie wollten zwar, daß Preußen seine Stellung am nördlichen Rhein wieder beziehe, und wünschten, zur Verteidigung der westlichen Grenzländer Deutschlands, vor allem durch Schaffung eines Bundes der deutschen Staaten, beizutragen, aber sie widersetzten sich einer direkten Herrschaft Preußens über den größeren Teil des Rheinlands, da es dadurch in unmittelbare Berührung mit Frankreich gekommen wäre. Sie hätten es lieber gesehen, wenn der König von Sachsen von Dresden nach Bonn versetzt worden wäre und ein rheinisches Königtum bekommen hätte. Aber schließlich mußte Preußen sich fügen. Es mußte noch ein weiteres Zugeständnis machen, indem es Ostfriesland an Hannover abgab und dadurch den einzigen Zugang zur Nordsee durch den Hafen von Emden verlor. Castlereagh wollte den an die Niederlande angrenzenden Bezirk unter englisch-hannoverscher Aufsicht behalten. Als Entgelt bekam Preußen die letzte schwedische Position am deutschen Ostufer, den Bezirk um Stralsund und die Insel Rügen.

Es war eine der schicksalsschwersten Entscheidungen, die Preußen wider seinen Willen ins Rheinland verpflanzte. Dabei waren strategische Erwägungen und, bis zu einem gewissen Grad, die Rücksicht auf die zukünftigen Beziehungen der deutschen Fürsten das vorherrschende Motiv. Den Wünschen des Volkes wurde dagegen keine Aufmerksamkeit geschenkt. Keiner der Diplomaten sah die spätere Entwicklung voraus. Preußen, das gleichzeitig die meisten seiner polnischen Provinzen aufgab, wurde in weit stärkerem Ausmaß ein deutscher Staat, als der es durch die Annexion von ganz Sachsen geworden wäre. Von jetzt ab war Preußen unauflöslich in alle lebenswichtigen politischen Probleme Deutschlands verwickelt. Der preußische Staat erstreckte sich, wenn auch mit Unterbrechungen, über die ganze Norddeutsche Tiefebene von der Memel bis zum Rhein. Er hatte an der Weichsel eine starke Stellung, war im Besitz des ganzen Odertals, beherrschte das Elbetal und wurde zur stärksten Macht am Rhein, dem Strom, der Nord- und Süddeutschland in Krieg und Frieden verband. Die weitausgedehnte Lage des neuen Preußen und die Teilung in zwei getrennte Gebiete machten die Verteidigung und eine einheitliche Wirtschaftspolitik zu einem überaus schwierigen Problem. Es war unvermeidlich, daß sich Preußen mit seinen Nachbarn gut stellen und eine aktive deutsche Politik verfolgen mußte. Die reichen Naturschätze des Rheinlandes wurden 1815 von den Staatsmännern nicht ganz übersehen. Aber natürlich konnte niemand voraussehen, daß sich Preußen dank des Rheinlands zur Vorherrschaft in Industrie und Handel werde aufschwingen können.

Die kleineren Staaten

Bei der Neuregelung der territorialen Ordnung Deutschlands hingen die kleineren Staaten vornehmlich vom Schutze der Großmächte ab. Baden und Württemberg behielten ihre Grenzen bei, da sie sich auf ihre dynastischen Verbindungen mit dem Zaren verlassen konnten. Auch bei der Vergrößerung von Oldenburg, Sachsen-Weimar und Sachsen-Koburg erwiesen sich diese Beziehungen als vorteilhaft. Der Vertreter Hannovers, Graf Münster, vermochte mit Hilfe Castlereaghs für das frühere Kurfürstentum, das jetzt zum Königtum erhoben wurde, weitere wertvolle Gebiete einzustecken. Außer Ostfriesland bekam Hannover wichtige Gebiete im nördlichen Westfalen, einschließlich Osnabrücks. Im Osten bekam es Goslar und das Bistum Hildesheim. Aber die schwierigste territoriale Frage erhob sich zwischen Österreich und Bayern. Bayern hatte unter Napoleon Tirol, Salzburg und Berchtesgaden erworben, und der Vertrag von Ried, der Bayern auf die alliierte Seite brachte, hatte ihm die durch Napoleons Gunst gewonnenen Gebiete garantiert. Es tauschte bereitwillig Würzburg und Aschaffenburg am Main gegen Tirol ein, weigerte sich aber, ganz Salzburg an Österreich abzugeben, wenn es nicht Entschädigungen bekäme, durch die Baden und Württemberg vom direkten Kontakt mit dem Norden abgeschnitten und Bayern zum tatsächlichen Führer Süddeutschlands gemacht würde. Die Verhandlungen waren ungewöhnlich schwierig und führten in den Schlußtagen des Kongresses zu einer gemeinsamen Front Österreichs und Preußens gegen diesen ehrgeizigen Plan Bayerns. Die beiden deutschen Großmächte trafen ein Übereinkommen, wonach das linksrheinische Land zwischen dem preußischen Rheinland und dem französischen Elsaß an Österreich kommen sollte. Doch erfolgte die definitive Regelung des Schicksals dieser Gebiete erst zur Zeit des Zweiten Pariser Friedens oder gar erst beim endgültigen österreichisch-bayerischen Vertrag vom 14. April 1816.

Metternich erkannte im Jahre 1815, daß Österreich, wenn es sich ganz vom Rhein zurückzöge, seine führende Stellung in Deutschland aufs Spiel setzen könnte. Er hatte die österreichischen Ansprüche auf Belgien nicht erneuert und riet, das Elsaß bei Frankreich zu lassen. Auch verzichtete er, wie wir sehen werden, auf das Prestige, das Österreich von einer Erneuerung des deutschen Kaisertitels hätte herleiten können. Aber er glaubte, daß Österreich es sich nicht leisten könne, seine Rolle in der Verteidigung von Deutschlands Westen aufzugeben, die jahrhundertelang sein wichtigster Beitrag zur Erhaltung der Nation gewesen war. Daher wollte er, daß das strategisch wichtige Mainz und die Pfalz österreichisch würden, und dachte auch daran, den Breisgau für die Habsburger zurückzugewinnen. Seine rheinische Abstammung gab Metternich ein klares Bewußtsein von der deutschen Tradition der österreichischen Politik. Aber seine Pläne wurden vereitelt, und zwar nicht von den europäischen Mächten, nicht einmal von Frankreich oder Preußen, sondern ausschließlich von der inneren Opposition in Wien. Hier herrschte die Ansicht vor, Österreich solle als ein einheitliches Reich um die östlichen Alpen, die Donau und das Adriatische Meer organisiert werden, und Metternich mußte sich den Befehlen des Kaisers Franz beugen. Österreich bekam schließlich ganz Salzburg – jedoch ohne Berchtesgaden – und das Innviertel mit Braunau. Mainz, das eine Bundesfestung wurde, fiel an Hessen-Darmstadt, während die Mehrzahl der Territorien auf dem linken Ufer des Oberrheins zu Bayern kamen. Damals wie auch später blieb der Wunsch Bayerns nach einer direkten Landverbindung mit der fernen Pfalz unerfüllt.

Diese territoriale Neuordnung verzögerte und beeinträchtigte in vieler Hinsicht die Erneuerung der deutschen Verfassung. Erst nach Napoleons Rückkehr nach Frankreich wurden die offiziellen Diskussionen wiederaufgenommen. Schon 1807 hatten Preußen und Rußland in Bartenstein von der Schaffung eines Deutschen Bundes gesprochen, und im Bündnisvertrag von Kalisch wurde dies zu einem ausgesprochenen Kriegsziel erklärt. Kutusows Manifest vom März 1813 versprach sogar „die Wiedergeburt eines ehrwürdigen Reiches". Zu einer Zeit, in der die Schriftsteller der Romantik das Interesse an der Herrlichkeit des mittelalterlichen Reiches erweckten, bewegte die Hoffnung auf eine Erneuerung des Deutschen Reiches viele Herzen. Am stärksten war diese Stimmung in den Gegenden, in denen die territoriale Teilung am weitesten gegangen war. Als Franz I. nach der Schlacht bei Leipzig nach Frankfurt reiste, wurde er von vielen als deutscher Kaiser willkommen geheißen. Während der ganzen Dauer des Kongresses sprachen sich die kleinen Staaten zugunsten der Erneuerung der Kaiserwürde aus, doch es ist fraglich, bis zu welchem Grade sie nach einem Kaiser lediglich als nach einem Beschützer ihrer eigenen Freiheit gegen die Mittelstaaten verlangten.

Auch Freiherr vom Stein war den Mittelstaaten nicht freundlich gesinnt, da sie ihm als Verräter Deutschlands und ihrer inneren Struktur nach als Vertreter des „Sultanismus" erschienen. Er machte eine Reihe von Entwürfen für eine Verfassung Deutschlands, die es gegen neue Angriffe vom Westen sicherstellen und dem Individuum politische und bürgerliche Freiheiten verleihen sollte. Daher wollte er die Mittelstaaten schwächen und womöglich sogar die Unabhängigkeit der kleinen Grafen und Ritter wiederherstellen. Die kleinen Staaten sollten jedoch keine Souveränität, sondern nur beschränkte Verwaltungsautorität besitzen. Außenpolitik, Verteidigung und gemeinsame Wirtschaftsfragen sollten unter eine starke Zentralgewalt kommen, die auch zuständig sein sollte, wenn es sich um die Garantie der politischen und individuellen Rechte handelte. Stein war sich darüber klar, daß ein derartiges System Österreich und Preußen nicht aufgezwungen werden könne. So gab es seiner Meinung nach nur zwei Möglichkeiten: Entweder es müßte zwei Deutschland nebeneinander geben, ein norddeutsches unter der Führung Preußens und ein süddeutsches unter der Führung Österreichs, oder die Zentralgewalt würde einer der beiden Großmächte überlassen, in welchem Falle die andere beiseitestehen müßte. Stein brachte das paradoxe Argument vor, die Kaiserwürde solle Österreich zufallen, weil es weniger deutsch sei und deshalb durch die deutsche Kaiserkrone fest mit Deutschland verknüpft werden solle.

Steins deutsche Verfassungspläne verdienen Beachtung, weil sie zum ersten Mal die komplexe Natur der politischen Probleme zeigten, die eine Bewegung zur Begründung eines deutschen Nationalstaates zu lösen haben würde. Die Stärke der Mittelstaaten, die ihre Souveränität verteidigten, und die Tradition der Libertät unter den kleinen Staaten – später Partikularismus genannt – bildeten eine gewaltige Gegenkraft. Diese wäre jedoch kaum so stark gewesen ohne die Spannungen, die das Bestehen zweier Großmächte hervorrief, von denen keine sich der anderen unterordnen wollte. Unter diesen Umständen war die Gründung eines Bundesstaates unmöglich, wie selbst Stein einsehen mußte, obgleich er am Ende zu seinem Traum von einem erneuerten Reich zurückkehrte. Metternich und die deutschen Staatsmänner Hardenberg und Humboldt stimmten von Anfang an darin überein, daß nur ein Staatenbund möglich sei. Der Vertrag von Ried und die anderen Verträge, die Metternich im Herbst 1813 mit den süddeutschen Staaten abgeschlossen hatte, schufen eine Situation, in der eine strikte Unterwerfung dieser Staaten unter eine zentrale Gewalt undenkbar war. Metternich hatte schon damals beschlossen, die Kaiserwürde des österreichischen Herrschers nicht wiederherzustellen und noch weniger die alte Verfassung des

Heiligen Römischen Reiches. Die Ereignisse der vergangenen 25 Jahre hatten die politische Schwäche des Reiches gezeigt und den Kaisertitel als inhaltsleer erwiesen. Metternich glaubte, daß eine Wiedereinführung des Kaisertitels die kleinen Staaten nur dazu veranlassen würde, ihr Zusammenspiel mit fremden Mächten wiederum aufzunehmen. Der Vertrag von Chaumont und der Erste Pariser Frieden sahen nur einen föderativen Bund der deutschen Staaten vor.

Aber ein Staatenbund konnte sehr verschiedene Formen annehmen. Solange Preußen und Österreich in einem System des „friedlichen Dualismus" zusammenarbeiteten, konnte die Integration recht weit gehen, und die anfänglichen Verhandlungen zwischen Österreich und Preußen hatten auch in diesem Geiste begonnen. Hardenberg und Humboldt wünschten, Österreich und Preußen an die Spitze dieses Bundes zu stellen und die Bundesregierung für die Außen- und Militärpolitik sowie für die politischen und privaten Rechte der Bürger verantwortlich zu machen. Außerdem hatten sie die Erweiterung der preußischen Hegemonie im Norden im Auge, wobei sie erwarteten, daß Österreich im Süden in ähnlicher Weise verfahren würde. Aber der sächsisch-polnische Streit machte dem „friedlichen Dualismus" ein Ende. Metternich befestigte die österreichischen Beziehungen mit den Mittelstaaten nicht nur im Süden, sondern, als ein Ergebnis der erfolgreichen Intervention zugunsten Sachsens, auch im Norden, wo Hannover schon Befürchtungen vor dem preußischen Druck hegte. Er konnte sogar mit der Schaffung eines Sonderbundes deutscher Staaten unter österreichischem Vorsitz drohen.

Der Einfluß der kleineren Staaten fand in dem endgültigen Dokument, das aus dem Deutschen Fünferausschuß (Österreich, Preußen, Bayern, Württemberg und Hannover) hervorging, klaren Ausdruck. Der Widerstand Bayerns und Württembergs gegen irgendwelche gemeinsamen Institutionen zeitigte Resultate, die nicht einmal dem österreichischen Kanzler immer gefielen, aber Metternich war überzeugt, daß nur ein Bund gleichberechtigter Staaten möglich sei, daß dieser Bund ausschließlich auf Regierungsebene bestehen und einer deutschen liberalen oder nationalen Bewegung keinen Vorschub leisten solle. Im Frühjahr 1815 hatten bereits Nassau, Bayern, Württemberg und Baden ihren Bevölkerungen Verfassungen versprochen, um Preußen entgegenzuwirken, das auf einer Bundesgarantie der Verfassungsprinzipien bestand; dadurch hatten sie die preußische Regierung gezwungen, ihrerseits am 22. Mai 1815 eine neue Proklamation zu erlassen, die den Preußen sowohl provinziale als auch allgemeine Repräsentativorgane versprach. Dadurch wurde die Verfassungsbewegung vom nationalen Felde weggeleitet und konnte jetzt auch beim Entstehen von Einzelstaaten Dienste leisten. Aber Metternich wollte die liberale Strömung überhaupt zum Stillstand bringen. Das Ergebnis war der zweideutige Artikel 13 der Deutschen Bundesakte: „In allen Bundesstaaten wird eine landständische Verfassung stattfinden." Dieser Artikel erlegte den Bundesmitgliedern keine bundesrechtliche

Verpflichtung auf, Verfassungen einzuführen, auch wurde jede Definition des Typus der in Aussicht genommenen Verfassung vermieden. Mit „Landständen“ konnten die alten feudalen Körperschaften gemeint sein, die in Österreich, Sachsen und anderen Staaten fortbestanden hatten; sie konnten aber auch als Repräsentativorgane, wie sie die französische *Charte* geschaffen hatte, verstanden werden.

Der Deutsche Bund

Der Deutsche Bund war eine lose Föderation von 35 monarchischen Staaten und vier Städterepubliken. Die „Deutsche Bundesakte“, welche die deutschen Regierungen im letzten Augenblick, am 8. Juni 1815, annahmen, erklärte „die Erhaltung der äußeren und inneren Sicherheit Deutschlands und die Unabhängigkeit und Unverletzbarkeit der einzelnen deutschen Staaten“ als ihr Ziel. Ihre Grundbestimmungen wurden in die Wiener Kongreßakte vom 9. Juni 1815 aufgenommen. Artikel 11 verpflichtete Preußen und alle anderen Mitgliedstaaten zu gegenseitiger Hilfe gegen Angriffe auf ihre Länder, soweit diese früher zum Heiligen Reich oder jetzt zum Deutschen Bund gehörten. Unter diese Bestimmung fielen weder die preußischen Provinzen Ost- und Westpreußen und Posen noch die polnischen, ungarischen und italienischen Besitzungen Österreichs. Die ausländischen Herrscher, die Fürsten von zum Bunde gehörenden Ländern waren, der König von England als König von Hannover, der Herrscher der Niederlande als Herzog von Luxemburg und der dänische König als Herzog von Holstein und Lauenburg, wurden zu solcher Hilfe nicht verpflichtet.

Das Hauptorgan dieser Sicherheitsvereinigung war eine ständige Diplomatenkonferenz, der Bundestag in Frankfurt. Wenn er im Plenum zusammentrat, hatte jedes Mitglied wenigstens eine Stimme, Österreich und die vier Königreiche bis zu vier Stimmen. Das Plenum sollte nur für Entscheidungen über Grundgesetze oder organische Bundeseinrichtungen zusammentreten. Für derartige Entscheidungen bedurfte es einer Zweidrittelmehrheit, doch für Verfassungsänderungen und religiöse Fragen war sogar Einstimmigkeit erforderlich. Das Plenum tagte zwischen 1822 und 1847 nur selten und danach überhaupt nicht mehr. Die laufenden Bundesgeschäfte wurden von dem Engeren Rat geführt, in dem die elf größeren Staaten je eine Stimme hatten, genau wie jede der sieben „Kurien“, in denen 28 kleine Staaten zusammengefaßt wurden. Hier entschied eine einfache Mehrheit, während bei Stimmengleichheit die Stimme des österreichischen Präsidenten den Ausschlag gab.

Der Deutsche Bund war kein Staat, sondern ein völkerrechtlicher Verein. Immerhin war die Souveränität seiner Mitglieder in gewisser Hinsicht beschränkt. Sie konnten aus dem Bunde nicht austreten, sich gegen seine Sicherheit nicht mit anderen Mächten verschwören noch, ohne vom Bund autorisiert zu sein, gegen ein anderes Mitglied vorgehen. Sobald der Bund einen internationalen Krieg erklärt hatte, konnten sie keinen separaten Waffenstillstand oder Frieden schließen. Alle diese Bestimmungen wie auch die klarere Umschreibung der deutschen Grenzen bedeuteten dem Heiligen Römischen Reich gegenüber einen Fortschritt. Trotz der dynastischen Bande zwischen einigen Bundesmitgliedern und fremden Mächten war der Bund eine engere Union als das alte Reich. Im Jahre 1821/22 wurde eine militärische Organisation geschaffen, die die Kontingente bestimmte, welche die einzelnen Länder für die Bundesarmee von 300 000 Mann zu stellen hatten. Österreich und Preußen mußten je drei Korps stellen, während die übrigen vier Korps von den Klein- und Mittelstaaten gebildet werden sollten. Leider wurde die Frage des Kommandos dieser deutschen Armee nicht gelöst; trotzdem war ihre Organisation immer noch der des alten Reiches überlegen. Auf anderen Gebieten nützte der Bund niemals die Möglichkeiten aus, die er besaß. Die Bundesakte stellte Beratungen über die Förderung von Handel und Gewerbe in Aussicht. Aber abgesehen von einem Abkommen über ein deutsches Urheberrecht, das eine Nation produktiver Schriftsteller und eifriger Leser erfreute, wurde nichts daraus.

Am beschränktesten waren die Rechte, die dem einzelnen Bürger zugestanden wurden. Die den Bewohnern der Einzelstaaten zu gewährenden „Bürgerrechte" bestanden in der Gleichberechtigung der christlichen Kirchen, dem Rechte jedes Deutschen, in jedem Mitgliedstaat Grundbesitz zu erwerben, dem Recht der Freizügigkeit, dem Recht, in den Staats- oder Heeresdienst anderer Staaten zu gehen, und in der Abschaffung doppelter Besteuerung. Zudem blieb es fraglich, ob der Bund die Bürgerrechte garantieren würde, um so mehr, als keine Bundesgerichtshöfe eingerichtet wurden. Die Mitgliedstaaten waren zwar verpflichtet, Gesetze durchzuführen, die von einer Zweidrittelmehrheit beschlossen worden waren, und der Bund konnte, wenn er wollte, durchgreifende Maßnahmen treffen, um den Gehorsam der Staaten zu erzwingen. Die Individuen erhielten dagegen nur den Trost eines vagen Versprechens, daß der Bund „bedrängte Untertanen" beschützen würde. Eine Gruppe solcher bedrängter Untertanen genoß schon das Wohlwollen der führenden Staatsmänner auf dem Kongreß. Den Juden war nicht nur in den rheinischen Territorien, die sich Frankreich einverleibt hatte, sondern auch — mit gewissen Vorbehalten — in den Staaten des Rheinbunds rechtliche Gleichheit eingeräumt worden. Hardenberg hatte 1812 die Juden in Preußen emanzipiert. Während Hardenbergs Beweggrund sein Glaube an eine freie Wirtschaft war, rührte Metternichs Interesse an der jüdischen Frage von der Stellung her, die die jüdischen Bankiers im Finanz- und Schuldenwesen des österreichischen Staates erworben hatten. Durch die Berührung mit den jüdischen literarischen Kreisen Berlins hatte Wilhelm von Humboldt früh in seinem Leben große Zuneigung zu den Juden gefaßt. Gemeinsam mit Metternich und Hardenberg führte er auf dem Kongreß einen erfolgreichen Kampf gegen die Versuche einiger Staaten, wie Bayern, Württemberg und Sachsen, und der hanseatischen Städte und Frankfurts – der Heimat der Rothschilds –, den Juden volle Gleichberechtigung zu verweigern. Die Bundesakte verbot die Aufhebung der positiven Rechte, die die Juden in einzelnen Staaten bekommen hatten, und stellte in Aussicht, daß sich der Bundestag mit Verbesserungen ihrer Bürgerrechte befassen werde. Doch bedurfte es der diplomatischen Intervention Österreichs und Preußens, denen sich Rußland und England als Garanten des Wiener Friedens beigesellten, um die vier Städte zur Annahme des Gleichberechtigungsprinzips für die Juden zu zwingen.

Wenn wir den Deutschen Bund als Ganzes betrachten, ist es klar, daß er in hohem Maße zur Entwicklung eines nationalen Zugehörigkeitsgefühles beitrug, von dem die Patrioten zu Unrecht behaupteten, daß es schon existiere. Es war nicht einmal auf kulturellem Gebiet vorhanden, noch viel weniger in den Beziehungen der Gesellschaftsklassen und am allerwenigsten in politischen Angelegenheiten. Der Bund war keineswegs eine ideale Konstruktion, aber er darf auch nicht mit den Augen der Liberalen von 1848 oder denen der Generation Bismarcks angesehen werden. Die Tatsache, daß es sich um einen Staatenbund handelte, dessen Organe Diplomaten waren und der sich um die Wünsche des Volkes wenig kümmerte, machte wiederum, wie in der Vergangenheit, die Einzelstaaten zum eigentlichen Schauplatz des deutschen politischen Lebens. Aber die deutsche Staatengewalt war gegen fremde Invasion und fremden Druck besser geschützt und in sich selbst mehr befriedet, als es viele Jahrhunderte lang der Fall gewesen war. Wenn auch die Deutschen von einer politischen Einigung innerhalb des Bundes weit entfernt blieben, so konnten sie doch immerhin ein Gefühl der Einheit empfinden.

Waterloo und der Friede von 1815

Während der Wiener Kongreß seiner letzten Phase entgegenging, war Napoleon im März 1815 von Elba zurückgekehrt und hatte wieder die Gefolgschaft der französischen Armee gewonnen. Er hatte von der Spaltung unter den Großmächten wegen der polnisch-sächsischen Streitfrage gehört, wußte aber nicht, daß der Konflikt beigelegt worden war. Sein Wiederauftreten bestärkte die Einigkeit unter den Alliierten. Napoleons Streitkräfte waren beschränkt, als er beschloß, die britische und preußische Armee zu schlagen, bevor die österreichischen und russischen Truppen herannahten. Wellington und Blücher, die miteinander Kontakt aufgenommen, sich aber noch nicht vereinigt hatten, operierten südlich von Brüssel. Am 16. Juni 1815 hatten sich Blücher und sein Stabschef Gneisenau Napoleons Angriff bei Ligny gestellt, da sie erwarteten, Wellington würde sich mit ihnen vereinigen. Aber diese Hoffnung erfüllte sich nicht, und die preußische Armee erlitt einen ernsten Rückschlag. Während sich

Napoleon, der die Preußen in Verwirrung und in vollem Rückzug glaubte, bei Waterloo gegen Wellington wendete, leitete Gneisenau in kühner Weise den Rückzug der preußischen Truppen zu einer von Wellingtons Armee nicht allzuweit entfernten Stelle. Auch bewerkstelligte er die Reorganisation der übel zugerichteten Korps und führte sie in einem erschöpfenden Marsch zum Schlachtfeld von Waterloo, wo Napoleon am Nachmittag des 18. Juni seine leicht überlegene Armee gegen die Verteidigungsstellung der Armee Wellingtons geworfen hatte; sie bestand aus 70 000 Mann — 25 000 davon Engländer, der Rest Hannoveraner und Holländer. Die englischen Truppen zeigten, was ein sehr tapferes, gut geführtes Heer des 18. Jahrhunderts leisten konnte. Entscheidend war jedoch das Auftreten der Preußen, die die Flanke und die Nachhut der Franzosen bedrohten. Es gelang Gneisenau, die müden preußischen Truppen anzufeuern, den Feind unnachgiebig die Nacht hindurch zu verfolgen. Napoleons Armee wurde völlig vernichtet. An den französischen Festungen vorbei rückten die Preußen rasch auf die französische Hauptstadt vor, gefolgt von der Armee des Herzogs von Wellington, der Ludwig XVIII. nach Frankreich zurückbrachte.

Die Wiederkehr Napoleons hatte in Deutschland eine neue mächtige Woge des Nationalgefühls zur Folge. Hauptsprachrohr dieses leidenschaftlichen Gefühles war der von Joseph Görres in Koblenz herausgegebene „Rheinische Merkur". Diesmal kam es, vor allem in Südwestdeutschland, zur Bildung volkstümlicher patriotischer Vereine. Die Hoffnungen, die durch den Gang der diplomatischen Verhandlungen in Wien enttäuscht worden waren, wuchsen wieder zu neuen Höhen empor. Im Hauptquartier Blüchers schien es eine Zeitlang, als ob der Wunsch, den Sieg auszunützen und Frankreich einen erniedrigenden Frieden aufzuerlegen, alle anderen Erwägungen beiseite fegen würde, selbst die der Unterordnung der Armee unter die Politik der preußischen Monarchie. Blücher übernahm die Rolle des Verfechters des lebendigen nationalen Gewissens, der entschlossen war, die „Federfuchser" nicht wieder verderben zu lassen, was das Schwert gewonnen hatte. Nicht nur an Napoleon, sondern auch am französischen Volke sollte Rache genommen werden. Den Soldaten wurde große Freiheit in der Unterdrückung der Bevölkerung eingeräumt. Es wurden hohe Kriegskontributionen verlangt, und die Restauration der Autorität des Bourbonenkönigs wurde bekämpft. Viele Pläne, wie Frankreich für immer zu Boden gehalten werden könne, wurden vorgelegt. Das Nationalgefühl verwandelte sich in einen rachsüchtigen Haß, der gegenüber den Rechten anderer Nationen und den Erfordernissen einer beständigen europäischen Ordnung blind war. Es war ein böses Vorzeichen, daß die preußische Armee, in vergangenen Tagen ein stummes Werkzeug in den Händen des Königs, jetzt aber eine Potenz mit einem eigenen Willen, sich mit dem radikalen Nationalismus identifizierte.

Als Vorspiel zu späteren Ereignissen in der deutschen Geschichte hatte dieser Ausbruch des preußischen Geistes — *military-republican* nannte ihn Castlereagh —

einige Bedeutung, aber er war nicht bezeichnend für das ganze Offizierskorps. Clausewitz, der sich darüber klar war, daß der Krieg ein konstruktives politisches Ziel haben müsse, war über das undisziplinierte Verhalten des Hauptquartiers bestürzt, und Gneisenau mäßigte sich unter dem Einfluß Hardenbergs. Von allen Vorschlägen, Frankreich durch beträchtliche territoriale Annexionen zu schwächen, hatte nur der Erwerb des Elsaß eine gewisse Aussicht, da er auch in Österreich Unterstützung fand. Aber zu diesem Zeitpunkt ließ sich die Zurückgabe des Elsaß nicht mehr mit nationalen Prinzipien rechtfertigen. Seinen Volksbräuchen nach war das Elsaß zwar immer noch deutsch, aber die Französische Revolution und Napoleon hatten die Elsässer zu treuen französischen Bürgern gemacht. Bürger und Bauern hatten 1814 dem Einzug der Alliierten mit finsteren Mienen zugesehen, voller Befürchtungen, daß er den Feudalismus und die Zerstückelung der Provinz zur Folge haben könnte. Es wäre falsch zu behaupten, daß die Elsässer ihr Zugehörigkeitsgefühl zu Frankreich verloren hätten, wenn das Elsaß 1815 wieder deutsch geworden wäre. Das Deutschland der Kleinstaaten im Zeitalter der Restauration konnte keine nationalen Konvertiten machen.

Jedenfalls spielten nationale Argumente in den Diskussionen der elsässischen Frage 1815 keine Rolle. Im Vordergrund standen militärische und strategische Gesichtspunkte, die sich aber doch nicht durchsetzen konnten. England und Rußland bestanden von Anfang an darauf, daß die Grundsätze des Ersten Pariser Friedens nicht aufgegeben werden sollten. Die vorübergehende Besetzung einiger französischer Festungen würde als Vorsichtsmaßnahme genügen, bis das royalistische Regime Wurzeln fassen könnte. Wenn man den Franzosen ihr Selbstgefühl als Großmacht nähme, würde sie dies bloß in revolutionäre Abenteuer treiben. Aber selbst Metternich war dafür, die Grenzen von Frankreichs östlichen Nachbarn zu verstärken. So mußte Frankreich an Piemont, an die Schweiz und an die Niederlande Zugeständnisse machen, während Preußen Saarbrücken und Saarlouis erhielt, einen kleinen, aber strategisch wichtigen Bezirk mit einer Bevölkerung, die Deutschland anzugehören wünschte. Am Oberrhein kam Landau zur bayerischen Pfalz. Die „Grenzen von 1790" ersetzten die „Grenzen von 1792" im Zweiten Pariser Frieden vom 20. November 1815. Auch mußte Frankreich eine bescheidene Kontribution an die verbündeten Mächte zahlen.

Fünftes Kapitel

DIE RESTAURATION NACH 1815

Zwischen 1812 und 1815 war es Metternich gelungen, Österreich auf den Gipfel seiner Macht zu führen. Diese vorübergehend beherrschende Stellung eines Reiches, das mehr als jede andere Macht die universalistischen Traditionen Europas vertrat und dabei keinerlei aggressive Absichten verfolgte, war ein Segen für Europa, das sich von 25 Jahren der Spaltung und des Krieges zu erholen trachtete. Doch könnte man die Frage aufwerfen, ob nicht die europäische Politik Österreich viel mehr eingetragen hatte, als es hoffen konnte, mit den Methoden der Vergangenheit erhalten zu können. Das Habsburgerreich umfaßte mindestens zehn verschiedene Nationalitäten und beanspruchte eine Führerstellung nicht nur in Deutschland, sondern auch in Italien. Nicht einmal die alten Erblande bildeten einen festgeschlossenen Herrschaftsbereich, während das Habsburgerreich als Ganzes nur lose zusammengefügt war. Die Hilfsquellen Ungarns waren in den Händen der ungarischen Magnaten und lagen so gut wie außerhalb der Reichweite der Wiener Regierung. Der Regierungsapparat Maria Theresias und Josephs II. war den widerspruchsvollen Problemen eines Nationalitätenreiches nicht gewachsen. Obgleich Metternich die Notwendigkeit einer besseren Organisation verspürte, vermochte er sich nicht gegen den mißtrauischen und phantasielosen Kaiser Franz durchzusetzen. Tatsächlich war viel mehr als eine Reorganisation der Verwaltung vonnöten. Die neuen nationalen und sozialen Bewegungen standen noch in ihren Anfängen. Ein weitblickender Staatsmann hätte versucht, sie in geordnete Bahnen zu lenken, wobei ihm soziale Reformen die Mittel dazu hätten liefern können. Wenn auch niemand mit Bestimmtheit zu behaupten vermag, daß eine derartige Politik die endgültige Krise des Habsburgerreiches abgewendet hätte, so läßt sich doch sagen, daß Metternich, indem er sich zur Erhaltung der bestehenden politischen und sozialen Ordnung auf repressive Methoden verließ, der historischen Situation niemals wirklich gerecht geworden ist. Er besaß kein Gefühl für organisches Wachstum, sondern sah die Gesellschaftsordnung nur in mechanistischen Begriffen.

Metternichscher Absolutismus

Metternich war ein echter Abkömmling des Absolutismus des 18. Jahrhunderts, unberührt von den neuen Idealen des Nationalgefühls und der Teilnahme des Volkes an der Regierung. Auch die zeitgenössische Religions- und Staatsphilosophie beeindruckten ihn nicht. Die Theorien Adam Müllers, Friedrich Schlegels und anderer Wiener Romantiker waren nicht Ausdruck seiner Regierungsprinzipien. Der Metternichsche Absolutismus setzte das josephinische System der staatlichen Kontrolle des Universitäts- und Schulunterrichts fort und wendete Polizeimethoden an, um die Gleichschaltung mit dem Denken der Regierung zu erzwingen. Da die deutschen Staaten, einschließlich Preußens, nie auf ein solches Maß politischer Apathie reduziert wurden, errichtete Österreich feste Schranken gegen einen freien geistigen Austausch zwischen der österreichischen Bevölkerung und dem übrigen Deutschland. Aber trotz dieser Hindernisse gewann die deutsche literarische und humanistische Kultur der klassischen und romantischen Zeit nachhaltigen Einfluß auf die gebildeten Klassen. In Franz Grillparzer (1791–1872) besaß Österreich damals das größte deutsche dramatische Talent.

Aber der politische Partikularismus war in Österreich noch größer als in Deutschland, und wo sich ein solcher Patriotismus nicht mit dem lokalen oder provinzialen Leben begnügte, beschäftigte er sich mehr mit den Aufgaben des Habsburgerreiches als mit denen des früheren Deutschen Reiches. Das deutsche Element war die Hauptstütze der österreichischen kaiserlichen Regierung. Bis zum Jahre 1870 gingen viele nichtösterreichische Deutsche ins Offizierskorps, in die höhere Beamtenschaft und das höhere Erziehungswesen. Aber diese Kontakte trugen nicht zu engeren Beziehungen zwischen Österreich und Deutschland bei. Den meisten Deutschen erschien Österreich als der unbewegliche Bürge der alten öffentlichen Ordnung. Als der schnellere Puls des Wirtschaftslebens die Deutschen der verschiedenen Staaten in engere Verbindung brachte, stand Österreich abseits. Dabei war die Entwicklung der österreichischen Wirtschaft zwischen 1815 und 1848, nachdem die inneren Zollschranken zwischen den österreichischen Provinzen des Reiches gefallen waren, durchaus beachtlich. Aber im allgemeinen begann sie auf einer niedrigeren Stufe, und die alten Formen der Wirtschaftsorganisation wurden beibehalten. Im Innern begünstigte die Regierung das Zunftwesen und führte im Außenhandel ein streng protektionistisches System durch.

Als die Bande zwischen dem österreichischen und dem deutschen Volke in den nächsten Jahrzehnten schwächer wurden, verlor die Politik der österreichischen Regierung in Deutschland viel an moralischer Geltung. Da sich Österreich in keiner Weise an der Lösung von Deutschlands wirtschaftlichen Problemen und nur in geringem Maße an der militärischen Verteidigung des Bundes beteiligte, war Österreichs Vormachtstellung mehr auf europäischem als auf deutschem Boden verankert. Österreich genoß zwar nach wie vor die Sympathien der Partikularisten und der meisten deutschen Katholiken, aber mehr aus politischen als aus ideellen Gründen. Der österreichische Katholizismus strahlte keine Ideen aus, die ihm in Deutschland starken Einfluß hätten verschaffen können. Statt dessen wurde München zum geistigen Mittelpunkt des deutschen Katholizismus. Langsam, aber stetig entfremdeten sich Deutschland und Österreich. Aber wir sind den auf den Wiener Kongreß folgenden Jahren weit vorangeeilt. In dem Jahrzehnt unmittelbar nach 1815 machte sich der österreichische Einfluß in Deutschland mit großer Kraft geltend, um die Verwirklichung des Wiener Programms sicherzustellen.

Preußische Reformen nach 1815

Es war von größter Bedeutung, daß Preußen, nicht ohne Metternichs Einfluß, nach dem Kriege seine Politik revidierte. Schon 1814 waren die preußischen Reformer auf immer stärkeren Widerstand nicht nur unter den Verbündeten, sondern auch in Preußen selbst gestoßen. Auf militärischem Gebiet wurde allerdings die Reformgesetzgebung einen entscheidenden Schritt ihrer Vollendung nähergerückt. Im Juni 1814 hatte Friedrich Wilhelm III. schließlich seine Zustimmung zur vollen Vereinheitlichung des Kriegsministeriums gegeben und Boyen zum Minister ernannt. Dieser hatte zusammen mit Grolman das Gesetz der allgemeinen Wehrpflicht entworfen, das die Gedanken Scharnhorsts verwirklichte. Es verpflichtete alle Preußen zwischen 20 und 39 Jahren zum Militärdienst. Sie sollten drei Jahre in der aktiven Armee dienen und dann zwei Jahre in der Reserve bleiben. Anschließend sollten sie für sieben Jahre dem ersten Aufgebot der Landwehr, das in Kriegszeiten mit der Linienarmee dienen sollte, zugeteilt werden und weitere sieben Jahre dem zweiten Aufgebot der Landwehr, das im Falle seiner Mobilisierung Garnison- und Festungsdienste übernehmen würde. Über das Alter von 39 Jahren hinaus konnten sie in einer Krise immer noch zum Landsturmdienst aufgerufen werden. Die Einrichtung der einjährig freiwilligen Dienstpflicht für Absolventen höherer Schulen war in diesem Gesetze enthalten. Nach Ansicht seiner Verfasser gab dieses Gesetz Preußen in Kriegszeiten ein Heer von 500 000 Mann, während der Staat in Friedenszeiten nur für 130 000 Mann Sorge zu tragen hatte. Diese finanziellen Vorzüge waren augenfällig und trugen dazu bei, den König zu überzeugen; dieser war eigentlich kein Freund der Landwehr, und die Reaktionäre setzten ihm bereits zu, er solle Scharnhorsts Gedanken eines Volksheeres fallenlassen. Aber der Wunsch, Preußen im Besitz einer großen Kriegsmacht zu sehen, um dadurch die Stellung seiner diplomatischen Vertreter auf dem Wiener Kongreß zu stärken, bewog Friedrich Wilhelm, am 3. September 1814 das Gesetz zu unterzeichnen. Beinahe ein halbes Jahrhundert, mit einigen Abänderungen sogar ein volles Jahrhundert lang, regelte es die Organisation der preußischen Armee. Auch viele andere Länder übernahmen es mit größeren oder geringeren Abwandlungen.

Aber der leidenschaftliche Kampf, den Blücher und Gneisenau nach Waterloo um ihre nationalistischen Kriegsziele führten, verminderte die schon an sich geringe Zuneigung des Königs gegenüber den Reformern und den Ideen, die sie vertraten. Der alte Marschall trat in den Ruhestand, und Gneisenau zog sich ein Jahr später vom aktiven Dienste zurück. Friedrich Wilhelm III. war dem Rat der Reformer schon in Zeiten der Gefahr nur zögernd gefolgt. Jetzt, wo diese vorüber zu sein schien, fiel er in seinen natürlichen Zustand der Unschlüssigkeit zurück. Er fühlte sich in der Gesellschaft der konservativen Junker wohler und er mißtraute jedem weiteren Wandel, der seine monarchische Autorität hätte beeinträchtigen können. Bei der Wahl der Minister machte Hardenberg den reaktionären Gruppen große Zugeständnisse, wobei er sich darauf verließ, daß er sie als Kanzler werde kontrollieren können, wie er auch hoffte, daß seine Fähigkeit, den König zu beeinflussen, ihn auch weiterhin nicht im Stiche lassen werde. Aber er bewegte sich nicht mehr so sicher wie in seinen jüngeren Jahren, und die Freiheiten, die er sich in seinem Privatleben gestattete, waren der Festigung seiner Führerstellung nicht zuträglich. Wie wir bereits sahen (siehe S. 105), schloß Hardenberg mit den Junkern bedauerliche Kompromisse, obgleich er immer noch auf die Einführung einer Verfassung als Endziel der Reorganisation des preußischen Regierungssystems hinarbeitete. Aber seiner Meinung nach war die Erneuerung der Verwaltungsstruktur der preußischen Monarchie noch wichtiger als eine Verfassung, und Preußen war soeben im Westen durch neue Provinzen vergrößert worden. Dadurch kamen zu den fünf Millionen des alten Ostens fünfeinhalb Millionen neue Bürger. Die königliche Verordnung vom 22. Mai 1815 hatte die Funktion der zukünftigen Stände definiert als „Beratung über alle Gegenstände, welche die persönlichen und Eigentumsrechte der Staatsbürger mit Einschluß der Besteuerung betreffen". Nur eine beratende Körperschaft war also vorgesehen, deren Zuständigkeit sich auf Finanzfragen beschränkte. In Anbetracht der liberalen Wirtschaftsauffassung des preußischen Kanzlers war es offenbar seine Absicht, daß die Stände allgemein die besitzenden und nicht allein die landbesitzenden Schichten vertreten sollten. Dies wurde das zentrale politische Problem. Der konservative Adel widersetzte sich nicht der Schaffung von Vertretungskörperschaften, vorausgesetzt, daß er sie beherrschte. Daher erhob er Einspruch gegen die Außerachtlassung seiner korporativen Rechte. Diese feudalen Kräfte waren antiabsolutistisch in einer reaktionären Form: ihr Ziel war die Wiederherstellung des dualistischen Ständestaats. Ihnen gegenüber konnte sich eine bürokratische Regierung, die von den Gedanken der allgemeinen Wohlfahrt und der Herrschaft des Rechts erfüllt war, als Träger des Fortschritts vorkommen. Aber als bürokratischer Absolutist war Hardenberg nicht bereit, einem modernen repräsentativen Organ wirkliche Macht einzuräumen. Das Heer, die auswärtigen Angelegenheiten und die Polizei sollten immer innerhalb des Bereichs der königlichen Vorrechte bleiben, und dasselbe galt von dem Recht, die zukünftigen Stände zu berufen und aufzulösen. Nach Hardenbergs Ansicht sollten die Nationalstände es der Regierung ermöglichen, mit den Erwerbskräften der Gesellschaft in direkte Berührung zu treten und die Unterstützung der führenden Klassen durch Konzessionen und Ausgleiche zu gewinnen.

Der Staatsrat

Um der Regierung selber größeren Zusammenhalt zu verleihen, schuf Hardenberg 1817 einen Staatsrat. Er bestand aus den Prinzen der königlichen Familie, den Staatsministern, den Spitzen der Regierungsdepartements und Provinzen, den kommandierenden Generälen und 34 vom König ernannten Männern aus der öffentlichen Verwaltung. Der Staatsrat hielt seine Sitzungen unter dem Vorsitz des Königs. Er war ein typisches Organ eines aufgeklärten Absolutismus, der von der Autokratie zur Bürokratie übergegangen war. Unter der Führung Hardenbergs wurde der Staatsrat eine wichtige Einrichtung für die Gesetzesinitiative. Später nahm seine politische Bedeutung ab, obgleich er weiterhin dazu diente, der willkürlichen Politik einzelner Departements Schranken aufzuerlegen und auf einer präzisen Formulierung der Gesetze zu bestehen.

In den frühen Jahren seines Bestehens beriet der Staatsrat nicht nur den Neubau der Verwaltung, sondern auch Finanzreformen. Die Finanzlage des preußischen Staates war ernst. Die von den Franzosen erzwungenen Zahlungen, die Kriegskosten und die öffentlichen Schulden einiger neuer Territorien hatten eine Staatsschuld von ungefähr 250 Millionen Talern geschaffen. Die Steuern deckten nicht zur Gänze den Staatshaushalt von rund 50 Millionen, und der Staatskredit war sehr tief gesunken. Die dringende Notwendigkeit wirtschaftlicher Gesundung führte zuerst zu dem Zollgesetz von 1818, das alle inneren Zölle abschaffte und nur an den äußeren Grenzen Zölle vorsah. Im Steuergesetz von 1820 trat an die Stelle der Einnahmen aus der früheren Akzise die sogenannte Klassensteuer, eine Kopfsteuer, die nach vier Klassen abgestuft war. Obgleich eine grobe Form der Steuererhebung, war sie immerhin ein Schritt in Richtung einer Einkommensteuer. Die direkten Steuern, Klassensteuer und Grundsteuer, die in den Provinzen weiterhin in ganz verschiedener Höhe eingezogen wurde, bildeten damit die Hälfte der staatlichen Einkünfte. Trotz vieler sozialer und technischer Unzulänglichkeiten stellte das preußische Steuersystem die Ordnung der Finanzen wieder her. Die Staatsschuld wurde konsolidiert und in den folgenden Jahren zum Teil abgezahlt, während der Staatsbesitz, der verhältnismäßig größer als der irgendeines anderen Staates war, klug verwaltet wurde und höhere Einkünfte einbrachte. In den Jahren nach 1830 hatte die preußische öffentliche Finanzwirtschaft ihre Krise überwunden. Zum ersten Mal sanken die Ausgaben für das preußische Heer auf etwas weniger als die Hälfte des Staatsbudgets herab, wenigstens wenn man die für den Schuldendienst benötigten 20 Prozent des Budgets in den regulären Haushalt einbezieht. Im Vergleich dazu gab Österreich in dieser Zeit ein Sechstel, Bayern ein Viertel seines Staatshaushaltes für militärische Zwecke aus.

Verfassungspläne

Die Finanzreform war die Arbeit einer unabhängigen Bürokratie, und es fanden keine öffentlichen Debatten statt. Aber Hardenberg fügte dem Gesetz von 1820 eine Klausel ein, daß der König im Falle künftiger Anleihen um eine gleichzeitige Garantie der Stände ersuchen würde. Dieses Versprechen ließ aber keine Hoffnung auf die Übertragung des Budgetrechts an die Stände. Es schien lediglich im Interesse des Staatskredits praktisch, daß ein Organ der Volksvertretung die Anleihen mitzeichnen solle. In Wirklichkeit betrachtete der König dies als ein harmloses Zugeständnis an Hardenberg, da er erwartete, man werde die Staatsfinanzen ohne Anleihen verwalten können; dies gelang tatsächlich mehr als 25 Jahre lang. Die Aussichten auf eine Verwirklichung von Hardenbergs preußischen Verfassungsplänen waren schon geschwunden. Unter dem Eindruck der von einem großen Teil der deutschen Studentenschaft betriebenen Agitation, die zu ernsten Zwischenfällen und Gewaltsamkeiten geführt hatte, war der König von Metternich dafür gewonnen worden, eine Politik der Unterdrückung gegen die liberale Bewegung in den Universitäten, der Presse und den Vereinen zu verfolgen. Er verließ sich zunehmend auf die reaktionären Gruppen am Hofe und in der Regierung. Hardenberg übernahm die Politik der Karlsbader Beschlüsse vom 20. September 1819, über die später mehr zu sagen sein wird. Er hielt es jedoch immer noch für möglich, eine Verfassung einzuführen, die eine allgemeine Vertretung sowie Selbstverwaltungsorgane der Städte, Kreise und Provinzen enthalten und gewisse Rechte des einzelnen Bürgers garantieren würde. Wilhelm von Humboldt wurde zum Sonderminister für Verfassungsfragen und Kommunalsachen ernannt. Der Verfassungsentwurf, den er vorlegte, war von dem Entwurf Hardenbergs tatsächlich nicht sehr verschieden, aber dahinter stand eine andere Auffassung vom Staate. Eine zehnjährige Tätigkeit als Staatsmann und das Erlebnis der nationalen Befreiung hatten den intellektuellen Individualisten der Weimarer Zeit nicht zu einem Bürokraten vom Schlage Hardenbergs gemacht. Er war zur Überzeugung gelangt, daß bei einer Beteiligung der Untertanen an der Staatstätigkeit einerseits die Untertanen mit ihrer Aufgabe wachsen würden, daß andererseits auch der Staat dadurch gestärkt würde. Aber diese Anschauung, die noch die hohen Motive der Steinschen Regierung widerspiegelte, setzt offensichtlich repräsentative Organe voraus, die der Regierung nicht ganz untergeordnet waren, sondern ein gewisses Maß von Unabhängigkeit besaßen.

Diese Streitfrage wurde leider nicht durchgefochten. Humboldt fand Hardenberg als Führer der Reform untragbar, und er war der Meinung, daß die politische Stellung des Kanzlers schwach geworden war. Dem empfindlichen und stolzen Manne war die diktatorische Art des Kanzlers verhaßt. Aber als Humboldt die Annahme der Karlsbader Beschlüsse angriff, weil Preußen dadurch seine autonome Politik aufgab und den Staat unter die Vormundschaft Österreichs stellte, war er sich nicht darüber klar, wie sehr er damit den König selbst kritisierte. Zudem reizte seine Forderung, daß die übergeordnete Stellung des Kanzlers gegenüber den Ministern weitgehend aufgehoben werden solle, Hardenberg zu zorniger Gegenaktion. Am 31. Dezember 1819 mußte Humboldt aus der Regierung ausscheiden. Kurz vorher hatte sein engster politischer Freund im Kabinett, Boyen, resigniert, weil er sich dem Wunsche des Königs nicht fügen wollte, die Ausbildung der Landwehr der Aufsicht der regulären Armee zu unterstellen. Boyen wollte die Landwehr als ein besonderes Volksheer aufrechterhalten und ihre enge Verbindung mit den zivilen Einrichtungen der Selbstverwaltung nicht durch das Dazwischentreten der Armee geschwächt sehen.

Das Ende der Reformära

Diese Ereignisse bedeuteten das Ende der preußischen Reformen. Hardenberg blieb Kanzler, fand sich aber politisch isoliert. Die Arbeit an der Verfassung fiel ganz in die Hände der Reaktionäre, die auch die Unterstützung des Kronprinzen genossen. Im Jahre 1821 nahm Friedrich Wilhelm III. gegen den Rat des Kanzlers den Vorschlag an, von der Schaffung von Nationalständen abzusehen und bloß Provinzialstände einzuführen. Nachdem Hardenberg 1822 gestorben war, wurden 1823/24 Gesetze über die Provinzialstände erlassen. Die Großgrundbesitzer waren am stärksten vertreten. In Altpreußen bekamen sie die Hälfte aller Sitze, während die Bauern am schlechtesten wegkamen. Straßen, Armenhäuser, Asyle und Feuerversicherung gehörten zu den wichtigeren Angelegenheiten, für die die Stände zuständig waren. In Anbetracht des reaktionären Charakters dieser Stände war es aber nur vorteilhaft, daß ihre Funktionen so beschränkt waren. Sie konnten die Einheit der Monarchie nicht gefährden und die Staatsbürokratie nicht behindern, in der der Liberalismus immer noch einen Halt hatte. Noch stärker war die Stellung der Junker in der Kreisverwaltung. Die neuen Gesetze von 1825 und 1827/28 gaben jedem Großgrundbesitzer eine Stimme, den Bauern zusammen drei und den Städtern je eine. Es war nicht ungewöhnlich, einen Kreis zu finden, in dem 65 Stimmen der Gutsbesitzer, drei der Bauern und drei der Städter 29 000 städtische und 27 000 ländliche Bewohner vertraten. Wie in der vorangegangenen Zeit wurden die Landräte entweder von den Junkern – wie in Altpreußen – oder von den Kreisräten – wie im Westen – ernannt.

Friedrich Meinecke hat mit Recht das Jahr 1819 zusammen mit 1848 und 1866 einen der drei tragischen Wendepunkte der neueren deutschen Geschichte genannt. Es war weder Hardenbergs noch selbst Humboldts Absicht, eine im vollen Sinne liberale Verfassung einzuführen, aber die Schaffung von Landständen hätte wenigstens als Gegengewicht gegen den bürokratischen Absolutismus und das arrogante Junkertum gewirkt. Sie hätte den Weg zu einer schrittweisen Aufnahme der aufsteigenden mittleren und unteren Klassen in die politische Gemeinschaft ebnen können. Die Rückkehr Preußens zu einer kaum verhüllten autoritären Regierungsform schuf eine Kluft zwischen der Regierung und den neuen Kräften, die in den gewaltigen sozialen Umwälzungen des 19. Jahrhunderts an die Oberfläche drängten. Diese Spannungen konnten sich nur in einer Revolution entladen, und die Revolution wurde unterdrückt. Obgleich unter Bismarck die soziale Grundlage des Staates sehr erweitert und modernisiert wurde, war der autoritäre Charakter Preußens auch noch im neugeschaffenen Deutschen Reich tief verwurzelt.

Unter den neuen Zügen, welche der preußische Absolutismus im Zeitalter der Restauration gewann, war der steigende Einfluß des Adels auf die Regierung der bedeutendste. Die Rolle des Adels als Pfeiler der Monarchie wurde vom König offen anerkannt, und die Junker verteidigten ihre Privilegien unverhohlen als unwandelbare Rechte. Das Heer blieb – oder wurde wieder – das eigentliche Bindeglied in der Zusammenarbeit zwischen dem König und der preußischen Aristokratie. Das Hinzutreten von Offizieren aus der Bürokratie änderte die aristokratische Struktur des Offizierskorps nicht, ganz abgesehen davon, daß dieser Zuwachs während der nächsten Jahrzehnte nirgendwo sehr groß und bei den Gardetruppen verschwindend gering war. Die nichtadeligen Offiziere kamen hauptsächlich von Familien her, die ehemalige Rittergüter erworben, staatliche Domänen gepachtet oder dem höheren Beamtentum angehört hatten. Ihre Lebensart war nicht sehr verschieden von der der Junker, denen nachzueifern sie geneigt waren. Obgleich der kleine Generalstab und die Kriegsakademie weiterhin das von Scharnhorst geforderte hohe Niveau aufrechterhielten, blieb die durchschnittliche Bildung der Offiziere im Vergleich zu der der entsprechenden zivilen Gruppen niedrig. Die Tatsache, daß das Heer vor allem als Verteidiger des Thrones und der bestehenden Ordnung gesehen wurde, führte dazu, daß auf die Einschärfung blinden Gehorsams und den Paradedrill übertriebener Wert gelegt wurde. Die Felddienstordnung von 1847 bedeutete gegenüber Scharnhorsts Ordnung von 1812 einen Rückschritt. Politisch wichtiger war die Entfremdung des Heeres vom Volke. Im Jahre 1848 war die Kluft zwischen dem Heer und der bürgerlichen Gesellschaft so tief wie in den Tagen Friedrichs des Großen. Die Erbitterung über die herausfordernde und verächtliche Haltung der Militärs war einer der Hauptgründe für die Revolution von 1848.

Auf der anderen Seite behielt der preußische Absolutismus nach 1819 starke liberale Elemente bei. Im großen und ganzen hatten die Vertreter des Feudalismus die Ministerposten inne, aber das Beamtentum war durchsetzt von Männern, Junkern und Bürgern, die die Tradition der Reformära in der Verwaltung weiterzuführen suchten. Wenn die Menschen in der Zeit nach 1819 nicht all ihren Glauben an die Regierung verloren, so war dies größtenteils das Verdienst der vielen gebildeten und fähigen hohen Beamten, die die allgemeine Wohlfahrt über jedes Klasseninteresse stellten, obgleich auch sie nicht frei waren von bürokratischen Neigungen. Aber sie ließen sich von den höchsten Idealen, wie sie die deutschen Universitäten vermittelten, leiten und glaubten, daß sie bei ihrem Bemühen, diese Ideale in die Wirklichkeit umzusetzen, die besten Interessen der Nation und den fortschrittlichen Verlauf der Geschichte vertraten. Dieses Gefühl wurde von der Mehrzahl der gebildeten Klassen geteilt, die in der höheren Bürokratie eine Art Nationalvertretung sahen oder, wie Ranke es ausdrückte, „eine Auswahl der Geschicktesten aus der ganzen Nation". Während nicht jedes Mitglied des höheren Mittelstandes Rankes konservatives Urteil geteilt hätte, die Monarchie werde darauf achten, daß „der rechte Mann an die rechte Stelle kommt", würden die meisten dem von B. G. Niebuhr formulierten Glauben zugestimmt haben: „Die Freiheit beruht ungleich mehr auf der Verwaltung als auf der Verfassung."

Aus dieser Haltung des Akademikers sprach das Gefühl, daß der erfahrene Verwaltungsbeamte nicht durch die Kritik des unaufgeklärten Volkes behindert werden solle. Daher wurde dem autoritären Charakter der Bürokratie grundsätzlich kein Mißtrauen entgegengebracht. Man sah in der außerordentlichen Macht des Adels und der Armee Unvollkommenheiten, die zur rechten Zeit überwunden werden könnten, und die Verletzungen der Freiheit der Person und Meinungsäußerung, die auf die Karlsbader Beschlüsse folgten, galten als vorübergehende Irrwege. Das deutsche Bürgertum war in den vergangenen Jahrhunderten zu tief vom Geist des Gehorsams und der sozialen Hierarchie durchtränkt worden, als daß es sich nicht an ein autoritäres System angepaßt hätte. Zweifellos waren seine liberalen politischen Bestrebungen in der letzten Generation gewachsen, aber das Erlebnis der Zeit Napoleons und der nationalen Befreiung hatte auch das Bewußtsein von der Wichtigkeit der Macht verbreitet, und daher entschuldigte man das Überleben der militaristischen Natur des preußischen Staates.

Wirtschaftspolitik: Der Zollverein

Der Zusammenbruch der Verfassungspläne schaltete die liberalen Gedanken auf dem Gebiete der preußischen Wirtschaftspolitik nicht aus, obgleich selbst hier die Stärke der konservativen Gesellschaftsschichten nicht unberücksichtigt bleiben konnte. Das preußische Zollgesetz von 1818, das Werk des Generalsteuerdirektors Karl Georg Maassen, schaffte kühn alle Binnenzölle ab und erhob Zölle nur an den äußeren Grenzen. Es wurde ein sehr niedriger Tarif eingeführt, der Rohmaterialien frei zuließ und auf ausländische Industrieprodukte einen Zoll von zehn Prozent legte, während Luxusgüter, wie Kaffee, Tee oder Wein, mit 20 oder sogar 30 Prozent besteuert wurden. Keine andere Maßnahme trug so viel wie dieses Gesetz dazu bei, das Eigenleben der Provinzen zu untergraben, in denen die Konservativen das Bollwerk ihrer Vorrechte fanden. Aber die Schaffung eines großen Marktes lag im Interesse der Getreideproduzenten des Ostens, und das gleiche galt für die billigen Industrieimporte. Die städtischen Industriellen hätten lieber einen größeren Schutz gegen die fortgeschrittenen englischen Industrien gesehen. Von Anfang an arbeitete die preußische Regierung auf eine Ausweitung des preußischen Wirtschaftsraumes hin. An erster Stelle wollte sie die getrennten Hälften des Staates verbinden. Die Erhebung von Zöllen auf Waren, die Preußen passierten, diente vornehmlich als die wichtigste Waffe in dem Kampf, die dazwischenliegenden Staaten zu bewegen, sich dem preußischen System anzuschließen. Es war nicht leicht, die Zustimmung dieser Staaten zu gewinnen, obgleich ihnen Preußen verlockende Bedingungen anbot, nämlich eine einfache Teilung der Einkünfte entsprechend der Bevölkerungsstärke. Der preußische Finanzminister Friedrich von Motz schloß 1828 den ersten Vertrag mit einem der Mittelstaaten, Hessen-Darmstadt, aber im selben Jahre bildeten Bayern und Württemberg einen süddeutschen Zollverein, während Sachsen, die thüringischen Staaten und Hessen-Kassel sich in einem „mitteldeutschen Handelsverein" zusammenschlossen. Es gelang Motz, eine Annäherung zwischen Norden und Süden herbeizuführen, die die mitteldeutsche Gruppe schwächte. Hessen-Kassel trat 1831 dem preußischen Zollsystem bei, und in den beiden folgenden Jahren bewerkstelligte Maassen eine Verschmelzung der preußischen und süddeutschen Systeme. Am 1. Januar 1834 trat der preußisch-deutsche Zollverein ins Leben. Im Jahre 1836 traten auch Baden und Nassau bei. Nur die nordwestlichen Staaten, Hannover, Oldenburg, Braunschweig, Holstein-Lauenburg, beide Mecklenburg und Lippe und die Hansestädte blieben außerhalb des Zollgebietes, das eine Bevölkerung von 25 Millionen hatte und dessen äußere Grenzen etwas kürzer als die Preußens im Jahre 1818 waren. Unmittelbar an der Schwelle des Zeitalters der Eisenbahn wurden die Grundlagen für eine deutsche Wirtschaft gelegt, und Maassen hatte recht, wenn er erwartete, daß diese Wirtschaftsunion den größten Schritt zu einer politischen Einigung unter preußischer Führung darstellen würde.

Volksbewegungen

Obwohl sich im preußischen Beamtentum starke liberale und sogar nationaldeutsche Bestrebungen erhielten und sich sowohl in der Wirtschaftspolitik als auch — wie wir später sehen werden — in der Unterrichtsverwaltung auswirkten, wurden eigentlich keine aus dem Volke kommenden Bewegungen in das Staatsleben einbezogen. Dies erklärt sich zum Teil aus der Natur der ersten ganz unabhängigen Volksbewegungen in der modernen deutschen Geschichte. Seit dem 17. Jahrhundert waren freie Vereine in Erscheinung getreten, aber ihre Ziele blieben auf Religion und Erziehung beschränkt. Die Freimaurerei im Deutschland des 18. Jahrhunderts hatte keine eigentlich politische Bedeutung. Dagegen hatten während der napoleonischen Besetzung Logen oder ähnliche Vereine, wie der Tugendbund, als Mittelpunkte der Pflege patriotischen Fühlens und Handelns gedient. Im Jahre 1815 hatte Karl Hoffmann, ein Jurist, in Nassau eine Deutsche Gesellschaft gegründet, die nach Waterloo die nationale Einigung forderte. Gneisenau und Hardenberg sahen in dieser Gesellschaft ein nützliches Werkzeug, um die öffentliche Meinung für die preußischen Kriegsziele zu gewinnen. Auf der anderen Seite wurden Regierungsstimmen vernehmbar, die gegen die „ebenso unvernünftige wie gesetzwidrige Idee, daß private Vereine mit dem Staat konkurrieren wollen, um selbständig in die nationalen Angelegenheiten einzugreifen", Einspruch erhoben. Die Gesellschaft löste sich nach dem Zweiten Pariser Frieden auf.

Aber der Gedanke solcher patriotischer Vereine wurde von den Studenten aufgegriffen. Es war eine besonders geartete Generation deutscher Studenten, da viele von ihnen in den Befreiungskriegen als Freiwillige gedient und von diesem Erlebnis einen hohen Idealismus und Patriotismus mit nach Hause gebracht hatten, die sie in ihrem akademischen Leben wachhalten wollten. Das Studentenleben in den deutschen Universitäten verlangte durchgreifende Reformen. Seit etwa 1790 hatten die Philosophen des Idealismus versucht, in den unbändigen und rohen deutschen Studenten ein Gefühl moralischer Verantwortung zu wecken, aber mit geringem Erfolg. Seit 1815 fanden diese Versuche jedoch einen starken Widerhall. Unter dem Einfluß Ludwig Jahns und des Historikers Heinrich Luden wurde am 12. Juni 1815 in Jena eine neue Studentenorganisation gegründet. Während bisher die Studentenverbindungen auf Grund der landsmannschaftlichen Herkunft gebildet worden waren, wollte die neue Burschenschaft der Einheit Deutschlands Ausdruck verleihen und stand allen Studenten offen. Die älteren Studentenkorps hatten den hergebrachten Lebensstil fortgesetzt, der den deutschen Studenten charakterisierte und verunstaltete. Die Burschenschaft schuf dagegen ein neues Persönlichkeitsideal, in dem Sittlichkeit und ernste Hingabe an geistige und religiöse Dinge einen Platz neben der Verpflichtung für die Nation fanden. Persönlichkeitsbildung und politische Reform wurden miteinander vereinigt. Als äußeres Zeichen ihrer neuen Überzeugungen trugen die Studenten einen einfachen, neuartigen Rock, von dem sie zu Unrecht als der altdeutschen Kleidung sprachen. Unbegründeterweise identifizierten sie ihre Trikolore mit den Farben des Heiligen Römischen Reiches. Doch sollte das schwarz-rot-goldene Banner der Jenaer Burschenschaft die Fahne der demokratischen Bewegung in Deutschland werden.

Bald wurde die Jenaer Organisation von anderen Universitäten, wie Heidelberg, Gießen, Erlangen und Halle, nachgeahmt. Berlin, Göttingen und Leipzig wurden wenig davon beeinflußt. Von den katholischen Universitäten nahmen nur Würzburg und Freiburg teil. Um die Bande der Einheit zu bekräftigen, wurde für den 18. Oktober 1817 – es war der Jahrestag der Schlacht von Leipzig und gleichzeitig ein geeignetes Datum, um die Dreihundertjahrfeier von Luthers Reformation zu begehen – ein nationales Treffen auf der Wartburg anberaumt. Fast 500 Studenten kamen zusammen und marschierten zur Burg, wo Luther 1521/22 das Neue Testament ins Deutsche übersetzt hatte. Die Gedenkfeier hatte einen nahezu religiösen Charakter. Luther als der „innere Befreier“ wurde mit der äußeren Befreiung in Zusammenhang gebracht. In dieser Zeit war es Mode, in der Reformation einen Schritt in Richtung auf die nationale Freiheit des gegenwärtigen Deutschland zu sehen, wie auch Metternich und die konservativen Ideologen Deutschlands und Frankreichs im Protestantismus den Wegbereiter der Revolution sahen. Zu besonderen politischen Forderungen führte die Wartburgfeier nicht, und die einzige herausfordernde Tat wurde von einer kleinen Gruppe am Abend begangen, an dem Siegesfeuer angezündet und ein Fackelzug abgehalten wurden: Als eine Art Wiederholung von Luthers Verbrennung der päpstlichen Bulle wurde altes Druckpapier, auf dem die Namen verachteter reaktionärer Autoren standen, ins Feuer geworfen.

Dieser kindische Streich erregte in den Regierungskreisen schweren Ärger. Freilich hatten sich zum ersten Mal in der deutschen Geschichte junge Leute aus allen Teilen Deutschlands frei versammelt, und die Universitäten, als die am engsten miteinander verknüpften nationalen Einrichtungen Deutschlands, bildeten einen wirkungsvollen Resonanzboden für politische Ideen. Aber die von der großen Mehrheit dieser Studenten vertretenen Meinungen waren außerordentlich vage und nicht einmal immer politische Gefühle. Spötteleien und Drohungen von seiten der Machthaber waren jedoch nicht geeignet, die Anhänglichkeit dieser jungen Leute zu gewinnen, und ihre aufgestauten Energien hätten in der von Metternich und seinen Kollegen errichteten autoritären Ordnung nicht leicht eine konstruktive Funktion finden können.

Unmittelbar wirkte sich das neue studentische Verbindungswesen in der persönlichen und sozialen Reform der deutschen Studentenschaft aus. Sobald die Studenten aufhörten, sich wie Gassenjungen, die Edelleute spielten, zu benehmen, schloß sich die Kluft, die sie so lange von der Gesellschaft getrennt hatte. Von nun an zog es das deutsche Bürgertum vor, die akademische Jugend mit freundlichen Augen zu betrachten, und ging darin so weit, daß es einige ihrer augenfälligen Schwächen duldete. Das übertriebene Trinken blieb ein disziplinäres Problem, und wie die alten Studentenkorps, so kannten auch die Burschenschaften keinen anderen Weg als das Duell, um ihrer überspannten Vorstellung von gesellschaftlicher Ehre Genugtuung zu verschaffen. In dieser Hinsicht waren sie die blinden Kinder einer Gesellschaft, die von ungestilltem Verlangen nach Rang und sozialem Prestige heimgesucht wurde. Schließlich spiegelte ihre Weigerung, jüdische Studenten in ihre Verbindungen aufzunehmen, die soziale Haltung ihrer Familien wider. Diejenigen, die an die Kantische Vorstellung vom universalen Menschen glaubten, verloren an Einfluß. Nur „Deutsche und Christen" wurden zugelassen. Dies bedeutete nicht die Übernahme rassistischer Prinzipien, denn konvertierte Juden wurden nicht zurückgewiesen, und in dieser Zeit traten viele deutsche Juden christlichen Kirchen bei. Aber es war ein schlechtes Zeichen, daß das deutsche Erziehungswesen diese Schranken der Religion nicht zu überwinden vermochte.

Innerhalb der Burschenschaften, die seit 1818 in einer „Allgemeinen Deutschen Burschenschaft" zusammengeschlossen waren, entstanden Gruppen, die ihr Denken überwiegend, manchmal völlig auf die politische Aktion ausrichteten. Die sogenannten „Schwarzen" oder „Unbedingten", die sich in Gießen um den jungen Privatdozenten Karl Follen scharten, wurden zum Mittelpunkt der Agitation. Der junge Prophet vereinte einen kalten und unwiderstehlich logischen Verstand und eine glühende, mystische Seele und faszinierte viele Studenten. Er predigte die Notwendigkeit einer Einheitsrepublik, die nur durch die selbstüberwindende ethische Tat der Individuen herbeigeführt werden könne. Um dieses Zieles willen solle die konventionelle Moralität außer acht gelassen werden und der Tyrannenmord gerechtfertigt sein. Dieser deutsche Robespierre entstammte der gleichen geistigen Heimat wie Thomas Münzer, und der christliche Opfergedanke gab seinem Rationalismus die revolutionäre Entschlossenheit. Ein junger, schwächlicher Student, Karl Ludwig Sand, fand in Follens Philosophie die Lehre, die seinen Mut stählte, einen tödlichen Anschlag zu begehen. Als sein Opfer wählte er den Bühnenschriftsteller August von Kotzebue (1761—1819), von dem bekannt war, daß er für den Zaren Berichte über die deutschen Zustände schrieb und daß er sich über die Tätigkeit der deutschen Studenten lustig gemacht hatte. Am 23. März 1819 erdolchte Sand den Schriftsteller in Mannheim.

Diese sinnlose Tat gab Metternich Gelegenheit, alle Äußerungen der politischen Opposition zu unterdrücken. Dabei half ihm die Tatsache, daß viele Liberale, darunter sogar Professoren der Theologie, Sands Motive öffentlich priesen. Die Regierung in Berlin, vor allem der König, war erschreckt. Ludwig Jahn wurde verhaftet. Ernst Moritz Arndt, eben zum Professor an der neuen

Universität Bonn ernannt, wurde polizeilich verhört, und die Predigten Schleiermachers wurden offiziell bespitzelt. Im Spätsommer traf Metternich Friedrich Wilhelm III. in den nordböhmischen Bädern und überredete ihn zu einem Programm, das die Unterdrückung der Demagogen an den Universitäten, in der Presse und in den Landtagen innerhalb des ganzen Deutschen Bundes zum Ziele hatte. Minister aus Österreich, den fünf Königreichen und den drei Großherzogtümern wurden nach Karlsbad berufen, um eine Liste von Beschlüssen aufzustellen. Artikel 18 der Bundesakte, der „gleichmäßige Verfügungen über die Pressefreiheit" vorsah, wurde zynisch als Rechtsgrundlage zur Einführung der allgemeinen Zensur ausgelegt. Die Staaten willigten ein, jeden Lehrer zu entlassen, dessen Lehren den bestehenden politischen Institutionen schadeten. An jeder Universität sollte ein Staatskommissar ernannt werden, der die Vorlesungen der Professoren in gesunde Bahnen lenken sollte. Die Burschenschaften wurden verboten. In Mainz setzte der Bund eine Zentraluntersuchungskommission ein, aber es wurde kein Bundesgerichtshof geschaffen, da dies als eine zu große Verletzung der Souveränität der Mitgliedstaaten erschien. Über die endgültige Interpretation von Artikel 13, der den Charakter der landständischen Vertretung betraf, wurde keine Einigung erzielt.

Die Wiener Schlußakte

Nachdem die größeren Staaten sich geeinigt hatten, wurde die Zustimmung des Frankfurter Bundestages zu den Karlsbader Beschlüssen vom 20. September 1819 ohne weitere Umstände erzwungen. Als ein Verfassungsgesetz hätten diese Beschlüsse der Zustimmung des Plenums bedurft, aber sie wurden nur oberflächlich vom Engeren Rat diskutiert, ohne daß seinen Mitgliedern Zeit gegeben wurde, von ihren Regierungen Instruktionen einzuholen. Mit solchem Druck wurde erreicht, daß die Beschlüsse noch vor dem 1. Oktober Gesetz wurden. Im Winter 1819/20 wurden Ministerkonferenzen der 17 im Engeren Rat vertretenen Staaten in Wien abgehalten, die über die Auslegung und Erweiterung der Bundesakte von 1815 debattierten. Ihre Ergebnisse wurden in der Wiener Schlußakte vom 15. Mai 1820 zusammengefaßt, die das zweite Grundgesetz des Bundes wurde. Obgleich diese Schlußakte wiederum die Souveränität der Mitgliedstaaten betonte, legte sie doch noch genauer die allgemeinen Prinzipien fest, die für alle bindend sein sollten. Die wichtigste Frage, die Definition von „landständisch" in Artikel 13 der Bundesakte, wurde in Artikel 57 der Schlußakte geregelt. Indessen war es kein eindeutiger Sieg für die reaktionären Ziele von Metternichs Ratgeber Friedrich Gentz, der der Karlsbader Konferenz dringend nahegelegt hatte, sie solle erklären, daß nur Stände und keine Vertretung des ganzen Volkes mit dem monarchischen Prinzip vereinbar seien. Von vielen wurde die Meinung vertreten, der Staat könne nur einen Repräsentanten, nämlich den König oder Fürsten, haben und die Stände sollten unpolitischer Natur sein. Die Parlamente wurden Produkte des französischen revolutionären Denkens und deshalb „undeutsch" genannt, eine Parole, die man in Deutschland im 20. Jahrhundert immer wieder hören konnte. Diese Behauptung läßt sich jedoch historisch nicht rechtfertigen. Beinahe 500 Jahre lang war es in Deutschland eine politische Tradition gewesen, daß der Staat durch zwei Organe vertreten wurde, den Kaiser und die Reichsstände, die Fürsten und die Territorialstände. Der deutsche Absolutismus hatte Bodins Prinzip der ungeteilten, im Besitze des Königs befindlichen Souveränität vor allem unter dem Einfluß der französischen Monarchie übernommen. Was Gentz und andere konservative Romantiker als deutsch verteidigten, war im wesentlichen ein monarchischer Absolutismus; sie glaubten, daß dieser Absolutismus von den altmodischen Ständen weniger gefährdet würde als von Körperschaften, die die neuen in der Gesellschaft wirksamen Kräfte vertraten.

Die Karlsbader Beschlüsse wurden in ganz Deutschland rücksichtslos durchgeführt. Der Unterschied zwischen Österreich und dem übrigen Deutschland zeigte sich darin, daß die österreichische Polizei selbst mit den größten Anstrengungen nicht einmal eine Spur subversiver oder, wie es damals hieß, „demagogischer" Betätigungen finden konnte. Aber selbst in anderen Teilen Deutschlands waren die Ergebnisse der Verfolgungen recht mager. Nur zwei oder drei Professoren wurden Opfer unmittelbarer Polizeiaktionen. Eine Anzahl jüngerer Intellektueller wurde ins Ausland vertrieben. Unter ihnen befand sich Joseph Görres, der 1815 der aktivste Stimmführer nationaldeutscher Bestrebungen gewesen war und jetzt im französischen Straßburg Zuflucht suchte. Ein anderer Flüchtling dieser Zeit war Niebuhrs junger Schüler Franz Lieber, der später wichtige Beiträge zum politischen Denken Amerikas lieferte. Einer davon, die Abfassung eines Handbuchs, das die rechtlichen Formen und Methoden einer amerikanischen Militärregierung und Militärbesatzung zur Zeit des Bürgerkriegs in humaner Weise regelte, sollte Deutschland nach 1945 zugute kommen. Die Verfolgung der Studentenverbände zerstörte oder beeinträchtigte die Laufbahn vieler Studenten, und die Belästigung durch Polizei und Spitzel trieb die Professoren in eine unpolitische Haltung, wie sie den deutschen Akademikerstand schon in früheren Jahrhunderten gekennzeichnet hatte; sie verzichteten auf politische Betätigung und wagten nicht mehr, einen persönlichen Standpunkt einzunehmen. Die fruchtbare Auseinandersetzung zwischen dem Idealismus des Zeitalters von Kant und Goethe einerseits und den praktischen Interessen der Nation andererseits, die im Befreiungskrieg beträchtliche Fortschritte gemacht hatte, war damit plötzlich unterbrochen.

Es kostete die Regierung keine besonderen Anstrengungen, das unabhängige Denken in Deutschland zum Schweigen zu bringen. In Frankreich, wo man in dem halben Jahrhundert nach 1815 vor der deutschen Philosophie und Gelehrsamkeit hohe Achtung empfand, herrschte große Verwunderung darüber, wie widerstandslos das geistige Deutschland selbst die Verletzung seines Rechtes auf freie Meinungsäußerung hinnahm. Die Burschenschaften lösten sich auf, und die Professoren zogen sich in die Stille ihrer Studierstuben zurück. Die geheimen Studentenorganisationen, die sich langsam entwickelten, blieben schwach. Selbstverständlich waren sie in ihren Zielen politischer, als es die Bewegung zwischen 1815 und 1819 gewesen war, aber ein Radikalismus, der sich mit den Ideen Follens hätte vergleichen lassen, fehlte völlig, und die anerkannten Verbindungen an den Universitäten unterschieden sich immer weniger von den alten Studentenkorps. Die Zustände in Deutschland waren für eine aktive politische Opposition nicht günstig. Die meisten Bürger waren mit ihrem engeren Lebensbereich beschäftigt. Wie früher erwarteten sie von der Regierung die Lösung der wichtigen wirtschaftlichen Probleme. Der Geist des Gehorsams wurde in Deutschland leicht wiederhergestellt. Im Jahrzehnt nach 1819/20 konnte ein Verlangen nach Freiheit nur indirekt ausgedrückt werden, wie etwa in den Sympathiekundgebungen für die nationale Wiedergeburt Griechenlands.

Süddeutsche Verfassungen

Trotzdem vermochten die Karlsbader Beschlüsse nicht alle demokratischen Einrichtungen rückgängig zu machen, die seit 1815 eingeführt worden waren. In den süddeutschen Staaten, die nach 1803 so viele heterogene Territorien und neue Untertanen erworben hatten, veranlaßte der Fall ihres Protektors Napoleon und das darauffolgende Auftreten sowohl restaurativer als auch nationaler Tendenzen die Regierungen, sich nach Mitteln umzusehen, um ihre Eigenständigkeit zu sichern. Sie fanden diese in der Schaffung von Verfassungen. Das Herzogtum Nassau, das aus vielen kleinen Territorien im Rhein- und Lahntal zusammengesetzt war, bekam schon im September 1814 eine Verfassung. Die Einführung von Verfassungen in Bayern, Württemberg und Baden seit 1815 war von bleibender historischer Bedeutung. Im großen und ganzen folgten alle diese Verfassungen dem Beispiel der französischen Charte von 1814, wenn auch mit nicht ganz unwichtigen Abweichungen. Die deutschen Verfassungen übernahmen von der Charte das Prinzip, das die Volkssouveränität leugnete und alle Rechte als freie Geschenke des Königs betrachtete, sowie das Zweikammersystem. Aber während die zweite Kammer in Frankreich von Bürgern regionaler Bezirke gewählt wurde und deshalb trotz des hohen Zensus eine moderne egalitäre Gesellschaft repräsentierte, wurde in Deutschland die zweite Kammer ständisch gewählt. Hierin zeigt sich der konservativere Charakter der deutschen Politik, der nicht nur von den absolutistischen Wünschen des Monarchen herrührte, sondern auch in der Natur der antiabsolutistischen Kräfte seine Ursache hatte. Zudem war es ein Hauptziel der süddeutschen Verfassungen, den ehemaligen Reichsgrafen und Reichsrittern einen Platz in der neuen Ordnung einzuräumen, wozu die Schaffung von ersten Kammern Gelegenheit bot.

Von den drei süddeutschen Verfassungen war die bayerische Verfassung von 1818 die konservativste. Hier in Bayern gelang es schließlich Kronprinz Ludwig zusammen mit einer Gruppe von Edelleuten, das Regime von Graf Maximilian Montgelas zu stürzen. Aber das Verwaltungssystem dieses Begründers des modernen bayerischen Staates wurde im wesentlichen aufrechterhalten. Drei Monate nach der bayerischen wurde die badische Verfassung erlassen. Das Werk des Liberalen Karl Nebenius war die einzige Verfassung, die wie die französische Charte vorsah, daß die zweite Kammer aus Vertretern der Bezirke und nicht aus korporativen Verbänden zusammengesetzt war. So wurde das badische Parlament die erste moderne Volksvertretung in Deutschland, wie Baden überhaupt das Musterland des deutschen Liberalismus wurde. In seinem südlichen Teil, dem ehemals österreichischen Breisgau, waren die Gedanken der Aufklärung noch aus der Regierungszeit Josephs II. lebendig; die Markgrafschaft hatte unter Karl Friedrich ähnliche Einflüsse in sich aufgenommen. Natürlich verfolgte Baden auch die Ereignisse auf der anderen Seite des Rheins mit großer Aufmerksamkeit.

In Württemberg begleitete ein stürmischer Kampf die Einführung einer Verfassung, die im Endergebnis zwischen der bayerischen und der badischen Verfassung steht. Württemberg hatte das letzte Jahrhundert hindurch seine ständestaatliche Struktur behalten. Die Besonderheit seiner Stände lag in dem weitgehenden Fehlen des Adels, der im alten Schwaben ein Reichsadel gewesen war. Der Charakter der württembergischen Stände wurde von den lutherischen Geistlichen und Bürgern bestimmt. Trotz aller Tyrannei der Landesfürsten hatten die Stände irgendwie fortgelebt, bis sich Friedrich 1805 zum König zu machen und die Stände abzuschaffen vermochte. Aber dieser Autokrat war sich darüber klar, daß die neue Situation Konzessionen an das konstitutionelle Prinzip verlangte. Er versuchte 1815, eine Verfassung einzuführen, die in den alten wie auch in den neuen Teilen des Staates Gültigkeit haben sollte. Aber die Empörung gegen das despotische Regime Friedrichs war im ganzen Königreich zu groß. Der Landtag, der aus den Bürgern des alten Herzogtums, aus Vertretern der kürzlich erworbenen Reichsstädte, des Reichsadels und der geistlichen Fürstentümer bestand, bestritt das Recht des Königs, von sich aus eine Verfassung zu geben. Sie verlangten die Wiederherstellung des „alten, guten Rechts“, unter dem eine Verfassung nur das Resultat der Verhandlung und der Vereinbarung zwischen dem Fürsten und den Ständen sein konnte. Es war eigenartig, wie hier in Württemberg die Definitionen von alt und neu durcheinandergingen. Ursprünglich hatten sich die Adeligen den Bürgern in ihrer Opposition gegen einen Fürsten angeschlossen, der sie nicht nur mit einem autoritären Regime, sondern auch mit einem zentralisierten Einheitsstaat unter

Vernachlässigung der alten Stände bedrohte. Selbst nach dem Tode Friedrichs im Jahre 1816 wurde der Kampf erbittert weitergeführt. Friedrichs fähiger und ehrgeiziger Sohn, Wilhelm I. (1816—1864), machte weitere Angebote, die verächtlich zurückgewiesen wurden. Schließlich wurde 1819 ein Kompromiß geschlossen. Die Karlsbader Konferenz, mit ihrer Bedrohung der souveränen Bundesstaaten wie auch der liberalen Rechte, brachte König und Stände zusammen. Die Verfassung nahm die Form eines Vertrags zwischen dem König und den Ständen an, und eine Anzahl besonderer Institutionen und Bräuche der alten Tage wurde wieder ins Leben gerufen. Praktisch war jedoch die Württemberger Verfassung vom 25. September 1819 der badischen und bayerischen ähnlich und zeitigte dieselben Ergebnisse.

In Süddeutschland schufen die Verfassungen Einrichtungen, innerhalb deren eine Volksbewegung operieren konnte oder wenigstens hoffen konnte, sich zur Geltung zu bringen. Diese Tatsache allein machte es möglich, daß die neuen Staaten in überraschend kurzer Zeit eine eigenständige Staatsgesinnung entwickelten. Aber für die Verwirklichung liberaler Ziele blieben diese Verfassungen mehr ein Gerüst für die Zukunft als ein Werkzeug zur sofortigen Verwendung.

Metternichs Eingreifen durch die Karlsbader Beschlüsse machte die süddeutschen Parlamente wirkungslos. Friedrich Gentz drängte auf die völlige Abschaffung der Verfassungen, und Metternich sympathisierte zweifellos mit ihm, was deren revolutionären Charakter betraf. Nach den Absichten der Karlsbader Beschlüsse und der Wiener Schlußakte war vor allem die badische Verfassung unzulässig. Aber Metternich zog Stabilität dogmatischer Einförmigkeit vor. Es schien ihm nicht weise, die Mittelstaaten zu voller und offener Unterwürfigkeit zu zwingen. Dies hätte die Souveränität der Mitglieder des Deutschen Bundes kompromittiert und die monarchische Regierung in ein schlechtes Licht gestellt. Der österreichische Kanzler begnügte sich damit, die Entwicklung liberaler Institutionen, die die Verfassungen hätten erlauben können, zu lähmen. In diesem Bemühen fand er bereitwillige Unterstützung bei den süddeutschen Regierungen selbst.

Überall waren die ersten Zusammenkünfte der Landtage lebhaft oder sogar stürmisch verlaufen. Die Forderungen der Abgeordneten gingen weit und wurden mit Energie und oft genug mit doktrinärer Hartnäckigkeit vertreten. Im allgemeinen zielten sie darauf ab, daß die von den Verfassungen versprochenen Rechte von den gegenwärtigen Staatsverwaltungen rasch verwirklicht und die Aufgaben, zu denen der Bund verpflichtet war, erfüllt würden. Die Regierungen nahmen die Initiative der Parlamente übel auf. Sie wollten nicht mit Anträgen belästigt werden, sondern beabsichtigten, die Befugnis der Landtage auf die Annahme des Etats und der von der Regierung ausgehenden Gesetzgebung zu beschränken, während sie selbst ein Höchstmaß an absoluter Gewalt behalten wollten. Die neuen Waffen, die die Karlsbader Beschlüsse ihnen zur Verfügung stellten, wurden mit Eifer dazu benützt, den politischen Einfluß der Landtage und ihrer Mitglieder zu ersticken. Die völlige Kontrolle von Presse und Vereinen ermöglichte es ihnen, dem Parlament alle Publizität zu versagen, jegliche Parteiorganisation zu verhindern und die Wahlen zu beeinflussen. So hörte infolge der Karlsbader Beschlüsse das unabhängige politische Leben auf, in den Verfassungsorganen Süddeutschlands zu pulsieren. Aber immerhin wurden die Verfassungen nicht abgeschafft und konnten nach 1830 der wiederauflebenden politischen Agitation als Schutz dienen.

Sechstes Kapitel

SCHULEN UND KIRCHEN ZU BEGINN DES 19. JAHRHUNDERTS

Es sah so aus, als ob sich nach 1820 die geistige und religiöse Bewegung wieder in das private Heim, in die Schulen und in die Kirchen zurückzöge, nachdem sie zwischen 1789 und 1815 näher an die Politik herangerückt war. Aber tatsächlich fanden bei oberflächlicher Ruhe große Wandlungen statt, die den Menschen in neue Richtungen wiesen und ein neues Kräftegleichgewicht im öffentlichen Leben schufen. Eine der wichtigsten Veränderungen war die Errichtung eines allgemeinen Schulsystems durch die deutschen Staaten. Andere waren die teilweise Wiederbelebung der deutschen protestantischen Kirchen und der Wiederaufbau der römisch-katholischen Kirche. Diese Ereignisse haben bis in unsere Tage hinein einen bestimmenden Einfluß auf das deutsche Leben ausgeübt.

Erziehung

Der aufgeklärte Absolutismus hatte großes Interesse für Erziehungsformen. Er brauchte fähige Staatsbeamte und Leute, die für die merkantilistischen Unternehmungen der Regierungen geeignet waren. Dem Klassencharakter der Gesellschaft entsprechend, wurden die Abkömmlinge des Adels in Ritterakademien und Kadettenanstalten von den Bürgersöhnen getrennt gehalten. Wenn die jungen Adeligen, gewöhnlich in Begleitung eines Privatlehrers, die Universität besuchten, saßen sie auf besonderen Bänken und wurden von den regulären Prüfungen enthoben. Neben den herkömmlichen Lateinschulen, die von Bürgersöhnen besucht wurden, die sich auf das Universitätsstudium vorbereiteten, waren im Zeitalter des Absolutismus besondere Schulen für diejenigen gegründet worden, die sich praktischen Berufen widmen wollten. Diese Schulen legten den Nachdruck auf die Realia des Lebens. Sie waren als Bürger- oder Realschulen bekannt, im Gegensatz zu den humanistischen Schulen oder Gymnasien. Die Verhältnisse in Deutschland waren außerordentlich vielfältig, aber unter dem Einfluß der Aufklärung zielte das Erziehungswesen auf eine engere Anpassung der Schulen an das praktische Leben und auf den Unterricht durch nichtkirchliche Autoritäten. In Frankreich führte nach der Französischen Revolution eine ähnliche Entwicklung zu dem Erziehungsmonopol der nationalen Regierung und zu einem Schulsystem, das den praktischen beruflichen Bedürfnissen zu genügen suchte. Auch die deutschen Staaten übernahmen nach 1815 die Leitung aller

Erziehungstätigkeit, aber die Fortentwicklung der Realschulen wurde lange Zeit durch das Auftreten des Neuhumanismus verhindert.

Schon vor den Humanitätsbestrebungen der Aufklärung hatten die Pietisten der Volkserziehung zunehmende Aufmerksamkeit geschenkt. Friedrich Wilhelm von Preußen hatte 1717 ein Edikt erlassen, das die Eltern anwies, ihre Kinder in die Schule zu schicken. Aber es gab nicht überall Schulen, am allerwenigsten auf dem Lande, und die Lehrer, oft einfache Handwerker oder kriegsbeschädigte Veteranen, waren eine traurige Gesellschaft. Erst in den letzten Jahren des Jahrhunderts wurden Fortschritte gemacht. Die Lehre Rousseaus bereitete den Boden für neue Erziehungsmethoden, aber noch einflußreicher war das Vorbild J. H. Pestalozzis (1746—1827) in Ifferten in der Schweiz. Christlich-humanitäre Antriebe hatten den Schweizer Reformer veranlaßt, sein Leben und sein Vermögen der Erziehung armer Kinder zu widmen. Er wollte beweisen, daß Erziehung nicht das autoritäre Einprägen von Kenntnissen, sondern die Kultivierung der eingeborenen Fähigkeiten jedes einzelnen sei. Der Erzieher sollte bei dem Wachstum des Kindes nur vorsichtig behilflich sein, indem er schädliche gesellschaftliche Einflüsse aus dem Wege räumt und die natürlichen Eigenschaften von „Kopf, Hand und Herz" stärkt. Dabei vergaß Pestalozzi weder die Rolle der Familie in der Erziehung noch die besonderen Gaben des einzelnen Schülers, aber er glaubte, daß die Menschen eine gemeinsame Naturanlage besäßen, die ein weiser Erzieher durch die Entwicklung der Gesamtheit der angeborenen Eigenschaften zu festigen vermag. Danach war die Erziehung im wesentlichen ein Training oder eine „Gymnastik" der keimenden Persönlichkeit, nicht eine mechanische Vermittlung von Information oder eine einseitige Ausbildung besonderer technischer Fähigkeiten. Die Allgemeinbildung muß allem spezialisierten Unterricht vorangehen.

Der Glaube, daß der einzelne sich aus einem Naturzustand über ein gesellschaftliches Stadium zu wahrer Sittlichkeit zu erheben vermag, besaß große Anziehungskraft für die Vertreter des deutschen Idealismus und Neuhumanismus, die sich entschieden gegen die vom Mittelalter überlieferten pädagogischen Methoden auflehnten. In den letzten Jahren des 18. Jahrhunderts trugen Goethe, Schiller, Herder und Jean Paul Gedanken über Erziehung vor, die den Weg für Pestalozzi in Deutschland ebneten. Fichte war der erste deutsche Philosoph, der in seinen „Reden an die deutsche Nation" in den Jahren 1807/08 Pestalozzi auf ein Postament erhob. Die Wiedergeburt des Vaterlandes — so argumentierte Fichte — kann nur das Ergebnis einer Fülle moralischer Persönlichkeiten sein, wie sie die Pädagogik Pestalozzis heranzubilden vermag. Aber während Pestalozzis Arbeit aus einem altruistischen Gefühl für die Armen und Unterdrückten entstanden war, wollte Fichte eine Nation schaffen, die die höchsten Ideale der Menschheit vertrat. In echt autoritärer Weise zögerte er nicht, den Staat zur alleinigen Autorität einer nationalen Erziehung zu machen. Wenn der Staat den

Kriegsdienst erzwingen kann, sagte Fichte, kann er ebensogut den Schulbesuch erzwingen. Er schlug die Gründung von Internaten vor, die als sich selbst erhaltende sozialistische Gemeinschaften geführt werden und die Brutstätten der neuen nationalen Philosophie werden sollten. Sie sollten unter der ausschließlichen Leitung des Staates stehen, obgleich Fichte zugab, daß der Familie wieder eine größere Rolle in der Erziehung zugestanden werden könne, sobald eine Generation die von ihm geplanten Schulen absolviert habe. Fichte übersah nicht die Gefahr, daß die Regierungen um niedriger politischer statt um hoher philosophischer Ziele willen handeln könnten. Er tröstete sich mit der Überlegung, daß das Bestehen vieler deutscher Staaten die nötigen Korrektive bringen würde.

Fichtes nationales Erziehungsprogramm wurde von den deutschen Regierungen nicht aufgenommen, aber der Gedanke, daß der Staat nicht nur Prestige, sondern auch moralische Kraft gewinnen müsse, wenn er sich mit dem kulturellen Leben der Nation verbündete, fand allgemeine Zustimmung. Überraschenderweise war es der preußische Staat, der sich noch vor kurzem nicht eben durch kulturelle Bemühungen ausgezeichnet hatte, in dem Fichtes Gedanken zuerst systematisch formuliert und in die Wirklichkeit umgesetzt wurden. Eine der letzten Handlungen Steins, ehe er 1808 Preußen verließ, war seine Empfehlung, Wilhelm von Humboldt an die Spitze der Sektion für Kultus und Unterricht zu stellen. Dieser brandenburgische Junker hatte als ein enger Freund Schillers und Goethes in Jena und danach in Rom gelebt, wo er die Sinekure eines preußischen Gesandten bekleidete. Die freie Entwicklung seiner eigenen Persönlichkeit war das oberste Ziel und die Freude seines Lebens gewesen. Wie Stein hatte er die lähmende Wirkung des Absolutismus auf die Entfaltung der Persönlichkeit als widerwärtig empfunden. Jetzt machten die Umstände ihn zum Führer der Bewegung, die den Wirkungskreis des Staates auf neue Lebensbezirke erweiterte. Von März 1809 bis Juni 1810 leitete er die Erziehungspolitik Preußens und schuf in dieser kurzen Zeitspanne die institutionellen Formen des preußischen und deutschen Erziehungswesens, die bis 1933 fortbestehen sollten.

Humboldt machte den Staat zur alleinigen Autorität für das gesamte Bildungswesen, das gleichzeitig auf alle Bevölkerungsklassen ausgedehnt wurde. Aber in bewußtem Gegensatz zur Aufklärung, wo mehr an praktische Fachschulen gedacht war, befürwortete Humboldt auf allen Stufen Schulen der Allgemeinbildung. Dreierlei Schulen wurden eingeführt, eine allgemeine Volksschule, eine höhere Schule, die zum Studium vorbereitete, und die Hochschule. Humboldt wollte Schulen für bestimmte Klassen ausschließen und solche, die auf spezielle Berufe vorbereiteten, nur als zusätzliche Einrichtungen dulden. Dieses Ziel wurde nicht ganz erreicht. Obgleich Scharnhorst mit Humboldts Ansichten übereinstimmte, gelang es keinem der beiden Männer, die Abschaffung der Kadettenanstalten zu erwirken. Im übrigen setzte sich das Prinzip durch, daß jedem Kind eine „allgemeine" Bildung zuteil werden solle, während die

Aneignung besonderer beruflicher Fertigkeiten zusätzlichen Schulen, wenn nicht dem praktischen Leben selber überlassen blieb. Für die Volksschule bedeutete dies die Übernahme der Pestalozzischen Methode, und es wurden „Normalschulen" geschaffen, die der Lehrerausbildung als Modell dienten. Lesen, Rechnen und Schreiben, Singen und Turnen bildeten die Hauptfächer zusammen mit dem Religionsunterricht, der die Grundlage zur Charakterentwicklung legen sollte. Es dauerte viele Jahre, bis die Volksschule überall eingeführt worden war, vor allem in den ländlichen Gegenden, aber im frühen und mittleren 19. Jahrhundert war Deutschland in der Errichtung solcher öffentlichen Schulen anderen Staaten noch weit voran.

Das Gymnasium

Nach den Elementarschulen gab es noch weiterhin Realschulen, die aber in den nächsten 50 Jahren nicht wesentlich vermehrt wurden. Die wahre Liebe der Reformer galt dem Gymnasium. Obgleich auch seine Erziehungsmethoden auf der Philosophie Rousseaus und Pestalozzis basierten, war das Gymnasium doch gleichzeitig vom Geist des deutschen Neuhumanismus erfüllt, wie ihn Humboldt und sein engster Mitarbeiter, J. W. Süvern (1775—1829), ein Schüler F. A. Wolfs, vertraten. Aus den alten Lateinschulen, die sich seit Melanchthon wenig geändert hatten, machten diese Männer Schulen, die alle Anlagen ihrer Schüler in einem zehnjährigen Studienkurs mit den Hauptfächern Latein, Griechisch, Mathematik und Deutsch zur Entfaltung bringen sollten. Sie glaubten, daß diese Unterrichtsfächer am besten für die Entwicklung der grundlegenden Fähigkeiten geeignet seien, wobei jedoch das Studienprogramm von einer Anzahl von allgemeinbildenden Nebenfächern abgerundet wurde. Ein neuer Typus von Gymnasiallehrern ging aus den Universitäten hervor. Während die Lehrer der alten Lateinschulen in der Regel Theologen, und zwar gewöhnlich zweitrangige Theologen, gewesen waren, studierten die Gymnasiallehrer an den philosophischen Fakultäten und mußten ein Staatsexamen bestehen. Die Gymnasien ihrerseits entschieden durch ihre Schlußexamina über die Zulassung zu den Universitäten.

So wurden Elementar- und Mittelschulen streng voneinander getrennt. Da der Lehrgang des Gymnasiums als ein geschlossener Zehnjahreskurs geplant war, mußte der Übergang von der Grundschule zur höheren Schule nach drei oder vier Jahren Grundschule stattfinden, und wer nicht im Alter von neun oder zehn Jahren in das Gymnasium eintrat, fand sich für immer von allen Möglichkeiten einer höheren Bildung abgeschnitten. Auch war er automatisch von der Universität ausgeschlossen, da die Zulassung zur Universität nur über das Gymnasium führte. Nun ist es aber zwangsläufig schwierig, in so frühem Alter Voraussagen hinsichtlich der späteren geistigen Fähigkeiten zu machen. Zudem mögen es die sozialen Umstände einer Familie unmöglich machen, selbst für das zweifellos hochbegabte Kind eine höhere Bildung anzustreben. In der Regel war es überhaupt nicht die Rücksicht auf die Fähigkeiten eines Kindes, sondern der gesellschaftliche Ehrgeiz seiner Eltern, der den Ausschlag bei der Schulwahl gab. Eine weitere Schwäche des Gymnasiums war sein fast vollständiges Monopol auf die höhere Bildung. So kam es, daß seine ersten sechs Klassen mit Knaben überfüllt waren, die einen kaufmännischen und praktischen Beruf zu ergreifen gedachten oder darauf aus waren, ein Jahr statt drei Jahre im Heer zu dienen. Sie zogen nicht den vollen Gewinn aus dem humanistischen Lehrplan, der im Studium der großen klassischen Autoren lag; diese Lektüre fand vor allem in den letzten Jahren statt, während die früheren Klassen den Nachdruck auf das Erlernen der Sprachen legen mußten. Viele junge Leute verließen das Gymnasium nach sechs Jahren, ohne je mit der humanistischen Bildungswelt in Berührung gekommen zu sein und ohne andererseits die für ihre spätere Karriere am besten geeignete persönliche und technische Vorbereitung bekommen zu haben. Ein beträchtlicher Teil der Gesellschaft, nämlich gerade der, der mit dem Entstehen einer Industriegesellschaft zunehmend wichtiger wurde, blieb unzureichend gebildet und war daher leicht empfänglich für Weltanschauungen des bloßen Erfolges oder des Materialismus und Naturalismus. Im späteren Jahrhundert, besonders nach 1890, nahm die Zahl der Realschulen zu, aber sie konnten sich im System der deutschen Mittelschulen nicht als ebenbürtige Partner der Gymnasien durchsetzen.

Aber wenn wir von diesen indirekten sozialen und letzten Endes auch kulturellen Ergebnissen der Einrichtung des Gymnasiums als des normalen Typus der höheren Schule absehen, so steht außer Zweifel, daß das Gymnasium die neue deutsche Kultur, wie sie sich in den 50 Jahren vor 1815 gestaltet hatte, zum gemeinsamen Besitz einer großen Klasse von Deutschen machte. Natürlich ging viel von ihrer Tiefe verloren, sobald diese Kultur auf einer allgemeinen Grundlage verbreitet wurde, und es wäre unrealistisch anzunehmen, daß sich die Lehrer über die durchschnittlichen geistigen Strömungen des Zeitalters hätten erheben können. Bald spiegelten sie die veränderte Haltung zu den Klassikern wider, die die auf F. A. Wolf und Wilhelm von Humboldt folgende Generation vertrat. Seit den Tagen Winckelmanns hatte der deutsche Neuhumanismus in den Griechen das absolute Vorbild der Humanität gesehen: Wenn wir die griechische Kunst, den griechischen Geist und das griechische Wesen begreifen, betreten wir eine geistige Welt, die unsere Persönlichkeit nach den höchsten Idealen formen wird. Nach Humboldts Auffassung sollte das Gymnasium das Erlebnis dieses „klassischen“ Charakters der Antike vermitteln. Dazu bedurfte es keiner enzyklopädischen Kenntnis der Antike, sondern des Studiums der höchsten Ausdrucksformen Griechenlands.

Mit August Boeckh (1785–1867), dem ersten Professor der klassischen Philologie an der Universität Berlin, schlug das Studium der klassischen Antike eine mehr historische als ästhetische und ethische Richtung ein. Die Griechen lebten von „Gerste und Wein“ und nicht etwa von „Poesie und Philosophie“, sagte Boeckh, und er machte sich daran, die ganze Wirklichkeit des griechischen Lebens zu rekonstruieren. Diese Altertumswissenschaft führte bald zu einer gewaltigen Anhäufung historischer Informationen und zu einer Spezialisierung unter den Gelehrten, die in die Gymnasien eine Art von Gelehrsamkeit hineinbrachten, die die Aufmerksamkeit von dem ursprünglich erzieherischen Zweck dieser Schule ablenken mußte. Wie vorher die Lateinschule, wurde das Gymnasium wieder mehr eine Vorschule für künftige Gelehrte. Die Persönlichkeitsbildung darüber hinaus wurde noch durch den Konflikt der Ideale gehemmt, die der Lehrplan enthielt. Für den deutschen Neuhumanismus war die christliche Religion den griechischen Idealen untergeordnet. In Goethe und Humboldt hatte diese Haltung eine stark heidnische Note. Die Religion nahm in den deutschen Gymnasien eindeutig einen geringeren Platz ein, vor allem in den protestantischen Schulen, mußte aber trotzdem mit den humanistischen Werten konkurrieren. Daneben gab es die deutsche Vergangenheit, auf die die Romantiker den Blick öffneten. Einerlei, ob diese Vergangenheit als die schöne Synthese christlicher und germanischer Elemente ausgelegt oder einseitig entweder als die Verwirklichung des christlichen Geistes oder als der Ausdruck des Germanentums in der Weltgeschichte verstanden wurde, sie war doch mit der deutschen Wirklichkeit in unmittelbarerer und konkreterer Weise verknüpft als die ätherische Sicht von Hellas.

Kein Schulprogramm hätte vermocht, den Konflikt christlicher, klassischer und nationaler Ideale, der das deutsche Kulturleben charakterisierte, zu schlichten, aber Humboldts philosophischer und ästhetischer Humanismus vernachlässigte Kräfte und Probleme, die sich früher oder später durchsetzen mußten. Bald wurden Angriffe gegen das humanistische Gymnasium gerichtet. Die Humanisten klagten, daß das Gymnasium zu einer Vorschule für Berufsgelehrte entartet sei, die Eltern beschuldigten es, daß es die Schüler überlaste, Sozialreformer erhoben Einspruch, weil es dazu beitrage, die Gesellschaft zu spalten, christliche Führer tadelten es wegen seiner Religionsferne, während die Nationalisten bedauerten, daß die deutsche nationale Tradition vernachlässigt würde. Keine einzige Kulturbewegung gewann im Laufe des Jahrhunderts eine Stellung, von der aus sie eine Synthese der ideellen Strömungen hätte schaffen können. Während sich auf diese Weise die grundsätzliche Organisation der deutschen Schulen nie veränderte, wurden im Lehrplan viele Konzessionen gemacht, die die eigentlichen Bildungsziele nur noch mehr verwischten.

Als Humboldt dem Staat das alleinige Aufsichtsrecht über die Schulen einräumte, beabsichtigte er damit nicht, sie zu Anstalten der politischen Indoktrination zu machen. Ganz im Gegenteil sollten die Schulen als Brücken zum freien Reich absoluter Ideen dienen. Humboldt glaubte, daß der Staat die

Pflicht habe, die Türen zur universalen Kultur zu öffnen, und daß diese höchste Verpflichtung nicht richtig erfüllt werde, wenn der Staat in die freie Bildung und den freien Fluß der Ideen eingreifen würde. In dieser Hinsicht war Humboldts Liberalismus radikal und echt. Er beruhte auf dem Glauben, den Goethe in die Worte gefaßt hat: „Höchstes Glück der Erdenkinder ist nur die Persönlichkeit." Aber Humboldt nahm an, daß die wirklich gebildete Persönlichkeit ganz selbstverständlich auch ein idealer Bürger sein würde. Dies bedeutet nicht, daß er ein blinder Anhänger der bestehenden politischen Ordnung war. Humboldt selber wurde später der hervorragendste Verfechter der Verfassungsrefom in Preußen. Trotzdem hatte die Schule mehr mit der Bemühung um philosophische Weisheit, individuelle sittliche Vervollkommnung und künstlerischen Geschmack als mit der Entwicklung politischer Gedanken zu tun. Im Gegensatz zum modernen englischen Humanismus blieben die Möglichkeiten, die in den Klassikern zur Förderung politischer Überzeugungen beschlossen liegen, in den deutschen Schulen ungenutzt. Statt einen Beitrag zur politischen Meinungsbildung zu leisten, spiegelten die Gymnasien lediglich das vorherrschende politische Fühlen der Gesellschaft wider, vor allem derjenigen Gesellschaftsgruppen, deren Söhne diese Schulen bevölkerten. Der ästhetische hellenische Humanismus vermittelte seinen Schülern keine große Fähigkeit zur öffentlichen Betätigung, wie es z. B. der lateinische Humanismus Frankreichs tat, der viel mehr von der rhetorischen Tradition des älteren europäischen Humanismus bewahrt hat.

Neuordnung der Universitäten

Humboldts Erziehungsreformen gipfelten in der Neuordnung der Universitäten. Die Stagnation der Universitäten im 17. und 18. Jahrhundert war nicht auf Deutschland beschränkt gewesen. Die führenden Geister entfernten sich von den Universitäten und versuchten, in den Akademien neue Mittelpunkte zur Förderung von Forschung und Gelehrsamkeit zu schaffen. Leibniz war in Deutschland der Führer dieser Bewegung gewesen. Aber gleichzeitig wurden Versuche gemacht, die Lage der deutschen Universitäten zu verbessern. Die Gründung der Universität in Halle im Jahre 1694 war der erste Schritt gewesen, der über die mittelalterliche Form des akademischen Unterrichts hinausführte. Unter der Regierung Friedrich Wilhelms I. wurde jedoch die Entwicklung dieser preußischen Universität aufgehalten, und sein Nachfolger, Friedrich II., kümmerte sich wenig um Halle und war hauptsächlich an der Berliner Akademie interessiert. Die erste akademische Institution, die nicht nur mit dem Lateinunterricht, sondern auch mit der Beaufsichtigung der Universitäten durch Theologen brach, wurde im Jahre 1734 in Göttingen gegründet. Hier in Hannover wurde den Professoren für ihre Veröffentlichungen und Vorlesungen Freiheit von der Zensur eingeräumt. Am liebsten wurden die Dozenten aus den Kreisen ausgesucht, die sich in den von ihnen ausgeübten Berufen einen Namen gemacht hatten, und sie wurden ermutigt, in ihrer öffentlichen Tätigkeit fortzufahren. Die freie und verfeinerte geistige Atmosphäre Göttingens kam vor allem dem Studium von Recht und Politik zugute, und selbst junge Adelige wurden von der Universität angezogen. Stein, Hardenberg, Humboldt und viele andere bedeutende Männer studierten in Göttingen.

In Jena wurde um die Jahrhundertwende, als Schiller, Fichte, Schelling und Hegel an der Universität von Sachsen-Weimar lehrten, die neue „akademische Freiheit" Göttingens auf das Gebiet des spekulativen Denkens übertragen. Das neue Universitätsideal wurde von Schelling 1803 in philosophischer Form dargelegt. Wissenschaft wird als die Universitas, als eine organische Totalität des Wissens, aufgefaßt. Spezialisierte Studien müssen im Lichte einer einzigen, allumfassenden Wahrheit betrieben werden. Sie sind nur insoweit sinnvoll, als sie die höchste Wahrheit in einer besonderen Anwendung widerspiegeln. Der Wert allen Wissens läßt sich nicht mit Rücksicht auf seinen praktischen Nutzen bestimmen, sondern nur unter dem Gesichtspunkt, wie weit es an der Totalität der Wissenschaft teilhat, der man sich von allen Seiten nur mit kritischen Methoden nähern kann und muß. Das Suchen nach der Wahrheit ist der angemessene Gegenstand allen und jeden akademischen Unterrichts. Die Vermittlung von Tatsachenkenntnis kann Büchern überlassen bleiben. Der Professor hat die Aufgabe, seine Studenten in den schöpferischen Prozeß des Suchens nach der Wahrheit einzuführen und in ihnen den geistigen Sinn und den sittlichen Enthusiasmus für wissenschaftliche Forschung zu erwecken. Nur der produktive Gelehrte kann ein idealer akademischer Lehrer sein. Forschung und Lehre gehören zusammen.

Diese Auffassung von der Universität sollte die Einheit des Wissens, die die mittelalterlichen Scholastiker vorausgesetzt hatten, wiederherstellen. An der Autonomie der menschlichen Vernunft wurde jedoch wie in der Aufklärung im vollen Maße festgehalten, nur daß der deutsche Idealismus, im Gegensatz zu dem gleichförmigen Rationalismus und Pragmatismus der Aufklärung, die Spontaneität des menschlichen Geistes verfocht. Diese neue Philosophie fand in der Reform der deutschen Universitäten seit 1803 einen institutionellen Ausdruck. Die Säkularisierung der geistlichen Fürstentümer bedeutete die Abschaffung fast aller ihrer Universitäten, und die nachfolgenden politischen Unruhen brachten das Ende anderer Universitäten mit sich. Heidelberg und Würzburg wurden erfolgreich neu gegründet; aber seine höchste Verwirklichung fand der neue philosophische Idealismus in der Gründung der Universität Berlin, der bedeutendsten persönlichen Leistung Wilhelm von Humboldts, der von Schleiermacher unterstützt wurde.

Der Verlust Halles durch den Tilsiter Frieden ließ Preußen nur die kleinen Provinzuniversitäten Frankfurt an der Oder und Königsberg. Nach einigem

Zögern beschloß Humboldt, eine Universität in die preußische Hauptstadt zu legen, um damit die Absicht Preußens zu bekunden, die deutsche Kunst und Wissenschaft zu fördern. Er verlegte nicht einfach die alte Universität Halle nach Berlin, sondern schuf eine den neuen Prinzipien entsprechende neue Universität. Sie wurde im Herbst 1810 eröffnet. Sie übernahm die Institute der Berliner Akademie der Wissenschaften und einige der medizinischen Einrichtungen der preußischen Hauptstadt. Die Hoffnung, daß die Universität viele Studenten aus ganz Deutschland anziehen würde, verwirklichte sich erst nach dem Frieden von 1815. In dieser Zeit fand die Reorganisation der preußischen Universitäten ihren Abschluß durch die Wiedereröffnung der Universität Halle, der Wittenberg angeschlossen wurde, durch die Verlegung der Universität Frankfurt nach Breslau und durch die Gründung der Universität Bonn im preußischen Rheinland. Die anderen deutschen Universitäten übernahmen bald den neuen akademischen Stil von Heidelberg, Würzburg und den preußischen Universitäten. Besonders wichtig war die Verlegung der alten bayerischen Universität Ingolstadt-Landshut nach München im Jahre 1826.

Die deutschen Universitäten waren Schulen, die ausschließlich der Entwicklung des Verstandes dienten. Humboldt glaubte, daß das Erlebnis schöpferischer wissenschaftlicher Forschung, vermittelt von hervorragenden Gelehrten, den Studenten nicht nur Kenntnisse geben, sondern ihnen auch die Kraft zur persönlichen Selbsterziehung verleihen würde. Der Professor hatte die Freiheit, seinen Stoff auszuwählen, wie es ihm am besten schien, und die Studenten ihrerseits konnten sich ihre Universität, ihre Professoren und ihre Vorlesungen aussuchen. Da die Wissenschaft als ein einziges Reich verstanden wurde, schien es wenig auszumachen, wo der einzelne sein Studium begann, obgleich immer noch angenommen wurde, daß die Philosophie den Schlüssel zu allen Fächern darstellt. Jedes Fach, so glaubte man, vermittelte Persönlichkeitsbildung. Es schien überflüssig, einen Unterschied zwischen Studien in den Fakultäten der freien Künste und Studien in anderen Fakultäten nach dem Bakkalaureat zu machen, um so mehr, als das Gymnasium die Vorbildung für jedes höhere Studium geben sollte. Das Bakkalaureat wurde abgeschafft, und die freien Künste, die nunmehr im Verein mit der Naturwissenschaft, der Geschichte, der Politik, der Ökonomie und der Sprachwissenschaft die philosophische Fakultät bildeten, wurden auf dieselbe Stufe wie die theologische, die medizinische und die juristische Fakultät gestellt.

Viele der Voraussetzungen, auf denen die deutschen Universitäten beruhten, waren fragwürdig und wurden mit dem fortschreitenden Jahrhundert unhaltbar. Nicht einmal am Anfang entzündete der Funke idealistischer Gelehrsamkeit jeden Studenten, während viele die akademische Freiheit mißbrauchten und sich diesem idealistischen Erlebnis gegenüber verschlossen. Otto von Bismarck war nur einer der zahllosen Studenten, die jeden Kontakt mit dem ideellen

Leben der Universität vermieden. Er ging ganz in der Studentenverbindung auf, der er angehörte, und bereitete sich schließlich für sein Rechtsexamen mit Hilfe eines Paukers vor. Diese Studentenkorps pflegten nicht den Geist der Wissenschaft, sondern waren nur erfolgreich bestrebt, ihren Mitgliedern die gesellschaftlichen Formen und Sitten des Junkertums beizubringen, die mit den Zielen der Humboldtschen Universität unvereinbar waren. Mit der Gewährung unbegrenzter akademischer Freiheit vermieden die Professoren alle institutionellen Mittel, einen entscheidenden Einfluß auf die persönliche Erziehung der akademischen Jugend auszuüben. Früher hatten die deutschen Universitäten ihre Bursen gehabt, in denen die Studenten unter der Aufsicht der akademischen Autoritäten miteinander lebten, aber mit Ausnahme einiger katholischer Universitäten und theologischer Institute hatte keine collegeartige Einrichtung den Dreißigjährigen Krieg überlebt. Was eine derartige Einrichtung hätte zuwege bringen können, zeigte sich deutlich am Tübinger Stift für Theologiestudenten, das auch eine Gruppe von „Repetenten“ besaß, die die Studien der Stiftler überwachten. Männer wie Hegel und Schelling, die aus diesem Stift hervorgegangen sind, übten im Laufe des Jahrhunderts eine nachhaltige Wirkung auf das akademische und geistige Leben aus.

Die Erwartung, die Philosophie werde als das integrierende Element der Wissenschaft wirken, erwies sich nach 1830, als die idealistischen Systeme zerbrachen, als illusorisch, und mit der Erweiterung des Wissens waren selbst die größten Geister außerstande, das ganze Wissenschaftsfeld zu umspannen. Zweifellos war der Beitrag der Philosophie zur kritischen Erkenntnis methodologischer Probleme in Deutschland größer als irgendwo sonst. Die Zahl überragender Figuren, die in der deutschen akademischen Geschichte auftraten, ist erstaunlich, und ihre Leistungen beruhten zum guten Teil auf der Universalität ihrer Interessen und ihrer philosophischen Geistesrichtung. Aber gleichzeitig führte der Nachdruck, der auf die Forschung gelegt wurde, zu einer Unzahl überspezialisierter Fächer, die in den Händen unphilosophischer Gelehrter bildungsmäßig unfruchtbare Gebiete wurden. Seit 1870 brachten die deutschen Universitäten vor allem Spezialisten hervor, deren Allgemeinbildung gering war.

Die akademische Freiheit blieb zum großen Teil eine oberflächliche Angelegenheit, da die Universitäten nicht nur der Entwicklung der sittlichen und geistigen Fähigkeiten dienten, sondern auch Berufsschulen waren. Selbst der idealistischste Student war notgedrungen bis zu einem gewissen Grade, was Schiller einen Brotstudenten nannte. Die drei alten Fakultäten hatten im Grunde schon immer berufliche Ziele verfolgt, und auch die neue philosophische Fakultät wurde eine Schule, die auf höhere Berufe vorbereitete, wobei die Karriere eines Gymnasiallehrers die größte Studentenzahl anzog. Aber akademische Titel allein erwirkten nicht die Zulassung zum Kirchenamt, zum höheren Staatsdienst, zur Rechtspraxis, zur medizinischen Praxis und zum Lehrberuf. Die Zulassung hing von Staatsexamina ab, deren Charakter und Forderungen zwangsläufig die Kurse bestimmten, die die Studenten belegten und die Professoren anboten. Hierdurch übten die Regierungen großen Einfluß auf die Studienpläne der Universitäten aus. Aber die Autorität des Staates reichte weit über solche Maßnahmen hinaus durch die einfache Tatsache, daß die Universitäten staatliche Einrichtungen blieben. Sie erhielten so gut wie alle Mittel vom jährlichen Staatshaushalt, und die Anstellung der Professoren blieb das Recht der Regierung. Humboldt sah wohl die Spannungen, die zwischen den Interessen des Staates und der freien Hingabe an die Wissenschaft auftreten könnten. Sowohl er als auch Schleiermacher seufzten, daß ohne den Staat alles „unendlich viel besser gehen würde“. Aber die permanente Ausstattung der Universitäten und ihre Einrichtung als freie Genossenschaften stand mit dem Geist des bürokratischen Staates nicht im Einklang.

Humboldt gab den Universitäten viele Rechte der Selbstverwaltung und den Professoren wichtige Privilegien. Er hoffte, die staatliche Einmischung werde in der Zukunft schwächer werden. Er setzte sein Vertrauen auf die zukünftigen Regierungsbeamten, die aus den neuen Universitäten hervorgehen und die Prinzipien der akademischen Freiheit respektieren würden. Diese Erwartungen waren nicht ganz unberechtigt. Baron Karl von Altenstein, preußischer Erziehungsminister von 1817 bis 1840 und als solcher der Hauptorganisator der preußischen Schulen und Universitäten im 19. Jahrhundert, war ein toleranter Mann und bestrebt, verschiedenen Denkrichtungen eine Vertretung im Erziehungswesen des Staates einzuräumen und die Gelehrten vor politischer Verfolgung zu schützen. Aber er war nicht imstande, das Erziehungssystem vor den Karlsbader Beschlüssen und der darauffolgenden Demagogenverfolgung zu beschirmen, und vermochte nur einige Verirrungen der Regierungspolitik zu mildern. In den letzten Dezennien des Jahrhunderts kam es kaum zu politischen Konflikten zwischen der Regierung und den Universitäten, da die liberalen Professoren ihren Frieden mit Bismarck geschlossen hatten. Die Universitäten repräsentierten nicht die ganze Breite des deutschen Geisteslebens. Die Katholiken wurden benachteiligt; Demokraten wurden nicht zugelassen, geschweige denn Sozialdemokraten. Besonders seit 1848/49 zeigten die Universitäten eine viel konservativere Färbung als die deutsche Kunst und Literatur.

Dadurch, daß die Staaten im 19. Jahrhundert die Leitung der Erziehung übernahmen, wuchs ihre politische Macht. Für die Formung des Charakters der modernen Nationen war die staatliche Erziehung eine bestimmende Kraft. Dies will nicht heißen, daß die ursprünglichen Pläne der Reformer verwirklicht worden sind. Eine allgemeine Schulordnung ist eng mit der politischen und sozialen Ordnung eines Volkes verwoben, und die Ideen der Begründer eines Erziehungssystems sind der Veränderung durch die gesellschaftlichen und politischen Wirklichkeiten unterworfen. Zudem mag die Einwirkung neuer geistiger Strömungen diese Ordnung mit einem sehr unterschiedlichen Gehalt erfüllen. All dies trug sich in Deutschland zu, und es wäre ganz falsch, die Gründe für die Gefahren und Schwächen der deutschen Schulen, die wir anzudeuten versuchten, Humboldt zuzuschieben. Neben der Reform in Frankreich stellt Humboldts Plan das umfassendste System staatlicher Erziehung dar, das je ausgedacht worden ist, und seine Verwirklichung wurde seit 1815 mit größter Energie vorangetrieben. Der französische Philosoph Victor Cousin, der 1831 Berlin besuchte, nannte Preußen „das klassische Land der Schulen und Kasernen". Im Jahre 1840 waren unter Altensteins Regime ca. 30 000 Elementarschulen und 38 Normalschulen reorganisiert worden. Am Vorabend der Revolution von 1848 besuchten in der Rheinprovinz 80 Prozent der Kinder die Schule, in der Provinz Sachsen 93 Prozent, dagegen in der polnischen Provinz Posen nur 61 Prozent. In einem halben Jahrhundert wurde das Analphabetentum beseitigt. Dies war eine gewaltige Leistung, zur Zeit der industriellen Revolution, die auch großen Einfluß auf die Abwanderung aus ländlichen in städtische Gemeinden ausübte. Ihre unmittelbare Folge war die Beseitigung der Schranken, die zwischen Stadt und Land und zwischen den einzelnen Provinzen bestanden hatten. Dies traf nicht nur auf Preußen zu, sondern auch auf Deutschland als Ganzes, da alle deutschen Staaten sofort oder wenig später dem Beispiel Preußens folgten. Die deutschen Universitäten, für die ein Jahrhundert produktiver Gelehrsamkeit und Forschung anbrach, übten ihren Einfluß weit über die Grenzen Deutschlands aus.

Literarische und künstlerische Kultur

Das große Zeitalter der deutschen Universitäten war das halbe Jahrhundert nach 1815, in dem die Gedanken der klassischen deutschen Philosophie und Literatur für die reine Forschung fruchtbar wurden. Der Reichtum an Talenten an den Universitäten war höchst eindrucksvoll. Die Wissenschaft gewann offenkundig durch die Anziehungskraft, die die Universitäten auf phantasiebegabte Menschen ausübten, die eine oder zwei Generationen vorher sich nur der Dichtung hätten zuwenden können. Die Anregungen der deutschen Kunst, Literatur und Philosophie waren noch überall gegenwärtig. Goethe war noch am Leben und wandte sich von der Dichtung zur philosophischen Auslegung seiner Gesichte und Erlebnisse. Auch die romantische Dichtung war noch in Blüte, obgleich sich eine gewisse Ermattung der ursprünglichen literarischen Produktion fühlbar machte. Deutschland hat nichts hervorgebracht, was sich mit dem großen französischen und englischen Roman des 19. Jahrhunderts ganz vergleichen ließe. Nur auf dem Gebiet der Musik riß die schöpferische Kontinuität nie ab. In dem Jahrzehnt vor seinem Tode im Jahre 1827 erreichte Beethoven etwa in der „Neunten Symphonie", der „Missa Solemnis" oder in den letzten vier Streichquartetten die höchste Stufe seines künstlerischen Ausdrucks. Seine Leiden wurden in einen heroischen Kampf des Menschen gegen die tragischen Schicksale und Illusionen des Lebens umgesetzt und in einen idealistischen Glauben aufgelöst.

Wie die Musik Beethovens die musikalische Verwirklichung des klassischen deutschen Idealismus darstellt, so waren die Kompositionen von Franz Schubert (1797–1828) tief vom Geist und von der Form der klassischen deutschen Literatur durchdrungen. Vor allem waren seine „Lieder" eine direkte Übertragung der lyrischen Poesie in eine Sprache, die keine Grenzen kennt. Sowohl durch seine eigenen Opern wie durch seine Leitung der Dresdner Oper eroberte Carl Maria von Weber (1786–1826) der deutschen Opernkunst einen festen Platz auf der deutschen Bühne. Dresden blieb der Mittelpunkt der romantischen Oper in Deutschland bis zur Zeit von Richard Wagners musikalischer Leitung in den Jahren 1843 bis 1849. Von allen Persönlichkeiten hatte vielleicht Felix Mendelssohn-Bartholdy (1809–1847) mit seiner vielseitigen schöpferischen Kunst den größten Einfluß auf die musikalische Geschmacksbildung des 19. Jahrhunderts. Er bewirkte, daß Bach und Händel als der klassischen Wiener Schule ebenbürtig anerkannt wurden. Dagegen blieb sein Versuch, die religiöse Musik zu einem Hauptmittel der Wiederbelebung des kirchlichen Lebens zu machen, im großen und ganzen erfolglos. Sogar seine eigenen Oratorien übten ihre stärkste Wirkung in Konzertsälen und nicht in Kirchen aus. Der subjektivistische Charakter stand ihrer Verwendung im üblichen christlichen Gottesdienst im Wege. Wie im Falle Robert Schumanns (1810–1856) hatte die moderne deutsche Musik ihr Zentrum vor allem in der Konzerthalle und im Opernhaus, und ihr Publikum waren die gebildeten Klassen. Sie stellten keine ganz passive Zuhörerschaft dar, denn die Pflege von Klavierspiel und Kammermusik war in den Häusern der deutschen Bürger dieses Jahrhunderts weit verbreitet. Die Beschäftigung mit Musik, zusammen mit der Beteiligung an der dramatischen Kunst übernahm hier etwas von der Rolle, die Kirche und Religion in früheren Jahrhunderten gespielt hatten. Da die Bürger in ganz Deutschland, in großen und in kleinen Städten, der dramatischen Kunst, der Oper und der Musik geweihte Tempel errichteten, war es nicht abwegig, von den Verehrern dieser Künste als Mitgliedern einer ästhetischen Kirche oder „Kulturkirche" zu sprechen.

Religion

Diese Entwicklung war das Endergebnis der Emanzipation der weltlichen von der kirchlichen Kultur. Die deutsche Aufklärung des 19. Jahrhunderts hatte niemals eine antireligiöse Haltung angenommen, sondern die Religion dem

Rationalismus durch eine etwas oberflächliche Synthese von Vernunft und Offenbarung unterzuordnen gesucht. Von der zweiten Hälfte des 18. Jahrhunderts an hörte die Religion auf, in den Lebensfragen des deutschen Bürgertums eine richtunggebende Kraft zu sein, eine Tendenz, die für die große Mehrzahl des Mittelstandes durch die Entwicklung der modernen Naturwissenschaft unanfechtbar wurde. In dieser Hinsicht kann man sagen, daß die Aufklärung in einer mehr oder weniger vulgarisierten Form bis unmittelbar in unser Jahrhundert hinein fortgedauert hat. Selbst in den theologischen Schulen behielt die Aufklärung bis zur Mitte des 19. Jahrhunderts bedeutende Stützpunkte. Mit Gesenius und Wegscheider blieb die Universität Halle eine ihrer Hochburgen weit in die dreißiger Jahre des 19. Jahrhunderts hinein, während in Heidelberg H. E. G. Paulus bis zu seinem Tode im Jahre 1851 großen akademischen Zuhörerschaften eine dürre rationalistische Theologie vortrug. Aber während der Rationalismus im Beamtentum, der Schöpfung des aufgeklärten Absolutismus, viele Anhänger hatte, wurde er in den gebildeten Klassen, denen er als Weltanschauung diente, durch den deutschen Idealismus modifiziert, wenn nicht stark verändert.

Von Lessing angefangen, protestierte der deutsche Idealismus gegen die Alleinherrschaft der Vernunft, die die Aufklärung im Reiche des Geistes postuliert hatte. Wie wir sahen, leistete der Pietismus zu diesem Widerstand gegen den Rationalismus ebenso seine Beihilfe wie zur Wiedererweckung der Frömmigkeit nach den Befreiungskriegen. Trotzdem teilten fast alle Vertreter des deutschen Idealismus mit der Aufklärung die feste Überzeugung, daß sich der Mensch auf seine eigenen Kräfte verlassen könne, unter denen die Vernunft zwar nicht als die einzige, aber doch als die höchste menschliche Fähigkeit galt. In Goethe, Schiller oder Humboldt führte der Nachdruck auf die Einzigartigkeit der Persönlichkeit zu Idealen, die mehr von der Antike als vom Christentum hergeleitet waren. Kant hob mit seiner Lehre vom radikal Bösen im Menschen einige der tiefsten christlichen Begriffe ins Bewußtsein zurück, aber er beschränkte die Religion ganz auf die Moral und sah in ihr eine niedrigere Form der Philosophie, eine Krücke, die für Unaufgeklärte nützlich und für den Staat zur Entwicklung eines öffentlichen Geistes notwendig war. Sowohl der philosophische Idealismus wie auch der Humanismus betonten den Unterschied zwischen den Gebildeten und den Ungebildeten, und diese Trennung sollte in einer Nation, die schon von vielen Klassenschranken gespalten wurde, ernste Folgen haben.

Aber große Gruppen des Volkes wurden vom deutschen Idealismus und Neuhumanismus nicht erfaßt. Sie lebten weiterhin als gläubige Mitglieder der protestantischen Kirchen. Ihre Reaktion auf die Französische Revolution und die darauffolgenden Kriege war völlig negativer Art gewesen. Die Revolution und ihr Glaube, daß die menschliche Vernunft eine ideale Welt errichten könne, galten als Beweis menschlichen Hochmuts, und die folgenden Schrecknisse kriegerischer Umwälzung wurden als Gericht Gottes über eine sündige Welt ausgelegt. Es war eine Frömmigkeit der Innerlichkeit und der Abwendung von der weltlichen Geschichte. Soweit sie Tätigkeit in der Welt überhaupt in Betracht zog, richtete sich diese auf die christliche Mission oder, wie es hieß, die „Erweckung" des Nächsten zur christlichen Wahrheit. In Württemberg brachte die Weigerung, sich dem politischen Geschehen anzupassen, eine echt chiliastische Bewegung hervor. Tausende identifizierten Napoleon mit dem Apollyon der „Geheimen Offenbarung" und wanderten nach Polen oder nach Südrußland aus, um dort die Ankunft des Reiches Gottes zu erwarten. Im allgemeinen jedoch wurde die neue Frömmigkeit, die sich wenig um Philosophie kümmerte und die Bibel zu ihrer Autorität machte, in einem quietistischen Geist von vielen kleinen und esoterischen Kreisen betätigt.

Der Pietismus und die lutherische Orthodoxie hatten sich einander genähert, als die Aufklärung in Staat und Kirche an die Macht gekommen war. Im ersten Jahrzehnt des neuen Jahrhunderts waren Pietismus und Orthodoxie unter der Geistlichkeit nur schwach vertreten, aber zweifellos viel stärker in den Laiengruppen, die von den geistigen Strömungen des Zeitalters wenig berührt waren. Unter ihnen befanden sich nicht nur die Bauern und kleinen Handwerker, sondern auch viele Landjunker. Während des Befreiungskrieges und danach wurde die lutherische Rechtfertigungslehre für sie der zentrale Lehrsatz ihres wiedererweckten Glaubens, und die alten historischen Glaubensbekenntnisse, vor allem die Augsburger Konfession, gewannen neues Leben. Dies war die Brücke, auf der sich Orthodoxie und Pietismus trafen. Diese „positiven" christlichen Gruppen, wie sie bald hießen, stärkten ihre brüderlichen Bande durch ihre gemeinsame Auffassung, daß der Mensch sich in die ewige Ordnung Gottes schicken müsse, die ihrerseits mit der altehrwürdigen historischen Ordnung der deutschen Gesellschaft gleichgesetzt wurde. So hieß es jetzt, daß „Thron und Altar" zusammengehörten oder daß ein positiver christlicher Glaube einen konservativen Glauben an das göttliche Recht der Fürsten verlange. Nur in Württemberg wurde diese Schlußfolgerung vermieden. Hier wurde die althergebrachte Ordnung mit dem „guten alten Recht" der Stände identifiziert, für das in eben diesen Jahren nach dem Krieg das schwäbische Volk sich gegenüber dem König mannhaft einsetzte.

Außerhalb Württembergs halfen die Neuorthodoxie und der Neupietismus die Segel des neuen Konservativismus schwellen. Aber es fehlte den monarchischen Regierungen an Verständnis für diese religiösen Kräfte. Der absolutistische Staat des 18. Jahrhunderts und der Zeit des Rheinbundes hatte die Kirchenverwaltung zu einem bloßen Zweige der Staatsregierung zu machen gesucht. Innerhalb der Kirchen hatte der absolutistische Staat das religiöse Leben immerhin relativ frei gelassen. Die politischen Reformen der Zeit zwischen 1806 und

1815 beseitigten die noch verbliebenen Kirchenorgane, die neben den staatlich-bürokratischen Ämtern bestanden hatten. Schließlich schuf der Wiener Friede Staaten, die in vielen Fällen sowohl katholische wie protestantische Territorien umfaßten oder Lutheraner und Reformierte zusammenbrachten. Damit machte er mit der Situation ein Ende, daß ein protestantischer Fürst Haupt der Kirche sein konnte, da er in Theorie und Praxis das oberste Glied einer religiös einheitlichen Gemeinschaft war. Von nun an wurde seine Autorität in Kirchenangelegenheiten als Attribut seiner Souveränität ausgelegt und konnte dadurch noch weniger in Frage gestellt werden als seine Vorrechte als politischer Herrscher, die von den Ständen in Zweifel gezogen werden konnten.

Das monarchische Gefühl war tief im deutschen Protestantismus verwurzelt, und auch neue katholische Herrscher wurden bereitwillig als Oberhäupter der Kirche anerkannt, wie z. B. der bayerische König von den fränkischen und pfälzischen Kirchen. An sich hätte dies nicht notwendigerweise die Staatsaufsicht über die religiöse Tätigkeit der Kirchen, einschließlich des Glaubensbekenntnisses und der Formen des Gottesdienstes, mit sich gebracht. Aber wenn die religiöse Erweckungsbewegung ihre Wurzeln weit ausbreiten wollte, mußte sie auf einer volkstümlichen Grundlage wachsen. Das schwedische Luthertum zeigt, daß es möglich war, eine „Volkskirche" in einer protestantischen Nation unter einem monarchischen Regime zu haben, und im deutschen Pietismus und den reformierten Kirchen gab es wenigstens Gruppen, die auf etwas Ähnliches hinstrebten.

Neuordnung der protestantischen Kirchen

Aber die Könige und Fürsten sahen in der Beteiligung des Volkes an der Leitung der kirchlichen Angelegenheiten sehr zu Unrecht nur einen Zug zum politischen Liberalismus. Tatsächlich strebten die Gemeinderäte und Synoden, wie sie in den reformierten Kirchen des Rheinlandes existiert hatten und selbst von den westfälischen Lutheranern übernommen worden waren, gar nicht danach, das Kirchenregiment auszuüben. Als dann 1815 Konsistorien in Preußen wieder oder, wie in Rheinland-Westfalen, neu eingeführt wurden und die ganze Kirchenverwaltung bürokratischen Körperschaften übergeben wurde, denen zur Seite in jeder Provinz ein Generalsuperintendent als höchste theologische Autorität fungierte, war für die Unabhängigkeit des einzelnen kaum Platz geblieben. Zur selben Zeit, als Hardenbergs Pläne einer politischen Verfassung aufgegeben wurden, lehnte Friedrich Wilhelm III. die ursprünglichen Pläne für eine parallellaufende kirchliche Verfassung ab.

Der Kampf um eine Neuordnung der protestantischen Kirchen verband sich aufs engste mit den Konflikten, die um eine protestantische Union und eine neue Gottesdienstordnung entbrannten. Unter dem Einfluß der Aufklärung und des frühen Pietismus war die alte Spaltung zwischen lutherischen und reformierten Kirchen, die dem deutschen Protestantismus so teuer zu stehen gekommen war, im Laufe des 18. Jahrhunderts geschwunden. Besonders in den Gegenden am Rhein, wo die Protestanten in unmittelbarer Nachbarschaft mit römisch-katholischen Christen lebten, wurden die Beziehungen sehr eng. In Preußen wollte Friedrich Wilhelm III., der tief vom lutherischen Glauben erfüllt war, die Kluft schließen, die sich seit 1613, als Kurfürst Johann Sigismund den kalvinistischen Glauben angenommen hatte, zwischen der Dynastie und dem Volke aufgetan hatte. Am 300. Jahrestag von Luthers Thesenanschlag verlangte der König eine Union der beiden Bekenntnisgruppen. Am 31. Oktober 1817 wohnten 20 Berliner Pfarrer einem Abendmahlsgottesdienst bei, bei dem Riten und Worte verwendet wurden, die es dem Kommunikanten überließen, das Abendmahl in seiner lutherischen oder kalvinistischen Form auszulegen. König und Hof hielten einen ähnlichen Gottesdienst in Potsdam ab.

Die preußische Agende

Aber während die förmliche Union in Baden, Nassau und in der bayerischen Pfalz zwischen 1817 und 1821 durch Synoden oder durch die Zustimmung der Gemeinden herbeigeführt wurde, befahl Friedrich Wilhelm III. die Vereinigung von oben her durch eine von ihm selbst entworfene Gottesdienstordnung. Diese Agende von 1822 erweckte die Opposition nicht nur derjenigen, die die vom König vorgeschlagenen Formen des Gottesdienstes nicht für glücklich hielten, sondern auch derer, die unwillig waren über ihre Einführung auf königlichen Befehl. Nur wenige fanden sich in voller Übereinstimmung mit dem König. Ein langer und lauter Kampf folgte, der aber mehr Wortgefechte als entschlossene Taten zeitigte. Im großen und ganzen waren die in der Kirche tätigen Geistlichen und Laien zu eng an die bestehende soziale und politische Ordnung gekettet, als daß sie bereit gewesen wären, ihre Opposition zu offenem Ungehorsam gegenüber der Regierung ausarten zu lassen. Friedrich Wilhelm beharrte starrsinnig auf seiner Agende, und obgleich er zugab, daß die Gemeinden nicht zu ihrer Annahme gezwungen werden sollten, benutzte die Regierung jedes Mittel, um zunächst die Zustimmung der Geistlichen und dadurch die Einwilligung der Gemeinden zu gewinnen.

Die Vorliebe des Königs für die liturgische Seite der Religion war sichtlich ein Zeichen seiner Unsicherheit in dogmatischen Dingen. Doch fühlte er sich von der Sicherheit, die der alte Glaube ausströmte, angezogen. Sein einfacher Geist sehnte sich nach der Einheit des Glaubens, und er wollte die Augsburger Konfession zum offiziellen Bekenntnis machen. Dies hätte allerdings sämtliche Aussichten auf eine Einigung des Protestantismus zerstört. Daher begnügte der König sich schließlich mit der Forderung, alle Geistlichen sollten die „symbolischen Bücher" der historischen protestantischen Kirchen als bindend ansehen, und ordnete 1830 an, daß die rechtgläubigen Geistlichen innerhalb der Kirche zu bevorzugen seien. Was dies in der Praxis bedeuten sollte, blieb zweifelhaft. Im negativen Sinne bedeuteten diese Verordnungen die Opposition des Königs gegen die Ideen der Aufklärung und der modernen deutschen Philosophie. Aber die Bestimmung eines offiziellen Glaubensbekenntnisses hätte nur dann einen Sinn gehabt, wenn dieses im lebendigen Glauben der Kirchenmitglieder verwurzelt gewesen wäre. Zudem wurde nie klargestellt, was denn eigentlich der offizielle Glaube von nun an sein sollte. War der Geistliche nur dem allgemeinen Inhalt der verschiedenen Glaubensbekenntnisse gegenüber verpflichtet, oder konnte er ein einzelnes Glaubensbekenntnis nach seiner Wahl zum Ausdruck seines Glaubens machen? Es war eine sonderbare Methode, die Rechtgläubigkeit zu fördern.

Trotz alledem war die Mehrzahl der orthodoxen und pietistischen Gruppen in den östlichen Provinzen Preußens über die Gunst, die die Regierung dem „positiven" Christentum bezeugte, erfreut, während die reformierten Gemeinden im Rheinland und die westfälischen Lutheraner 1835 durch die Gewährung einer gemeinderätlichen und synodalen Verfassung beruhigt wurden. In bezug auf den Einfluß der Laien machte diese Verfassung nur geringe Zugeständnisse. In Schlesien, wo sich die Lutheraner noch an den langen Kampf auf Tod und Leben unter der katholischen Herrschaft Österreichs erinnerten, wurde der Widerstand gegen die *Agende*, die Union und das absolutistische Eingreifen in Kirchenfragen von vielen Gemeinden tapfer aufrechterhalten. Die preußische Regierung scheute sich nicht, diese schlesischen Lutheraner als gefährliche Sektierer zu brandmarken, und es wurden sogar militärische Zwangsmaßnahmen angewendet. Tausende wanderten nach Amerika aus. Den übrigen „Altlutheranern" gab schließlich Friedrich Wilhelm IV. die unsichere Stellung einer eigenen Kirche.

In anderen deutschen Staaten wurden die Kirchenverfassung und das Glaubensbekenntnis etwas liberaler ausgelegt. Dies galt vor allem für Baden. Aber das System absolutistischer Staatskirchen, das die Laien von aller Beteiligung an der Leitung des religiösen Lebens ausschloß, herrschte überall vor. Die Mannigfaltigkeit der Verfassungen und Glaubensbekenntnisse in den verschiedenen Staaten führte eine neue Art der Spaltung innerhalb des deutschen Protestantismus herbei. Die lutherischen Kirchen Sachsens oder Hannovers sahen hochmütig auf die „evangelische", d. h. die unierte lutherisch-reformierte Kirche Preußens herab. Die deutschen Staatskirchen wurden eifrige Verfechter der Souveränität der einzelnen deutschen Staaten. Mit dem Wegfall des *Corpus Evangelicorum* im Reichstag des alten Reiches im Jahre 1806 blieb nicht einmal die Spur eines institutionellen Bandes zwischen den deutschen Kirchen bestehen. Diese schlossen sich von der nationalen Bewegung des Jahrhunderts aus. In noch höherem Grade fehlte es den Kirchen am Bewußtsein ihrer ökumenischen Pflichten. Der

Begriff der Kirche als einer Gemeinschaft des Glaubens und der Werke, die auf heiligeren Prinzipien als der Autorität des Staates begründet war, schien in Deutschland geschwunden zu sein. Zweifellos hatte Luther der sichtbaren Kirche nie viel Aufmerksamkeit zugewendet. Aber in Schweden, dem lutherischsten aller Länder, entwickelte sich die Staatskirche zu einer wirklichen Volkskirche und übte durch ihren Erzbischof und ihre Kirchenversammlung großen Einfluß auf das nationale Leben aus. Es war die Macht des politischen Absolutismus, die den Charakter des modernen deutschen Protestantismus verdarb.

Die Identifizierung der Kirche mit einem schlecht definierten Supranaturalismus hemmte den Ideenfluß, der vom deutschen Idealismus ausgegangen war und weiterhin die Universitäten beherrschte. Es wurden zwei bedeutendere Versuche gemacht, den Konflikt zwischen dem deutschen Idealismus und der christlichen Religion zu überbrücken. Der erste wurde von Hegel unternommen. In seinem philosophischen System war kein Platz für eine vom Staat unabhängige Kirche. Obgleich bei ihm die absoluten Ideen von Religion, Kunst und Wissenschaft immer noch zu einem höheren Bereich als zu dem des Staates gehörten, war letzterer die tatsächliche Verwirklichung des absoluten Geistes in der historischen Zeit und verkörperte nicht nur das Recht, sondern auch die ganze Sittlichkeit einer Nation. Hegel schrieb der Religion eine außerordentlich hohe Bedeutung zu. Alle großen Wendepunkte oder alle neuen Zeitalter der Weltgeschichte wurden seiner Meinung nach von einem neuen Stadium der Religionsgeschichte eingeleitet. Aber die Kirchen waren in seinen Augen vor allem Schulen, die durch ihre Lehren den Grund für neue menschliche Haltungen legen. Die volle Verwirklichung einer neuen Sittlichkeit könnte nur im Staate vollzogen werden, der daher die Kirche absorbieren würde. Hegel schien eine philosophische Rechtfertigung der Kirchenpolitik der Regierung zu bringen. Auch schien er sich durch seine positive Neuinterpretation fundamentaler Dogmen wie der Trinität, der Menschwerdung und des Opfertodes Christi, die vom Rationalismus schon lange aufgegeben worden waren, auf die Seite der Orthodoxie zu stellen.

Trotzdem enthielt die Hegelsche Philosophie Elemente, die das Christentum in schwere Gefahren brachte. Die Weltgeschichte war für ihn die Entfaltung des absoluten Geistes in der Welt durch die Entwicklung des menschlichen Bewußtseins, die christliche Religion ein bloßer Augenblick innerhalb dieses Prozesses der Vernunft und nicht einmal die Stunde seiner Vollendung. Denn die Religion war nicht die höchste Form des Bewußtseins. Sie war nur eine Stufe auf dem Wege zu vernunftgemäßen philosophischen Vorstellungen. Zudem waren nach Hegel religiöse Ideen Formen des *menschlichen* Bewußtseins. Hegels Geschichts- und Religionsphilosophie stellte das Studium der christlichen Religion auf eine neue Grundlage. Ferdinand Christian Baur (1792–1860) in Tübingen wurde der Führer einer Schule, die sich einer Neuerforschung des frühen Christentums widmete. Aber ehe dieser ernste schwäbische Gelehrte, der die philosophischen Antriebe Hegels mit den kritischen Methoden Niebuhrs verband, die Ergebnisse seiner Forschung zu publizieren begann (1844), hatte einer seiner jüngeren Studenten schon die radikalen Folgerungen gezogen, die man im Hegelschen Denken zu entdecken vermag. David Friedrich Strauss (1808—1874) erregte mit seinem „Leben Jesu" eine stürmische Diskussion, weil er in der Religion des Urchristentums ein Produkt des national-jüdischen Geistes und in Jesus den Repräsentanten, nicht den Schöpfer der christlichen Idee sah.

Schleiermacher

Friedrich Schleiermacher machte es sich zur Lebensaufgabe, den Bruch zwischen Religion und Philosophie zu heilen. Als Prediger und Professor in Berlin und als Mitarbeiter Steins und Humboldts in der Reformzeit hatte er sehr großen Einfluß auf die Wiedererweckung von Religion und Kirche. Zu Beginn seiner schriftstellerischen Laufbahn hatte er mit seinem berühmten Werke „Über die Religion; Reden an die Gebildeten unter ihren Verächtern" (1799) die vorherrschende Gleichgültigkeit gegenüber der Religion bekämpft. Als er dann 1821 diese Schrift neu herausgab, dachte er darüber nach, ob irgendwelche gebildeten Verächter übriggeblieben wären, und entdeckte statt dessen eine Menge von „Abergläubigen und Übergläubigen". Er gab seiner Furcht Ausdruck, das Christentum werde in Zukunft mit Barbarei und die Gelehrsamkeit mit Atheismus identifiziert werden. Für ihn konnte das kritische Wissen Gewißheit und das Selbst wahre Freiheit nur durch die Religion erlangen, und er fand letztere im menschlichen Bewußtsein von der „schlechthinnigen Abhängigkeit von Gott". Philosophie und Religion schienen ihm ebenso unauflöslich miteinander verknüpft wie Sittlichkeit und Frömmigkeit. Aber Schleiermacher löste sowohl die rationalistische wie auch die supranaturalistische Metaphysik auf, die bisher den Hauptinhalt der christlichen Theorie gebildet hatten: Das kritische Denken führe zur bloßen Annahme eines Schöpfers und einer ersten Ursache, während das menschliche Bewußtsein Gott nur im subjektiven Gefühl besitze. Die Theologie vermöge keine endgültigen Aussagen über übernatürliche Gegenstände zu machen. Daher sei nicht die Dogmatik, sondern das Studium der Religion, wie sie im Lauf der Geschichte ins Leben getreten ist, die eigentliche Aufgabe der Theologie. Die christlichen Dogmen seien nur Derivate religiöser Erfahrung und endliche Symbole der verschiedenen Formen der Frömmigkeit, keineswegs diesen gleichwertig und überhaupt nur unzureichende Versuche.

Das Herzstück der Religion ist nach Schleiermacher die dynamische Kraft der Religion selber. Die Religion sei ein notwendiges Element des menschlichen Lebens, da sie alle höheren Fähigkeiten des Menschen zur Vollkommenheit führe. Deshalb sei die Religion mit Notwendigkeit und auch mit Recht an allen menschlichen Beziehungen beteiligt. Sie habe ihren Ursprung in der Tiefe des individuellen Bewußtseins, tendiere aber dahin, sich in ein soziales Bewußtsein auszuweiten oder, mit anderen Worten, Kirchen zu bilden. Doch solle der einzelne Christ nicht in seiner Kirche abgeschlossen sein. In all seinen Handlungen dürfe er sich als ein Organ der göttlichen Vernunft, die die Welt bestimmt, betrachten. – Dieser Glaube bedingte sowohl Schleiermachers Ideen über Kirche und Staat als auch seine öffentlichen Handlungen. Sein ursprüngliches Ideal der Kirche war die kleine, selbständige Gemeinde gewesen. In den Jahren der Besetzung und der nationalen Befreiung, in denen er seine Freunde und seine Gemeinde zu patriotischen Opfern anfeuerte, gewann er eine höhere Einschätzung von Volk und Staat und wünschte das Entstehen einer Volkskirche, die das ganze öffentliche Leben mit ihrem Geist durchdringe. Aber im Einklang mit seinem ganzen religiösen Denken konnte dies nur eine freie, vom Staat nicht reglementierte und schon gar nicht an enge Glaubenssätze gebundene Kirche sein. So wurde Schleiermacher der Hauptgegner der offiziellen Kirchenpolitik der preußischen Regierung.

Hegel und Schleiermacher fühlten sich durch eine absolute Kluft getrennt, und das geistige und akademische Berlin zwischen 1820 und 1830 schied sich wesentlich nach der Stellungnahme zum Streite der beiden Denker. Ihr philosophischer Gegensatz betraf mehr als die Fragen der Religion und erschien beiden unüberbrückbar. Trotzdem gab es in ihrem Denken gemeinsame Züge, so z. B. die Bedeutung, die der Geschichte beigemessen wurde; beide gingen von einer Analyse des menschlichen Bewußtseins aus. Aus diesem Grunde ließ sich der Einfluß beider gegen Ende des Jahrhunderts oft schwer voneinander abgrenzen. Der stark intellektuelle Charakter ihres religiösen Denkens versagte beiden eine weite Popularität, obgleich vor allem Schleiermacher viele Anhänger unter den Mitgliedern der theologischen Fakultäten fand. Dies war ja der gegebene Ort, um eine Synthese von Religion und moderner Philosophie auszuarbeiten. Die „Vermittlungstheologie“ fand ihren Platz neben den „positiven“ Schulen. Die Vermittlungstheologen trugen viel zum kritischen Verständnis der Religion bei, dagegen blieb ihre Wirkung auf das religiöse Leben der Nation gering. Selbst der Widerhall bei den gebildeten Klassen war schwach. Als dann in den Jahren nach 1840 der deutsche Idealismus seine Herrschaft verlor und die deutsche Wissenschaft empiristisch und positivistisch wurde, während das deutsche Bürgertum sich immer mehr dem Materialismus ergab, fand sich die „Vermittlungstheologie“ isoliert.

Liberales und positives Christentum

Bei ihrem Bemühen, den Kontakt mit dem Geist des Zeitalters nicht zu verlieren, waren die liberalen Theologen in Versuchung, die protestantische Religion lediglich als einen vergeistigenden Faktor im Fortschritt der Weltgeschichte darzustellen. Luther galt dann als der Befreier von der Knechtschaft der mittelalterlichen Kirche und als der Wegbereiter der modernen weltlichen Zivilisation. Die Reformation, die Luther begonnen hatte, mußte demnach von jeder Generation im Bündnis mit den fortschrittlichen Kräften der Epoche nicht nur gegen den Katholizismus, sondern auch gegen den protestantischen Obskurantismus weitergeführt werden. Im allgemeinen waren diese Theologen geneigt, die Verwirklichung geistiger und sittlicher Ideen mehr im Staat als in der Kirche zu suchen. Die große Mehrheit der Gebildeten verfiel jedoch in einen Zustand der Gleichgültigkeit, obgleich sie äußerlich Kirchenmitglieder blieben. Einen höheren Inhalt ihres Lebens suchten sie in den Wissenschaften und den Künsten. Oft genug war ihre Katholikenfeindlichkeit das einzige, was diese Kulturprotestanten vom historischen Glauben der Reformation zurückbehielten.

Während es so der liberalen Theologie nicht gelang, die Anhängerschaft großer Gruppen zu gewinnen, machten Neuorthodoxie und Neupietismus bis 1840 vorübergehende Fortschritte, erwiesen sich aber dann als unfähig, in der städtischen Bevölkerung die Rückzugsbewegung aus der Kirche aufzuhalten. Der Pietismus überwand nie ganz seine Abneigung gegen die Philosophie und die systematische Gelehrsamkeit; die Neuorthodoxie hingegen mit ihrem einfältigen Suprarationalismus und Biblizismus weigerte sich, zur modernen Naturwissenschaft Stellung zu nehmen. Dazu kam, daß sich die Neuorthodoxie sehr stark mit der Monarchie und der autoritären Regierung identifizierte, wie das Beispiel ihres Wortführers, E. W. von Hengstenbergs (1802—1869), zeigt. Dadurch trat eine Entfremdung gegenüber dem zunehmenden politischen Liberalismus ein. Das „positive“ Christentum wurde zur Religion der alten herrschenden Klassen, der ländlichen Bevölkerung und der unteren Mittelklassen in den Städten; beträchtliche Bestandteile der letztgenannten Gruppe wandten sich allerdings nach der Mitte des Jahrhunderts von der Religion ab.

Neupietismus

Von Anfang an, und d. h. seit dem Befreiungskrieg, fand die religiöse Erneuerungsbewegung ihre aktivsten Vertreter in den oberen Gesellschaftsgruppen. Schon zur Zeit der französischen Besetzung zog ein schlesischer Adeliger in Berlin, Baron H. E. von Kottwitz (1757—1843), durch seinen pietistischen Glauben und seine philanthropische Tätigkeit einen bedeutenden Kreis begabter junger Männer an, darunter den preußischen Thronfolger, den späteren Friedrich Wilhelm IV., und seine Freunde, die Brüder Leopold (1790—1861) und Ludwig von Gerlach (1795—1877). Die Bewegung breitete sich rasch von Berlin nach den östlichen Provinzen aus und fand vor allem unter den pommerschen Junkern viele Anhänger. In der Zeit zwischen 1830 und 1840 war Adolf von

Thadden-Trieglaff (1792–1882) die zentrale Figur dieses Kreises. Hier fand der junge Otto von Bismarck seinen Glauben. Gleichzeitig wurde die „Erwekkung" von wortmächtigen Missionspredigern auch zum einfachen Volk gebracht.

Die Reaktion des Volkes war anfänglich ermutigend, aber obgleich die Bewegung religiös und politisch konservativ war, hatten die protestantischen Kirchen nicht die Mittel zur Verfügung, diese Kräfte für das kirchliche Leben fruchtbar zu machen. Das religiöse Erwachen auf den pommerschen Junkergütern rief sogar den Verdacht der preußischen Polizei hervor. In Württemberg führte die Erweckungsbewegung zu einigen Abweichungen in der Lehre und sogar zur Sezession. Beziehungen zu den englischen Freikirchen, hergestellt wahrscheinlich von Schwaben, die nach Amerika ausgewandert waren, führten zum Entstehen baptistischer Gemeinden, die der Staatskirche und der Regierung zum Trotz an ihrem Glauben festhielten und ihn als die wahre Auslegung der Heiligen Schrift verteidigten. Aber über diesen religiösen Protest hinaus entwickelten die dissidierenden Gruppen kein oppositionelles politisches oder soziales Programm. In ihrem religiösen Gemeinschaftsleben suchten sie vor den harten Realitäten dieser Welt Zuflucht.

Die Tendenz zur Weltflucht hatten die rechtgläubigen Pietisten mit diesen Dissidenten gemein, doch verfolgten ihre humanitären Bemühungen weitere Ziele. Um einen so ehrgeizigen Plan wie den der äußeren Missionen in Deutschland in Gang zu setzen, bedurften die Württemberger Pietisten der Mitarbeit der Schweizer Bürger, mit denen sie die Basler Missionsgesellschaft gründeten. In vielen Orten Deutschlands wurden Gesellschaften zur Verteilung von Bibeln und christlichen Traktaten gegründet. Im nördlichen Rheinland und im Wuppertal um Elberfeld bestanden alte reformierte Traditionen, und so waren alle diese äußeren und inneren Missionstätigkeiten noch in der Gemeinde selber verankert. Theodor Riedner (1800–1864), ein protestantischer Pfarrer in Kaiserswerth, war der erste Deutsche, der die Sozialarbeit der Frauen organisierte. Von dieser vorwiegend katholischen kleinen rheinischen Stadt ging die Initiative für die Errichtung von Spitälern aus, die zugleich Ausbildungsstätten der protestantischen Krankenschwestern (Diakonissinnen) waren.

Johann Wichern

Mit all diesen karitativen Tätigkeiten rückte der Protestantismus zunächst beinahe unbewußt näher an das Feld der sozialen Tätigkeit heran.

Pfarrer Johann Hinrich Wichern (1808–1881) in Hamburg war der größte Prediger und die in der Öffentlichkeit bekannteste Figur, die der deutsche Protestantismus seit Luther hervorgebracht hat. Mit Hilfe einiger Hamburger Patrizier gründete er 1833 das Rauhe Haus, eine Einrichtung, die der Resozialisierung und Erziehung verwahrloster Jugendlicher diente, einer Aufgabe, für die

Wichern ungewöhnlich verständnisvolle und erfolgreiche Methoden ausarbeitete. Während alle früheren Institutionen dieser Art sich auf lokale Aufgaben beschränkten, faßte Wichern seine Gründung als ein Vorbild für alle deutschen Kirchen auf, denn er glaubte, daß die sozialen Probleme nur dann gelöst werden könnten, wenn sie auf breiter Front angepackt würden. Er war sich darüber klar, daß die Armut und der moralische Verfall, die er bei den Proletariern der Hafenstadt Hamburg antraf, nur Beispiele oder Vorläufer dessen waren, was die moderne Zivilisation mit sich bringen würde. Es zeugt von seiner Größe als religiöse Persönlichkeit, daß er in einer solchen Entartung sehr deutlich ein Versagen der christlichen Kirche sah. Die christliche Botschaft mußte nicht nur durch Worte, sondern auch durch Taten verkündet werden.

Wichern hielt die Sünde für die Ursache des erschreckenden Verfalls der sozialen Verhältnisse. Seine traditionsgebundenen konservativen Ansichten erlaubten es ihm nicht, in der Gesellschaft einen Prozeß des Widerstreites sozialer Ansprüche und in der Verelendung das unglückliche Ergebnis der Schwankungen der modernen Wirtschaft zu erkennen. Die Mißverhältnisse von Besitz und sozialer politischer Stellung wurden von Wichern niemals in Frage gestellt, und er glaubte auch nicht, daß die sozialen Bedingungen durch staatliche Gesetzgebung verbessert werden könnten. Nur die Verbreitung des christlichen Glaubens könne der Gesellschaft ihre organische Gesundheit zurückgeben. So blieb die Bekehrung des einzelnen Mittelpunkt aller christlichen Bemühungen, aber Wichern maß ihr nicht nur eine religiöse, sondern auch eine soziale Bedeutung zu. Obwohl die von Gott verfügte Ordnung dieser Welt die Strafe für menschliche Sünde ist, kann das Reich Gottes nicht nur in Erwartung eines transzendenten Reiches erlebt werden, sondern im Triumph des Guten über das Böse wirft es schon seinen Schatten im Gewissen des Gläubigen voraus. Die geistige und sittliche Kraft, die der Glaube schafft, übt ihre Wirkung auf die soziale Ordnung, auf Familie, Kirche und Staat aus.

Wichern erkannte, daß die sozialen Zustände die wahre Existenz des religiösen Lebens bedrohen können. Gegen Mißstände wie Krankheit, Verbrechen oder zerrüttete Familien wollte er die christliche Liebe durch freie Laienvereine wecken. Luthers Idealbild des Priestertums aller Gläubigen wurde in eine Aufforderung zu solcher Tätigkeit abgewandelt. Wichern achtete darauf, die Funktion der Pfarrer und ihren Dienst am Wort nicht zu sehr herabzusetzen, aber Glaube war für ihn nicht allein die Lehre, sondern auch die Tat, in der er das Mittel sah, die Kirche zu einer Volkskirche zu machen und unter den deutschen Kirchen ein gemeinsames Bewußtsein jenseits aller Lehrunterschiede zu schaffen.

Seine tiefe Frömmigkeit, die mit einer großen Begabung für Organisation und Beredsamkeit verbunden war, machte Wichern zu einem hervorragenden kirchlichen Führer. Auch anderswo wurden ähnliche Institutionen wie sein „Rauhes Haus“ in Hamburg gegründet, und er spann ein Netz von Beziehungen zwischen allen Wohlfahrtsämtern, die die pietistische Erweckung ins Leben gerufen hatte. Die offiziellen Vertreter der Kirche beobachteten ihn mit großem Mißtrauen, da sie fürchteten, die Bewegung werde die Autorität der Pfarrer und des Dogmas untergraben. Der größten Feindseligkeit begegnete Wichern bei den orthodoxen lutherischen Kirchen von Hannover, Mecklenburg und Sachsen. Doch fand er beim norddeutschen Adel und schließlich auch von seiten Friedrich Wilhelms IV. genügend Unterstützung, um seine Sache voranzutreiben. Eine Generalsynode, die der preußische König 1846 berief, um sich von ihr über die Fortbildung der Kirchenverfassung beraten zu lassen, beschloß die Einführung von Diakonen in allen Gemeinden. Aber die meisten Empfehlungen der Synode fanden beim König keinen Anklang, und er weigerte sich, sie auszuführen. So wurde auch der Beschluß, der der Fürsorge und der sozialen Tätigkeit feste institutionelle Aufgaben in der Kirche gegeben hätte, nicht verwirklicht. Doch billigte eine allgemein-deutsche Kirchenversammlung, der Wittenberger Kirchentag, inmitten der revolutionären Unruhen von 1848 die Gründung eines nationalen Komitees aller wohltätigen Vereine des deutschen Protestantismus, deren Zahl sich auf ungefähr 1500 belief. Die eigentliche Führung und Verwaltung der protestantischen Wohlfahrtstätigkeit blieb in den Händen lokaler Verbände, die auf Länder- oder Provinzausschüssen vertreten waren. Immerhin wurde für diese freiwillige Arbeit das sogenannte Zentralkomitee der Inneren Mission als ein nationaler Rat eingesetzt.

Wicherns sehnliche Hoffnung, daß eine „geordnete Arbeit der gläubigen Gemeinde in freien Vereinen" in Staat und Kirche zur christlichen und sozialen Wiedergeburt eines sündigen Volkes führen würde, erfüllte sich jedoch nicht. Es war die historische Leistung des Pietismus und vor allem Wicherns, erkannt zu haben, daß eine Verbindung zwischen den sozialen Zuständen und der geistigen Entwicklung des Volkes bestand, aber seine traditionsgebundenen Anschauungen von der Gesellschaft wie auch seine theologische Einstellung ließen ihn nicht ein moderner Sozialreformer werden. Es war seine Absicht, durch die Erweckung des Glaubens die alte Gesellschaftsordnung wiederherzustellen. Ihm schienen die patriarchalischen Formen der Agrargesellschaft für die Ordnung des neuen Kräftegewichts auszureichen und die genossenschaftlichen Formen der alten Städte auch für eine moderne Stadt geeignet zu sein. Zudem veranlaßte sein lutherisches Erbe Wichern zu leugnen, daß man die Gesellschaftsordnung ändern könne. Zwar waren Gesetze nötig, um Mißbräuche zu verhindern und den wechselnden Umständen gerecht zu werden, doch dies war Aufgabe des Staates.

Trotz seines feinfühlenden Verständnisses für viele psychologische Bedürfnisse des proletarischen Lebens sah Wichern doch nicht den vollkommen neuen Charakter der menschlichen Situation der Proletarier, die als Kinder eines modernen Individualismus eine elende Massenexistenz zu führen hatten. Die Proletarier waren nicht einfach ein Beispiel unter anderen für den ewigen Sündenfall, und die soziale Wirklichkeit, die sie der äußersten Armut aussetzte, war nicht die alte „gottgegebene" Ordnung. Schon mit seiner Idealisierung der Agrargesellschaft war Wichern auf dem falschen Wege. Die Gewinne, die die Gutsbesitzer eben gerade zu dieser Zeit gemacht hatten, und das Elend der Landarbeiter waren dafür beredte Zeugen. Gelegentlich schien der Führer der „Inneren Mission" beinahe bereit, den Weg der sozialen Reform zu beschreiten, aber er vermochte nicht zu sehen, daß eine neue Klasse emporkam, die ein Recht auf einen eigenen sozialen und moralischen Standpunkt hatte. Auch wandte sich die Innere Mission keineswegs an alle Arbeiter. Im großen und ganzen ließ sie sich mehr die Sorge für die Schwächlichen und Verzweifelten als für die Gesunden und Starken angelegen sein.

Daß es Wichern und der Inneren Mission nicht gelang, das Christentum in der Nation zu erneuern und beträchtliche Teile der Arbeiterklasse dafür zu gewinnen, daran war hauptsächlich ihre politische Verbundenheit mit den herrschenden Klassen schuld. Um den Widerstand der Kirche zu überwinden, hatte sich Wichern immer auf die bestehenden Mächte gestützt. Als die Konservativen in den stürmischen Revolutionszeiten entscheidend der Organisation der Inneren Mission halfen, war Wichern nur allzugern dazu bereit, ihnen die Leitung dieser Mission anzuvertrauen. In den Jahren nach dem Zusammenbruch der Revolution von 1848/49 machten die preußischen Junker die Innere Mission zu einem Hauptwerkzeug ihrer Restaurationspolitik. Sie wurde nie, wie Wichern geträumt hatte, eine Volksbewegung, und niemals übten die protestantischen Staatskirchen eine Anziehungskraft auf das deutsche Proletariat aus. Statt dessen suchte es eine Lösung seiner Nöte ausschließlich in der Politik, wobei es dem Vorbild des deutschen Liberalismus folgte. Letzterer hielt jedoch soziale Probleme für unwichtig, da sie sich in der freien Wirtschaft eines Nationalstaates von selbst lösen würden. So war die entstehende deutsche Arbeiterklasse so gut wie isoliert. Während die protestantischen Kirchen Anhängsel des Staates blieben, gab die Arbeiterbewegung ihrem Streben in einem radikalen Programm Ausdruck, das die Aufrichtigkeit sowohl der Religion als auch des Staates leugnete.

Katholizismus

Der Katholizismus, der in der Bevölkerung des Deutschen Bundes immer noch vorherrschte, reagierte auf die Entwicklung des neuen Jahrhunderts ganz anders als der Protestantismus. Die Französische Revolution und die Herrschaft Napoleons hatten die alte Institution der römischen Kirche weitgehend zerstört. Alle geistlichen Fürstentümer waren verschwunden, und ihr Besitz war von den weltlichen Staatsregierungen in Beschlag genommen worden. In der ganzen Kirchenverwaltung herrschte danach ein Chaos. Im Jahre 1815 waren nur noch fünf deutsche Bischofsstühle besetzt, zahlreiche Klöster waren aufgelöst, und die Betätigung im Bereich der Erziehung und Wohlfahrt war plötzlich zum Stillstand gekommen. In den katholischen Gebieten waren die meisten Universitäten geschlossen worden. Die geistlichen Fürstentümer waren im Durchschnitt weder besser noch schlechter regiert worden als die Mehrzahl der weltlichen, aber die Belehnung mit weltlicher Autorität und weltlichem Reichtum hatte das religiöse Wirken der Kirche geschwächt. Bischofsstühle und Kapitelstellen waren die Domäne des hohen Adels gewesen, dessen Mitglieder das Einkommen aus ihren Pfründen benutzten, um die Kosten eines weltlichen Lebens zu bestreiten. All dies war nun vorbei. Die neuen Führer der Kirche kamen aus dem niedrigen Klerus, und selbst die Adeligen, von denen bis zum heutigen Tage viele zu hohen Kirchenämtern aufgestiegen sind, werden seither theologisch geschult und im Kirchendienst erprobt.

Die Vernichtung der politischen Macht der Kirche erwies sich schließlich als ein ungeahnter Segen.

Im Jahre 1815 war jedoch die Lage der Kirche wirklich verzweifelt. Der Wiener Kongreß hatte sich geweigert, für die deutsche Kirche Vorkehrungen zu treffen, und die diesbezüglichen Probleme dem zukünftigen Deutschen Bundestag überwiesen. Aber es wurde bald klar, daß der Bundestag nicht gewillt war, eine Nationalkirche zu schaffen. Der Wunsch der Einzelstaaten, die kirchlichen Angelegenheiten auf einer streng territorialen Grundlage zu behandeln, war für dieses Versagen verantwortlich. Seltsamerweise hatte die Neuordnung der politischen Landkarte Deutschlands (abgesehen von dem kleinen Hohenzollern) nur zwei überwiegend katholische Staaten übriggelassen, Österreich und Bayern. Sehr große Gruppen von Katholiken waren Bürger von Preußen, Hannover, Württemberg, Baden, Hessen und einiger kleinerer protestantischer Staaten geworden. Die katholischen Staaten waren nicht weniger entschlossen als die protestantischen, die Herrschaft des Staates über die Kirche aufrechtzuerhalten. Österreich setzte die Praktiken des Josephinismus fort und lehnte es ab, mit dem Vatikan irgend etwas anderes als über die konkrete Ausführung der Regierungsanweisungen zu verhandeln.

Bayern schloß mit Rom ein Konkordat ab, das die alten Bande der bayerischen Bistümer mit Salzburg zerschnitt. Die Grenzlinien der neuen Diözesen entsprachen denen des Staates. Es wurden zwei Erzbistümer geschaffen, München-Freising und Bamberg. Beide hatten drei Suffraganbistümer (Augsburg, Regensburg und Passau; Würzburg, Eichstätt und Speyer). Der Staat übernahm die Verpflichtung, diese neuen kirchlichen Würdenträger angemessen auszustatten. Obgleich auf Grund des Konkordates der König alle Bischöfe zu ernennen hatte und auch andere weitreichende Privilegien in bezug auf Ernennungen besaß, veröffentlichte die bayerische Regierung gleichzeitig mit der Verfassung ein religiöses Edikt, das die Staatsaufsicht auf jeden Bereich kirchlichen Lebens ausdehnte. Andererseits unterließ der Staat, die Kirche mit einem einmaligen dauernden Vermögensfonds auszustatten.

Die anderen süddeutschen Regierungen, die beschlossen hatten, gemeinsame Verhandlungen mit der Kurie zu führen, verlangten dieselben Vorrechte für den Staat, wie sie das bayerische Konkordat eingeräumt hatte. Aber die Kurie weigerte sich, protestantischen Fürsten diese Zugeständnisse zu machen. Der Papst stellte das alte Recht der Domkapitel, den Bischof zu wählen, das tatsächlich auf das Wormser Konkordat von 1122 zurückging, wieder her, doch wurde den einzelnen Fürsten das Recht gegeben, ihnen „minder genehme" Kandidaten von der Liste zu streichen. Der Vatikan unternahm eine neue Zirkumskription der kirchlichen Diözesen entsprechend den territorialen Grenzlinien und machte Freiburg für Baden, Rottenburg für Württemberg, Mainz für Hessen-Darmstadt, Fulda für Hessen-Kassel, Limburg für Nassau und Frankfurt zuständig. Die fünf Bistümer bildeten die Kirchenprovinz des Oberrheins, und Freiburg wurde schließlich zu einem erzbischöflichen Stuhl erhoben. Die Staaten anerkannten zwar die päpstliche Bulle, die die neue kirchliche Verfassung schuf, betonten aber durch ihre Veröffentlichung kraft landesherrlicher Verordnung die volle Staatsautorität über die Kirche.

Nicht besser waren die Ergebnisse, die die römische Kirche in Hannover und Preußen erzielte. Von 1816 bis 1821 führte der Historiker Niebuhr als preußischer Gesandter in Rom mit der Kurie Verhandlungen. Die Bulle *De salute animarum*, die danach auch in der offiziellen preußischen Gesetzessammlung als Staatsgesetz verkündet wurde, enthielt die Zirkumskription der preußischen Bistümer und die Maßnahmen, die die preußische Regierung für ihren finanziellen Unterhalt ergreifen sollte. Über diese Abkommen wollte Friedrich Wilhelm III. nicht hinausgehen. In den westlichen Provinzen wurde das Erzbistum Köln wiederhergestellt mit Suffraganen in Trier, Münster und Paderborn. Im Osten wurde das Erzbistum Posen-Gnesen mit dem Bistum Kulm geschaffen, außerdem das eximierte Bistum Ermland und das Bistum Breslau. Hannover erklärte sich 1824 mit der Restauration der Bistümer Hildesheim und Osnabrück einverstanden.

Der Wiederaufbau einer normalen Kirchenorganisation wurde um den Preis der Anerkennung der Staatshoheit über die Kirche erkauft. Dies ließ für das religiöse Leben im katholischen Deutschland nichts Gutes ahnen. Aber was immer die Schwächen dieses kirchlichen Abkommens waren, es schuf doch wenigstens eine brauchbare Ordnung, und so sehr auch die Regierungen das Prinzip der Superiorität des Staates sicherzustellen wünschten, am Frieden zwischen Staat und Kirche interessiert waren sie doch innerhalb ihrer Länder. Zweifellos veranlaßte aber die unsichere Stellung der Kirche den Klerus und bald darauf auch die Gläubigen, in ihren Kämpfen mit den unfreundlichen oder verständnislosen politischen Autoritäten ihren Rückhalt in Rom zu suchen.

In ihren Ursachen und in ihrer Wirkung war die Wiedererweckung der traditionellen katholischen Frömmigkeit in den Jahren des Krieges und der französischen Herrschaft von der protestantischen Wiedererweckung nicht wesentlich verschieden. Soweit wir es beurteilen können, ging die Wirkung des Rationalismus der Aufklärung niemals weit über die oberen Klassen hinaus. Nicht nur die ländliche Bevölkerung, sondern auch viele Gruppen des niederen Klerus wurden von den modernen Gedanken wenig berührt. Vor allem die Klöster zeigten sich für die Strömungen der Zeit weitgehend unzugänglich. Der deutsche philosophische Idealismus und die mit seiner Entwicklung so eng verknüpfte neue Literatur waren fast ganz aus dem deutschen Protestantismus hervorgegangen. Sie erreichten die katholische Gesellschaft erst mit einiger Verspätung und, was noch wichtiger ist, wurden kritischer aufgenommen. Danach weckte die romantische Bewegung neuen Respekt für die alten Formen der Religion. Sie lehrte, daß Religion nicht im Abstrakten bestehen könne, sondern nur in konkreter historischer Verwirklichung. Die romantischen Denker sahen einen tiefen Sinn im Universalismus der römischen Kirche, der nährenden Kraft des europäischen Lebens in seiner größten Zeit, dem Mittelalter, das die romantischen Dichter in einem goldenen Lichte wiederaufleben ließen. Der Übertritt vieler romantischer Schriftsteller gab der Kirche eine Gruppe hervorragender Verteidiger.

Unter ihnen ragte Friedrich Schlegel hervor, der 1808 nach Wien kam, beinahe gleichzeitig mit Clemens Maria Hofbauer, in dem die volkstümliche Frömmigkeit ihren wirksamsten Vertreter fand. Hofbauer, ein einfacher Mönch aus einem mährischen Dorf, gab durch sein asketisches Leben und seinen warmen, offenen Glauben ein leuchtendes Beispiel frommer Hingabe an die Kirche. In Hofbauers Tätigkeit als Volksprediger, Beichtvater und Lehrer schien das kritische Genie Schlegels seine praktische Anwendung zu finden. Während sich Schlegel einer christlichen Neuinterpretation von Kunst, Wissenschaft und Geschichte widmete, war Hofbauers Erscheinung das lebendige Zeugnis der fortdauernden Schöpferkraft des christlichen Lebens. Auch andere Männer, wie der politische Denker der deutschen Romantik, Adam Müller, und der Religionsphilosoph Anton Günther, der den deutschen Idealismus nutzbar zu machen suchte, oder der etwas undisziplinierte Dichter Zacharias Werner, beteiligten sich an dieser Wiedererweckung. Einige Jahre lang schien Wien die Führerrolle in der Erneuerung des deutschen Katholizismus zu übernehmen, aber die schwere Hand absolutistischer Staatskontrolle unterdrückte die Fortentwicklung der Bewegung. Erst seit den dreißiger Jahren versuchte Metternich zu spät und mit geringem Erfolg, die Auswüchse des Josephinismus zu mildern.

München wurde zunehmend wichtiger als Mittelpunkt der Wiedergeburt des deutschen Katholizismus. Johann Michael Sailer (1751–1832), der Sohn armer Eltern, bildete als Lehrer eine neue Generation katholischer Jugend heran. In der Aufklärung aufgewachsen, gab er ihrer humanitären und moralistischen

Pädagogik eine positive religiöse Grundlage, die das Erbe seiner Erziehung unter den einfachen Leuten war. Auch nahm er eifrig die klassische deutsche Literatur in sich auf. Doch war sie für ihn bloß ein Mittel, um einen Stil und eine Sprache vornehmer Einfachheit zu entwickeln, die sowohl von den Gebildeten als auch von den Ungebildeten leicht verstanden werden konnte. Einer der frühen Schüler Sailers, Christoph Schmid (1768—1854), wurde der eigentliche Gründer der deutschen Jugendliteratur. Sailers Religiosität basierte auf den wesentlichen Lehren des biblischen Christentums. Sosehr er auch die Hingabe der Menschen an die christliche Weisheit erwünschte, war er doch gegen jede Übertreibung und überflüssige Ausschmückung. Er besaß eine heitere Frömmigkeit von klassischer Ausgewogenheit. Als Professor in Landshut bildete er viele Priester aus, denen es gelang, wahre Väter ihrer Gemeinden zu werden. Aber auch auf Laien, wie z. B. auf seine Kollegen in allen Fakultäten, hatte Sailer großen Einfluß. Als die Universität Landshut 1826 nach München verlegt wurde, übertrugen Sailers Freunde seine Anregungen auf einen weiteren Wirkungskreis.

Der junge König Ludwig I. (1825—1848) hatte als Student die Predigten Sailers gehört. Damals hatte Sailer, ein bayerischer Fénelon, für den Kronprinzen einen Fürstenspiegel geschrieben. Ludwig I. war ein Mann von großen Talenten und von vielseitigen, manchmal einander widersprechenden geistigen Interessen. Romantische und klassizistische Neigungen lebten in ihm nebeneinander. Als er München zu einem Mittelpunkt deutscher Kultur machte und ihm auch äußerlich das Aussehen einer modernen Hauptstadt zu geben suchte, folgte er seinem künstlerischen Geschmack und schmückte die Stadt mit klassizistischen Gebäuden aus. Er unterstützte die Bemühungen Friedrich Thierschs, der die bayerischen Schulen und Universitäten mit den Gedanken des deutschen Humanismus zu beleben hoffte. Die griechische Revolution rief in Ludwig starke philhellenische Gefühle hervor, und er hatte schließlich die Genugtuung, seinen Sohn Otto als ersten griechischen König zu sehen.

Bei fast allen seinen Neigungen und Entscheidungen fiel Ludwigs dynastisches Bewußtsein ins Gewicht. So wollte er auch keines der Privilegien über die Kirche aufgeben, die die Regierung in der napoleonischen Zeit erworben hatte. Aber er war bemüht, die wiedererwachende katholische Frömmigkeit und nicht den Geist der Aufklärung in Kirche und Staat zu verbreiten. Im Jahre 1827 brachte er Joseph Görres (1776—1848) als Professor für Geschichte nach München. Acht Jahre vorher hatte dieser leidenschaftliche rheinische Publizist vor dem Zorn des preußischen Königs nach Straßburg fliehen müssen, und, umgeben von den Führern des elsässischen Katholizismus, hatte er seinen Weg zur Kirche gefunden. Jetzt wurde er zum Mittelpunkt einer Gruppe von Männern der Universität, die wie der Philosoph Franz von Baader, der Jurist Georg Phillips, der Philologe Ernst Lasaulx und der Kirchenhistoriker Ignaz Döllinger (1799—1890) an der

Erneuerung der Kirche arbeiteten. Im Kampfe um die Verwirklichung ihrer Ideen bekamen diese Männer die Starrheit des Staatenkirchentums zu fühlen.

Die katholische Erneuerungsbewegung in Bayern vermochte anfangs keine wissenschaftliche Grundlage für eine moderne katholische Theologie zu schaffen. Die neue katholische theologische Fakultät in Tübingen war die erste Schule, aus der Werke katholischer Gelehrsamkeit hervorgingen, die den Glauben der Kirche und den Glauben an die Kirche neu belebten. Johann Adam Möhler (1796 bis 1838) war das Haupt dieser Gruppe, die schließlich den Rationalismus aus dem theologischen Unterricht verbannen sollte. Möhler wandte als erster moderne historische Methoden an, um die Entwicklung der Kirche verständlich zu machen, und durch eine Neuinterpretation der Scholastik bereitete er den Weg für eine Wiedergeburt des Thomismus vor.

Während die schwäbische Universität eine neue Wissenschaft ins Leben rief, erwies sich Mainz als der Ausgangsort der meisten Bemühungen um die Ausbildung eines volkstümlichen Priestertums. Das „goldene Mainz", die ehrwürdige christliche Metropole Deutschlands, wurde durch den Zusammenbruch des Heiligen Römischen Reichs und die Annexion durch Frankreich seines ruhmreichen Glanzes beraubt. Aber nachdem die französische Kirche wiederhergestellt worden war, wurde eine neue Diözese Mainz geschaffen, und Napoleon ernannte einen Elsässer, Johann Ludwig Colmar, zum Bischof. So war die Arbeit des kirchlichen Wiederaufbaus schon im vollen Gange, als Mainz 1815 zu Hessen-Darmstadt kam. An erster Stelle wandte man sich der Ausbildung eines neuen Klerus zu. Das Seminar in Mainz wurde zuerst unter Franz Leopold Liebermann, dann unter einem anderen Elsässer, Andreas Räss, eine vorbildliche Anstalt für die Heranbildung des neuen Klerus und setzte die scholastische Theologie als wichtigen Unterrichtsgegenstand wieder ein. Diese Elsässer, die alle einfachen Verhältnissen entstammten, hatten es erlebt, wie die Jakobiner die Geißel des kirchenfeindlichen Fanatismus schwangen, und hatten ihre geistlichen Pflichten unter Lebensgefahr erfüllt. Dabei hatten sie aber auch die Überzeugung gewonnen, daß im Volke noch soviel Treue für die Kirche schlummerte, die geweckt werden könnte, wenn die Geistlichen den hohen Anforderungen ihres Berufes genügen würden.

Diese Katholiken, die es sich zur Aufgabe machten, der Herausforderung der revolutionären Demokratie zu begegnen, hatten etwas Demokratisches an sich. Sie erkannten frühzeitig, welch entscheidende Rolle das einfache Volk bei den großen Entscheidungen über die Zukunft von Staat und Kirche voraussichtlich spielen würde. Der Mainzer Kreis versuchte sofort das Monopol zu brechen, das der Protestantismus auf so gut wie alle Veröffentlichungen innerhalb Deutschlands gehabt hatte. Eine Flut apologetischer und polemischer Traktate wie auch klassische christliche Texte gingen aus den Pressen der Stadt Gutenbergs hervor. Eine Monatsschrift, „Der Katholik", wurde 1821 gegründet und gewann rasch weite Verbreitung, wenn sie auch sogleich Schwierigkeiten mit der staatlichen Zensur hatte. Zwischen 1822 und 1827 mußte die Zeitschrift in Straßburg veröffentlicht werden. Die Mainzer Schule stand dem Staatskirchentum außerordentlich kritisch gegenüber, und sie war kurial gesonnen, da sie in einer zentralisierten Kirche die beste Gewähr gegen staatliche Eingriffe sah. Ein neuer Typus geistlichen Führertums ging von Mainz aus. Räss kehrte 1830 nach Straßburg zurück, wo er 1841 Bischof wurde, was er bis zur Annexion des Elsaß durch Deutschland blieb. Seine beiden Hauptschüler, Johannes Geissel und Nicolaus Weiss, folgten einander auf dem Speyrer Bischofsstuhl. Geissel, der Sohn eines Winzers aus der Pfalz, wurde nach 1840 Erzbischof von Köln. In Mainz selber wurde Baron Wilhelm Emanuel von Ketteler (1811—1877) auf den Bischofsstuhl erhoben. Obgleich ein Abkömmling einer alten westfälischen Adelsfamilie und nicht ein direkter Schüler des Mainzer Kreises, hat Ketteler mehr als jeder andere dessen Gedanken zu voller Reife gebracht und dafür gesorgt, daß sie vom ganzen deutschen Katholizismus offiziell anerkannt und übernommen wurden.

Kölner Wirren

Im Jahre 1837 trieben die sogenannten Kölner Wirren die deutschen Katholiken in einen leidenschaftlichen politischen Konflikt. Da seit 1815 in vielen Staaten Anhänger verschiedener Konfession lebten, war die Zahl der Mischehen gestiegen. Im Rheinland, wo die preußische Regierung viele protestantische Beamten aus den östlichen Provinzen anstellte, waren die Mischehen zu einer recht häufigen Erscheinung geworden. Das preußische Landrecht hatte bestimmt, daß in solchen Fällen die männlichen Kinder der Religion des Vaters und die weiblichen der ihrer Mutter folgen sollten. Der katholische Klerus von Ostpreußen hatte sich im Geiste der Aufklärung den Wünschen des Staates gefügig gezeigt, obgleich das kanonische Recht die Assistenz von Priestern bei Mischehen verbot, wenn sich beide Teile nicht verpflichteten, alle ihre Kinder im katholischen Glauben zu erziehen. Aber es war schwierig, das preußische Landrecht in dem vorwiegend katholischen Rheinland durchzuführen, wie die preußische Regierung beabsichtigte. Der Vatikan kam 1830 der Regierung weit entgegen, indem er die Ziviltrauung als gültig anerkannte und den Segen des Priesters nur dann verweigerte, wenn die Bedingungen des kanonischen Rechts nicht erfüllt worden waren. Trotzdem war die Regierung nicht zufrieden und veranlaßte heimlich den Erzbischof, Graf Spiegel, dem Klerus zu raten, eine noch entgegenkommendere Haltung einzunehmen, als sie das päpstliche Breve gestattete.

Auf Graf Spiegel, einen im Zeitalter der staatskirchlichen Vorstellungen aufgewachsenen Grandseigneur, folgte der asketische und herbe Clemens August von Droste-Vischering, der es ablehnte, irgendwelche Abweichungen von dem päpstlichen Breve zuzulassen. Als der Erzbischof seinen Rücktritt verweigerte, ließ ihn die preußische Regierung verhaften und am 20. November 1837 in der Festung Minden gefangensetzen. Dieser willkürliche Schritt, für den es keine rechtliche Begründung gab, erweckte ungeheures Aufsehen. In der rheinischen Bevölkerung hatte sich schon viel Unzufriedenheit angestaut über die unfreundliche Haltung, die die preußische Regierung, vom König bis herab zu den Landräten, gegen den Katholizismus zur Schau trug. Die Verhaftung des Erzbischofs, dessen Handlungen vom Papst öffentlich gutgeheißen wurden, rief Volksdemonstrationen hervor, die einen drohenden Charakter annahmen. In München hob Joseph Görres den rheinischen Konflikt durch die Veröffentlichung seines weitverbreiteten „Athanasius", eines Meisterwerks volkstümlicher Polemik, auf die nationale Ebene. Görres stellte die Politik der preußischen Regierung als ein Ergebnis des modernen Individualismus und Rationalismus dar, die zur völligen Auflösung der Gesellschaft und zur Revolution führen mußte. Mit großer Leidenschaft verlangte er gesetzliche Freiheit für die römisch-katholische Kirche und die volle Parität der Konfessionen.

Die Wirkung der Kölner Wirren war gewaltig. Die Wiederbelebung des religiösen Lebens seit 1815 hatte sowohl das konfessionelle Bewußtsein gestärkt wie auch die gegenseitige Polemik angefacht. Aber sie hatte auch die Führer der Konfessionen zur gemeinsamen Opposition gegen den Rationalismus und eine ausschließlich weltliche Kultur vereint. In der Politik hatte dies in der Regel zu einer gemeinsamen konservativen Front gegen den Liberalismus und die Demokratie geführt. Bis zum Jahre 1837 wurde das politische Hauptorgan des deutschen Konservatismus, das „Berliner politische Wochenblatt", von protestantischen und katholischen Schriftstellern herausgegeben. Diese Zusammenarbeit der führenden Geister der Kirchen hörte auf, als preußische Protestanten die Politik Friedrich Wilhelms III. verteidigten. Im Jahre 1838 gründeten Görres und andere die „Historisch-politischen Blätter für das katholische Deutschland" in München. Der Name deutete an, daß der Münchner Kreis sich für die Sache des Katholizismus in ganz Deutschland verantwortlich fühlte. Preußen wurde als Verkörperung des Rationalismus und Cäsaropapismus, der schlimmsten Folgen der Reformation, gebrandmarkt. Es schien diesen Katholiken durchaus verständlich, daß die preußische Politik gegenüber der katholischen Kirche am lautesten von Liberalen und Radikalen begrüßt wurde. So tief auch die Enttäuschung über die tyrannische Handlungsweise des preußischen Monarchen war, die deutschen Katholiken blieben doch bis ins Innerste mißtrauisch gegenüber der demokratischen Bewegung. Vorläufig suchten sie in der Erneuerung ständischer Einrichtungen unter einem rechtmäßigen Monarchen ein Heilmittel für die Mißstände des absolutistischen Staates.

Anfänge katholischer Sozialtätigkeit

Für ein Bündnis zwischen Katholiken und Liberalen, wie es in Belgien die Revolution von 1830 möglich gemacht und erfolgreich gestaltet hatte, fehlten die Voraussetzungen. Trotzdem machte in diesen Jahrzehnten die Anwendung liberaler und demokratischer Methoden durch die Iren unter O'Connell oder die Ausübung von Verfassungsrechten der Polen bei den Katholiken Eindruck. Die große Freiheit, deren sich die Kirche unter der belgischen Verfassung erfreute, diente als ein Beweis dafür, daß eine moderne Verfassung nicht nur die Rechte des einzelnen fördern, sondern auch die Unabhängigkeit der Korporationen, vor allem der Kirche, schützen könne. Aber die Führer des deutschen Katholizismus zögerten, den politischen Liberalismus zu billigen, da sie fürchteten, daß er die Pforten der Kirche auch einem philosophischen Liberalismus öffnen könnte. Die katholische Volksbewegung, vor allem in der jüngeren Generation, stellte sich bereitwilliger auf die neuen Ideen ein. In Württemberg und Baden erwiesen sich die Landtage als eine sehr wichtige Schule für die parlamentarischen Vertreter der kirchlichen Interessen.

Bei dem Kölner Streit zeigte sich zum ersten Mal das Bestehen einer nationalen Front des Katholizismus, an der alle alten Klassen, vom Adel bis zum Bürgertum und der Bauernschaft, teilhatten. Die Aufgeschlossenheit der Kirche für soziale Probleme hielt die katholische Bewegung auch mit der langsam aufsteigenden Industriearbeiterklasse in Fühlung. Die aktiven Katholiken, die voll Mißtrauen auf die Ideen der Französischen Revolution sahen, standen jetzt auch den neuen sozialen und wirtschaftlichen Verhältnissen, deren Entwicklung sie in Westeuropa als Folge der Industrialisierung erlebten, kritisch gegenüber. Der Münchner Philosoph Franz von Baader (1765—1841), der vier Jahre in England gelebt hatte und von Lamennais' Gedanken über die soziale Frage beeinflußt war, analysierte 1834/35 die Gefahren, die der Gesellschaft von einer Spaltung in eine besitzende und eine proletarische Klasse drohten. Baader beschrieb den entpersönlichenden Einfluß der Maschine auf den Arbeiter und das Gesetz der fallenden Löhne innerhalb eines Systems wachsender Produktion in einer Begriffssprache, die beinahe Karl Marx vorwegnahm. Er verlangte Beschränkungen des freien Wettbewerbs und die Möglichkeit für die Arbeiter, ihre Beschwerden laut werden zu lassen. Den Klerus forderte er auf, in der Funktion des „christlichen Diakonenamtes" als Anwalt des Proletariats tätig zu sein. So verlangte ein katholischer Denker auf der Grundlage einer kritischen soziologischen Diagnose eine Sozialpolitik, die von Staat und Kirche gemeinsam betrieben werden sollte.

Aber Baader wurde von seinen Zeitgenossen nicht beachtet. Die Zeit war noch nicht reif, um die sozialen Probleme in einer so grundsätzlichen Weise in Angriff zu nehmen. Trotzdem wurden soziale Fragen aufgegriffen. Ein Freiburger Professor, Franz Josef Buss (1803—1878), war der erste, der 1837 von der Rednerbühne des süddeutschen Parlaments aus die Frage einer sozialen Gesetzgebung zur Sprache brachte. Aber seine soziale Tätigkeit bestand mehr in individuellen Liebeswerken als im Streben nach einer Reform der Gesellschaft. Dies traf im großen und ganzen auch auf Adolf Kolping (1813—1865) zu, der ein Schuhmacherlehrling gewesen war, bevor er die Priesterlaufbahn einschlug. Er kannte die bedrückenden Nöte der wandernden Gesellen und gründete Gesellenvereine, die dem Gesellen unter der Leitung des Ortspriesters Schutz und das physische und geistige Brot verschaffen sollten, das normalerweise in der christlichen Familie zu finden ist. Seit 1845 prüfte dieser frühe Sozialpriester seine Gedanken in Elberfeld auf ihre Durchführbarkeit, und die Bewegung verbreitete sich ab 1851 von Köln aus über ganz Deutschland und sogar in fremde Länder. Im selben Jahre 1845 wurden die ersten Vinzenz-Konferenzen nach dem Vorbild der von Antoine Frédéric Ozanam und seinen Schülern in Paris gegründeten gleichnamigen Konferenz in Deutschland abgehalten. Laien aller Klassen kamen in dem Bemühen zusammen, den Armen praktische und religiöse Hilfe zu bringen.

Durch all diese sozialen und politischen Betätigungen blieb die katholische Bewegung in engster Fühlung mit den volkstümlichen sozialen Strömungen der Zeit. Sie selbst rekrutierte sich aus vielen Gesellschaftsschichten. Das wenig herzliche, oft sogar feindselige Verhältnis zwischen den Staaten und der katholischen Kirche, das durch das Bestreben der offiziellen Kirchenführer, sich auch von einem freundlichen Staate nicht absorbieren zu lassen, nur noch gespannter wurde, führte dazu, daß die Kirche eine viel breitere Grundlage im Volke aufbaute, als es den protestantischen Kirchenmännern in ihrer Abhängigkeit vom Staat und den herrschenden Klassen je möglich war. Deshalb vermochten die deutschen Katholiken auch dann zu handeln, als die Revolution von 1848 die monarchischen Regierungen vorübergehend lahmlegte. Das Jahr 1848 brachte Entwicklungen der letzten 30 Jahre zum Abschluß und schuf die Grundlage für ein neues Jahrhundert in der Geschichte des deutschen Katholizismus. Es sah das Zusammentreten der ersten deutschen Bischofskonferenz in Fulda, sah katholische Priester und Laien in den deutschen Parlamenten erfolgreich die Rechte der Kirche verteidigen und fördern und war Zeuge der ersten nationalen Versammlung von Vertretern der katholischen Vereine. In Mainz erklärte Baron von Ketteler, der 1850 dort Bischof werden sollte, daß die soziale Frage das wichtigste Problem sei, das die Kirche zu lösen habe. Alle Elemente und Ziele, die den deutschen Katholizismus im Jahrhundert nach 1850 kennzeichnen und ihn zu einem bedeutenden Machtfaktor in der deutschen Politik machen sollten, traten zum ersten Mal in den Jahren der deutschen Revolution ans Licht.

Die Politik Preußens in der Kirchenfrage wurde zweifellos bewußt oder unbewußt von dem Gefühl der Stärke getragen, das den Protestantismus in dieser

Zeit beseelte. Schien es doch dieser Generation deutscher Protestanten, als habe die römisch-katholische Kirche ihre Wiederherstellung lediglich dem Wohlwollen der Fürsten im Jahre 1815 zu verdanken. Ihnen entging nicht nur, welche neue Lebenskraft der Kirche vom Volke her zugewachsen war, sondern sie vergaßen auch die hoffnungslose Spaltung innerhalb des Protestantismus selbst. Die preußische Regierung ersuchte die anderen deutschen Regierungen um eine Solidaritätserklärung in der Frage der Mischehen. Aber alle Staaten lehnten ab, wobei sie auf ihrer Souveränität bestanden. Die Lage verschlimmerte sich noch durch einen den Kölner Wirren sehr ähnlichen Zwischenfall, der den Erzbischof der polnischen Gebiete Preußens betraf. Der einzige Beifall, den Friedrich Wilhelm III. fand, kam von den Liberalen und den Demokraten und hatte in den Ohren des alternden autoritären Monarchen einen hohlen Klang.

Bemühungen um Versöhnung von Kirche und Staat

Sein Sohn, Friedrich Wilhelm IV., der 1840 auf den Thron kam, war von der Romantik mit ihrer Verehrung des christlich-deutschen Mittelalters tief beeinflußt. Er mißbilligte die Staatsaufsicht über die Kirche und hoffte bei der Bekämpfung aller revolutionären Bewegungen die Mitarbeit der Kirche zu gewinnen. Der Streit über die Mischehen wurde im Sinne der Doktrin der Kirche entschieden, und viele Formen der Staatsaufsicht wurden stillschweigend aufgegeben. Unmittelbare und freie Korrespondenz zwischen den Bischöfen und Rom wurde zugelassen, und die staatliche Intervention bei der Wahl von Bischöfen wurde liberaler gehandhabt. Diese neue Politik Friedrich Wilhelms IV., die von ernsten Versuchen begleitet wurde, die interkonfessionellen Streitigkeiten zu beschwichtigen, trat in ein helles Licht, als Friedrich Wilhelm IV. 1842 dem Dombaufest in Köln beiwohnte. Der große Dom war infolge der von der Reformation geschaffenen religiösen Spaltung unvollendet geblieben. Die Wiederaufnahme der Bautätigkeit bot Gelegenheit zu einer Kundgebung sowohl des Friedens zwischen Staat und Kirche wie auch der Solidarität aller christlichen Kräfte in der Aufrechterhaltung der historischen deutschen Kultur.

Die Bemühungen Friedrich Wilhelms IV., eine Versöhnung herbeizuführen, blieben nicht ohne politische Folgen. Zu einer Zeit, in der die Anfänge der Industrialisierung der Bevölkerung des Rheinlands die offenkundigen Vorzüge der Zugehörigkeit zu einem großen Staate zum Bewußtsein brachten, trug das Fehlen ernstlicher Reibungen in kirchlichen Angelegenheiten dazu bei, daß die rheinischen Provinzen eine Verwaltung von Berlin aus hinnahmen. Aber die Erfahrungen, die die deutschen Katholiken in der Zeit nach 1815 gemacht hatten, waren nicht vergessen. Die rücksichtslose Einmischung in die inneren Angelegenheiten der Kirche und die Duldung solcher Eingriffe seitens der orthodoxen Protestanten und des verweltlichten Liberalismus hatten den deutschen Katholizismus auf seine eigenen Hilfsquellen zurückverwiesen. Und diese waren unendlich gewachsen, da der Katholizismus seine Wurzeln tief ins Leben des Volkes gesenkt hatte und für die Entwicklungen eines neuen Zeitalters empfänglich geworden war. In den neuen Generationen seiner Priester und Bischöfe besaß der Katholizismus Führer, die mit Klugheit, Würde und Mut die Kirche vertraten. Sie vergaßen nicht, welche Aufgaben ihre Gefolgschaft im Volke ihnen stellte, wie ja in der Tat die Erneuerung des Katholizismus noch mehr das Werk von Laien als das der kirchlichen Hierarchie war. Wenn spätere Staatsmänner wie Bismarck glaubten, daß die katholische Kirche in Deutschland durch die Knebelung des Klerus unterwürfig gemacht werden könne, so bewiesen sie damit, wie wenig sie wußten, welche festen sozialen Grundlagen der deutsche Katholizismus um die Mitte des Jahrhunderts erworben hatte.

Siebentes Kapitel

DER ÜBERGANG VOM IDEALISMUS ZUM REALISMUS

Die Erörterung über Schulen und Kirchen im letzten Kapitel hat uns tief ins 19. Jahrhundert hineingeführt. Für ein Verständnis der allgemeinen Geschichte Deutschlands wird es jedoch nötig sein, zu dem Zeitabschnitt zurückzukehren, der in den dreißiger Jahren seinen Anfang nahm. Eine neue Generation trat auf die Bühne. Im Jahre 1831 raffte der Tod Stein, Gneisenau, Niebuhr und Clausewitz dahin. Neben diesen politischen Figuren aus der Zeit der Befreiungskriege starben auch die Führer des klassischen Idealismus in schneller Reihenfolge: Hegel 1831, Goethe 1832, Schleiermacher 1834 und Wilhelm von Humboldt 1835. Neue Stimmen gewannen die Oberhand, und die Kritik am religiösen Supranaturalismus wie auch am philosophischen Idealismus breitete sich allgemein aus, während gleichzeitig die Beschäftigung mit sozialen Problemen zunahm.

Hegel

Die Spaltung der deutschen idealistischen Bewegung in eine große Zahl verschiedener Schulen, das Überleben des Rationalismus des 18. Jahrhunderts und die Wiedergeburt einer suprarationalistischen Religion unter Katholiken und Protestanten schuf eine größere Mannigfaltigkeit intellektueller Lager, als es in früheren Tagen gegeben hatte. Aber dies sollte nur das Vorspiel für das Auftreten einer noch größeren Vielzahl miteinander wettstreitender Weltanschauungen sein, dem wir in der zweiten Hälfte des Jahrhunderts begegnen. Der letzte Philosoph, der in den zwanziger Jahren des 19. Jahrhunderts in der deutschen geistigen Welt noch einmal eine beinahe königliche Stellung einnahm, war G. F. W. Hegel. Er kam 1817 aus Heidelberg in die preußische Hauptstadt, wo er auf die Studenten und die ganze gebildete Welt einen außerordentlichen Einfluß ausübte. Die Protektion des preußischen Erziehungsministers, des Freiherrn von Altenstein, gab Hegel Gelegenheit, seinen Schülern Stellungen in anderen Fakultäten und Universitäten zu verschaffen. Obwohl einfach und natürlich in seinem persönlichen Gebaren, war Hegel nicht unempfänglich für Macht. Aber das höchste Anliegen seines herrscherlichen Geistes war es, das Universum durch spekulatives Denken zu verstehen. In dramatischen geistigen Kämpfen wuchs er über das Erbe seiner Jugend hinaus. Die Religion, die Theologie und der klassische Humanismus gaben ihm die ursprünglichen Anregungen, doch die Französische Revolution und die nachfolgende Vernichtung des alten Deutschen Reiches, das für seine schwäbische Heimat so viel bedeutet hatte, erregten sein leidenschaftliches Interesse an Politik und Geschichte. Was die Natur für Goethe war, war die Geschichte für Hegel: die Manifestation der Realität des Geistes.

In Berlin gewann Hegels Werk seine endgültige Form durch die Veröffentlichung seiner Werke „Enzyklopädie der philosophischen Wissenschaften im Grundrisse" (1817, 1827, 1830), „Grundlinien der Philosophie des Rechts" (1821) und durch seine akademischen Vorlesungen über die Philosophie der Religion, über die Ästhetik, die Philosophie der Geschichte und die Geschichte der Philosophie. Hegel war überzeugt, daß Kant die Philosophie in einem unhaltbaren Dilemma zurückgelassen hatte. Kant hatte alles Wissen auf die menschliche Erfahrung beschränkt und gelehrt, daß nur die Formen, mit denen der menschliche Geist die Daten der Erfahrung ordnet, ein *a priori* aller Sinneseindrücke sind und deshalb wirkliche Universalien darstellen. Aber Kant behauptete, daß wir nur eine Kenntnis der Dinge besitzen, wie sie unserem Bewußtsein erscheinen und daß uns daher eine Kenntnis der „Dinge an sich" versagt ist. Hegel urteilte, daß in einer derartigen „Reflexionsphilosophie" das Wissen tatsächlich subjektiv bleibt und die Wirklichkeit nicht zu meistern vermag. Die Vernunft, so argumentierte er, würde in einem derartigen System die Wirklichkeit nicht erfassen können, weil sie die Welt der Subjektivität und der Objektivität voneinander trennt und mit den Ideen der Dinge statt mit den Dingen an sich zu tun hat. Hegel glaubte, daß Kants Versuch, objektives Wissen innerhalb so enger Grenzen zu halten, gescheitert sei, weil Kants transzendentale Postulate ein Beweis dafür seien, daß jenseits dieser Grenzen etwas gewußt werden könne. Indem er den „Mut zur Wahrheit" forderte, ging Hegel daran, den transzendentalen Idealismus durch eine neue Metaphysik zu ersetzen.

Im Gegensatz zum „subjektiven" Idealismus des Weisen von Königsberg errichtete Hegel ein System des „objektiven" Idealismus, das die Welt als die notwendige Entwicklung des „absoluten" oder göttlichen Geistes erklärte. Wenn so die schließliche Synthese aller Daseinsformen einen geistigen Charakter hat, kann der Mensch sie nur verstehen, soweit er sie in seinem Bewußtsein erlebt. Zudem müssen diese Erlebnisse mehr als bloß empirisch erfahren werden, wenn sie die universal notwendige Wahrheit enthalten sollen. Hegel entdeckte die Wurzel dieser Notwendigkeit in der Natur des Geistes selber. In einem unaufhörlichen Prozeß von These, Antithese und Synthese entfalte sich der absolute Geist in der Welt, um seine Möglichkeiten zu verwirklichen, und mache diese im Verlauf jenes Prozesses zum bewußten und freien Besitz des Menschen.

Hegels Geschichtsphilosophie

Der bedeutendste Beitrag Hegels und derjenige, der auf seine Zeitgenossen und die Nachwelt die größte Wirkung ausgeübt hat, war seine Geschichtsphilosophie. Seine Naturphilosophie, die weitgehend Schelling folgte, war nicht sehr originell, und zur modernen Naturwissenschaft hatte er keine engen Beziehungen. Hegel nannte die Natur „die Idee des Andersseins", ruhende Vernunft. Der wahre dynamische Charakter des absoluten Geistes offenbare sich nur in der Geschichte, der Entfaltung des absoluten Geistes in der Zeit. Hinsichtlich der Geschichte machte er seine oft zitierte und häufig mißverstandene Bemerkung: „Was vernünftig ist, das ist wirklich, und was wirklich ist, das ist vernünftig." Dies sollte nicht heißen, daß allem, was existiert, Vernunft zugeschrieben werden solle. Hegel unterschied scharf zwischen bloßer Erscheinung und Wirklichkeit. Wirklich und vernünftig ist nur, was am geistigen Prozeß der Universalgeschichte teilhat, und letztere beruht in ihrem Fortschritt von einem Stadium zum nächsten auf den bewußten Handlungen der Menschen. Trotzdem bleibt der Geist des Individuums subjektiv und gewinnt vernünftiges Bewußtsein nur in dem Ausmaße, in dem er die geordnete Bewegung des absoluten Geistes als das oberste Gesetz des Universums erkennt. So wird das Individuum über sich hinaus zur Teilhabe am Leben der Gemeinschaft geführt, in der sich eine höhere Wirklichkeit, die des „objektiven Geistes", enthüllt.

Nationale Kulturen sind der Ausdruck des gemeinschaftlichen Geschichtsbewußtseins. Das Recht ist die abstrakte Formulierung der Prinzipien der Gemeinschaft, während der Staat die vornehmliche Quelle und der Bürge des Rechts ist. In der Idee des Staates erscheint der göttliche Geist auf Erden. Kein einzelner Staat verwirklicht diese Idee. Je nach dem Stadium, welches der absolute Geist erreicht hat, wird der eine oder der andere Staat zum Träger des absoluten Geistes und damit zum Führer des Fortschritts. Hegel verfolgt die Wanderung des Geistes, der der Geschichte zugrunde liegt, vom Orient über die griechisch-römische Kultur zur mittelalterlichen und zu den modernen europäischen Welten. Es ist eine dialektische Bewegung, die von der These über die Antithese zur Synthese fortschreitet, oder, konkret gesprochen, vom Orientalen, der bloß wußte, daß ein einziger Mann frei sei, zu den Griechen, die wußten, daß einige Menschen frei seien, zu den christlich-germanischen Nationen, die wußten, daß der Mensch als Mensch frei ist.

Indem er den Staat zum ausschließlichen Organ aller großen historischen Entscheidungen machte, verwies Hegel das Individuum in eine untergeordnete Rolle. Die Weltgeschichte ist nicht der Boden des Glücks. Im Gegenteil, „die Perioden des Glücks sind leere Blätter in ihr". Zudem können die Ideale individueller Sittlichkeit nicht zu Kriterien der Handlungen von Staaten gemacht werden. Diese verkörpern die Bewegungen des absoluten Geistes und folgen ethischen

Normen, die sich von den moralischen Vorschriften des individuellen Lebens unterscheiden. Um die Bewegungen des absoluten Geistes in der Geschichte auszuführen, muß der Staat Macht besitzen und den Gesetzen der Macht folgen. Hegel übernahm die Lehren Machiavellis, wonach das Staatsinteresse allem anderen übergeordnet ist. Die Politik ist ein Kampf um Macht, in dem die Leidenschaften die Menschen vorwärtstreiben, obgleich der universale Geist im Hintergrund seinen notwendigen Lauf erfüllt. Die „List der Vernunft" benutzt die Arbeit, die Hoffnungen und die Leiden endlicher Kräfte dazu, ihre höchsten Ziele zu verwirklichen. Der Staat ist das Gefäß des Absoluten, bleibt aber gleichzeitig eine historische Größe, die an die besonderen Umstände von Zeit und Raum gebunden ist. Die Staaten müssen ihre besondere Natur behaupten, und Kriege sind deshalb unvermeidlich. Jeder Versuch, einen idealen Staat oder einen schließlichen ewigen Frieden zu konstruieren, wird als unlogisch erklärt. Die Hegelsche Philosophie verwirft die ganze Tradition des Naturrechts, die eine der stärksten liberalisierenden Kräfte in der abendländischen Kultur gebildet hatte. Die Theorie der „unveräußerlichen Rechte" des einzelnen, die im 18. Jahrhundert selbst in Deutschland so starke philosophische Unterstützung gefunden hatte, wird mit besonderer Verachtung behandelt.

Hegels Apotheose des Staates lieferte die Rechtfertigung für eine absolutistische und autoritäre Regierung, gegen die der einzelne keinen wesentlichen Schutz hat. Trotzdem ist für Hegel der Staat ein nationaler Kulturstaat und hinsichtlich seiner inneren Regierung ein Rechtsstaat und darf deshalb nicht ausschließlich als Machtstaat gelten. Der Philosoph des Geistes sah im Staatsmann den Vollstrecker der Idee und nicht, wie es die moderne faschistische Theorie tut, den Schöpfer und Ausbeuter der Idee. Der Staat gehört für Hegel immer noch zur endlichen Welt, und obgleich es auf Erden keinen Richter gibt, der über die Handlungen des Staates zu Gericht sitzt, untersteht dieser dem Gericht der Universalgeschichte, in der sich die Totalität des absoluten Geistes offenbart. In diesem Sinne konnte Hegel mit Schiller sagen: „Die Weltgeschichte ist das Weltgericht." Zudem muß der Staat die Unabhängigkeit von Kunst, Religion und Philosophie als den großen Manifestationen des Absoluten respektieren. Die geistigen Erfahrungen des Individuums werden hiermit, jedenfalls theoretisch, geschützt.

Im Staat, als dem Träger von Vernunft und Geist, sah Hegel eine aufgeklärte und großmütige Macht. Seine politische Theorie war keineswegs blinde Reaktion. Die Lehre Hallers, der den Staat als eine Einrichtung der Natur auffaßte, in der nach dem Plane Gottes der Starke über den Schwachen herrschen sollte, war die unter den Konservativen vorherrschende politische Philosophie. Hegel bezeichnete solche Lehren als Früchte des Fanatismus, der Dummheit und der Heuchelei. Für ihn war das Prinzip des Staates die Vernunft, und er verwarf jede Theorie, die den Staat zum Schlachtfeld der blinden Kräfte und des Zufalls machte. Sein ganzes Leben lang gab er seiner Bewunderung Ausdruck für jenen „herrlichen Sonnenaufgang", die Französische Revolution, die „von der Philosophie ihre erste Anregung empfangen" und „im Gedanken des Rechts" eine Verfassung errichtet habe. Auch die Lehren einer anderen einflußreichen konservativen Schule verwarf Hegel als im Grunde naturalistisch: den romantischen Konservatismus der sogenannten historischen Rechtsschule, deren bedeutendster Vertreter Friedrich Karl von Savigny war (1779—1861; Professor in Berlin 1810—1842). Dieser sah im unbewußten Wirken des Volksgeistes die Quelle aller Rechtsinstitutionen einer Nation und sprach sich gegen jede vernunftmäßige Rechtsschöpfung als einen anmaßenden Eingriff in die historische Überlieferung aus.

Hegels Philosophie war auf einem ihm eigenen konservativen Glauben begründet. Hegel glaubte, daß es nicht die Aufgabe der Philosophie sei, der Geschichte neue Ziele zu setzen, sondern daß ihre Funktion darin bestünde, die vergangenen Entwicklungen zu verstehen und das gegenwärtige Stadium der Geschichte ins Bewußtsein zu bringen. Er war überzeugt, daß die Geschichte in eine Spätzeit eingetreten sei, und sah den Beweis dafür sowohl in der Fähigkeit der modernen Philosophen, die Geschichte in Vernunftbegriffen zu interpretieren, als auch im Aufstieg der preußischen Monarchie. Die Verherrlichung Preußens als eines „auf Intelligenz gegründeten" Staates zwang ihm eine seltsame Beweisführung auf. In krassem Gegensatz zu seiner These, daß der Staat einen historischen und rationalen Charakter habe, verteidigte er die Monarchie mit dem Argument, daß die Geburt, mehr ein Faktum der Natur als der Geschichte, dem Monarchen eine objektive Autorität weit über den besonderen Interessen der Individuen und Gesellschaftsklassen gebe. Hegels offensichtliche Zufriedenheit mit der bestehenden Ordnung des Deutschen Bundes läßt sich als ein weiterer Ausdruck seiner konservativen Gesinnung werten. Angesichts der engen Verbindung, die Hegel zwischen dem Staat und dem Nationalgeist herstellte, hätte man erwarten können, daß er für einen geeinten deutschen Staat eintreten würde.

Solche subjektiven Urteile verraten einige der grundlegenden Dilemmata Hegelscher Philosophie. In ihren Folgen tritt dies jedoch noch schärfer hervor. Trotz aller Bemühungen des idealistischen Philosophen, eine derartige Schlußfolgerung abzumildern, lag doch tatsächlich in seinem System das eigentliche Kriterium des historischen Fortschritts in dem Ergebnis der Machtkonflikte. Da sich die Idee nur in konkreten Staaten realisiert, bleiben keine absoluten Ideale, um den Lauf der Geschichte zu regeln und zu bewerten. Was auf die internationalen Beziehungen zutraf, galt ebenso für das innere Leben der Staaten. Angesichts der Souveränität der Staaten hatten individuelle Rechte nur einen relativen Wert, und ebenso wurden die Sittlichkeit des einzelnen und die Staatsethik voneinander getrennt. Die Idee der absoluten Gerechtigkeit verschwand in den Wolken, und das positive Recht des bestehenden Staates konnte von jedem Bürger unbedingten Gehorsam verlangen.

Preisgabe des Naturrechts

Die Hegelsche Philosophie brachte die geistige Entwicklung, die die deutsche Romantik eingeleitet hatte, zum Abschluß. Die religiöse und philosophische Grundlage, auf die sich das soziale Denken beinahe zwei Jahrtausende lang gegründet hatte, der Glaube an das Naturrecht, wurde preisgegeben. Es war eine unendlich radikalere philosophische Revolution als der Wandel im Denken, den die Französische Revolution verursacht hatte. Denn diese hatte nur die absolutistische Fassung des Naturrechts durch eine demokratische Auslegung ersetzt, ohne die ihr zugrunde liegenden philosophischen Voraussetzungen in Frage zu stellen. Deutschland, wo nur eine Generation vorher Kant seine politischen und sozialen Theorien in den Begriffen der gemeinsamen europäischen Tradition des Naturrechts vorgetragen hatte, wandte sich im Zeitalter Hegels mit Entschiedenheit von diesem Erbe ab. Dadurch tat sich zwischen Deutschland und Westeuropa eine tiefe Kluft auf, die in keinem der früheren Jahrhunderte der europäischen Geschichte bestanden hatte.

Der deutsche Katholizismus hielt zwar an der Tradition des Naturrechts fest, wie sie in den Lehren der Kirche verkörpert war, aber in den gebildeten Kreisen des protestantischen Deutschland, die in den Universitäten und im Beamtentum vorherrschten, erlosch diese Tradition und wurde auch nicht wieder ins Leben zurückgerufen, als das Hegelsche System seine Anziehungskraft verloren hatte. Diejenigen, die nach 1830 die demokratische Reform in Deutschland aktiv verfolgten, waren gezwungen, sich in der Rüstkammer des westeuropäischen Denkens nach Stützen umzusehen. Aber durch das Fehlschlagen der Revolution von 1848/49 und die Siege Bismarcks zwei Jahrzehnte später waren diese Gruppen im deutschen Bürgertum verhältnismäßig machtlos, und eine engere Affinität mit westlichen Ideen machte sich erst in dem demokratischen Sozialismus geltend, den die deutsche Arbeiterklasse im letzten Drittel des 19. Jahrhunderts vertrat.

Das Aufkommen einer neuen Philosophie der Individualität, die die romantischen Schriftsteller sich zu eigen machten und die Hegel mit seinem großartigen Panlogismus verband, bietet an sich noch keine ausreichende Erklärung dafür, warum sich das politische Denken in Deutschland von dem Hauptstrom des europäischen Denkens loslöste. Wenn die Gebildeten im protestantischen Deutschland so bereit waren, Kant zugunsten Hegels aufzugeben, so müssen sie das Gefühl gehabt haben, daß die Hegelsche Philosophie ihnen eine Lösung ihrer eigenen lebenswichtigen Probleme und ihres Strebens versprach. In der vorhergehenden Generation waren einige hervorragende Persönlichkeiten, wie Stein, Scharnhorst oder Gneisenau, imstande gewesen, ihren individuellen

Genius zur Geltung zu bringen. Sie hatten der Politik des preußischen Staates ihren Stempel aufgedrückt und, wo ihnen dies nicht gelang, wie in der Krise von 1812, diesen Staat sogar bekämpft. Damals mußten die Entfaltung der Persönlichkeit und die politische Reform noch miteinander vereinbar sein. Aber die Reaktion nach 1815 ließ dem Individuum keinen derartigen Spielraum, und eine Unterstützung der Revolution lag nicht im Blute der Intelligenz, die in ihrer Existenz von dem traditionellen deutschen Staat abhängig war. Diese Menschen fügten sich ohne große Schwierigkeiten in einen neuen Absolutismus, um so mehr, als sich mit Recht behaupten ließ, daß dieser neue Absolutismus, im Unterschied zum Staate Friedrichs des Großen, kein persönlicher Despotismus war, sondern dem Beamtentum einen wichtigen Anteil an allen politischen Entscheidungen gab. Zudem räumten die deutschen Staaten der Restaurationszeit dem freien Wirtschaftsunternehmen der bürgerlichen Gesellschaft Freiheiten ein, die im Vergleich zu den merkantilistischen Bräuchen des 18. Jahrhunderts sehr erheblich waren. Ein gewisser Fortschritt ließ sich nicht verkennen. Und hatte nicht dieses Preußen im Befreiungskrieg eine hervorragende Rolle gespielt, als es galt, den europäischen Nationen ihre Freiheit zurückzugeben, und vor allem: hatte es nicht dem nationalen Leben in Deutschland einen neuen Aufschwung gegeben? Angesichts dieser Leistungen konnte man selbst die störenden militaristischen Züge Preußens entschuldigen; diesen stand andererseits auch eine Blüte von Kunst und Wissenschaft gegenüber.

Hegels Philosophie entsprach der Situation von Menschen, die fest an die Macht der Vernunft über die Wirklichkeit glaubten, sich aber gern überzeugen ließen, daß der Fortschritt zur Freiheit innerhalb einer autoritären politischen Ordnung möglich sei. Für sie mußten die harten Wirklichkeiten der Geschichte, vor allem die grausamen Ungerechtigkeiten reiner Macht, philosophisch gedeutet werden, so daß das Erlebnis der Freiheit im wesentlichen zu einem inneren Erlebnis des einzelnen wurde. Staatsräte konnten sich rühmen, Arbeiter im Reich des objektiven Geistes zu sein, und Professoren konnten sich als Freunde des Weltgeistes fühlen. Die besondere historische Lage der gebildeten Klasse Deutschlands im Zeitalter der Restauration macht die weite Verbreitung der Hegelschen Philosophie verständlich. Umgekehrt schwand der Glaube an das Hegelsche System, als sich in den dreißiger Jahren des 19. Jahrhunderts das politische und gesellschaftliche Klima änderte und neue wissenschaftliche Ideen aufkamen. Viele der sozialen und politischen Umstände, die die Entwicklung und die Aufnahme des Hegelschen Systems begünstigt hatten, blieben jedoch weiterhin bestehen, und Hegels Gedanken halfen, diese Umstände verstandesmäßig zu erklären. In dem Zeitalter, in dem das deutsche Volk um seine Einigung kämpfte, nur um sie am Ende als ein Ergebnis der Machtpolitik einer autoritären Regierung zu gewinnen, und noch mehr im darauffolgenden Zeitalter des Imperialismus waren Hegelsche Gedanken in Deutschland im Umlauf. Aber diese späteren Generationen verstanden den Staat als das letzte Absolute in der positiven Wirklichkeit oder oft genug als eine Kraft biologischer Natur, und nicht als ein vorübergehendes Moment in der dialektischen Bewegung des Geistes. Obgleich sich diese späteren Verherrlicher der Machtpolitik und Leugner des Völkerrechts zum Teil der Hegelschen Sprache bedienten, gingen sie doch nicht mehr von Hegels Gedanken aus.

Gegenbewegungen gegen Hegel

Der unmittelbare Einfluß Hegels hatte dem Konservatismus keineswegs nur Nutzen gebracht. Viele Konservative, darunter der Kreis des preußischen Kronprinzen, des späteren Friedrich Wilhelm IV., empfanden ein tiefes Mißtrauen gegen ihn, das sich durch die Entwicklung der Hegelschen Schule nach dem Tode des Meisters als wohlbegründet erwies. Die konservativen Kritiker nannten Hegels Philosophie „negativ", weil sie die Vernunft dazu benutzte, die gegebene Wirklichkeit und Ordnung in Frage zu stellen. Jede Form des Lebens schlägt in ihr Gegenteil um und erreicht ihre volle Verwirklichung nur durch diesen Prozeß. Die „Negation" aller gegebenen Realität durch die Hegelsche Dialektik schien F. J. Stahl (1802–1861), dem führenden Theoretiker des Konservatismus in den Jahren nach 1840, das Prinzip der Revolution zu enthalten. Da die Gesellschaftstheorie einen wesentlichen Teil der Hegelschen Philosophie bildet, war diese Behauptung nicht ganz unbegründet. Aber in den Augen der Zeitgenossen Hegels war es noch wichtiger, daß er die Religion in bloße Logik verwandelte. Während die orthodoxen Theologen ihn deswegen angriffen, zogen einige seiner Schüler aus seinen Lehren radikale Folgerungen. Wir erwähnten schon David Friedrich Strauss' „Leben Jesu". Diese Interpretation des Neuen Testaments als eines vom absoluten Geist geschaffenen Mythos öffnete das Tor für die allerradikalste Kritik an der christlichen Religion.

Ludwig Feuerbach (1804–1872), der ursprünglich ein begeisterter Apostel des Hegelschen Pantheismus gewesen war, warf Hegel vor, das den Menschen und sein Denken bedingende Element, die Natur, vernachlässigt zu haben, und er entwickelte einen sensualistischen Materialismus, der zur Verneinung der Hegelschen Philosophie führte. Feuerbach glaubte, daß Hegel noch in theologischen Vorurteilen befangen gewesen sei. Individuum und Materie seien die wahre Wirklichkeit, Hegels Universalien reine Abstraktionen. Der Mensch stellt sich, was er zu sein wünscht, als eine andere Welt, ein transzendentes Ideal vor und betet es als seinen Gott an. Feuerbachs „Das Wesen des Christentums", das 1841 erschien, erklärt, daß die christliche Religion eine illusorische Schöpfung der Wunschträume des Menschen sei. Zum ersten Mal machte sich in der deutschen Geschichte ein antireligiöser und naturalistischer Materialismus bemerkbar und verbreitete sich rasch in den städtischen Mittelklassen, vor allem in ihren unteren

Schichten. Die mechanistische Erklärung der psychischen und physikalischen Welt, die ihren Ursprung im französischen Materialismus des 18. Jahrhunderts hat, wurde bald von den deutschen Materialisten übernommen. Der gleichzeitige Fortschritt der Naturwissenschaft führte zu einer völligen Verwerfung jeder spekulativen Naturphilosophie, und der neue Materialismus konnte sich als die dem modernen naturwissenschaftlichen Zeitalter angemessenste Lebensanschauung ausgeben. Seine optimistische Ethik versprach dem Individuum Glück, und seine Politik neigte der Demokratie zu.

Marx und Engels

Während Feuerbachs naturalistischer Materialismus unmittelbar auf das Denken des Volkes einwirkte, sollte der historische Materialismus von Karl Marx (1818—1883) erst Jahrzehnte später Einfluß gewinnen. Der junge Student aus der alten Bischofsstadt Trier versenkte sich in Berlin, wo er mit den Jung-Hegelianern in Berührung kam, in die Hegelsche Philosophie und begann, ihre Gültigkeit anzuzweifeln. Aber bis zum Jahre 1843, als ihn die preußische Regierung des Landes verwies, weil er als Herausgeber der Kölner „Rheinischen Zeitung" 1842/43 die schwersten Angriffe gegen die offizielle Politik gerichtet hatte, war Karl Marx nicht merkbar über einen demokratischen Radikalismus hinausgewachsen. Die Jahre zwischen 1844 und 1848, die er in Paris und Brüssel verbrachte, ermöglichten es ihm, die Wirren der industriellen Revolution und den westeuropäischen Sozialismus zu studieren. Um diese Zeit traf er Friedrich Engels (1820—1895), der sich eben mit der Veröffentlichung seines Buches „Die Lage der arbeitenden Klasse in England" einen Namen gemacht hatte, und zwischen den beiden Propheten der sozialen Revolution entspann sich eine nahe Freundschaft und enge geistige politische Zusammenarbeit, die bis zum Ende ihres Lebens anhalten sollte.

Karl Marx, der Abkömmling einer Familie, die ihre Bande mit dem Judentum völlig zerschnitten hatte, verriet trotzdem in seinem intensiven Rationalismus Spuren einer langen rabbinischen Tradition. Der stärkste menschliche Beweggrund für seine Rebellion gegen die bürgerliche Gesellschaft, sein ausgesprochenes Gerechtigkeitsgefühl, nahm in späteren Jahren mehr den Charakter eines Denkprinzips als den einer zutiefst empfundenen Überzeugung an. Im Gegensatz zu Marx' abstrakter Denkweise zeigte Friedrich Engels der Welt und dem Leben gegenüber eine freie und offene Haltung. Sohn eines wohlhabenden Baumwollfabrikanten in Barmen, hatte er früh den Wunsch gehegt, der Enge seiner Heimatstadt und der — wie ihm schien — unerträglichen Scheinheiligkeit ihrer pietistischen Kaufleute und Industriellen zu entfliehen. Er begab sich nach Manchester, um sich bei der Leitung des englischen Zweiggeschäfts seiner Familienfirma zu betätigen. Sein Geschäftseinkommen ermöglichte ihm, Marx und seine Familie in ihrem Londoner Exil nach 1850 zu erhalten. Trotz seiner praktischen Arbeit war Engels ein fleißiger Student der Geschichte. Seine erstaunliche Sprachbegabung ermöglichte ihm ein breit angelegtes Studium der Universalgeschichte. Als er im badischen Feldzug von 1849 als Offizier in der Revolutionsarmee diente, hatte er auch viele Kenntnisse in militärischen Angelegenheiten erworben. Engels behauptete immer, daß sein Beitrag zur Entwicklung der Marxschen Theorie sich hauptsächlich auf Einzelheiten beschränkt habe und daß vor allem die feste Grundlage des ganzen Gebäudes das Werk von Marx gewesen sei. Dies ist ganz richtig, denn Engels besaß nicht die durchdringende theoretische Fähigkeit von Marx. Trotzdem leistete er Marx große Dienste. Engels' verständnisvolle Kritik half bei der Geburt mancher Idee, und die Information, die Engels zu geben vermochte, bereicherte die Marxschen Schriften um viel konkretes Material. Neben seinem glücklichen Familienleben war zweifellos der fortgesetzte Gedankenaustausch mit Engels die Hauptquelle der Kraft, die Marx befähigte, trotz irritierender und entmutigender äußerer Umstände mit heroischer Anstrengung sein Werk zu vollenden.

Das entscheidende Stadium in der Entwicklung des historischen Materialismus war die Zusammenarbeit von Marx und Engels, die im Jahre 1848, am Vorabend der europäischen Revolutionen von 1848/49, in der Veröffentlichung des „Kommunistischen Manifestes“ gipfelte. Dieses Meisterwerk politischer Demagogie löste damals bei den Massen keinen Widerhall aus. Erst 30 oder sogar 50 Jahre nach seinem Erscheinen begann es sichtbar auf die Weltgeschichte einzuwirken. Es enthielt in knappster Form den neuen Sozialismus, den Marx den „wissenschaftlichen“ nannte, im Gegensatz zum „utopischen“ Sozialismus seiner Vorgänger, wie Fourier, Proudhon oder Owen. Der Beweis notwendiger Gesetze der Geschichte, die die schließliche Verwirklichung des Sozialismus unausweichlich machen, erhob den neuen Sozialismus zu einer Wissenschaft. Das Scheitern der Revolutionen von 1848/49 veranlaßte Marx und Engels dann, ihre Ideen in gewisser Hinsicht zu modifizieren, obgleich sie sie im großen und ganzen nur weiter ausbauten. Im „Kapital“, dessen erster Band 1867 erschien, während der zweite und dritte nach Marx' Tode von Engels 1885 und 1893 herausgegeben wurden, verwandelte Marx seine sozio-ökonomischen Theorien in ein strenges ökonomisches System.

Marx kritisierte die Behauptung Hegels, daß im monarchischen Staat das Stadium erreicht worden sei, in dem die Vernunft verwirklicht sei. Das Proletariat sei ein klarer Beweis dafür, daß die bestehende Gesellschaft einer ganzen Klasse die Erfüllung ihrer menschlichen Entwicklungsmöglichkeiten verweigert habe. Es besitze kein Eigentum, das Voraussetzung zu persönlicher Freiheit sei, und habe keinen Anteil an Religion, Philosophie und Kunst, den Pforten, die den Menschen den Zugang zur Welt des Absoluten öffnen. Die bürgerliche Gesellschaft verdamme das Proletariat zum „universellen Leiden“, indem sie es der blinden Herrschaft einer fremden Macht unterwerfe. Die Waren, die Produkte menschlicher Arbeit, die als solche die Freiheit des Menschen erhöhen, seien in der kapitalistischen Gesellschaft die brutalen Herren des Menschen geworden. Marx bestritt niemals die schöpferische Kraft des Kapitalismus und sprach von ihm oft in einer Sprache hoher Bewunderung. Der Kapitalismus hat nach Marx nicht nur die Produktionsmöglichkeiten ungeheuer vervielfältigt, sondern auch die Organisation der Menschheit in eine universale Gesellschaft bewerkstelligt und dadurch die Bedingungen für eine einheitliche Bewegung der Weltgeschichte geschaffen.

Der Kapitalismus ist nach Marx ein notwendiges Stadium der Geschichte, aber keineswegs die Erfüllung der Vernunft oder der menschlichen Freiheit. Diese verlangt, daß die Klassengesellschaft und deren Ursache, das Privateigentum, abgeschafft werden. Aber es besteht die Hoffnung auf die baldige Ankunft eines Zeitalters klassenloser Gesellschaft, in dem alle an den Früchten der Produktion Anteil haben und der einzelne imstande sein wird, seine vollen Möglichkeiten zu verwirklichen. Marx findet im Wachstum des Kapitalismus selbst die Keime seiner Zerstörung: Indem die bürgerliche Gesellschaft dem Arbeiter das Besitzrecht über die Produktionsmittel vorenthält, zwingt sie ihn, seine Arbeit zu einem Preis zu verkaufen, der viel niedriger als der Wert ist, den seine Arbeit den Waren gegeben hat. Der Kapitalist eignet sich den *Mehrwert* an. Die Ausbeutung des Arbeiters, die mit der Ersetzung menschlicher Arbeit durch die Maschine noch verschlimmert wird, treibt das Proletariat in die Verelendung. Aber gleichzeitig verschlingt das freie Konkurrenzsystem seine eigenen Herren. Das Kapital konzentriert sich im Konkurrenzkampf in immer weniger Händen, und eine wachsende Zahl von Kapitalisten wird ins Proletariat gedrängt. Dieser Prozeß der Konzentration wird die ganze Struktur der bürgerlichen Gesellschaft zerstören. Während seine bedrückenden ökonomischen Umstände das Proletariat zu einer homogenen Klasse machen, wird die Klasse der Kapitalisten dahinschwinden. So wird der Tag herannahen, an dem die letzten Enteigner vom Proletariat enteignet werden.

Karl Marx wich niemals so weit von der Hegelschen Tradition ab wie Ludwig Feuerbach und andere Jung-Hegelianer. Seine Theorie hielt an dem von Hegel aufgestellten Ziel der Geschichte, der Verwirklichung der Vernunft und der menschlichen Freiheit, fest, und ebenso war das Vorbild der Hegelschen Dialektik für Marx wichtig. Aber während für Hegel der tatsächliche Verlauf der Geschichte nur ein Teil eines großen metaphysischen Dramas ist, wendete Marx die kritischen Werkzeuge der Hegelschen Philosophie ausschließlich zum Verständnis der tatsächlichen Geschichte an. Die absolute Verneinung von Metaphysik und Religion, die von Feuerbach sehr gefördert worden war, veranlaßte Marx und Engels, von ihrer „materialistischen“ Geschichtsauslegung zu sprechen. Doch ist diese Bezeichnung irreführend, und der Ausdruck „ökonomische“

Geschichtsauslegung ist eine bessere Beschreibung. Marx erklärt, Geschichte sei die Geschichte von Klassenkämpfen und von Ideen, und diese seien reine „Ideologien“ oder „Überbauten“ der sozialen Wirklichkeit. Aber dies trifft nur auf die Geschichte vor der Vernichtung des Kapitalismus und der bürgerlichen Gesellschaft zu, die Marx gern die „Vorgeschichte“ des Menschen nannte. Zudem war Marx weit davon entfernt, Ideen, seien es religiöse, sittliche, politische oder künstlerische, für unwichtig zu halten. Er hielt sie für aktive Kräfte der Geschichte, deren Formen und Bewegungen zwar von ökonomischen Wirklichkeiten bedingt würden, aber nicht bloße Reflexe ökonomischer Triebkräfte seien.

In Marx' Bemerkung, er habe die Philosophie „von dem Kopfe, auf dem sie gestanden, wiederum auf die Beine gestellt“, drückt sich sein Gegensatz zur Hegelschen Philosophie des Geistes, aber nicht ein Gegensatz zur Vernunft aus. Nicht im metaphysischen Fortschritt des Geistes, sondern im konkreten Kampf des Menschen mit den materiellen Umständen des Lebens müsse die Entscheidung über die zukünftige Freiheit des Menschen und die Vernunft des Menschen gesucht werden. Dafür genüge die rein philosophische Auslegung der Geschichte nicht. Es bedürfe des tatsächlichen Wandels der Gesellschaft und der Formen der wirtschaftlichen Produktion, auf denen sie beruht. Von einer wissenschaftlichen Theorie geleitet, wurde der Philosoph zum Führer der proletarischen Revolution. Marx und Engels behaupteten immer, daß die moderne Arbeiterbewegung das Kind nicht nur des westeuropäischen Sozialismus, sondern auch der klassischen deutschen Philosophie sei, und dies trifft auch auf die ursprüngliche marxistische Theorie zu, obgleich die sozialistische Bewegung eines späteren Zeitalters sich dieses Zusammenhangs wenig bewußt war.

Wirklichkeitswissenschaft

Die Geburt des Marxismus in den Jahren nach 1840 war ein weiteres Zeichen der zunehmenden Wegwendung vom spekulativen Idealismus und der Hinwendung zu einer wirklichkeitsbezogenen Wissenschaft. Zwar blieben Vertreter des Jung-Hegelianismus von den akademischen Fakultäten ausgeschlossen, aber der Wandel von der Philosophie zur empirischen Wissenschaft ging in der Zeit seit 1830 gleichwohl stetig weiter. Selbst die Romantik hatte dadurch, daß sie Achtung vor dem besonderen Wert der individuellen Formen lehrte, einen neuen Wirklichkeitssinn vorbereiten helfen. Die Studien der Gebrüder Grimm (Jakob, 1785–1863; Wilhelm, 1786–1859) waren ursprünglich von dem romantischen Wunsch angeregt worden, den Augenblick zurückzurufen, in dem der jugendliche germanische Geist erwachte und Sprache und Poesie schuf. Die „Kinder- und Hausmärchen“ (1812–1822) und die „Deutschen Sagen“ (1816–1818) waren die reifen Früchte ihrer frühen Jahre. Neben der Wiederentdeckung der germanischen Volkspoesie meisterten die Brüder die Probleme der Geschichte der deutschen Sprache, denen sie die meisten Jahre ihres Lebens widmeten. Jakob Grimms „Deutsche Grammatik“ (1819—1837) begründete die vergleichende germanistische Philologie, und nach 1852 schuf er mit seinem Bruder das „Deutsche Wörterbuch“, die große Schatzkammer der historischen germanistischen Sprachwissenschaft. Franz Bopp (1791—1867) dehnte seine Forschung auf alle indogermanischen Sprachen aus und wurde der Vater der vergleichenden Sprachwissenschaft. Die Arbeit der Gebrüder Grimm, Bopps und vieler anderer Gelehrter ihrer Generation legte eine sichere wissenschaftliche Grundlage für die Forschung in den Geisteswissenschaften. Auch die Geschichtsschreibung profitierte von ihren Leistungen.

Barthold Georg Niebuhr

Barthold Georg Niebuhr (1776—1831) hatte in seiner „Römischen Geschichte“ (1811/12, neue Ausgabe 1827—1832) zum erstenmal in der Geschichte der europäischen Geschichtsschreibung mit der Gewohnheit gebrochen, die klassischen Geschichtsschreiber als Quellen für die Behandlung der Vergangenheit zu benutzen. Zwar war er nicht der erste Gelehrte, der den Wert der großen römischen Historiker für das Verständnis der frühen Periode der römischen Geschichte in Frage stellte, aber er zeigte als erster Methoden auf, mittels deren man die Vergangenheit rekonstruieren könne, die von den klassischen literarischen Quellen entstellt oder mißverstanden wurde. Von einer kritischen Auswertung sowohl der Anschauungen der darstellenden Sekundärschriftsteller als auch ihrer Stellung innerhalb der Institutionen und Ereignisse ihres Zeitalters muß der moderne Gelehrte seinen Weg zu den authentischen Urkunden und Quellen finden, die dann in ein neues einheitliches Bild des zur Untersuchung stehenden Gegenstandes verwoben werden müssen. Diese sogenannte „kritische Methode“ — im wesentlichen die Anwendung einer erweiterten philologischen Textkritik —, die zur Voraussetzung aller modernen historischen Forschung werden sollte, wurde zum erstenmal von Niebuhr erfolgreich vorgeführt.

Nicht nur seine kritische Begabung, die von einer enormen Gelehrsamkeit unterbaut wurde, sondern auch seine intensive Beteiligung an den geistigen und politischen Strömungen seiner Zeit ermöglichten Niebuhrs wissenschaftliche Leistungen. In seiner Kindheit, die er unter den freien Bauern von Nordfriesland verbrachte, hatte er eine freie Agrargesellschaft kennengelernt. Am Vorabend der Schlacht bei Jena von 1806 übernahm er die Leitung der preußischen Staatsbank, und er war eng an der Politik der Reform- und Befreiungszeit beteiligt. Von 1816 bis 1823 diente er als preußischer Gesandter in Rom und führte die Verhandlungen wegen des Vertrags, der die Beziehung zwischen Staat und Kirche in Preußen für das nächste Jahrhundert regelte. Niebuhr stand den Realitäten des politischen und wirtschaftlichen Lebens immer nahe; er beschäftigte sich mit der Geschichte hauptsächlich in der Absicht, die richtige soziale und politische Ordnung zu finden, wofür ihm der frühe römische Staat als ein ideales Exempel erschien. In dieser Hinsicht war er noch ein Vertreter der pragmatischen Geschichtsschreibung der Aufklärung, deren moralistische Haltung er teilte. Der Einfluß der Frühromantik, vor allem Herders Vorstellung vom organischen Wachstum, bestärkte ihn darin, sich mehr auf die Einzelgeschichte als auf die Universalgeschichte zu konzentrieren. Auch beeinträchtigte die dogmatische Anwendung der romantischen Theorien vom Nationalgeist die volle Kraft seiner außerordentlichen historischen Intuition. Es fehlte ihm an literarischer Begabung, um aus seinen kritischen Studien eine zusammenfassend erzählende Darstellung zu machen, die einen weiteren Leserkreis angesprochen hätte. Erst nach der Mitte des Jahrhunderts gelang es Theodor Mommsen (1817–1903) mit seiner „Römischen Geschichte" (1854–1856), ein solches allgemeines Interesse zu erwecken.

Leopold Ranke

Die ruhigen Tage nach 1815 waren dem Reifen eines Genies günstig, das es verstand, die Erlebnisse der vorangegangenen politischen Stürme mit denen der Restauration zu verschmelzen, und die philosophische und literarische Atmosphäre Deutschlands trug dazu bei, eine Geschichtsschreibung zu schaffen, die ihre Stärke in objektiver Betrachtung fand. Leopold Ranke (1795–1886), Abkömmling einer Familie, die jahrhundertelang ein lutherisches Pfarramt in Sachsen bekleidet hatte, kam über die Theologie und die klassische Altertumswissenschaft zur Geschichte. Im Jahre 1824 veröffentlichte er sein erstes Buch, „Geschichten der romanischen und germanischen Völker von 1494 bis 1514", das dem jungen Gymnasiallehrer eine Professur an der Universität Berlin eintrug. Die „Geschichte der Päpste im 16. und 17. Jahrhundert" (1834–1836) verbreitete seinen Ruhm weit über die Grenzen Deutschlands hinaus. Danach folgten hintereinander seine anderen Meisterwerke: „Deutsche Geschichte im Zeitalter der Reformation" (1839–1843), „Neun Bücher Preußischer Geschichte" (1847/48), „Französische Geschichte, vornehmlich im 16. und 17. Jahrhundert" (1852 bis 1861) und „Englische Geschichte, vornehmlich im 17. Jahrhundert" (1859 bis 1868). Als Achtzigjähriger unternahm er die Abfassung einer „Weltgeschichte" (1881–1888), die zur Zeit seines Todes bis zum 15. Jahrhundert gediehen war. Rankes Werke, die etwa 60 Bände ausmachen, und auch viele monographische Studien umfassen, behandeln beinahe die gesamte europäische Geschichte, und in seinen Seminaren wurden viele Historiker herangebildet, die dem Studium der Geschichte an allen deutschen Universitäten eine sichere Stellung verschafften.

Ranke stellt in der Einleitung zu seinem ersten Werk fest, daß der Historiker aus der Geschichte keine Lehren für die Zukunft ziehen noch moralische Werturteile fällen soll, und er fügt die oft mißverstandene und sogar bespöttelte Bemerkung hinzu: „Er will bloß zeigen, wie es eigentlich gewesen." Damit wollte er seinen Gegensatz zu einer moralisierenden und pragmatischen Geschichtsschreibung zum Ausdruck bringen, wie er auch die romanhafte Behandlung historischer Themen verwarf, mit der Walter Scott und andere romantische Schriftsteller damals ein großes Publikum unterhielten. Was „eigentlich gewesen", ließ sich nur auf Grund der Dokumente und Denkmäler der Vergangenheit feststellen, und die literarische Kunst, die die Historiker bei der Darbietung historischer Stoffe anwenden konnten, war streng an die zur Verfügung stehenden Quellen gebunden. Die „kritische Methode" erwies sich in Rankes Händen als der Schlüssel, der auf vielen Gebieten den Reichtum des historischen Lebens erschloß. Ein umfassender Sinn für die Mannigfaltigkeit historischer Formen befähigte ihn, tief in den einmaligen Charakter historischer Geschehnisse einzudringen. Aber alle einzelnen Personen, Ereignisse oder historischen Zeitalter erschienen Ranke nur als notwendige Teile weiterer Entwicklungen. Jenseits der subjektiven Kräfte erkannte er wie Hegel die Herrschaft objektiver Mächte; beide Männer sahen in Staaten und Nationen die wichtigsten Faktoren der Universalgeschichte.

Ranke setzte jedoch die menschliche Geschichte nicht mit der Bewegung des absoluten Geistes gleich und erkannte kein Gesetz des unvermeidlichen Fortschritts an. Sein fester, wenn auch undogmatischer Glaube an einen persönlichen Gott ließ ihn zwischen einer höheren und einer historischen Welt unterscheiden, obgleich er diese nicht ganz voneinander getrennt sah. Die ganze Geschichte zeigte Ranke das Walten höherer Mächte, und er glaubte, daß manchmal die Hand Gottes geahnt werden könne. Die großen politischen Kämpfe waren für ihn nicht bloß Konflikte von Interessen und Leidenschaften, sondern auch die Auseinandersetzung zwischen idealen Prinzipien. Das Wirkliche und das Ideale sind in der Geschichte vereint, und Ranke sprach gern vom „Real-Geistigen" allen historischen Lebens. In diesen Ideen, die ihm als die lebendigen Prinzipien der Staaten, Nationen und Zeitalter erschienen, enthüllte sich der universale Charakter der Geschichte. Obgleich Ranke als Meister der kritischen Geschichtsmethode und als Künstler in der Charakterisierung der historischen Individualitäten schwerlich seinesgleichen fand, hatte er es doch von Anfang an auf ein Verständnis der Totalität der Geschichte abgesehen. Seine „Weltgeschichte" bildete die logische Krönung seines Lebenswerkes. Aber die Weltgeschichte konnte für Ranke nicht wie für Hegel auf vernunftmäßige Ideen und Gesetze des Fortschritts zurückgeführt werden. Für Ranke war die Geschichte die Manifestation der Wirkungsmöglichkeiten des Menschen, die nur dann verstanden werden können, wenn die Geschichte in ihrer ganzen Fülle betrachtet wird. Ranke gab zu, daß es Fortschritte in den materiellen und technologischen Verhältnissen der Zivilisationen geben kann, leugnete aber einen allgemeinen Fortschritt. Er fand es unlogisch, vergangene Geschichtsperioden als bloße Sprungbretter für ein aufgeklärtes gegenwärtiges oder zukünftiges Zeitalter zu betrachten, sondern argumentierte ganz im Gegenteil: „Jede Epoche ist unmittelbar zu Gott, und ihr Wert beruht gar nicht auf dem, was aus ihr hervorgeht, sondern in ihrer Existenz selbst, in ihrem eigenen Selbst."

In seinem ersten Werk, „Geschichten der romanischen und germanischen Völker", spricht Ranke seine Überzeugung aus, daß die europäische Geschichte ihren grundsätzlichen Charakter sowohl von der Verschiedenheit als auch von der Einheit der europäischen Nationen empfangen hat. Während jeder einzelne dieser miteinander verwandten Nationen im Verlauf der Geschichte ihre Individualität immer deutlicher entwickelt habe, hätten doch alle auf Grund ihrer gemeinsamen historischen Erfahrungen gleichzeitig eine Gemeinschaft gebildet. Diese Einheit habe in der modernen Zeit ihren Ausdruck vor allem in dem System der großen Mächte gefunden, das sich siegreich gegenüber Versuchen behauptet habe, ganz Europa die Herrschaft einer einzigen Nation aufzuzwingen, wie sie von Karl V., Philipp II. von Spanien, Ludwig XIV. und dann wieder von Napoleon gemacht worden seien. Das Überleben dieses Systems war für Ranke die beste Gewähr für die Kontinuität der europäischen Geschichte, während andererseits die Spannungen innerhalb des Mächtesystems die Gewähr für die Vitalität seiner Mitglieder zu bieten schienen, indem sie diese zu höchster Anstrengung anspornten. Die Macht und das Staatsinteresse spielten in der Rankeschen Geschichtsauffassung eine entscheidende Rolle. Aber Macht ist für Ranke niemals eine bloß physische oder militärische, sondern ebensosehr eine sittliche Macht. Universale und nationale Ideen werden in die großen politischen Entscheidungen hineinverwoben.

Den beherrschenden Konflikt seiner eigenen Zeit sieht Ranke in dem Gegensatz zwischen den Ideen der Französischen Revolution und denen des alten Europa. In diesem Kampf zwischen der Volkssouveränität und der legitimen Monarchie schlägt Rankes Herz für die konservativen Kräfte, obwohl er erkennt, daß sich Preußen den Umständen der modernen Politik wird anpassen müssen. Dieser Prozeß hat schon mit den Reformen der Jahre 1807–1819 und mit den liberalen politischen und wirtschaftlichen Maßnahmen begonnen, für die hauptsächlich die preußische Bürokratie verantwortlich ist. Auch ist Ranke kein Gegner repräsentativer Institutionen, vorausgesetzt, daß die Suprematie des Monarchen nicht gefährdet wird. Im Grunde glaubt er, daß ein kluger Monarch, von einem fähigen Beamtentum unterstützt, imstande sein wird, mit den Problemen der modernen Zeit fertigzuwerden. Sein Glaube an die Monarchie stimmt ihn für die ununterbrochene Tradition der dynastischen Herrschaft in Deutschland dankbar, und er sieht in der Souveränität der einzelnen deutschen Fürsten und in ihrer losen Föderation im Deutschen Bund die natürliche Form des deutschen politischen Lebens. Ranke ist kein Verfechter der politischen Einigung

Deutschlands, sondern gibt sich mit der kulturellen Einheit der Nation zufrieden. In den späteren Jahren verfolgt er die Bismarcksche Politik mit beträchtlicher Besorgnis und begrüßt am Ende das neue Deutsche Reich nur deswegen, weil er dessen Gründung als einen Sieg der konservativen Prinzipien und nicht als das Ergebnis des Nationalismus auslegt.

Zweifellos beeinträchtigten Rankes politische Anschauungen bis zu einem gewissen Grade die Objektivität seiner Schriften über das 19. Jahrhundert, obgleich er immer weit davon entfernt war, seine eigenen politischen Gedanken in einer militanten Art vorzutragen. Als die preußische Regierung nach der Juli-Revolution von 1830 seine Hilfe in Anspruch nahm, um vernünftige konservative Ideen zu propagieren, ließ er sich so wenig in eine enge Diskussion der politischen Tagesfragen ein, daß die „Historisch-Politische Zeitschrift", deren Herausgeber er 1832—1836 war und die er vornehmlich mit Artikeln aus seiner eigenen Feder füllte, alle streitenden Parteien kalt ließ. Dieses journalistische Unternehmen blieb Rankes einziger Versuch in der praktischen Politik. Danach widmete er sich ausschließlich seiner historiographischen Arbeit und erzielte eine Weite des universalen Verständnisses, wie sie niemals zuvor erreicht worden war und danach nie wieder ihresgleichen gefunden hat.

Ranke hat fast jeden Historiker des späteren 19. Jahrhunderts im In- und Ausland beeinflußt. Aber die religiösen und philosophischen Antriebe, die ihn zur Geschichte geführt hatten, wurden von den Gelehrten um die Mitte des Jahrhunderts kaum noch verstanden. Diese glaubten, daß die kritische Methode an sich der Schlüssel zu allem historischen Wissen sei; das philosophische Interesse an den Problemen der Universalgeschichte war geschwunden. In Deutschland hat man Rankes Geschichtsschreibung als einen Beweis für die überragende Rolle des Staates in der Weltgeschichte aufgefaßt. In Wirklichkeit waren aber seine historischen Vorstellungen viel umfänglicher. Sein Gesichtskreis umfaßte die Religion, die Kirchen, die Literatur und die Kunst, und er ließ auch die Sozialgeschichte nicht unberücksichtigt, obschon sich sagen läßt, daß die Staatsmänner und die politischen Ereignisse in seinen Werken die Hauptrolle spielen.

Die erste Generation von Rankes Schülern beschränkte nicht nur dogmatisch das Geschichtsstudium auf die Politik der Vergangenheit, sondern verlangte auch, daß der Historiker die Vergangenheit mit den Maßstäben eines festen politischen Ideals beurteile und seinen Zeitgenossen bestimmte Lehren aus der Vergangenheit predige. Johann Gustav Droysen (1808—1884), Heinrich von Sybel (1817 bis 1895), Ludwig Häusser (1818—1867) und Heinrich von Treitschke (1834 bis 1896) waren die Hauptvertreter dieser „politischen" oder „preußischen" Schule der deutschen Geschichtsschreibung. Es war eine Gruppe vielseitiger Talente, in Temperament und Überzeugung recht verschieden, aber einig in ihrer Entschlossenheit, ihre Studien mit den großen nationalen Fragen in Zusammenhang zu bringen. Als Anwälte einer konstitutionellen Regierung und noch mehr der nationalen Einheit unter preußischer Führung übten sie beträchtlichen Einfluß auf das politische Fühlen des liberalen Bürgertums – besonders zwischen 1848 und 1871 – aus. In dieser Zeit fand das historische Denken weite Verbreitung, doch geschah dies um den Preis der „Politisierung“.

Naturwissenschaften

Mit der Entdeckung der Geschichte, die das abendländische Denken um eine neue Dimension bereichert hat, leistete das Deutschland der ersten Hälfte des 19. Jahrhunderts seinen originellsten geistigen Beitrag zur modernen Welt. In ihren Gedanken über die Geschichte und ihre Methoden, die Vergangenheit zu rekonstruieren, waren die deutschen Denker und Gelehrten – von Herder und den romantischen Schriftstellern bis zu Hegel und Ranke – unabhängig und selbständig. Aber in der Naturwissenschaft war Deutschland weit zurückgeblieben und mußte sich von Westeuropa aus belehren lassen. Seit dem 17. Jahrhundert behaupteten sowohl England und Frankreich als auch die Niederlande die unbestrittene Führerstellung in der wissenschaftlichen Beherrschung der Natur. Auch Italien spielte damals noch eine hervorragende Stellung in der Pflege der Naturwissenschaften; die schöpferische Beteiligung Deutschlands am Wachstum der Naturwissenschaft war hingegen nur sporadisch.

Selbst die Aufnahme der Ergebnisse moderner Naturwissenschaft hatte in Deutschland einigen Widerstand zu überwinden. In Westeuropa, vor allem in Frankreich, mit dem deutsche Gelehrte in engerer Berührung als mit England standen, hatte das Emporkommen der Naturwissenschaften zu mechanistischen und sogar materialistischen Interpretationen des Lebens geführt. Die deutschen idealistischen und romantischen Philosophen betrachteten daher die induktive und experimentelle Naturwissenschaft mit Mißtrauen. In den frühen Jahrzehnten des 19. Jahrhunderts gab es in Deutschland starke Strömungen, die sich die Schaffung einer spekulativen, der Naturwissenschaft überlegenen Naturphilosophie zur Aufgabe machten. Schelling und seine Schüler, die bedeutendsten Vertreter dieser Schule, hatten nicht ganz unrecht, wenn sie die Grenzen der naturwissenschaftlichen Erkenntnis betonten, und dies traf besonders auf die noch bescheidenen Ergebnisse der naturwissenschaftlichen Forschung dieser Zeit zu. Aber es gelang ihrer philosophischen Spekulation nicht, der naturwissenschaftlichen Methode eine sichere Grundlage zu schaffen. Statt dessen leisteten sie sogar dem Dilettantismus und der Quacksalberei Vorschub. So erlebte z. B. der sogenannte „tierische Magnetismus“, den der Österreicher Franz Mesmer (1734 bis 1815) entdeckte und der hohen Pariser Gesellschaft am Vorabend der Französischen Revolution als die beste Therapie vorführte, seine größte Verbreitung in Deutschland.

Alexander von Humboldt

Daß sich die deutschen naturwissenschaftlichen Methoden nicht in romantischer Spekulation verloren, ist der Persönlichkeit und dem Werke Alexander von Humboldts (1769—1859) zu verdanken. Alexander wuchs unter denselben Einflüssen wie sein Bruder Wilhelm auf, und auch er erfreute sich der Freundschaft Goethes und Schillers. Aber während sich Wilhelms Interessen um das Studium des Menschen bewegten, war Alexanders eher praktischer Verstand auf die Natur gerichtet. Die induktive Forschung der Aufklärung, die im napoleonischen Frankreich ein neues produktives Stadium erreichte, wurde von Alexander von Humboldt mit dem ästhetischen Neuhumanismus Deutschlands verschmolzen. Er lebte viele Jahre in Paris und kehrte auch wieder dorthin zurück, um einen eingehenden wissenschaftlichen Bericht über seine Expedition nach Zentralamerika zu schreiben. Diese in der Geschichte der modernen Naturwissenschaft epochemachende Expedition brachte reiche Ergebnisse nicht nur in der allgemeinen Geographie, sondern auch in vielen Spezialwissenschaften, wie Geologie, Biologie, Botanik und Völkerkunde. Aber Humboldt schritt von der exakten Beobachtung individueller Phänomene zu einer höheren Synthese fort. Im Alter begann er eine „Weltphysik", d. h. eine systematische Behandlung der Totalität der Natur. Sein „Kosmos" (1845—1861), der in der ganzen Welt gelesen wurde, verwob eine enzyklopädische Kenntnis der Naturwissenschaft in eine umfassende Schau des Universums. Goethes unbegrenzte Wissensbegierde wie auch sein Gefühl für klare literarische Form spiegelten sich in Humboldts Werk wider.

Selbst noch nach 1815 bewahrte Alexander von Humboldt, der den Titel eines Kammerherrn am königlich preußischen Hof bekleidete, seinen Glauben an die Ideale der Französischen Revolution. Sein Ruf und seine Autorität als Naturforscher waren unbestritten, und er benutzte sie dazu, naturwissenschaftliche Talente, wo immer er sie fand, zu fördern. Einer seiner frühen Schützlinge war der junge Hesse Justus Liebig (1803—1873), dem er in Paris begegnete und zu einer Professur an der Universität Gießen verhalf. Hier schuf Liebig das erste chemische Laboratorium, das sowohl dem akademischen Unterricht wie der Forschung gewidmet war. Fast jedes Gebiet der Chemie wurde durch Liebigs Experimente und theoretische Weitsicht in grundlegender Weise gefördert. Es ist hier nicht der Ort, einzelne seiner Beiträge zur organischen Chemie besonders hervorzuheben. Besonderen Anspruch auf Ruhm trugen ihm seine Studien über die chemischen Aspekte der Physiologie ein, aber auch die Anwendung der Chemie auf den Landbau, die zu einer Revolutionierung der Landwirtschaft führte. Gleichzeitig erweiterte Friedrich Wöhler (1800—1882) das Gebiet und die Methoden der chemischen Wissenschaft nach vielen Richtungen. Durch die synthetische Erzeugung des Harnstoffes im Jahre 1828 machte er der absoluten

Trennung von organischer und anorganischer Chemie ein Ende und schuf eine neue systematische Grundlage für die chemische Forschung.

Liebig und Wöhler waren die Pioniere der Chemie in Deutschland. Wöhler war Professor in Göttingen, das im 19. Jahrhundert eines der großen Weltzentren der Naturwissenschaft wurde. Mehr als jeder andere verhalf Carl Friedrich Gauß (1777—1855) der kleinen hannoverschen Universitätsstadt zu dieser Auszeichnung. In ihm erschien das erste mit Newton vergleichbare mathematische Genie in Deutschland. Er war wenig von der nachkantischen deutschen Philosophie berührt, sondern eher ein Kind der deutschen Aufklärung, die, wie wir uns erinnern werden, das Vertrauen auf die Vernunft mit einem schlichten Glauben an die transzendente Welt verband. Gauß' mathematische Theorien legten die Grundlagen für die modernen Naturwissenschaften, von der Astronomie bis zur experimentellen und exakten Physik. Mathematik war für Gauß die ehrfürchtige Betrachtung des Universums. Die technologischen Folgen der modernen Naturwissenschaft erschienen ihm als irrelevant, obgleich er von ihnen wußte. So konstruierte er zusammen mit dem Physiker Wilhelm Weber den ersten elektromagnetischen Telegraphen. Aber Gauß und Weber interessierten sich nur für die wissenschaftlichen Prinzipien ihres Experimentes. Es war die Ausnahme, wenn die Wissenschaft Liebigs in der Landwirtschaft praktische Verwendung fand; im allgemeinen war die deutsche Wirtschaft noch nicht genügend entwickelt, um naturwissenschaftliche Erkenntnisse auszunutzen.

Die wissenschaftliche Forschung hing jedoch selbst bis zu einem gewissen Grade von der Entwicklung der Technik ab. Wie die musikalische Kultur des 18. Jahrhunderts technische Erfindungen wie z. B. das Hammerklavier und andere Musikinstrumente angeregt hatte, so verlangte auch die neue Naturwissenschaft nach besonderen Instrumenten. Der Bayer Joseph Fraunhofer (1787 bis 1826) war ein Handwerker, der die Fernrohre für die astronomische Beobachtung verbesserte. Er erwarb das gesamte theoretische mathematische Wissen und legte darüber hinaus die Grundlage für die moderne Optik. Seine Werkstätte verlieh München eine führende Stellung in der Herstellung wissenschaftlicher Instrumente. Hauptsächlich wurden Fernrohre und — in geringerem Ausmaße — Mikroskope hergestellt, aber am folgenreichsten für die Zukunft war es, daß die Feinmechanik als solche methodisch entwickelt wurde. Fertigkeiten und Kenntnisse, die bei der Herstellung von Instrumenten für die Wissenschaft erworben wurden, bildeten eine wichtige Hilfsquelle für den späteren Ausbau der deutschen Industrieproduktion.

Medizin

Wie die Naturwissenschaft als Ganzes hing auch die deutsche Medizin in ihrer Erneuerung ursprünglich von der Übernahme von Gedanken aus Westeuropa ab.

Die deutsche Aufklärung hatte bereits damit den Anfang gemacht. Es ist interessant, daß es anfänglich vorwiegend Katholiken waren, die die medizinische Praxis und Wissenschaft verbesserten. Gerhard van Swieten, Leibarzt der Kaiserin Maria Theresia, hatte in den Kliniken der Universität Leyden studiert und wurde das Haupt der ersten medizinischen Schule Wiens. Joseph II. erbaute das Josephinum und das Allgemeine Krankenhaus von Wien, Einrichtungen, die für lange Zeit in der Welt unübertroffen blieben. Immerhin erklomm die medizinische Wissenschaft Frankreichs gerade in der Zeit unmittelbar nach der Revolution durch ihre praktischen Leistungen eine neue Höhe.

Das Beispiel Wiens wurde in Süddeutschland nachgeahmt, und Paris war in den Tagen des Rheinbundes leicht zugänglich. In den frühen Jahren des 19. Jahrhunderts wurden Bamberg, Würzburg und Landshut Mittelpunkte einer medizinischen Wissenschaft, die streng auf die Anatomie aufgebaut war und sich sowohl auf praktische Diagnostik wie auch auf die Verwertung aller Wissenschaftszweige stützte. Johann Lukas Schönlein (1793—1864) aus Bamberg war der erste Professor der Medizin in Deutschland, der die Vorführung von praktischen Fällen und das wissenschaftliche Experiment zum Hauptinhalt seiner Forschung und Lehre machte. Die Klinik in Würzburg, wo Schönlein 1817 bis 1833 Professor war, wurde unter ihm die Ausbildungsstätte einer neuen Generation von Ärzten. Obgleich er ein gläubiges Mitglied der katholischen Kirche war, wurde Schönlein das Opfer von Intrigen gegen seine induktiven wissenschaftlichen Methoden: Den medizinischen Ratgebern des bayerischen Königs Ludwig I., mit ihren romantischen Vorurteilen, schienen Schönleins Methoden in enger Verbindung mit seinen liberalen politischen Anschauungen zu stehen. Schönlein fand einen neuen Wirkungskreis an der neugegründeten Universität Zürich, die gleich ihrer älteren Schwester Basel in dieser Zeit manchem deutschen Gelehrten Zuflucht vor politischer Unterdrückung bot. Im Jahre 1840 wurde er nach Berlin berufen.

Zu dieser Zeit hatte Wien eine jüngere medizinische Schule, die den Vergleich mit den besten Vertretern der französischen medizinischen Wissenschaft nicht zu scheuen brauchte. Wenn die großen Wiener Ärzte in ihren Heilmethoden noch beschränkt waren, so lag dies an der mangelhaften Entwicklung der Physiologie. Erst die Zusammenarbeit von Schönlein und Johannes Müller in Berlin machte die Physiologie fruchtbar und gab der neuen Berliner Schule ihre wissenschaftliche Bedeutung. Johannes Müller (1801—1858) entstammte dem Rheinland und war wie Schönlein der Sohn eines einfachen Handwerkers katholischen Glaubens. Er behielt diesen Glauben auch bei. Ein Universalgelehrter, bereicherte er alle Gebiete der biologischen Wissenschaft und lehrte Astronomie, Pathologie und Physiologie. Die spekulative Naturphilosophie ersetzte er gänzlich durch die induktive und experimentelle Naturwissenschaft. Seine Schüler, darunter Hermann Helmholtz (1821—1894), Rudolf Virchow (1821—1902), Emil

Du Bois-Reymond (1818–1896) und Ernst Haeckel (1834–1919), bauten auf der Grundlage fort, die er gelegt hatte. Aber in dem Maße, in dem die induktive Forschung auf immer neue Gebiete angewendet wurde, machte die Einheit der Naturwissenschaft immer größerer Spezialisierung Platz. Die Religion eines Gauß, Schönlein und Johannes Müller oder der universale Idealismus Alexander von Humboldts wurden vom Positivismus oder, wie im Falle Haeckels, von einem ausgeprägten Naturalismus abgelöst. Um die Mitte des Jahrhunderts übte der Realismus die unbestrittene Herrschaft in Deutschland aus.

Zweiter Teil

Liberalismus und Nationalismus 1840–1871

Achtes Kapitel

SOZIALE UND POLITISCHE BEWEGUNGEN 1830–1848

Der Niedergang des spekulativen Idealismus, das Aufblühen der Naturwissenschaft und das steigende Interesse für positivistische und naturalistische Philosophie, die das zweite Drittel des 19. Jahrhunderts in Deutschland kennzeichnen, waren weitgehend von dem Erlebnis der sozialen und wirtschaftlichen Veränderungen bedingt, die sich in dieser Zeit vollzogen. Es war Metternich und den Staatsmännern des Deutschen Bundes gelungen, die politischen Bewegungen niederzuhalten, die im Gefolge der Französischen Revolution die monarchischen Regierungen bedrohten. Aber die Auswirkung der politischen Ideen der Französischen Revolution stellten nur einen Aspekt des umfassenden sozialen Umwandlungsprozesses vom Feudalismus zu einer bürgerlichen Gesellschaft dar, und diese Umwandlung wurde durch die politischen Siege der Herrscher der Restauration nicht zum Stillstand gebracht.

In England war der Feudalismus schon lange vor der Französischen Revolution im Abstieg begriffen. Die industrielle Revolution hatte in der zweiten Hälfte des 18. Jahrhunderts begonnen. In seinem fortgeschrittenen Stadium der sozialen Entwicklung war England gegen unmittelbare politische Einflüsse von Frankreich relativ immun geblieben. In dem annähernd 20 Jahre währenden Krieg mit Frankreich nach 1792 konnten sogar ultrakonservative Kräfte in England Einfluß gewinnen. Aber etwa ab 1820 führten neue wirtschaftliche Bedürfnisse und der fortdauernde gesellschaftliche Wandel zu der großen liberalen Reform der englischen Gesellschaft, Wirtschaft und Verfassung. Obgleich die Ära der Reformen sehr bewegt war, unterblieb eine Revolution selbst 1848, als die liberale Ordnung noch unvollständig und unerprobt war. Die zu diesem Zeitpunkt bereits durchgeführten Reformen ließen das britische Volk für die Zukunft der politischen und sozialen Freiheit Gutes ahnen, wie ihm denn auch das Parlament als das geeignete Organ für die Verwirklichung des nationalen Fortschritts erschien. Die europäischen Revolutionen von 1848/49 lösten in England keine Rückwirkung aus.

Obgleich in Frankreich die Kontinuität der politischen Formen durch die Revolution fraglos unterbrochen wurde, akzeptierte nicht nur Napoleon, sondern auch Ludwig XVIII. die gesellschaftlichen Veränderungen, die die Revolution mit sich gebracht hatte. In den späteren Revolutionen von 1830 und 1848 behaupteten sich die neuen besitzenden Klassen sowohl gegen Versuche der sozialen Reaktion wie auch des radikalen sozialen Umsturzes. Inmitten der Unbeständigkeit der französischen politischen Institutionen behielt die französische Bourgeoisie ihre Macht. Dies war um so eindrucksvoller, als sich die Entwicklung des modernen Kapitalismus in Frankreich langsamer und bescheidener als in England vollzog.

Wirtschaftliche und gesellschaftliche Kräfte

Die wirtschaftlichen und gesellschaftlichen Kräfte, die den Fortschritt der englischen und französischen Geschichte in der ersten Hälfte des 19. Jahrhunderts bestimmten, hatten in Deutschland kein Gegenstück. Die deutsche Wirtschaft erfuhr zwischen 1815 und 1848 keinen beträchtlichen Aufschwung. Selbst wenn wir von den Jahren unmittelbar vor der Revolution von 1848, die von Nöten und Mißgeschicken besonders heimgesucht waren, absehen, müssen wir feststellen, daß es dem deutschen Volke im ganzen im Jahre 1845 wirtschaftlich nicht besser ging als im Jahre 1800. Zwar wurden die von den napoleonischen Kriegen verursachten Verluste im Jahrzehnt nach 1815 wettgemacht und die Produktion nahm auch nachher weiter zu. Aber die wirtschaftliche Entwicklung hielt mit dem Bevölkerungszuwachs kaum Schritt. Die Bevölkerung Deutschlands (ausschließlich Österreichs) stieg zwischen 1815 und 1845 von 25 auf 34,5 Millionen an. Die Regierungen waren beunruhigt, und die Prophezeiungen von Malthus hinsichtlich der katastrophalen Folgen einer Bevölkerungsvermehrung veranlaßten einige Staaten, vor allem in Süd- und Mitteldeutschland, Gesetze zu erlassen, die den Abschluß von Ehen von einem Nachweis auskömmlichen Lebensunterhaltes abhängig machten. Diese nicht sehr wirkungsvollen Gesetze, von denen einige erst nach 1867 abgeschafft wurden, waren Anzeichen für die damals vorherrschenden Zweifel an der Möglichkeit, die Wirtschaft zu heben. Tatsächlich entbehrte jeder Optimismus einer soliden Grundlage, solange es Deutschland an dem Kapital gebrach, das für eine großzügige Entwicklung erforderlich war.

Verfall der Zünfte

Selbst in Deutschland, wo die politische Restauration die beherrschende Stellung der alten Klassen wiederhergestellt zu haben schien und die Wirtschaftstätigkeit nur zögernde Fortschritte machte, gab es wichtige soziale und wirtschaftliche Veränderungen. Der aufgeklärte Absolutismus hatte bereits das Ansehen einiger Institutionen untergraben, die jahrhundertelang im wirtschaftlichen Leben Geltung gehabt hatten. Die Hilfe, die die absolutistischen Herrscher den Manufakturen auf Kosten der alten Zünfte gewährten, mag dafür als Beispiel dienen. Aber in der Zeit nach der Französischen Revolution wirkten die Regierungen erst recht darauf hin, die herkömmlichen Formen der Wirtschaft zu zerbrechen und das Individuum von seinen korporativen Banden zu befreien. Im Rheinland waren unter der Herrschaft Frankreichs die neuen französischen Gesetze hinsichtlich des Grundeigentums und der Gewerbefreiheit uneingeschränkt eingeführt worden. Die dem Rheinbund angehörigen deutschen Staaten hatten diese Gesetze mehr oder weniger nachgeahmt. In Preußen hatten die Stein-Hardenbergschen Reformen ähnliche Verhältnisse geschaffen (siehe S. 83, 92). In einigen deutschen Staaten brachte die politische Reaktion die Bewegung zur Gewerbefreiheit zum Stillstand. Hamburg, Mecklenburg, Oldenburg, Hannover und Kurhessen behielten das System, wonach den Zünften die Leitung der industriellen Produktion oblag, bis zur Mitte des Jahrhunderts bei. Dagegen begann das übrige Deutschland viel früher, Maßnahmen zur Abschaffung der Aufsicht durch die Zünfte zu treffen.

Weder Preußen noch Bayern versuchten je, in den linksrheinischen Provinzen, die sie 1815 erworben hatten, die Gesetze, die Frankreich gegeben hatte, rückgängig zu machen. Für Bayern selber erließ die Regierung 1825 ein Gesetz, das die Zünfte zwar nicht abschaffte, sie aber unter die Aufsicht der Regierung stellte und dadurch eine liberale Zulassungspolitik möglich machte. Preußen war in drei Gebiete mit verschiedenem Gewerberecht eingeteilt: die Rheinprovinz und Westfalen, wo, wie erwähnt, die französischen Gesetze fortbestanden; die östlichen Provinzen, soweit sie zwischen 1807 und 1814 zu Preußen gehört hatten, in denen die Gesetze der Stein-Hardenbergschen Reformen in Geltung waren; und schließlich die neuerworbenen östlichen Provinzen, wo die Aufsicht durch die Zünfte nach 1815 die Regel blieb. Im Jahre 1845 trat in allen drei Gebieten eine allgemeine preußische Gewerbeordnung in Kraft, die den Zünften nur untergeordnete Funktionen ließ. In vielen anderen deutschen Staaten, angefangen mit Nassau im Jahre 1819, wurden damals Schritte in Richtung einer liberalen Gewerbegesetzgebung unternommen. So bildeten sich im größten Teil Deutschlands die Vorbedingungen für ein neues, industrielles Produktionssystem heraus, und die Zünfte wurden gleichzeitig in die Defensive gedrängt.

Landwirtschaft

Auch im agrarischen Sektor der deutschen Gesellschaft sollte die kapitalistische Unternehmung bald auftreten. Hier herrschten ungeheuer unterschiedliche Zustände. Allgemein kann man nur sagen, daß als ein Ergebnis der Agrarreformen der vorangegangenen Periode die Leibeigenschaft meistens abgeschafft und der individuelle Landbesitz der Bauern die Regel geworden war. Hier lag vor allem der Ansatzpunkt, wo das individualistische, kapitalistische Unternehmertum in die deutsche Landwirtschaft eindringen konnte. Allerdings wurden die Reformen der frühen Jahre des Jahrhunderts nur allmählich zwischen 1815 und 1848 verwirklicht. Zudem waren in den meisten deutschen Staaten viele der dem Gutsherrn zu leistenden Abgaben und Dienste von der Agrargesetzgebung nicht betroffen. Nirgendwo verbesserte die Emanzipierung der Bauern ihre wirtschaftliche Lage. Die Verwandlung der feudalen Abgaben und Dienste in Geldleistungen wurde immer in einer für die landbesitzende Klasse vorteilhaften Weise durchgeführt.

Im ostelbischen Deutschland führte die Bauernbefreiung, wie wir schon gesehen haben (siehe S. 105), zur Auflösung eines beträchtlichen Teiles der Agrarbevölkerung. Es entstand eine große Gruppe von Arbeitern ohne Land, von denen viele schließlich in die Städte abwanderten. Aber selbst in West- und Süddeutschland, wo die Agrarreformen es mit Abhängigkeiten zu tun hatten, die weniger hart als die im Osten waren, erwiesen sich die neuen finanziellen Verpflichtungen als drückend und verdarben die Freude an irgendwelchen neugewonnenen Freiheiten. Die Zustände waren besonders schlimm in einigen Teilen des Südwestens und im Rheinland, wo die dauernde Aufteilung von Bauernhöfen Bezirke voll von „Zwergwirtschaften" geschaffen hatte. Es gab Bauern, die selbst einen Pflug für die Bebauung ihrer winzigen Stücke Land überflüssig fanden. Nur die Tatsache, daß sich in nahegelegenen Städten Arbeitsplätze in der Industrie auftaten, konnte später die Armut dieser Bauern erleichtern.

Nur die Großgrundbesitzer vermochten die Gelegenheit für eine kapitalistische Entwicklung auszunutzen, die durch die neuen, von England erlernten wissenschaftlichen Methoden der Landwirtschaft begünstigt und danach durch die deutsche Biochemie gefördert wurde. Aber auch diese Gelegenheiten boten sich nicht von Anfang an. Ostdeutschland hatte eine große Kornausfuhr nach England betrieben, ehe Napoleons Kontinentalsperre diesen Handel beendete. Die Jahre 1816/17 brachten eine verheerende Mißernte. Die darauffolgende Preissteigerung landwirtschaftlicher Erzeugnisse führte zu einer großen Erweiterung der Bodenbebauung. Der Rekordernte von 1818 folgte ein katastrophaler Preissturz, der beinahe ein Jahrzehnt anhielt. Dieser Schaden wäre nicht so groß gewesen, wenn sich die Kornausfuhr nach 1815 wieder ganz erholt gehabt hätte, aber der englische „Korntarif" verhinderte ihre volle Wiederaufnahme. Erst gegen 1840 verbesserte sich die Lage der landwirtschaftlichen Produzenten, was vor allem der Expansion des deutschen Marktes zu verdanken war. Die Abschaffung der englischen Kornzölle 1846 leitete schließlich das Vierteljahrhundert der größten Blüte der deutschen Landwirtschaft (1850—1875) ein.

Aber selbst für die Großgrundbesitzer war die bewegte Entwicklung der deutschen Landwirtschaft in der ersten Jahrhunderthälfte voller Fährnisse. Zwar übernahmen viele von ihnen während der landwirtschaftlichen Krise noch zusätzliches Bauernland. Dazu ermöglichten es ihnen die Zahlungen der Bauern, denen die Gesetzgebung der Agrarreform die Liquidierung ihrer Abgaben und Dienste erlaubt hatte, ihre landwirtschaftlichen Geräte zu verbessern oder gewerbliche Unternehmungen wie Zuckerfabriken, Ziegeleien, Sägemühlen oder

Spritfabriken zu gründen. Aber die Landpreise und die Hypotheken waren übertrieben hoch, während die erwarteten Profite ausblieben. Infolgedessen kam es zu vielen Bankrotten. Ein Drittel der Rittergüter kam in den Besitz von Bürgerfamilien. So ist es nicht verwunderlich, daß selbst die Adeligen das liberale Wirtschaftssystem nicht als reines Glück empfanden und sich zu schützen suchten, indem sie die gesetzliche Erlaubnis erbaten, ihre Güter in Fideikommisse zu verwandeln. Aber insgesamt bot die Erweiterung der modernen kapitalistischen Methoden den unternehmenden und tüchtigen Großgrundbesitzern beträchtliche Gewinnchancen. Andererseits gab es eine große Zahl ostdeutscher Bauern, die entweder entwurzelt wurden oder deren Existenz zum mindesten weniger gesichert war. Selbst in denjenigen Teilen Deutschlands, wo dies nicht zutraf, weil die Bauern die Landwirtschaft beherrschten, wie in Schleswig, West-Holstein oder Hannover, brachte der Bevölkerungsdruck wirtschaftliche Nöte mit sich. Die Auswanderung nach Übersee, die sich von Anfang an fast ganz auf Nordamerika beschränkte, begann nach 1815 größere Ausmaße anzunehmen*). Aber wichtiger war in allen Teilen Deutschlands die Landflucht.

Innere Wanderung

Wir besitzen keine genaue Kenntnis von dem Charakter dieser Bewegung. Die vorhandenen Statistiken basieren auf einer für unsere Zwecke wenig brauchbaren historischen Unterscheidung zwischen den kleineren Städten und Dörfern, der gemäß ein Drittel der sogenannten preußischen „Städte“ weniger als 2000 Einwohner zählte. Zudem waren in dieser Zeit die kleineren Städte und die Dörfer Deutschlands nicht streng durch die wirtschaftliche Beschäftigung ihrer Einwohner unterschieden. Viele Handwerke und Gewerbe wurden auf dem

---

*) Das Jahr 1816/17 sah eine große Welle deutscher Auswanderer. 20 000 Deutsche gingen nach den Vereinigten Staaten und wahrscheinlich eine nicht viel kleinere Zahl nach Rußland und ins Habsburgerreich. Später wurde die Auswanderung nach Rußland und den europäischen Ländern im Verhältnis zur Übersee-Auswanderung unbedeutend. 85 bis 90 Prozent aller deutschen Auswanderer gingen nach 1820 nach den Vereinigten Staaten. Obgleich die mit dem Jahr 1820 beginnenden Einwandererstatistiken der Vereinigten Staaten schwerlich alle deutschen Einwanderer registrieren, geben sie doch eine gute Vorstellung von der Zunahme der deutschen Auswanderung. Ihnen zufolge trafen in den Jahren 1820—1830 7729 Deutsche in den Vereinigten Staaten ein; 152 454 in den Jahren 1831—1840; und 434 626 in den Jahren 1841—1850. Die meisten fuhren von französischen und holländischen Häfen ab. Von den 1850er Jahren an stehen dann Bremen und Hamburg im Vordergrund. Die große Masse der Einwanderer kam aus Württemberg, Baden und der Pfalz, und die Zahl der Einwanderer aus dem Rheinland und Nordwestdeutschland nahm ständig zu. Die Auswanderung aus Nordostdeutschland blieb in der ersten Hälfte des 19. Jahrhunderts gering. Über die Auswanderung seit 1850 siehe Seite 353.

Lande betrieben, während andererseits auch in verhältnismäßig großen Städten die Zahl der „Ackerbürger“ nicht gering war. Immerhin können wir eine gewisse Vorstellung von dem Umfang der inneren Wanderung aus der Tatsache gewinnen, daß im Jahre 1815 vier Fünftel aller Deutschen in ländlichen Gemeinden lebten, im Jahre 1850 dagegen etwa zwei Drittel.

Dieses Bild gewinnt an Schärfe, wenn wir das Wachstum einiger bedeutenderer Städte betrachten. Am bemerkbarsten war das Anwachsen Berlins: Die preußische Hauptstadt hatte 1815 eine Einwohnerzahl von 191 500. Diese war 1831 auf 231 000 Einwohner gestiegen und stieg danach in beschleunigtem Tempo auf 322 626 im Jahre 1840, auf 380 103 im Jahre 1845 und auf 403 586 im Jahre 1847 am Vorabend der Revolution. (In den frühen fünfziger Jahren wurde Wien, bis dahin die größte deutsche Stadt, von Berlin überholt.) Andere deutsche Städte zeigten einen ähnlichen, wenn auch relativ geringeren Bevölkerungsanstieg. Hamburg hatte etwas über 100 000 Einwohner im Jahre 1815, 160 000 im Jahre 1842; Breslau 76 800 (1817), 114 000 (1850); Königsberg 63 800 (1819), 76 000 (1850); Danzig 52 800 (1817), 66 800 (1846); Köln 52 900 (1816), 97 000 (1850); Leipzig 33 800 (1815), 60 000 (1846); München 30 000 (1800), 110 000 (1850); Magdeburg 34 600 (1816), 44 700 (1840); Frankfurt 48 000 (1800), 65 000 (1850); Bremen 36 000 (1813), 53 000 (1848); Nürnberg 25 000 (1806), 47 000 (1847).

Weiterer Verfall der Zünfte

Gleichzeitig mit dem Wachstum der größeren und kleineren Städte änderten sich die Verhältnisse der Handwerkszünfte. Die neue Gewerbefreiheit ermöglichte es vielen Gesellen, sich als Meister niederzulassen, und ihre Zahl stieg seit 1815 ständig an. Andererseits stellten wenige Meister Gesellen an. 1840 war es soweit gekommen, daß die Gesamtzahl der Gesellen in Deutschland nicht viel größer als die der Meister war. Schon die damals geringe Nachfrage an sich war geeignet, die Lage der Handwerker zu verschlechtern, aber der Aufstieg der modernen Industrie verursachte noch größere Not. In einigen Handwerkszweigen hatten die Meister schon lange aufgehört, direkt für den Kunden zu produzieren, wie z. B. in der Leinwand- oder Tuchindustrie. Dieser Zustand trat jetzt auch in vielen anderen Gewerbezweigen ein, vor allem in der Möbel- und Kleiderproduktion. Der erste große deutsche Laden, der fertige Kleider verkaufte (Gerson), wurde 1842 in Berlin eröffnet, als einige deutsche Regierungen den Verkauf fertiger Kleidungsstücke an das Publikum noch verboten. Aber während die neue Bekleidungsindustrie weiterhin auf der Arbeit einzelner Schneider beruhte und nur die Produktion und die Preise kontrollierte, wurden andere Handwerke durch echte industrielle Produktion ersetzt. Viele Gesellen wurden in Fabrikstellen gedrängt, andere wurden arbeitslos.

Der Fluch des Stadtlebens im 18. Jahrhundert, die große Zahl der Notleidenden und Bettler, die Karl Marx Lumpenproletariat nannte, wurde im neuen Jahrhundert in Deutschland zu einem noch ernsteren Problem. Selbst die Meister, denen es gelang, ihr altes Handwerk weiter zu betreiben, sanken auf einen niedrigeren Lebensstandard hinab. Zwar wurden sie immer noch zum Mittelstand gerechnet, aber sie bildeten nicht länger das Rückgrat der Gesellschaft. Sie gehörten zunehmend den unteren Schichten der mittleren Gesellschaftsgruppen an und wurden Kleinbürger.

Wachstum der Fabriken

Das moderne Fabriksystem, das so eng mit dem Fortschritt der Technik zusammenhängt, machte in Deutschland in den 25 Jahren nach 1815 nur langsame Fortschritte. Erst nach 1840, mit dem Eintreten des Zeitalters der Eisenbahn, begann es sich kräftig zu entwickeln. Fast alle Manufakturen, die die Regierung in der Zeit des Merkantilismus geschaffen hatte, fielen den widrigen Umständen der Kriegsjahre zwischen 1806 und 1815 zum Opfer. Die Übernahme der Ideen von Adam Smith schloß jeden ernsthaften Versuch aus, die staatseigene oder staatlich verwaltete Industrie wiederaufzubauen. Nur im Bergbau blieb die direkte Tätigkeit des Staates beträchtlich. Die Wirkungen der napoleonischen Politik auf die industrielle Tätigkeit waren nicht ganz negativ gewesen. Die linksrheinischen Gebiete hatten aus der Annexion durch Frankreich Vorteile gezogen, da diese ihnen die Möglichkeiten erschloß, die ein reicher Markt zu bieten hatte. In dieser französischen Periode begannen das Aachener und Eschweiler Gebiet sowie das Saargebiet die Grundlagen für ihre moderne industrielle Entwicklung zu legen. Die rechtsrheinischen Gebiete, die zum Rheinbund gehörten, waren wirtschaftlich durch einen mäßigen Zoll von Frankreich getrennt, aber die Kontinentalsperre schützte sie vor der britischen Konkurrenz (siehe S. 80). Die Industrien des Großherzogtums Berg, das den größten Teil des modernen Ruhrgebiets umfaßte, zogen aus diesen Umständen beträchtliche Gewinne, und das Rheinland westlich und östlich des Rheins vermochte nach 1815, als englische Einfuhren die kontinentalen Märkte überfluteten, sein gesteigertes Produktionsniveau aufrechtzuerhalten.

Dagegen hatte die Kontinentalsperre der Wirtschaft Mittel- und Ostdeutschlands übel mitgespielt. Allerdings hatte auch hier der Ausschluß britischer Waren die Absatzlage der einen oder anderen Industrie verbessert, aber dieser Aufschwung war nur vorübergehend. Abgesehen von der oberschlesischen Bergwerksindustrie, litten alle Industrien gewaltig unter der Wiederherstellung der britischen Konkurrenz im Jahre 1815. Die Seidenindustrie und die Tuchindustrie Brandenburgs, die von Friedrich Wilhelm und Friedrich dem Großen mit so großer Sorgfalt gegründet und gepflegt worden waren, waren fast vollständig zugrunde gerichtet. Sie hatten weitgehend von der Ausfuhr nach fremden Märkten gelebt, die in britische Hände gefallen waren. Die Einführung hoher russischer Zölle im Jahr 1820 beeinträchtigte die deutschen Exporte nach Polen und Rußland, und viele schlesische Weber sahen keine andere Existenzchance mehr als die Auswanderung und Ansiedlung in Polen. Nicht einmal der deutsche Innenmarkt war sicher. Da die englischen Produktionsmethoden weit überlegen waren, fanden britische Textilwaren ihren Weg nach Deutschland und gefährdeten die deutsche Textilindustrie.

Die Anpassung an die neuen Zustände nach 1815 war ein langsamer und schmerzhafter Prozeß. Er begann damit, daß die Handwerker immer mehr von den Handelsunternehmern abhingen. Diese hätten die Produktion neu organisieren können, indem sie sie von der Hausindustrie auf das auf Maschinen beruhende Fabriksystem umgestellt hätten. Aber das Kapital war knapp, und Maschinen waren teuer, da sie eingeführt werden mußten, oft genug zusammen mit einem Ingenieur, der die Deutschen in ihrer Instandhaltung unterweisen konnte. Immerhin stieg die Zahl der Maschinen im Laufe der Jahre an. Die in Deutschland relativ spät begonnene Baumwollspinnerei wurde fast zu keiner Zeit mittels Handwebstühlen und in Heimarbeit betrieben. Aber in der Woll- und Leinenindustrie war der Übergang zur Maschine außerordentlich langsam. Preußen hatte 1837 nur 421 Dampfmaschinen mit zusammen 7507 Pferdestärken, im Jahre 1846 1139 Maschinen mit insgesamt 21 176 Pferdestärken. Ganz Sachsen besaß 1846 insgesamt 197 Dampfmaschinen mit 2446 Pferdestärken, Berlin im Jahre 1849 113 Dampfmaschinen mit 1265 Pferdestärken. Dabei handelte es sich nur um vereinzelte und ganz kleine Maschinen. Nicht ganz die Hälfte davon wurde in Preußen in der Bergwerksindustrie und beinahe ein Viertel in der Metall- und Maschinenindustrie verwertet. Nächst der Textilmanufaktur war es die Bergwerksindustrie, innerhalb der sich die kapitalistische Organisation am meisten auf Kosten der herkömmlichen Zunftorganisation durchsetzte. In den Jahren nach 1840 begann die Bedeutung der Maschinenindustrie zu steigen.

Das Zeitalter der Eisenbahn

Das Zeitalter der Eisenbahn, das nun einsetzte, gab der Entwicklung des Maschinenbaus neuen Auftrieb. Ein Vorspiel dazu war die Einführung von Dampfbooten auf den deutschen Flüssen ab 1816, als zum erstenmal ein englisches Dampfboot sich den Rhein herauf nach Köln gewagt hatte. In diesen Jahren wurde der Rhein wieder die große Wasserstraße Deutschlands; die französische Verwaltung hatte all die künstlichen Hindernisse und Beschränkungen aus dem Wege geräumt, mit denen habgierige Fürsten den Flußverkehr gedrosselt hatten. Mainz und Köln hatten absolute Stapelrechte beansprucht, d. h., alle

Güter mußten ausgeladen werden. Auf ihrem Wege von Straßburg nach den Niederlanden mußten die Schiffe an 32 Stationen Zölle bezahlen. Der Wiener Kongreß statuierte zwar die Freiheit der Schiffahrt auf den deutschen Flüssen, die mehreren Staaten gemeinsam waren, überließ aber die Durchführung dieser Bestimmung den Anliegerstaaten. Abmachungen hinsichtlich der Schiffahrt auf der Elbe und der Weser wurden 1821 getroffen. Die Uferstaaten gewährten anderen Staaten keineswegs die Freiheit der Schiffahrt und behielten sich viele ihrer eigenen souveränen Rechte vor; dies verhinderte unter anderem ein gemeinsames Planen für die Flußregulierung und die Verbesserung der Schiffahrtswege.

Die Verhandlungen über eine internationale Rheinkonvention erwiesen sich als sehr schwierig, da die Niederlande versuchten, ihre Herrschaft über die Rheinmündung nach Kräften auszunutzen. In der Rheinschiffahrtsakte von 1831 behielten die Niederlande das Recht, Zölle zu erheben, aber alle Beschränkungen der Schiffahrt wurden beseitigt, und die neuen Dampfschiffahrtsgesellschaften, deren erste 1826 in Köln gegründet worden war, vermochten ihre Tätigkeit auszudehnen. In den Jahren nach 1830 überwog der Passagierverkehr in dem erfolgreichen Geschäft dieser Gesellschaften, aber im nächsten Jahrzehnt brachten die Schleppdampfer der neuen Dampfschlepp-Schiffahrtsgesellschaft den Verkehr mit Frachtkähnen zur Blüte. Das Emporkommen dieser kapitalistischen Konkurrenzgesellschaften machte an allen deutschen Flüssen der Arbeit der alten Schifferzünfte ein Ende. Dies ist ein klassisches Beispiel dafür, wie ein altes Handwerk durch das Maschinenzeitalter verdrängt wurde.

Die lebhafte Entfaltung der Flußschiffahrt, vor allem auf dem Rhein, wurde vor der Mitte des Jahrhunderts durch die Entwicklung der Eisenbahnen zum Stillstand gebracht. Die inländischen Schiffahrtswege Deutschlands sollten erst im späteren Teil des Jahrhunderts wieder eine beträchtliche Zunahme des Transportvolumens erleben. Der Eisenbahnbau wurde ursprünglich durch den Widerstand der deutschen Regierungen verzögert. Die Anlage der ersten deutschen Eisenbahn im Jahre 1835, einer nicht viel mehr als 13 Kilometer langen Vorortslinie zwischen Nürnberg und Fürth, wurde von einer Gruppe von Kaufleuten der früheren Reichsstadt unternommen, die damit die Rentabilität der Eisenbahnen beweisen wollten. Der technische und finanzielle Erfolg dieses Unternehmens trug zum Sieg der Verfechter der Eisenbahnen bei. Aber die Vorstellungen weitsichtiger Männer, die dafür eintraten, man solle den Eisenbahnbau nach einem nationalen Plan betreiben, blieben ohne Wirkung. Provinzielle Interessen und Projekte waren in der frühen Zeit des Eisenbahnbaus entscheidend. Trotzdem gab es bald ein zusammenhängendes deutsches Eisenbahnnetz. Die erste deutsche Eisenbahnlinie von Bedeutung verband Dresden mit Leipzig; sie wurde 1837—1839 erbaut und im folgenden Jahr bis nach Magdeburg erweitert. Um diese Zeit hatte eine nahezu fieberhafte Bautätigkeit in den verschiedenen Teilen Deutschlands eingesetzt. Eine Eisenbahnlinie Berlin—Potsdam wurde 1838, Berlin—Anhalt 1841, Berlin—Stettin 1842, Berlin—Frankfurt an der Oder 1842 und Berlin—Hamburg 1846 vollendet. Die Linie Köln—Aachen, die 1838 fertig wurde, war besonders wichtig, da sie fünf Jahre später nach Antwerpen weitergeführt werden konnte und dadurch das holländische Monopol für den Zugang des Rheinlands zum Meer brach. Die Verbindung zwischen dem Rhein und der Weser wurde erst 1847 hergestellt. Im folgenden Jahr wurde das Verbindungsglied geschaffen, das es ermöglichte, mit der Eisenbahn von Berlin nach Köln zu fahren. Im Jahre 1847 wurden die beiden deutschen Hafenstädte Hamburg und Bremen mit Hannover verbunden und gewannen dadurch den Zugang zu einem weiten Hinterland.

Deutschland östlich der Oder sah in den vierziger Jahren keinen Eisenbahnbau. Nur das Odertal selbst erhielt eine Eisenbahn. In Süddeutschland wurde die Eisenbahn am Oberrhein 1843 begonnen. Im Jahre 1847 waren Frankfurt und Basel miteinander verbunden. In denselben Jahren wurden in Bayern kleinere Linien, wie München—Augsburg oder Bamberg—Nürnberg, angelegt. Noch im Jahre 1848 gingen die Eisenbahnlinien von einigen regionalen Mittelpunkten, wie Berlin, Leipzig, Hannover, Hamburg, Köln, Frankfurt und München strahlenförmig aus. Erst in den folgenden 20 bis 25 Jahren wurden diese Linien untereinander verbunden. Aber die Leistungen der Jahre um 1840 waren in der Tat außerordentlich; Deutschland lief damals im Eisenbahnbau Frankreich den Rang ab.

Dies war um so eindrucksvoller, als der Eisenbahnbau in den meisten Fällen von privater Seite finanziert wurde. Der preußische Staat begünstigte private Gesellschaften, doch mußten später auch staatliche Eisenbahnlinien angelegt werden, da sich zum Bau von Eisenbahnen in Ostdeutschland kein privates Kapital finden ließ. In Bayern war die Entwicklung gerade umgekehrt. Hier war die Regierung anfänglich entschlossen, lückenloses Staatseigentum aufrechtzuerhalten, überließ aber später den Bau der meisten ostbayerischen Linien privaten Interessenten. Baden folgte gleich zu Beginn dem Beispiel, das Belgien durch die Schaffung seines nationalen Eisenbahnsystems gegeben hatte. Trotzdem waren noch 1870 nur etwas mehr als die Hälfte der deutschen Eisenbahnen in staatlichem Besitz.

Bis zum Jahre 1851 waren etwa 800 Millionen Mark in deutsche Eisenbahnen investiert worden. Der größere Teil des Kapitals kam natürlich aus ausländischen Quellen. Das meiste Material, vor allem Lokomotiven und Schienen, mußten ursprünglich aus dem Ausland, an erster Stelle aus England, aber auch aus Belgien und aus den Vereinigten Staaten bezogen werden. Der Einfluß, den der Eisenbahnbau auf die deutsche Wirtschaft ausübte, war jedoch ungeheuer. Viele Menschen bekamen Arbeit. Niemals zuvor waren so große Menschenmassen zu gewerblichen Zwecken zusammengebracht worden. Der Eisenbahnbau veranlaßte auch den Bau gepflasterter Straßen. Aber am wichtigsten war der Aufschwung in der Produktion von Kohle, Eisen und Maschinen. In dieser Zeit entstanden die meisten großen Maschinenfabriken des modernen Deutschland. August Borsig eröffnete 1837 eine Werkstatt in Berlin. Unter Verwendung eines amerikanischen Modells produzierte er vier Jahre später seine erste Lokomotive. Im Jahre 1848 hatte er es so weit gebracht, daß er fast die ganze Nachfrage der preußischen Eisenbahnen befriedigen konnte. Zur gleichen Zeit gründeten Josef Anton Maffei seine Fabrik in München und Emil Kessler die Maschinenwerke in Karlsruhe und Eßlingen. Im Jahre 1848 verließ die erste Lokomotive, der „Drache", die Henschelwerke in Kassel. Um die Mitte der fünfziger Jahre stellten die deutschen Industrien nicht nur alle deutschen Eisenbahnen her, sondern begannen auch mit der Ausfuhr.

Der preußisch-deutsche Zollverein

Der preußisch-deutsche Zollverein von 1834 gewann im Zeitalter der Eisenbahn neue Bedeutung. Die Erbauer der Eisenbahnen unterschätzten gewöhnlich die Möglichkeiten eines erweiterten Frachtverkehrs. Ein junger Major in der preußischen Armee, Helmuth von Moltke, der seine geringen Ersparnisse in der Berlin—Hamburger Eisenbahngesellschaft investierte, war einer der wenigen, die diesen Gesichtspunkt öffentlich betonten; er hat auch zweifellos bereits über die Möglichkeiten nachgedacht, die die Verwendung von Eisenbahnen in der Kriegführung bietet. Die Ergebnisse dieses militärischen Studiums sollten jedoch erst 20 Jahre später in Moltkes Führung der Einheitskriege Anwendung finden. Aber ein unmittelbares Ergebnis der Eisenbahnen war das Entstehen eines einheitlichen Marktes auf dem Gebiet des preußisch-deutschen Zollvereins. Der weite und sehr gesteigerte Güteraustausch beschleunigte die industrielle Produktion. So war es z. B. von grundlegender Wichtigkeit, daß die Kohle, die bisher in Deutschland an Ort und Stelle verbraucht werden mußte, nun überall erhältlich wurde. Erst im Zusammenhang mit den Eisenbahnen wurde der Zollverein ein mächtiger Wachstumsfaktor im deutschen Wirtschaftsleben.

Die Eisenbahnindustrie trug dazu bei, alte Gewerbe wie die Zünfte der Fuhrleute und Kutscher zu verdrängen und das Geschäft vieler Gastwirte zu verschieben. Aber auf weite Sicht wirkte sich die Eisenbahnindustrie vor allem auf die Grundstruktur der Großunternehmungen aus. Die Mobilisierung des für den Eisenbahnbau nötigen Kapitals konnte nur durch die Schaffung von Aktiengesellschaften zuwege gebracht werden, und dies führte zu ganz neuen Formen des Bank- und Finanzwesens.

Bank- und Finanzwesen

Abgesehen von einigen vom Staate beaufsichtigten Notenbanken in Preußen, Sachsen, Bayern und Hamburg, befand sich das Bankgeschäft in Deutschland noch ausschließlich in den Händen privater Bankiers. Beinahe alle Banken waren kleine Firmen, und das Bankgeschäft wurde oft von Kaufleuten nebenbei betrieben. Geldwechsel, Depositengeschäft sowie persönlicher Kredit bildeten die Haupttätigkeiten. Noch 1860 fanden die Kaufleute Hamburgs und Bremens, daß es ihrem Rufe unzuträglich sei, Wechsel von Bankiers diskontieren zu lassen. Im größeren Stile entwickelte sich das Bankwesen zu Beginn des Jahrhunderts nur in Verbindung mit der Verwaltung fürstlicher Vermögen oder der Staatsanleihen. Vor 1815 hatte die Firma von Simon Moritz Bethmann in Frankfurt die Mehrzahl der österreichischen Anleihen besorgt. Sie blieb auch dann noch eines der hervorragendsten deutschen Häuser, als die Rothschilds zu größerem Rufe und größerer Macht emporstiegen. Amschel Meyer Rothschild, der 1812 starb, hatte seine Laufbahn in der Art eines Hofjuden des 18. Jahrhunderts (siehe Bd. I, S. 625) begonnen und das Vermögen des Landgrafen von Hessen verwaltet. Dadurch, daß er seine Söhne nach London, Paris, Neapel und Wien entsandte, war es ihm gelungen, die großen Finanzoperationen auszuführen, die die Bedürfnisse der verschiedenen Staaten in der Kriegszeit erforderten. In den Befreiungskriegen stellten die Rothschilds ihre Dienste vor allem den verbündeten Staaten zur Verfügung und unterstützten danach die Wiederherstellung der Monarchien. Aber bis tief in die fünfziger Jahre des 19. Jahrhunderts hinein konzentrierten sie sich auf die Finanzoperationen der Staaten und vernachlässigten die Industrie.

Die Finanzierung der Eisenbahn verlangte einen Banktypus, der durch die Ansammlung kleiner Ersparnisse und Depositen neues Kapital bilden und für die Investition verfügbar machen würde. Das klassische Vorbild für diesen Banktypus, seinerseits als Aktiengesellschaft organisiert, war der *Crédit Mobilier* von Paris, den die Gebrüder Pereire gründeten. In Deutschland war die erste Bankgesellschaft, die das Depositengeschäft und die Kapitalanlage kombinierte, der 1848 von Gustav Mevissen gegründete Schaaffhausensche Bankverein von Köln. Ihm folgten nach 1851 einige größere Unternehmungen. Aber wie entscheidend die Rolle der Eisenbahnen in der Entfaltung der Industrie- und Bankgesellschaften war, läßt sich aus der Tatsache ersehen, daß noch 1870 die Hälfte aller an der Berliner Börse gehandelten Werte Eisenbahnaktien waren.

Wirtschaftskrise

Die Entwicklung der Eisenbahn in den Jahren nach 1840 zeugt von einem aktiven und kühnen Unternehmungsgeist. Dieser trug viel dazu bei, die Methoden der geschäftlichen Organisation und Produktion umzuwandeln, obgleich es vorläufig nicht gelang Deutschland zu einem wohlhabenden Land zu machen. Gerade in dem Augenblick, als die deutschen Industrien fähig wurden, den Großteil des Eisenbahnmaterials zu produzieren, und Methoden entwickelten, um die Finanzierung der Eisenbahnen weitgehend aus deutschen Quellen zu bestreiten, verschlimmerte die Wirtschaftskrise von 1846/47 die Lage der Masse des Volkes. Die deutsche Krise dieser Jahre stand nicht im Zusammenhang mit dem internationalen Konjunkturrhythmus, da Deutschland noch gar nicht an die Weltwirtschaft angeschlossen war. So hatte auch die ernste Krise, die die englische Wirtschaft 1847 infolge übermäßiger Industrie-Expansion erlitt, auf Deutschland nur geringen Einfluß. Erst zehn Jahre später griff eine Weltwirtschaftskrise, die auf eine ähnliche Ursache zurückgeführt werden kann, auch auf Deutschland über.

Die deutsche Krise von 1846/47 hatte nicht einmal im Industriesektor ihren Ursprung, sondern fing, wie in allen früheren Jahrhunderten, mit Unglücksfällen in der Landwirtschaft an. Schädlinge zerstörten die Kartoffelernte von 1845 in ganz Nordeuropa, und im Jahre 1846 wurde der größte Teil der Kartoffel- und Getreideernte vom Wetter zerstört. Der Zollverein, normalerweise ein großer Getreideexporteur, wurde gezwungen, 1846/47 große Mengen Getreides einzuführen, deren Verteilung sich jedoch als schwierig erwies, vor allem in denjenigen Gegenden, die am schwersten von der Hungersnot betroffen wurden, wie Ostpreußen und Oberschlesien; dort fehlte es an ausreichenden Verkehrswegen, außerdem erwiesen sich die Kosten als unerschwinglich. Die allgemeine Knappheit trieb die Preise der Hauptnahrungsmittel um 50 Prozent in die Höhe. Die Not der Armen auf dem Lande war groß, noch schlimmer waren jedoch die Entbehrungen der städtischen Armen. Die Krise machte es für viele Bauern unmöglich, ihre Ablösungszahlungen für die Befreiung von feudalen Abgaben oder Hypotheken aufrechtzuerhalten. Die Landflucht nahm zu, nur um die Zahl der Arbeitslosen zu vermehren, die damals ohnedies schon anstieg, da die Gesellen in der Depression ihre Stellungen verloren. Die Zahl der Auswanderer in die Neue Welt schnellte 1846 bis 93 000 hinauf und überstieg im nächsten Jahr zum ersten Male die 100 000.

Aber im Verhältnis zu den großen Massen notleidender Menschen war diese Auswanderung gering. Das Verbrechertum nahm in Stadt und Land zu, und der Geist der Gewalttätigkeit machte die Volksaufstände, die häufiger als zuvor ausbrachen, nur noch erbitterter. Das unheimlichste Ereignis war die „Kartoffelrevolution“ in Berlin. Am 2. April 1847 plünderte der Volkshaufen die Lebensmittelstände auf den öffentlichen Marktplätzen; es brachen Straßenkämpfe mit den Truppen aus, die drei Tage anhielten. Diese Begebnisse bestätigen die Beobachtung, die wir auch für die frühere Periode machen können, daß unter den verarmten Handwerkern und arbeitslosen Gesellen früher als in irgendeiner anderen Gruppe die Empörung reifte. Der schwerste damalige Ausbruch von Gewalttätigkeiten, die ein halbes Jahrhundert später durch Gerhart Hauptmanns Schauspiel „Die Weber" berühmt wurde, war der Aufstand der schlesischen Weber im Eulengebirge. Einige Tausend Mann stark, brannten sie die Häuser ihrer verhaßten Arbeitgeber nieder und plünderten sie. Zweifellos wurden die Weber unmenschlich ausgebeutet, aber die alte Heimindustrie der Leinenweberei, in der die einzelne Familie an Handwebstühlen arbeitete, war auf jeden Fall schon mit der Vernichtung bedroht, weil sie mit der modernen mechanischen Baumwollindustrie nicht konkurrieren konnte.

Entwicklung der Industrien

Die modernen oder, wie im Falle des Bergbaus, modernisierten Industrien entwickelten sich stetig und blieben selbst in der Depression 1846/47 beschäftigt. Die Hauptgegenden der industriellen Entwicklung waren das Rheinland und Sachsen, doch wurden neben dem oberschlesischen Bergwerksgebiet auch einzelne Städte, vor allem Berlin und in kleinerem Maßstab Nürnberg, Mannheim, Eßlingen (bei Stuttgart) und Magdeburg zu Mittelpunkten der Industrie. Es ist unmöglich festzustellen, wie viele Fabrikarbeiter es am Ende der vierziger Jahre in Deutschland gegeben hat. Ihre Zahl ist auf vier Prozent der Bevölkerung oder ein Drittel der nichtlandwirtschaftlichen Arbeitskräfte eingeschätzt worden. Aber diese Zahlen sind wahrscheinlich weit übertrieben, da die offiziellen Statistiken viele Betriebe als Fabriken einstuften, die über die Größe und den Charakter handwerklicher Werkstätten nicht hinausgewachsen waren. Selbst die modernen Fabriken waren klein. Maschinenbaufabriken in Preußen und Sachsen, die 250 Arbeiter beschäftigten, gehörten schon zu den großen Firmen. Alfred Krupp (1812—1887), dessen Vater sein Geschäft 1819 angefangen hatte, beschäftigte 1846 erst 140 Arbeiter. Im Jahre 1840 beschäftigte das durchschnittliche preußische Bergwerk ungefähr 40 Bergarbeiter.

Selbst in den Mittelpunkten der neuen Industriewirtschaft war das industrielle Proletariat nur klein. Seine Arbeitsbedingungen waren schlecht, oft geradezu schändlich. Unhygienische Räume, hohe Unfallrisiken, endlose Arbeitsstunden und, schlimmer als alles andere, die Unsicherheit der Existenz unter der willkürlichen Herrschaft tyrannischer Unternehmer charakterisierten überall diese frühe Industriewirtschaft. Die Frauen- und Kinderarbeit wurde soweit wie möglich ausgedehnt, um die Arbeitskosten niedrigzuhalten. Das Trucksystem, bei dem die Arbeiter in Waren bezahlt wurden, deren Wert der Arbeitgeber bestimmte, war weit verbreitet. Die Sorge um die physische Tüchtigkeit der Heeresrekruten war einer der Gründe, die die preußische Regierung 1839 veranlaßten, den ersten Schritt zu einer sozialen Gesetzgebung zu tun. Die Arbeit von Kindern unter neun Jahren wurde verboten, und die Arbeitsstunden von Kindern unter

16 Jahren wurde auf zehn pro Tag beschränkt. Die Bestimmungen von 1839 sahen auch eine gewisse Gesundheitsüberwachung für Industriearbeiter vor. Aber da kein angemessenes Verfahren für die Durchführung dieser Regeln geschaffen wurde, bleibt es fraglich, ob sie außerhalb der staatlichen Bergwerke entscheidende praktische Folgen hatten.

Arbeiter und Handwerker

Die beginnende Industrialisierung verursachte in Deutschland ungefähr dasselbe Elend und dieselben moralischen Schäden wie in England, obgleich die Tatsache, daß diese Industrialisierung sich in langsamerem Tempo vollzog und einen kleineren Teil der Gesellschaft als in England erfaßte, die Lage in Deutschland in einem etwas besseren Lichte erscheinen ließ. Nicht alles war an der industriellen Entwicklung schlecht. Wir dürfen nicht vergessen, daß das Los der Landarbeiter und der meisten Handwerker kaum besser als das der Industriearbeiter war. Im Gegenteil, es gab unter diesen Gruppen, die sich höherer Löhne und beständigerer Arbeit als die Handwerker erfreuten. Am schlimmsten waren die Zustände in den Gebieten, wo die neuen Industrien auf den Trümmern einer zusammengebrochenen Handwerksproduktion aufbauten, wie im Falle vieler Zweige der Textilindustrien. Unter den deutschen Fabrikarbeitern, einer damals noch verhältnismäßig kleinen Klasse, die nicht von einem gemeinsamen Bewußtsein getragen war, herrschte nicht so viel politische Unruhe wie unter den verarmten Handwerkern.

Obgleich wir keinen allzuscharfen Unterschied zwischen Handwerkern und Fabrikarbeitern machen dürfen, können wir doch vorbehaltlos sagen, daß nirgendwo in Deutschland im Jahre 1848 die revolutionäre Aktion von den Arbeitern der modernen Fabriken ausging. Nicht einmal Marx und Engels behaupteten, daß die deutsche Revolution von 1848/49 eine proletarische Revolution war, sondern nannten sie verächtlich eine Revolte der Kleinbürger. Das „Kommunistische Manifest“ vom Februar 1848 rief in Deutschland nicht die geringste Reaktion hervor, da die Handwerker niemals zum marxistischen Sozialismus neigten und in all diesen Jahren, ganz gleich, ob sie beschäftigt, arbeitslos oder in die Fabrikarbeit getrieben waren, eher konservativ und sogar reaktionär eingestellt blieben. Es war nur natürlich, daß sie in dem Verfall des Zunftwesens und in dem Zunehmen der mechanischen Produktion den wahren Fluch der Zeit sahen. Sie verlangten von den Regierungen die Beschränkung der Gewerbefreiheit und die Restauration der korporativen Privilegien der Zünfte. Zweifellos bestand ein Gegensatz zwischen Meistern und Gesellen, insofern letztere die patriarchalische Gewalt der Meister verringert sehen wollten, aber selbst die Gesellen und Lehrlinge glaubten fest an das Zunftsystem und waren Gegner der Gewerbefreiheit.

Handwerker und Arbeiter erwarteten, daß die bestehenden Regierungen ihnen in ihrer mißlichen Lage helfen und die alte korporative Ordnung wiederherstellen würden. Sie wurden daher von dem Gedanken einer neuen politischen und konstitutionellen Ordnung nicht angezogen. Solche Ideen propagierten diejenigen, die die Gewerbefreiheit befürworteten und von ihr profitierten, die Industriellen, Bankiers, Juristen und anderen Mitglieder der oberen Mittelklasse. Die Arbeiter richteten ihr Augenmerk auf konkrete materielle Vorteile, wie bessere Löhne, Arbeitsplätze und Sicherheit ihrer Beschäftigung. In den vierziger Jahren trat nur ein sehr geringer Teil der Arbeiter – bezeichnenderweise meist Handwerker – für die gewalttätige Verwirklichung kommunistischer Gedanken ein. Wanderlehrlinge kamen in Paris mit modernen sozialistischen Ideen in Berührung. Unter ihnen befand sich Wilhelm Weitling (1808–1871), ein Schneider aus Magdeburg, der, von Fouriers Sozialismus beeinflußt, in Wort und Schrift einen christlichen Kommunismus predigte, welcher an die radikalen religiösen Sekten des 16. Jahrhunderts erinnerte. Doch übte der Kommunismus oder Sozialismus – die beiden Begriffe wurden damals noch synonym gebraucht – nur auf eine verschwindende Minderheit Anziehungskraft aus.

Aber sowenig auch die Arbeiter viele Jahre lang geneigt waren, mit den Liberalen, die eine Regierungsreform forderten, zusammenzuarbeiten, so trieb doch das Verhalten der autokratischen Regierungen, die auf die Gesuche der Zünfte ständig negativ reagierten, die Massen schließlich in eine feindselige Haltung gegenüber den bestehenden Obrigkeiten. Die Wirtschaftskrise nach 1845, in der die Regierungen keinerlei Maßnahmen zur Milderung des Elends und der Hungersnot trafen, während gleichzeitig die Agitation des Bürgertums einen radikaleren Ton annahm, brachte einen Umschwung in der Stimmung der Massen. Am Vorabend der Revolution von 1848 fühlten sie sich einig mit den Liberalen in einem tiefen Mißtrauen gegen die Herrschaft der Fürsten, Soldaten und Bürokraten. Obgleich dadurch keine Identität der politischen Ziele und Interessen hergestellt war, wurde eine gemeinsame politische Aktion, die auf eine Veränderung der Zustände in ganz Deutschland gerichtet war, wenigstens vorübergehend möglich.

Auftreten von Kapitalisten

Die wirtschaftliche Entwicklung der Zeit vor 1848 begünstigte die Bildung einer Gruppe von Kapitalisten innerhalb der deutschen Gesellschaft. Es wäre wahrscheinlich unrichtig, in dieser Zeit von ihnen als einer neuen Klasse zu sprechen, denn die meisten waren noch in der herkömmlichen Gesellschaftsstruktur verankert. In Ostpreußen baute sich das kapitalistische Unternehmertum fast ganz auf der Grundlage einer agrarischen Ökonomie auf, die mit einem internationalen Markt verknüpft war. Preußische Junker spielten in der Ausnutzung dieser Gelegenheiten die Hauptrolle, und wenige von ihnen waren gewillt, sich von ihrer alten Klasse loszusagen, selbst wenn sie in ihren politischen Ideen von den älteren Krautjunkern etwas abweichen mochten. In Oberschlesien war es hauptsächlich der Adel, der die Industrialisierung des Gebietes leitete, und es handelte sich eigentlich nur um eine Erweiterung der Verwaltung seiner alten Güter. In den meisten Teilen Deutschlands wurde der Wiederaufbau der kaufmännischen Vermögen hauptsächlich mit den herkömmlichen Methoden des Handels zuwege gebracht. Kühne kapitalistische Wagnisse wurden selbst in den Orten abgelehnt, die mit den wirtschaftlichen und politischen Zuständen Englands und Amerikas in engster Berührung standen.

Hamburg und — in noch größerem Ausmaß — Bremen vermochten nach 1815 ihren Handel wiederaufzubauen und zu fördern, indem sie mit Amerika in Beziehung traten. Die Hansestädte, die immer noch vom Handel im britischen Weltreich ausgeschlossen waren, organisierten den Handel zwischen Deutschland und den Vereinigten Staaten. Der Handelsvertrag zwischen den Vereinigten Staaten einerseits und Hamburg und Bremen andererseits vom Jahre 1827 bildete beinahe ein Jahrhundert lang den gesetzlichen Rahmen für die Handelsbeziehungen der beiden Nationen. Aber in dieser frühen Zeit war der Handel hauptsächlich auf die Einfuhr von Rohmaterialien, wie Baumwolle und Tabak, beschränkt. Der Mangel an Industrieprodukten, die auf dem amerikanischen Markt konkurrenzfähig gewesen wären, hätte die Seefahrt nach dem Westen unprofitabel gemacht, wenn die deutschen Schiffahrtsunternehmer nicht menschliche Fracht der Emigranten hätten transportieren können. Die Wirtschaftstätigkeit der beiden Städte konnte damals noch betrieben werden, ohne daß radikale Veränderungen der herkömmlichen Geschäftsmethoden oder der politischen Organisation notwendig geworden wären. Sowohl Hamburg als auch Bremen wurden noch ganz von Kaufmannsaristokratien beherrscht, die in politischen und wirtschaftlichen Angelegenheiten einen patrizischen Konservatismus pflegten. Ihr Republikanismus und ihre Verbindung mit dem Welthandel, in Deutschland ungewöhnliche Erscheinungen, stärkten noch ihre lokale Gebundenheit. In den vierziger Jahren gab es Anzeichen neuer Perspektiven. Die jüngere Generation nährte kühnere Pläne im Außenhandel und besaß ein wacheres Bewußtsein dafür, daß die Zukunft der Städte von der Entwicklung des gesamten Deutschland abhängig war. Die Elastizität, mit der Hamburg die fürchterlichen Verluste wiedergutmachte, die das Feuer von 1842 angerichtet hatte, als ein Fünftel der Stadt in Asche lag, verriet, daß noch Kräfte für eine künftige Entwicklung vorhanden waren.

Mit der Belebung der Industrien in Westdeutschland erlangten ihre Gründer eine höhere gesellschaftliche Stellung. Die deutschen Industriellen dieser ersten Generation kamen aus allen Klassen und Berufen. In den Textilindustrien waren es vielfach frühere Kaufleute, im Maschinenbau und in allen Industrien, die von neuen Erfindungen abhängig waren, frühere Handwerker. Wie wir schon erwähnt haben, waren die meisten neuen Fabriken, selbst hinsichtlich ihrer Größe, noch nicht viel mehr als vergrößerte handwerkliche Werkstätten. Auch behielt der Handwerker immer noch etwas von seinem alten Mißtrauen gegen den Kaufmann und fürchtete, daß dieser aus seiner ehrlichen Arbeit in schlauer Weise Profit ziehen werde. Selbst noch in viel späteren Jahren ging ein Alfred Krupp den Finanzleuten aus dem Weg. Unter den führenden rheinischen Geschäftsmännern dieser Zeit war die kapitalistische Gesinnung oft durch andere Gefühlsmotive gemildert.

Friedrich Harkort (1793—1880), der 1819 seine Fabrik an der Ruhr gründete, die Eisenproduktion und Maschinenmanufaktur vereinte und später mit vielen anderen Unternehmungen, wie Eisenbahnen und Dampfschiffgesellschaften, verbunden wurde, war beinahe mehr ein patriotischer industrieller Erzieher als ein kapitalistischer Unternehmer. In der Tradition des Freiherrn vom Stein propagierte dieser Westfale die Initiative und die Selbständigkeit freier Bürger als das Lebenselement einer gesunden Gemeinschaft. Er hatte auch Nationalgefühl und nahm, obwohl er die politischen Einrichtungen Englands bewunderte, an dem Handels- und Industriemonopol, die England zu dieser Zeit ausübte, Anstoß. Obschon er seine eigenen Industrien nur mit Hilfe englischer Ingenieure und Werkmeister in Gang zu bringen vermochte, sehnte er den Tag herbei, an dem die deutschen Industrien von der englischen ganz unabhängig sein würden. Gustav Mevissen (1815—1899), einer der bedeutendsten Gründer der modernen rheinischen Industrie- und Finanzwirtschaft, begann seine Karriere unter dem starken Einfluß des Saint Simonismus und arbeitete vorübergehend mit Karl Marx in der Redaktion der „Rheinischen Zeitung" zusammen. Andere führende rheinische Kaufleute, wie David Hansemann (1790—1864) in Aachen, Ludolf Camphausen (1803—1890) in Köln, Hermann Beckerath (1808—1874) in Krefeld oder August von der Heydt (1801—1874) in Elberfeld, vertraten ihre Überzeugung mit weniger Vorbehalten, daß die ungehemmte Verwirklichung des kapitalistischen Unternehmertums am Ende allen sozialen Klassen nur Vorteile bringen würde.

Auf nationaler Ebene war die Gruppe aufsteigender Kapitalisten und Industrieller klein und keineswegs homogen. Die Probleme, die sie zu bewältigen hatten, waren in den einzelnen Gegenden Deutschlands sehr verschieden, und es war nur natürlich, daß diese Männer kein starker gemeinsamer politischer Glaube verband. Vor den späten vierziger Jahren waren sie nicht einmal geneigt, das theoretische Gerüst einer nationalen Wirtschaftspolitik auszuarbeiten, wie ihre Reaktion auf die Tätigkeit von Friedrich List (1789—1846) beweist.

Friedrich List

Friedrich List wurde in der Reichsstadt Reutlingen geboren, die in der napoleonischen Zeit Württemberg einverleibt wurde, und Bürgerstolz sowie eine starke Liebe zu Deutschland begleiteten ihn sein ganzes Leben lang. Nach wenigen Jahren einer Professur in Tübingen erregte er den Zorn der Württembergischen Regierung, weil er eine Zollgesetzgebung des Deutschen Bundes befürwortete. Er wurde seiner akademischen Stellung enthoben und schließlich als „Demagoge“ in Haft genommen, danach, 1825, unter der Bedingung begnadigt, daß er nach Amerika auswandere. In den Vereinigten Staaten war er als Journalist und Geschäftsmann tätig, aber obwohl er nicht ohne Erfolg war, trieb ihn das Heimweh zurück. Unter dem Schutz des Titels eines amerikanischen Konsuls kam er 1832 nach Leipzig, wo er sofort lebhaft für seine wirtschaftlichen Gedanken zu werben begann, die er durch seine amerikanischen Erlebnisse bestätigt gefunden hatte.

Als ein echter Sohn der Aufklärung des 18. Jahrhunderts war List von humanitären und kosmopolitischen Idealen durchdrungen, doch war er gleichzeitig in seinem historischen Denken ein Schüler der Romantik und in seiner Bewunderung für materiellen Erfolg ein Vorläufer des späteren 19. Jahrhunderts. Lists Stärke lag mehr in der Politik als in systematischer Gelehrsamkeit, doch hatte er fruchtbare allgemeine Einsichten in die Natur des Wirtschaftslebens. Obgleich er Adam Smith' Hoffnung teilte, daß die Evolution der wirtschaftlichen Kräfte zu einer harmonischen Weltwirtschaft führen würde und sollte, glaubte er doch nicht, daß die einfache Übernahme des Prinzips des Freihandels zu diesem idealen Zustand führen könnte. Dies würde unter den augenblicklichen Verhältnissen, so argumentierte er, die Weltherrschaft Englands zur Folge haben, da die englische Wirtschaft in ihrem fortgeschrittenen Stadium jede weniger entwickelte Wirtschaft verdrängen würde. Nur wo ein ebenbürtiges Stadium der Entwicklung erreicht sei, könne man sich in einen freien Wettbewerb einlassen. List entwarf nicht nur eine Theorie der evolutionären Stadien, die die Wirtschaft durchlaufen würde, sondern auch eine Theorie der Bedingungen, die ein gesundes Wachstum der produktiven Kräfte einer Wirtschaft fördern. Für List bestand das Ziel in der Herstellung eines Gleichgewichts zwischen der Agrar-, der Handels- und der Industrieproduktion, und der Weg, der zu diesem Ziele führen sollte, war die Erziehung des Volkes und die Schaffung von Lockmitteln, die der Staat durch Auferlegung eines Schutzzolles oder, wie List gern sagte, eines „Erziehungszolles“ anbieten könnte. Er wies darauf hin, daß der englische Handel und die englische Industrie durch die Navigationsakte in der Vergangenheit gefördert worden waren und daß die englische Landwirtschaft immer noch durch Kornzölle geschützt wurde.

List bestand darauf, daß eine künftige Weltwirtschaft sich aus den Wirtschaftsformen der einzelnen Nationen zusammensetzen werde. Ihre innere Einheit verlange die Abschaffung aller inneren Schranken, aber die auswärtige Handelspolitik ergebe sich aus dem Stadium, das ihre wirtschaftliche Evolution erreicht habe. Lists reifste und bedeutendste Schrift trug den Titel „Das nationale System der politischen Ökonomie“ (1840). Es spiegelt seine Erlebnisse in den Vereinigten Staaten wider, wo das rasche Aufblühen einer nationalen Wirtschaft durch das völlige Fehlen innerer Beschränkungen und den gleichzeitigen Schutz gegen die englische Konkurrenz begünstigt wurde. Zudem hatte Amerika List ein Gefühl für die großen Ausmaße der modernen Wirtschaftsstrukturen gegeben. Die preußisch-deutsche Zollunion schien zu klein, um zwischen dem Britischen Reich und einem immer größer werdenden Amerika und Rußland sicher bestehen zu können. List wollte das gesamte Deutschland und das ganze Habsburgerreich in einer Wirtschaftsunion vereinigt sehen. Diese Umbildung des alten Deutschen Reiches nannte er „Mitteleuropa“.

Dieses sind in großen Zügen die Gedanken, die der feurige Schwabe in Wort und Schrift verbreitete. Gleichzeitig versuchte er, die deutsche Geschäftswelt zu überzeugen, daß nach seinen Erfahrungen in Amerika die Eisenbahnen die mächtigsten Hebel zur Förderung der Wirtschaft seien. Er entwarf einen wohlausgedachten Plan für ein nationales deutsches Eisenbahnsystem und beteiligte sich an der Organisation einer Gesellschaft zur Finanzierung der Linie von Leipzig nach Dresden, die innerhalb dieses Netzes als zentrale Verbindung geplant war. Diese Linie wurde auch tatsächlich gebaut, obgleich List aus ihrer Direktion ausgeschlossen wurde. Aber alle seine anderen Pläne verwirklichten sich nicht. In Verzweiflung über die Ablehnung seiner Ideen nahm sich List 1846 das Leben.

Es war nicht verwunderlich, daß die praktischen Vorschläge Lists in diesen Jahren vereitelt wurden, da sie vielen der führenden wirtschaftlichen Kräfte in Deutschland nicht entsprachen. Aber es ist bezeichnend, daß Lists Auffassung von der Nation als einer Wirtschaftseinheit keine dieser Gruppen dazu bewog, ihrerseits ein Programm für eine nationale Wirtschaftspolitik aufzustellen. Tatsächlich führte der preußisch-deutsche Zollverein 1844 mäßige Einfuhrzölle auf Eisen und Textilwaren ein. Aber weit wichtiger war es, daß im Todesjahre Lists der Kornzoll abgeschafft wurde, denn damit war für lange Zeit das Vordringen des wirtschaftlichen Liberalismus in Deutschland entschieden. Aber nachdem die politische Einigung Deutschlands vollzogen war, sollten Lists Ideen wieder neues Leben erhalten.

Politische Bewegungen

Die neuen kapitalistischen Gruppen der deutschen Gesellschaft rückten nach 1846 etwas näher aneinander, wobei sie jedoch mehr durch ihre defensive Haltung gegenüber einer bürokratischen Aufsicht und Einmischung als durch ein klares positives politisches Programm zusammengehalten wurden. Vor 1850 war die Ausarbeitung grundsätzlicher politischer Ideen fast ausschließlich das Werk von Intellektuellen gewesen, deren Wirkungskreis seinen Mittelpunkt vor allem in den Universitäten hatte. Obgleich diese Universitäten einzelstaatliche Einrichtungen waren, wurden sie doch durch den fortgesetzten Austausch von Studenten und Professoren in Wirklichkeit zu nationalen Anstalten. Die von den Karlsbader Beschlüssen eingeleitete Unterdrückung der akademischen Freiheit (siehe S. 159) erweckte starkes Ressentiment in den Universitätskreisen, aber abgesehen von kleinen Studentengruppen blieb kein radikaler Widerstand wach. Nicht nur die Professoren waren als Staatsbeamte vom Staate abhängig, sondern auch die Studenten, von denen die Mehrzahl in den Staatsdienst zu treten oder eine Karriere in Berufen einzuschlagen wünschte, die von den Regierungen streng beaufsichtigt wurden.

Die freien Schriftsteller hatten es dagegen nicht nötig, auf ein Einkommen aus Regierungsquellen zu rechnen, und mit der Entwicklung des deutschen Zeitungswesens wurde der Journalismus eine Einnahmequelle für die wachsende Zahl von Intellektuellen, die vom Staatsdienst oder von den alten Berufen ausgeschlossen waren. Es ist nicht überraschend, daß unter den Schriftstellern und Journalisten akademisch gebildete Juden besonders zahlreich waren, da selbst in denjenigen Staaten, in denen ihnen bürgerliche Gleichberechtigung verliehen worden war, Juden immer noch nur dann zu öffentlichen Ämtern, einschließlich des Lehramtes, zugelassen wurden, wenn sie zum Christentum übergetreten waren. Die Presse und das Verlagswesen wurden von den Regierungen aufs genaueste überwacht, und man geriet leicht in Schwierigkeiten mit der Zensur. In dieser Hinsicht erwies sich die Teilung Deutschlands als ein Segen, da die Zensur in sehr verschiedener Weise gehandhabt wurde. Außerdem lernten es die Leser unter solchen Umständen, auch ganz versteckte Andeutungen oder weit hergeholte Analogien zu verstehen. Während die Zensur die Nachrichten über Deutschland umbarmherzig färbte oder unterdrückte, ließ sie die Berichterstattung über die Ereignisse im Ausland ziemlich unbehelligt.

Westeuropäische Einflüsse

Die deutschen Leser verfolgten die politischen Ereignisse und die Debatten Westeuropas mit tiefem Interesse. Sie hofften, durch die Beobachtung der sozialen und wirtschaftlichen Fortschritte Englands und Frankreichs zu erfahren, was die möglichen Folgen der neuen Wirtschaft sein würden, die in Deutschland erst in einer embryonalen Form existierte. Der Aufstieg des Liberalismus in Westeuropa ermutigte die oppositionellen Elemente in Deutschland und gab ihnen Ideen für ihre Versuche, den deutschen Absolutismus zu überwinden. Es läßt sich zwar nicht leugnen, daß England, Frankreich und Belgien zu verschiedenartig waren, als daß ihr Vorbild in Deutschland eine einheitliche Reaktion hätte auslösen können, aber trotzdem hätte ohne diese Vorbilder das liberale und demokratische Denken zwischen 1830 und 1848 sich in Deutschland nicht so rasch verbreitet. Das Jahr 1830 bezeichnet den entscheidenden Beginn einer Oppositionsbewegung in Deutschland. Die Revolutionen in Frankreich, Belgien und Polen stellten eine Bedrohung der gesamten internationalen und inneren Ordnung Europas dar, wie sie vom Wiener Kongreß geschaffen worden war. Die Gefahr eines allgemeinen Krieges ging vorüber. Das Regime Louis Philippes und das neue Königreich Belgien wurden von den Großmächten anerkannt. Diese Ereignisse bedeuteten einen Erfolg des Prinzips der Volkssouveränität, und der Liberalismus trug große Siege davon, obgleich sowohl in Frankreich als auch in Belgien die Revolution lediglich die Herrschaft der höheren Bourgeoisie einleitete. England folgte dem liberalen Trend mit der Reform Bill von 1832.

Die Zusammenarbeit Englands und Frankreichs in internationalen Angelegenheiten wurde durch die Ähnlichkeit ihrer sozialen und politischen Zustände gefördert. Abweichende Interessen und Ausbrüche einer feindseligen Stimmung im Volke riefen immer noch gelegentlich Reibungen zwischen den beiden westlichen Nationen hervor, aber das europäische Konzert blieb fortan in eine westliche und eine östliche Gruppe gespalten, und diese Situation ermutigte zwangsläufig die innere Opposition der östlichen Welt. Immerhin vermochten die drei östlichen Monarchien die Erschütterungen der Revolutionen von 1830 ohne merkliche Einbuße ihrer äußeren und inneren Macht zu überstehen. Rußland eroberte Polen in monatelangen blutigen Kämpfen zurück und erklärte, die polnische Nation habe durch ihren Aufstand jedes Recht auf die politischen Einrichtungen, die der Wiener Kongreß dem unglücklichen Land versprochen hatte, verscherzt. Preußen und Österreich kamen Rußland in seinem Krieg gegen Polen wenigstens indirekt zu Hilfe, indem sie in ihren eigenen polnischen Gebieten Armeen bereithielten, um dadurch eine Ausdehnung des Aufstandes über das russische Polen hinaus zu verhüten. Unterdessen unterdrückten österreichische Truppen Aufstände, die in Italien ausgebrochen waren. Aber weder Österreich noch Preußen waren in ihren deutschen Ländern von Unruhen heimgesucht.

Rückwirkungen der Revolution von 1830

In einigen kleineren deutschen Staaten hatten jedoch die auswärtigen Revolutionen starke Rückwirkungen. In Braunschweig vertrieben empörte Bürger den regierenden Herzog Karl, einen verrückten und brutalen Tyrannen, und die Fürsten des Deutschen Bundes empfanden wegen dieses nichtsnutzigen Verwandten zuviel peinliche Verlegenheit, so daß sie sich über die Unverletzlichkeit des Legitimitätsprinzips hinwegsetzten. Karls jüngerer Bruder Wilhelm wurde

Herzog und gab dem kleinen Staat eine Verfassung. In Kurhessen verlangte ein empörter Volksaufstand das Ende des despotischen und korrupten Regimes des degenerierten Kurfürsten Wilhelm. Daraufhin bekam das Land eine liberale Verfassung, die Sylvester Jordan, ein Professor der Universität Marburg, ausgearbeitet hatte, und der Thronerbe wurde Mitregent. Leider waren damit die Schwierigkeiten von Kurhessen noch lange nicht behoben. Prinz Friedrich Wilhelm hatte einen ebenso abstoßenden Charakter wie sein Vater. Sobald die allgemeine Atmosphäre in Deutschland die reaktionären Kräfte wieder begünstigte, begann die Regierung, sich über die Verfassung hinwegzusetzen und sie zu untergraben, und das hessische Volk litt weiterhin unter der Zügellosigkeit seiner Herrscher.

Unruhen unter der Bevölkerung veranlaßten die Regierungen von Sachsen und Hannover, den beiden größten norddeutschen Staaten nach Preußen, ihre Verfassungen zu reformieren. Minister Bernhard von Lindenau brachte den alternden König Anton von Sachsen dazu, seinen Neffen Friedrich August (König Friedrich August II., 1836—1854) als Mitregenten zu akzeptieren. Die alten Stände gaben ihre Zustimmung zur neuen Verfassung vom September 1831, und die fähige sächsische Beamtenschaft führte im nächsten Jahrzehnt viele Verwaltungsreformen durch. Obgleich die sächsische Verfassung wie auch die von Braunschweig und Kurhessen mit den süddeutschen Verfassungen von 1815 bis 1820 mehr oder weniger identisch waren, bedeuteten sie hier eine stärkere politische Neuerung gegenüber den bestehenden Verhältnissen. Denn als die süddeutschen Staaten das Verfassungszeitalter erreichten, waren bestimmte grundsätzliche Reformen, wie Gleichheit vor dem Gesetz, die Gleichheit der Besteuerung oder eine einheitliche Finanzverwaltung, von der Gesetzgebung der französischen Periode schon eingeführt worden. Im Gegensatz dazu mußten in Norddeutschland erst viele Einrichtungen und Bräuche der feudalen Vergangenheit aus dem Wege geräumt werden, bevor die Verfassungen eingeführt werden konnten.

Trotz seiner Verbindung mit Großbritannien hatte Hannover ebenso altertümliche Einrichtungen wie Sachsen. Erst die Folgen der Französischen Revolution beendeten die Herrschaft des hannoverschen Adels, der nicht nur im Lande selber beherrschend gewesen war, sondern auch in der *German chancellery* in London, auf die der englische König zu seiner Information angewiesen war. Jetzt ernannte Wilhelm IV. den Herzog von Cambridge zum Vizekönig, und die Verfassung von 1833 wurde gemeinsam mit den Ständen ausgearbeitet. Die Verfassung Hannovers war die bescheidenste deutsche Verfassung, aber angesichts der etwas verspäteten sozialen und politischen Entwicklung des deutschen Nordwestens hätte sie den Beginn einer stetigen Entfaltung des öffentlichen Lebens bedeuten können. Aber die Zukunft war beinahe von Anfang an verdüstert, da der Thronerbe Herzog Ernst August von Cumberland, seine Unzufriedenheit mit der neuen Politik zeigte.

Die Einführung von Verfassungen in den neben Preußen wichtigsten norddeutschen Staaten rückte die Volksbewegung von Nord- und Süddeutschland näher aneinander. Aber selbst innerhalb der süddeutschen Staaten waren Ziele und Methoden sehr verschieden. Die aktivste Agitation hatte ihren Mittelpunkt im Südwesten. Schweizer demokratische Zeitungen zirkulierten dort ohne Schwierigkeit, und der Einfluß des benachbarten Frankreich war groß. Der badische Landtag von 1831 hatte eine liberale Mehrheit, und die Regierung mußte viele Zugeständnisse machen, unter denen ein liberales Zensurgesetz die populärste Maßnahme war. In Bayern jedoch lehnte König Ludwig I. Kompromisse ab. Tatsächlich legte er nach 1830 eine wachsende Abneigung gegen die Verfassung als eine Fessel der monarchischen Gewalt an den Tag. Der Widerspruch des Volkes gegen die antiliberale Politik der bayerischen Regierung machte sich am stärksten in der abgelegenen westlichen bayerischen Provinz, der linksrheinischen Pfalz, geltend, die beinahe 20 Jahre lang französisch gewesen war und auch weiterhin die inneren Reformen der französischen Zeit zu schätzen wußte. Die Pfälzer begrüßten zwar den Abgang der französischen Präfekten, aber es machte sie nicht glücklich, bayerische statt einheimischer Beamte eingesetzt zu sehen. Auch wurde ein drückendes Steuersystem aufrechterhalten, trotz der Notlage der Wirtschaft, die überall von Handelsschranken gedrosselt wurde.

Hambacher Treffen

Die Pfalz wurde die Pflanzschule des politischen Radikalismus. Die Verbindungen zu Frankreich waren eng, vor allem zu den demokratischen Gruppen im Elsaß. Als im Winter 1831/32 Tausende von polnischen Soldaten, zusammen mit einer großen Zahl von Mitgliedern des polnischen Adels und der Intelligenz nach Mittel- und Westeuropa flohen, wurden sie von den meisten deutschen Liberalen enthusiastisch als Freiheitskämpfer begrüßt, aber am begeistertsten in der Pfalz. Die radikale Bewegung bildete den Preß- und Vaterlandsverein, der aus demokratischen Journalisten zusammengesetzt war und die Gründung ähnlicher Vereine in anderen Teilen Deutschlands und selbst bei den in Paris wohnenden Deutschen anregte. Zu einer Zeit, in der politische Versammlungen des Volkes verboten waren, faßte diese Gruppe den Plan für eine Festfeier, die größer als andere damals abgehaltene Feiern sein sollte. Es wurde erklärt, daß die Feier, die als eine nationale Demonstration gedacht war, dem Jahrestag der bayerischen Verfassung gelte. Die Verwirklichung dieses Planes überstieg die kühnsten Erwartungen seiner Urheber, unter denen J. A. G. Wirth (1798—1848) und Philipp Siebenpfeiffer (1789—1846) die führenden Männer waren. Mindestens 25 000 bis 30 000 Menschen aus der Pfalz, aus Baden, Hessen und dem Elsaß sowie kleinere Gruppen aus den abgelegeneren Provinzen kamen am 26./27. Mai 1832 in Hambach zusammen. Zum ersten Mal in der deutschen Geschichte wurden

Frauen zu einem politischen Treffen eingeladen und nahmen in großer Anzahl daran teil. Als Abzeichen wählte sich die Versammlung die schwarz-rot-goldenen Farben der Studentenverbindungen, die dadurch die Farben der demokratischen Bewegung wurden.

In Hambach wurden sehr radikale Reden gegen die deutschen Fürsten und den deutschen Adel geführt. Aber der Gedanke der nationalen Einheit beherrschte alle anderen Argumente. Die deutschen Fürsten wurden angeklagt, daß sie die Verantwortung für die Teilung und die daraus folgende Schwäche Deutschlands trügen. Auch wurden sie beschuldigt, daß sie die deutsche Nationalmacht mißbrauchten, um andere Nationen in Europa noch mehr zu unterdrücken. Die Verwirklichung der Volkssouveränität sollte ein gesundes Deutschland wiederherstellen und den bestehenden „Bund der Fürsten" durch einen friedlichen „Bund der Völker" ersetzen. Während Siebenpfeiffer hauptsächlich mit der Zusammenarbeit von Frankreich, Deutschland und Polen rechnete, betonte Wirth, daß jede Nation ihre Freiheit durch eigene Kraft gewinnen müßte. Er wehrte sich entschieden dagegen, irgendwelchen Beistand Frankreichs bei der Errichtung der deutschen Demokratie in Betracht zu ziehen, denn dies würde zwangsläufig den Verlust weiteren rheinischen Gebietes mit sich bringen, ein Verbrechen, zu dem kein Deutscher Beihilfe leisten dürfte. Wirth beendete seine Rede mit dem Salut: „Es lebe das freie, das einige Deutschland!" und „Hoch lebe jedes Volk, das seine Ketten bricht und mit uns den Bund der Freiheit schwört! Vaterland, Volkshoheit, Völkerbund, hoch!"

So laut auch die demokratische Note in allen Hambacher Erklärungen klang, so ließ doch die Vorrangstellung, die dem Ausdruck des Nationalgefühls eingeräumt wurde, keinen Platz für die Diskussion konkreter Beschwerden, die das Volk gegen die Staatsregierungen vorzubringen hatte. Viele glaubten, daß die Freiheit in den Einzelstaaten gewonnen werden müßte. Die Mitglieder der süddeutschen Parlamente wurden von den Hambacher Ereignissen nicht beeindruckt. Der intellektuelle Führer der badischen Liberalen, Carl Rotteck (1775–1840), ging so weit zu behaupten: „Ich will lieber Freiheit ohne Einheit, als Einheit ohne Freiheit." Aber den Führern des Hambacher Maifestes war es auch nicht gelungen, eine Einigung über ein gemeinsames Programm zu erzielen. Die herrschende Meinung nahm an, daß moralische Appelle für die schließliche Durchführung der Demokratie genügen würden. Doch ließ sich nicht jedermann so leicht beruhigen, und es wurde recht deutlich, daß die reaktionären Regierungen die Unterdrückung der Volksbewegung durch den Deutschen Bund vorbereiteten.

Frankfurter Wachensturm

Das Hambacher Fest fand ein sonderbares Nachspiel im Frankfurter Wachensturm vom 3. April 1833. Dieser ging von Gruppen der studentischen Burschenschaften aus, die sich nach der französischen Julirevolution wieder reaktiviert hatten. Die Hoffnung, es werde eine allgemeine Revolution in Deutschland ausbrechen, wenn man die Wache in Frankfurt, dazu Sitz des Bundestages, erstürme, war kindisch, und der Anschlag, in den ein paar Dutzend Studenten verwickelt waren, schlug jämmerlich fehl. Es mag beiläufig erwähnt werden, daß einige dieser Studenten in ihren späteren Jahren in Deutschland und Amerika bemerkenswerte Karrieren machten.

Anlaß zur Reaktion

Die österreichische und die preußische Regierung hatten seit 1831 darüber nachgedacht, wie sie die liberalen und demokratischen Bewegungen — von Metternich einfach Umsturzpartei genannt — unterdrücken könnten. Im Juni 1832 beschränkte der Deutsche Bund die Autorität der bestehenden Parlamente und die Pressefreiheit. Nach dem Frankfurter Wachensturm setzte er wieder wie im Jahre 1819 (siehe S. 159) eine „Zentraluntersuchungskommission" ein, und es folgte eine Welle von Unterdrückungen und scharfen Gerichtsaktionen. Die konstitutionellen Regierungen konnten sich jetzt hinter den Willen des Bundes verschanzen und Gesetze, die ihnen zu liberal waren, wieder abschaffen. Aber mit der Ausnahme eines einzigen Monarchen wagten die Regierungen der Kleinstaaten nicht, die Verfassungen selbst aufzuheben oder sie in drastischer Weise zu verändern. Sie gaben sich damit zufrieden, den Liberalismus in Schach zu halten, indem sie ihre monarchische Oberhoheit zur Geltung brachten. Trotzdem wurde die liberale Bewegung stärker, da sie neue Mitglieder gewann. Der Deutsche Bund wurde nun für immer mit der Sache der Reaktion identifiziert.

Der einzige Staat, in dem die Verfassung offen abgeschafft wurde, war Hannover. Mit dem Tode König Wilhelms IV. von England im Jahre 1837, der Victoria auf den englischen Thron erhob, wurde ihr reaktionärer Onkel, der Herzog von Cumberland, Ernst August, König von Hannover. Er war ein Ultraroyalist, der selbst den alten Duke of Wellington für zu milde hielt. Ernst August hatte einen skandalösen Ruf. Eine Londoner Zeitung schrieb einmal, der Herzog habe in seinem Leben jedes erdenkliche Verbrechen außer Selbstmord begangen. Er weigerte sich, die hannoversche Verfassung anzuerkennen, und entband die Staatsbeamten ihres Eides auf die Verfassung. Sieben berühmte Mitglieder der Göttinger Fakultät, die Historiker Friedrich Christoph Dahlmann (1785—1860) und Georg Gottfried Gervinus (1805—1871), die Gebrüder Grimm (1785—1863; 1786—1859), der Orientalist Heinrich Ewald (1803—1875), der Jurist Wilhelm Eduard Albrecht (1800—1876) und der Physiker Wilhelm Weber (1804—1891), erklärten, daß sie sich immer noch an den Eid gebunden fühlten. Daraufhin wurden sie sofort abgesetzt. Dahlmann, Jacob Grimm und Gervinus mußten Hannover binnen drei Tagen verlassen. Wenige dieser Professoren hatten jemals vorher an einer politischen Aktion teilgenommen, und diejenigen, die es getan hatten, hatten sich als gemäßigte Männer erwiesen. Die Tat der „Göttinger Sieben“ war im wesentlichen ein Gewissensakt und erweckte die Sympathien nicht nur der Liberalen, sondern auch der gerecht denkenden Konservativen. In ganz Deutschland schossen „Göttinger Vereine“ aus dem Boden und sammelten Geld, um den geschädigten Gelehrten ihre Gehälter zu zahlen, bis sie nach einigen Jahren in anderen deutschen Staaten akademische Stellen gefunden hatten. Aber selbst unter ihren Kollegen waren die „Göttinger Sieben“ nur eine kleine Minderheit. Der Adel und das gefügige hannoversche Beamtentum hielten zum König. Obgleich die Opposition in J. K. B. Strüve, dem Bürgermeister von Osnabrück, einen tapferen und fähigen Wortführer besaß, hätte sich eine gemeinsame Front des Widerstandes nur dann bilden können, wenn der Deutsche Bund Ernst Augusts Aktion als eine Verletzung der Bundesakte erklärt hätte. Als der Bund sich weigerte, in dieser Sache Schritte zu ergreifen, hörte die offene Opposition in Hannover auf. Die hannoverschen Stände beugten sich 1840 dem Diktat des Welfenkönigs. Bei dieser Gelegenheit wurde sogar die künftige Thronfolge von Ernst Augusts blindem Sohn angenommen.

Die Jungdeutsche Schule

Das Scheitern aller Bemühungen um eine weitere Demokratisierung verstärkte in vielen Kreisen die Bewunderung für ausländische politische Einrichtungen. Die tiefe Enttäuschung über die Mißerfolge und schlechte Moral in der deutschen Politik verschlimmerte die Krise, in der man den Glauben an die geistigen und intellektuellen Werte, der die vorhergehenden Generationen beseelt hatte, dahinschwinden sah. Gerade in den Jahren des Wiederauflebens der Reaktion nach dem Hambacher Fest übten die Schriftsteller der sogenannten Jungdeutschen Schule mit ihrer radikalen und beißenden Kritik an allen Formen der deutschen Kultur großen Einfluß aus. Der Deutsche Bundestag hatte diese Schriftsteller als subversive Charaktere gebrandmarkt; wenn sie nicht im Ausland Zuflucht suchten, mußten sie sich von der Polizei oder den Gerichten dauernde Belästigungen gefallen lassen. Von Paris aus schilderten Ludwig Börne (1786—1837) und Heinrich Heine (1799—1856), wie weit die Lebensformen der Franzosen denen der Deutschen überlegen waren. Dabei waren sie den Mängeln der bürgerlichen Monarchie Louis Philippes gegenüber keineswegs blind und waren beide glühende deutsche Patrioten. Als deutsche Juden, die es erlebt hatten, wie die französische Regierung den Juden volle Gleichberechtigung verliehen hatte, waren beide für Frankreich eingenommen. Dazu kam, daß Frankreich in den Jahren nach 1830 das Land Victor Hugos, Balzacs, Berlioz' und Delacroix' war, ein Land in voller kultureller Blüte und ein Land, in dem die Künstler, die Schriftsteller und die Gelehrten eine hervorragende Rolle im öffentlichen Leben spielten. Eine solche geistige Führerstellung hatten die deutschen Vertriebenen im Auge.

Durch seinen revolutionären demokratischen Radikalismus trug Ludwig Börne in alle politischen Debatten einen erbitterten Ton. Dabei ist sein neuer literarischer Stil vielleicht ein dauerhafterer Beitrag zur deutschen Politik als seine doktrinären Meinungen. Anstelle des schwerfälligen akademischen Stiles, der in politischen Schriften und Reden vorherrschte, schuf Börne eine Unterhaltungsprosa, die zwar nicht ohne falschen Putz, dafür jedoch um so publikumswirksamer war. Ohne diese Prosa hätte die in ihren Kinderschuhen steckende deutsche Zeitungspresse keine echte Macht werden können.

Heinrich Heine entwickelte die journalistische Polemik zu einer feinen Kunst. Er war eine unvergleichlich reichere Persönlichkeit als Börne oder irgendein anderer Jungdeutscher. Sein Denken und Leben war in vieler Hinsicht symbolisch für die Sackgasse, in die das deutsche Leben geraten war. Intensiver als irgendeiner seiner Zeitgenossen fühlte er, welche Gefahren der Zusammenbruch der Religion, des deutschen Idealismus und in der Tat jeder Lebensphilosophie mit sich brachte. Auch erkannte er, daß diese Verluste sich besonders verheerend bei einem Volk auswirkten, das nicht gewohnt war, seine eigene Gesellschaftsform zu bestimmen. Heine war bestrebt, die künstlichen Fassaden des deutschen Lebens einzureißen, aber seine eigene Schau reichte nicht weit genug über das Reich der Ästhetik hinaus, um klare Lösungen vorschlagen zu können. Er war bis zu einem gewissen Grade von dem Sensualismus der Schule Saint Simons beeinflußt, und er kämpfte für eine humanistische Aussöhnung von Körper und Geist, die durch das Juden- und Christentum unnatürlicherweise auseinandergerissen worden seien. Aber er besaß zuviel Selbstironie, um als Priester oder Prophet aufzutreten. Dieser äußerst verfeinerte Mann hatte aber auch Sinn für die einfachen Gefühle des Herzens und beherrschte meisterhaft die melodischen Elemente der deutschen Sprache, die seinen lyrischen Gedichten den Charakter klassischer deutscher Volkslieder gaben.

Die Schriften der anderen Mitglieder der jungdeutschen Gruppe sind in der Mehrzahl in Vergessenheit geraten. Keiner von ihnen besaß ein originelles literarisches oder dichterisches Talent. Doch brachten die Romane von Schriftstellern wie Karl Gutzkow (1811—1878) oder Heinrich Laube (1806—1884) die Kritik an den traditionellen Formen des gesellschaftlichen und individuellen Lebens einem großen Publikum nahe und machten alle Probleme des gemeinen Mannes, vor allem des Bürgers, zum legitimen Gegenstand der Literatur. Soviel romantischen und philosophischen, uns heute veraltet und oberflächlich anmutenden Stoff diese Schriften auch enthalten, sie erweckten doch in ihren vielen Lesern das Bewußtsein, in einer Welt zu leben, die sich in raschem Wandel befindet und in der die Politik eine zentrale Stellung einnimmt.

Friedrich Wilhelm IV. von Preußen

Wie wir bereits erwähnt haben, brachten die 1840er Jahre einerseits eine wachsende Wirtschaftstätigkeit, andererseits eine neue Welle politischer Demonstrationen. Die Thronbesteigung Friedrich Wilhelms IV. im Jahre 1840 ließ im Volke Hoffnungen auf eine politische Reform des militärisch-bürokratischen Regimes seines Vaters wach werden. Friedrich Wilhelm III. war persönlich dafür verantwortlich, daß trotz seiner wiederholten öffentlichen Versprechungen, die er in den Jahren 1811 bis 1820 gemacht hatte, nichts geschah, um in Preußen eine allgemeine Volksvertretung zu schaffen. Er hinterließ seinem Sohn ein Schriftstück, oft sein politisches Testament genannt, in dem er ihn vor der Einführung preußischer Generalstände warnte und ihm, falls neue Steuern notwendig werden sollten, die Bildung eines kleinen Komitees empfahl, das zu gleichen Teilen aus Vertretern der Provinzialstände und aus Mitgliedern des Staatsrates bestehen sollte, die vom König ernannt würden (siehe S. 150). Dieses „politische Testament" Friedrich Wilhelms III. gab dem Zaren Nikolaus, dem Schwager Friedrich Wilhelms IV., Prinz Wilhelm, dem preußischen Thronerben und Bruder Friedrich Wilhelms, wie auch natürlich Metternich ein erwünschtes Mittel an die Hand, den preußischen König an einer Verfassungsreform zu hindern. Aber die rheinischen und ostpreußischen Provinzialstände erinnerten ihn sogleich an die unerfüllt gebliebenen Versprechungen seines Vaters.

Friedrich Wilhelm IV. versuchte in den ersten Jahren seiner Regierung, durch mehrere Maßnahmen die Wunden zu schließen, die die Politik der vergangenen Jahrzehnte geschlagen hatte. Er beendete den schweren Konflikt mit der römisch-katholischen Kirche. Dank seines Dazwischentretens wurde die Zentraluntersuchungskommission des Deutschen Bundes *sine die* vertagt. Den in Haft befindlichen „Demagogen" gewährte der König eine großzügige Amnestie, und er liberalisierte die preußische Zensur. Ernst Moritz Arndt durfte in Bonn seine Lehrtätigkeit wiederaufnehmen, und der Führer der „Göttinger Sieben", F. C. Dahlmann, wurde dort zum Professor ernannt. Die Gebrüder Grimm wurden als Mitglieder der preußischen Akademie nach Berlin berufen. Alle diese Handlungen waren ein Ausdruck der Überzeugung Friedrich Wilhelms IV. und nicht bloß opportunistische Gesten, um wieder gute Stimmung zu machen. Insofern sich in ihnen die Abneigung des Königs gegen eine Politik gewalttätiger Unterdrückung kundtat, konnten sie als liberal bezeichnet werden, und sie hatten verständlicherweise zur Folge, daß die Liberalen sich eine Zeitlang größere Hoffnungen machten. Eine tiefe, unüberbrückbare Kluft trennte jedoch Friedrich Wilhelm IV. von den liberalen Bewegungen dieser Zeit.

Unter dem Eindruck der patriotischen Wiedergeburt in den Befreiungskriegen gewann Friedrich Wilhelm IV. ein lebendiges Gefühl für die deutsche Nation, das unter dem Einfluß der Mitglieder des sogenannten „christlich-germanischen" Kreises (siehe S. 186) eine konservative und romantische Färbung bekam. Der Kern seines Nationalgefühls war eine sehnsüchtige Bewunderung für das Mittelalter, als das Heilige Römische Reich in Gemeinschaft mit der Kirche die göttliche Ordnung auf Erden vertreten hatte. Dieses nationale Ideal war tatsächlich mit dem universalen christlichen Prinzip identisch. Der christliche Universalismus sicherte Einheit und Frieden, während er gleichzeitig die Entfaltung einer Vielfältigkeit von Nationen und ein reiches lokales und landschaftliches Leben duldete und sogar anregte.

In diesem Lichte gesehen verkörperte der Deutsche Bund, ein brüderlicher Verein souveräner Fürsten unter dem Vorsitz des früheren kaiserlichen Hauses Österreich, die wichtigsten nationalen Traditionen. Friedrich Wilhelm IV. glaubte jedoch, daß die gemeinsamen Einrichtungen des Bundes gestärkt werden müßten, wenn dieser als Grundlage des europäischen Friedens dienen sollte. Er wollte eine einheitliche deutsche Verteidigungsorganisation und eine auf nationaler Basis integrierte Wirtschaftspolitik schaffen. Um die Sehnsucht des Volkes nach nationaler Einheit zu befriedigen, wollte er Österreich veranlassen, die römische Kaiserkrone zu erneuern. Er selbst war bereit, die Machtstellung zu opfern, die Preußen in Deutschland durch den Zollverein erworben hatte, und diesen zu einer gesamtdeutschen, vom Bund beaufsichtigten Einrichtung zu erweitern. Preußens Sonderstellung in Deutschland sollte dadurch anerkannt werden, daß seine Könige zu erblichen Feldmarschällen aller militärischen Streitkräfte des wiedererstandenen Römischen Reiches ernannt würden.

Friedrich Wilhelm IV. war der einzige Nachfolger Friedrichs des Großen, der seinen Wohnsitz in Sanssouci, dem Schlosse seines berühmten Ahnherrn, nahm; indem er aber um der deutschen Einheit willen die Ansprüche Preußens der Suprematie Österreichs unterordnete, setzte er sich völlig über die friderizianische Tradition hinweg. Dieser Gegensatz beschränkte sich keineswegs auf die Außenpolitik. Friedrich Wilhelm IV. fühlte sich in direktem Gegensatz zum Rationalismus der Aufklärung, und der Staat Friedrichs des Großen erschien ihm als eine unmenschliche Maschine. Selbst das Regime Friedrich Wilhelms III. betrachtete er als bürokratischen Absolutismus. Konstitutionalismus, Liberalismus und Demokratie waren für Friedrich Wilhelm IV. Ergebnisse desselben areligiösen Rationalismus: Um neues Leben zu gewinnen, müsse der Staat wieder auf sein universales Ziel hingelenkt werden. Dies sei die Mission des Königs, bei deren Ausführung er von seinen Untertanen Treue und Gehorsam erwarten könne. Die Monarchie bedeute keinen Despotismus, und daher solle die Freiheit der Meinungsäußerung erlaubt sein. Auch könne der König sich von den Vertretern der Stände beraten lassen, nicht aber an die Entscheidungen eines Parlaments gebunden sein, das künstlich nach abstrakten rationalen Prinzipien geschaffen würde.

Friedrich Wilhelm IV. erkannte nicht, daß seine christliche Philosophie in Wirklichkeit nur eine neue Form des Absolutismus darstellen würde und mit ihrer frommen, salbungsvollen und herablassenden väterlichen Haltung noch aufreizender wirken könnte als ein Absolutismus, der ohne besondere Gefühle seine Macht behauptete. Zudem trugen bestimmte persönliche Charakterzüge des Königs dazu bei, frühzeitig Opposition zu erregen. Seine Liebe für den Frieden und die Werke des Friedens war aufrichtig, und er nahm echtes Interesse an Kunst und Wissenschaft. Aber obgleich er künstlerischen Geschmack, eine weite Bildung und Rednergabe besaß, fehlte es ihm doch an einem originellen Geist. Sein Selbstbewußtsein machte ihn fremdem Rate gegenüber mißtrauisch und sehr empfindlich gegen Kritik, vor allem wenn sie von Menschen herrührte, die er durch Überredung und Wohltaten gewonnen zu haben glaubte. Seine Unruhe und die Verstiegenheit seiner Gefühle waren wahrscheinlich Symptome einer pathologischen Geistesanlage, wenn er auch erst in seinen letzten Jahren geisteskrank wurde.

Kirchenpolitik

Friedrich Wilhelms Absicht, freie Meinungsäußerung zu erlauben, war schlecht vereinbar mit seinem glühenden Wunsche, die Sache der Religion zu fördern. J. A. F. Eichhorn, den er als Nachfolger des Freiherrn von Altenstein zum Minister der Erziehung und des Kultus ernannte, entfremdete ihm bald die Universitäten. Es kam wieder zur Entlassung von Professoren; darunter war Hoffmann von Fallersleben, der Verfasser des Deutschlandliedes. Am berüchtigsten wurde jedoch die Ära Eichhorn durch ihre Parteinahme für die Orthodoxie. Der Mangel an Toleranz schürte ganz unnötig die Bewegung der „Lichtfreunde“ (Illuminaten), die in der Provinz Sachsen entstanden war. Dort lebte der theologische Rationalismus des 18. Jahrhunderts in beträchtlicher Stärke weiter (siehe S. 178). Die rationalistischen Pfarrer, die aus der offiziellen Kirche ausgestoßen wurden, scharten in Mittel- und Ostdeutschland freie Gemeinden um sich. Die Bewegung war ein Protest nicht nur gegen die orthodoxe Lehre, sondern auch gegen das autoritäre Kirchenregiment des Staates. Die „Lichtfreunde“ fanden es schwierig, sich auf gemeinsame religiöse Prinzipien zu einigen, und wandten sich immer mehr gemeinschaftlichen politischen Idealen zu. Der Ausbruch der Revolution leitete ihre besten Kräfte in politische Kanäle, und was davon nach der Revolution übrig blieb, konnte leicht von der politischen Reaktion erstickt werden.

Der „Deutsch-Katholizismus"

Gleichzeitig mit den protestantischen „Lichtfreunden" entstand eine neue Bewegung innerhalb der katholischen Kirche. Sie wurde von einem oberschlesischen Priester, Johannes Ronge, angeführt, der wegen eines radikalen Zeitungsartikels von der Kirche suspendiert worden war. Ronge protestierte gegen die hierarchische Kirchenleitung und erklärte, er werde die Kirche von ihrer römischen Knechtschaft befreien. Die Bewegung, die den Namen „deutsch-katholisch" annahm, erweckte anfänglich viele Hoffnungen. Einigen Menschen erschien sie als ein Weg, die religiöse Spaltung zu überwinden, entweder dadurch, daß sich Katholizismus und Protestantismus auf halbem Wege trafen, oder indem die Katholiken schließlich von der protestantischen Kirche absorbiert wurden. Tatsächlich hat der „Deutsch-Katholizismus" niemals viele Anhänger außerhalb Schlesiens und Sachsens gewonnen. Letzteres hatte an und für sich wenige Katholiken, und auch der Beitrag Schlesiens zur deutsch-katholischen Bewegung war nur gering. Ronge war eine mehr politische als religiöse Figur; kein bedeutender Führer der Kirche schloß sich ihm an. Die Bewegung wäre vielleicht nie ins Leben getreten, wenn die Laientätigkeit innerhalb der Kirche in den östlichen Provinzen so stark wie in den westlichen entwickelt gewesen wäre (siehe S. 198 ff.). So gewann die katholische Kirche nur an Ansehen, denn es zeigte sich, wie wenig sie von solchen politischen Drohungen zu befürchten hatte.

Der „Vereinigte Landtag"

Die Agitation im Volke nahm in den vierziger Jahren auf allen Fronten zu, aber das zentrale Problem blieb die Frage, ob Preußen einer Politik der liberalen Reform nähertreten würde oder dazu veranlaßt werden könnte. Nach Jahren des Schwankens, in denen er sich in ein autoritäres bürokratisches Regime treiben ließ, beschloß Friedrich Wilhelm IV., das Versprechen seines Vaters hinsichtlich der Einführung von Generalständen zu erfüllen. Am 3. Februar 1847 berief er einen aus den Mitgliedern der Stände der acht preußischen Provinzen zusammengesetzten „Vereinigten Landtag". Dessen Autorität wurde jedoch durch eine privilegierte Herrenkurie und noch mehr durch seine beschränkte Kompetenz geschwächt. Der König behielt sich das Recht vor, die Tagesordnung der Versammlung festzusetzen, und deutete an, daß sie hauptsächlich neue Steuern und Anleihen betreffen würde; andererseits wurde keine Zusicherung gegeben, daß sich der Vereinigte Landtag als einziges Staatsorgan mit diesen Fragen befassen würde. Nicht einmal regelmäßige Tagungen des Vereinigten Landtags wurden zugesagt.

In seiner Thronrede bei der Eröffnung des Vereinigten Landtags im April 1847 nannte der König diesen die Verwirklichung der „germanischen" Stände und verkündete: „Es drängt mich zu der feierlichen Erklärung: daß es keiner Macht der Erde je gelingen soll, mich zu bewegen, das natürliche ... Verhältnis zwischen Fürst und Volk in ein ... konstitutionelles zu wandeln, und daß ich es nie und nimmermehr zugeben werde, daß sich zwischen unsern Herrn Gott im Himmel und dieses Land ein beschriebenes Blatt gleichsam als eine zweite Vorsehung eindränge, um uns mit seinen Paragraphen zu regieren und durch sie die alte heilige Treue zu ersetzen." Eine Volksrepräsentation bezeichnete er als „undeutsch". Was immer der genaue Sinn dieser Erklärung war, es stand außer Frage, daß der König weiterhin in allen wichtigen politischen Fragen als die autoritäre Vorsehung fungieren wollte. Er überschätzte jedoch seine Macht und verpaßte die noch bestehende Chance, seinen Thron zu festigen. Die Provinzialstände waren keineswegs eine eigentliche Volksrepräsentation, genossen aber bei der Mehrheit des Volkes hohes Ansehen. Und obgleich vor allem die rheinischen und ostpreußischen Provinzialstände ihrer Unzufriedenheit mit der Politik der Regierung lauten Ausdruck verliehen hatten, war ihre Stimmung doch nicht revolutionär. Wenn die preußische Regierung dem Vereinigten Landtag eine regelmäßige Beteiligung an der Gesetzgebung zugesichert hätte, so hätte letzterer loyal mit der Regierung zusammengearbeitet. Aller Wahrscheinlichkeit nach hätte dann die Revolution von 1848/49 Preußen seiner Handlungsfreiheit nicht beraubt.

Zum ersten Mal in der deutschen Geschichte brachte dieser Vereinigte Landtag Politiker aus verschiedenen entfernten Teilen Deutschlands zusammen. Auch war es das erste Mal, daß Mitglieder des Adels in einer größeren politischen Angelegenheit mit Mitgliedern des Bürgertums zusammenarbeiteten. Selbst die reaktionären deutschen Regierungen waren beeindruckt, wie gut und erfolgreich die Opposition auftrat, im Gegensatz zu den Ministern, deren Mangel an Aufrichtigkeit und politischer Logik offensichtlich war. Den Ton der Debatten bestimmte hauptsächlich der Westfale Georg Freiherr von Vincke (1811—1875), der Sohn des ersten Oberpräsidenten von Westfalen, der ein enger Freund und Anhänger Steins gewesen war (siehe S. 97). Neben ihm waren die rheinischen Kaufherren David Hansemann, Ludolf Camphausen und Hermann Beckerath die Hauptfiguren. Doch fehlte es nicht an Verfechtern der royalistischen Sache. Während sich der spätere König, Prinz Wilhelm, als übertriebener Anwalt des dynastischen Absolutismus unnötig unpopulär machte, erregte ein junger brandenburgisch-preußischer Junker, Otto von Bismarck (1815—1898) Aufsehen durch die rücksichtslosen Herausforderungen, die er der liberalen Majorität ins Gesicht schleuderte.

Die Debatten beschäftigten sich mit einem weiten Fragenkreis. Die abnorme Stellung der Armee, die zwar außerhalb der Gesetze stand und trotzdem allgemeine Anerkennung ihrer Gepflogenheiten von der bürgerlichen Gesellschaft verlangte, wurde zur Sprache gebracht. Die Ausdehnung der Hardenbergschen, die Juden betreffenden Emanzipationsgesetze auf die Provinzen, die Preußen 1815 erworben hatte, führte zu eingehenden Diskussionen über die Grundlage des Bürgerrechts, das der König auf die christlichen Mitglieder beschränken wollte, obgleich er bereit war, den Juden als einer besonderen Nationalität einige Rechte einzuräumen. Aber der politische Kampf ging hauptsächlich um die Finanzgesetze, die die Regierung dem Vereinigten Landtag vorlegte und die tatsächlich ein Hauptgrund für seine Einberufung gewesen war. Im Vordergrund stand der Wunsch der Regierung, sich der Hilfe des Landtags bei der Finanzierung der Eisenbahn zu versichern, die Ostpreußen mit Berlin verbinden sollte. Die Regierung hatte mit den Vorbereitungen dazu begonnen, da niemand mit privatem Kapital den Bau der teuren Linie unternehmen wollte.

Hansemann wies mit Recht darauf hin, daß die preußische Regierung schlecht beraten sei, wenn sie der Wirtschaft Kapital für eine Kriegskasse entziehe, anstatt dieses für produktive Zwecke zu verwenden. Aber der entscheidende Punkt war die Garantie der Volksvertretung für die Ausgaben der Regierung. Der Vereinigte Landtag weigerte sich, eine Garantie für Staatsanleihen für die Ostbahn zu übernehmen, solange seine Dauerexistenz nicht gesichert war. Da seine Forderung, daß regelmäßige Zusammenkünfte stattfinden sollten, zurückgewiesen wurde, lehnte der Landtag alle Staatsanleihen mit großer Mehrheit ab. Er wurde im Juli vertagt. Friedrich Wilhelm IV. war zwar enttäuscht, aber nicht beunruhigt. Er glaubte nicht, daß das Volk einen Monarchen besiegen könnte, und unterschätzte gewaltig die Wirkung, die die Kristallisation einer feindseligen öffentlichen Meinung in einem Organ wie dem Vereinigten Landtag auf die deutsche Nation ausüben mußte. Als dann schließlich die preußische Regierung unter dem Eindruck der Pariser Revolution im Frühmärz 1848 regelmäßige Zusammenkünfte des Vereinigten Landtags gewährte, blieb dieses Zugeständnis weit hinter den Forderungen des Volkes zurück, die sich unterdessen herausgebildet hatten und nicht mehr ausschließlich Preußen betrafen. Die liberale Bewegung, die plötzlich ganz Deutschland erfaßte, hatte eine moderne Verfassung und einen nationalen Staat zum Ziele.

1848: Liberale Führer

Es war erstaunlich, wie im Frühjahr 1848 die politische Agitation, die bisher von verhältnismäßig kleinen Gruppen betrieben worden war, die elementare Unterstützung der Massen zu gewinnen schien. Beinahe über Nacht wurden die Liberalen zu den Wortführern der ganzen Nation, während sie kurz vorher nur bestimmte soziale und regionale Gruppen der deutschen Gesellschaft vertreten hatten. Unter den reaktionären Verhältnissen des Deutschen Bundes hatten sich keine Parteiorganisationen auf staatlicher, geschweige denn auf nationaler Ebene entwickelt. Bei dem Fehlen jeglicher nationalen politischen Einrichtungen waren gemeinsame politische Programme besonders wichtig. Der ungewöhnliche Nachdruck, den die liberale Bewegung in Deutschland auf theoretische Diskussionen legte, erklärt sich ebensosehr aus den politischen Umständen wie aus der Tatsache, daß die meisten Liberalen Gelehrte und dazu die Erben des philosophischen Zeitalters der deutschen Geschichte waren. Zu Beginn des Jahres 1848 mußte es sich zeigen, ob die politischen Denker Deutschlands ein theoretisches Gerüst vorbereitet hatten, das die sich entfesselnden revolutionären Energien des Volkes zusammenfassen und auf eine konstruktive politische Aktion hinlenken konnte.

Dualisten und Gemäßigte

Tatsächlich gab es unter den deutschen Liberalen tiefe Spaltungen, sowohl hinsichtlich ihrer grundlegenden Ideale wie auch hinsichtlich der Methoden, sie zu verwirklichen. Im frühen Verfassungsleben Badens hatte sich eine Schule des Liberalismus gebildet, deren anerkannte Häupter zwei Professoren an der Universität Freiburg, Carl von Rotteck (1775—1840) und Karl Theodor Welcker (1790—1868) waren. Rotteck, der sein ganzes Leben in seinem heimatlichen Breisgau verbrachte, war als österreichischer Untertan aufgewachsen. Von der Philosophie der josephinischen Aufklärung genährt, war er von der französischen Aufklärung zu Kant, Rousseau, den nachnapoleonischen Schriftstellern und Guizot fortgeschritten. Rotteck vermochte nicht, aus diesen Bestandteilen eine originelle Philosophie zu schaffen, doch gab er dem südwestdeutschen Liberalismus eine theoretische Grundlage, die den deutschen Verhältnissen angemessen war. Obgleich in vieler Hinsicht doktrinär, vergaß er doch die historischen Kräfte nicht ganz. In der Tat verwandelte er die alte Idee des Ständestaates des vorabsolutistischen Zeitalters, von der mehr als bloße Erinnerungen im Breisgau und dem benachbarten Württemberg fortlebten, in eine Theorie des Liberalismus. Obwohl er überzeugt war, daß die Demokratie die natürlichste und tatsächlich die ursprünglichste Staatsform sei, erkannte er doch, daß unter modernen Verhältnissen die Existenz einer unabhängigen, monarchischen Macht gerechtfertigt war. Sein Ideal war ein gemischter Staat, in dem eine Volksvertretung die Freiheit des Individuums gegen die unbeschränkte Ausübung der Autorität der Regierung gewährleistete und verteidigte. Rotteck sah das politische Leben als einen andauernden Kampf zwischen diesen beiden unvereinbaren politischen Mächten um die Grenzlinien ihrer Befugnisse; sein Staat entbehrte der inneren Einheit. Weniger kämpferische Theorien der monarchischen Regierung, etwa die Theorie der organischen Natur des Staates oder die Theorie der Nation, waren für Rotteck unannehmbar. Die Rechte des Individuums sollten erweitert und gegen die Einmischung der monarchischen Regierung besser sichergestellt werden, ohne daß dabei die Volksvertretung selbst die Stellung der Regierung übernehmen sollte. Rotteck leugnete das Recht zur Revolution und nahm die bestehende Verfassungsordnung hin. In diesem Rahmen waren radikale Forderungen mehr Ausdruck philosophischer Überzeugung als Versuche, dem Volk die Herrschaft über den Staat zu verschaffen.

Rottecks politische Theorien sind oft als die deutsche Version von Louis Philippes *„juste milieu"* bezeichnet worden, und diese Charakterisierung stellt den Gegensatz zwischen der politischen Situation von Frankreich und Deutschland klar heraus. In Frankreich gab es keinen unüberbrückbaren „Dualismus". Die Monarchie Louis Philippes war lediglich die Fassade des *„gouvernement censitaire"*, der Herrschaft der hohen Bourgeoisie, die nach der Revolution an die Macht gekommen war. Rottecks Konstruktion des „dualistischen Staates" spiegelte die Stimmung der oberen Schichten der deutschen Mittelklasse wider, die zwar ihre private Sphäre sicherzustellen und ihre politischen Wünsche zur Sprache zu bringen wünschten, dabei aber wußten, daß sie nicht die gesellschaftliche Potenz besaßen, um den Staat nach ihrem eigenen Bilde neuzugestalten.

Rotteck, ein mutiger und ehrlicher Charakter, war wahrscheinlich zwischen 1820 und 1840 der populärste Führer in Deutschland. Der Beschluß des Deutschen Bundes von 1832, der ihm und Welcker die Lehrtätigkeit untersagte, machte beide Männer zu Märtyrern der liberalen Sache. Sie begannen gemeinsam das „Staatslexikon" (1834; 2. Auflage 1845—1848) herauszugeben, das eine Generation lang den liberalen Bürgern als die Grundlage aller politischen Weisheit diente. K. Th. Welcker war der weniger originelle der beiden Männer, aber seine praktische politische Betätigung war sehr folgenreich. Als sein Verfassungsideal wählte Welcker die englische Verfassung, die er, wie beinahe alle deutschen politischen Schriftsteller, im Sinne Montesquieus auslegte. Diese Vorliebe für britische Vorbilder teilten fast alle norddeutschen Liberalen. Aber der Unterschied zwischen den südwestdeutschen und norddeutschen Liberalen ging viel tiefer. Er lag in ihrer verschiedenen Haltung gegenüber der Wirklichkeit. Rotteck baute seinen Staat auf abstrakt-rationalen Prinzipien auf, wohingegen die norddeutschen Liberalen die gegebenen historischen Einrichtungen respektierten. Die „Dualisten" und die „Gemäßigten" waren sich darin einig, daß die Politik der Verwirklichung sittlicher Prinzipien dienen müsse, wobei die Gemäßigten jedoch glaubten, dies ließe sich am besten durch den Ausbau der historisch gewachsenen politischen Einrichtungen erreichen. Die gemäßigten Liberalen waren von dem neuen historischen Denken Hegels oder Rankes und von der zeitgenössischen empirischen Wissenschaft stark beeinflußt.

Hessen stellte eine Art Brücke zwischen Nord und Süd dar, doch muß der hervorragendste Führer der Liberalen, der Hauptverfasser der kurhessischen Verfassung von 1831, Sylvester Jordan (1792—1861), ein gebürtiger Südtiroler, zu den „Dualisten" gerechnet werden. Das bedeutendste Werk der gemäßigten Schule, das von Dahlmann stammt, kam fast gleichzeitig mit dem Rotteck-Welckerschen „Staatslexikon" heraus. F. Chr. Dahlmann, der in Wismar, der mecklenburgischen Hafenstadt, die 1785 noch unter schwedischer Herrschaft gestanden hatte, geboren war, hatte an dem politischen Kampf zwischen dem Holsteiner Adel und der dänischen Krone und später, als Professor in Göttingen, an der Ausarbeitung der hannoverschen Verfassung von 1833 teilgenommen. Im Jahre 1835 veröffentlichte er „Die Politik auf den Grund und das Maß der gegebenen Zustände zurückgeführt". In diesem Werke verwarf er den flachen Liberalismus Badens, der den Staat auf rationalistischen Prinzipien aufbaute. Der Staat, wie die Familie, war für ihn eine auf die Uranfänge der Menschheit zurückgehende Einrichtung. Der Staat — so argumentierte er in beinahe Hegelscher Weise — sei der göttlichen Ordnung näher als alles andere auf Erden und vermöge deshalb Gehorsam gegenüber den Ordnungen aller weltlichen Dinge zu verlangen. Doch müsse er dem Individuum genügend Freiheit einräumen, in seinem sittlichen und geistigen Leben diejenigen absoluten Gebote zu erfüllen, die der Staat seiner Natur nach nicht verwirklichen könne. Bis zu diesem Grade habe der einzelne das Recht auf eine Repräsentation. Zumindest die Verfassungsgesetze sollten nicht ohne Zustimmung des Volkes abgeändert werden, und in einem guten Staate bedürfe jede Gesetzgebung der Beteiligung des Volkes. Aber die Souveränität sei bei den Fürsten, und ein Widerstandsrecht könne nicht geduldet werden. Selbst unter dem Despotismus könne der einzelne nichts anderes tun, als sich in „das Reich, dessen geborener König jeder ist, die Beherrschung seiner eigenen Seele" zurückzuziehen und „ein Bild des guten Staates in seiner Familie" zu zeigen.

Für Dahlmann war der Staat der Hauptträger des menschlichen Schicksals, und er hatte dabei den tatsächlich bestehenden Staat im Sinne. Alle subjektiven Rechte müßten den jeweiligen historischen Staaten und sozialen Klassen angepaßt werden. Dahlmann war 1835 bereit, im Deutschen Bunde die angemessene Organisation der deutschen Nation zu sehen. Hinsichtlich der Einzelstaaten vertrat er nicht nur das Prinzip der Erbmonarchie, sondern er befürwortete auch eine Adelskammer und ein zweites Haus, das sowohl aus korporativen wie auch aus einzelnen Mitgliedern zusammengesetzt sein sollte: Ein auf traditionellen politischen und sozialen Institutionen gegründeter Staat vermöge eine Gemeinschaft zu bilden, die imstande sei, die individuellen Kräfte in die richtigen Bahnen zu leiten und auf diese Weise die höchste Lebenskraft ethischer Vollkommenheit zur Entfaltung zu bringen. Als das grundlegende Werkzeug sozialer und politischer Integration war die Verfassung in Dahlmanns Augen unverletzlich, und diese Überzeugung führte zu seinem Protest gegen den Verfassungsbruch König Ernst Augusts im Jahre 1837. Selbst nach seiner Ausweisung aus Göttingen weigerte er sich, mehr als die Wiederherstellung der durchaus nicht sehr liberalen hannoverschen Verfassung zu verlangen.

Dahlmanns „Politik", die wichtigste systematische Darstellung des gemäßigten oder „klassischen" deutschen Liberalismus in der ersten Jahrhunderthälfte, zeigt schon die Grundzüge jedes zukünftigen gemäßigten Liberalismus in Deutschland. Der Respekt für historische Institutionen, weil sie die Keime des transzendentalen Ideals in sich tragen, und der Glaube, daß der Fortschritt zum idealen Staate die Beibehaltung einer starken Regierungsautorität erfordere, blieben für diese Schule charakteristisch. Dieser gemäßigte Liberalismus trug stark den Stempel protestantischer Traditionen und wurde schon von Dahlmann und später oft genug als die politische Philosophie des Protestantismus hingestellt, obwohl im Gegensatz zum ursprünglichen Protestantismus im Denken dieser Liberalen der Staat die Kirche völlig verschlungen hatte. Aber das Ausmaß der erhofften Umwandlung der bestehenden politischen und sozialen Institutionen erfuhr in den Jahren nach 1840 eine bedeutende Erweiterung. Die rheinischen Liberalen, wie Camphausen, Mevissen und Hansemann, verlangten die aktive Beihilfe des Staates bei der Förderung der Interessen der modernen Industrie und des modernen Handels. Auch sie waren jedoch treue Anhänger der bestehenden politischen und sozialen Ordnung; die Maßnahmen, die sie zur Förderung der Wirtschaft vorschlugen, sollten die Macht des Staates stärken, da die Verbindung von Besitz und Wissen ihm ein starkes Fundament verschaffen könne.

Radikale

Als dritte Gruppe des deutschen Liberalismus standen die „Radikalen" neben den „Dualisten" und „Gemäßigten". Ihr gehörten die meisten Intellektuellen des Jungen Deutschland und der Jung-Hegelianer an. Zur Zeit des Hambacher Festes von 1832 zeigte sich zum ersten Mal, daß der Radikalismus in der Pfalz ein beträchtliches Maß an Popularität hatte. Zwischen 1840 und 1848 breitete sich die radikale Bewegung bis nach Baden aus, wo sie in Gustav von Struve (1805—1870) und Friedrich Hecker (1811—1881), zwei Mannheimer Anwälten, markante politische Führer fand. Die Radikalen teilten mit den anderen deutschen Liberalen die entschieden ethische Einstellung zur Politik, und wie die Dualisten bauten sie ihre Ideale der Freiheit auf die Grundlage des Naturrechts auf. Im letzten Grunde war es nicht die größere Radikalität in der erstrebten Sache, was die Radikalen von den Dualisten und natürlich noch mehr von den Gemäßigten unterschied, sondern ihr Glaube, daß dieses Ideal durch politisches Handeln ganz in die Wirklichkeit umgesetzt werden könnte.

Trotzdem blieben die deutschen Radikalen ziemlich vage hinsichtlich des Charakters ihres idealen demokratischen Staates und ebenso hinsichtlich der Art seiner Verwirklichung. Sie predigten das Widerstandsrecht, sahen aber zeitweise in Friedrich Wilhelm IV. einen Führer zur Reform oder vertrauten, wie Struve, auf die süddeutschen Parlamente. Bei Struve war es besonders offenkundig, daß nur die reaktionären politischen Maßnahmen der badischen Regierung ihn in den vollen Republikanismus hineintrieben. Aber dies geschah eigentlich erst mit der

Märzrevolution von 1848. Für den Vormärz blieb es charakteristisch, daß zwischen den verschiedenen fortschrittlichen Gruppen kein klarer Unterschied bestand. Die Radikalen waren immer noch radikale Liberale und keine Demokraten, und keine der Gruppen legte ein scharf ausgearbeitetes Programm politischer Aktion vor.

Deutsche Liberale jeder Färbung waren sich darin einig, daß gewisse Garantien gegen die absolutistische Ausübung der Autorität der Regierung gefordert werden müßten. Vor allem wurde eine Form des konstitutionellen Staatswesens sowie eine Erweiterung der lokalen Selbstverwaltung für notwendig befunden. Auch wurden spezifische Ansprüche auf Reformen allgemein laut: auf Freiheit der Meinungsäußerung und der Presse, Freiheit der Vereinsbildung, unabhängige Gerichte, öffentliche Prozesse durch Geschworenengerichte und bürgerliche Gleichberechtigung, d. h. die Abschaffung der politischen Vorrechte des Adels und der sozialen Abhängigkeit der Bauern. Aber die konkrete Staatsform, ob Republik oder Monarchie, und wenn Monarchie, die Verteilung der Machtbefugnisse zwischen Krone und Volksvertretung, blieben recht nebelhaft. Hinsichtlich der Bildung repräsentativer Organe wurden keine klaren politischen Linien herausgearbeitet. Korporative Vertretung und Vertretung durch allgemeine Wahl wurden selten scharf auseinandergehalten, und dem Wahlrecht schenkte man wenig Aufmerksamkeit.

Rechtsstaat

Die Vertreter des deutschen Liberalismus waren noch nicht vom Reich der politischen Philosophie in das Feld der politischen Theorie herabgestiegen. Wie ängstlich der deutsche Liberalismus ein unzweideutiges Eintreten für demokratische Rechte vermied, zeigte sich darin, daß der Begriff des Rechtsstaates in den vierziger Jahren allgemein übernommen wurde. Dieser Begriff ist seither ein den Deutschen teures politisches Ideal geblieben. Der Ausdruck Rechtsstaat wurde als Gegensatz zum willkürlichen Polizeistaat populär. Aber diese weitgefaßte Bedeutung war mit dem Absolutismus nicht unbedingt unvereinbar. Schon der aufgeklärte Absolutismus hatte es darauf abgesehen, mutwillige Akte der Regierung auszuschließen, und hatte verlangt, daß die Autorität des Staates nur in Übereinstimmung mit den allgemeinen, auf alle Bürger anwendbaren Gesetze ausgeübt werden sollte. Dieses Ideal hatte schon vom 18. Jahrhundert an Verfechter in der preußischen Bürokratie gefunden.

Adam Müller (siehe S. 48; Hegel, S. 205; Stahl, S. 209) wendete den Begriff Rechtsstaat in seiner romantischen Staatsphilosophie auf einen dem Wesen nach absolutistischen Staat an, und die Philosophie Hegels konstruierte den allmächtigen Staat als ein Organ des Rechts. Friedrich Julius Stahl, der Hauptvertreter einer konservativen politischen Philosophie, entwickelte schon im Vormärz seine Lehre vom Rechtsstaat, die in ihrer endgültigen Fassung von 1856 die einflußreichste Interpretation des Begriffes in der weiteren Geschichte Deutschlands wurde. „Er bedeutet", sagt Stahl, „überhaupt nicht Ziel und Inhalt des Staates, sondern nur Art und Charakter, dieselben zu entwickeln." Die liberale Rechtsstaattheorie, die Robert von Mohl (1799—1875), ein Professor in Tübingen und Heidelberg, nach 1829 entwickelte, verlangte, daß das Recht nicht nur die Formen der Regierungshandlungen, sondern auch den Zweck des Staates bestimmen solle, und Mohl beschrieb letzteren als die Verwirklichung der Freiheit seiner Bürger. Obgleich Mohl darauf bestand, daß der einzelne sich in irgendeiner Form an der Regierung beteiligen solle, war doch das Verhältnis zwischen den Rechten des einzelnen und der Souveränität des monarchischen Staates sehr labil. Für die Errichtung eines liberalen Staates war Mohls Begriff des Rechtsstaates kein sehr fruchtbarer Ausgangspunkt.

Beziehung zu Frankreich

Die Schwäche und Unschärfe der deutschen politischen Theorie manifestierte sich auch in allen Versuchen, ein neues Nationalgefühl zu formulieren. Das Nationalbewußtsein nahm in Deutschland seit 1830 und besonders seit 1840 dauernd zu. Neue Straßen, Eisenbahnen, ein erweiterter Handel und auch neue Möglichkeiten geistigen Verkehrs trugen viel dazu bei, daß die nationalen Angelegenheiten mehr und mehr ins Bewußtsein rückten. Frankreich und England übten in dieser Hinsicht einen dauernden Einfluß aus. Gleichzeitig wurde das Nationalgefühl von dem Mißtrauen gegenüber den Absichten des Auslandes gespeist. Die Erinnerungen an das napoleonische Zeitalter waren nicht erloschen. In dem halben Jahrhundert nach 1815 zeigten die Franzosen ständig großes Interesse an Deutschland, und deutsche Ideen wurden von ihnen eifrig aufgenommen. Die Deutschen ihrerseits studierten Frankreich. Aber selbst diejenigen, die in den politischen Institutionen der Franzosen ein unmittelbares Vorbild für Deutschland sahen, scheuten vor der politischen Zusammenarbeit mit Frankreich zurück, weil in den öffentlichen Diskussionen immer noch die Forderung nach den „natürlichen Grenzen" erhoben wurde.

Schon die Redner auf dem Hambacher Fest hatten sich aufs äußerste bemüht, ihre leidenschaftliche Opposition gegen jeden Versuch laut werden zu lassen, die französische Freundschaft mit der Preisgabe rheinischen Landes zu erkaufen. Als die französische Diplomatie 1840 tatsächlich im Rheinland Gewinne zu erzielen suchte, brach ein Sturm der Empörung in Deutschland aus. Adolphe Thiers' Versuch, das Ansehen Frankreichs, das in der ägyptischen Krise gelitten hatte, durch ein Ablenkungsmanöver nach dem Rhein wieder zu heben, war in der europäischen Geschichte eine kurze Episode. Die Monarchie Louis Philippes war weit davon entfernt, den Krieg zu wünschen, und Thiers wurde rasch durch Guizot ersetzt. Aber dieser Zwischenfall entfesselte in Deutschland ein gewaltiges Ansteigen des Nationalgefühls. Um diese Zeit entstanden die politischen Rheinlieder, wie „Die Wacht am Rhein". Sie trugen im nächsten Jahrhundert dazu bei, im deutschen Volke die Feindseligkeit gegen Frankreich zu schüren. Aber trotz ihres lauten und anspruchsvollen Patriotismus waren sie ursprünglich nicht der Ausdruck eines blinden Chauvinismus. Die Frage des Elsaß verursachte keinerlei Aufregung in Deutschland. Immerhin deutet der leidenschaftliche Ton dieses frühen deutschen Nationalismus darauf hin, daß viele Deutsche daran Anstoß zu nehmen begannen, daß Deutschland in Europa eine so untergeordnete Rolle spielte.

Nationalismus

Politische Beobachter, darunter der russische Zar, waren betroffen, daß die erklärten inneren Feinde der bestehenden deutschen Regierungen die glühendsten Nationalisten zu sein schienen, und tatsächlich hatte das Nationalgefühl im deutschen politischen Radikalismus um sich gegriffen. Die Vertreter reiner Geistigkeit benötigten keine Mittlerstelle zwischen dem absoluten Ideal und dem einzelnen, und die emotionellen Elemente des Idealismus widerstrebten ihnen. Aber jede populäre politische Bewegung braucht die Anziehungskraft eines konkreten Gruppenideals. Karl Marx, der in seinen jung-hegelianischen Jahren ein Anhänger des Internationalismus wurde, fand dieses Ideal in einer sozialen Klasse, dem Proletariat. Dabei darf man jedoch nicht übersehen, daß Marx nationale Revolutionen für das angemessene Mittel hielt, um den üblen Internationalismus der Monarchen zu zerschlagen, und daß er vor allem die deutsche nationale Einigung begünstigte. Da das kaiserliche Rußland als die Hauptstütze der monarchischen Internationale galt, konnte Marx, und in noch höherem Maße Engels, zeitweise in eine stark nationalistische russenfeindliche Sprache verfallen.

Die Mehrheit der deutschen Radikalen des Vormärz weigerte sich, ihre politischen Ziele mit einer sozialen Klasse zu identifizieren. Statt dessen diente die Idee der nationalen Einheit als Sammelruf für eine Bewegung, die darauf hinarbeitete, das Regime der despotischen deutschen Fürsten und Fürstenknechte zu stürzen. Das Volk hatte gemeinsame Rechte und Interessen, die nur in einem nationalen Staat verwirklicht werden konnten. „Einigkeit und Recht und Freiheit, für das deutsche Vaterland / Danach laßt uns alle streben, brüderlich mit Herz und Hand", heißt es im „Deutschlandlied". Der Nationalstaat sollte nicht um seiner selbst willen, sondern als die Erfüllung des sittlichen Glaubens des Volkes angestrebt werden. Daher war es im Augenblick wichtiger, im Volke ein Bewußtsein der eingeborenen nationalen Tugenden und der gemeinsamen Freiheit zu erwecken, als die politischen Institutionen eines künftigen Nationalstaates zu umreißen. Das gemeinsame Band der Sprache schien vorläufig auszureichen, um eine ideelle Gemeinschaft zu gründen.

Während Rotteck bis zu seinem Tode im Jahre 1840 den Nationalismus ablehnte, entdeckten andere süddeutsche Anhänger des Verfassungsstaates im Nationalismus den Weg zu einer Synthese zwischen der Gewalt der souveränen Regierungen und dem Verlangen des Volkes nach Freiheit und Gerechtigkeit. Auch trug die nationale Politik dazu bei, die verschiedenen liberalen Gruppen einander näherzubringen. Diese Diskussion wurde von dem Schwaben Paul Pfizer (1801—1867) in seinem „Briefwechsel zweier Deutschen" von 1831/32 eröffnet. Er gestand den Radikalen zu, daß ein konstitutionelles System eine unvermeidliche Forderung der Zeit sei und daß dieses System nur dann zur Freiheit führen könne, wenn es aus der in ihrer Kultur geeinten Nation eine politisch geeinte Nation mache. Er wies außerdem darauf hin, daß der Zug zur Freiheit seinen Sinn verlieren würde, wenn der nationale Staat nicht die Mittel besäße, um sich unter den europäischen Nationen ebenbürtig zu behaupten. Der Geist allein genüge nicht, die Macht sei ebensosehr vonnöten. Diese Macht findet Pfizer im preußischen Staat. Der Gedanke einer besonderen Mission Preußens für die deutsche Nation hatte schon unter den Führern der preußischen Reformzeit Anhänger gehabt und lebte noch in einigen Mitgliedern der preußischen Bürokratie fort, die in eben diesen Jahren damit beschäftigt waren, die deutsche Zollunion aufzubauen. Pfizer war der erste Schriftsteller, der öffentlich eine engere Union der deutschen Staaten unter preußischer „Hegemonie" befürwortete.

Pfizer erkannte, daß eine engere Union unmöglich sei, solange zwei Großmächte Mitglieder des Bundes waren, und er löste das Dilemma, indem er Österreich aus einem künftigen deutschen Bundesstaat ausschloß, da es unwahrscheinlich sei, daß Österreich, mit seinen weitreichenden Interessen in der Donaugegend und in Italien, sich jemals ganz mit der deutschen Nation identifizieren würde. Eine großdeutsche Lösung des Problems der nationalen Einigung, die alles dem Deutschen Bunde angehörige Land in einem Bundesstaat vereint hätte, erklärte er für unmöglich. Statt dessen wurde die kleindeutsche oder preußische Lösung als die einzig realistische Methode empfohlen, um den Bund durch einen nationalen Staat zu ersetzen. Pfizer war überzeugt, daß die nationale Einheit vor der Freiheit und nicht, wie die Radikalen glaubten, die Freiheit vor der Einheit komme. Er war gern bereit, der preußischen Militärmacht einige ihrer bedrohlichen Züge zu vergeben. Da er einen mächtigen Staat als Garanten der deutschen Einheit verlangte, gefiel ihm sogar die preußische Armee. Und da er außerdem überzeugt war, daß der Liberalismus das logische Ergebnis der zeitgenössischen Entwicklung sei, überlegte er, ob nicht ein absolutistisches Preußen, wenn es die deutsche Einigung zuwege gebracht haben würde, gezwungen sein würde, eine neue Verfassung anzunehmen, um den deutschen Staat zu stärken.

Gleichzeitig erwartete Pfizer als Vorbedingung für die Übernahme der Hegemonie durch Preußen deutliche Anzeichen einer liberalen Politik, z. B. die Gewährung der Pressefreiheit. Es war nicht sicher, ob Preußen außer den bestehenden Provinzialständen noch ein allgemeines Repräsentationsorgan einführen sollte. Mit seiner Annahme, daß ein Bundesstaat, der zwei Großmächte enthalte, keine Existenzfähigkeit besitze, hatte er zwar recht, aber war es möglich, einen großen Staat mit einer Anzahl kleiner Staaten zu einem Bundesstaat zu machen? Und würde das Gewicht Preußens nicht noch zunehmen, wenn es ein konstitutioneller Staat würde? So hoffte der süddeutsche Theoretiker eine Zeitlang, daß Preußen nationale deutsche Stände anerkennen und auf die Einführung eines zentralen preußischen Parlaments verzichten würde. Aber dies lief beinahe auf die Forderung hinaus, der preußische Staat solle sich gerade dann in seine Provinzen auflösen, wenn von der gesammelten Macht dieser Monarchie erwartet wurde, daß sie das große Werk der deutschen Einigung vollbringe. Pfizer war der erste deutsche Denker, der mit dem schwierigen Problem der preußisch-deutschen Beziehungen innerhalb eines deutschen Bundesstaates rang, das bis zum Jahre 1933 eines der entscheidenden Probleme der deutschen Politik blieb. Er war jedoch nicht imstande, eine praktische Lösung zu finden. Als Preußen 1832 zusammen mit Österreich die liberale Bewegung durch den Deutschen Bund unterdrückte, gab Pfizer die Hoffnung auf, daß Preußen sich in naher Zukunft mit den konstitutionellen Staaten Deutschlands werde einigen können. Pfizer vertrat das Denken aller südwestdeutschen Anhänger des Konstitutionalismus, indem er die nationale Einigung wesentlich als ein Mittel zur Gewinnung der konstitutionellen Freiheit betrachtete, aber er gab der nationalen Idee konkrete Bedeutung durch die Idee eines Bundesstaates und durch eine Erörterung der Machtfrage, die sich bei der Verwirklichung eines solchen Staates einstellen mußte. Im selben Jahre 1831, in dem Pfizers „Briefwechsel" erschien, brachte K. Th. Welcker im badischen Landtag einen Antrag ein, der die Schaffung eines nationalen Parlaments neben dem Deutschen Bundestag verlangte.

Die gemäßigten norddeutschen Liberalen griffen den nationalen Gedanken langsamer auf. Die historischen deutschen Einzelstaaten standen ihrem an der Geschichte geschulten Denken näher. Doch wurden sie in den Jahren nach 1840 immer mehr in die nationale Agitation hineingezogen. Ihr Ideal eines Bundesstaates enthielt weniger Kritik am preußischen Absolutismus und Militarismus als das der süddeutschen Liberalen. Der preußische Historiker Johann Gustav Droysen (1808—1884) zeigte in seinem Werk „Alexander der Große", daß die Militärmonarchie des Nordens die Unabhängigkeit der kleinen deutschen Staaten werde aufheben müssen, wie einst Mazedonien der Spaltung Griechenlands in kleine Republiken ein Ende bereitet hatte. Die rheinischen Liberalen wiederum setzten großes Vertrauen auf die einigende Wirkung einer wachsenden Wirtschaft.

Im Jahre 1847 mehrten sich die Anzeichen, daß die Liberalen der verschiedenen Teile Deutschlands bereit waren, um der nationalen Sache willen zusammenzuarbeiten. Friedrich Bassermann und Karl Mathy gründeten in Mannheim die „Deutsche Zeitung", die dazu bestimmt war, die deutsche Einigung im Rahmen eines konstitutionellen Staates zu fördern. Der Herausgeber der Zeitung war G. G. Gervinus. Sie hatte viele Mitarbeiter aus den verschiedensten Gegenden Deutschlands, darunter J. G. Droysen, der damals Professor in Kiel war. Als Friedrich Bassermann (1811—1855) am 12. Februar 1848 im badischen Landtag einen Antrag auf eine Volksvertretung innerhalb des Deutschen Bundes stellte, fand er in Deutschland lauten Widerhall. Zwei Wochen später nahm die Pariser Revolution auch den deutschen Fürsten den Mut, dem Verlangen des Volkes nach Freiheit und Einigkeit Widerstand entgegenzusetzen.

Neuntes Kapitel

DIE REVOLUTION VON 1848/49

Während die sozialen Mißstände und das öffentliche Verlangen nach Reformen in den Hungerjahren nach 1845 zunahmen, trugen Geschehnisse außerhalb des Landes dazu bei, das Mißtrauen gegen die herrschenden Regierungen zu verstärken.

Polen: Aufstände

Der Ausbruch neuer Aufstände in Polen im Jahre 1846 veranlaßte die drei östlichen Mächte, die Freiheit der Stadt Krakau aufzuheben, weil sie zu einem Mittelpunkt der revolutionären Aktion polnischer Nationalisten geworden war. Mit der Einverleibung dieser Stadt in Österreich änderten die drei konservativen Mächte selber einen wichtigen Artikel des Wiener Friedens, obwohl sie diesen als sakrosankt zu erklären gewohnt waren.

Schleswig-Holsteiner Erbfolgefrage

Unter den deutschen Liberalen fanden die polnischen Aufständischen viel Sympathie, aber die Ereignisse in Dänemark und Schleswig-Holstein machten einen noch größeren Eindruck auf ganz Deutschland. König Christian VIII. von Dänemark (1839–1848) erließ einen „offenen Brief", der den rechtlichen Status der deutschen Herzogtümer zu verändern drohte. Letzterer war nicht leicht zu definieren, da er seinen Ursprung in einem sehr entfernten und andersartigen Zeitalter hatte. Die beiden Herzogtümer waren erstmals 1460 an die dänische Krone gefallen, und der König hatte damals nach seiner Wahl durch die Stände geschworen, daß keines von ihnen jemals aufgeteilt werden sollte und daß sie vereint bleiben würden. Dieses Versprechen wurde bald außer acht gelassen, und erst 1773 bekamen die beiden Herzogtümer einen gemeinsamen Herrscher. Seitdem war der dänische König souveräner Herzog von Schleswig, erkannte aber als Herzog von Holstein die feudale Oberlehnsherrschaft des Kaisers an. Als Herzog von Holstein war er 1814 ein Mitglied des Deutschen Bundes geworden.

Die dänischen Monarchen hatten im 18. Jahrhundert absolutistisch regiert, und seit 1717 waren die Stände nicht mehr zusammenberufen worden. Trotzdem hatte der dort ansässige recht vermögende deutsche Adel am königlichen Hof in

Kopenhagen eine hervorragende Rolle gespielt, und die deutsche Kultur stand in Dänemark – vor allem zur Zeit Klopstocks und Schillers – in hohem Ansehen. Um die Wende des Jahrhunderts hatte die Bildung einer einheimischen dänischen Nationalregierung jedoch die Stellung des deutschen Adels untergraben. Die kulturellen Bande hatten sich gelockert. Daher unternahmen die deutschen Adeligen alles, um die Autonomie der beiden Herzogtümer und ihre Beziehungen zu Deutschland zu verteidigen. Aber die dänische Regierung bewilligte erst nach 1830 die Schaffung von Ständen in beiden Herzogtümern. Diese Adelsversammlungen, die keine eigentliche Macht besaßen, waren die Zentren, um die sich eine wachsende deutsche Volksbewegung kristallisieren konnte.

Die Vereinigung aller Territorien unter der dänischen Krone war das Ziel der dänischen nationalen und liberalen Bewegung, die sich mit großer Kraft geltend machte. Die dänischen Nationalisten strebten nach einem zentralisierten dänischen Staat, der von einem einzigen Monarchen regiert werden sollte. Vor allem wünschten sie Schleswig, das nicht zum Deutschen Bund gehörte und beträchtliche dänische Elemente enthielt, vollständig in die Monarchie eingegliedert zu sehen. Ungefähr ein Drittel der Bevölkerung Schleswigs verstand Dänisch, und etwa ein Viertel, das vor allem im Norden konzentriert war, sprach Dänisch. Trotzdem wünschten die dänischen Nationalisten, das ganze Land bis zur Eider, die Schleswig und Holstein voneinander trennte, zu einer dänischen Provinz zu machen. Die „Eiderdänen" wurden durch bevorstehende dynastische Komplikationen zu beschleunigter Aktion angetrieben. Der regierende König Christian VIII. hatte zwar einen Erben, der aber seinerseits ohne männlichen Nachkommen war. Im Falle seines Todes würde der dänische Thron dem Abkömmling einer Prinzessin des königlichen Hauses zufallen, während unter dem salischen Recht Deutschlands, das weibliche Ansprüche ausschloß, ein Mitglied des Augustenburger Zweiges die Herzogtümer Schleswig und Holstein erben würde.

Mit seinem „offenen Brief" vom Juli 1846 versuchte Christian VIII. eine Loslösung der Herzogtümer von Dänemark zu verhüten. Er erklärte das dänische Erbrecht in Schleswig für gültig, und obgleich er gewisse Zweifel an der Anwendbarkeit dieses Gesetzes auf Holstein zugab, betonte er die dauernde Verbindung der beiden Herzogtümer. Die lebhafte Agitation, bei der sich J. G. Droysen und andere Professoren der Kieler Universität hervortaten, beschränkte sich nicht auf die Herzogtümer, sondern wendete sich allgemein an die deutsche öffentliche Meinung. Selbst der Deutsche Bundestag, an den die holsteinischen Stände appellierten, nahm von der nationalen Erregung Notiz, wenn auch vielleicht hauptsächlich um der dynastischen Fragen willen, die dabei mitspielten. Der Bundestag gab seiner frommen Hoffnung Ausdruck, daß der dänische König sich bei einer endgültigen Regelung nicht über die bestehenden

Rechte hinwegsetzen würde. Der Widerhall aus Kopenhagen war nicht beruhigend, und als Christian VIII. im Januar 1848 starb, proklamierte sein Nachfolger, Friedrich VII., sofort die Einführung einer Verfassung für Großdänemark. Ohne die Stände der Herzogtümer abzuschaffen, schuf diese Verfassung ein gemeinsames Parlament, und es stand außer Frage, daß dieses die an sich politisch schwachen Stände vollends ihrer Macht berauben und die Thronbesteigung der Augustenburger Linie in Schleswig verhindern würde. Die Reaktion des Volkes in Schleswig-Holstein war leidenschaftlich feindselig und fand in ganz Deutschland warme Unterstützung. Aber Konflikte in dieser Gegend Europas, wo der Schlüssel zur Ostsee lag, mußten auch England und Rußland alarmieren.

Schweiz: Bürgerkrieg

Andere aufregende Ereignisse trugen sich in der Schweiz zu, die damals einen größeren Einfluß auf die deutsche Politik ausübte als zu jeder anderen Zeit. Seit den Jahren der Karlsbader Beschlüsse hatten die Schweizer vielen deutschen Radikalen und politischen Flüchtlingen großzügig Asyl gewährt, und die Schweizer Demokratie genoß in Deutschland, vor allem im Südwesten, ein hohes Ansehen. Seit 1845 bereitete sich in der Schweiz ein Konflikt vor. Die radikalen Liberalen waren darauf aus, die Gewalt der zentralen Regierung zu stärken und damit auch die „reaktionären" Kräfte in den katholischen Kantonen zu unterdrücken; diese bildeten daraufhin im Herbst 1845 einen Sonderbund. Die Neutralität der Schweiz war vom Wiener Kongreß unter internationale Garantie gestellt worden. Daher sah Metternich in diesem Konflikt eine willkommene Gelegenheit, gemeinsam mit Rußland und Preußen zu intervenieren und dem europäischen Liberalismus einen schweren Schlag zu versetzen. Aber die Mehrheit der Kantone forderte mit dem Einverständnis Palmerstons die Auflösung des Sonderbundes und brachte diese Forderung in einem geschickt geführten dreiwöchigen Krieg gegen die katholischen Kantone zur Geltung, ehe die fremden Mächte intervenieren konnten. Der Weg stand offen, den Schweizer Bund in einen Bundesstaat zu verwandeln.

Europäische Revolutionen, 1848

Der Eindruck dieses liberalen Sieges angesichts des Übergewichts der konservativen Mächte auf dem Festland hatte überall eine elektrisierende Wirkung auf die Liberalen. Am stärksten war dies in Italien zu bemerken. Zu Beginn des Jahres 1848 kam es in Sizilien und Neapel zu Aufständen. Am 24. Februar jagte ein Aufstand der Pariser Bevölkerung Louis Philippe vom französischen Thron und führte zur Ausrufung der (zweiten) Republik. Die Kunde von der

Pariser Revolution gab den letzten Anstoß zu Demonstrationen des Volkes für eine Reform in Deutschland. In Baden begannen sie schon in den letzten Februartagen. Die öffentlichen Zusammenkünfte in Mannheim, Heidelberg und Offenburg waren die ersten Versammlungen in der neueren deutschen Geschichte, an denen alle Bevölkerungsklassen teilnahmen. Mit ihren Forderungen nach Freiheit der Presse, Geschworenengerichten, Einführung von Verfassungen in allen deutschen Staaten und nach Berufung eines nationalen Parlaments schlugen sie den Grundton der allgemeinen Bewegung an, die in den folgenden Wochen ganz Deutschland mit sich riß.

Revolutionen in Deutschland

Die Pariser Ereignisse erfüllten die Herzen der deutschen Fürsten mit tiefer Furcht. Keiner von ihnen wagte es, dem aufgebrachten Volk mehr als vorübergehenden Widerstand entgegenzustellen; die meisten wurden tatsächlich recht fügsam. Als erste ergab sich die badische Regierung. Der Liberale Karl Mathy wurde Ministerpräsident, ein anderer Oppositionsführer, Karl Theodor Welcker, Gesandter beim Bundestag. Andere Staaten folgten rasch. Das liberale Kabinett Württembergs zählte Paul Pfizer zu seinen Mitgliedern; in Hessen-Darmstadt wurde Heinrich von Gagern, der bald auf eine größere Bühne versetzt werden sollte, zum Regierungshaupt gemacht. Der üble Kurfürst von Hessen mußte sich fügen. Der starrsinnige König Ernst August von Hannover mußte Johann Stüve als Minister akzeptieren und zusehen, wie alle Ergebnisse seines Coups von 1837 wieder rückgängig gemacht wurden. Auch in Sachsen wurde ein liberales Kabinett gebildet und eine Revision der Verfassung versprochen. Die deutschen Kleinstaaten folgten diesem Beispiel. Bayern hatte seinen eigenen Typ der Revolution, der durch die Verstimmung des Münchner Durchschnittsbürgers gegen Lola Montez, eine spanische Tänzerin irisch-kreolischer Abstammung, ausgelöst wurde, die nicht nur die private Neigung König Ludwigs I. beherrschte, sondern sich auch in die bayerische Politik einmischte. Diese Farce endete mit der Ausweisung der Abenteurerin und der Abdankung Ludwigs I. zugunsten seines Sohnes Maximilian II. (1848—1864).

Die kleinen Throne Deutschlands waren schon früher durch die Julirevolution von 1830 erschüttert worden, aber es hatte nicht lange gewährt, bis die politische Reaktion wieder im Sattel saß, da die beiden deutschen Großmächte, Österreich und Preußen, die Wirkung dieser Revolution nicht verspürt hatten. So war es entscheidend, daß im Jahre 1848 die Flammen der Revolution in diesen beiden Staaten aufloderten. Während in anderen deutschen Staaten die Revolution ohne Blutvergießen verlief, war das Ende der alten Regierungen in Österreich und Preußen von Gewalttätigkeiten begleitet.

Revolution in Österreich

Metternich hatte zunächst die herannahenden Gefahren unterschätzt, aber als dann die Krise wirklich eintrat, neigte er dazu, den Geschehnissen eine Endgültigkeit beizumessen, die sie, wie der Verlauf der österreichischen Revolution zeigen sollte, nicht besaßen. Während seiner ganzen Laufbahn hatte Metternich sein politisches System als die letzte Schranke gegen die alles zerstörende „soziale Revolution" verteidigt. Er sah keinen Weg, sich mit den Kräften, die im März 1848 ihr Haupt erhoben, zu vergleichen. Am 13. März führte der Widerstand, den er anempfahl, zu ernsten Straßenkämpfen.

Aber die Entscheidung lag nicht mehr in den Händen des österreichischen Kanzlers. Seit 1835, als der schwachsinnige Ferdinand zum Kaiser ausgerufen wurde, war Österreich von der sogenannten Staatskonferenz regiert worden, einem Regentschaftsrat, der aus Mitgliedern der kaiserlichen Familie, dem Kanzler und einem anderen Minister zusammengesetzt war. In dieser Gruppe überwog der Wunsch, die dynastischen Interessen zu schützen, indem man Metternich opferte, der das Symbol des bestehenden Regimes gewesen war. Metternich trat würdevoll ab. Es war bitter, daß er im liberalen England Zuflucht suchen mußte, und er gelangte dorthin auf Umwegen durch Länder, die sich in revolutionärem Aufruhr befanden. Beinahe 40 Jahre lang hatte dieser rheinische Graf Österreich regiert. Er hatte es von seiner tiefen Erniedrigung im Jahre 1809 zu einer überragenden Stellung in Europa hinaufgeführt. Im besonderen hatte er Österreich eine mächtige Stellung in Deutschland zurückgegeben, dergleichen es über ein Jahrhundert lang nicht mehr eingenommen hatte. Diese Leistung war nicht das Ergebnis schlauer Diplomatie, wie Metternichs Feinde gern behaupteten, sondern einer auf bestimmten Grundsätzen aufgebauten Politik. Auch hatte Metternichs Staatskunst Deutschland erfolgreich vor Kriegen bewahrt. Die Wohlfahrt und der Friede Europas waren ein natürliches Ziel seiner Diplomatie, da er ein tiefes Treuegefühl gegenüber Europa als organischem Ganzen empfand. Aber Metternich war völlig außerstande, in den politischen und sozialen Kräften, die sich im Gefolge der Französischen Revolution geltend machten, mehr als ein irrendes Abweichen von den zeitlosen Normen einer wohlgeordneten Gesellschaft zu sehen. Es fehlte ihm an Phantasie, um ein nützliches Ventil für einige dieser modernen Energien zu finden. Dieser elegante Kavalier aus der Aristokratie des 18. Jahrhunderts hatte im Grunde keine andere Antwort auf die von den neuen nationalen und sozialen Bewegungen geschaffenen Forderungen, als die Polizei zu rufen. Die Stimmung im deutschen Volke wurde gleichgültig oder sogar feindselig. Die Nationalitäten des Donauraumes, die sich in ihrer Frühzeit noch hätten formen lassen, erwiesen sich weniger lenksam, als sie im Frühjahr 1848 gegen den bürokratischen Absolutismus von Wien revoltierten.

Selbst Mitglieder des hohen Adels liehen ihre Hilfe zur Beseitigung Metternichs, und es sah so aus, als ob die revolutionäre Bewegung in der österreichischen Hauptstadt in gemäßigten Bahnen gehalten werden könnte. Eine Bürgerwehr und eine akademische Studentenlegion übernahmen die Aufsicht über die Stadt, aber es war das damals noch vereinte Groß- und Kleinbürgertum, das den Charakter der Bewegung bestimmte. Die Monarchie als solche wurde nicht in Frage gestellt, und nicht einmal ein radikaler Wandel in der Zusammensetzung des Kabinetts wurde verlangt. Freiheit der Presse und die Einberufung von Abgeordneten der Provinzialstände zur Schaffung einer Verfassung wurden sofort von der Regierung zugesagt. Aber die Entwicklung nahm sehr rasch einen radikaleren Verlauf. Die Bauern und die Arbeiter erhoben ihre eigenen sozialen Forderungen inmitten ernster wirtschaftlicher Schwierigkeiten, die durch den schlechten Zustand der österreichischen Staatsfinanzen noch erhöht wurden.

Nationale Revolutionen im Habsburgerreich

Noch bedenklicher jedoch war die Revolution der Nationalitäten gegen Wien. Den Magyaren mußten eine eigene Regierung und ein eigenes Patent eingeräumt werden. Den Tschechen wurde eine eigene Volksvertretung und eine besondere Verwaltung in Böhmen versprochen. In Kroatien bildete sich eine nationale Bewegung heraus. Ganz Venetien und die Lombardei erhoben sich in Waffen gegen die österreichische Herrschaft. Die Auflösung des Habsburgerreiches schien unmittelbar bevorzustehen. Und während Österreich Ende Juli aufgehört hatte, ein Faktor in der europäischen Politik zu sein, legte die Wiener Revolution auch das Habsburgerreich selbst lahm.

Preußen

Da Österreich bis in seine Grundlagen erschüttert war, richteten sich die Augen Deutschlands zwangsläufig auf Preußen. Die meisten Deutschen fürchteten, die Revolution in Frankreich werde dazu führen, daß die Franzosen den Wiener Frieden kündigen und ins Rheinland einfallen würden. Dies war nicht bloß ein deutsches Vorurteil, das durch die Ereignisse von 1840 bestärkt worden war. Auch in London war man besorgt. Tatsächlich wurde der friedliebende Lamartine und kein kriegerischer Jakobiner, auch nicht Thiers, Leiter der französischen Außenpolitik. Aber nicht einmal Lamartine wagte, eine eindeutige Anerkennung der Grenzen von 1815 auszusprechen. England hätte zweifellos keine Einwände erhoben, wenn Preußen im Frühjahr 1848 die Führung in Deutschland übernommen hätte. Es war bedauerlich, daß die englisch-preußischen Beziehungen wenig später durch die militärische Intervention Preußens in Schleswig-Holstein getrübt wurden.

Auch die Entwicklungen innerhalb Deutschlands im Frühmärz 1848 schienen die preußische Regierung in die Rolle eines obersten Schiedsrichters zu drängen. Die internationale Lage war nur einer der Gründe, der die Regierungen der deutschen Klein- und Mittelstaaten veranlaßte, nach Preußen zu schauen. Es gab frühe Warnungszeichen, daß die Massen die wirtschaftlichen und sozialen Forderungen, deren Erfüllung sie von der Revolution erwarteten, mit allen Mitteln betreiben würden. Daher war die Schaffung einer starken Regierung höchst wünschenswert und vielleicht sogar dringend notwendig. Es war klar, daß Preußen ein liberaler Staat werden und sich der Sache der nationalen Einigung widmen mußte, möglicherweise bis zu dem Grade, daß es gar kein allgemeines preußisches Parlament schuf, sondern seine Provinzen einzeln unter die zentrale nationale Gewalt stellte, an deren Spitze der preußische König als deutscher Kaiser stehen sollte.

Der Frankfurter Bundestag änderte seine Zusammensetzung. Neue Vertreter wurden in verschiedenen deutschen Hauptstädten von den „Märzkabinetten" ernannt, und selbst die alten Mitglieder schlugen einen neuen Ton an. Der preußische Gesandte, Graf Dönhoff, der in Abwesenheit seines österreichischen Kollegen den Vorsitz führte, nahm es auf sich, von seinen offiziellen Instruktionen abzuweichen und den Bundestag auf eine entschlossene nationale Politik hinzusteuern. Der Bundestag nahm die schwarz-rot-goldenen Farben an und erklärte – historisch ganz unrichtig – das Symbol, um dessentwillen er Hunderte von Menschen ins Gefängnis geworfen hatte, zu den Farben des alten Reichs. Aber hiermit propagierte der Bundestag stillschweigend die Idee eines deutschen Kaisers. Am 10. März ersuchte er die Regierungen, 17 Vertrauensmänner – je einen für jede Kurienstimme des Rates – nach Frankfurt zu entsenden, damit der Bundestag mit ihnen eine Verfassung entwerfen könnte. Der preußische Gesandte beschwor den König zu handeln, solange die Revolution noch durch traditionelle Organe gelenkt werden könnte.

Aber Friedrich Wilhelm IV. ließ sich durch diese Argumente nicht bewegen. Der Ehrgeiz, den preußischen Staat zu erweitern, war in diesem Nachfolger auf dem Throne Friedrichs des Großen nur schwach entwickelt. Andererseits war er sich seiner königlichen Vorrechte intensiv bewußt und stand somit in der preußischen Tradition. Das Gottesgnadentum und anderer religiöser Symbolismus, mit dem er die königliche Autorität umgab, waren nur die Fassade eines krassen Absolutismus. Friedrich Wilhelm IV. fühlte sich von den Möglichkeiten, die Macht Preußens auf Kosten Österreichs oder anderer deutscher Staaten zu fördern, nicht angezogen, und, mehr als das, er war bereit, die Macht Preußens in selbstlosem Dienst zugunsten allgemeiner deutscher Ziele einzusetzen. Seine

Autorität mit repräsentativen Organen zu teilen, lief dagegen seinen Vorstellungen von der monarchischen Würde zuwider.

Zu Beginn des Jahres 1848 hatte Friedrich Wilhelm IV. seine Pläne für eine Reform des Deutschen Bundes wiederaufgenommen und seinen nahen Freund, General Joseph Maria von Radowitz (1797—1853), nach Wien geschickt. Die Pläne, die Radowitz einem mißtrauischen österreichischen Kabinett vorlegte, waren bloß eine neue Version des früheren Reformplans Friedrich Wilhelms IV. (siehe auch S. 256), und die Verhandlungen zeitigten lediglich das Übereinkommen, einen Kongreß der deutschen Fürsten nach Dresden zu berufen. Die Ironie des Schicksals wollte es, daß Metternich am festgesetzten Tage in Dresden eintraf, jedoch als politischer Flüchtling. Radowitz war noch in Wien, als die Revolution losbrach, und ehe er Berlin erreichte, war Friedrich Wilhelm IV. nicht mehr Herr der Lage.

Arbeitslosigkeit, Lebensmittelknappheit und Elend waren in den preußischen Städten wie auch anderswo in Deutschland zu Beginn des Jahres 1848 groß. Hungeraufstände wie im vorangegangenen Jahre brachen allerdings nicht wieder aus. Öffentlich über die Gründe der Unzufriedenheit mit der politischen Lage zu diskutieren, war beinahe unmöglich. Es ist bemerkenswert, daß sich die Stadträte oft zu Sprachrohren für die Forderungen des Volkes machten. In Köln und Königsberg führte die Abfassung von Petitionen des Volkes zu Demonstrationen, die jedoch sofort unterdrückt wurden. Berlin war ruhig und blieb es auch, nachdem die Kunde von den Revolutionen in Paris und Süddeutschland eingetroffen war. Aber offenbar herrschte weithin die Erwartung, daß sich ein neues Kapitel der Geschichte auftun würde. Trotz allem war man zuversichtlich, daß der König die Initiative ergreifen würde, und wenn Friedrich Wilhelm IV. vor Mitte März gehandelt hätte, wäre er Meister der Entwicklung in Deutschland geblieben.

Aber der König redete sich ein, daß das, was in anderen deutschen Hauptstädten geschehen war, unmöglich in Berlin passieren könnte. Immerhin legte er zusätzliche Regimenter in die Stadt, die schon an sich eine unverhältnismäßig große Garnison hatte. In diesem kritischen Augenblick, als die Mehrheit der Bevölkerung so bemerkenswertes Vertrauen in die Großmut des Königs zeigte, war es unüberlegt, die physische Grundlage bloßzulegen, auf der seine absolute Macht beruhte. Die Truppen ihrerseits legten in diesen Tagen eine derartig rücksichtslose Verachtung aller bürgerlichen und politischen Rechte des Volkes an den Tag, daß sie zur Hauptzielscheibe aller Kritik an der bestehenden Ordnung wurden. Mittlerweile sah Friedrich Wilhelm IV. keine Notwendigkeit, seine politische Haltung zu ändern. Er gab seine Zustimmung zur Wiedereinberufung des Vereinigten Landtags, wenn auch erst zu einem späteren Zeitpunkt. Die Reform des Deutschen Bundes betrachtete er als ein ausschließliches Recht der Fürsten. Er schlug vor, jeder Gefahr, die von Frankreich kommen mochte, mit russischer Hilfe zu begegnen. Der Gedanke, eine russische Armee an die Elbe vorrücken zu sehen, erweckte unter den Deutschen, vor allem in den östlichen Provinzen, Entsetzen.

Keine der Maßnahmen des preußischen Königs erfüllte die ursprünglichen Hoffnungen des Volkes, und im Verlauf der Tage machte sich zunehmende Unruhe in Berlin geltend. Die Biergärten unter den Zelten vor dem Brandenburger Tor wurden zur Bühne öffentlicher Diskussionen, die nach und nach zu größeren und lärmenderen Demonstrationen wurden. Am 13. März und in den darauffolgenden Tagen wurden diese Demonstrationen von den Truppen mit erschreckender Brutalität auseinandergejagt. Selbst die harmlosesten Bürger empfanden tiefen Unwillen über das Verhalten der Soldaten. Am 16. März verbreitete sich die Nachricht von den Wiener Ereignissen in Berlin, und die Spannung stieg. Friedrich Wilhelm IV. gelangte zu der Überzeugung, daß Zugeständnisse unvermeidlich seien. Ein Kabinettswechsel wurde vorbereitet, und es wurden Proklamationen entworfen, in denen der König versprach, die Zensur aufzuheben und den Vereinigten Landtag zu berufen, und eine Reform des Deutschen Bundes verlangte. Auch die Notwendigkeit, Verfassungen in allen deutschen Staaten einzuführen, wurde angedeutet. Die beiden Patente ließen jedoch nicht wenige Unklarheiten zurück, und der Anspruch, daß sie ein freiwilliges Geschenk des Königs an sein Volk darstellten, war nicht mehr sehr glaubwürdig, als sie am 18. März nach einem eintägigen Aufschub erschienen.

Der 18. März in Berlin

Trotzdem wurde die Veröffentlichung der Proklamationen im Volke günstig aufgenommen. Viele Leute begaben sich auf den Schloßplatz, um dem König eine Ovation darzubringen. Im Verlauf dieser Demonstrationen schlug die Stimmung der Volksmenge um. Anscheinend hatte das Vertrauen auf die Zuverlässigkeit der von der Regierung gemachten Versprechungen durch die Ereignisse der letzten Wochen Einbuße erlitten, und die Anwesenheit der ungewöhnlich starken militärischen Wachen erweckte die Forderung, daß unverzüglich ein liberaler Kurs verbürgt werden solle. Zurufe, die das Zurückziehen der Truppen verlangten, wurden unter der Menge laut. Die Frage, ob man eine liberale Politik einschlagen solle, war in den Räten des Königs heftig umfochten worden. Die militärischen Führer waren gegen Zugeständnisse an das Volk. Vor allem hatte sich Prinz Wilhelm, der Bruder des Königs, dafür eingesetzt, daß jede Volksbewegung mit militärischer Gewalt unterdrückt werden solle. Am Nachmittag empfahlen die Offiziere, die Plätze um das königliche Schloß zu räumen. Der König gab nach. Während die Truppen mit ihrer üblichen Mißachtung der Volksstimmung das Volk zurückdrängten, wurden unabsichtlich zwei Schüsse von zwei Soldaten abgefeuert. Es wurde Verrat gerufen, und der bittere Haß gegen die Soldaten, der sich in den vorangegangenen Tagen angesammelt hatte, verwandelte sich in wilde Entschlossenheit. In allen Straßen der Umgebung wuchsen Barrikaden in die Höhe, die Leute begannen sich zu bewaffnen, und innerhalb einer Stunde eröffneten sie das Feuer auf die Soldaten. Den Abend und die Nacht hindurch wurde ingrimmig und leidenschaftlich gekämpft.

Die Zahl der aktiven Kämpfer betrug wahrscheinlich infolge der Waffenknappheit nicht mehr als ein paar Tausend, aber die enthusiastische Hilfe, die die Bevölkerung den Revolutionären leistete, kam aus weiten Kreisen. Die größte Gruppe unter den Aufständischen waren Handwerker, aber es gab auch eine beträchtliche Zahl von Kaufleuten und Studenten auf ihrer Seite. Die Revolutionäre hatten nicht nur Mangel an Waffen, sondern es fehlte ihnen auch an militärischer Erfahrung und Führung. Es war ein allgemeiner Aufstand ohne irgendeinen gemeinsamen Plan. Daher waren die regulären Truppen imstande, nach der Besetzung eines beträchtlichen Teiles des Stadtzentrums ständig vorzurücken. Es kam nicht zur Verbrüderung. Im Gegenteil, der Zorn der Soldaten wuchs mit den Kämpfen. Die vielen Gefangenen wurden grausam behandelt. Aber obwohl die Operationen einigermaßen erfolgreich waren, glaubte der Befehlshaber, General Karl von Prittwitz, daß er die ganze Stadt nicht Block für Block erobern könne, sondern Berlin von außen belagern müsse. In diesem Falle wäre möglicherweise ein großer Teil der Stadt in Trümmer gelegt worden.

Friedrich Wilhelms Stimmung schlug in tiefe Mutlosigkeit um. Er war kein kriegerischer Mann, und die Berichte von General von Prittwitz waren nicht gerade beruhigend, ebensowenig die Nachrichten aus den Provinzen. Am Sonntagmorgen, dem 19. März, erließ er zum Ärger der Offiziere eine tränenreiche Proklamation „An meine lieben Berliner", in der er sie als Opfer übler ausländischer Drahtzieher hinstellte, ihnen aber Vergebung und den Abzug der Truppen anbot, wenn sie die Barrikaden niederlegen würden. Diese Proklamation, mit ihrer Mischung von Sentimentalität und väterlicher Herablassung, befriedigte niemanden. Schließlich ordnete der König an, daß sich alle Truppen ins königliche Schloß zurückziehen sollten. In der herrschenden Verwirrung wurden viele ungenaue Informationen weitergegeben und einige Befehle nicht ausgeführt. Dieser Umstand, in Verbindung mit dem Unwillen der Offiziere über die defätistische Haltung des Königs, führte zum Abzug der Truppen in ihre Kasernen und danach aus der Stadt. Die Wache des Königlichen Zeughauses wurde entfernt, und es blieben nur ein paar Kompanien von Soldaten im Schloß zurück.

Friedrich Wilhelm nimmt die konstitutionelle Regierung an

Es ist möglich, daß die militärische Umgebung des Königs erwartete, die königliche Familie werde Berlin verlassen, aber wenn Friedrich Wilhelm IV. eine solche Aktion jemals in Betracht zog, wurde sie unausführbar, als die Volksmenge in den Schloßhof einströmte und die Leichen der getöteten Zivilisten mit entblößten Wunden hineinschleppte. Das königliche Ehepaar mußte das grauenvolle Schauspiel betrachten, der König den Opfern seiner Armee seinen Respekt erweisen. Dies war, in der Tat, eine tiefe Erniedrigung der preußischen Militärmonarchie. Es wurde eine Bürgerwehr gebildet, die mit Waffen von Heeresmagazinen ausgerüstet wurde, und Stadt und Schloß wurden unter ihren Schutz gestellt. Der König erklärte sich mit den konstitutionellen Reformen einverstanden und war bereit, ein vom Volk gewähltes Parlament zu berufen. Er forderte den Führer der liberalen Opposition im Vereinigten Landtag, den rheinischen Kaufmann Ludolf Camphausen, zur Bildung einer Regierung auf. Der Vereinigte Landtag trat nur kurz zusammen, um ein Wahlgesetz für das in Aussicht gestellte preußische Parlament zu entwerfen. In Anbetracht seiner ziemlich konservativen Zusammensetzung gewährte er ein überraschend liberales Wahlrecht. Die Überschrift lautete zwar: „Wahlgesetz für die zur Vereinbarung der preußischen Staatsverfassung zu berufende Versammlung". Das Gesetz bewahrte somit einige der souveränen Gewalten des Königs, während es gleichzeitig der späteren konstituierenden Versammlung nur diejenigen begrenzten gesetzgebenden Rechte zuteilte, die der Vereinigte Landtag besaß. Diese einschränkenden Bestimmungen sollten sich als die Achillesferse des preußischen Parlaments erweisen.

Nationale Politik des preußischen Königs

Die neue Verfassungspolitik des Königs wurde von einer neuen Außenpolitik begleitet, für die Heinrich Freiherr von Arnim-Suckow weitgehend verantwortlich war. Am 21. März ritt Friedrich Wilhelm durch die Berliner Straßen, die mit schwarz-rot-goldenen Emblemen geschmückt waren. In den Aufrufen dieses Tages übernahm er die Führerrolle bei der Errichtung eines geeinten Deutschland: „Preußen geht fortan in Deutschland auf!" Er wehrte eine öffentliche Proklamation zum Kaiser von Deutschland ab und versuchte klarzustellen, daß er nicht die Absicht habe, deutsche Fürsten abzusetzen, und daß er die Aufgabe, Deutschland zur Freiheit und Einigkeit zu führen, nur vorübergehend übernommen habe. Im Verfolg der neuen Politik wurde die preußische Regierung zum Beschützer der Rechte der Herzogtümer Schleswig-Holstein. Am 24. März war von den einheimischen liberalen Führern für die Herzogtümer eine provisorische Regierung gebildet worden. Das war die Antwort auf die öffentlich angekündigte

Absicht der dänischen Regierung, Schleswig-Holstein dem dänischen Staate einzuverleiben. Die provisorische Regierung in Kiel und der Herzog von Augustenburg ersuchten um Hilfe und erhielten von Preußen Zusicherungen. Die relativ freundliche Haltung der preußischen Regierung gegenüber den Wünschen der Polen in Posen war zwar von Anfang an nicht ganz einwandfrei, aber immerhin ein Ausdruck der Absicht Preußens, eine Politik ohne oder möglicherweise gegen Rußland zu führen.

Ein unvorbereiteter und führerloser Volksaufstand hatte über Nacht den militärischen Absolutismus in Preußen aus dem Sattel gehoben. Prinz Wilhelm, der unentwegte Verfechter der alten Ordnung, wurde umgehend mit einer unbedeutenden diplomatischen Mission nach London geschickt. Friedrich Wilhelm versuchte, sich der Rolle eines konstitutionellen Herrschers anzupassen. Er war von der Begeisterung des deutschen Volkes in diesem Revolutionsfrühling beeindruckt, und auch der warme Beifall, den ihm weite Volksgruppen spendeten, nachdem er liberale Zugeständnisse gemacht hatte, verfehlte nicht seine Wirkung. Aber seinem Temperament und seinen Überzeugungen nach war Friedrich Wilhelm schlecht geeignet, ein konstitutioneller Herrscher zu werden. Selbst nach der Regierungsbildung erließ er über die Köpfe der Minister hinweg Befehle an alle Regierungsorgane und vergaß zweifellos niemals ganz die Tatsache, daß das Heer immer noch zu seiner Verfügung stand.

Reaktionen in Deutschland

Die revolutionären Ereignisse in Preußen machten im übrigen Deutschland keinen sehr günstigen Eindruck. Bis zum 17. März galt die Macht, die der preußische König innehatte, für groß, und sein persönlicher Ruf war ungetrübt. Hätte er sich in diesen Tagen zugunsten eines geeinten und freien Deutschland ausgesprochen und kühn nach der deutschen Krone gegriffen, so wäre ihm das Volk gefolgt, und die deutschen Fürsten, mit Ausnahme Österreichs, hätten sich seiner Führung unterworfen. Nach dem 18. März war er mit dem Blut der Opfer der Berliner Revolution befleckt, während seine neue Politik als Ergebnis seiner Niederlage in der Revolution gedeutet wurde. Auch war es nicht schwierig, in den Proklamationen Friedrich Wilhelms zu entdecken, daß er sich selbst noch nach dem 19. März eine Hintertür offen hielt; andererseits war das Verlangen herauszulesen, Berlin zum leitenden Zentrum der nationalen Bewegung zu machen. Was bedeutete in Wirklichkeit die Feststellung: „Preußen geht fortan in Deutschland auf", wenn Preußen sein eigenes Parlament haben sollte? Die Fürsten, die vor dem 18. März in Preußen das starke Bollwerk gegen die Revolution gesehen hatten und möglicherweise ihre Zustimmung gegeben hätten, sich Preußen zu unterwerfen, argumentierten jetzt, daß Friedrich Wilhelm IV. unter dem Einfluß der Straße stand. Preußen wurde immer noch verdächtigt, entweder zu liberal oder nicht genügend liberal zu sein; es erschien entweder zu stark oder zu schwach. Letztere Ansicht wurde von den Radikalen und den Fürsten geteilt. Die auf die Wiener Geschehnisse folgende Revolution in Berlin überzeugte viele Radikale, daß die Monarchie in Deutschland ganz und gar gestürzt werden könnte. So wurden die Radikalen zu Demokraten.

Das Vorparlament

Infolge der unklaren Reaktion des Volkes auf Friedrich Wilhelms Gesten wurde der deutsche Südwesten, der ursprüngliche Mittelpunkt der Revolution, für den Fortschritt der nationalen Bewegung entscheidend. Die Heidelberger Versammlung vom 5. März, die erste Zusammenkunft, die die Wahl eines deutschen Parlaments verlangte, hatte eine Siebenerkommission ernannt, die die Zusammenberufung eines Kongresses vorzubereiten hatte; dieser sollte die gesamte Nation besser vertreten, als es die Heidelberger Versammlung konnte. Die Sieben hatten an alle gegenwärtigen und ehemaligen Mitglieder der deutschen gesetzgeberischen Körperschaften Einladungen ergehen lassen und selbst viele Vertreter aus den Stadträten miteinbezogen. Etwa 500 Männer kamen in Frankfurt zusammen. Es war die erste relativ repräsentative Nationalversammlung Deutschlands, die von demokratischer Initiative, wenn auch nicht auf dem Wege einer demokratischen Wahl, geschaffen worden war. Die regionale Verteilung war sehr ungleich. Am augenfälligsten war die schwache Vertretung Österreichs mit nur zwei Mitgliedern, während der Südwesten natürlicherweise unverhältnismäßig stark war, obgleich die Vertreter aus Preußen, Sachsen und Bayern zahlreich genug waren, um dem „Vorparlament“ nationale Resonanz zu geben.

Die Mitglieder des Vorparlaments wurden mit großem Jubel in Frankfurt begrüßt. Die Radikalen unter der Führung Struves und Heckers versuchten sogleich, die Versammlung zu einem Organ für die Förderung der Revolution zu machen. Sie wollten, daß sie so lange tage, bis ein frei gewähltes Parlament zusammentreten könnte, und drängten auf die Wahl eines Exekutivkomitees, das in Wirklichkeit eine Art provisorischer Nationalregierung geworden wäre. Dieses Komitee sollte sofort mit der Vorbereitung eines wirklich revolutionären legislativen Programms betraut werden. Struve verlangte die Abschaffung der Erbmonarchie, einen Wahlpräsidenten und eine „föderative Bundesverfassung nach dem Muster der amerikanischen Freistaaten“ und legte außerdem eine lange Liste weiterer konstitutioneller und sozialer Ziele vor.

Die Mehrheit der Abgeordneten war nicht gekommen, um Öl in das Feuer der Revolution zu gießen, sondern um die Kodifizierung der bisher von der Regierung gemachten liberalen Zugeständnisse vorzubereiten. Man war sich dabei der Tatsache wohl bewußt, daß der Nationalstaat noch nicht geschaffen worden war und daß die nationale Einigkeit das Vorhandensein einer starken Volksbewegung voraussetzte. Daher sprachen sie zwar viel vom Prinzip der Souveränität des Volkes, aber nicht weniger von ihrer Treue zum monarchischen Prinzip. Zwar hatte das Vorparlament keine rechte demokratische Grundlage, weil es nicht vom Volke gewählt worden war, aber durch seine frühzeitige Vertagung wurde ein politischer Machtfaktor zu einer Zeit beseitigt, als sich die konservativen Mächte in Deutschland noch nicht vom Schock der Märzrevolution erholt hatten. Als Zugeständnis an die Radikalen ernannte das Vorparlament einen Ausschuß von 50 Männern, der den Bundestag überwachen sollte, doch schien es zu gewagt, diesen ganz offenkundig unter die Aufsicht der Fünfzigerkommission zu stellen. Der Bundestag hatte schon insofern seine Zusammensetzung geändert, als viele reaktionäre Abgesandte durch Liberale ersetzt worden waren und die Kommission der 17 Vertrauensmänner hinzugetreten war (siehe S. 277). Das Vorparlament bestand darauf, daß der Bundestag alle antiliberalen Ausnahmegesetze widerrufen und jedes Bundestagsmitglied, das für eine solche Unterdrückungsmaßnahme gestimmt hatte, resignieren sollte. Der eingeschüchterte Bundestag, eifrig darauf bedacht, seine Existenz zu retten, gehorchte unverzüglich. Auch was der wichtigste Akt des Vorparlaments bleiben sollte, ein Wahlgesetz für ein nationales Parlament, wurde vom Bundestag gebilligt.

Viele faßten das Wahlgesetz als Vorbereitung auf das allgemeine Wahlrecht auf, obgleich dies tatsächlich nicht der Fall war. Es gab jedem männlichen „unabhängigen“ Bürger im mündigen Alter die Wahlstimme, und obgleich es direkte Wahlen anempfahl, wurden diese doch nicht verlangt. Tatsächlich wurden nur in wenigen Staaten direkte Wahlen abgehalten, und die einschränkende Klausel der „Unabhängigkeit“ der Bürger wurde in verschiedener Weise ausgenutzt, um der armen städtischen Bevölkerung das Wahlrecht vorzuenthalten. Trotzdem war, als die Wahl stattfand, die Zahl der Wähler viel kleiner als die der wahlberechtigten Bürger, da vor allem Angehörige der unteren Klassen nicht bei der Wahl erschienen. In dieser politischen Gleichgültigkeit zeigte sich eine Spaltung der Volksbewegung, die in den Revolutionen des Frühmärz durch die enthusiastische Opposition gegen einen gemeinsamen Feind verdeckt worden war.

Die Revolution in Deutschland war nicht das Ergebnis der Agitation liberaler Intellektueller, sondern der Entladung sozialer Spannungen, die durch die Auflösung der sozialen Ordnung verursacht worden waren. Diesen Prozeß hatte die Wirtschaftskrise beschleunigt. Der Hauptbestandteil der unzufriedenen Massen, die Handwerker und die Bauern, die durch ihr Auftreten auf den Straßen sowie in den Versammlungen und auf den Barrikaden Berlins den Erfolg der Revolution entschieden hatten, waren in ihren politischen und wirtschaftlichen Anschauungen eher traditionsgebunden gewesen. Erst Jahre vergeblichen Wartens auf Hilfe von den Regierungen hatten sie überzeugt, daß sie von den absolutistischen Herrschern keine Hilfe erwarten konnten. So kamen sie dazu, in Übereinstimmung mit den Liberalen die Beschränkung des Absolutismus und die Teilnahme des Volkes an der Regierung zu fordern. Nur ganz am Anfang der Revolution stand die soziale Bewegung dieser Klassen in vollem Einklang mit dem politischen Liberalismus des deutschen Bürgertums. Es war für viele Deutsche ein unvergeßliches Erlebnis, die überwältigende Mehrheit des Volkes in einer großen, die Staats- und Klassenlinien auslöschenden nationalen Anstrengung brüderlich vereint zu sehen.

Die Bauernschaft

Ein festlicher Geist herrschte in diesem ungewöhnlichen Frühjahr, ungewöhnlich auch hinsichtlich des Wetters. Der März war so warm und angenehm wie der Mai. Der zu Kopf steigende Wein des revolutionären Patriotismus rief auch einen nationalen Stolz hervor, der zeitweise jakobinische Obertöne hatte. Aber die Bauern und Handwerker waren wenig an den Verfassungszielen des Liberalismus interessiert, vielmehr wünschten sie die sofortige Behebung ihrer sozialen und wirtschaftlichen Not. Schon in den frühen Märzwochen kam es zu ernsten Bauernaufständen in eben den Gegenden, die der Schauplatz der Bauernkriege von 1525 gewesen waren. Wie 323 Jahre vorher, fingen die Unruhen im Schwarzwald an und griffen nach Norden in den Odenwald und nach Franken über und von dort nach Hessen, Nassau, dem Rheinland, Thüringen und Sachsen. Die stürmischsten Szenen ereigneten sich in den kleinen Fürstentümern und den Domänen aristokratischer Großgrundbesitzer. Die Bauern fielen über die Schlösser ihrer Gutsherren her und plünderten sie gelegentlich, wobei sie die Gutsherren häufig zwangen, auf ihre Besitzrechte zu verzichten, und die Urkunden der Verschuldung oder der Frondienste verbrannten. Sie begannen, die Wälder der Adeligen zur Gewinnung von Bauholz oder zur Jagd zu benutzen.

Im ostelbischen Deutschland war dieser soziale Aufruhr der Bauern nicht so weit verbreitet, obgleich sich auch in Schlesien, Mecklenburg und Schleswig-Holstein Ausbrüche von Gewalttätigkeit ereigneten. Unter dem Einfluß von Bismarcks späteren Berichten begegnet man immer noch häufig dem Glauben, daß die preußischen Bauern im Frühjahr 1848 friedlich und sogar antirevolutionär gewesen sind. Aber wir besitzen reichliche Beweise, einschließlich Aussagen des jungen Bismarck aus der Revolutionszeit selbst, die schwere Besorgnis über die Haltung der ostelbischen Bauern erkennen lassen. Von den preußischen Junkern waren viele überzeugt, daß es weise wäre, vorsichtig zu sein und gewisse Zugeständnisse zu machen, solange diese die grundsätzliche politische und ökonomische Ordnung, wie sie sich im Osten auf dem Lande während der letzten 50 Jahre herausgebildet hatte, nicht gefährdeten. Unter dem Adel des Südens und Westens wurden Stimmen laut, die die Aufhebung der noch verbliebenen feudalen Leistungen und Abgaben empfahlen. Trotzdem waren die Adeligen nicht gewillt, einfach auf ihre finanziell einträglichen Rechte zu verzichten, und in dieser Haltung wurden sie vom liberalen Bürgertum unterstützt, das alles haßte, was dazu angetan schien, die Sicherheit des Eigentums zu untergraben. Es dauerte nicht lange, bis die neuen liberalen Märzministerien die Hauptwerkzeuge des alten Absolutismus dazu benutzten, ihre sozialen Ideale zu verteidigen. Bald marschierten Soldaten und schlugen die Agrarrevolte in Süddeutschland nieder. Mitte April waren die Aufstände zu Ende, und es konnte nicht ausbleiben, daß die Bauernschaft — immer noch der zahlenmäßig stärkste Stand des deutschen Volkes — von da an weniger aktiv an der Bewegung teilnahm, die die Schaffung konstitutioneller Rechte und der nationalen Einheit zum Ziele hatte.

Gesellen und Meister

In den Städten waren die revolutionärsten Elemente die bedrückten Gesellen und die armen Meister. Die Industriearbeiter zeigten sich für die revolutionären Lehren von Marx und Engels im Jahre 1848/49 nicht zugänglich. Die einzige sozialistische Bewegung, die sichtlich Fortschritte machte, war die Berliner Gruppe unter der Führung von Stephan Born, und sie war mehr reformistisch als revolutionär. Die Bildung von Gewerkschaften, die Verbesserung der Arbeitsbedingungen und der Löhne sowie das Wahlrecht für die Arbeiter waren die Hauptziele dieser sozialdemokratischen Gruppe. Aber die große Masse der Handarbeiter bestand aus Handwerkern, die von der Regierung weder einen revolutionären noch einen reformistischen Sozialismus erwarteten. Sie verlangten Arbeit und ein anständiges Auskommen und sahen den Weg dazu vor allem in der Abschaffung oder zum mindesten in der drastischen Einschränkung der Gewerbefreiheit. Die Wiederherstellung eines gegen die Konkurrenz der Fabriken und der fremden Länder geschützten Zunftsystems war ihre dringlichste Forderung.

Gleichzeitig mit den Bauernunruhen brach im März 1848 eine Welle von Gewalttätigkeiten der Gesellen gegen Fabriken und andere Einrichtungen des modernen Industrialismus los. Im Rheinland und in Sachsen wurden zahlreiche Versuche gemacht, Maschinen zu zerstören, die die Arbeit der Handwerker zu ersetzen drohten. So zerstörten z. B. die Messerschmiede von Solingen eine der Eisengießereien in der Nachbarschaft. Am erschütterndsten waren die Racheakte der arbeitslosen Rhein- und Donauschiffer an den Dampfschiffen und der arbeitslos gewordenen Fuhrmänner von Nassau an der Taunus-Eisenbahn. Soldaten mußten eingesetzt werden, um diesen Protestaktionen ein Ende zu bereiten.

Die Handwerker kämpften weiter um die Abhilfe ihrer Beschwerden. Da sie das Gefühl hatten, daß die alten und neuen Parlamente ihnen nicht genügend Beachtung schenkten, debattierten sie ihre Probleme auf mehreren regionalen und nationalen Kongressen. Sie alle wünschten eine geschützte Wirtschaft und hatten wenig Interesse an den politischen Zielen des Liberalismus. Die Märzministerien ihrerseits brachten lediglich geringfügige Erleichterungen, um der elenden Lage der Massen zu begegnen.

Das wichtigste praktische Wirtschaftsprogramm wurde dem preußischen Vereinigten Landtag von dem liberalen Minister Camphausen im April vorgelegt. Dieser rheinische Kaufherr wich von der herkömmlichen Finanzpolitik des preußischen Finanzministeriums dadurch ab, daß er eine beträchtliche Krediterweiterung lancierte. Seine Maßnahmen beschleunigten die wirtschaftliche Gesundung, aber da sie anfangs hauptsächlich der Industrie und den Banken zugute kamen, sahen nicht nur die Kleinbürger, sondern auch die Großgrundbesitzer dieser neuen Machtäußerung des von der Finanz geführten Kapitalismus voll Mißtrauen zu.

„Das Gespenst des Kommunismus"

Nachdem ihre republikanischen Pläne vom Vorparlament vereitelt worden waren, hofften Struve und Hecker, ihre Sache durch einen revolutionären Putsch zu fördern. Am 13. April proklamierten sie von Konstanz aus eine provisorische Regierung und begannen an der Spitze kleiner Bataillone von bewaffneten Aufständischen einen Marsch durch Südbaden in der Hoffnung, daß das gemeine Volk aufstehen und sich ihren Reihen anschließen würde. Aber der Aufstand verursachte nur vorübergehende Verwirrung und wurde von süddeutschen Truppen mit Leichtigkeit versprengt. Der Enthusiasmus für politische Aktionen, der im März noch so groß gewesen war, flaute Ende April bei großen Gruppen der Bevölkerung ab. Zudem hatten sich Spaltungen gezeigt, die den weiteren Verlauf der Revolution entscheiden sollten.

Im Augenblick hatten die gemäßigten Liberalen die Oberhand. In ganz Deutschland hatten die alten Autoritäten mit ihnen einen Kompromiß geschlossen oder, wie im Südwesten, ihre Macht an sie abgetreten. Obgleich die deutschen Liberalen es auf die Beschränkung der monarchischen Gewalt abgesehen hatten, stellten sie die Einrichtung der Monarchie als solche doch nicht in Frage. Sie wünschten, die Kontinuität der historischen Entwicklung zu bewahren, und fürchteten sich, die Monarchie aufs Spiel zu setzen, da sie in ihr ein Element der Stabilität sahen, das dazu beitragen würde, daß die Volksbewegung nicht in eine allgemeine soziale Revolution ausarte. Wenn Karl Marx mit seiner Annahme irrte, daß eine proletarische Revolution unmittelbar bevorstehe, so hatte er doch ganz recht, wenn er in der Einleitung zu seinem „Kommunistischen

Manifest" von dem Schrecken sprach, den das „Gespenst des Kommunismus" in den Herzen des Bürgertums erweckte. Die sozialen Aufstände des März und April erschreckten die deutschen Liberalen und machten sie nur noch entschlossener, an der Monarchie festzuhalten und die Beteiligung des Volkes an der Regierung zu beschränken. Die Liberalen widersetzten sich dem allgemeinen Wahlrecht und sorgten dafür, daß die Armen von der Bürgerwehr ausgeschlossen blieben. Aber sosehr auch viele gemäßigte Liberale zu vergessen trachteten, daß ihr politischer Einfluß das Ergebnis der Revolution war, konnten sie doch das Prinzip der Volkssouveränität nicht verurteilen, wenn sie gegen den Widerstand der monarchischen Kräfte eine konstitutionelle Regierung und die nationale Einigung verwirklichen wollten. Dieser Kampf erforderte die Mitarbeit der gesamten liberalen und demokratischen Kräfte des Volkes. Die Stellung der Liberalen mußte in dem Maße schwächer werden, in dem die Volksbewegung nachließ oder sich aufspaltete. Wenn es dann außerdem noch den alten Mächten gelingen würde, wichtige soziale Gruppen zu überzeugen, daß die Liberalen nicht die Vorkämpfer ihrer Interessen und Ideale seien, und wenn sie diese Gruppen zu konservativen Zwecken organisierten, so würden die Liberalen jeden politischen Rückhalt verlieren.

Die Deutsche Verfassunggebende Nationalversammlung

Anzeichen solcher Gefahren zeigten sich schon, als am 18. Mai 1848 die „Deutsche Verfassunggebende Nationalversammlung" in der Paulskirche zu Frankfurt zusammentrat. Es waren etwa 800 Abgeordnete gewählt worden, von denen aber nie viel mehr als 500 gleichzeitig anwesend waren. Man hat das Parlament oft ein Professorenparlament genannt, aber obgleich es 49 Universitätsprofessoren enthielt, waren die meisten Abgeordneten beamtete oder nichtbeamtete Juristen. Drei Viertel der Mitglieder hatten ein Universitätsstudium hinter sich. Die Versammlung war also in der Hauptsache eine Vertretung des gebildeten Mittelstandes, der sich in Deutschland vor allem im Beamtentum konzentrierte und sich seine moralischen Impulse gern bei den Professoren holte. Nur vier Zunftmeister und ein einsamer Bauer, aber kein einziger Arbeiter repräsentierten die unteren Klassen. So gut wie alle der ungefähr 140 Vertreter der Landwirtschaft, der Geschäftswelt, der Industrie und des Finanzwesens gehörten zur begüterten Klasse.

Zum ersten Mal in der deutschen Geschichte fanden sich frei gewählte Abgeordnete aus so vielen deutschen Ländern in einer politischen Versammlung zusammen. Alle zum Deutschen Bunde gehörigen Staaten waren vertreten. Die meisten Österreicher kamen erst spät; die tschechischen Abgeordneten aus Böhmen und Mähren verweigerten ihre Beteiligung an Wahlen für ein deutsches Parlament. Dagegen waren Schleswig und die preußischen Provinzen Ost- und

Westpreußen vertreten, da sie dank der Initiative des Vorparlaments am 1. April 1848 dem Bund einverleibt worden waren. Die große Versammlung erwies sich als recht ungelenk. Die Zahl der parlamentarisch oder politisch erfahrenen Männer war gering, und in Ermangelung irgendwelcher deutscher Parteien gab es keine Organisation, die dieser Menge von Individualisten leicht annehmbare Regeln hätte auferlegen können. Ihre Freude an öffentlichen Reden ließ sich nicht eindämmen. Die parlamentarische Prozedur blieb schwerfällig, obgleich das geistige Niveau der Debatten eindrucksvoll war. Politische Parteien im wahren Sinne des Wortes, mit einer organisierten Mitgliedschaft im Lande, entwickelten sich in diesen Jahren nicht. Aber innerhalb der Versammlung bildeten sich Gruppen, die ihren Mitgliedern schließlich Wahldisziplin auferlegten und alle im zwischenparteilichen Spiel üblichen Taktiken übernahmen.

Die Fragen, derentwegen es zu einer solchen Spaltung kam, hatten schon das Vorparlament beschäftigt. Bald nach der Eröffnung der Nationalversammlung erneuerten die Radikalen ihren Versuch, das Parlament zur obersten politischen Autorität zu erklären. Sie wünschten, die Souveränität des Volkes zu behaupten, indem sie alle Einzelstaatsregierungen, einschließlich der Einzelstaatsparlamente, der Nationalversammlung unterordneten, die zu diesem Zwecke eine Exekutivinstanz schaffen sollte. Aber die Mehrheit der Versammlung war nicht gewillt, einen derartig revolutionären Kurs einzuschlagen. Es wurde lediglich mit großer Mehrheit eine Erklärung abgegeben, daß die geplante nationale Verfassung Bestimmungen und Staatsverfassungen, die mit ihr unvereinbar waren, am Ende aufheben würde. Bei dieser Gelegenheit spalteten sich die Radikalen. Viele stimmten mit der Mehrheit der Versammlung, weil sie die demokratischen Prinzipien aufrechterhalten sahen und es für nötig hielten, die politische Zusammenarbeit mit den Liberalen fortzuführen. Zwei Gruppen bildeten sich heraus: eine gemäßigte unter Robert Blum und Karl Vogt und eine radikalere unter Wilhelm Zimmermann, Arnold Ruge, Lorenz Brentano, Ludwig Simon und anderen. Da alle politischen Gruppen in Frankfurt nach ihren Versammlungsplätzen, die gewöhnlich Gasthöfe waren, genannt wurden, wurde die erste Gruppe unter dem Namen „Deutscher Hof", die zweite als „Der Donnersberg" bekannt, obgleich sie sich selber „Die demokratische Partei" nannte.

Die andere Seite des Parlaments repräsentierte das „Café Milani", das die Männer der Rechten umfaßte, unter denen General von Radowitz, der Schlesier Fürst Felix Lichnowsky, Ernst von Lasaulx und der Vorsitzende des Vereinigten Landtags von 1847, Freiherr von Vincke, hervorragten. Keiner dieser Männer war ultrakonservativ, und alle waren überzeugt, daß eine Reform des Bundes und der absolutistischen Staatsregierungen nötig sei. Für Vincke war dies eine echte Glaubenssache, während der elegante Lichnowsky einfach zu klug war, um die Realitäten falsch zu beurteilen. Radowitz gab bekümmert, aber mutigen Herzens viele von ihm tief empfundene Ideen auf, die die Revolution als leer erwiesen hatte. Keiner der preußischen Ultrakonservativen wie die Gerlachs oder Otto von Bismarck waren nach Frankfurt gekommen. Auch die Konservativen des Cafés Milani waren etwas widerwillige Mitglieder des Paulskirche, der sie das Recht absprachen, irgendwelche Exekutivfunktionen auszuüben oder eine Verfassung anders als auf dem Wege der Vereinbarung mit den Regierungen zu schaffen. In der Mitte zwischen den Konservativen und den Radikalen stand die liberale Mehrheit der Versammlung, die zu ihrer Organisation mehr Zeit als die beiden Minderheitsgruppen brauchte. Es entwickelten sich zwei größere Gruppen, oft das rechte und das linke Zentrum genannt. Das rechte Zentrum, die gemäßigten Liberalen, im großen und ganzen Männer, die nichts lieber gesehen hätten, als daß eine Verfassung in Verhandlung mit den Regierungen geschaffen würde, hielt Versammlungen im „Kasino" ab. Sie erstrebten die Einigung Deutschlands und konstitutionelle Garantien, gleichzeitig aber auch Schutz gegen die soziale Revolution. Zur Kasinopartei, die ihre Fortsetzung in den sogenannten Gothaern der 1850er Jahre und in der nationalliberalen Partei des zweiten Kaiserreichs fand, gehörten viele Professoren, vor allem Juristen und Historiker, aber auch die Industriellen, darunter Mevissen und Beckerath. Die Kasinogruppe schloß die wichtigsten Vertreter der deutschen Einigung unter preußischer Führung ein. Die Liberalen des linken Zentrums, die sich im „Württembergischen Hof" trafen, fanden sich eins in dem grundsätzlichen Glauben an die Souveränität des Volkes und an das ausschließliche Recht der Nationalversammlung, eine Verfassung zu schaffen. Während im Kasino vorwiegend gesetzte Norddeutsche den Ton angaben, überwogen im Württembergischen Hof Delegierte aus dem Südwesten, darunter eine große Zahl jüngerer Leute. Hier waren die Debatten lang und hitzig, und es wurde nicht so leicht Einigkeit erzielt.

Am 19. Mai wählte das Parlament Heinrich von Gagern (1799—1880) zu seinem Präsidenten. Dieser Abkömmling einer Familie von Reichsrittern war unter dem Einfluß der patriotischen Begeisterung aufgewachsen, die nach dem Befreiungskriege die Studentenverbindungen beseelte, und er war ein überzeugter Anhänger des Konstitutionalismus geworden. Im März 1848 wurde er Minister in Hessen-Darmstadt. Gagern, ein ritterlicher und idealistischer Mann, war kein origineller politischer Denker, und zur politischen Taktik fehlte es ihm an Wendigkeit und dem schnellen Erfassen wechselnder Konstellationen. Obgleich Eduard Simson (1810—1899), der ihm im Dezember nachfolgte, als Vorsitzender bei den Debatten der Paulskirche die größere Wirkung entfaltete, war Gagern die markanteste politische Figur des Frankfurter Parlaments, das zwar reich an talentierten, kenntnisreichen und idealistischen Männern war, aber keine Staatsmänner hatte, die imstande gewesen wären, die Massen zu führen und gleichzeitig die politische Wirklichkeit richtig einzuschätzen.

„Zentralgewalt" und „Reichsverweser"

Der Frage, wie man die Unterstützung des Volkes für die Politik des Parlaments organisieren könnte, stand die Mehrheit der Versammlung recht gleichgültig gegenüber. Die meisten Mitglieder vertrauten darauf, daß die Macht der Ideen am Ende den Beifall des Volkes und die Zustimmung der Fürsten gewinnen würde. Daher war die Mehrheit geneigt, einer Stellungnahme zu den entscheidenden politischen Fragen auszuweichen, statt ihnen offen zu begegnen. So ging die Versammlung dazu über, anstelle des verachteten Bundestags eine „Zentralgewalt" zu schaffen. Am 29. Juni wählte sie Erzherzog Johann, den jüngsten Bruder des Kaisers Franz, zum „Reichsverweser". Erzherzog Johann hatte den Ruf eines Liberalen durch einige Handlungen erworben, unter denen seine Ehe mit der Tochter eines Postmeisters die Einbildungskraft des Volkes am meisten ansprach. Der Erzherzog ernannte eine Reichsregierung unter dem liberalen Fürsten Karl von Leiningen, mit dem Österreicher Anton von Schmerling als Außenminister und dem Preußen Eduard von Peuker als Kriegsminister.

Heinrich von Gagern, der die Hauptverantwortung für die Bildung dieser Quasiregierung trug, charakterisierte den Akt als einen Beweis für die Souveränität der Nation, fügte aber unmittelbar hinzu: „Die Mitwirkung auch der Staatsregierungen zu erwirken, liegt im Berufe dieser Versammlung." Die Wahl eines Fürsten befriedigte das monarchische Gefühl, während die Wahl eines österreichischen Erzherzogs einen Affront gegen die Führerrolle Österreichs in Deutschland vermied. Aber noch ernster war die gänzlich ungeklärte Stellung der Zentralgewalt. Ihre Anerkennung durch die deutschen Regierungen bedeutete praktisch lediglich, daß sie als das Organ hingenommen wurde, das den Bundestag provisorisch ersetzte. So war es auch nicht mehr als eine bloße Geste, daß der Bundestag seine Machtbefugnisse, die er nach der Bundesakte von 1814 innehatte, dem Reichsverweser übertrug. Ganz abgesehen von der Tatsache, daß dies später die Behauptung ermöglichte, der Bund hätte nie aufgehört zu existieren, waren die Machtbefugnisse des Bundestages mehr die eines staatenbündischen als eines bundesstaatlichen Organs. Als die Frankfurter Regierung am 16. Juli die äußere Anerkennung ihrer Autorität durch die verschiedenen deutschen Armeen verlangte, verweigerten Preußen, Österreich, Hannover und Bayern jegliche Beeinträchtigung ihrer Befehlsgewalt über ihre Streitkräfte. Daher blieb die neue Regierung in all ihren Handlungen auf den guten Willen der einzelnen deutschen Regierungen angewiesen.

Die Einrichtung der Reichsverweserschaft hätte eine praktische Zwischenstufe für die Bildung eines deutschen Bundesstaates bedeuten können, wenn die Frankfurter Nationalversammlung rasch eine Verfassung vorgelegt hätte, solange weder Österreich noch Preußen imstande waren, mit Entschlossenheit zu handeln. Aber im Frühjahr und Sommer 1848 erwies sich das Frankfurter Parlament als unfähig, eine solche Verfassung auszuarbeiten. Ein erster Entwurf für einen Bundesstaat war tatsächlich schon vor der Eröffnung der Versammlung von dem Komitee der 17 Vertrauensmänner veröffentlicht worden. Dieser Verfassungsentwurf, in erster Linie das Werk von J. Ch. Dahlmann, sah eine deutsche Erbmonarchie mit einem Zweikammerparlament vor. Die deutschen Fürsten sollten Mitglieder des Oberhauses sein. Die Außenpolitik, die militärischen Angelegenheiten und die allgemeine Wirtschaftsgesetzgebung sollten der bundesstaatlichen Autorität unterstehen. Der Entwurf der Siebzehn rief viel Kritik hervor, nicht nur, wie zu erwarten war, von seiten der Staatsregierungen, sondern auch bei den Mitgliedern des Frankfurter Parlaments. Obgleich es der Entwurf sorgfältig vermied, den preußischen König als deutschen Kaiser zu befürworten, war es offenkundig, daß er eine preußische Lösung der deutschen Frage im Auge hatte. Die Nationalversammlung war nicht bereit, sich hinsichtlich dieser und ähnlicher weittragender Fragen festzulegen. So kam der Entwurf niemals vor das Haus, und das Parlament wandte sich nicht unmittelbar den organisatorischen Problemen eines deutschen Bundesstaates zu, sondern stürzte sich statt dessen in monatelange Dikussionen über die „Grundrechte des deutschen Volkes".

Grundrechte

Es war verständlicherweise der Wunsch des Frankfurter Parlaments, die Freiheiten des Bürgers zu fördern und sie vor Übergriffen durch die Autokratie der Fürsten und ihrer Bürokraten zu schützen, unter denen alle Klassen außer dem Adel schwer gelitten hatten. Da sich die Mehrheit der Versammlung in der Forderung nach solchen Freiheiten eins fühlte, waren die Debatten eine geeignete Methode, um die unter sich so verschiedenen Mitglieder einander näher zu bringen. Die 50 Artikel, die das Ergebnis dieser Debatten waren und am 28. Dezember 1848 als deutsches Gesetz verkündet wurden, noch ehe die Verfassung fertig war, bezweckten die völlige Abschaffung aller noch vorhandenen feudalen Strukturen und Einrichtungen und gleichzeitig die Zerstörung des Absolutismus. Sie zielten auf Gleichheit vor dem Gesetz und auf die Aufhebung aller Klassenvorrechte, einschließlich der politischen Rechte, die auf Landbesitz beruhten. Außerdem wurden die Vereinigungs-, Versammlungs- und Pressefreiheit sowie die Freiheit der Forschung garantiert. Endlich wurde das Recht des *habeas corpus* und die Trennung der richterlichen von der vollziehenden Gewalt in Deutschland zur Geltung gebracht.

Die Grundrechte bezweckten jedoch nicht nur die Errichtung einer liberalen und konstitutionellen Ordnung, sondern auch die Schaffung eines nationalen Staates. Die in dem Katalog der Grundrechte enthaltenen Freiheiten und Grundsätze sollten die Verfassungen von 38 deutschen Staaten bestimmen, und alle

Deutschen, denen volle Freizügigkeit und Freiheit der Niederlassung zugedacht waren, sollten überall in Deutschland die gleichen bürgerlichen und politischen Rechte genießen. Aber die Veröffentlichung solcher nationalen Bürgerrechte konnte keinen deutschen Nationalstaat ins Leben rufen, solange es keine Regierung gab, die imstande war, die einzelnen deutschen Staaten ihrem Willen unterzuordnen, und als die Frankfurter Nationalversammlung im Oktober ihre Beratungen über eine deutsche Verfassung begann, hatten sich die allgemeinen politischen Zustände so geändert, daß diese Aufgabe äußerst schwierig geworden war.

Der Prüfstein: Schleswig-Holstein

Aber im Sommer des schicksalsschweren Jahres 1848 erfuhren das Frankfurter Parlament und seine Zentralgewalt die Grenzen ihrer Macht gegenüber den einzelnen deutschen Staaten und auch gegenüber den europäischen Großmächten. Die Schleswig-Holstein-Frage wurde zum eigentlichen Prüfstein der Stärke des Frankfurter Parlaments. Eine provisorische Regierung von Schleswig-Holstein war zu eben der Zeit gebildet worden, als Friedrich Wilhelm IV. erklärt hatte, daß Preußen in Deutschland aufgehen würde. Der preußische Außenminister, Heinrich Freiherr von Arnim, sah in einer Politik der starken Unterstützung des schleswig-holsteinschen Volkes ein gutes Mittel, um der Hingabe Preußens an die nationale deutsche Sache Ausdruck zu verleihen und die Sympathien des deutschen Volkes zu gewinnen. Preußen erkannte die provisorische Regierung an und entsandte im Namen des Deutschen Bundes eine preußische Armee, die mit Streitkräften aus Hannover und anderen norddeutschen Staaten verstärkt worden war, unter dem Befehl von General von Wrangel in die Herzogtümer. Die Truppen machten raschen Fortschritt auf dem Festland und fielen bald sogar in Jütland ein. Aber diese preußischen Aktionen beunruhigten sowohl England als auch Rußland.

Beide Mächte hatten ein natürliches Interesse an der Erhaltung Dänemarks als dem Torwächter zur Ostsee. In den Augen des Zaren waren die Einwohner von Schleswig-Holstein nichts anderes als Rebellen, und er war bereit, dem monarchischen Prinzip zu Hilfe zu kommen. In England gab es Gruppen, die der ganzen deutschen Nationalbewegung abgeneigt waren, da sie befürchteten, sie könnte die internationale Ordnung Europas gefährden. Disraeli, einer der führenden Tories, sprach mit Verachtung von dem „träumerischen und gefährlichen Unsinn, die deutsche Nationalität genannt“. Viele Engländer waren auch besorgt, daß die Einbeziehung der bisher außerhalb des Deutschen Zollvereins stehenden Küstengegend in einen deutschen Bundesstaat eine Bedrohung des britischen Handels mit dem Festland bedeuten würde. Von diesen Überlegungen war jedoch die Regierung von John Russell, in der Palmerston Außenminister war, nicht sehr beeindruckt. Palmerston und seine Kollegen hätten die Errichtung eines kleindeutschen Reiches gebilligt, da dieses vom Standpunkt des Handels aus einem geeinten, den Deutschen Bund und das ganze Habsburgerreich umfassenden Mitteleuropa vorzuziehen gewesen wäre. Aber das Hauptmotiv der britischen Politik war Palmerstons Glaube, daß ein preußisch-deutscher Staat gemäßigter liberaler Färbung in der Mitte des Festlands der beste Garant der europäischen Ordnung zwischen einem absolutistischen Rußland und einem chaotisch demokratischen Frankreich sein würde.

Die britische Regierung hätte keinen Einspruch erhoben, wenn Preußen die Initiative in der Führung der deutschen Einigungsbewegung ergriffen hätte. Tatsächlich hätte sie zur Zeit der Aufstände in Baden im April 1848, als der Republikanismus das Gleichgewicht des sozialen Gefüges zu untergraben schien, eine solche Initiative sogar begrüßt. Das britische Kabinett mißbilligte jedoch jeden Versuch, die Grenzen von 1815 auf revolutionärem Wege zu verändern. Bei dieser Haltung hatte es zweifellos das ganze Volk auf seiner Seite. Angesichts der allgemeinen Umwälzung auf dem Festland, die, wie einige fürchteten, ihr Land mitreißen könnte, griffen die Engländer ganz instinktiv auf die Verteidigung des internationalen Status quo zurück. Aber Palmerston war bereit, den neuen Entwicklungen, vor allem den ausdrücklichen Wünschen einer nationalen Gruppe, einige Zugeständnisse einzuräumen, vorausgesetzt, daß sie auf dem Wege diplomatischer Verhandlungen verwirklicht werden konnten. Palmerston warnte vor dem Einsatz von Truppen in den Herzogtümern und bot seine Dienste als Vermittler an. Im Mai schlug er vor, sowohl Schleswig als auch Holstein nach dem Tode des dänischen Königs unter dem Herzog von Augustenburg dem Bunde anzuschließen. Dagegen sollten die vorwiegend dänisch bevölkerten nördlichen Teile Schleswigs nach dem Grenzverlauf auf Sprachkarten von Dänemark annektiert werden. Freiherr von Arnim war verständig genug, diesen britischen Plan am 19. Mai für Preußen anzunehmen, doch war er nicht imstande, diese Politik durchzusetzen, da sich in Deutschland eine Opposition erhob, die den dänischen Nationalisten in die Hände spielte.

Diese Opposition rührte von dem Frankfurter Parlament und der provisorischen schleswig-holsteinschen Regierung her. Letztere erklärte die Teilung Schleswigs für untragbar, während sich in Frankfurt leidenschaftliche Stimmen erhoben, die die schwache Politik Preußens verdammten. Die chauvinistischen Entrüstungsausbrüche der Linken waren besonders wild, aber kein Mitglied des rechten Zentrums hatte eine konstruktive Politik vorzuschlagen oder hatte den Mut, sich der nationalistischen Flut entgegenzustemmen. Das Fehlen jeder Vernunft in diplomatischen Angelegenheiten unter den demokratischen und liberalen Mitgliedern der Nationalversammlung muß hauptsächlich auf den völligen Mangel an praktischer Erfahrung in Fragen der Außenpolitik zurückgeführt werden, zeigte aber außerdem, bis zu welchem Grade die Deutschen das Gefühl der Verantwortung für die europäische Staatengemeinschaft verloren hatten. Ein geeintes Deutschland mußte ganz offensichtlich zu gewaltiger Macht in Europa gelangen, so daß es das Vertrauen der anderen europäischen Nationen bitter nötig hatte, um von ihnen akzeptiert zu werden. Ein solches Vertrauen ließ sich nicht gewinnen, indem man gegen einen kleinen Nachbarn marschierte und übertriebene Ansprüche erhob. Die deutsche Haltung lenkte die internationalen Sympathien auf Dänemark, vor allem natürlich in Schweden, aber ebenso auch in England, mit dem Ergebnis, daß die allgemeine Einstellung gegenüber den nationalen Zielen des Frankfurter Parlaments unfreundlich wurde.

Die dänenfeindliche Stimmung der deutschen Demokraten und Liberalen wurde von einer lebhaften Agitation für den Bau einer deutschen Flotte begleitet. Die Überlegenheit Dänemarks zur See hatte sich im Schleswig-Holsteiner Feldzug als ein beträchtlicher Nachteil erwiesen, und die Dänen waren mit ihren Blockadeoperationen in der Ostsee recht erfolgreich gewesen. Aber die heftige Reaktion, die von der Propaganda in ganz Deutschland ausgelöst wurde, war ein Beweis dafür, daß die Sehnsucht des einzelnen Deutschen nicht nur auf persönliche Freiheit gerichtet war, sondern auch auf die Freiheit, seine Kraft in der Welt durch einen mächtigen Nationalstaat zur Geltung zu bringen.

Der Waffenstillstand von Malmö

Letzten Endes beschritt Friedrich Wilhelm den denkbar schlechtesten Weg. Im Innersten seines Herzens war er immer geneigt gewesen, wie sein Schwager, der Zar, die Provisorische Regierung für eine Rotte von Rebellen zu halten, und er hatte die Besetzung der Herzogtümer durch Preußen mit der Notwendigkeit gerechtfertigt, die Volksbewegung unter Kontrolle zu halten. Als Schweden eingriff und Rußland mit dem Abbruch seiner Beziehungen drohte, beschloß er, sich aus der politischen Sackgasse herauszuziehen, ohne das Frankfurter Parlament viel zu berücksichtigen. Seine Neigung zu dynastischer Diplomatie und seine von Rußland inspirierte Furcht, sich mit der britischen Politik zu identifizieren, veranlaßten ihn, einen Waffenstillstand unter schwedischer Vermittlung abzuschließen und damit einige der Garantien für eine gerechte Friedensregelung aus der Hand zu geben, die er durch englische Vermittlung gewonnen haben könnte. Der Waffenstillstand von Malmö vom 26. August opferte die Regierung von Schleswig-Holstein und stellte die Herzogtümer unter die Verwaltung einer gemischten Kommission mit dänischer Majorität, während die endgültige politische Regelung offenblieb.

Schwäche der Nationalversammlung

Der Waffenstillstand von Malmö begegnete in ganz Deutschland tiefem Unwillen. Sein Abschluß ohne die Billigung der Frankfurter Autoritäten war eine

Herausforderung des nationalen Parlaments. Am 5. September billigte die Versammlung einen von Dahlmann vorgebrachten Beschluß, der jegliche Durchführung des Waffenstillstands von Malmö verbot. Die Regierung des Fürsten Leiningen trat zurück, und Dahlmann versuchte, ein Kabinett zu bilden. Er hätte jedoch nur dann eine Mehrheit finden können, wenn er sich mit der radikalen Linken verbündet hätte, und er war nicht willens, das zu tun. Am 16. September hob die Versammlung ihren früheren Beschluß auf und billigte den Waffenstillstand mit geringen Vorbehalten. Einige der eifrigsten Sachwalter der Schleswig-Holsteiner Sache, darunter J. G. Droysen und Georg Waitz, traten jetzt für die Annahme des Waffenstillstandes ein, und selbst Dahlmann stimmte ihnen am Ende bei. Diese Handlung offenbarte nicht nur den Mangel an politischer Urteilsfähigkeit und Entschlossenheit unter den geistigen Führern des rechten Zentrums, sondern auch die politische Schwäche des Parlaments. Es beugte sich dem Willen der preußischen Regierung. Der Zorn der demokratischen Linken war groß und wurde von den Massen geteilt, die sich nach all dem vorangegangenen nationalistischen Gerede durch die demütige Unterwerfung der parlamentarischen Majorität verraten fühlten. Das Frankfurter Parlament und die Zentralgewalt sahen sich tumultartigen Straßendemonstrationen ausgesetzt und mußten den Schutz von preußischen und hessischen Soldaten anrufen. Diese Truppen unterdrückten am 18. September die Volksaufstände, doch wurden zwei Mitglieder der parlamentarischen Rechten, General Hans von Auerswald und Fürst Felix Lichnowsky, vom Pöbel auf grausame Weise ermordet. Wenige Tage später begann Struve einen bewaffneten Aufstand in Südbaden mit dem erklärten Ziele, eine deutsche Republik zu errichten, aber dieser Versuch wurde ohne Schwierigkeiten unterdrückt.

Wendepunkt der Revolution

Die Septemberereignisse bedeuteten einen Wendepunkt in der Geschichte der deutschen Revolution. Der Konflikt zwischen den Demokraten und den Liberalen wurde so erbittert, daß er jede konstruktive Zusammenarbeit zwischen diesen beiden Gruppen künftighin unmöglich machte. Die roten Fahnen, die in Frankfurt aufgetaucht waren, und die Angriffe auf Privateigentum im badischen Aufstand erschreckten die deutschen Bürger und trieben viele von ihnen in die Arme der Reaktion. Als das Frankfurter Parlament Anfang Oktober seine Arbeit an der Reichsverfassung begann, machten es die Diskussionen innerhalb des Hauses und das Verebben der Unterstützung des Volkes schon unwahrscheinlich, daß diese Verfassung den deutschen Staatsregierungen durch den souveränen Willen der Vertreter der Nation auferlegt werden könnte. Es zeigte sich deutlich, daß das Frankfurter Parlament schließlich mit diesen monarchischen Regierungen durch Verhandlungen einen Kompromiß werde suchen müssen.

Das Wiedererstarken Österreichs

Österreich und Preußen, die beiden großen Regierungen, die mehr zählten als alle anderen, hatten die Stärke, die sie im März verloren hatten, größtenteils wiedergewonnen. Das österreichische Reich war kurz vor einer völligen Auflösung gestanden. Die Revolution hatte die Schleusen nicht nur für die politische und soziale Reform des Reiches, sondern auch für den Abfall der Nationalitäten von der kaiserlichen Regierung geöffnet. Ungarn erklärte sofort seine Selbständigkeit. Das lombardisch-venezianische Königreich war bald in den nationalen Kampf des italienischen Volkes verstrickt, für den der Herrscher von Piemont-Sardinien, König Karl Albert, sein Heer einsetzte. Die Tschechen und Slowaken verlangten die Anerkennung besonderer nationaler Rechte, fürchteten aber, daß die Umbildung des Deutschen Bundes in einen deutschen Bundesstaat, wie ihn das Frankfurter Parlament befürwortete, die Verwirklichung eines tschechischen Staates vereiteln würde. Die Tschechen verweigerten von Anfang an ihre Beteiligung an der Arbeit von Frankfurt. Aus eben dieser Zeit stammt der berühmte Ausspruch von Franz Palacký, einem der Führer der tschechischen Nationalbewegung: „Wahrlich, existierte der österreichische Kaiserstaat nicht schon längst, man müßte im Interesse Europas, im Interesse der Humanität selbst sich beeilen, ihn zu schaffen."

Das bedeutete jedoch nicht, daß Palacký irgend etwas zugunsten des Metternichschen Österreich vorzubringen hatte. Im Gegensatz zu einem großdeutschen Reich war es im Habsburgerreich möglich, die Stellung der Slawen auszubauen. Als Demonstration gegen die erste deutsche Nationalversammlung in Frankfurt beriefen die Tschechen den ersten panslawischen Kongreß im Juni 1848 nach Prag. Obgleich Stimmen laut wurden, die der Hoffnung Ausdruck gaben, daß eine Versöhnung der Russen mit den Polen bald eine brüderliche Zusammenarbeit aller Slawen nach sich ziehen würde, bildeten die Probleme der Slawen innerhalb des Habsburgerreiches das vorherrschende Thema des Kongresses. Tschechen und Südslawen taten sich zusammen und forderten die Umwandlung des Habsburgerreiches in einen Bundesstaat, in dem die slawischen Nationalitäten eine den Deutschen und Magyaren ebenbürtige Rolle spielen würden. Der Austroslawismus überwog den Panslawismus, und es war eines der tragischen Ereignisse in der Geschichte Deutschlands und Europas, daß die österreichische Regierung den Augenblick nicht dazu nutzte, den Wünschen der West- und Südslawen einigermaßen gerecht zu werden.

Seit Ende Mai waren Prag und Böhmen von ihrem Gubernialpräsidenten, Graf Leo Thun, regiert worden. Er hatte einen Regierungsrat gebildet, in dem deutsche Konservative und tschechische Gemäßigte, darunter Palacký, zusammenarbeiteten. Die tschechischen Arbeiter waren jedoch über das Nichtzustandekommen einer drastischen sozialen und politischen Reform enttäuscht und hatten, wie die Berliner Bevölkerung am 18. März, das nicht unberechtigte Gefühl, daß die neue Ordnung ungesichert sei, solange die alten Mächte die bewaffneten Streitkräfte völlig unter ihrer Kontrolle hätten. Am Pfingstsonntag, dem 13. Juni, führte die Reibung zwischen der Bevölkerung und den Soldaten zu offener Revolution. Fürst Alfred Windischgrätz, der unerschrockene Militärkommandant, zögerte nicht, den Aufstand zu bekämpfen, und machte sich zum Herren der Stadt. Damit endeten alle Träume hinsichtlich einer besonderen Verfassung für Böhmen, und der Panslawische Kongreß wurde aufgelöst. Die Beschießung und Wiederbesetzung der böhmischen Hauptstadt hatten weittragende Folgen. Es war der erste offene Sieg einer militärischen Gegenrevolution. Zwei Wochen später wurde in einem Kampf von viel größerem Ausmaß, in den blutigen Schlachten, die General Cavaignac schlug, die Gewalt der Revolution in Paris gebrochen.

Während diese Entscheidungen fielen, begann die österreichische Armee unter Feldmarschall Graf Joseph Radetzky bereits, die Herrschaft über Venetien zurückzugewinnen. Im Juli fiel Radetzky in die Lombardei ein und besiegte König Karl Albert von Piemont am 25. Juli bei Custozza. Am 6. April besetzten die Österreicher wieder Mailand, während Piemont hauptsächlich durch das Dazwischentreten der britischen Diplomatie vor einer Invasion bewahrt wurde. Im allgemeinen unterstützte England die politischen Reformen in Italien beharrlicher als Frankreich. Zwar sympathisierten alle französischen Regierungen mit der nationalen Bewegung, doch keine ging jemals über bloße Gesten hinaus, obwohl der erzwungene Rückzug Österreichs aus Italien das den Franzosen so verhaßte Abkommen des Wiener Kongresses aus dem Jahre 1815 ernstlich erschüttert hätte. Aber angesichts seiner inneren Schwierigkeiten war Frankreich nicht bereit, Risiken einzugehen, die möglicherweise einen allgemeinen europäischen Krieg hätten heraufbeschwören können. So vermochte Österreich für den Augenblick seine Stellung in Italien wiederherzustellen. Der kaiserliche Hof, der sich vom revolutionären Wien nach Innsbruck, der Hauptstadt des getreuen Tirol, zurückgezogen hatte, gewann durch diese Ereignisse neue Macht.

Der kaiserliche Hof hatte Wien am 17. Mai verlassen, als es klar wurde, daß die Regierung die Herrschaft über die Stadt an die demokratische Bewegung verloren hatte. Die kaiserlichen Minister dieser Zeit waren wohlwollende Verwalter ohne politische Begabung. Die tatsächliche Macht lag in den Händen eines Komitees von Wiener Bürgern, das sich auf die Nationalgarde und die akademische Legion stützte. Während die Gemäßigten anfangs beträchtlichen Einfluß hatten und die Arbeiter von der Beteiligung an der Politik ausgeschlossen waren, bewirkten die Konflikte mit der Regierung und die Verschlechterung der Wirtschaftslage, daß die Bewegung auf einen größeren Radikalismus zutrieb. Weder unter den Liberalen noch unter den Radikalen trat ein politischer Führer von Format auf. Wenige Wiener – wenn überhaupt welche – schienen zu ahnen, wie isoliert die Stadt tatsächlich war. Obgleich die politische Entwicklung in Wien im Sommer 1848 eine gewisse Ähnlichkeit mit der großen Französischen Revolution hatte, konnte kein Wiener Komitee der öffentlichen Sicherheit hoffen, das Habsburgerreich so wie Paris Frankreich zu beherrschen. Die politische Stimmung Wiens stand nicht im Einklang mit der des österreichischen Landes. Dazu kam, daß die Nationalitäten Freiheit von Wien gewinnen wollten, während sie andererseits an den starken Sympathien, die die Wiener für die großdeutsche Sache empfanden, Anstoß nahmen. Von März bis Oktober flatterte die schwarz-rot-goldene Fahne vom Stephansdom.

Der Reichstag

Am 22. Juli trat in Wien ein gesamtösterreichischer Reichstag zusammen. Alle habsburgischen Länder mit Ausnahme des lombardisch-venetianischen Königreichs und des eigentlichen Ungarn, waren vertreten. Beinahe die Hälfte der Mitglieder waren Slawen; dazu gab es Ruthenen, Rumänen und Italiener aus dem Trentino, aus Triest und Dalmatien. Die Deutschen waren in der Minderheit. Der Reichstag spiegelte nicht nur die Vielzahl der im Habsburgerreich vertretenen Nationalitäten wider, sondern auch die ungeheuren Unterschiede in ihrer kulturellen Entwicklung. Im Gegensatz zur Frankfurter Nationalversammlung bestand das Wiener Parlament aus Mitgliedern aller sozialen Klassen, besonders aus Bauern und kleinen Landbesitzern. Letztere zeigten geringes Interesse an Verfassungsfragen, und viele von ihnen gingen nach Hause, nachdem ein Gesetz über die Agrarreform verabschiedet worden war. Das Sicherheitskomitee von Wien sah mit Mißtrauen auf den Reichstag, der in seinen Augen eine seltsame, primitive und dazu noch von Nichtdeutschen beherrschte Veranstaltung war.

Die Oktoberrevolution

Eine Zeitlang herrschte in Wien eine etwas ruhigere Atmosphäre. Der kaiserliche Hof kehrte am 12. August in die Hauptstadt zurück. Aber obgleich die oberen Klassen der Revolution offensichtlich müde und politisch weniger aktiv waren, stärkte dies bloß den Einfluß der radikalen Linken im revolutionären Komitee, das immer noch die eigentliche Macht in Wien darstellte. Republikanische und auch sozialistische Tendenzen verstärkten sich, und als die Regierung die Arbeitslosenunterstützung der Arbeiter kürzte, kam es zu ernsthaften Unruhen. Die Entscheidung der Regierung, den Krieg gegen die ungarische Revolution zu eröffnen, rief die endgültige Krise hervor. Die kaiserliche Regierung unterstützte den Banus Jelačić in seinem Kampf um die Unabhängigkeit der Kroaten von Budapest. Er sollte den Angriff anführen, für den kaiserliche

Truppen bereitgestellt wurden, unter ihnen deutsche Truppen in Wien. Der heroische Kampf der ungarischen Revolutionäre unter Ludwig Kossuth wurde von den Wiener Demokraten sehr bewundert. Auch war es klar, daß die demokratische Bewegung in Österreich dem Untergang geweiht war, sobald es der kaiserlichen Regierung gelang, Ungarn zu unterwerfen. Als ein Bataillon deutscher Grenadiere am 6. Oktober von Wien nach Ungarn marschieren sollte, meuterten die Soldaten unter dem Druck der Masse. Der Hof ergriff wiederum die Flucht, diesmal nur bis nach Olmütz. Der wilde Pöbel fand wenig Widerstand. Der Kriegsminister, Graf Latour, wurde in bestialischer Weise massakriert, das Zeughaus erobert und die Bevölkerung bewaffnet.

Das revolutionäre Regime, das die Macht ergriff, vertrat nicht die Mehrheit der Bevölkerung, die mit Methoden des Terrors niedergehalten wurde. Die Oktoberrevolution nahm einen radikal-sozialen Charakter an, der in gewisser Hinsicht die Pariser Commune vorausahnen ließ. Aber sie brachte keine hervorragenden Führer hervor, die imstande gewesen wären, ihr eine klare Richtung zu geben und eine durchführbare Verteidigungsstrategie zu entwerfen. Eine Abordnung der Linken des Frankfurter Parlaments, darunter Robert Blum und Julius Fröbel, vermochte lediglich der öffentlichen Moral aufzuhelfen. Eine ungarische Armee versuchte, bis nach Wien vorzudringen, wurde aber von Jelačić zurückgeschlagen. Danach war das Schicksal Wiens besiegelt. Mit einem Heere, das hauptsächlich aus Tschechen, Slowaken und polnischen Truppen zusammengesetzt war und von Jelačić' kroatischen Horden vom Süden her unterstützt wurde, eroberte Fürst Windischgrätz die Stadt in blutigen Kämpfen zwischen dem 26. und 31. Oktober. An vielen Revolutionären und auch an vielen völlig harmlosen Bürgern wurde nun grausame Rache genommen. Fürst Windischgrätz befahl sogar die Erschießung von Robert Blum, wobei er über dessen Immunität als Mitglied des Frankfurter Parlaments hinwegging.

Diese Handlung, die eine Welle der Entrüstung in Deutschland auslöste, hatte der Schwager des Generals, Fürst Felix Schwarzenberg (1800—1852), gebilligt, der aus diesen Tagen als der führende österreichische Staatsmann hervorging. Die beiden böhmischen Magnaten wollten dem Frankfurter Parlament eine Lehre erteilen. Sie waren entschlossen, das Habsburgerreich und die Stellung Österreichs in Deutschland voll wiederherzustellen. Obgleich sie hauptsächlich slawische Streitkräfte verwendeten, um die Deutschen in Österreich zu unterwerfen, waren sie ehrlich überzeugt, der deutschen Sache zu dienen, da sie meinten, daß ihre Politik den überwiegenden Einfluß der Deutschen in Mitteleuropa aufrechterhalten würde. Als Offizier und als Diplomat ausgebildet, war Schwarzenberg ein Staatsmann hohen Ranges. Abkömmling einer berühmten alten Familie, war er schlicht in seinem Auftreten und verband einen entschlossenen Willen, der stark und geschmeidig wie Stahl war, mit einer kühlen, realistischen Auffassung von Menschen und Geschehnissen. Unzweifelhaft hätte

Bismarck in ihm einen großen Gegner gefunden, wenn nicht ein frühzeitiger Tod seiner Laufbahn 1852 ein Ende gemacht hätte.

Schwarzenberg widmete sich mit großem Eifer dem Wiederaufbau der Habsburgermonarchie. Die Zeit war noch nicht reif, um alle liberalen Attrappen fallenzulassen: Das österreichische Parlament, das von der Regierung vertagt und aus Wien verbannt worden war, wurde Ende November in der kleinen Stadt Kremsier in Mähren wiedereröffnet. Hier bekannte Schwarzenberg seinen Glauben an die Einheit des Habsburgerreiches als einer für Deutschland und Europa lebenswichtigen Notwendigkeit, trat aber gleichzeitig als Vorkämpfer des Konstitutionalismus und Liberalismus auf. Obgleich er beabsichtigte, gewisse soziale und wirtschaftliche Reformen durchzuführen, und sein Kabinett um einige liberale Männer, wie Alexander Bach (1813–1893) und Karl von Bruck (1798–1860) bereichert hatte, blieb er im Grunde ein josephinischer Absolutist. Er überredete den geistesschwachen Kaiser Ferdinand, zugunsten des 18jährigen Erzherzogs Franz abzudanken; dieser bestieg am 2. Dezember 1848 den Thron. 68 Jahre lang regierte Kaiser Franz Joseph als Symbol der Einheit des Habsburgerreiches. Ende 1848 hatte Schwarzenberg bereits eine starke Grundlage zur Wiederaufrichtung dieses Reiches gelegt. Auch hatte er zu erkennen gegeben, daß die österreichische Regierung sich deutlich im Gegensatz zur Paulskirche fühlte. Aber Italien war noch nicht ganz befriedet, und, was das Schwierigste war, ein bitterer Krieg mit Ungarn stand bevor. Infolgedessen konnte sich Österreich noch nicht mit seinem vollen Gewicht in den deutschen Angelegenheiten einsetzen, und die preußische Politik erfreute sich, wenigstens theoretisch, beträchtlicher Handlungsfreiheit.

Erstarken der Konservativen in Preußen

Die Ereignisse in Preußen hatten jedoch Zustände geschaffen, die es zweifelhaft erscheinen ließen, ob Preußen gewillt war, die Initiative in Deutschland zu ergreifen. Am 22. Mai, vier Tage nach der Eröffnung der Frankfurter Nationalversammlung, trat die Preußische Nationalversammlung in Berlin zusammen. In den Wahlen für die beiden repräsentativen Körperschaften, die gleichzeitig abgehalten wurden, hatten die Wähler im allgemeinen die intellektuellen Führer nach Frankfurt und die Vertreter lokaler Interessen nach Berlin entsandt. So enthielt das Berliner Parlament weniger Mitglieder aus den Reihen der Intellektuellen und mehr Abgeordnete aus den niederen Klassen, vor allem Bauern und Handwerker. Dagegen fanden sich in der Berliner Nationalversammlung keine Arbeiter und fast keine konservativen Junker. Die Trennungslinien der Parteien waren von denen in Frankfurt nicht sehr verschieden; das liberale Zentrum gab den Ausschlag. Das linke Zentrum war jedoch etwas stärker als in Frankfurt und besaß in dem Westfalen Franz Benedikt Waldeck (1802 bis

1870) und dem Ostpreußen Johann Jacoby (1805–1877) höchst eindrucksvolle Anwälte der Volksrechte. Der Führer der Gemäßigten, Hans Viktor von Unruh (1806–1886), der im Oktober Präsident der Versammlung wurde, war nicht so populär.

Die Versammlung war offiziell berufen worden, um zusammen mit der Regierung an einer preußischen Verfassung zu arbeiten und sich über diese mit ihr zu einigen, aber die Mehrheit war geneigt, sie als eine verfassunggebende Versammlung zu betrachten. Die Regierung Camphausen legte einen Verfassungsentwurf vor, der, wenn auch mit wichtigen Ausnahmen, dem Vorbild der belgischen Verfassung folgte. Von diesem Entwurf machte der Ausschuß der Versammlung kaum irgendwelchen Gebrauch, sondern arbeitete statt dessen seinen eigenen Entwurf aus, der Charte Waldeck genannt wurde, weil Waldeck seine demokratischen Überzeugungen darin niedergelegt hatte. Aber ehe noch der neue Entwurf im Oktober dem Plenum vorgelegt wurde, kam es zwischen der Versammlung und der Regierung zu einer Reihe von Konflikten. Die Märzrevolution war ganz offenkundig siegreich gewesen, denn sonst wäre gar kein Parlament einberufen worden, und die Bürgergarde hätte nicht von der königlichen Garde den Schutz der Stadt übernommen. Den Berliner Bürgern war es jetzt sogar gestattet, öffentlich Unter den Linden zu rauchen. Aber es konnte keinem Liberalen entgehen, daß die alten Mächte, wenn auch momentan eingeschüchtert, immer noch sehr stark waren. Die alte Bürokratie übte immer noch die volle Gewalt über die Verwaltung aus, und obgleich die Armee im Augenblick in Berlin unsichtbar war, war sie doch fest in den Händen eines Offizierskorps, das nur Königstreue kannte und sich nicht die Mühe machte, seine Geringschätzung der revolutionären Errungenschaften zu verdecken.

So war es nicht verwunderlich, daß die Liberalen von den Regierungskreisen die Zusicherung zu erhalten wünschten, man sei bereit, mit den Volkskräften in einer verfassungsmäßigen Weise zusammenzuarbeiten. Und es war ebenso natürlich, daß solche Forderungen sich besonders auf die politische Haltung der preußischen Offiziere bezogen. Viele Liberale, nicht nur der Linken, sondern auch des Zentrums, sahen in solchen Garantien den einzigen Weg, einen neuen Ausbruch der Revolution zu unterbinden, den jedermann in der Nationalversammlung, mit Ausnahme der Rechten, vermeiden wollte. Aber die preußischen Regierungen handelten niemals als Vertreter der parlamentarischen Mehrheit; bestenfalls dienten sie als Makler zwischen dem König und der Versammlung. Berlin blieb monatelang in einem Zustand fruchtloser revolutionärer Gärung. Diese Unruhe verschlechterte die wirtschaftliche Lage, und der Straßenpöbel demonstrierte gegen die unergiebige Versammlung.

Es entspricht nicht den Tatsachen, daß die preußische Nationalversammlung dem Einfluß des Radikalismus der Straße unterlag. Die parlamentarische Mehrheit verfolgte hartnäckig ihr Ziel, die preußische Militärmonarchie in einen liberalen und konstitutionellen Staat zu verwandeln. Da aber ihre Anstrengungen durch den Widerstand der alten Gewalten weitgehend durchkreuzt wurden, war die Mehrheit der Versammlung von politischer Isolierung bedroht. Ihre Schutztruppe, die Bürgergarde, ging gegen radikale Ausbrüche vor, und obgleich dies die Kluft zwischen den revolutionären Elementen der Stadt und dem Parlament vertiefte, befriedigte es doch auch die Bürger nicht. Die Bürgergarde war unzureichend, um in Berlin volle Ordnung aufrechtzuerhalten, und es genügte nicht einmal die Schaffung einer besonderen Schutzmannschaft nach englischem Vorbild. Viele Leute sehnten sich nach der Rückkehr der Militärgarnison wie auch des Hofs und der Gesellschaft, deren Kundschaft von vielen Kaufleuten und Handwerkern vermißt wurde. Im Herbst 1848 war es soweit gekommen, daß die Einigkeit und der Schwung, den die Volksbewegung im März gehabt hatte, zerbrochen waren. Selbst diejenigen Gruppen, die politisch aktiv blieben, arbeiteten einander entgegen.

Die Kamarilla

Friedrich Wilhelm IV. verbrachte den größten Teil des Sommers 1848 in Potsdam, in der Nähe seiner Gardetruppen und umgeben von dem Kreise seiner ultrakonservativen persönlichen Freunde und Ratgeber, im Volksmunde Kamarilla genannt, unter denen General Leopold von Gerlach, Rittmeister Edwin von Manteuffel, Graf Senfft von Pilsach und H. H. von Kleist-Retzow hervorstachen. Alle diese preußischen Junker waren Männer von tiefen und ehrlichen Überzeugungen, dabei aber ziemlich engstirnig. Sie taten ihr Äußerstes, um dem König, dessen Schwanken sie bedauerten, neuen Mut einzuflößen. Tatsächlich hatte Friedrich Wilhelm IV., wenn auch vorübergehend erschüttert, seine Vorstellungen vom Königtum nicht geändert. Unter diesen Umständen war es äußerst wichtig, daß es den Männern der Kamarilla gelang, mit Hilfe ihrer Freunde und junkerlichen Vettern politische Unterstützung im Lande zu organisieren. Unter den letzteren begann der junge Otto von Bismarck eine bemerkenswerte Rolle zu spielen. Sie alle beschlossen, die Demokratie mit deren eigenen Werkzeugen zu bekämpfen. Sowohl die Mitglieder der Kamarilla und andere altpreußische Junker wie auch der russische Botschafter in Berlin steuerten Geldsummen bei zur Gründung der „Neuen Preußischen Zeitung“, gewöhnlich „Kreuzzeitung“ genannt, weil sie am Kopf das eiserne Kreuz der Freiheitskriege zusammen mit dem Wahlspruch jener Zeit „Mit Gott für König und Vaterland“ zeigte. Die „Kreuzzeitung“ erschien erstmals 1848 unter der fähigen Redaktion von Hermann Wagener. Sie wetterte gegen den deutschen Nationalismus, den Liberalismus und die Demokratie, als führten diese Richtungen zwangsläufig zum Kommunismus und zur Anarchie, und trat prinzipiell für die Aufrechterhaltung der herkömmlichen Einrichtungen und die politischen Maßnahmen der preußischen Monarchie ein, einschließlich der Freundschaft mit Rußland. Bis zu den Tagen Hitlers blieb die „Kreuzzeitung" die laut tönende Stimme der preußischen Ultrakonservativen.

Das Junkerparlament

Die Debatten der preußischen Nationalversammlung über die Abschaffung der gutsherrlichen Rechte im Juli beunruhigten die Junker und trieben sie dazu, parteiähnliche Organisationen zu bilden. Damals wurde der „Verein zur Wahrung der Interessen des Grundbesitzes" gegründet; er hielt zwischen dem 16. und 18. August Versammlungen in Berlin ab. Das Publikum taufte diese erste konservative Nationalversammlung das „Junkerparlament". Materialistische agrarische Interessen, zu deren Wahrung eine gemeinsame Politik und Taktik formuliert wurden, dämpften etwas die ideologischen Kundgebungen. Die Junker, die auf diese Weise als Klasse die politische Arena betraten, suchten im Volke eifrig Unterstützung für ihre Zwecke und fanden diese vor allem unter ihren eigenen Bauern, den kleinen Leuten der Landstädte und den enttäuschten Handwerkern der Städte. Bei diesen reaktionären Bemühungen waren die protestantischen Kirchen zuverlässige Helfer. In allen preußischen Provinzen schossen patriotische Preußenvereine und Pastorenvereine aus dem Boden.

Auflösung der preußischen Nationalversammlung

Das im März ernannte Kabinett war nach Mitte Juni zu Fall gekommen. Die beiden Führer des rheinischen Liberalismus, Ludolf Camphausen und David Hansemann, hatten seinen politischen Charakter bestimmt. Auch die folgende Regierung, in der Camphausen durch Rudolf von Auerswald als Ministerpräsident ersetzt wurde, stand noch zum großen Teil unter dem Einfluß Hansemanns und anderer Liberaler. Aber als das Kabinett Auerswald-Hansemann es unterließ, die Versuche der Versammlung, ihre Kontrolle über das Heer zu erweitern, zu vereiteln, bereitete sich Friedrich Wilhelm auf eine Entscheidungsschlacht vor. General Friedrich von Wrangel wurde zum Kommandanten der militärischen Streitkräfte in allen Bezirken um Berlin ernannt, und etwa 50 000 Mann wurden in einem weiten Kreis um die Hauptstadt versammelt. Am 22. Dezember ernannte der König einen anderen General, Ernst von Pfuel, zum Ministerpräsidenten eines vornehmlich aus Bürokraten zusammengesetzten Kabinetts. Es schien eine Regierung zu sein, die bestimmt war, einen Konflikt herbeizuführen. Aber General Pfuel war ein liberaler Offizier der Scharnhorst-Boyenschen Tradition, wenn auch leider zu alt, um sich unter den schwierigen Verhältnissen lange behaupten zu können. Er beruhigte die Opposition durch liberale Zugeständnisse, wie die Gewährung der Habeaskorpusakte und die

Abschaffung der Jagdrechte der Gutsherren. Im Oktober erweckten die Debatten des Plenums über den Verfassungsentwurf Friedrich Wilhelms IV. Unwillen. Die Mehrheit entschied für Abschaffung der Adelsränge und Adelstitel wie auch aller Orden. Was den König am tiefsten verletzte, war die Tatsache, daß die Versammlung die Formel „König von Gottes Gnaden" fallenließ. Das Gottesgnadentum der Monarchie war das Dogma, das seinem Herzen am nächsten lag. Tatsächlich waren die Beschlüsse der Versammlung nicht endgültig, da der Verfassungsentwurf noch mit der Regierung verhandelt werden sollte. Aber der König war jetzt bereit, seinen Willen durchzusetzen. Die Eroberung Wiens durch die Armee von Fürst Windischgrätz erfüllte ihn in diesen Tagen mit Zuversicht.

Am 2. November ernannte der König Graf Friedrich Wilhelm Brandenburg zum Ministerpräsidenten. Dieser gutaussehende Hohenzoller, der Sohn König Friedrich Wilhelms II. und seiner morganatischen Gattin, Gräfin Sophie Dönhoff, war Kommandeur in Schlesien gewesen und hatte während der Revolution die Autorität des Königs und die Privilegien des Militärs eifrig verteidigt. Er war kein Mann von großen politischen Gaben, doch stellte sein Name ein politisches Programm dar. Der beste politische Kopf des Kabinetts war der Innenminister Otto Freiherr von Manteuffel, ein kluger und erfahrener Bürokrat. Am 9. November verkündete Graf Brandenburg die Verlegung der preußischen Nationalversammlung von Berlin nach der Provinzstadt Brandenburg. Dieser Wechsel wurde mit dem Druck begründet, den Straßendemonstrationen auf die freien Erwägungen der Versammlung ausübten. Als Protest gegen diese ungesetzliche Handlung der Regierung nahm die Versammlung eine Haltung passiven Widerstandes an, forderte aber schließlich einen allgemeinen Steuerstreik des Volkes.

Am 10. November ritt General von Wrangel an der Spitze von 13 000 Soldaten in die Stadt ein. Die Truppen wurden von der Bevölkerung ohne Enthusiasmus, wenn auch nicht mit offenem Trotz empfangen. Was immer an Vorbereitungen zu Aufständen im Gang war, kam rasch zum Stillstand, als am 12. November der Belagerungszustand über ganz Preußen verhängt wurde. Nur im Rheinland und in Schlesien kam es zu Unruhen, die jedoch rasch unterdrückt wurden. Es war nicht schwer, die Versammlung an weiteren Sitzungen in Berlin zu hindern. Die Mitglieder der Linken weigerten sich zunächst, den Sitzungen in Brandenburg beizuwohnen. Als sie dann doch dort erschienen, wurden sie durch seltsame Manöver der Rechten von der Versammlung ausgeschlossen. Die Regierung löste die schwer diskreditierte Nationalversammlung am 5. Dezember auf und oktroyierte gleichzeitig eine Verfassung.

Nur mit großer Mühe hatten die Minister den König überredet, seinem Versprechen, eine moderne Verfassung zu geben, auch in der Stunde des Sieges treu zu bleiben. Im Freudentaumel über den Erfolg seiner Soldaten sah Friedrich

Wilhelm IV. keine Notwendigkeit für ein neues Parlament, sondern hoffte, er werde zu einem späteren Zeitpunkt auf seine romantischen Pläne für eine ständische Vertretung zurückgreifen können. Seine konservativen Minister erinnerten ihn daran, daß keine Aussöhnung zwischen der Monarchie und dem Volke zu erwarten sei, wenn der König sein Wort bräche. Zudem wünschten die Minister, daß Preußen in Deutschland eine bedeutende Rolle spiele, und waren mit Recht davon überzeugt, daß die preußische Monarchie nur dann, wenn sie sich neuen Ideen gegenüber offen zeige, die Sympathien des übrigen Deutschland werde behalten können. Aber gleichzeitig wollten die Minister die Macht der Krone bewahren. Sie zogen es vor, von einer konstitutionell-monarchischen statt einer konstitutionellen Regierung zu sprechen.

Die oktroyierte Verfassung

Die oktroyierte Verfassung vom 5. Dezember 1848 beeindruckte die Liberalen in Preußen und im Ausland, wohingegen sie vielen Royalisten beinahe wie eine Kapitulation vorkam. Dieses Dokument war eine revidierte Fassung des Vorschlages, den die Regierung der preußischen Nationalversammlung als Grundlage für ihre Verfassungsdebatten vorgelegt hatte. Wie bereits erwähnt (siehe S. 302), war der Entwurf vom Mai 1848 im allgemeinen dem Plan der belgischen Verfassung von 1830 gefolgt, mit Ausnahme der Definition der monarchischen Autorität, der, wie in der französischen Charte von 1814, eine unabhängige Stellung gegeben wurde. Die preußische Verfassung vom 5. Dezember 1848 ging in dieser Richtung noch weiter, obgleich sie einige verfassungsrechtliche Forderungen der Opposition übernahm.

Bürgerrechte

In ihrem ersten Teil garantierte die preußische Verfassung von 1848 sehr großzügig Bürgerrechte, die Gleichheit vor dem Gesetz, Freizügigkeit, Freiheit der Person, der Religion, der Meinungsäußerung, der Versammlung und der Vereinsbildung. Der evangelischen und der katholischen Kirche wurde Freiheit von allen Einmischungen des Staates versprochen. Die Verfassung bestimmte, daß die gesetzgebende Gewalt vom König und von den beiden Kammern gemeinsam ausgeübt werden solle. Die erste Kammer sollte von Männern gewählt werden, die das 30. Lebensjahr überschritten hatten, aber durch die Einführung eines hohen Zensus erhielten praktisch nur die mittleren und oberen Klassen das Wahlrecht. Trotzdem wurde die Bildung einer ersten Kammer ohne Bezugnahme auf Geburt und Rang von Friedrich Wilhelm IV. und dem Adel übel aufgenommen. Die zweite Kammer taugte in ihren Augen ebensowenig, da sie auf allgemeinem, direktem Wahlrecht beruhte. Gemäß Artikel 99 war das wichtigste Recht, das die Kammern besaßen, die Genehmigung des jährlichen Staatshaushalts.

Das Gottesgnadentum der Monarchie

Die Verleihung weitreichender Freiheiten an die Bürger, die Beteiligung liberal organisierter Kammern an der Gesetzgebung, die Schaffung für eine unabhängige Justiz und die Entwicklung einer freien Selbstverwaltung auf lokaler Ebene leuchteten als die demokratischen Elemente der preußischen Verfassung von 1848 hervor. Aber das Grundprinzip der belgischen Verfassung, nämlich daß alle Staatsgewalt vom Volke herrührt, wurde darin ausdrücklich nicht festgelegt. Im Gegenteil, die Verfassung betonte das Gottesgnadentum der Monarchie und gab dem König ausschließliche Kontrolle über die Exekutivgewalt. Die Ernennung von Ministern, Beamten und Offizieren blieb das alleinige Vorrecht des Königs, der außerdem das Recht der Erlassung besonderer Notverordnungen, einschließlich der Aufhebung von Bürgerrechten, erhielt. Den ausgedehnten Krongütern wurden große Steuerfreiheiten gewährt, um das königliche Haus finanziell völlig unabhängig zu machen. Aber die königliche Suprematie war recht eigentlich in der Armee verankert, die als eine besondere Einrichtung innerhalb des Staates behandelt wurde.

Liberale Gesetzgebung

Um den Anschein ihrer liberalen Absichten zu verstärken, erließ die preußische Regierung von Graf Brandenburg und Freiherrn von Manteuffel in den folgenden Wochen eine Anzahl liberaler Gesetze, wie die vorläufige Erleichterung der bäuerlichen Dienstbarkeiten, die Abschaffung der patrimonialen Gerichtsbarkeit auf den Gütern, eine Revision des Prozeßrechts und die Aufhebung der Zeitungssteuer. Diese Politik trug dazu bei, daß die oktroyierte Verfassung im allgemeinen günstig aufgenommen wurde und daß man ihren Pferdefuß übersah. Von der Verfassung wurde ausdrücklich gesagt, daß sie provisorisch sei und der Debatte durch die zu erwählenden Kammern offenstände. Diese Wahlen ergaben eine bescheidene konservative Mehrheit selbst für die zweite Kammer, und damit war der Weg für weitere Revisionen in reaktionärer Richtung freigelegt. Aber als die zweite Kammer der preußischen Regierung nahelegte, den Belagerungszustand aufzuheben und die deutsche Verfassung anzunehmen, die die Frankfurter Nationalversammlung ausgearbeitet hatte, löste die Regierung diese Kammer Anfang Mai 1849 auf.

Dreiklassenwahlrecht

Am 30. Mai oktroyierte Manteuffel ein neues Wahlgesetz für die zweite Kammer. Theoretisch blieb zwar jeder männliche Preuße über 25 noch wahlberechtigt, aber die Wähler wurden entsprechend der Höhe ihrer direkten Steuern in drei Klassen eingeteilt. Auf jede Klasse kam ein Drittel der Gesamtsumme der Steuereinkünfte eines Wahlbezirks. Nur wenige gehörten der ersten Wählerklasse an, die aus den größten Steuerzahlern bestand; die zweite Klasse zählte mehr, wenn auch nicht notwendigerweise sehr viele Mitglieder, während die dritte Klasse die große Masse des Volkes umfaßte, die nur geringe oder gar keine Steuern bezahlte. Jede Klasse wählte dieselbe Zahl von Wahlmännern, die danach als Gesamtkörperschaft in offenem Wahlverfahren einen Abgeordneten in den Landtag zu wählen hatten.

Das Dreiklassenwahlrecht ist ein eindeutig plutokratisches System und als solches in dem noch vorkapitalistischen Preußen etwas verwunderlich. Es wirkte sich zugunsten der Großgrundbesitzer aus. Die auf Grund des neuen Wahlrechts gewählte Kammer wurde von einer konservativen Mehrheit beherrscht, und die royalistische Revision der Verfassung von 1848 verlief danach glatt. Unter den wichtigeren Änderungen war die Umwandlung der aus Wahlen hervorgegangenen ersten Kammer in ein „Herrenhaus", während die zweite Kammer von nun an „Abgeordnetenhaus" hieß. Von weittragenden und schicksalsschweren Folgen war die Neuformulierung des ursprünglichen Artikels 108, der zunächst nur eine Überleitungsbestimmung gewesen war. Er besagte, daß die bestehenden Steuern und Zölle weiterhin von den Regierungen erhoben werden sollten. Aber er ließ sich fälschlich so auslegen, daß er die Notwendigkeit der Genehmigung des Staatshaushaltes durch den Landtag ausschaltete. Die Versuche, ihn neu zu fassen und zu klären, erwiesen sich als erfolglos. — Weiterhin wurde ein Artikel eingefügt, der die Armee von der Eidesleistung auf die Verfassung entband. Die Monarchie ging mit ihren absolutistischen Werkzeugen, der Armee, der Bürokratie und der herrschenden Junkerklasse, siegreich aus der Revolution hervor. Immer noch recht unwillig, leistete Friedrich Wilhelm IV. schließlich den Eid auf die oktroyierte Verfassung vom 31. Januar 1850, die bis auf geringfügige Änderungen die grundlegende Ordnung Preußens blieb, bis die Monarchie 1918 zusammenstürzte.

Die Verfassunggebende Nationalversammlung: Neue Probleme

Die Wiederherstellung der monarchischen Autorität in Österreich und Preußen im Oktober und November 1848 hatte für die Verfassunggebende Nationalversammlung in Frankfurt eine neue Situation geschaffen. Auf ihrer 100. Sitzung am 19. Oktober 1848 wandte sich die Versammlung der Diskussion der Verfassung zu. Die ersten drei Artikel des Entwurfs, den der Verfassungsausschuß dem Haus vorlegte, warfen das zentrale Problem auf, vor das sich jeder Versuch, einen deutschen Nationalstaat zu begründen, gestellt sah. Der Ausschuß schlug vor, den neuen Staat auf die Länder des Deutschen Bundes zu beschränken, und verlangte außerdem, daß kein Teil des neuen Reiches einen einzigen Staat mit nichtdeutschen Territorien bilden dürfte: „Hat ein deutsches Land mit einem nichtdeutschen Lande dasselbe Staatsoberhaupt, so ist das Verhältnis zwischen beiden Ländern nach den Grundsätzen der reinen Personalunion zu ordnen." Diese Klausel bezog sich hauptsächlich auf das Habsburgerreich. Sie verlangte bis zu einem gewissen Grad die Trennung der deutschen Provinzen Österreichs, unter die nicht nur die alten österreichischen Herzogtümer, sondern auch Böhmen und Mähren gerechnet wurden, von der übrigen Habsburgermonarchie. Dieser Vorschlag begegnete überraschend geringem Widerstand in der Versammlung. Nur eine Minderheit der österreichischen Abordnung und einige süddeutsche und rheinische Katholiken stimmten gegen den Artikel.

Aber die Abstimmung fand statt, bevor Wien durch die österreichische Reaktion unterworfen war. Selbst zu diesem Zeitpunkt war es jedoch zweifelhaft, ob sich die Österreicher ganz der Folgerungen bewußt waren, die sich aus der Einbeziehung Österreichs in einen deutschen Nationalstaat ergaben. Zwar wünschte wahrscheinlich die große Mehrheit der Deutschen in Österreich, die Bande, die es an Deutschland knüpften, nicht nur aufrechtzuerhalten, sondern sogar zu stärken. Aber wenige Österreicher konnten sich damit abfinden, die Möglichkeiten und Verbindungen, die das Donaureich geschaffen hatte, verlieren zu sollen. Kein Plan ließ sich finden, der diesen Gefühlskonflikt eindeutig gelöst hätte. Fürst Schwarzenberg hatte keinen Grund, wegen der Haltung der Deutschösterreicher in der sogenannten großdeutschen Frage besorgt zu sein, um so weniger, als er behauptete, daß seine eigene Politik ebenfalls auf eine Art Großdeutschland gerichtet sei.

Schwarzenbergs Politik

Für Schwarzenberg standen von Anfang an die Grundlinien seiner Politik fest. Vor allem glaubte er mit ganzem Herzen an die Idee des Habsburgerreiches. Es war sein unmittelbares Ziel, die Herrschaftsgewalt der Habsburger in allen ihren angestammten Besitzungen wiederherzustellen. Ein weiteres Ziel war die größere Zentralisierung der Verwaltung, um die kaiserliche Regierung vor allen künftigen Aufständen demokratischer oder nationaler Bewegungen sicherzustellen. Ein wiederhergestelltes Habsburgerreich sollte dann auch in Deutschland seine führende Stellung wieder übernehmen. Aber mit der Schaffung eines zentralisierten Habsburgerreiches hätten nicht nur seit jeher die dem Reich zugehörigen deutschen Länder in den Deutschen Bund aufgenommen werden müssen, sondern die gesamte Habsburgermonarchie. Ein solches Programm stand in jeder Hinsicht in genauem Gegensatz zu den liberalen und nationalen Zielen der deutschen Revolution. Es ermöglichte keinen Bundesstaat, sondern nur einen Staatenbund, wenn auch vielleicht mit einer relativ starken Regierungsgewalt. Eine

Verfassung, die Volksrechte und Volksvertretung garantierte, war ausgeschlossen. Und nicht zuletzt hätte ein Staatenbund, der das ganze Habsburgerreich an Deutschland anschloß, über 25 Millionen, d. h. ein Drittel der Gesamtbevölkerung, Nichtdeutsche enthalten. Unter dem Gesichtspunkt der nationalen Einigung gesehen, bedeutet die Art des Staatenbundes, den Schwarzenberg im Sinne hatte, einen Rückschritt. Tatsächlich war es nicht ein Großdeutschland, sondern ein Großösterreich, was dieser zu begründen wünschte.

Großdeutschland oder Großösterreich

In dieser Hinsicht waren Schwarzenbergs Pläne nicht nur mit den nationalen Hoffnungen des deutschen Volkes, sondern auch mit den Interessen eines konservativen Preußen unvereinbar. Der Beitritt des gesamten Habsburgerreiches hätte das Machtverhältnis innerhalb des Bundes zum Nachteil Preußens verschoben. Preußen hatte immer verlangt, daß Österreich seinen besonderen Einfluß in Norddeutschland respektieren solle, und die preußische Regierung hatte sowohl eine bessere militärische Organisation für den Deutschen Bund als auch den ein für allemal festgesetzten militärischen Oberbefehl für den preußischen König gefordert.

Dies war das Minimum, das selbst die reaktionären Preußen von Österreich erwarteten. Schwarzenberg legte einen Plan vor, der die kleinen deutschen Staaten den größeren untergeordnet hätte. Zweifellos wäre der Ausschluß der Zwergstaaten aus den politischen Gremien Deutschlands eher vorteilhaft gewesen, doch hätte er sich zum Nachteil der Rolle Preußens innerhalb des Bundes ausgewirkt: Schwarzenberg schlug vor, die kleinen Staaten in Einzelgruppen den fünf Königreichen Preußen, Sachsen, Hannover, Bayern und Württemberg zu unterstellen. Da die letzteren vier sich zwangsläufig zum Schutze ihrer Souveränität Österreich zugewendet hätten, wäre Preußen gerade in dem Augenblick isoliert worden, in dem die Gebietsausdehnung des Bundes es verpflichtet hätte, Österreich bei der Verteidigung seiner italienischen Besitzungen und seiner südlichen Donauländer zu helfen.

Schwarzenberg hütete sich, sofort sein ganzes Programm aufzudecken. Österreich konnte auf lange Zeit hin nicht hoffen, in Deutschland anders als mit bloßen propagandistischen Worten und Gesten oder auf dem Wege der Diplomatie einzugreifen. Immerhin hatte die Erschießung Robert Blums der Welt ein Warnungssignal gegeben und gezeigt, mit welcher Verachtung die neuen Herren Österreichs auf die Paulskirche herabsahen. Schwarzenbergs Erklärung vom 27. November vor dem österreichischen Reichstag von Kremsier führte seine unbedingte Entschlossenheit, einen geeinten Habsburgerstaat aufzubauen, vor aller Augen. In dieser Erklärung sahen viele Mitglieder des Frankfurter Parlaments ganz richtig eine eindeutig negative Antwort auf die Frage, die die Versammlung mit Artikel 2 und 3 ihres Verfassungsentwurfs an Österreich gestellt hatte. Die Haltung der österreichischen Regierung unterminierte die Stellung des Österreichers Anton von Schmerling (1805–1893), der seit den Septemberaufständen an der Spitze des Frankfurter Reichsministeriums gestanden war. Heinrich von Gagern wurde der neue Ministerpräsident; Eduard Simson (1810–1899), ein Preuße, folgte ihm als Präsident der Nationalversammlung. Aber andere Mitglieder waren noch nicht überzeugt, daß die Frankfurter Nationalversammlung in Zukunft von der Mitarbeit Preußens abhängen würde. Ihrem Wunschdenken folgend, entdeckten sie in der Politik des Kabinetts Schwarzenberg immer noch Möglichkeiten, Österreich und Deutschland zusammenzuhalten oder sogar die Präsidentschaftsrolle Österreichs wiederherzustellen.

Großdeutsch gegen kleindeutsch

Im Dezember 1848 vollzog sich in Frankfurt eine Neugruppierung der Parteien. Schmerling organisierte die Kräfte, die gewillt waren, die Sache Österreichs zu verteidigen. Sie bestanden zum großen Teil aus konservativen Katholiken, von denen viele mehr aus antipreußischen Gefühlen als aus einer starken Anhänglichkeit an Wien für Österreich eintraten. Diese großdeutschen Gruppen kämpften gegen die Verfechter einer kleindeutschen Lösung, die die Errichtung eines Bundesstaates unter preußischer Führung mit Ausschluß Österreichs im Auge hatte. Die großdeutsche Gruppe fand parlamentarische Unterstützung auf der linken Seite des Hauses: Die Demokraten, die die Freiheit über die Einheit stellten, glaubten immer noch, daß sie den einzelnen deutschen Fürsten eine freie Verfassung aufzwingen könnten.

Preußische Politik gegenüber der Frankfurter Versammlung

Es war erstaunlich, daß die Mittelgruppen der Frankfurter Versammlung glaubten, Preußen sei bereit, die Führung eines kleindeutschen Bundesstaates zu übernehmen. Aber in diesen Monaten gab es mehr als eine einzige preußische Politik. Von Frankfurt aus gesehen, war die hoffnungsvolle Haltung Ludolf Camphausens von großer Wichtigkeit. Nach seinem Rücktritt als Ministerpräsident im Juli war dieser rheinische Liberale Vertreter der preußischen Regierung in Frankfurt geworden. Er glaubte zuversichtlich, daß er die preußische Regierung und die Frankfurter Versammlung zur Einigung bringen könne; er war der Meinung, die Verfassung, die die Versammlung ausarbeiten würde, solle von den deutschen Regierungen lediglich als Diskussionsbasis angenommen werden, so daß sie ihr dann ihre schärfsten demokratischen Zähne ausbrechen könnten. Auf diese Weise erwartete er, den Widerstand Friedrich Wilhelms IV. gegen die Volkssouveränität überwinden zu können. Andererseits vertraute er darauf, daß sich die Nationalversammlung am Ende mit Revisionen einverstanden erklären würde, vorausgesetzt, daß der König sich mit dem Kampfe um die nationale Einheit identifizieren würde.

Auf Grund dieser umfassenden Voraussetzungen ermutigte Camphausen die Verfechter der kleindeutschen Lösung, die Initiative zu ergreifen. Tatsächlich hörte das Kabinett Brandenburg-Manteuffel, das mit inneren preußischen Angelegenheiten beschäftigt war, in deutschen Angelegenheiten gern auf Camphausens Rat. Die großen Gewinne, die für Preußen möglich waren, sprachen selbst diese Konservativen an, aber gleichzeitig fürchteten sie die Risiken, die in einer aktiven Außenpolitik beschlossen lagen, die Preußen mit Österreich in Konflikt bringen mußte. Darüber hinaus mußten sie mit dem König Kompromisse schließen und hatten, was noch schlimmer war, nicht einmal Kenntnis von allen Verhandlungen, die der König hinter ihrem Rücken führte. Friedrich Wilhelm IV. hatte seinen hochmütigen Stolz zurückgewonnen und war begierig, autokratisch zu handeln. Seiner Meinung nach war die Zeit gekommen, wo die österreichische und die deutsche Regierung sich auf eine Lösung der deutschen Frage einigen und sie gemeinsam mit den größeren deutschen Fürsten als Gesetz oktroyieren sollten. Aber als er erfuhr, in welcher Richtung sich Schwarzenbergs Gedanken bewegten, wurde er unsicher.

Verfassung des Deutschen Reiches

Die Frankfurter Nationalversammlung beendete die erste Lesung einer Verfassung des Deutschen Reiches in den letzten Januartagen 1849. Zu dieser Zeit stellte die Verfassung an die Spitze des neuen Reiches einen Kaiser, der aus der Zahl der deutschen herrschenden Fürsten gewählt werden sollte. Ob dieser Kaiser für eine begrenzte Zahl von Jahren, lebenslänglich oder als ein erblicher Herrscher gewählt würde, war von der Versammlung noch nicht entschieden worden. Der Kaiser repräsentierte Deutschland nach außen, hatte den Oberbefehl über das Heer und besaß die Exekutivgewalt. Man erwartete, daß er am Sitze der Regierung residieren werde, den die Verfassung nicht mit Namen nannte, obgleich das Parlament wahrscheinlich Frankfurt und bestimmt nicht Berlin ausgesucht hätte. Der Kaiser sollte vom Reichstag eine Zivilliste erhalten.

An diesen Reichstag war der Kaiser eng gebunden. Die Reichsminister waren dem Reichstag verantwortlich, der aus zwei Häusern, dem „Staatenhaus" und dem „Volkshaus", bestand. Das Staatenhaus war aus 176 Mitgliedern zusammengesetzt, von denen die eine Hälfte von den Staatsregierungen, die andere von den Staatsparlamenten abgeordnet wurde. Sosehr sich auch die Frankfurter Parlamentarier die amerikanische Verfassung zum Vorbild genommen hatten, verwarfen sie doch das Prinzip, nach dem der Senat der Vereinigten Staaten zusammengesetzt wird. Die Größe der etwa 30 deutschen Staaten war für eine gleichmäßige Vertretung zu verschieden, und durch die zweierlei Formen der Abordnung wurde der monarchischen Form der Mitgliedstaaten Ausdruck gegeben. Das „Volkshaus“ war ein auf drei Jahre gewähltes nationales Parlament. Es hatte in allen finanziellen Fragen die ausschlaggebende Gewalt. Die Mitglieder beider Häuser waren nicht an Instruktionen ihrer Wähler oder Staatsregierungen gebunden. Sie besaßen das Recht der Ministeranklage.

Die Autorität des Reiches erstreckte sich auf alle auswärtigen Angelegenheiten, auf die Flotte und weitgehend auf das Heer. Das Reich sollte eine einzige Zollunion bilden und über den gesamten Handel sowie über das Verkehrs- und Nachrichtenwesen die Aufsicht führen. Es sollte die volle Währungseinheit herstellen und nationale Gesetzbücher des bürgerlichen, Handels-, Straf- und Prozeßrechts einführen. Seine finanziellen Bedürfnisse sollten durch die Zollabgaben gedeckt werden. Falls sich diese als unzureichend erwiesen, sollten die Staaten sogenannte Matrikularbeiträge, d. h. direkte Zahlungen nach einem Umlagesystem, leisten. Die Autorität des Reiches war groß, wenn auch nicht unbegrenzt. Obgleich es neue nationale Einrichtungen und Grundgesetze auf dem Wege einfacher Gesetzgebung einführen konnte, erforderten Verfassungsänderungen eine Zweidrittelmehrheit beider Häuser. Alle legislativen Akte mußten vom König gebilligt werden, aber er besaß nur ein suspensives Veto. Dieses konnte umgestoßen werden, wenn die beiden Häuser in drei aufeinanderfolgenden Wahlperioden das abgelehnte Gesetz verabschiedeten. Im Gegensatz zum amerikanischen *Supreme Court* sollte ein Oberster Gerichtshof auf politische Probleme beschränkt sein und über die Verfassung wachen.

Die österreichischen Ereignisse zwangen die Frankfurter Nationalversammlung, ihre endgültigen Entscheidungen zu treffen. Am 4. März löste Schwarzenberg den Reichstag von Kremsier auf und oktroyierte eine hastig ausgearbeitete liberale Verfassung. Diese Verfassung, die nie in Kraft gesetzt und 1851 ganz zurückgezogen wurde, bedeutete eine völlige Verneinung aller konstruktiven Pläne für eine föderative Organisation des Habsburgerreiches, die der Reichstag von Kremsier ausgearbeitet hatte. Durch diese Verfassung wurden alle Aussichten auf eine großdeutsche Lösung der deutschen Frage vernichtet. Schwarzenberg trug offiziell dem Ministerium in Frankfurt den Wunsch vor, daß das gesamte Habsburgerreich zu einem Deutschen Bunde zugelassen werde, der kein Volkshaus haben sollte, sondern nur ein aus Mitgliedern der Landtage der Einzelstaaten bestehendes Staatenhaus.

In dieser veränderten Lage der Dinge schlossen sich diejenigen Mitglieder der großdeutschen Gruppen in der Paulskirche, deren Widerstand gegen einen deutschen Nationalstaat unter preußischer Führung vor allem auf der Furcht beruhte, daß ein solcher Staat weder ein Nationalstaat noch ein Verfassungsstaat sein würde, den kleindeutschen Parteien der Mitte an. Aber hierfür verlangten sie einen hohen Preis. Nicht nur strichen sie aus dem Verfassungsentwurf einige

Bestimmungen, die den Staaten Einfluß innerhalb der Zentralregierung geben sollten, sondern sie verminderten auch die Macht des Kaisers. Alle Pläne, dem Kaiser ein absolutes Veto, wenn nicht auf alle Gesetzgebung, so doch wenigstens auf Verfassungsänderungen zu geben, wurden fallengelassen. Die Tendenz der Änderungen war zentralistisch und parlamentarisch. Aber das wichtigste Zugeständnis, das die Demokraten den gemäßigten Liberalen abrangen, war ein neues Wahlgesetz. Der Verfassungsausschuß hatte vorgeschlagen, das Wahlrecht, und zwar ein öffentliches Wahlrecht, „unabhängigen" Männern über 25 Jahren zu geben. Damit waren alle Gesellen, Fabrik-, Land- und Heimarbeiter von der aktiven Beteiligung an den Wahlen ausgeschlossen. Es besteht kein Zweifel, daß die Mehrheit der Nationalversammlung für solch ein begrenztes Wahlrecht war. Aber die Liberalen des Zentrums brauchten die Stimmen der Demokraten für die Wahl des preußischen Königs als erblichen „Kaisers der Deutschen" und erfüllten deren Forderung, indem sie mit ihnen ein Wahlgesetz verabschiedeten, das allgemeines, gleiches und geheimes Wahlrecht garantierte. Darüber hinaus erhielten die Demokraten von Heinrich von Gagern und 80 anderen Liberalen schriftliche Erklärungen, daß sie keine wesentlichen Änderungen der Verfassung in der Form, wie sie schließlich von der Nationalversammlung gebilligt worden war, unterstützen würden, wenn solche von den Regierungen verlangt würden. Dies war ein letzter Versuch, die Souveränität der Nationalversammlung endgültig zu behaupten.

Wahl Friedrich Wilhelms zum Kaiser

Die Spaltung zwischen Liberalen und Demokraten, die in so hohem Maße für das frühzeitige Verebben des revolutionären Eifers verantwortlich ist, wurde durch den gemeinsamen Wunsch nach nationaler Einheit überbrückt. Doch bedeutete dies nicht ein folgenreiches politisches Bündnis, sondern lediglich einen parlamentarischen Handel, auf den sich die Partner mit schlechtem Gewissen einigten. Er öffnete den Weg zur endgültigen Annahme der deutschen Verfassung. Am 28. März 1849 wählte die Versammlung Friedrich Wilhelm IV. zum Kaiser. 290 Abgeordnete gaben ihre Stimme ab, und 248 enthielten sich der Stimme. An diesem offenbar großen historischen Tage läuteten in der alten Kaiserstadt die Kirchenglocken, und Kanonenschüsse wurden abgefeuert.

Friedrich Wilhelms Ablehnung

Von einer Abordnung von Mitgliedern begleitet, begab sich Eduard Simson, der Präsident der Nationalversammlung, nach Berlin. Am 3. April boten sie dem König von Preußen die Kaiserkrone an. Viele Kräfte hatten in den vorangehenden Tagen auf ihn eingewirkt. Mit Ausnahme der Ultrakonservativen, einschließlich der Kamarilla, begünstigte in Berlin jedermann, selbst Prinz Wilhelm, der Bruder des Königs, eine Zusammenarbeit mit der Frankfurter Nationalversammlung. Die Konservativen wünschten lediglich, bestimmte Vorbehalte zu machen. Das preußische Kabinett nahm dieselbe Haltung ein. Der König sollte zwar den Kaisertitel ablehnen, aber seine Bereitwilligkeit erklären, das Haupt des Bundesstaates zu werden, vorausgesetzt, daß die anderen deutschen Fürsten ihre Zustimmung geben würden. Das Recht einer späteren Revision der Verfassung durch die Fürsten sollte vorbehalten werden.

In seiner formellen Antwort an die Abordnung sagte Friedrich Wilhelm nicht eindeutig ja oder nein. Aber er legte Nachdruck auf das oberste Recht der Fürsten, die Verfassung zu bestimmen, und betonte, daß er nur im Einklang mit ihnen handeln würde. Wenige Tage später gab er seinen Gefühlen recht bündigen Ausdruck in einem Privatbrief, in dem er seine Entschlossenheit kundtat, sich nicht auf das Prinzip der Volkssouveränität einlassen zu wollen, und sich beklagte, daß die Abgeordneten aus Frankfurt ihm durch das Angebot der Kaiserkrone „ein Hundehalsband" hätten anschnallen wollen, das ihn „unauflöslich an die Volkssouveränität fesseln, der Revolution von 1848 leibeigen machen solle". Die Abgeordneten hatten den zutreffenden Eindruck, daß der König überhaupt nicht mit der Paulskirche zusammenarbeiten wollte. Dies stellte sich bald heraus. Denn als die 28 deutschen Regierungen, mit Baden angefangen, ihre kollektive Billigung der Wahl des Preußenkönigs zum erblichen Kaiser und ihre grundsätzliche Zustimmung zur Frankfurter Verfassung erklärten, änderte Friedrich Wilhelm wieder seine Haltung. Die Lage war für Preußen äußerst günstig. Offenbar wären die kleinen Staaten nicht so weit gegangen, wie sie es taten, wenn der Druck des Volkes sie nicht dazu getrieben hätte. Während die Regierungen der vier Königreiche sich zurückhielten, erweckte die Frankfurter Verfassung gleichwohl unter der Bevölkerung Hannovers sowie in der bayerischen Pfalz und in Franken besonderen Enthusiasmus. Wenn der König von Preußen gemeinsam mit den 28 Fürsten und der Paulskirche die Initiative in der deutschen Frage ergriffen hätte, wäre die deutsche Einigung in greifbare Nähe gerückt. Aber jetzt erhob Friedrich Wilhelm IV. Einspruch gegenüber der Tatsache, daß die 28 Fürsten nicht nur die Führung Preußens, sondern auch die scheußliche Frankfurter Verfassung angenommen hätten. Am 21. April verkündete die preußische Regierung, daß sie die Frankfurter Verfassung nicht ohne Änderungen annehmen könne, und zog sich damit die Schuld für den endgültigen Bruch mit der Nationalversammlung zu. Bayern, Sachsen und Hannover identifizierten sich rasch mit der Erklärung Preußens. Ludolf Camphausen, der all seine Hoffnungen vereitelt sah, trat aus der preußischen Regierung aus.

Auflösung der Nationalversammlung

Unterdessen hatte die Nationalversammlung die Möglichkeiten erwogen, wie die Verfassung in Kraft gesetzt werden könnte. In den ersten Maitagen hatte das Frankfurter Ministerium die Verfassung formell an alle Staaten geschickt mit dem Ersuchen, sie als Gesetz der Nation anzuerkennen. Dieser Schritt war eine preußenfeindliche Geste, wenn auch eine bloße Geste, solange die Mehrheit der Abgeordneten nicht bereit war, an das Volk zu appellieren, es solle den Regierungen, die ihre Unterordnung unter die Verfassung verweigerten, Widerstand entgegensetzen. In diesem Falle wäre die Nationalversammlung selber zu einer revolutionären Versammlung geworden. Aber ihr Zentrum, die gemäßigten Liberalen, wünschten nicht zu kämpfen, es sei denn mit „moralischen" Mitteln; sie wollten nicht einmal ihre moralische Unterstützung denen geben, die bereit waren, die Barrikaden zu besteigen. Diese Männer des Eigentums, des Rechts und der Ordnung waren für revolutionäre Taten ungeeignet. Heinrich von Gagern und seine politischen Freunde suchten bis zuletzt einen Kompromiß mit Berlin zu schließen. Als dann die preußische Regierung dem Beispiel Österreichs folgte und die Mandate der preußischen Abgeordneten für beendet erklärte, gingen diese nach Hause. Die etwa 136 Abgeordneten, die als Rumpfparlament zurückblieben, waren fast ausnahmslos süddeutsche Demokraten. Und da Frankfurt sich weigerte, eine Versammlung von zweifelhafter rechtlicher Stellung zu beherbergen, begaben sie sich schließlich nach Stuttgart. Das Rumpfparlament trat dafür ein, daß am 15. August der erste deutsche Reichstag gewählt werde, und beschloß, bis zu diesem Termin die Nationalversammlung zusammenzuhalten. Aber am 18. Juni wurde es von württembergischen Soldaten mit Gewalt auseinandergesprengt.

Eine Zeitlang diente das Rumpfparlament wenigstens als Symbol für den fortgesetzten Widerstand der nationalen Gesetzgeber gegen die politische Reaktion und war als solches bei den Aufständen, die im Mai 1849 an vielen Orten ausbrachen, von Bedeutung. Diese wären zweifellos ernster geworden, wenn die gemäßigten Liberalen sie unterstützt hätten und die Mehrheit der Versammlung ihnen von Frankfurt aus eine zentrale Leitung gegeben hätte. Aber selbst dann hätten die Regierungen wahrscheinlich alle Aufstände niedergeschlagen. Immerhin wäre in diesem Kampfe möglicherweise eine größere politische Einheit unter allen Gruppen der deutschen Mittelklassen erzielt worden, was zwangsläufig einen entscheidenden Einfluß auf das politische Leben Deutschlands ausgeübt hätte. Aber wie die Dinge liefen, galt unter deutschen Fürsten die Parole aus der Zeit des preußischen Coups vom November 1848: „Gegen Demokraten / helfen nur Soldaten."

Zentralmärzverein

Seitdem die politische Reaktion im Oktober/November ihr Haupt erhoben hatte, hatten sich entschlossene Radikale zusammengetan, um sie zunächst auf lokaler, schließlich aber auch auf nationaler Ebene zu bekämpfen. Ende November war der Zentralmärzverein gebildet worden mit einer zentralen Exekutivgewalt, provinzialen Ausschüssen und etwa 1000 lokalen Organisationen mit schätzungsweise einer halben Million Mitgliedern. Information, Propaganda und auch Waffen wurden von dem Verein verteilt. Sein Ziel war ein Volksstaat, den man ursprünglich nicht für unvereinbar mit monarchischen Institutionen hielt. Erst die Tatsache, daß sich die monarchischen Regierungen gegen den Nationalstaat wandten, brachte republikanische Ideen in den Vordergrund. Die Bewegung hatte auch starke soziale Bestrebungen. Hauptsächlich von Handwerkern, Kleinbürgern und Kleinbauern getragen, wurde sie nicht sozialistisch, obgleich Männer wie Friedrich Engels im Rheinland oder Michael Bakunin in Dresden die ideologische Führung zu gewinnen trachteten. Obgleich zuweilen die rote Fahne gehißt wurde, war sie doch nicht das Wahrzeichen des Kommunismus, sondern der Männer, die im Gegensatz zur Mehrheit der schwarz-rot-goldenen Liberalen gewillt waren, für die Errungenschaften der Revolution in Deutschland zu kämpfen. Zu einem Zeitpunkt, in dem das Überleben der neuen nationalen Verfassung zur vorherrschenden Streitfrage wurde, besaßen die internationalen Ideale von Marx und Engels keine Anziehungskraft.

Volksaufstände

Überall war diese Frage der Anlaß zu Volksaufständen. Sie brachen in Sachsen aus, wo der König die Kammern aufgelöst hatte, die ihm nahelegten, die Verfassung der Paulskirche anzunehmen. Seine Flucht aus Dresden führte zur Bildung eines revolutionären „Sicherheitsausschusses". Vier Tage lang kämpften die Revolutionäre mit erbitterter Entschlossenheit gegen sächsische Truppen und preußische Bataillone, die auf Ansuchen des sächsischen Königs entsandt worden waren. Der junge Dirigent der Königlichen Oper, Richard Wagner, half in diesen Tagen, den Widerstand des Volkes zu organisieren. Der Staatsarchitekt Gottfried Semper (1803–1879) diente als Berater beim Bau von Barrikaden. Aber Dresden und ganz Sachsen wurden niedergezwungen, und die politische Reaktion war hier noch gründlicher als in Preußen.

Auch im Rheinland kam es zu Unruhen. In Elberfeld-Barmen, Hamm, Iserlohn, Düsseldorf, Solingen und in anderen Orten bewaffneten sich die Einwohner und demonstrierten. Aber obgleich sich einige Einheiten der Landwehr mit den Aufständischen verbrüderten, fehlte es diesen Aufständen an Koordination und fähiger Führerschaft selbst auf lokaler Ebene. Nirgendwo erweckten sie starke Leidenschaften im Volke. Die Verhängung des Kriegsrechts ermöglichte es den regulären preußischen Truppen, ohne viel Schießerei die Ordnung wiederherzustellen. In Württemberg nahmen die Dinge einen stürmischeren Verlauf, doch gelang es der Regierung, ohne Beihilfe von außen wieder Herr der Lage zu werden.

In der bayerischen Pfalz, auf dem linken Rheinufer und in Baden ersetzten vorübergehend revolutionäre Regierungen die bestehenden Autoritäten. Der Großherzog von Baden floh und suchte, wenigstens eine Zeitlang, im französischen Elsaß Zuflucht. Er rief die Hilfe Preußens an, und dasselbe tat München, allerdings nur sehr zögernd, da es eine Ausdehnung der preußischen Militärmacht nach Süddeutschland fürchtete. Von den wenigen bayerischen Soldaten, die in der Pfalz stationiert waren, schloß sich nur eine kleine Zahl den Demokraten an, wohingegen sich in Baden sozusagen die gesamte Armee, mit Ausnahme der Mehrzahl der Offiziere, den Revolutionären anschloß. Stabsoffiziere und Generäle waren besonders schwer zu ersetzen. In dem polnischen Revolutionär Ludwig von Mieroslawski wurde ein junger, fähiger Kommandant gewonnen, aber sein taktisches Geschick konnte die Schwächen der Armee hinsichtlich ihrer Ausbildung, Ausrüstung und Zahl nicht wettmachen. Alles in allem gab es in Baden vielleicht 45 000 Mann, reguläre Truppen, Freikorps und Volkswehr, die Waffen besaßen. Es wurde eine Fremdenlegion von Revolutionären aus ganz Europa gebildet. Selbst bewaffnete Amazonen traten in Erscheinung, z. B. die Tochter Robert Blums, die in ihrem schwarzen Samtkleid zu Pferde saß und eine rote Fahne mit der Inschrift trug: „Rache für Robert Blum.“ Mieroslawski hatte ungefähr 20 000 Mann in seiner Armee, glaubte aber, daß nur ein Drittel oder die Hälfte davon kampfestüchtig sei.

Große und weit überlegene preußische Streitkräfte, verstärkt durch hessische und mecklenburgische Truppen, wurden unter das Kommando von Prinz Wilhelm von Preußen gestellt, um die Revolution in Südwestdeutschland niederzuschlagen. Die Pfalz wurde ohne allzu ernste Kämpfe besetzt, aber die badische Armee vermochte stärkeren Widerstand zu leisten. In der ersten größeren Waffenprobe bei Waghäusel nördlich von Heidelberg kämpften die badischen Soldaten mit außerordentlicher Tapferkeit. Trotzdem wurden sie schließlich geschlagen, obgleich Mieroslawski einen geordneten Rückzug bewerkstelligte und nur wenig von der Ausrüstung seines Heeres verlor. Da die preußische Armee immer in der Lage war, schon durch das bloße Gewicht ihrer zahlenmäßigen Überlegenheit die Aufständischen in frontalen Angriffen oder Umgehungsmanövern zu überwältigen, waren die Chancen zu ungleich. Vor Mitte Juli war ganz Baden unterworfen. Nur in der Bundesfestung Rastatt hielten 6000 Mann bis zum 23. Juli aus. Unter ihnen befand sich der junge Carl Schurz, der während der Kapitulation der Gefangennahme durch abenteuerliche Flucht entging. Besondere Militärgerichte, die aus preußischen Offizieren zusammengesetzt waren, ihre Urteile jedoch im Namen des Großherzogs von Baden verkündeten, verhängten über die Führer und viele andere, die sich an der badischen Revolution beteiligt hatten, drakonische Strafen. Diese Strenge empörte die Bevölkerung. Die hohe Auswandererzahl dieser Jahre zeigt ihre Erbitterung. Aber selbst die wiedereingesetzte Regierung von Baden klagte über die Rechnung für die Kriegskosten und die preußische Besatzung des Staates, die zweieinhalb Jahre dauern sollte.

Preußens Politik nach der Revolution

So endete die Revolution des deutschen Volkes von 1848/49. Friedrich Wilhelm IV., der so entscheidend dazu beigetragen hatte, ihren Erfolg zu vereiteln, glaubte, der Moment sei für ihn gekommen, in Gemeinschaft mit den anderen deutschen Herrschern die nationale Einheit Deutschlands zu stärken. Nach der Abdankung Camphausens hätten es Graf Brandenburg und Freiherr von Manteuffel vorgezogen, eine aktive preußische Politik hinsichtlich einer Reform des Deutschen Bundes fallenzulassen, und hätten sich lieber nur darauf beschränkt, die offizielle Führung über die kleinen norddeutschen Staaten für Preußen zu gewinnen. Aber für Friedrich Wilhelm IV. hatte der Gedanke einer deutschen Nation größere Anziehungskraft als für die meisten preußischen Junker, vorausgesetzt, daß sie nicht das Ergebnis der Volkssouveränität war. Er brachte seinen persönlichen Freund Joseph Maria von Radowitz (1797–1853) nach Berlin zurück, damit er ihn und das Kabinett in deutschen Angelegenheiten berate.

Joseph von Radowitz

Radowitz, der Enkel eines ungarischen oder vielmehr kroatischen Offiziers, der im Siebenjährigen Krieg in Gefangenschaft geraten war und dann beschlossen hatte, in Norddeutschland zu bleiben, war ein hervorragender Offizier und militärischer Erzieher. In seiner Jugend hatte er französische Militärschulen besucht und als westfälischer Leutnant in der Schlacht bei Leipzig unter Napoleon gekämpft. Im Jahre 1823 war er nach Preußen gekommen, wo ihm sein scharfer Verstand und seine universale Bildung rasch die Anerkennung seiner militärischen Vorgesetzten eingetragen hatten. Aber noch wichtiger war das Aufkeimen einer nahen Freundschaft mit dem Kronprinzen, mit dem Radowitz gemeinsame politische Ideale pflegte. Nach seiner Thronbesteigung hatte Friedrich Wilhelm Radowitz als Berater und Helfer in vielen politischen Fragen herangezogen. Am Vorabend der Revolution hatte er ihn, wie bereits erwähnt, nach Wien zur Verhandlung über ein Reformprogramm für den Deutschen Bund geschickt. Radowitz war ursprünglich ein Verfechter der konservativen christlich-germanischen Ideale gewesen, war aber später über sie hinausgewachsen. Er hatte ein schärferes Auge für die Strömungen seiner Zeit als sein königlicher Freund. Er erkannte die Bedeutung der sozialen Frage und der nationalen Idee für die Zukunft des modernen Staates und glaubte, daß eine konservative Ordnung nicht überleben könne, wenn sie nicht die soziale Frage lösen und dem Konstitutionalismus Zugeständnisse machen würde.

Radowitz war ein frommer Katholik. Als Mitglied der Paulskirche war er der Vorsitzende der losen Vereinigung katholischer Abgeordneter und damit weitgehend für die neue Freiheit verantwortlich gewesen, die die Frankfurter Verfassung den Kirchen gewährte. Aber als er bei der Kaiserwahl für den preußischen König stimmte, betrachteten ihn die deutschen Katholiken mit Mißtrauen. Auch bei den konservativen preußischen Junkern machten ihn sein Katholizismus und deutscher Patriotismus verdächtig. Obgleich er in die alte preußische Aristokratie hineingeheiratet hatte, galt er immer noch nicht als in der preußischen Tradition verwurzelt. Daher beruhte seine politische Autorität fast ausschließlich auf der persönlichen Unterstützung des Königs, und er konnte nicht erwarten, diesen schwankenden Gefühlspolitiker über gewisse Grenzen hinaus zu beeinflussen. Bismarcks Charakterisierung von Radowitz als dem „geschickten Garderobier der mittelalterlichen Phantasie des Königs" ist völlig ungerecht. Mehr als jeder andere in der Umgebung des Königs bemühte sich Radowitz, den Regenten mit einigen neuen Kräften des Zeitalters vertraut zu machen. Aber es ist richtig, daß er selbst weit davon entfernt war, sie alle zu erfassen, und daß er seiner Überzeugung und seinem Temperament nach ihnen schwerlich gerecht werden konnte. Seine Beurteilung der internationalen Fragen war unsicher, und zwar hauptsächlich deshalb, weil er das Element der Macht unterschätzte, und in seiner eigenen Politik hielt ihn sein starker Glaube an die Heiligkeit des Rechts davon ab, seine Trümpfe zur rechten Zeit auszuspielen.

Radowitz' Programm

In vielen Punkten brachte das Programm, für das Radowitz die Zustimmung des Königs gewann, keine Neuerung. Er schlug die Gründung einer weiteren und einer engeren Union vor. Die erstere sollte ein Staatenbund, die letztere ein Bundesstaat werden. Die weitere Union sollte den ganzen früheren Deutschen Bund umfassen unter Hinzuziehung der nichtdeutschen Besitzungen Österreichs. Dieser neue Bund sollte von einem Direktorium von Regensburg aus geleitet werden, in dem Österreich, Preußen und alle anderen deutschen Staaten zusammen mit je zwei Stimmen vertreten waren. Ein mitteleuropäischer Zollverein und eine gemeinsame Handelspolitik waren vorgesehen. Radowitz wünschte nicht nur, die konsulare Vertretung aller Mitgliedsstaaten diesem Direktorium anzuvertrauen, sondern er hoffte auch, daß es als ein Organ zur Bildung einer gemeinsamen Außenpolitik dienen würde.

Die „engere Union" sollte ein Bundesstaat sein und aus allen deutschen Ländern mit Ausnahme der deutschen und nichtdeutschen Länder des Habsburgerreichs bestehen. Sie sollte den Namen „Deutsches Reich" erhalten. Als Vorbild diente die Frankfurter Verfassung, aber erst nachdem ihre demokratischen und zentralistischen Züge getilgt worden waren. Die Exekutivgewalt wurde nicht einem Erbkaiser, sondern dem preußischen König als dem Haupt des Reiches verliehen, den bei der Gesetzgebung ein Kollegium von sechs Fürsten unterstützen sollte. Das Reichsoberhaupt erhielt die absolute Vetogewalt über alle Gesetzgebung. Die beiden Kammern bekamen gleiche Rechte, selbst in bezug auf Finanzvorlagen. Das allgemeine, direkte und geheime Wahlrecht wurde jedoch für die zweite Kammer durch ein plutokratisches System und durch indirekte Wahlen ersetzt. Alle diese Änderungen hatten den Zweck, das monarchische Prinzip zu stärken und den Staaten größere Beteiligung an der Regierung des Reiches zu verschaffen. Auch durch die finanzielle Abhängigkeit des Reichs von den Staaten wurde deren Einfluß beträchtlich gestärkt. Das Reich sollte sich finanziell auf Matrikularbeiträge und darüber hinaus auf Anleihen stützen. Von unmittelbarerer Bedeutung war jedoch die Erklärung, daß die Mitgliedschaft in der neuen Union völlig freiwillig sein würde. Ein Staat, der seinen Beitritt verweigerte, würde einfach ein Mitglied des größeren Staatenbundes bleiben. Sobald es ersichtlich wäre, wie viele Regierungen dem Bundesstaat beitreten und seine Verfassung annehmen wollten, sollte sein Parlament einberufen werden, um über die Verfassung zu beschließen. Danach sollte mit der Ernennung von Bundesministern und der Organisation ihrer höchsten Ämter der neue Bund seine Existenz beginnen.

Der Plan, einen Bundesstaat unter preußischer Führung durch die Zusammenarbeit der verbündeten deutschen Fürsten zu schaffen, machte sich zwar die nationale Volksbewegung nur begrenzt zunutze, bedeutete aber doch einen denkwürdigen Schritt in Richtung auf die Bismarcksche Politik der 1860er Jahre. Radowitz' Entwurf hatte einige ernste Schwächen. Es war nicht zu erwarten, daß Österreich in seinen Ausschluß aus Deutschland einwilligen würde, noch ließ sich voraussetzen, daß die mittelgroßen deutschen Staaten sich einer zentralen Autorität unterordnen würden, es sei denn, daß sie aus Furcht vor der Revolution den Schutz Preußens suchen würden. Andererseits konnten preußische Monarchisten argumentieren, daß Preußen, wenn es von sechs Stimmen im Rate der Fürsten nur eine und nur weniger als ein Viertel der Sitze im Staatenhaus besäße, trotz der ausschließlichen Exekutivgewalt des preußischen Königs von den kleinen Staaten überstimmt werden würde.

Potsdamer Konferenzen

Von der preußischen Regierung eingeladen, konferierten die Vertreter der größeren deutschen Staaten im Mai 1849 in Potsdam. Bayern behielt sich seine Entscheidung vor, dagegen schlossen Hannover und Sachsen am 26. Mai 1849 ein Bündnis mit Preußen für ein Jahr ab, um gemeinsam auf eine deutsche Union hinzuarbeiten, die die von Radowitz vorgeschlagene Verfassung haben sollte. Was sie zu diesem Bündnis trieb, war jedoch nur die Furcht vor Unruhen. Zudem machten sie starke Vorbehalte, indem sie sich ausbedangen, daß sie nur einer Union aller deutschen Staaten beitreten und auf gewisse Änderungen der Verfassung bestehen würden. Die kleineren Staaten schlossen sich bereitwilliger an. Am Ende des Sommers waren alle deutschen Staaten mit Ausnahme von Bayern, Württemberg und ein paar unbedeutenden Ländern dem Dreikönigsbündnis beigetreten. Im Juni kamen in Gotha etwa 150 Mitglieder der rechten Zentrumsgruppen des Frankfurter Parlaments zusammen und erklärten ihre Billigung der geplanten Union.

Aussichten der Radowitzschen Politik

Hätte Preußen im Sommer 1849 von seinen Verbündeten die sofortige Berufung des neuen Reichstags und die darauf folgende Gründung der Union verlangt, so hätte es damit wahrscheinlich Erfolg gehabt. Dabei wäre es nötig gewesen, diese Forderung mit der Mobilisierung der ganzen preußischen Armee zu decken unter dem Vorwand, daß die fortdauernde revolutionäre Situation diese Maßnahme nötig mache. Österreich war noch von dem Krieg und der Revolution in Ungarn in Anspruch genommen. Tatsächlich nahmen die Ereignisse in Ungarn eine ernste Wendung, und dies veranlaßte die österreichische Regierung im Mai, russische Hilfe zu verlangen. Zar Nikolaus sandte ein Heer von über 120 000 Soldaten nach Ungarn. Aber erst am 13. August ergaben sich die Magyaren bei Vilagos. Zwei Wochen später fanden die Kämpfe in Italien mit der Kapitulation der venezianischen Republik unter Daniele Manin ihren Abschluß. So wären weder Österreich noch Rußland imstande gewesen, entschieden auf ein preußisches *fait accompli* in Deutschland zu reagieren, und es ist fraglich, ob Rußland selbst zu einem späteren Zeitpunkt eingegriffen hätte, um so mehr, als eine russische Unterstützung Österreichs gegen Preußen England und Frankreich gereizt hätte.

Im frühen Stadium der Revolution von 1848 waren die Sympathien des Zaren mehr auf preußischer als auf österreichischer Seite gewesen. Die schleswig-holsteinsche Frage hatte dann bei ihm eine viel kritischere Haltung gegenüber Preußen hervorgerufen, während das Auftreten Schwarzenbergs mit seiner entschlossenen reaktionären Politik Rußlands Achtung vor Österreich gesteigert hatte. Aber im Jahre 1849 sah Nikolaus immer noch die beste Lösung in der Zusammenarbeit zwischen Österreich und Preußen und versuchte, diese zu fördern. Indessen verursachten die schleswig-holsteinschen Probleme neue Reibungen. Die Dänen kündigten im Februar den Vertrag von Malmö, und die Frankfurter Regierung sandte ein deutsches Heer unter dem Befehl des preußischen Generals von Prittwitz gegen sie. Der Fortschritt der deutschen Truppen war eindrucksvoll, und sogar Preußen zögerte, sich mit Dänemark zu vergleichen. Rußland übte den stärksten diplomatischen Druck auf Berlin aus und schickte ein Flottengeschwader in die dänischen Gewässer. Wie im Vorjahre gaben England und Frankreich außerdem zu verstehen, daß sie die Einbeziehung der beiden Herzogtümer in ein national reorganisiertes Deutschland nicht dulden würden. Friedrich Wilhelm fühlte sich nie wohl dabei, Rebellen gegen ihre legitimen Herrscher zu unterstützen. Radowitz drängte auf die Liquidierung des schleswig-holsteinschen Krieges, weil Preußens diplomatische Isolierung in Europa jede preußische Initiative in Deutschland verhindern würde. Damit hatte er recht, aber jetzt war ein preußischer Rückzug viel kostspieliger geworden. Im Jahre 1848 hatten verhältnismäßig befriedigende Aussichten bestanden, auf dem Wege diplomatischer Verhandlungen einen späteren Anschluß der Herzogtümer an Deutschland zu erzielen, besonders wenn die Deutschen bereit gewesen wären, das dänische Nordschleswig abzutreten; dagegen enthielt der neue Waffenstillstand vom 10. Juli 1849 keine spezifischen Zusicherungen hinsichtlich der Zukunft dieser Herzogtümer, obgleich zukünftige deutsche Ansprüche nicht völlig ausgeschlossen wurden.

Die Bereitwilligkeit der preußischen Regierung zu einem Kompromiß in der schleswig-holsteinschen Frage erleichterte die Beziehungen sowohl zu Rußland wie zu den westlichen Mächten. Palmerston gab zu verstehen, daß er für eine Integrierung Deutschlands unter preußischer Führung sei. Auch Frankreich stand dem Fortschritt Preußens nicht feindselig gegenüber. Es war über Schwarzenbergs Pläne eines mitteleuropäischen Bundes beunruhigt, insbesondere über die österreichische Politik und Kriegführung in Italien. Drouyn de l'Huis und sein Nachfolger, der große Historiker Alexis de Tocqueville, die beiden französischen Außenminister im Sommer 1849, waren geneigt, in der nationalen Konsolidierung Deutschlands eine Entwicklung zu sehen, die Europa gegen Rußland stärken würde. Die beiden westlichen Regierungen zweifelten jedoch an der Ernsthaftigkeit der Absichten Preußens und an der Fähigkeit der Regierung Friedrich Wilhelms IV., solche Absichten in eine praktische und entschlossene Politik umzusetzen.

Diese Zweifel waren wohl begründet. Preußen setzte seine Verhandlungen mit den zaudernden deutschen Königreichen fort, denen es durch die bewaffnete Unterdrückung der Revolution in der bayerischen Pfalz und in Baden neue Zuversicht gegeben hatte. Unterdessen vermochte Österreich seine Aufmerksamkeit wieder Deutschland zuzuwenden. Preußen wurde überredet, seine Beihilfe für die Anerkennung der Fortdauer des alten Deutschen Bundes zu leisten. Schwarzenberg machte den dem Anschein nach sehr großzügigen Vorschlag, daß Österreich und Preußen vorläufig gemeinsam die Zentralgewalt des Bundes übernehmen sollten, die zweifellos große internationale Bedeutung hatte und deren Erlöschen nicht zugelassen werden konnte, nachdem das Frankfurter Parlament, sein Ministerium und sein Reichsverweser, Erzherzog Johann, gefallen waren. Am 30. September einigten sich Österreich und Preußen auf ein Interim, demzufolge sie bis zum 1. Mai 1850 gemeinsam die Rechte und Pflichten des Regenten, dem der Bundestag im April 1848 seine Autorität übertragen hatte, übernehmen sollten (siehe S. 291).

Radowitz scheitert

Radowitz' politische Laufbahn ging rasch ihrem Ende zu. Er trug viel dazu bei, daß die preußische Verfassung vom 31. Januar 1850 von Friedrich Wilhelm IV. angenommen wurde. Aber als es zur Berufung eines deutschen Parlaments kam, um die Unterstützung des Volkes zu gewinnen, für das, was jetzt bescheidener Union, nicht Deutsches Reich genannt wurde, sah er sich auf allen Seiten von Opposition umgeben. Hannover und Sachsen erklärten, solange nicht alle deutschen Staaten das Dreikönigsbündnis unterzeichnet hätten, dürfe kein Versuch gemacht werden, die Union zu aktivieren. Die beiden Königreiche traten aus dem Bunde aus, als im Februar 1850 Wahlen abgehalten wurden. Die Wahlbeteiligung war ungewöhnlich gering. Die Demokraten empfahlen Stimmenenthaltung, da das Dreiklassensystem keine wahre Volksvertretung ergeben würde. Das Parlament, das am 20. März 1850 in Erfurt zusammentrat, wurde von den gemäßigten Liberalen beherrscht; nach ihnen machte eine starke Gruppe preußischer Konservativer, darunter Friedrich Julius Stahl, Ludwig von Gerlach und Otto von Bismarck, ihr Gewicht geltend. Ihr Einfluß reichte über das Parlament hinaus bis in das preußische Kabinett und den Hof. Je näher der Konflikt mit Österreich heranrückte, um so unentschlossener wurde Friedrich Wilhelm. Er bestand auf einer konservativen Revision des Verfassungsentwurfs. Das Erfurter Parlament kam seinem Wunsche nach, aber als es am 29. April sein Werk beendete, ernannte der König keine Minister der Union, sondern schickte die revidierte Verfassung zur abermaligen Überprüfung an die einzelnen deutschen Regierungen. Es scheint, daß er ihre Ablehnung wünschte, um einen Vorwand zu haben, das ganze Unternehmen fallenzulassen. Als die Fürsten im Mai in Berlin zusammenkamen, erklärten sich nur zwölf bereit, die revidierte Verfassung ohne weitere Änderungen anzunehmen. Infolgedessen wurde die tatsächliche Bildung der Union verschoben, bis ein Einverständnis zwischen den Regierungen erzielt sein würde.

Wiederherstellung des Deutschen Bundes

Unterdessen war Fürst Schwarzenberg jedoch zur Offensive übergegangen. Er wäre bereit gewesen, Preußen zu gestatten, die Führung in Norddeutschland zu übernehmen, aber der preußische König und Radowitz lehnten Pläne ab, die der bloßen Vergrößerung Preußens, nicht aber den nationalen Reformen, die sie im Sinne hatten, dienten. Schwarzenberg suchte zuerst mittels der vier deutschen

Königreiche die preußische Politik zu bekämpfen, hielt dann aber im Mai 1850 die Zeit für reif, um seine Karten aufzudecken. Er lud die deutschen Staaten nach Frankfurt ein und erklärte, obgleich Preußen und seine engsten Verbündeten nicht erschienen, mit dieser Konferenz den Plenarrat des Bundestages des Deutschen Bundes wiederhergestellt zu haben. Preußen und Österreich begannen einen Wettlauf um die Gunst des Zaren. In diesem Wettstreit hatte Österreich entschieden größeres Glück, wobei wiederum die schleswig-holsteinsche Frage für die Haltung des Zaren entscheidend war.

Der Waffenstillstand vom 10. Juli 1849 hatte nur eine provisorische Ordnung hergestellt, wonach die Herzogtümer von dänischen und preußischen Truppen besetzt blieben und von einer gemischten Kommission verwaltet wurden. Die Verhandlungen über eine endgültige Regelung erwiesen sich als schwierig. Der Zar verlangte, daß Preußen nicht nur den „Rebellen" alle Beihilfe entziehen, sondern den dänischen König auch aktiv bei der Wiederherstellung seiner Herrschaft unterstützen solle. Die zögernde Haltung Preußens reizte Nikolaus I., und die Politik der Erfurter Union, mit ihrer nationalen Volksvertretung, schien ihm ein weiteres Abweichen von dem geraden Pfad des konservativen Prinzips, auf dem sein Schwager Friedrich Wilhelm seiner Ansicht nach wandeln sollte. Am 2. Juli unterzeichnete die preußische Regierung einen Vertrag mit Dänemark, der die Herzogtümer ihrem Geschick überließ. Aber der Vertrag schloß dieses tragische Kapitel noch nicht ab. Die schleswig-holsteinsche Armee kämpfte allein weiter und wurde von den Dänen in der Schlacht von Idstedt am 24./25. Juli geschlagen. Schleswig mußte den Dänen überlassen werden, während Holstein von den schleswig-holsteinschen Truppen verteidigt wurde. Als Herzog von Holstein verlangte der König von Dänemark die Intervention des Deutschen Bundes gegen seine revolutionären Untertanen, und Nikolaus I. bestand darauf, daß der Bund sofort handeln sollte. Dieses Drängen des Zaren spielte Schwarzenberg in die Hände. Preußen hatte immer noch nicht die Wiederherstellung des Bundestages in Frankfurt anerkannt, aber Schwarzenberg ging jetzt noch weiter, indem er außer dem Plenum den Engeren Rat wieder einführte und diesen, selbst in Abwesenheit Preußens, für zuständig erklärte, die holsteinsche Frage zu behandeln.

Auch noch ein anderes Ansuchen um Intervention des Bundes wurde vom Bundestag gutgeheißen. Schon lange hatte Kurhessen, mehr als jeder andere Staat, unter dem willkürlichen Despotismus seiner nichtswürdigen Herrscher gelitten. Jetzt, wo die revolutionäre Flut verebbte, wollte sich Kurfürst Friedrich Wilhelm der Beschränkungen entledigen, die ein liberales Parlament und die Mitgliedschaft in der Deutschen Union seiner Souveränität auferlegt hatten. Sein Minister Daniel von Hassenpflug löste die liberale Kammer auf und konfrontierte die neue Kammer mit der entschiedenen Forderung, die Fortsetzung aller bestehenden Steuern zu genehmigen, während er ihr gleichzeitig die Voranschläge des Staatshaushalts vorenthielt. Als sich die Kammer unter diesen Bedingungen weigerte, direkte Steuern zu bewilligen, wurde sie aufgelöst und die Steuern wurden durch einen Erlaß auferlegt. Eingedenk ihres Eides auf die Verfassung, lehnten es die Staatsbeamten und Richter ab, die verfassungswidrigen Verordnungen in Kraft zu setzen, und etwas später nahmen alle Offiziere der hessischen Armee ihren Abschied. Der Kurfürst verhängte den Belagerungszustand über das Land und begab sich nach Frankfurt.

Am 21. September erklärte sich der Bundesrat bereit, den Kurfürsten zu unterstützen. Es war die Funktion des Bundestags, Bürge sowohl für die Rechte des deutschen Volkes und eine rechtmäßige Verwaltung als auch für das monarchische Prinzip zu sein. Aber in diesem Augenblick hatte die Politik Österreichs nur ein Ziel, nämlich zu beweisen, daß der Deutsche Bund ein brauchbares Instrument zur Bewahrung der Souveränität der einzelnen deutschen Fürsten sei. Der Abfall des Kurfürsten von Hessen von der von Preußen inspirierten Deutschen Union war besonders dazu angetan, dieses preußische Projekt zu durchkreuzen, da Preußen ganz besondere Interessen und Rechte in Hessen hatte. Dieser Staat bildete die bequemste Brücke zwischen den voneinander getrennten westlichen und östlichen Teilen der preußischen Monarchie, und Preußen hatte das Recht, zwei hessische Straßen zur Truppenbewegung zu benutzen.

Preußen erklärte die Pläne einer Bundesexekution für illegal. Rußland unterstützte Österreich, obwohl es ängstlich bedacht war, einen Krieg zu vermeiden. Ein russischer Gesandter wurde in Frankfurt akkreditiert, um der Anerkennung des Bundestags durch Rußland Ausdruck zu verleihen. Schwarzenberg erhielt die geheime Zusage, daß Rußland den Widerstand Preußens gegen eine Bundesintervention in Holstein als einen *casus belli* betrachten und moralische Hilfe in der hessischen Frage leisten würde. Schon früher hatte der Zar seine Zustimmung zu Schwarzenbergs Plänen gegeben, einen mitteleuropäischen Bund zu schaffen. Am 11. Oktober schlossen Österreich, Bayern und Württemberg ein Bündnis. Am Ende des Monats rückten bayerische Truppen vom Süden und preußische Heereseinheiten vom Norden nach Kurhessen. Graf Brandenburg war am 15. Oktober nach Warschau geschickt worden, um die preußische Politik vor Zar Nikolaus zu verteidigen. Preußens Ziele waren jetzt sehr bescheiden geworden. Die preußische Regierung bestand immer noch darauf, daß der Bundestag erst dann wiedereingesetzt werden sollte, wenn sich die deutschen Staaten in freien Konferenzen über eine Reform des Deutschen Bundes geeinigt hätten. Preußen forderte, gemeinsam mit Österreich, Präsidialmacht des Bundes zu werden und auch an der Exekutivgewalt teilzunehmen, und willigte ein, daß keine Volksrepräsentation in den Bundestag eingebaut werde. Es gab zwar zu, daß die Verfassung der Union gegenwärtig nicht verwirklicht werden könnte, wünschte aber, daß die Staaten das Recht zu freiwilligen Vereinigungen innerhalb des Bundes behielten. Andererseits sollte das ganze Habsburgerreich in den

Bund aufgenommen werden. Gemischte österreichisch-preußische Kommissionen sollten die schwebenden Unruhen in Holstein und Hessen aus dem Wege räumen.

Schwarzenberg, der mit seinem Monarchen zu einem Staatsbesuch nach Warschau kam und bei dieser Gelegenheit auch mit Graf Brandenburg konferierte, war nicht gewillt, Preußen die Genugtuung zu verschaffen, als Vorkämpfer der deutschen Einheit aufzutreten. Er bestand darauf, daß die Verfassung der Deutschen Union öffentlich revoziert werde. Auch war der österreichische Ministerpräsident nicht bereit, Preußen eine Österreich ebenbürtige Stellung im Bunde einzuräumen. Sein einziges Zugeständnis war die Billigung diplomatischer Konferenzen über eine Reform des Bundes, die einen Aufschub in der Anerkennung des Bundestages durch Preußen mit sich gebracht hätten. Aber Graf Brandenburg hatte jeden Glauben an die Union verloren, die ihm immer mehr als Mittel zur Stärkung Preußens zugesagt hatte und nicht, weil sie ein entschiedener Schritt zur nationalen Einigung war. Er ließ sich ohne Schwierigkeit überzeugen, daß die Zusicherung freier Konferenzen, auf denen Preußen, wie er hoffte, Österreich weitere Zugeständnisse abgewinnen würde, die Kündigung der Union aufwiegen würde.

Die Olmützer Punktation

Nach seiner Rückkehr nach Berlin befürwortete Brandenburg eine versöhnliche Politik, im Gegensatz zu Radowitz, der an seinem Programm festzuhalten wünschte und vorschlug, die österreichischen Truppenbewegungen mit der Mobilisierung des preußischen Heeres zu beantworten. Die Möglichkeit des Krieges erschreckte besonders Otto Freiherrn von Manteuffel, der, wahrscheinlich mit Recht, argumentierte, Preußen könne nicht hoffen, einen Krieg zu gewinnen, wenn es sich nicht mit den liberalen Kräften in Deutschland verbündete, in diesem Falle aber würden letztere voraussichtlich auch in Preußen die Oberhand gewinnen. Dieses ideologische Argument beeindruckte auch den König. Am 3. November nahm er den Rücktritt Radowitz' an. Am selben Tage erkrankte Graf Brandenburg ernstlich. Er starb am 6. November, und Manteuffel wurde preußischer Ministerpräsident. Obgleich einige kritische Tage folgten, hatte die Tatsache, daß Preußen so gut wie alle seine früheren Stellungen aufgegeben hatte, den Weg für eine Lösung freigegeben. Das endgültige Ergebnis wurde durch ein österreichisches Ultimatum erzielt. Am 29. November 1850 unterzeichneten Manteuffel und Schwarzenberg in Olmütz eine österreichisch-preußische „Punktation". An Preußen wurden nur geringfügige Zugeständnisse in der hessischen Frage gemacht. In Holstein sollte die alte Ordnung durch österreichische und preußische Kommissare, die der Autorität des Deutschen Bundes unterstanden, wiederhergestellt werden. Österreich gab seine Einwilligung zu freien Konferenzen über die Reform des Bundes, und zwar sollten diese in

Dresden und nicht in Frankfurt oder Wien abgehalten werden, da Preußen seinen Unionsplan offiziell aufgegeben hatte. Dagegen einigten sich Schwarzenberg und Preußen nicht auf ein gemeinsames Reformprogramm, das den deutschen Staaten vorgelegt werden sollte, und es war kaum zu erwarten, daß die Konferenzen ohne vorheriges Einverständnis zwischen den beiden Großmächten positive Ergebnisse zeitigen würden. Tatsächlich erwiesen sich die Konferenzen, die zwischen Dezember 1850 und März 1851 stattfanden, als nutzloses Gezanke. Österreich verweigerte Preußen eine gleichberechtigte Stellung, worauf Preußen seinerseits sich weigerte, das ganze Habsburgerreich zum Bunde zuzulassen. Schwarzenberg mußte den Gedanken eines „Siebzigmillionen-Reichs" in Mitteleuropa aufgegeben, um so mehr, als Frankreich und England in Wien gegen diesen Plan heftigen Einspruch erhoben und selbst Zar Nikolaus ihn jetzt ungelegen fand. Unter diesen Umständen war die einfache Rückkehr zu dem alten System von 1814 die einzig mögliche Lösung. Im Sommer 1851 nahm der Bundestag seine Tätigkeit in Frankfurt wieder auf.

Zehntes Kapitel

DAS ZEITALTER DER REAKTION

Die Umwandlung des Obrigkeitsstaates in einen Volksstaat und die Verwirklichung der deutschen nationalen Einheit waren die Hauptziele der Revolution von 1848/49 gewesen. Beide Ziele hatten sich als unerreichbar erwiesen. Die revolutionäre Flut, die im März 1848 über ganz Deutschland hinweggegangen war, verebbte rasch und verschwand. Im Frühjahr 1848 hatte es den Anschein, als sei es der revolutionären Bewegung gelungen, nicht nur große konkrete Zugeständnisse zu gewinnen, sondern auch den Glauben der herrschenden Klasse an die moralischen Grundlagen der alten politischen Ordnung zu erschüttern. Aber sobald die Regierungen ihre Bereitwilligkeit zum Kompromiß angedeutet hatten, begann die Volksbewegung ihre Einheit zu verlieren. Es traten Unterschiede der sozialen und politischen Ziele zutage, die der revolutionären Bewegung Kraft entzogen und den schließlichen Sieg der Gegenrevolution ermöglichten.

Gründe für das Scheitern der Revolution

Die Gründe für das Scheitern der Revolution lagen tief in der historischen Struktur des deutschen politischen und sozialen Lebens verankert, die zwar durch die Einwirkung neuer materieller und ideologischer Faktoren etwas erschüttert, aber nicht grundsätzlich verändert worden war. Ursprünglich hatte die Unzufriedenheit mit den sozialen Zuständen das Feuer der Revolution entfacht. Ohne die Aufstände der Bauern und vor allem ohne die Kämpfe der Handwerker und Arbeiter hätte in Deutschland keine Revolution stattgefunden, noch wäre es zu den „Märzregierungen“ und den parlamentarischen Versammlungen in Frankfurt, Berlin und Wien gekommen. Diese Massenaufstände hoben jedoch die höheren Mittelklassen für den Augenblick in eine führende Stellung. Wie die Wahlen deutlich zeigten, war die Hochachtung vor Bildung und selbsterworbenem Reichtum in Deutschland noch allgemein verbreitet. Unter diesen Umständen war es natürlich, daß der politische Liberalismus, den diese Gruppen gepredigt hatten, fast allen revolutionären Elementen als das politische Allheilmittel erschien, obgleich die Tragweite des liberalen Programms von den Massen kaum verstanden wurde.

Fehlen einer gemeinsamen Front

In diesem Zeitalter hatten die Bauern als Klasse keine weitreichenden politischen Ziele. Sie waren von ihren unmittelbaren Bedürfnissen in Anspruch genommen und erstrebten vor allem die Befreiung von den feudalen Lasten, die noch auf Land und Volk ruhten. Da selbst die Konservativen bereit waren, diese Verpflichtungen zu liquidieren, fielen die Bauern in den meisten Teilen Deutschlands bald in politische Gleichgültigkeit zurück. Dieser Vorgang war für den Verlauf der Revolution hauptsächlich wohl durch seine Wirkung auf die Armeen wichtig, die vorwiegend aus Bauernsöhnen zusammengesetzt waren. Wenn die Unruhen auf dem Lande fortbestanden hätten, wäre vermutlich die preußische Armee für revolutionäre Propaganda zugänglicher geworden. Wie die Dinge jedoch lagen, blieb das preußische Heer eine zuverlässige Machtstütze in den Händen des Königs.

Aber sogar die städtischen Mittelklassen waren unter sich gespalten. Die Handwerker, deren Lebensunterhalt durch den Bevölkerungszuwachs und die beginnende Maschinenproduktion bedroht wurde, wünschten keine Gesetzgebung, die den Übergang zur modernen industriellen Organisation fördern würde; ganz im Gegenteil, sie verlangten den Schutz oder sogar die volle Wiederherstellung des alten Zunftsystems. Die Entwicklung der politischen Haltung der Handwerkerklasse, die in sich selbst schon durch den Gegensatz zwischen Meistern und Gesellen gespalten war, nahm nicht überall dieselben Formen an. Aber beträchtliche Gruppen innerhalb dieses Gesellschaftssektors merkten im Verlauf eines Jahres, daß bei den Führern des Liberalismus politische und wirtschaftliche Freiheit Hand in Hand gingen und daß sie korporative Einrichtungen ablehnten. So wurden diese Gruppen geneigt, ihren Frieden mit den konservativen Regierungen zu machen, die ihrerseits rasch ihre politische Chance erkannten.

Zum allermindesten hätte es einer gemeinsamen Front der städtischen Mittelklassen bedurft, um den Druck zu erzeugen, der nötig war, um die deutschen Regierungen dem Volkswillen gefügig zu machen. Wenn wir einen Augenblick darüber nachdenken, welches Programm ein großer revolutionärer Führer hätte aufgreifen müssen, um die revolutionäre Bewegung aufrechtzuerhalten, so könnte man an Maßnahmen wie die Aufhebung aller feudalen Lasten ohne Entschädigung der Besitzer oder sogar an eine revolutionäre Landverteilung denken. Solche Maßnahmen hätten den revolutionären Geist unter den Bauern möglicherweise wachhalten können, aber in den Städten hätte nur die Proklamierung des Rechts eines jeden auf Arbeit genügend Unterstützung zu mobilisieren vermocht. Zwar hätte eine solche Erklärung die Meister der Handwerkszünfte nicht befriedigt; sie hätte aber vielleicht die Gesellen gewonnen. Sie hätte gewiß den Fabrikarbeitern zugesagt und hätte möglicherweise dazu geführt, daß sie eine bedeutendere Rolle in der Revolution gespielt hätten, als es tatsächlich der Fall war.

Unantastbarkeit des Eigentums

Solche theoretischen Konstruktionen sind nur insofern nützlich, als sie die bestehenden Bedingungen schärfer ins Licht rücken. Die Liberalen waren von der Unantastbarkeit des Eigentums zu überzeugt, um eine revolutionäre Landreform oder auch nur die Abschaffung der feudalen Verpflichtungen ohne Entschädigung der Besitzer ins Auge zu fassen. Ebenso war die Theorie vom Recht auf Arbeit mit dem liberalen Denken unvereinbar. Andererseits lag es den deutschen Liberalen von 1848 nicht, vorübergehend die eine oder andere Politik als taktischen Kunstgriff anzuwenden, in der Art, wie Bismarck 15 Jahre später sich revolutionärer Prinzipien bediente, um konservative Ziele zu fördern. Soweit die Liberalen, vor allem die gemäßigten Liberalen, zu taktischen Kompromissen bereit waren, neigten sie eher dazu, sich mit den alten Mächten einzulassen. Von Anfang an war die deutsche Bourgeoisie, einschließlich der kleinbürgerlichen Gruppen, von der Furcht besessen, daß die Revolution zu einer Wiederholung der Schreckensherrschaft der großen Französischen Revolution oder gar zum Kommunismus führen könnte. Diese Furcht brachte es mit sich, daß sie von vornherein zögerten, vorteilhafte Lagen, die sie den alten Autoritäten gegenüber erreicht hatten, wirklich auszunützen. Nirgendwo unterwarfen die „Märzregierungen" die Monarchen wirklich ihrem eigenen Willen. Die Liberalen begnügten sich mit halben Zugeständnissen, weil sie in den alten staatlichen Einrichtungen eine Sicherung gegen das Chaos sahen. Bald wendeten sie die Polizeigewalt des Staates recht kräftig gegen soziale Störungen an, und sie hielten sorgfältig die Mitglieder der unteren Klassen aus den Bürgerwehren heraus.

Klassenunterschiede

Jedermann wünschte zwar die Schaffung einer nationalen, alle Klassen umfassenden Gemeinschaft, doch die Klassenunterschiede gingen zu tief, um sich leicht überbrücken zu lassen. Die Tradition einer abgestuften sozialen Ordnung war in den deutschen Mittelklassen nicht weniger eingewurzelt als im Adel. Nicht nur die Reichen, sondern auch die Gebildeten schreckten vor der Berührung mit den Massen zurück. Eine höhere Bildung gab als solche wenig Gefühl für die soziale Wirklichkeit, sondern brachte eher einen aristokratischen Individualismus. Einen Monat nach dem Ausbruch der Revolution hören wir den Radikalen David Friedrich Strauss darüber klagen, daß es „einer Natur wie der seinigen unter dem Polizeistaat wohler als jetzt" gewesen sei. Denn damals sei er imstande gewesen, sich ausschließlich der „freien Theorie" zu widmen, ohne Rücksicht auf „Zweck und Bedürfnis". Und er zieht den Schluß: „Denn das Gleichheitsprinzip ist auch dem geistigen Vorrang wie dem materiellen feind. Es haßt Bildung wie Besitz" — eine Feststellung, die in endlosen Variationen von Generationen gebildeter Deutscher wiederholt werden sollte.

Zu viele Schauplätze

Die zentrifugalen Tendenzen der Mittelklassen vereitelten eine gemeinsame Anstrengung zur Erzielung einer liberalen Ordnung. Zweifellos wurde ein solcher Kampf weiterhin durch die Tatsache erschwert, daß er auf vielen Schauplätzen ausgefochten werden mußte. In Frankreich diente immer Paris als Schaubühne letzter Entscheidungen, und dadurch nahm dort der Verlauf der Revolution einen einzigartig dramatischen Charakter an. Im Gegensatz dazu verteilten sich in Deutschland die Ereignisse auf Wien, Berlin, Frankfurt und andere, kleinere Hauptstädte. Unter diesen Umständen war es schwierig, alle Kräfte auf gemeinsame Ziele hinzulenken. In Frankreich war die nationale Einheit schon größtenteils ein Erbe des Ancien Régime. In Deutschland dagegen war sie ein unerfüllter Traum, der erst nach gewonnenem Kampf um liberale und demokratische Einrichtungen verwirklicht werden konnte. Es ist fraglich, bis zu welchem Grade nationale Ideale Anziehungskraft für die Bauernbevölkerung besaßen. Sie übten einen gewissen Einfluß im Südwesten, in Schleswig-Holstein und in einigen anderen Grenzgebieten aus. Dagegen wurden in Südbayern, in Brandenburg und in Pommern die Bauern von nationalen Wahlsprüchen nicht angesprochen; sie suchten für ihre Beschwerden ausschließlich bei ihren Staatsregierungen Abhilfe. Ein Nationalgefühl, das mannigfache Formen annahm, durchdrang jedoch die Mittelklassen und wurde auch von einigen konservativen Kreisen und proletarischen Gruppen gehegt. Für Marx und Engels war eine geeinte deutsche Republik ein notwendiger Schritt zur Organisierung einer internationalen Arbeiterbewegung.

Popularität des Nationalismus

Während der Revolution wurde der Nationalismus sehr populär, weil er viele der zentrifugalen Tendenzen zu überwinden half, die ihren Ursprung in der sozialen und regionalen Trennung des deutschen Volkes hatten. Das nationale Ideal brachte den großen politischen Kompromiß zwischen den Liberalen und den Demokraten zustande, der in der Frankfurter Nationalversammlung eine Mehrheit für die Annahme der Verfassung vom 28. März schuf. In ähnlicher Weise war die großdeutsche Opposition aus Vertretern verschiedenartiger Verfassungsprogramme zusammengesetzt. Nirgendwo in Deutschland war der Nationalismus völlig getrennt von dem Wunsche nach einer Regierungsreform. Tatsächlich liegt es in der Natur jeden Fortschrittes zu nationaler Einheit, daß er neue Freiheiten mit sich bringt, da er die bürokratische Bevormundung in den kleinen Staaten abschafft. Aber bei den Deutschen überschattete unter den bestehenden Bedingungen das Ideal der nationalen Einheit allzuleicht das Ideal der Freiheit, vor allem bei denen, die sich danach sehnten, Deutschland eine unabhängige Stellung in internationalen Fragen einnehmen zu sehen.

Im Januar 1849 sagte der Historiker Dahlmann, der Hauptverfechter der Sache Schleswig-Holsteins gegen die Dänen, in Frankfurt: „Die Bahn der Macht ist die einzige, die den gärenden Freiheitstrieb befriedigen und sättigen wird, – denn es ist nicht bloß die Freiheit, die der Deutsche meint, es ist zur größeren Hälfte die Macht, die sich ihm bisher versagte, nach der es ihn gelüstet." Mit dieser Feststellung enthüllte Dahlmann mehr als seine eigenen Gefühle oder die die Gesinnung der gemäßigten Liberalen, seiner nahen politischen Freunde. Selbst unter den Radikalen schien der Wunsch nach nationaler Macht oft die Leidenschaft für innere Reform zu überwiegen. Es ist nicht ungewöhnlich, daß ein Volk im Zustand revolutionärer Begeisterung gegen diejenigen, die seine Pläne von außen stören, anmaßend wird. Die Wendung der Jakobiner zur Eroberungspolitik ist ein frühes Beispiel einer solchen Reaktion. Die Gefahr war noch größer in Deutschland, wo die bestehende Ordnung in enger Beziehung zu den internationalen Kräften stand. Was damals gewöhnlich die Heilige Allianz genannt wurde, d. h. die Zusammenarbeit des russischen Zaren, des österreichischen Kaisers und des preußischen Königs, war in Deutschland eines der tragenden Elemente der konservativen Regierung gewesen. Die mündlichen Kriegsdrohungen, die gegen Rußland erhoben wurden, dürfen nicht als Beweis einer angeborenen deutschen Kriegsbesessenheit ausgelegt werden, um so mehr, als die Erregung des Volkes sich recht schnell wieder legte.

Einstellung gegenüber anderen Nationen

Ernster war es, daß die meisten Liberalen und Demokraten dazu neigten, gerade in dem Augenblick, in dem die deutsche Revolution die nationale Selbstbestimmung zur Grundlage allen Rechtes erklärt hatte, sich über die Rechte der kleinen Nationen und Nationalitäten hinwegzusetzen. Wir dürfen nicht vergessen, wie neuartig viele nationale Probleme 1848 waren. So hatte sich z. B. das Nationalbewußtsein unter den Tschechen erst 30 Jahre vorher aus kleinen Anfängen entwickelt, und es gab niemanden in Europa, der die Gründung eines tschechischen Staates für vernünftig gehalten hätte. Auch soll nicht unerwähnt bleiben, daß die Frankfurter Nationalversammlung am 31. Mai einen Beschluß faßte, der fremden Nationalitäten das Recht einräumte, ihre Sprache in Kirche, Schule und in den Gerichten zu gebrauchen, und daß dieser Minoritätenschutz in die Grundrechte der Verfassung aufgenommen wurde. Gegen die Abtretung von Gebieten, deren Einwohner fremder Nationalität waren, sperrten sich jedoch die meisten Liberalen und Demokraten. Sie wollten Triest und Trient, trotz ihres einwandfrei italienischen Charakters, nicht aufgeben und erhoben gegen die Trennung der vorwiegend dänischen Teile von Nordschleswig Einspruch. Eine solche Haltung wurde dann meist mit dem Hinweis auf die höheren Ansprüche gerechtfertigt, die Deutschland als eine große Nation erheben konnte.

Hinsichtlich des polnischen Problems nahmen die Entschuldigungen von seiten Deutschlands einen unangenehmen chauvinistischen Ton an, am schlimmsten in der Rede des ostpreußischen Demokraten Wilhelm Jordan. In diesem Appell an den „gesunden Volksegoismus", an „das Recht des Stärkeren, das Recht der Eroberung" und an „die Übermacht des deutschen Stammes gegen die meisten slawischen Stämme" wurde geleugnet, daß die Regeln des Rechts auf die Geschicke der Nationen anwendbar seien. Mehr noch als die Vereitelung jeder Reform in der Verwaltung der polnischen Provinzen Preußens, für die Friedrich Wilhelm IV. und die preußische Armee die Hauptverantwortung trugen, ließ die Hemmungslosigkeit der Sprache Jordans für die Zukunft Unheil ahnen.

Die Nationalbewegung der Polen hatte in Deutschland ihren Mittelpunkt im Großherzogtum Posen, dem 1815 weitreichende Sonderrechte und die Erhaltung seiner polnischen Kultur versprochen worden waren. Aber diese Rechte wurden nach der polnischen Revolution aufgehoben, und die preußische Regierung verfolgte ein Jahrzehnt lang eine gemäßigte Politik der Germanisierung. Friedrich Wilhelm IV., der ein Gefühl für den Wert von nationalen Kulturen besaß, gab der polnischen Sprache nach 1840 neue Freiheit; sein liberaleres Regime wurde jedoch bald zu verschwörerischen Aktivitäten ausgenutzt. Die Aufstände, die aus ihnen 1846 hervorgingen, als Österreich Krakau annektierte, wurden mit Leichtigkeit niedergeschlagen. Im Gegensatz zu der russischen und österreichischen Regierung bediente sich die preußische bei den polnischen Aufständen dieser Jahre nicht der Galgen und Erschießungspelotons. Die polnische Nationalbewegung war tief gespalten. Noch 1830 waren ihre Führer fast ausschließlich polnische Edelleute, später nahm sie auch demokratische Ideen auf, die bei den ungebildeten und elenden polnischen Bauern Erwartungen auf eine soziale Revolution weckten. Bisher war noch keine polnische Mittelklasse entstanden, die als eine vermittelnde Kraft hätte dienen können. Im Jahre 1848 hätte die Wiederherstellung des Polen von 1772 wahrscheinlich zur Vernichtung der ganzen polnischen Oberschicht und zu führerlosem Chaos geführt.

Aber die Freiheit der Polen lag allen Liberalen am Herzen. Im Frühjahr 1848 trat das Volk in Deutschland enthusiastisch für die Wiederherstellung Polens ein, und viele forderten Krieg gegen Rußland. Der preußische Außenminister Heinrich von Arnim war geneigt, der Volksstimmung nachzugeben, und bewaffnete polnische Emigranten erhielten die Erlaubnis, in die Provinz Posen zu gehen. Zwar war Friedrich Wilhelm IV. keineswegs bereit, gegen den Zaren Krieg zu führen, aber er hatte die Schaffung eines polnischen Nationalkomitees gestattet. Dieses verweigerte jedoch bald jede Zusammenarbeit mit den Deutschen, obwohl diese mehr als ein Drittel der Bevölkerung ausmachten. Schlimmer als das, es kam zu heftigen Ausschreitungen gegen Deutsche und Juden. Die schwachen preußischen Garnisonen waren machtlos. In Posen und in den östlichen preußischen Provinzen waren die Deutschen bestürzt und verlangten Hilfe. Gleichzeitig wurden alle Pläne für einen Krieg gegen Rußland erstickt, teils von Friedrich Wilhelm IV., teils durch britischen diplomatischen Druck. Alle, für die die Gewährung der Freiheit an die Polen nur ein antirussischer Schachzug gewesen war, verloren das Interesse an der polnischen Frage. Die preußische Regierung machte sich daran, die Polen in Posen zu entwaffnen, und die Frankfurter Nationalversammlung beschloß, daß der größte Teil der Provinz als deutsch anzusehen sei und Vertreter nach Frankfurt entsenden solle. Nur das Gebiet, in dem ungefähr zwei Fünftel der gesamten Polen der Provinz wohnten, wurde als polnisch anerkannt. In der Versammlung erhoben sich nur wenige, wie Robert Blum, um darauf hinzuweisen, daß die Mehrheit gerade die Ideale verrate, auf denen sie einen deutschen Nationalstaat aufzubauen vorschlug.

Die politische Reaktion

Die politische Reaktion hatte in Deutschland schon 1849 begonnen, anfangs äußerte sie sich in der Verfolgung verdächtiger Einzelpersonen. In Preußen waren die politischen Prozesse, durch die die Regierung die Führer der Revolution zu diffamieren suchte, besonders bedrückend. Da aber damals eine aktive Politik zur Schaffung einer Deutschen Union betrieben wurde, wollte Preußen in den Augen Deutschlands liberal erscheinen, und so wurden immer noch liberale Reformen staatlicher Einrichtungen durchgeführt. Die wichtigste Reform von Dauer war die Annahme der preußischen Verfassung vom 31. Januar 1850, die wir schon behandelt haben (siehe S. 306 ff.). Auf eine frühere Reformgesetzgebung, die eine liberale Gerichtsorganisation, mit dem Geschworenengericht als wichtigster Neuerung, eingeführt und die patrimoniale Gerichtsbarkeit der Gutsbesitzer abgeschafft hatte, folgte ein Gesetz, das die Befreiung der Junkergüter von der Grundsteuer aufhob; ein weiteres Gesetz beschleunigte die Liquidierung der feudalen Lasten der Bauern. Am 11. März 1850 wurden zwei außerordentlich durchgreifende Kommunalgesetze, eine Gemeindeordnung und eine Kreis-, Bezirks- und Provinzialordnung erlassen. Zum ersten Mal wurde eine Gemeindeordnung nicht nur für Einzelprovinzen, sondern für den ganzen preußischen Staat geschaffen. Diese neue Verordnung war vorwiegend in der Begriffssprache des französischen Verfassungsrechts abgefaßt, das bis dahin nur im Rheinland eine starke Wirkung hinterlassen hatte. Stadt und Land wurden gleichartig behandelt. Die Organisation der Dorfverwaltung war zwar einfacher als die der Städte, folgte aber denselben Prinzipien. Die drastischste politische Folge war die Absorbierung der Rittergüter durch das Dorf und die daraus folgende Abschaffung der Polizeigewalt der Landjunker. Die lokale Selbstverwaltung der ländlichen und städtischen Gemeinden wurde auf Kreis und Provinz ausgedehnt. Die vom Adel beherrschten alten Kreisstände und Provinziallandtage wurden durch neue repräsentative Körperschaften ersetzt, die keine Rücksicht auf die Standesherkunft nahmen. In der Praxis sahen die neuen Organe jedoch nicht viel anders als die alten aus, da das Stimmrecht an Besitz gebunden war. Die Gemeinderäte wurden auf dem Wege des Dreiklassenwahlrechts gewählt. Sie wählten ihrerseits die Mitglieder der Kreisversammlungen und diese wiederum die Abgeordneten zu den Provinzialversammlungen. Die zusätzliche Bedingung, daß die Hälfte der Mitglieder aller dieser repräsentativen Organe Grundbesitzer sein mußte, stärkte den Einfluß der Junker als der größten Gruppe der Großgrundbesitzer noch mehr.

Nach dem Zusammenbruch der preußischen Politik, die auf die Gründung einer Deutschen Union hingearbeitet hatte, ließen sich die reaktionären Kräfte innerhalb Preußens nicht länger zurückhalten. Der König wäre die Verfassung gern losgeworden, aber sein Ministerpräsident Otto von Manteuffel hielt ihn davon zurück, seinen Eid zu brechen. Zudem ließ es sich nicht leugnen, daß das Parlament nach Einführung des Dreiklassenwahlrechts ein gefügiges Werkzeug in den Händen der politischen Reaktion geworden war. Die Regierung benutzte jedes ihr zur Verfügung stehende Mittel, um die Wahlen zu beeinflussen. Alle Staatsbeamten hatten aktiv die Wahl konservativer Abgeordneter zu betreiben. Besonders wurden die Landräte als Drahtzieher und oft genug als Kandidaten bei den Wahlen verwendet, weil sie mit den lokalen Verhältnissen am engsten verbunden waren. Im preußischen Abgeordnetenhaus von 1855 waren 70 Landräte.

Das neue Herrenhaus

König Friedrich Wilhelm IV. bestand darauf, daß die Verfassung vom Januar 1850 zumindest in einem wichtigen Punkt abgeändert werde, und erhielt dazu im Mai 1853 von beiden Kammern volle Autorität. Artikel 65 sah eine erste Kammer vor; 90 Mitglieder der Kammer sollten von einer Klasse hoher Steuerzahler und 30 von den Gemeinderäten der größeren Städte gewählt werden. Am 12. Oktober 1854 ersetzte Friedrich Wilhelm die erste Kammer durch ein Herrenhaus von 126 Mitgliedern. 90 wurden von dem alten, ungefähr zehn Prozent der Rittergüter vertretenden Landadel gewählt, 30 von den größeren Städten, dazu kam je ein Vertreter der sechs preußischen Universitäten. Die plutokratisch zusammengesetzte erste Kammer hätte der hohen Bourgeoisie wenigstens einigen Einfluß neben den Junkern verschafft. Dagegen wurde das Herrenhaus, das Friedrich Wilhelm IV. als Gegenstück zum englischen *House of Lords* auffaßte, tatsächlich vom Landadel beherrscht, der dadurch die Vetogewalt über alle preußische Gesetzgebung bekam. Bis zu den allerletzten Tagen der Monarchie im November 1918 zögerten die preußischen Junker niemals, ihre Vorteile auszunutzen. Der König behielt das Recht, jede beliebige Zahl von Mitgliedern zu ernennen und damit die Fügsamkeit des Hauses zu erzwingen. Die monarchische Regierung Preußens machte jedoch von diesem Recht nur selten Gebrauch. Das Herrenhaus war für das konservative System zu wertvoll, als daß seine Autorität von der königlichen Regierung ungebührlich beeinträchtigt worden wäre.

Reaktion und Selbstverwaltung

Während der Ursprung des Herrenhauses vor allem auf die Initiative des Königs zurückging, wurde der Kampf gegen das Selbstverwaltungsgesetz vom 11. März 1850 von den Junkern eröffnet, die sofort der Ausführung dieses Gesetzes Hindernisse in den Weg legten. Schließlich wurde es am 24. Mai 1853 aufgehoben, zusammen mit Artikel 105 der Verfassung, den es auszuführen bestimmt war. Die preußischen Landjunker wehrten sich ungestüm gegen die Aufhebung der Trennung von Stadt und Land wie auch gegen die Unterdrückung der provinziellen Unterschiede, da diese Maßnahmen den Verlust vieler ihrer Privilegien bedeutet hätten. Die Junker erwirkten die Wiederherstellung der alten vormärzlichen Kreis- und Provinziallandtage. Für die Regulierung der lokalen Verwaltung wurden getrennte Gesetze in den östlichen und westlichen Provinzen entworfen. Dies bedeutete die Fortdauer der Unabhängigkeit der Junkergüter im Osten und die weitere Ausübung der Polizeigewalt durch ihre Eigentümer. Dagegen erhielten die Junker die Patrimonialgerichtsbarkeit nicht zurück, noch waren sie imstande, die Liquidierung der feudalen Lasten der Bauern aufzuhalten. Andererseits erhielt der Adel die Genehmigung zur Einrichtung von Fideikommissen, die in der Verfassung ausdrücklich verboten gewesen waren.

Auf die Organisation der östlichen Städte und der westlichen Städte und Gemeinden gewannen die Junker keinen entscheidenden Einfluß. Hier behauptete sich überall die Bürokratie. Die drei Städteordnungen (1853: für die sechs östlichen Provinzen; März 1856: für Westfalen; Mai 1856: für das Rheinland) waren voneinander nicht sehr verschieden. Das Rheinland behielt Einrichtungen, die dem französischen *Maire*-System verwandt waren, während in den anderen Provinzen eine kollegiale Organisation eingeführt wurde. Diese Städteordnungen von 1853/56 waren im wesentlichen Revisionen des Gesetzes von 1850 und führten ähnliche Beschränkungen der Selbstverwaltung ein wie das Gesetz von 1831 nach der Julirevolution. Sie stärkten die Unabhängigkeit der Stadtbeamten von dem gewählten Stadtrat und unterwarfen gleichzeitig die gesamte Stadtverwaltung einer strengen Staatsaufsicht. Alle Polizeifunktionen wurden dem Staat vorbehalten. In den größeren Städten wurden königliche Polizeipräsidenten ernannt, wogegen in den kleineren der Bürgermeister Polizeichef wurde. In dieser Eigenschaft wurde der Bürgermeister jedoch nicht als Vertreter der Selbstverwaltung angesehen, sondern war als Beauftragter des Staates an die Anordnungen des Regierungspräsidenten gebunden. Immerhin wurde durch die Städteordnungen von 1853/56 die alte korporative Organisation der Stadtbewohner in keiner Weise wiederhergestellt. Für die ländlichen Gemeinden des Rheinlands wurde ein besonderes Gesetz erlassen. Es war ein schwächlicher Versuch, dem Westen die Trennung von Stadt und Land, wie sie im Osten bestand, aufzuerlegen. In der Praxis bedeutete er wenig mehr als eine Geste, da sich die preußische Bürokratie bewußt war, daß die Verstädterung des rheinischen flachen Landes nicht wieder rückgängig gemacht werden könne. Die drei Städteordnungen und das rheinische Gemeindeverfassungsgesetz von 1853/56 blieben bis 1918 in Kraft. Es mag gleich hier hinzugefügt werden, daß in den drei 1866 von Preußen erworbenen Provinzen — Schleswig-Holstein, Hannover und Hessen-Nassau — analoge Gesetze erlassen wurden.

Der uneinheitliche Charakter der Reaktion

In Preußen war nach 1850 die politische Reaktion, die den Charakter der letzten 70 Jahre der preußischen Monarchie weitgehend bestimmt hat, keine gut koordinierte Bewegung. Zu keiner anderen Zeit der preußischen Geschichte übten die Junker einen so großen Einfluß auf den Aufbau der fundamentalen Einrichtungen und auf die Politik der Monarchie aus. Aber selbst unter der Regierung eines so verwirrten, wenn auch hartnäckigen Herrschers wie Friedrich Wilhelms IV. verlor Preußen nicht den Charakter eines bürokratisch-absolutistischen Staates. Selbst in diesem Augenblick ihrer höchsten Macht, nach der Niederwerfung der Revolution und vor der Bildung einer modernen Bürokratie, unterließen es die ostelbischen Junker, ein Programm zu formulieren, das der preußischen Politik neue Ziele gesteckt hätte. Sie waren zu sehr damit beschäftigt, die Vergangenheit und auch ihre eigenen regionalen und sozialen Interessen zu verteidigen, um die neuen sozialen Kräfte in den Staat zu integrieren. Eine Drohung, die Bismarck 1852 ausstieß, zeigt die schreckliche Engstirnigkeit der östlichen Agrarier. Er bestritt unumwunden, daß „das wahre preußische Volk" in den Städten zu finden sei. „Wenn die großen Städte sich wieder einmal erheben sollten", sagte er, würde dies Volk „sie zum Gehorsam zu bringen wissen, und sollte es sie vom Erdboden tilgen".

Entfernung der Liberalen aus dem Staatsapparat

Ein Ergebnis der Reaktion war die Säuberung der Beamtenschaft von liberalen Elementen. Es wurde bestimmt, daß die Oberpräsidenten der Provinzen, die Regierungspräsidenten und die Landräte nach dem Gutdünken der Regierung als politische Beamte absetzbar seien. Die Richter konnten zwar nicht entlassen, doch auf andere Posten versetzt werden. Aber dank ihrer praktischen Kenntnis der Probleme aller Klassen und Provinzen zögerte selbst eine konservative

Beamtenschaft, den Junkern die Regierung völlig zu überlassen. Otto Freiherr von Manteuffel, der 1850–1858 preußischer Ministerpräsident war, wollte zwar den Liberalismus unterdrücken, war jedoch nicht geneigt, die monarchische Regierung Preußens mit den Interessen und Ideen einer kleinen Gruppe zu identifizieren: Obgleich er den Anspruch des Adels, die oberste Klasse im Staate darzustellen, nicht bestritt, war er der Meinung, daß der Staat Friedrichs des Großen die Unterordnung aller Klassen unter die Krone verlangen solle. Aber der Absolutismus Manteuffels genoß nicht die zuverlässige Unterstützung des Königs, der zu den romantischen Vorstellungen seiner persönlichen Umgebung, der Kamarilla, hinneigte. Diese umfaßte, vor allem in General Leopold von Gerlach und seinem Bruder, dem Gerichtspräsidenten Ludwig von Gerlach, Männer von hohem religiösem Idealismus und keine reinen Höflinge, die darauf bedacht gewesen wären, dem Monarchen zu Gefallen zu sein. Ludwig von Gerlach sollte die Echtheit seiner Überzeugungen 20 Jahre später beweisen, als er sich gegen Bismarck stellte.

Die Rolle der Kirchen

Aber das Ideal des christlichen Staates, das die politische Tätigkeit der Gerlachs beseelte und das Friedrich Julius Stahl auf dem Katheder vertrat, wurde von den herrschenden Gruppen leicht als bequeme Ideologie ausgenutzt und gab Anlaß zu bloßer Scheinheiligkeit. Für die neuen Klassen einer aufkommenden Industriegesellschaft hatte die Lehre, daß die Klassenunterschiede von Gott gewollt seien, einen unechten Klang. Dabei half es nicht, die protestantischen Kirchen in die Politik hineinzuziehen, denn dies trug nur dazu bei, die Kirche noch mehr in den Ruf zu bringen, daß sie ein propagandistisches Werkzeug der konservativen Regierung sei.

Die Protestanten

Die Revolution hatte ein neues Kapitel im Leben der Kirchen eröffnet. Die preußische Verfassung von 1850 hatte die Unabhängigkeit der Kirchen vom Staat zugesagt. Mit diesem Versprechen erhielt die katholische Kirche genau, was sie wollte, und sie machte, wie wir später sehen werden, sofort von dieser Verfassungsgarantie Gebrauch. Die protestantische Kirche der evangelischen Union war dagegen eine Staatskirche und besaß nicht die Organe, die zu einer unabhängigen Existenz notwendig waren, auch wenn der Staat ihr weiterhin die äußeren Mittel zur Verfügung stellte. Das Gespenst einer areligiösen, aus Liberalen zusammengesetzten parlamentarischen Regierung, das in den frühen Monaten der Revolution heraufbeschworen wurde, verursachte unter den protestantischen Kirchenführern Aufregung. Die Einführung einer presbyterialen und synodalen Verfassung erweckte dazu noch die Furcht, die Kirche selbst würde mit unchristlichen Laien durchsetzt werden. Die protestantischen Pfarrer sahen ihre Autorität und damit den rechten Glauben in Gefahr. Das schnelle Wiederaufleben der konservativen Mächte enthob die protestantischen Kirchenmänner der Notwendigkeit, Entscheidungen zu treffen. Mit Freuden eigneten sie sich die Auffassung an, die Freiheit der Kirche vom Staate werde sich verwirklichen, wenn das bischöfliche Amt des Königs als eine ausschließlich kirchliche, mit seinen Staatspflichten nicht im Zusammenhang stehende Funktion verstanden würde. So wurde im Juli 1850 der Evangelische Oberkirchenrat gegründet und vom Staatskabinett unabhängig gemacht. Tatsächlich blieb jedoch ein großer Teil der äußeren Kirchenverwaltung beim Kultusministerium und bei der Bezirksregierung, während der unmittelbare Einfluß des Königs auf die Kirche durch den Oberkirchenrat nur noch stärker wurde.

In den Jahren nach 1850 war das Kirchenregiment streng orthodox-lutherisch, was nicht nur das liberale religiöse Denken, sondern auch die Union mit den reformierten Gruppen gefährdete. Gleichzeitig versuchte der preußische Kultusminister Karl Otto von Raumer, die kirchliche Orthodoxie auf die Erziehung auszudehnen. Während die Universitäten nicht ernstlich in Mitleidenschaft gezogen wurden, war die Wirkung auf die Schulen groß. Im Jahre 1854 wurde in den Volksschulen der Religionsunterricht zum Hauptfach, und die Kirchen erhielten die Aufsichtsbefugnis über die Schulen. Die Lektüre der klassischen deutschen Schriftsteller wurde in den Lehrerseminaren verboten.

Polizeistaatliche Methoden

Dieses System hatte natürlich nicht nur die Überwachung des Volksdenkens, sondern auch die unvermeidliche Reaktion zur Folge, nämlich einen nur vorgespiegelten Konformismus im Glauben. Im öffentlichen Leben waren die Zustände nicht besser, vor allem infolge der Politik des Grafen Ferdinand von Westphalen (1799—1876), der als Innenminister die Schlüsselstellung im Kabinett Manteuffel innehatte. Es ist eine Ironie des Schicksals, daß er, ein Schwager von Karl Marx, unter den Ministern der Hauptvertrauensmann der Kamarilla wurde. Die Organisation eines strengen Spitzelsystems, das Freund wie Feind beobachtete, war sein Werk. Sogar der Thronerbe, Prinz Wilhelm, wurde bespitzelt, nachdem er während des Krimkriegs die preußische Politik kritisiert hatte. Die Polizei zögerte nicht, gefälschte Dokumente zu benutzen, um Gegnern der Regierung den Prozeß zu machen, und sowohl politische wie Pressevergehen wurden den Geschworenengerichten entzogen. Aber auch jetzt bewiesen die preußischen Richter Festigkeit gegenüber den Methoden des Polizeistaates. Es erübrigt sich die Beschreibung anderer Folgen dieser Methoden, wie der Zensur und der Unterdrückung aller Formen der politischen Vereinsbildung, soweit sie über eine strikt lokale Tätigkeit hinausgingen.

Es gab keinen besseren Kritiker der Ergebnisse dieser Methoden der preußischen Reaktion als Manteuffel, den offiziellen Leiter dieser Aktionen. Aber er verschloß seine Memoranden, in denen er seine Sorgen und dunklen Vorahnungen zu Papier brachte. Ein eingefleischter Monarchist und bürokratischer Verwalter von bescheidenem politischem Talent, hatte er unter den wechselnden Launen Friedrich Wilhelms IV. zu leiden. Aber er hätte keine Verbündeten gehabt, wenn er die Kamarilla offen bekämpft hätte. In den Augen der Opposition, die in diesen Jahren erwachte, war er nicht nur der hervorragendste Vertreter der preußischen Reaktion, sondern auch der Mann von Olmütz und als solcher für die außenpolitische Erniedrigung Preußens verantwortlich. Manteuffel selbst war auf das Abkommen von Olmütz nicht stolz, glaubte aber mit einiger Berechtigung, daß es Preußen vor noch größeren Katastrophen bewahrt habe.

Wochenblattpartei

Die Opposition, die sich im Parlament und am Hofe entwickelte, regte sich im konservativen Lager. Einige ihrer Gedanken stammten von Radowitz, der sich bis zu seinem frühzeitigen Tode im Jahre 1853 als öffentlicher Anwalt eines konservativen Konstitutionalismus und einer nationalen Union betätigt hatte. Der Führer der neuen Gruppe war Moritz August von Bethmann-Hollweg (1795–1877) in Bonn, der in die Opposition getrieben wurde, als das Kabinett Manteuffel-Westphalen die Provinzialstände einberief, die von der preußischen Verfassung abgeschafft worden waren. Die ursprünglich „Partei Bethmann-Hollweg“, später nach ihrem Organ, dem „Berliner Wochenblatt“, „Wochenblattpartei“ genannte Gruppe bestand aus einer Anzahl Adeliger, von denen viele aktive Diplomaten und hohe Staatsbeamte waren. Daß auch einige Mitglieder des ehemaligen Reichsadels zu dieser politischen Koterie gehörten, war nicht unwichtig, da sie das Interesse einiger kleinerer herrschender Fürsten an den Ideen eines liberalen Konservativismus wachriefen. In Graf Robert von der Goltz (1817–1869) hatte die Wochenblattpartei ihren produktivsten politischen Kopf und aktivsten Politiker in Preußen.

Die Wochenblattpartei appellierte niemals an das Volk. Sie wollte ihre Ziele dadurch erreichen, daß sie den König von den Vorteilen einer strengen Beobachtung der Verfassung und einer von ideologischen Vorurteilen ungehemmten, mit Preußens Politik im Einklang stehenden Außenpolitik überzeugte. Die meisten Mitglieder dieser Gruppe lebten in den westlichen Provinzen. Sie lehnten sowohl den agrarischen Feudalismus wie auch die russenfreundliche Haltung der östlichen Junker ab und wünschten ihrerseits einen Anschluß an die westlichen Nationen. Unter Friedrich Wilhelm IV. hatte die Partei keinen praktischen Erfolg, obgleich ihre Ideen das Denken der jüngeren Konservativen anregten und auch auf Prinz Wilhelm Anziehungskraft ausübten.

Prinz Wilhelm

Prinz Wilhelm, in diesen Jahren Militärgouverneur der westlichen Provinzen, war zwar konservativ, aber nicht reaktionär. Sein ganzes Leben lang glaubte er, das kleine Preußen könne seinen Platz unter den europäischen Mächten nur durch eine starke Armee behaupten und seine Stärke und Schlagkraft hänge von der Aufrechterhaltung der ausschließlichen königlichen Gewalt über die Armee und die Staatsexekutive ab. Wenn auch in dieser Hinsicht ein starrer Absolutist, war er doch nicht abgeneigt, dem Verlangen des Volkes nach Beteiligung an der Gesetzgebung und nach Garantien für die rechtmäßige Ausübung der Exekutivgewalt Zugeständnisse zu machen. Obgleich er, im Gegensatz zu seinem Bruder, in erster Linie ein Preuße und erst in zweiter Linie ein Deutscher war, sah er in der Übernahme der nationalen Führung durch Preußen eine willkommene Gelegenheit für dessen Stärkung. Radowitz' Plan einer Deutschen Union fand seinen Beifall. Aber die Ereignisse von Olmütz waren in seinen Augen eine schmähliche Niederlage, und er richtete seinen Groll gegen Zar Nikolaus, der seiner Meinung nach die Hauptschuld am Unglück Preußens trug. Diese Erfahrung machte ihn für die Kritik der Wochenblattpartei empfänglich, deren Mitglieder zudem die Unterstützung seiner Frau Augusta, der Tochter des liberalen Großherzogs Carl Alexander von Weimar, genossen. Auch in Fragen der Innenpolitik fand sich Prinz Wilhelm im Einklang mit der Wochenblattpartei. Er glaubte, daß die Verfassung für die Aufrechterhaltung der monarchischen Vorrechte ausreiche, und mißbilligte die Anstrengungen der herrschenden Kreise, die sie zu umgehen oder zu unterminieren suchten, sowie die Willkür der Polizei und die Versuche, sich in Religions- und Weltanschauungsfragen einzumischen.

Preußischer Armeegeist

Obgleich Prinz Wilhelm sich auf diese Weise liberalere Ideen zu eigen machte, blieb er aufs engste mit dem Offizierskorps der Armee verbunden. Als zweiter Sohn ausschließlich militärisch erzogen, hatte er sich mit rühmenswertem Eifer dem Heeresleben gewidmet. Für höhere Strategie hatte er keine Begabung, aber er war ein kompetenter, wenn auch etwas pedantischer Offizier. So war es kein Wunder, daß er tief vom Geiste der Armee durchdrungen war. Man kann sagen, daß der Abgrund, der Militär und Zivilisten trennte, ein Hauptanlaß sowohl für die Revolution von 1848 wie für die von 1918 war. Dazu kam, daß die preußische Armee der eigentliche Unterdrücker der Revolution und der Garant der wiederhergestellten Autokratie war. Das Selbstvertrauen der Armee und die Spannung zwischen Armee und Volk waren unter dem Eindruck dieser Begebnisse gestiegen. „Militär und Zivilisten stehen bei uns in Norddeutschland wie zwei ganz verschiedene Nationen gegenüber, wie fremde Rassen", schrieb ein konservativer Beobachter im Jahre 1854. Die Offiziere wollten die aus der

Revolution gezogenen Erfahrungen anwenden, und das bedeutete für sie die Entfernung all der Kräfte aus dem Militär, die sich für liberale Einflüsse empfänglich gezeigt hatten. Die Zweifel, die die reguläre Armee hinsichtlich der Landwehr gehegt hatte, mehrten sich nach der Revolution, denn einige Einheiten der Landwehr hatten sich tatsächlich mit revolutionären Gruppen verbrüdert. Auch aus rein militärisch-technischen Gründen konnte an der Landwehr Kritik geübt werden. Der Wunsch, ihre Rolle zu vermindern, wuchs in den Jahren nach 1850 unter den regulären Offizieren, und Prinz Wilhelm teilte diese Gefühle. Der Plan einer Reorganisierung der Armee, mit dem Wilhelm 1859 seine Regierung antrat, sollte zeigen, daß das militärische Denken der beherrschende Zug seines Charakters war.

Wiederherstellung der alten Ordnung

Die politische Reaktion machte die liberalen Ergebnisse der Revolution fast in ganz Deutschland zunichte. Wie in Preußen schlug die Reaktion im übrigen Norddeutschland eine feudal-konservative, in Süddeutschland dagegen eine mehr bürokratisch-absolutistische Richtung ein. Sachsen stellte seine Verfassung von 1831 wieder her, die dem Landadel den entscheidenden Einfluß auf die Gesetzgebung dieses am stärksten industrialisierten deutschen Staates verschaffte. Auch Hannover sah eine Wiederkehr seiner alten Verfassung von 1831 in der abgewandelten und reaktionären Form von 1837/40. Preußen, Sachsen und Hannover legten den Verfassungskampf in Mecklenburg bei, wo die liberale Verfassung von 1849 ein im wesentlichen mittelalterliches System aufgehoben hatte, das die Verwaltung buchstäblich zwischen dem Herzog und dem Adel teilte. Der „Erbvergleich" von 1775, der die alten Beziehungen kodifiziert hatte, wurde als das Grundgesetz des Landes vollständig wiederhergestellt. Tatsächlich sollte Mecklenburg bis 1918 unter diesen Bedingungen leben.

Württemberg schaffte die neuen Institutionen durch einen Regierungserlaß ab, und dasselbe trug sich in Baden unter dem Schutz der preußischen Waffen zu. Bayern war ein Ausnahmefall. Sein Ministerpräsident, Ludwig von der Pfordten (1811–1880), setzte sogar eine Zeitlang eine grundsätzlich liberale Gesetzgebung fort. Danach ging die Regierung zu einer stark konservativen Politik über, nahm aber angesichts der liberalen parlamentarischen Opposition davon Abstand, Grundgesetze oder wesentliche Einrichtungen zu beseitigen. Die Tatsache, daß in dieser Zeit ein Bruch in der rechtlichen Kontinuität durch die Willkür der Regierung vermieden wurde, trug in dem folgenden Zeitalter dazu bei, daß das Volk die Selbständigkeit Bayerns sogar innerhalb eines nationalen deutschen Staates zu verteidigen bereit war.

Wie wir schon erwähnten, hatte der Kurfürst von Kurhessen 1850 den Beistand des Bundestages angerufen, um die liberale Verfassung von 1831 loszuwerden. Der Bund erließ eine neue Verfassung, die jedoch den Kurfürsten und seinen Minister Hans Daniel Hassenpflug (1794—1862) nicht befriedigte, noch weniger aber die Bevölkerung. Die daraus entstehenden Konflikte währten bis zum Ende des Staates 1866 und zerstörten die Treue des Volkes zur Dynastie, die zumindest ein Jahrhundert lang ihre Untertanen auf die schamloseste Weise ausgebeutet hatte. Der Herrscher von Kurhessen hätte seinen Kampf gegen die Volksrechte nicht ohne die aktive Hilfe des Deutschen Bundes führen können. Die kleinen Staaten warteten freiwillig oder unfreiwillig auf die Initiative des Bundestags. Der wiederhergestellte Bundestag erklärte die Grundrechte der Frankfurter Verfassung, die viele Staaten angenommen hatten, für ungültig und setzte auf gemeinsamen Antrag von Österreich und Preußen eine im Volksmund als „Reaktionsausschuß" bezeichnete Kommission ein, die anstößige liberale Ideen aus allen deutschen Staatsverfassungen beseitigen sollte. Die Tätigkeit dieser Kommission führte zur Wiederherstellung der dynastischen Suprematie in allen Zwergstaaten; diese wurde entweder durch die aristokratischen Stände oder durch die von den Reichen gewählten repräsentativen Körperschaften gestützt. Die vier deutschen Stadtstaaten, Frankfurt, Hamburg, Bremen und Lübeck, verdienen besondere Erwähnung. Frankfurt kehrte zu seiner alten oligarchischen Verfassung zurück, während es den Hansestädten gelang, an den Elementen des modernen Konstitutionalismus festzuhalten. Die Bremer Verfassung von 1854 und die Hamburger Verfassung von 1860 hatten allerdings einen stark plutokratischen Charakter behalten.

Bedeutung der Reaktion

Die deutschen Historiker haben das Zeitalter der Reaktion gewöhnlich als ein unerfreuliches, wenn auch kurzes Zwischenspiel zwischen der Revolution von 1848/49 und der Zeit der nationalen Einigung in den 1860er Jahren hingestellt. Eine solche Bewertung wird jedoch der Bedeutung, die dieses Zeitalter für die Zukunft Deutschlands gehabt hat, nicht gerecht. Im Jahrzehnt nach 1849 gelang es den autoritären Mächten, ihre wiedergewonnene Stärke zu konsolidieren, indem sie Einrichtungen schufen, von denen die meisten bis zum Ende der deutschen Monarchie 1918 fortbestanden. Es ist richtig, daß die Umwandlung der deutschen Gesellschaft, die durch die zunehmende Industrialisierung beschleunigt wurde, mit der Zeit eine Ausweitung der gesellschaftlichen Grundlage der Regierung nötig machte. Und es ist ebenfalls richtig, daß der Zusammenbruch des Bündnisses von Rußland, Österreich und Preußen zur Zeit des Krimkriegs die Übernahme einer neuen Außenpolitik sowohl möglich wie auch unvermeidlich machte. Aber Bismarck, der diese von der Geschichte geforderte Anpassung herbeiführte, modifizierte bloß die autoritären Einrichtungen, ohne ihre Natur grundsätzlich zu verändern.

Die Opfer: die Demokraten

Die Reaktion der fünfziger Jahre hatte großen Einfluß auf die weitere Entwicklung der politischen Bewegungen in Deutschland. Die hauptsächlichen Opfer der Gegenrevolution waren die Demokraten. So gut wie alle ihre Führer und viele ihrer Anhänger wurden gezwungen, auszuwandern. Die meisten gingen nach den Vereinigten Staaten, wo sie freundlich aufgenommen wurden und in einem entscheidenden Zeitpunkt einen bedeutenden Beitrag zur Konsolidierung der amerikanischen Demokratie lieferten. Ihre Verbindung zum politischen Leben Deutschlands riß jedoch beinahe ganz ab. Nur einige wenige kehrten in ihr Heimatland zurück und machten mit Bismarck ihren Frieden. Die Radikalen, die in der Schweiz Zuflucht fanden, blieben in engerer Berührung mit Deutschland, doch waren die meisten Professoren oder Lehrer, die sich selten mit den aktuellen praktischen Fragen der politischen Bewegung befaßten. Der Verlust der aktivsten und beredtsten Elemente des deutschen Radikalismus war, wenn auch nicht der Grund, so doch ein wichtiger Faktor bei der Schwächung jeder radikalen oder demokratischen Bewegung der Mittelklassen.

Das Ansehen der demokratischen Sache hatte durch die mißglückten Kämpfe und Aufstände, die in ihrem Namen 1848/49 unternommen worden waren, beim Volke schwere Einbuße erlitten. Vor 1918 benutzte keine politische Partei in Deutschland außerhalb Württembergs das Wort „demokratisch“ als Selbstcharakterisierung. Gelegentlich tauchte die Bezeichnung „Volkspartei“ als schwacher Ersatz auf. Die radikalen Führer, die in Deutschland blieben, steckten ihre Ziele zurück und konzentrierten ihre politische Tätigkeit auf enger umschriebene soziale Gruppen. So wurde die Bildung einer aktiven radikalen Bewegung, die auf die breite Masse des Volkes Anziehungskraft ausgeübt hätte, gerade in dem Augenblick unmöglich, als die Klasse der Fabrikarbeiter größere Ausmaße gewann. In England übernahmen die Arbeiter die radikalen Gedanken des Mittelstandes als mit ihren eigenen politischen Wünschen im Einklang stehend bis spät ins 20. Jahrhundert hinein. Als sich dann die Arbeiterbewegung von den alten politischen Parteien unabhängig machte, gab sie ihre Anhänglichkeit an den liberalen Konstitutionalismus nicht auf. Eine solche evolutionäre Entwicklung, durch die ein Bruch der politischen Kontinuität innerhalb der nationalen Gemeinschaft vermieden wurde, konnte in Deutschland nicht stattfinden, da es dort an einer starken radikalen Bewegung unter den Mittelklassen fehlte.

Die Entwicklung der politischen Linken in Deutschland läßt sich nur in der weiteren Perspektive, d. h. auf Grund der Erfahrungen, die die Volksbewegung im Verlauf der Revolution machte, verstehen. Die verschiedenen liberalen und demokratischen Gruppen kamen alle zu der Erkenntnis, daß das Erlöschen des Gemeingeistes der Märzrevolution hauptsächlich dadurch verursacht worden war, daß die sozialen Interessen stärker waren als die politischen Programme, die von der Frankfurter Nationalversammlung vorgebracht worden waren. Wir haben gesehen, wie der Glaube an die großen Systeme der deutschen idealistischen Philosophie schon in den Jahren vor der Revolution zusammenbrach. Die Revolution brachte ein vorübergehendes Wiederaufleben des idealistischen Denkens mit sich, das sich als wertvoll erwies, indem es nicht nur das geistige Gerüst für umfassende allgemeine Programme lieferte, sondern auch die moralische Rechtfertigung für die vielen Taten selbstloser Hingabe, die man in diesen Jahren erlebte. Carl Schurz schrieb in seinen „Erinnerungen": „Was dem deutschen Volke die Erinnerung an den Frühling 1848 besonders wert machen sollte, ist die begeisterte Opferwilligkeit für die große Sache, die damals mit seltener Allgemeinheit fast alle Gesellschaftsklassen durchdrang." Aber dieser Idealismus zerbrach durch das Aufeinandertreffen gegensätzlicher sozialer Kräfte.

Das Fehlschlagen der Revolution öffnete die Schleusen für eine Flut unverhüllten materialistischen Denkens. Gleichzeitig wendeten sich die meisten Deutschen mit grimmiger Entschlossenheit von der Politik ab und der Arbeit zu. Die erstaunliche Expansion von Geschäft und Industrie in den Jahren nach 1850 lenkte die Aufmerksamkeit auf wirtschaftliche und soziale Fragen.

Hermann Schulze-Delitzsch

Die politischen Führer, die die Lehren aus der Revolution zu ziehen und ihren künftigen Kurs zu bestimmen suchten, erkannten, daß ihre politischen Programme durch soziale Faktoren bedingt seien. Auf der Linken zeigte sich dieser Wandel am deutlichsten bei Hermann Schulze-Delitzsch (1808—1883). Während der Revolution hatte er für seine demokratischen Ideale ohne Rücksicht auf eine besondere Klasse gekämpft. Er hielt treu an seinem Ideal der Freiheit und Gerechtigkeit fest, das der Staat anerkennen und beschützen solle. Theoretisch betrachtete er auch weiterhin alle Klassen als untergeordnete Organe der Gesellschaft. Aber er empfand bittere Enttäuschung über die Haltung der oberen und mittleren Klassen und glaubte fest, daß die Verwirklichung eines wahren Konstitutionalismus nur das Werk der Massen sein könne; die Massen bestanden für diesen warmherzigen Sohn einer preußischen Kleinstadt der industriereichen Provinz Sachsen aus Handwerkern und Arbeitern. Von nun an hörte er nicht auf zu predigen, daß die Lösung der politischen Fragen von der der wirtschaftlichen Probleme abhinge, die für die Entwicklung des Individuums zur Freiheit wesentlich seien.

Die Genossenschaften

Dieser Glaube machte ihn zum Gründer von Selbsthilfe-Genossenschaften. Auf seine Anregung hin schlossen sich Handwerker und Geschäftsleute in den

Städten zusammen, um Kreditkassen und Einkaufsgenossenschaften für Rohmaterialien und Waren zu organisieren. Auch Konsumgenossenschaften wurden ins Leben gerufen. Freiwilligkeit und Verzicht auf jede staatliche Hilfe waren die Hauptprinzipien dieser Genossenschaften, die Schulze-Delitzsch ursprünglich als winzige lokale Vereine gründete. In den folgenden Jahrzehnten entwickelten sie sich zu einer wichtigen, ganz Deutschland erfassenden Bewegung. Sie hatten eine Parallele in den Genossenschaften, die Friedrich Wilhelm Raiffeisen (1818–1888), Bürgermeister eines rheinischen Dorfs, nach 1849 für die ländliche Bevölkerung aufzubauen begann. Auch diese wuchsen aus kleinen Anfängen zu einem ausgedehnten Netz nationaler Verbände heran.

Schulze-Delitzsch begann die Organisation seiner Genossenschaften in der Hoffnung, sie würden auch zur Verbesserung des Loses der Arbeiter beitragen. Aber obgleich Konsumgenossenschaften für die Arbeiter nützlich waren, beschränkte sich der praktische Nutzen der Kreditkassen und Einkaufsgenossenschaften auf Produzenten und solche, die die Werkzeuge ihres Gewerbes und ein, wenn auch kleines, Kapital besaßen. Dagegen wurden sie der Lage der Arbeiter, die kein Eigentum besaßen und nichts als ihre Arbeit zu verkaufen hatten, nicht gerecht. Die Idee der Genossenschaften hatte auf die Anfänge der deutschen Gewerkschaftsbewegung einen anregenden Einfluß, doch diese Erwägung spielte bei Schulze-Delitzschs Plan keine Rolle, zumal da er der in der Arbeiterbewegung vorhandenen Neigung, die Intervention des Staates anzurufen, mißtrauisch gegenüberstand. Der Unterschied zwischen Handwerkern und Arbeitern, der anfangs nur wenig hervortrat, verstärkte sich mit dem Auftreten der sozialistischen Bewegung. Im Gegensatz zur Mehrzahl seiner politischen Freunde war Schulze-Delitzsch für das allgemeine, gleiche Wahlrecht, vertrat aber die Auffassung, daß die Arbeiter, da sie sich aus Mangel an Zeit und Bildung der Politik nicht widmen könnten, in politischen Angelegenheiten dem Mittelstand vertrauen sollten. Während er sein Ideal der Freiheit und Gleichheit aufrechterhielt, sah er in der Einführung der freien Wirtschaft mit Hilfe des Mittelstandes eine Vorbedingung für die Verwirklichung des idealen Staates.

Doch war dies nicht die einzige Vorbedingung. Schulze-Delitzsch war überzeugt, daß nur eine geeinte Nation Freiheit erlangen könne, und er verfolgte das Ziel der nationalen Einheit mit derselben Tatkraft und Entschlossenheit, die er bei der Behandlung wirtschaftlicher Fragen gezeigt hatte. Die Ereignisse hatten für ihn den Beweis erbracht, daß die nationale Einigung von der Führerschaft Preußens abhinge und gegen Österreich gewonnen werden müsse, und er war außerdem zu der Überzeugung gelangt, daß in diesem Kampf um die Einigung Macht nötig sei. Aber die nationale Einigung und ein freies Genossenschaftswesen in der Wirtschaft waren für ihn nur Mittel, um die Freiheit zu verwirklichen. Aus demselben Grunde, aus dem er zu Beginn der sechziger Jahre mit den Sozialisten brach – weil sie sein Ideal gefährdeten –, weigerte er sich später, die Bismarcksche Verfassung anzuerkennen. Doch fand die politische Bewegung, die er begonnen hatte, ihre Hauptstütze beim kleinen Mittelstand und wurde von Männern geleitet, die für diesen durch parlamentarische Taktik materielle Vorteile zu gewinnen suchten. Eugen Richter (1838—1906), der hervorragendste Führer der liberalen Linken der nächsten Generation, glaubte an kein die wirtschaftlichen und nationalen Fragen transzendierendes politisches Ideal. Sein höchstes Ziel war die Freiheit der Wirtschaft, und er verteidigte sie mit großer Schärfe gegen die Bevormundung und den Protektionismus der konservativen Regierung sowie gegen die sozialdemokratische Bewegung der deutschen Arbeiterklasse.

Realpolitik

Wenn wir uns wieder den fünfziger Jahren zuwenden, so finden wir, daß die große Mehrheit der Liberalen die soziale Wirklichkeit mit neuen Augen betrachtete. Diejenigen, die mehr auf dem rechten Flügel der Bewegung standen, sahen in dem Emporkommen einer bürgerlichen Klasse und ihrer ständig zunehmenden Beherrschung der Wirtschaftskräfte und des Reichtums der Nation eine Gewähr dafür, daß die liberalen Ideen am Ende siegen würden. Dieser Glaube wurde wirkungsvoll in einem vielgelesenen Buch ausgesprochen, das den neuen Begriff „Realpolitik" in Umlauf brachte. Sein Verfasser war August Ludwig von Rochau (1810—1873), der als junger Student am Frankfurter Wachensturm von 1833 teilgenommen und danach zehn Jahre im Exil in Frankreich zugebracht hatte. Als er 1853 seine „Grundsätze der Realpolitik, angewendet auf die staatlichen Zustände Deutschlands" veröffentlichte, war er von seinem jugendlichen aktivistischen Radikalismus weit entfernt, obgleich er immer noch gern mit radikalen Formulierungen Eindruck machte. „Herrschen heißt Macht üben, und Macht üben kann nur der, welcher Macht besitzt. Dieser unmittelbare Zusammenhang von Macht und Herrschaft bildet die Grundwahrheit aller Politik und den Schlüssel der ganzen Geschichte." Für Rochau war der Staat lediglich die Summe der sozialen Kräfte, und eine Regierung, die nicht die Klasse von „Reichtum, Meinung und Intelligenz" vertrat, war nicht auf Macht aufgebaut. Da jedoch diese Attribute damals gerade vom Landadel auf die Besitzer beweglichen Kapitals überzugehen begannen, mußten die „jungen gesellschaftlichen Kräfte" zur herrschenden Klasse werden und ihre Ideen durchsetzen. Der Begriff „Realpolitik", der im späteren Sprachgebrauch viele verschiedene Bedeutungen annahm, hieß in der Begriffssprache Rochaus die Anerkennung der Tatsachen der gesellschaftlichen Wirklichkeit als die obersten und objektiven Ursachen allen politischen Lebens. Ideen seien nur subjektive Überzeugungen. Ihre Wahrheit sei weniger wichtig als die Intensität, mit der sie geglaubt werden und die öffentliche Meinung beeinflussen. Da die Regierung nicht auf lange Sicht den Staat entgegen der öffentlichen Meinung beherrschen kann, sind Ideen die „Brücken", die eine Klasse nach der anderen auf dem Weg zur politischen Macht beschreiten.

Rochaus Theorie der Realpolitik war ein seltsames Gemisch aus französischer Soziologie und mißverstandener Hegelscher Philosophie. Aber sie machte in Deutschland Eindruck, unter anderen auf den jungen Heinrich Treitschke (1834 bis 1896), und kennzeichnete die neue Haltung des gemäßigten Liberalismus. Man gab die spekulative Konstruktion eines idealen Staates auf, fand sich statt dessen mit dem bestehenden historischen Staat ab und erhob lediglich die Forderung, daß seine gesellschaftliche Grundlage durch die Vertretung des neuen Bürgertums erweitert werde. Als Rechtfertigung für die Zulassung des Bürgertums zu politischem Einfluß diente in erster Linie die dadurch zu erwartende Machtzunahme des Staates, nicht der Fortschritt der staatsbürgerlichen Freiheit. So zeigte sich der deutsche Liberalismus immer mehr bereit, mit den herkömmlichen staatlichen Autoritäten Kompromisse zu schließen, obgleich der reaktionäre Kurs, den die deutschen Regierungen in den Jahren nach 1850 verfolgten, den Liberalismus in der Opposition bleiben ließ.

Johann Gustav Droysen

Eine geistige Anpassung an die bestehenden politischen Kräfte war nicht nur von einer positivistischen und materialistischen Einstellung aus, sondern auch in einem idealistischen Geiste möglich. Der Historiker Johann Gustav Droysen (1808–1884), einer der Väter der Frankfurter Verfassung, revidierte seine politischen Gedanken in einer Richtung, die vielen seiner politischen Freunde, besonders auf den Universitäten, zusagte. Auch er war überzeugt, daß die Ideale im Jahre 1848/49 den Interessen unterlegen waren, und er sah in der Entwicklung der neuen Wirtschaftskräfte die Gefahr, daß eine mechanistische Autorität an die Herrschaft käme, die alles freie Geistesleben untergraben würde. Gegen diese Gefahr wollte er die belebende Kraft des deutschen Nationalgefühls mobilisieren, das er auf sein heimatliches Preußen hinzulenken gedachte. Preußen hatte die Macht, die Hindernisse der deutschen Einheit aus dem Wege zu räumen, und besaß außerdem die innere Freiheit, zu tun, was die Zeit verlangte, da der preußische Staat mehr als jeder andere den protestantischen Geist verkörperte, der die Welt auf den Weg zur Freiheit gebracht hatte.

Droysen beklagte die Tatsache, daß das Preußen Friedrich Wilhelms IV. die ererbten preußischen Ideale verriet, erwartete aber, es werde seine historische Mission wiederaufnehmen, sobald eine willensstarke Persönlichkeit ans Steuer käme. Er widmete den Rest seines Lebens der historischen Forschung und suchte in umfangreichen Schriften nachzuweisen, daß vier Jahrhunderte lang allein der Hohenzollernstaat das nationale Prinzip in der deutschen Geschichte vertreten habe. Zufolge seiner Interpretation war die Wahl des preußischen Königs zum deutschen Kaiser durch die Frankfurter Nationalversammlung wie auch der Ausschluß Österreichs das logische Ergebnis der deutschen Geschichte, und er suchte die Hoffnung zu erwecken, daß, was 1849 gescheitert war, in Zukunft von Männern verwirklicht werden würde, die zu heroischen Taten imstande waren.

Die kleindeutschen Historiker

Droysen war der Gründer der Schule, die als die kleindeutsche oder preußische Schule der politischen Geschichtsschreibung bekannt wurde und ihre hervorragendsten Vertreter in Heinrich Sybel (1817—1895), Ludwig Häusser (1818 bis 1867) und Heinrich von Treitschke (1834—1896) fand. Diese Männer nannten sich politische Historiker nicht nur deshalb, weil sich ihre Interessen um die politischen Ereignisse der Vergangenheit bewegten, sondern auch weil sie wünschten, daß die Geschichtsschreibung die Politik der Gegenwart beeinflussen sollte. Ranke (siehe S. 215 ff.) hatte darauf hingewiesen, daß, wer der Geschichte eine Wirkung auf die Politik verschaffen will, gewiß sein muß, daß seine Darstellung objektiv sei; sonst werde nicht die Geschichte die Politik, sondern umgekehrt die Politik die Geschichtsschreibung beeinflussen. Die politischen Historiker der Jahrhundertmitte brachten es nicht zu einer objektiven Geschichtsschreibung, und der Staatsmann vermag mehr von Rankes Werken als aus den ihren zu lernen. Immerhin waren die kleindeutschen Historiker vielen ihrer zeitgenössischen Kollegen und mehr noch vielen ihrer eigenen Nachfolger überlegen, insofern sie die historische Forschung nicht in ein positivistisches Studium zusammenhangloser Details entarten ließen, sondern darauf bestanden, daß nicht nur die Beschreibung, sondern auch die verstehende Deutung Aufgabe der Geschichtsschreibung sei. In ihren Intentionen standen diese politischen Historiker den universalen Zielen des deutschen Idealismus des frühen 19. Jahrhunderts noch näher als die meisten anderen geistigen Führer dieser Zeit.

Spezialisierung der Wissenschaft

In den fünfziger Jahren begann die Spezialisierung der deutschen Wissenschaft schnellere Fortschritte zu machen. Sie war für die weitere Entwicklung der modernen Forschung unvermeidlich, doch wirkte es sich verhängnisvoll aus, daß sie gerade zu der Zeit aufkam, als das einigende Band, das die Philosophie im vorangegangenen halben Jahrhundert gebildet hatte, so gut wie nicht mehr vorhanden war. In allen Fächern verfolgte die Forschung eine streng empirische und positivistische Linie. Aber während der Positivismus und der Empirismus in England und Frankreich die Tradition des optimistischen Glaubens an den Fortschritt der Menschheit beibehielten, waren die entsprechenden deutschen

Schulen in der Regel ohne einen solchen Glauben. In dieser Hinsicht überlebten die destruktiven Resultate der deutschen idealistischen Philosophie, vor allem der Philosophie Hegels, den Zusammenbruch des Glaubens an den Idealismus. Die Verachtung, mit der Hegel in dieser Zeit in Deutschland sogar von philosophischen Geistern behandelt wurde, hätte logischerweise zu einem Wiederaufleben der Theorie des Naturrechts führen müssen, das von Hegel vollständig unterdrückt worden war. Aber dies geschah nicht, obgleich damals viel westeuropäisches Denken in Deutschland Eingang fand. Es läßt sich nicht mit Bestimmtheit entscheiden, ob die Meinung Ernst Troeltschs zutrifft, die Desillusionierung im Gefolge der Revolution sei schuld daran, daß die Deutschen es ablehnten, sich das Vertrauen des westlichen Positivismus auf die rationalen Fähigkeiten des Menschen zu eigen zu machen. Die Bewegung der „Lichtfreunde", die einen aufgeklärten Rationalismus in Verbindung mit fortschrittlichen politischen Ideen gepflegt hatten, löste sich nach 1849 rasch auf. Im ganzen stärkte der westliche Positivismus die liberalen Ideale in Deutschland nicht, sondern mäßigte sie oder machte sie sogar ganz kraftlos. Durch seinen Einfluß wurde der Mensch als der Sklave der empirischen Umstände gesehen.

Fortschritt der Naturwissenschaften

Solche Ansichten fanden wegen des schnellen Fortschritts der Naturwissenschaften immer mehr Glauben. Mehr als ihre französischen und englischen Kollegen standen die deutschen Naturwissenschaftler in Konflikt mit der philosophischen Überlieferung ihres Landes. Von Descartes bis Hume hatte sich die Entwicklung der europäischen Philosophie in engem Zusammenhang mit der modernen Naturwissenschaft vollzogen. In Deutschland hatte die philosophische Entwicklung zur teleologischen Naturphilosophie Hegels und Schellings geführt, die jetzt als bloße Mythologie erschien. Einige führende deutsche Naturwissenschaftler, wie Justus Liebig (1803–1873), Hermann Helmholtz (1821–1894) und Emil Du Bois-Reymond (1818–1896), warnten vor der willkürlichen Anwendung naturwissenschaftlicher Prinzipien, vor allem des Gesetzes der mechanischen Kausalität, auf Probleme des Geisteslebens. Aber diese Warnungen vermochten die Flut materialistischen Denkens, die über Deutschland hereinbrach, nicht aufzuhalten. Jacob Moleschott (1822–1893) lehrte, daß das Denken durch Phosphat im Hirn erzeugt wird. Im Jahre 1855 veröffentlichte Ludwig Büchner mit „Kraft und Stoff" das Hauptwerk des deutschen Materialismus, das über die Jahrhundertwende hinaus in vielen Auflagen verbreitet wurde. Er behauptete, daß Stoff allem Seelischen und Geistigen zugrunde liege. Büchners grobe Theorien übten in akademischen Kreisen keine besonders starke Wirkung aus. Daß sie trotzdem ein außerordentlich großes Publikum fanden, ist ein deutlicher Beweis dafür, daß die Universitäten aufgehört hatten, Zentren für die

Bildung des Volkes zu sein; es war auch ein unmißverständliches Symptom dafür, daß immer mehr Menschen, vor allem Protestanten, sich nicht länger an die Kirchen für die Beantwortung ihrer menschlichen Probleme wandten.

Interesse an Schopenhauer

Neben Positivismus und Materialismus begann plötzlich die Philosophie Arthur Schopenhauers (1788–1860, siehe S. 41) die Menschen zu faszinieren. Sein großes Werk „Die Welt als Wille und Vorstellung“, das er 1819 veröffentlichte, hatte 25 Jahre lang keinerlei Beachtung gefunden, und der junge Privatdozent hatte in dem Berlin Hegels und Schleiermachers in zwölf Jahren insgesamt neun Studenten gehabt. In seinem Alter jedoch konnte Schopenhauer, der damals in äußerlich behaglichen Umständen in Frankfurt lebte, noch die Anfänge seines Ruhmes erleben. Bis zum Ende des Jahrhunderts gab es wenige gebildete Deutsche, die in ihrer Jugend nicht tief unter dem Einfluß Schopenhauers standen. Von den neunziger Jahren an wetteiferte Friedrich Nietzsche, der selber unter dem Einfluß Schopenhauers zu philosophieren begann, mit ihm um den Glauben der Jugend und stellte ihn schließlich in den Schatten. Wenn wir hier die Gründe von Schopenhauers Wirkung untersuchen, so interessiert uns weniger sein Einfluß auf große Geister, wie in eben dieser Zeit auf Richard Wagner (1813 bis 1883) und Jacob Burckhardt (1818–1897), später noch auf Thomas Mann (1875–1957).

Nur bei dieser Generation, die ihren Glauben an die christlichen Lehren oder wenigstens an die Vereinbarkeit von Glauben und Vernunft – die noch der deutsche Idealismus hatte wiederherstellen wollen – verloren hatte, konnte Schopenhauer Widerhall finden. Mit ihrer Erhebung des Willens als der sowohl dem Leben als auch der Individuation zugrundeliegenden treibenden Kraft bot Schopenhauers Philosophie eine kausale Erklärung des Lebens, während sie die Absolutheit der Vernunft leugnete. Gleichzeitig sanktionierte diese Philosophie, indem sie zeigte, daß die Natur des einzelnen bestenfalls nur teilweise geläutert werden kann, bis zu einem gewissen Grad alle privaten Triebe des einzelnen, vor allem die sexuellen Triebe. Der Durchschnittsleser sehnte sich nicht nach dem Nirwana, und die Immoralität wurde in diesem „viktorianischen“ Zeitalter in der Öffentlichkeit nicht befürwortet. Aber die Liebesangelegenheiten des einzelnen erhielten nunmehr eine philosophische Bedeutung, wie sie nicht einmal die Romantik ihnen im selben Maße verliehen hatte.

Die Annahme, daß die Generation von 1850 sich Schopenhauers Philosophie aus Verzweiflung über das Scheitern der Revolution zu eigen machte, ist unhaltbar. Es war nicht Schopenhauers grundsätzlicher Pessimismus, was die Mitglieder dieser Generation am meisten schätzten. Ganz im Gegenteil, sie wendeten all ihre Energien den praktischen Aufgaben dieser Welt zu. Aber sie faßten ihre

Tätigkeiten nicht mehr als unmittelbaren Beitrag zur politischen Zukunft des Landes auf. Politik galt jetzt als die Domäne der Regierung, während sich der verständige Bürger auf seine private Arbeit im wirtschaftlichen und kulturellen Leben der Nation konzentrierte. Eine solche Haltung paßte gut zu Schopenhauers Lehre, daß der Staat zwar nicht mehr als ein notwendiges Übel sei, trotzdem aber Dankbarkeit verdiene, weil er das Eigentum schütze und es dem Individuum gestatte, sich den eigentlichen menschlichen Problemen zu widmen. Für Schopenhauer war der Fortschrittsglaube alberner Unsinn, und er nannte die Demokraten von 1848 die „souveräne Canaille". Er war überzeugt, daß dem Elend des Menschen nicht durch politischen Wandel abgeholfen werden könne, und er interessierte sich deshalb nicht für Geschichte. Nur in Philosophie und Kunst könne die Natur und die Bestimmung des Menschen erkannt und ein Weg zu seiner Erlösung gefunden werden. Die Beschränkung des menschlichen Lebens auf die private Sphäre, ohne Rücksichtnahme auf seine Beteiligung am politischen und sozialen Geschehen, machte die Schopenhauersche Philosophie für die deutschen Mittelklassen damals besonders zeitgemäß.

Wirtschaftliche Zustände

Das Jahrzehnt von 1850 bis 1860 sah den entscheidenden Durchbruch der modernen kapitalistischen Unternehmung in Deutschland. Der plötzlichen Entfaltung des neuen Kapitalismus in den vierziger Jahren folgte nach 1852 eine starke Ausdehnung der Wirtschaftsproduktion. Werner Sombart hat das Jahrzehnt nach 1850 die Zeit genannt, in der „der moderne Kapitalismus definitiv zur Grundlage der Volkswirtschaft gemacht" wurde. Zwischen 1849 und 1858 sank der Prozentsatz der Agrarbevölkerung in Preußen von 51,2 auf 45,4 Prozent herab, und dieses Beispiel veranschaulicht die Wirkung, die die Entwicklung von Handel und Industrie auf die Berufsstruktur des deutschen Volkes ausübte. Der Bevölkerungszuwachs Deutschlands von 35,4 Millionen im Jahre 1850 auf 37,8 Millionen im Jahre 1860 kam mehr der Stadt- als der Landbevölkerung zugute. Die Entwicklung der Industrie hielt jedoch mit dem Bevölkerungsanstieg nicht Schritt. Zwischen 1850 und 1859 wanderte nahezu eine Million Deutsche nach Übersee aus, die meisten wiederum nach Amerika in die Vereinigten Staaten*).

Die gewaltige Welle der deutschen Auswanderung, die 1853/54 ihren Höhepunkt erreichte, war keine politische Bewegung. Vielleicht kann man von den Deutschen, die in die Vereinigten Staaten einwanderten, 10 000 bis 20 000 als politische Flüchtlinge bezeichnen, die aus Deutschland flohen, weil sie wegen

*) Für die deutsche Auswanderung vor 1850 siehe Seite 231.

ihrer politischen Tätigkeit während der Revolution verfolgt wurden oder sich weigerten, unter den Verhältnissen der Restauration zu leben. Auch ist es wahrscheinlich, daß Erbitterung über diese Verhältnisse ein Faktor war, der unter anderen bei der Auswanderung mancher Personen unter den vielen Tausenden mitspielte, die Deutschland verließen, um in die Neue Welt zu ziehen. Nicht nur die politischen Flüchtlinge, sondern auch die Massen der deutschen Einwanderer übernahmen die amerikanischen demokratischen Ideale mit bemerkenswerter Bereitwilligkeit. Aber der Hauptgrund der Auswanderung war wirtschaftlicher und sozialer Natur. Die meisten Auswanderer waren Bauern und Handwerker aus Südwestdeutschland (Württemberg, Baden, Pfalz, Hessen-Darmstadt, Kurhessen), aus dem Rheinland und aus Nordwestdeutschland (Hannover, Oldenburg, Schleswig-Holstein und Mecklenburg), also aus Gegenden, in denen die agrarische Übervölkerung besonders bedrückend geworden war. In einigen Fällen halfen die örtlichen Gemeinden, die Auswanderung der Armen zu finanzieren, da dies weniger kostspielig als deren lebenslängliche Unterstützung war. Gelegentlich wurden zwar Gruppen völlig mittelloser Deutscher in die Vereinigten Staaten „ausgesetzt", in der Regel jedoch kamen die deutschen Einwanderer mit einigen eigenen Ersparnissen im neuen Lande an, und die meisten wurden ohne besondere Schwierigkeiten als Farmer in den neuen Staaten des mittleren Westens angesiedelt. Die Handwerker wurden leicht von den wachsenden amerikanischen Industrien absorbiert, obgleich viele in der Wirtschaftskrise von 1857 schwere Rückschläge erlitten.

Die große Auswanderung der fünfziger Jahre erleichterte die Lage in Deutschland. Die Arbeitsmöglichkeiten und Löhne besserten sich, und nach 1852 wurden viele zusätzliche Arbeitsstellen geschaffen. Die neue weltweite Hausse wurde hauptsächlich durch die Entdeckung von Gold in Kalifornien und Australien verursacht. Dank großer amerikanischer Importe aus Europa fand das Edelmetall schnell seinen Weg dorthin. In England wurde das neue Kapital schon 1850 für große Investitionen benutzt, während auf dem Festland das Gold bloß gehortet wurde. Erst die schließlich durch die Errichtung des Zweiten Kaiserreiches symbolisierte Stabilisierung der politischen Zustände schuf nach 1852 das notwendige Vertrauensklima für neue Geschäftswagnisse. In dem stürmischen Aufschwung der wirtschaftlichen Entwicklung Deutschlands war der Eisenbahnbau immer noch das stärkste Element. Die Länge der deutschen Eisenbahnlinien wurde zwischen 1850 (5822 km) und 1860 (11 026 km) beinahe verdoppelt. Was recht willkürlich als eine Anzahl regionaler Transportsysteme begonnen hatte, war am Ende des Jahrzehnts durch die Eröffnung einiger ost-westlicher und nord-südlicher Hauptlinien zu einem ganz Deutschland verbindenden Netzwerk geworden. Die gleichzeitige Erweiterung der Straßen und Wege schuf eine bis dahin unerhörte Möglichkeit, Menschen und Waren durch das ganze Land zu befördern.

Industrieproduktion

Die Eisenbahnen gaben den größten Antrieb für die Kohle-, Eisen-, Stahl- und Maschinenindustrien. Allgemein gesprochen verdreifachte sich in dieser Zeit die Produktion auf all diesen Gebieten. Die Entdeckung großer Erzlager im Ruhrgebiet machte dieses zum Hauptzentrum der deutschen Kohle- und Bergwerksproduktion mit all ihren abgeleiteten und Hilfsindustrien. Die Produktion von Kapital- und Verbrauchsgütern wuchs in dieser Zeit auf insgesamt mehr als das Doppelte an. So wurden z. B. große Fortschritte in den Textilindustrien gemacht. Von historisch größerer Bedeutung als die quantitative Zunahme der deutschen nationalen Produktion war jedoch die neue Organisation der wirtschaftlichen Unternehmungen.

Das Finanzwesen

Das Verlangen nach Kapital erforderte neue Methoden der Finanzierung. Alle finanziellen Hilfsquellen mußten mobilisiert werden, um Investitionen im modernen Ausmaß machen zu können. Normalerweise war weder der private Unternehmer noch der private Bankier in der Lage, das für die Finanzierung der grandiosen Projekte, die jetzt ausgeführt werden sollten, erforderliche Kapital aufzubringen. Es bedurfte „demokratischerer" Methoden, um Kapital zu mobilisieren. In diesem Jahrzehnt setzten sich die Aktiengesellschaften als die typische Organisationsform der industriellen Großunternehmungen endgültig durch. Zwischen 1837 und 1848 waren sechs Aktiengesellschaften mit einem Kapital von 43,99 Millionen Mark in Bayern gegründet worden, wohingegen zwischen 1849 und 1858 44 Gesellschaften mit einem Kapital von über 145 Millionen Mark entstanden. In Preußen wurden zwischen 1852 und 1857 59 Kohle- und Bergwerksgesellschaften mit einem Kapital von 70,69 Millionen Taler gegründet, verglichen mit 14 Gesellschaften mit einem Kapital von 23,29 Millionen Taler zwischen 1834 und 1851. In dem einen Jahr 1856 genehmigte die preußische Regierung Eisenbahn-, Straßen-, Kohle-, Eisen- und andere industrielle Gesellschaften im Werte von 116 Millionen Taler.

Die ungeheure Erweiterung der Geschäftstätigkeit verlangte neue Finanzinstitute. Um den Geldvorrat zu steigern, konnten die deutschen Kapitalisten nicht Preußen wählen, da die preußische Regierung eine Politik der Beschränkung des Geldumlaufes verfolgte. Dagegen ließen sich die deutschen Kleinstaaten, die Preußen umgaben, leicht überreden, Notenbanken zu gründen. Im Jahre 1851 gab es neun Notenbanken, 1857 bereits 29. Zur Aufbringung des für die industrielle Entwicklung nötigen Kapitals und zur Ausgabe von kommerziellen und industriellen Obligationen und Aktien wurden in Deutschland Banken nach dem Vorbild des *Crédit Mobilier*, der großen, als Aktiengesellschaft 1852 gegründeten französischen Bank, eingerichtet. So wurde 1853 die Bank für

Handel und Industrie zu Darmstadt (Darmstädter Bank) unter der Leitung von Gustav Mevissen gegründet. David Hansemann, den die politische Reaktion in Preußen von seinem Posten als Direktor der Preußischen Staatsbank entfernte, organisierte die Diskontogesellschaft, die viele Jahrzehnte lang die größte deutsche Bankgesellschaft sein sollte. Österreich folgte 1855 mit seiner „K. K. privilegierten Creditanstalt für Handel und Gewerbe" (Oesterreichische Creditanstalt).

Zu dieser Investitionshausse von 1852 bis 1856 trug ausländisches Kapital aus England, Frankreich und Belgien immer noch in beträchtlichem Maße bei. So half z. B. französisches Kapital bei der Reorganisation der Diskontogesellschaft. Es gab mindestens 19 englische Bergwerksgesellschaften im Rheinland, darunter die blühenden Shamrock und Hibernia Bergwerke von W. T. Mulvany, einem sehr erfolgreichen irischen Unternehmer. Aber allmählich entwuchsen die deutschen Industrien der Protektion ausländischer Finanzmänner und auch der Führung durch ausländische Ingenieure und Vorarbeiter. Gleichzeitig wurde Deutschland in die moderne Weltwirtschaft einbezogen. Der internationale Handel der im Zollverein zusammengefaßten Länder verdoppelte sich nahezu zwischen 1850 und 1857, und diese Zunahme entsprach ziemlich genau dem Wachstum des Welthandels. Auch auf die Entwicklung der deutschen Seeschiffahrt übte die größere Beteiligung am Welthandel eine anregende Wirkung aus. Der erste regelmäßige Dienst zwischen Deutschland und den Vereinigten Staaten wurde 1847 von der Hamburg-Amerika-Linie eingerichtet. Zehn Jahre später wurde der Norddeutsche Lloyd in Bremen gegründet. Trotzdem hielt die Entwicklung der Schiffahrt mit der der heimischen Industrien nicht Schritt. Vor allem vollzog sich der Übergang vom Segelschiff zum Dampfschiff nur langsam. Noch 1870 entfielen bei der deutschen Handelsflotte nur 82 000 von insgesamt 982 000 Registertonnen auf die Dampfschiffe (Großbritannien: 1 113 000 von insgesamt 5 691 000 Registertonnen).

Der Arbeitsmarkt

Die Hausse der fünfziger Jahre schuf neue Arbeitsbedingungen. Unmittelbar nach der Revolution stiegen die Löhne erheblich an. Aber diese Gewinne wurden bald durch den Anstieg der Preise aufgehoben, der die Jahre bis 1857 charakterisierte. Bestimmte Arbeitergruppen, wie z. B. die Arbeiter in den Kohlenbergwerken, setzten Löhne durch, deren Kaufkraft selbst unter dem Druck der allgemeinen Preisinflation eine Verbesserung bedeutete. Aber im allgemeinen sank nach 1852 das Lohnniveau im Verhältnis zu den Lebenskosten. Zudem erfolgte die Ausdehnung der Industrieproduktion nicht durch eine lineare Vermehrung der Beschäftigten, sondern hauptsächlich durch die Einführung von Maschinen. Die Verdreifachung der Eisenerzproduktion zwischen 1848 und 1857 wurde mit einer nur um 40 Prozent vermehrten Belegschaft zuwege gebracht. In anderen

Zweigen, wie z. B. in der Maschinenweberei, mögen Maschinen sogar Arbeiter verdrängt haben. Unter diesen Umständen blieb die Lage der an Zahl zunehmenden Arbeiterklasse unsicher.

Entstehen einer neuen vermögenden Klasse

Der rasche Aufschwung der industriellen Produktion zu einer Zeit relativ niedriger Produktionskosten und hoher Preise brachte den Bankiers und Industriellen hohe Profite ein. In den frühen und mittleren fünfziger Jahren war es möglich, beträchtliche Vermögen anzusammeln. Verglichen mit England und Frankreich war die Zahl der reichen Leute in Deutschland immer noch gering, doch wurde der Grundstock einer vermögenden Bourgeoisie geschaffen, um den sich eine Klasse wohlhabender Leute aufbaute. Dieses Emporsteigen einer stattlichen Gruppe finanziell unabhängiger Menschen bildete in der Geschichte des deutschen Bürgertums ein neues Kapitel und verstärkte den gesellschaftlichen Stolz seiner Mitglieder. Industrie und Finanz wurden zur speziellen Domäne des deutschen Dritten Standes. Die Junker scheuten sich zwar nicht, Industrieaktien zu erwerben oder Profite zu machen, indem sie ihren Namen für die Reklame neuer Finanzprojekte hergaben, waren jedoch nicht bereit, eine Laufbahn in Handel und Industrie einzuschlagen. Dies ist etwas überraschend, da sie sich bei der Bewirtschaftung ihrer Güter durchaus kapitalistischer Methoden bedienten. Mit der endgültigen Trennung zwischen Bauern- und Adelsstand und durch die Verlockungen eines gewinnversprechenden Marktes wurde die deutsche Landwirtschaft in höherem Grade rationalisiert. Man wandte wissenschaftlichere Methoden an und investierte mehr Kapital, um die Produktion zu steigern. Obgleich die feudalen Herren auf diese Weise zu kapitalistischen Unternehmern wurden, sahen die preußischen Junker voll Verachtung auf die neuen Herren in Industrie und Finanz herab. Adeliges Blut, so glaubten sie, könne nur auf grünen Weiden gedeihen und würde unter den schwarzen Fabrikschornsteinen verderben. Einige oberschlesische Großgrundbesitzer entdeckten allerdings frühzeitig, daß sich mehr verdienen ließ, wenn sie auf ihren Gütern nach Kohle und Erzen statt nach Kartoffeln gruben, und bauten einige der größten Industrieunternehmungen auf. Aber das waren Ausnahmefälle. Als Klasse blieben die Junker dem neuen Industriewesen fern. Sogar die landlosen Junker, die Mitglieder von Familien, die ihre Güter verloren hatten, oder die zweiten und dritten Söhne von Landbesitzern betätigten sich nur selten in Industrie und Handel. Sie wendeten sich der Armee oder dem Staatsbeamtentum zu, weil diese Lebensform ihnen eine höhere gesellschaftliche Stellung verlieh.

Deutschland als Teil der Weltwirtschaft

Die neuen wirtschaftlichen Verhältnisse und der engere Kontakt mit dem internationalen Handel und der internationalen Finanz zogen Deutschland zum ersten Mal in den Wirbel einer fluktuierenden Weltwirtschaft hinein. Bisher waren die Wirtschaftskrisen der Deutschen durch die Widrigkeiten der Natur, z. B. schlechte Ernten, oder durch politische Ereignisse, wie die Verwüstungen des Krieges oder den Verlust ausländischer Märkte, verursacht worden. Die Depression nach 1845 war das Ergebnis von Mißernten, obgleich eine vorübergehende Panik an der britischen Börse einige deutsche Bankfirmen ruinierte. Aber die Weltwirtschaftskrise von 1857 traf Deutschland mit elementarer Gewalt. Die Investitionshausse war auf dem Festland bereits Ende 1856 zum Stillstand gekommen. Die Zusammenbrüche in den Vereinigten Staaten im Oktober 1857 erschütterten auch die englische Wirtschaft bis in ihre Grundlagen und führten danach in ganz Europa zu chaotischen Zuständen. Die Verluste der Deutschen waren zwar erheblich, erwiesen sich jedoch am Ende nicht als vernichtend. Die meisten industriellen und finanziellen Einrichtungen, die in den vorangegangenen Jahren gegründet worden waren, überlebten den Sturm, obgleich viel Vermögen abgeschrieben werden mußte. Selbst Hamburg, das am engsten in die Weltwirtschaft verflochten und infolge des Zusammenbruchs der Warenpreise und des Kapitalmarkts mit der Vernichtung all seiner größeren Firmen bedroht war, wurde dank einer Anleihe der österreichischen Regierung in seinen Normalzustand zurückversetzt. Es dauerte einige Jahre, bis sich die deutsche Wirtschaft ganz erholt hatte, da der italienische Krieg von 1859 neue Probleme und Ungewißheiten brachte. Die sechziger Jahre waren dann Zeiten langsamen, aber ständigen Aufschwungs. Es ist behauptet worden, daß die Wirtschaftskrise im Jahre 1857 auf die deutschen Liberalen eine ähnliche Wirkung hatte wie das Mißlingen der Revolution von 1848/49. Die Liberalen, die dadurch, daß sie den Wert der Initiative des einzelnen in Wirtschaftsunternehmungen praktisch bewiesen, nach ihrer politischen Niederlage neues Vertrauen gewonnen hatten, fanden plötzlich, daß die Depression die Früchte ihrer Arbeit vernichtet hatte, und sahen sich gezwungen, die Regierung um Hilfe anzurufen. Unsere historischen Quellen reichen für den Beweis dieser These nicht aus, aber es besteht keine Frage, daß die Schwierigkeiten von 1857 und der nachfolgenden Jahre den Optimismus derer dämpften, die in der wirtschaftlichen Tätigkeit nicht nur eine willkommene Befreiung von der starren Praxis des reaktionären Staates erblickten, sondern auch ein Mittel, mit dessen Hilfe der Staat schließlich nach liberalen Gesichtspunkten reformiert werden könnte. Zudem nahmen die geschäftlichen Angelegenheiten alle Kräfte in Anspruch und ließen wenig Zeit für politische Tätigkeit übrig.

Die Regierungen und der Kapitalismus

In Frankreich wie auch in Österreich suchte der neue Absolutismus, der den politischen Liberalismus von 1848/49 besiegt hatte, das höhere Bürgertum dadurch zu gewinnen, daß er die kapitalistische Entwicklung förderte. Es war die Zeit, in der sowohl Paris als auch Wien viel von ihrer mittelalterlichen Vergangenheit opferten. Der Umbau von Paris durch Baron Haussmann fand sein Gegenstück in der Entfernung der Mauern Altwiens und dem Bau der luxuriösen „Ringstraße" um die Stadt als Schaustück der modernen bürgerlichen Kultur. In Preußen nahm die Unterstützung des kapitalistischen Unternehmertums nicht so drastische Formen an. Tatsächlich versuchte die konservative Regierung, die Stellung der Handwerker durch eine für die Zünfte vorteilhafte Gesetzgebung zu stärken. Auch griff sie zugunsten der Arbeiter mit verschiedenen Maßnahmen ein, von denen das fortschrittliche Gesetz von 1853, das die Arbeit von Kindern unter zwölf Jahren verbot und verhältnismäßig strenge Vorschriften über die Beschäftigung Jugendlicher enthielt, die wichtigste war. Dieses Gesetz wurde von den Liberalen als eine Verletzung der Freiheit verschrien, während sich die Kapitalisten über die vielen bürokratischen Hindernisse beklagten, die ihrer Tätigkeit in den Weg gestellt wurden.

Von einer entschiedenen Opposition gegen den neuen industriellen Kapitalismus war jedoch auch die preußische Regierung recht weit entfernt. Die Gewinne, die dem Staatsschatz zuflossen, waren ihr höchst willkommen, und sie wollte sich keineswegs die Geschäftsleute entfremden. Sogar ein so echter Junker wie Bismarck empfahl 1851, die preußische Regierung solle für die Förderung der materiellen Wohlfahrt sorgen, weil sie dadurch am ehesten die Sympathien der großen Masse der Deutschen gewinnen würde, die, wie er glaubte, mehr an materiellen Dingen hingen als die Adeligen. Auch sah er in einer aktiven Wirtschaftspolitik das beste Mittel, um die Macht Preußens Österreich gegenüber zu steigern. In der Tat war die wachsende wirtschaftliche Stärke Preußens ein sehr wichtiger Faktor bei seinem Widerstand gegen die anmaßende Politik Fürst Schwarzenbergs.

Der Zollverein

Die Zollvereinsverträge, die Preußen mit den mittel- und süddeutschen Staaten abgeschlossen hatte, sollten Ende 1853 ablaufen. Karl Ludwig Freiherr von Bruck wünschte, daß an deren Stelle ein Zollverein treten solle, der das gesamte Habsburgerreich, Preußen und alle Länder des Deutschen Bundes vereinigte. Schwarzenberg hätte Preußen gern die Leitung der deutschen Wirtschaftspolitik ganz und gar aus der Hand genommen und sie den Frankfurter Organen des Deutschen Bundes übertragen, wo Österreich nach Olmütz unbestritten den Ton angab. Aber der Tod Schwarzenbergs im April 1852 machte der energischen Verfolgung seines ehrgeizigen Projekts ein Ende, und im selben Jahr sah sich Bruck gezwungen, zu seinen privaten Geschäften nach Triest zurückzukehren. Seine Hauptschwierigkeit hatte in der Rückständigkeit der österreichischen Wirtschaftsgesetzgebung gelegen. Die Niederschlagung der ungarischen Revolution 1850 hatte es Bruck ermöglicht, das Habsburgerreich durch die Abschaffung der Zollgrenze zwischen Ungarn und Österreich wirtschaftlich zu einigen. Auch hatte durch die Aufhebung störender Einfuhrverbote die Liberalisierung des österreichischen Außenhandels Fortschritte gemacht. Aber das Leben der österreichischen Industrien hing immer noch von der Fortdauer des Schutzzolls ab, und eine Vereinigung mit dem preußischen Zollverein hätte die Einführung von Schutzzöllen auf industrielle Güter in Deutschland erfordert. Die süddeutschen Staaten hatten schon immer unter der verhältnismäßig liberalen Wirtschaftspolitik der Zollunion gelitten, und eine Zeitlang schien es, daß sie ihre Bande mit dem Zollverein nicht erneuern, sondern statt desssen eine Verbindung mit dem Habsburgerreich eingehen würden.

Gegen eine solche Möglichkeit traf die preußische Regierung Vorsorge, indem sie die Kluft schloß, die immer noch in Norddeutschland bestand, wo Hannover, Oldenburg und einige nordwestliche Kleinstaaten, der sogenannte Steuerverein, ein besonderes Zollsystem aufrechterhalten hatten. Die preußische Zollunion verteilte ihre Einkünfte im Verhältnis zur Bevölkerungszahl ihrer Mitgliedstaaten, was für die weniger industrialisierten Staaten wie die süddeutschen vorteilhaft war. Tatsächlich war es die Gefahr, sie könnten die Einkünfte aus ihrer Mitgliedschaft verlieren, was schließlich die süddeutschen Staaten bewog, die Zollvereinsverträge zu erneuern. Preußen ging einen Schritt weiter, indem es Hannover ungewöhnlich vorteilhafte finanzielle Bedingungen anbot, und erwirkte tatsächlich dessen Beitritt. Nur Mecklenburg, Schleswig-Holstein und die drei freien Städte Hamburg, Lübeck und Bremen blieben nach 1854 außerhalb des preußisch-deutschen Zollvereins. Nachdem sich Nordwestdeutschland angeschlossen hatte, gewannen die östlichen und die westlichen preußischen Provinzen bequeme Verbindungen zueinander wie auch den direkten Zugang zur Nordsee.

Es war hauptsächlich das Verdienst von Rudolf Delbrück (1817—1903), einem jungen Beamten im preußischen Handelsministerium, daß die Unabhängigkeit der preußischen Wirtschaftspolitik sichergestellt wurde. Der Handelsvertrag, über den er 1853 mit Österreich verhandelte, garantierte den Österreichern einige Präferenzen und stellte neue Diskussionen über eine Mitteleuropäische Zollunion für 1860 in Aussicht. Dies sah wie ein erster Schritt in Richtung auf Brucks Pläne aus. In Wirklichkeit aber war der österreichisch-preußische Handelsvertrag nur der Schild, hinter dem Preußen näher an Westeuropa heranrückte. Die Ausdehnung des Zollvereins nach dem Nordwesten Deutschlands und die Aufrechterhaltung verhältnismäßig liberaler Prinzipien im Außenhandel ließen hoffen, man werde Vorteile aus der Liberalisierung der britischen Handelspolitik durch Maßnahmen wie die Abschaffung der Kornzölle und der Navigationsakte ziehen können.

Es ist merkwürdig, wie materielle Interessen der preußischen Regierung einen Kurs aufzwangen, der das gerade Gegenteil ihrer allgemeinen Politik war; denn diese bezweckte eine konservative Restauration, die ihrerseits die Aufrechterhaltung enger Beziehungen zu dem monarchischen Rußland und Österreich in sich schloß. Auch im Innern hob die Entwicklung des industriellen Kapitalismus bis zu einem gewissen Grade die reaktionäre Politik und die Zwangsmethoden auf, die Preußen nach der Niederwerfung der Revolution verfolgte.

Diplomatische Nachwirkungen des Krimkrieges

Schon die Erneuerung des Zollvereins war ein Zeichen, daß Österreich nicht hoffen konnte, die diplomatische Niederlage Preußens bei Olmütz so weit auszunützen, daß es dieses zu einer zweitrangigen europäischen Macht reduziert hätte. Die mit dem Krimkrieg verknüpften Ereignisse befreiten Preußen dann von der unmittelbaren Drohung, die in der anmaßenden Politik Österreichs lag, und wiesen ihm eine größere Rolle in europäischen Angelegenheiten zu. Der Versuch Rußlands, seinen Einfluß auf den Balkan und die anderen Teile des türkischen Reiches auszudehnen, begegnete nicht nur englisch-französischem Widerstand; auch Österreich behinderte diese Politik nach Kräften. Die österreichische Politik schien den Russen perfide, vor allem in Anbetracht der Hilfe, die Nikolaus I. in den Jahren 1848—1850 zur Wiederherstellung der Habsburgermacht geleistet hatte. Die diplomatische Geschichte des Krimkrieges enthüllt keine besondere Weisheit in der Diplomatie irgendeiner europäischen Nation. Aber die Politik Österreichs, die hauptsächlich von Schwarzenbergs Nachfolger, Graf Ferdinand Buol-Schauenstein (1797—1865), geleitet wurde, hatte die unangenehmsten Folgen. Sie machte der Freundschaft der beiden Reiche ein Ende, und diese wurde nie wieder ganz hergestellt, obgleich es in den folgenden 60 Jahren auch zu Perioden der diplomatischen Zusammenarbeit kam. Unmittelbar nach dem Krimkrieg führte die Erbitterung Rußlands sogar zu einer französisch-russischen Annäherung, die den Boden für Napoleons Intervention in Italien im Jahre 1859 vorbereitete.

Die preußische Politik während der Orientkrise war furchtsam und verwirrt. Friedrich Wilhelm IV. widerstand einem starken Druck zur Bildung einer gemeinsamen Front mit den westlichen Mächten gegen Rußland. Die Mitglieder der Wochenblattpartei befürworteten eifrig einen solchen Kurs und fanden in Prinz Wilhelm einen wichtigen Verbündeten. Andererseits führte der Wunsch des Königs, den Kontakt mit Österreich nicht zu verlieren, zu schwierigen Situationen und machte es für Preußen unmöglich, die Chancen für eine Ausdehnung seines Einflusses auszunutzen. Gerade in diesem Zeitpunkt nahmen die deutschen Kleinstaaten Anstoß an der Führerstellung Österreichs, die sie in europäische Abenteuer zu verstricken schien, und sie erwarteten von Preußen, daß es sie gegen diese Gefahr schützen würde. Aber so unentschieden die Politik Preußens in den Jahren des Krimkrieges auch war, man vergaß in Rußland nicht, daß Preußen die einzige Macht gewesen war, die keine feindselige Haltung gegen Rußland eingenommen hatte. Zar Nikolaus starb zu Beginn des Jahres 1855, tief gekränkt über die Undankbarkeit des jungen österreichischen Kaisers, den er seit 1848 seinem preußischen Schwager gegenüber bevorzugt hatte. Nikolaus' Sohn und Nachfolger, Alexander II. (1856—1881), fühlte sich zwar weniger als sein Vater in Deutschland zu Hause, blickte aber mit Wohlwollen auf Preußen. Der Kanzler, Graf Karl von Nesselrode, jahrzehntelang der oberste diplomatische Berater, trat zurück, und Fürst Gortschakow wurde russischer Außenminister. Er hatte eine starke Abneigung gegen Österreich und eine Vorliebe für Frankreich, aber es war Alexander selbst, der die Außenpolitik bestimmte, und dieser war weit davon entfernt, in einem Bündnis mit dem Land der Revolutionen und Napoleons, dazu mit einem Lande, das Pläne zur Wiederherstellung Polens hegte, eine befriedigende Garantie der Sicherheit Rußlands zu sehen.

So war es Preußen, das aus den diplomatischen Folgen des Krimkrieges den größten Vorteil zog, obgleich Friedrich Wilhelm IV. den Zusammenbruch der Heiligen Allianz der drei konservativen Monarchen beklagte. Im Jahre 1857 erlitt er mehrere Schlaganfälle und war nicht mehr fähig, die Regierung zu führen. Sein Bruder Wilhelm fungierte 1857 als sein Stellvertreter und wurde 1858 Preußens Regent. Erst jetzt trat er mit seinen Neuerungen hervor. Otto von Manteuffel wurde entlassen, und die „Neue Ära" begann.

Elftes Kapitel

DER PREUSSISCHE VERFASSUNGSKONFLIKT UND DIE ANFÄNGE DES MINISTERIUMS BISMARCK

Wie die Thronbesteigung Friedrich Wilhelms IV. im Jahre 1840 die lebhafte Erwartung in Preußen wachgerufen hatte, daß ein neuer Abschnitt der deutschen Geschichte beginnen und nunmehr der Monarch engeren Zusammenhang mit den volkstümlichen politischen Strömungen suchen würde, so erweckte auch die Übernahme der Regentschaft durch seinen Bruder Wilhelm im Jahre 1858 Hoffnungen auf eine liberalere Ära. Aber in beiden Fällen beurteilte das Publikum die Persönlichkeiten und politischen Absichten der neuen preußischen Herrscher falsch. In mancher Hinsicht war der Thronfolger, der im Alter von 61 Jahren berufen wurde, die Geschicke des preußischen Staates zu leiten, seinem Vater Friedrich Wilhelm III. ähnlicher als seinem älteren Bruder. Der Mann, der 1861 König und zehn Jahre später deutscher Kaiser werden sollte, besaß nicht die reiche Phantasie seines Bruders noch dessen künstlerische Interessen. Er hatte eine typisch militärische Mentalität, und sein Denken bewegte sich mehr um den preußischen Staat als um Deutschland. Andererseits besaß er sowohl die Einfachheit wie auch die persönliche Bescheidenheit seines Vaters, obgleich sich bei ihm diese Eigenschaften mit einem gesteigerten Stolz auf das monarchische Amt verbanden.

Prinz Wilhelm fühlte sich durch die Olmützer Punktation, die ihm als eine Demütigung Preußens durch Österreich und Rußland erschien, tief verletzt, und er war bereit, die Selbständigkeit der preußischen Politik mit größerer Bestimmtheit zu verteidigen, als es sein Bruder getan hatte. Im besonderen wünschte er, Preußens militärische Leistung für die Sicherheit des Deutschen Bundes solle dadurch offiziell anerkannt werden, daß es in irgendeiner Form den Oberbefehl über die nichtösterreichischen Bundesstreitkräfte erhielte. Was die inneren Angelegenheiten anbetrifft, mißbilligte Wilhelm die unordentliche Geschäftsführung, die dadurch entstanden war, daß die Kamarilla sich fortgesetzt in die Arbeit der Staatsminister eingemischt hatte. Auch gegen die Polizei- und Spitzelmethoden der Regierung, besonders gegen deren Übergreifen auf das religiöse Gebiet, erhob er Einspruch. Obgleich selbst ein frommer, rechtgläubiger Protestant, lehnte er die Propagierung religiöser Ideen durch den Staat ab.

Die Neue Ära

Nachdem Wilhelm im Oktober 1858 die Regentschaft übernommen hatte, entließ er das Kabinett Manteuffel-Westphalen. Der neue Ministerpräsident, Karl

Anton Fürst von Hohenzollern-Sigmaringen, war ein süddeutscher Grandseigneur von einigermaßen liberaler Gesinnung. Die meisten anderen Minister waren typische preußische Konservative. Aber die Ernennung von Rudolf von Auerswald, der 1848 preußischer Ministerpräsident gewesen war (siehe S. 304), und Moritz von Bethmann-Hollweg zu Ministern ließ das neue Kabinett in den Augen des großen Publikums entschieden liberaler erscheinen. In Wirklichkeit beabsichtigte Wilhelm keineswegs, einen liberalen Kurs einzuschlagen, vielmehr wünschte er, durch die Wahl von Männern aus unterschiedlichen politischen Lagern die Unabhängigkeit der königlichen Regierung von den Parteien zu unterstreichen. Die Behauptung der königlichen Autorität gegenüber dem Parlament war einer seiner wichtigsten Grundsätze. Daß er nach dem Tode seines Bruders bei der Krönungszeremonie in Königsberg eigenhändig die Krone vom Altar der Kirche nahm und sich aufs Haupt setzte, entsprach völlig seiner Auffassung von der Königswürde.

Die Wahlen im Jahre 1858

Doch hielt das Volk die Ernennung des neuen Kabinetts im Jahre 1858 für den Beginn einer liberalen Ära, und da die Regierung von einer Beeinflussung der Wahlen durch ihre Beamten absah, konnte es nicht ausbleiben, daß viele glaubten, sie habe gegen die Wahl von Liberalen nichts einzuwenden. Diese neuen Erwartungen übten einen belebenden Einfluß auf die Wahlen zur zweiten Kammer des preußischen Landtags im Dezember 1858 aus. Sogar die Demokraten, die seit 1849 unter dem Dreiklassensystem für eine Wahlenthaltung eingetreten waren, nahmen daran teil. Aber die Zunahme der Wählerzahl war gering, vor allem in der dritten Klasse. Was die Wahlen jedoch ans Licht brachten, war die Umwandlung der preußischen Gesellschaft, die sich infolge der industriellen Revolution vollzogen hatte. Die neuen reichen Männer füllten in vielen Wahlbezirken die Ränge der ersten und zweiten Wählerklasse. Die Liberalen gewannen mit einer starken Mehrheit von 210 Sitzen einen erstaunlichen Sieg, während die Konservativen nur 59 von ihren bisherigen 236 Sitzen behielten. Eine Zeitlang waren die Liberalen untereinander verhältnismäßig einig, wenn auch nicht über ihre letzten Ziele, so doch hinsichtlich ihrer unmittelbaren Taktik. Sie stimmten in dem Wunsch überein, die Reformen nicht zu rasch und zu radikal voranzutreiben, um auf diese Weise den Prinzregenten an eine liberale Politik zu gewöhnen. Aber die Ablehnung aller kleinen Reformmaßnahmen im Herrenhaus 1859 erregte Unzufriedenheit und führte, zusammen mit der zunehmenden Zuspitzung des Problems der nationalen Einigung, zu einer aktiveren Politik der Liberalen.

Wirkung des italienischen Krieges

Der italienische Krieg von 1859 belebte die nationalen Hoffnungen in ganz Mitteleuropa aufs neue. Napoleon III., der Cavours Piemont-Sardinien militärische Hilfe bei der Vertreibung der Österreicher aus Italien versprochen hatte, wollte damit einen der Hauptpfeiler des Wiener Friedensschlusses zertrümmern, und Rußland, das ihm für einen italienischen Krieg Neutralität zugesichert hatte, war – im Gegensatz zu 1848–1850 – bereit, die Vernichtung der alten Ordnung zu dulden. Das Erscheinen der französischen Armee in Norditalien und ihr siegreicher Vormarsch in der Lombardei beunruhigten sowohl die deutschen Regierungen als auch die Führer der öffentlichen Meinung. In ihrem unmittelbaren Gefolge erschien eine gewaltige Flut politischer Artikel und Flugschriften. Die vorherrschende Meinung war, die ganze Nation solle Österreich voll unterstützen. Diese Haltung beruhte nicht nur auf antifranzösischer Gesinnung. Die meisten deutschen Katholiken sahen in Österreich die natürliche Vormacht Deutschlands, die nicht geschwächt werden durfte, und zudem bedrohte die italienische Nationalbewegung die Stellung des Heiligen Stuhles. In den nichtkatholischen Kreisen des deutschen Volkes war dagegen das Mißtrauen gegen Frankreich das Hauptmotiv.

Leopold von Gerlach sah in Napoleon einfach den Erben der Französischen Revolution, gegen den das Prinzip der Heiligen Allianz verteidigt werden mußte. Aber eine solche auf rein konservativen Prinzipien gegründete Haltung war in Deutschland eine seltene Ausnahme geworden. Die meisten Konservativen, Liberalen und Demokraten argumentierten, daß Napoleon, nachdem er in Italien Erfolge davongetragen haben werde, sich als nächstes der Eroberung des Rheinlandes zuwenden werde. Die Tatsache, daß die Lombardei und Venetien dem Deutschen Bund nicht angehörten und daher dessen Mitglieder nicht verpflichtet waren, Österreich zu Hilfe zu kommen, war für diese Auffassung gegenstandslos, da, wie es damals hieß, der Rhein am Po verteidigt werden müsse. Selbst Friedrich Engels schrieb mit der Billigung von Karl Marx, ganz Deutschland müsse gegen Napoleon kämpfen. Beide sahen in ihm das Haupt der europäischen Gegenrevolution. Dagegen hielt Ferdinand Lassalle (1825 bis 1864), der wenige Jahre später die erste deutsche Arbeiterbewegung gründete, einen Sieg des reaktionären Österreich für noch gefährlicher und glaubte fest, das Regime Napoleons III. sei infolge seiner inneren Konflikte ohnehin dem Untergang geweiht. Daher erhob er die Forderung, daß Preußen die Notlage Österreichs ausnutzen solle, um eine großdeutsche Nation zu gründen.

Der rückhaltlose Realismus Lasalles war nicht sehr von der Haltung eines anderen „kommenden Mannes", Otto von Bismarcks, verschieden. Als Wilhelm die Regentschaft mit der Absicht übernahm, die österreichisch-preußischen Beziehungen zu bessern, war der brandenburgische Junker, der am Bundestag als Gesandter Preußens dessen Ansprüche auf Gleichstellung mit Österreich rigoros verfochten hatte, in die „ehrenvolle Verbannung" an die preußische Gesandtschaft in St. Petersburg geschickt worden. Bismarck wünschte, daß Preußen seine Armee dazu benutzen solle, Österreich zu zwingen, ihm die Führung im größeren Teil Deutschlands zu überlassen. Aber die Entscheidung lag beim preußischen Herrscher. Wenn auch die Regierungen vieler kleinerer deutscher Staaten in das öffentliche Verlangen nach bewaffneter Intervention auf seiten Österreichs miteinstimmten, waren ihre Streitkräfte doch zu gering und zu schlecht vorbereitet, um gegen Frankreich allein ins Feld zu rücken. Und da Österreich keine nennenswerten Streitkräfte übrig hatte, die es zu einer deutschen Bundesarmee am Rhein hätte beisteuern können, hätten die deutschen Kleinstaaten ihr Gewicht nur in Verbindung mit dem preußischen Heer fühlbar machen können.

Der Friede von Villafranca

Der preußische Prinzregent war im Grunde gewillt, Österreich bewaffnete Hilfe zu leisten. Die Erinnerung an den Befreiungskrieg gegen Napoleon, an dem er als ein tapferer Jüngling teilgenommen hatte, war ihm unauslöschlich, und er wünschte nicht, Preußen des Mangels an nationalem Verantwortungsgefühl bezichtigt zu sehen. Aber er wollte bei dieser Gelegenheit Österreich dahin bringen, die wichtige Rolle anzuerkennen, die Preußen in deutschen und europäischen Angelegenheiten zukam. Daher verlangte er den Oberbefehl über alle deutschen Streitkräfte am Rhein. Obgleich Österreich zögerte, Preußen Gelegenheit zu geben, als Führer bei einem großen nationalen Unternehmen aufzutreten, nahm es dessen Bedingung unter dem Eindruck des französisch-italienischen Sieges bei Magenta am 4. Juni 1859 an. Preußen erklärte jedoch am 14. Juni, es wolle erst noch einen Versuch bewaffneter Vermittlung machen. Zehn Tage später erlitt Österreich seine zweite größere Niederlage bei Solferino. Als der Prinzregent die ganze preußische Armee mobilisiert hatte und im Begriffe stand, zu vermitteln, einigten sich Franz Joseph und Napoleon III. und schlossen den Frieden von Villafranca. Österreich trat die Lombardei an Frankreich, und dies bedeutete tatsächlich an Sardinien-Piemont, ab, behielt dagegen Venedig und erhielt das Versprechen auf die Wiedereinsetzung der Habsburgerfürsten in Toskana und Modena. Aller Wahrscheinlichkeit nach waren diese Bedingungen für Österreich nicht schlechter, als sie es gewesen wären, wenn die Vermittlung Preußens stattgefunden hätte. Für diese Einschätzung ist es gegenstandslos, daß schon im November 1859, als österreichische, französische und piemontesische Diplomaten in Zürich zusammentraten, um die Bestimmungen von Villafranca mit einem endgültigen Frieden zu besiegeln, unter den italienischen Nationalisten eine Bewegung entstanden war, die jeden Einfluß Habsburgs aus Mittelitalien ausschalten sollte.

Franz Joseph und seine Berater nahmen Napoleons Vorschläge vor allem deshalb an, weil sie Preußen keine Gelegenheit geben wollten, eine führende Stellung in Deutschland auf Kosten Österreichs zu gewinnen. In der Öffentlichkeit schoben sie sogar Preußen die Schuld an dem beklagenswerten Ausgang des Krieges zu und versuchten, auf dieser Grundlage die Vormachtstellung Österreichs wieder zu befestigen. Aber es zeigten sich ernste Schwächen, die vorausahnen ließen, mit welchen Problemen sich Österreich im nächsten Jahrzehnt auseinanderzusetzen haben würde. Seine an und für sich niemals starken Finanzen hatten durch die Mobilisierung des Heeres im Krimkrieg schwer gelitten. Kaum war es Bruck gelungen, das Budget ins Gleichgewicht zu bringen, als der italienische Krieg seine Arbeit völlig zunichte machte. Zudem hätte die Fortsetzung des Krieges revolutionären Bewegungen in Ungarn Auftrieb geben können. Napoleon hatte die Bildung einer Legion ungarischer Revolutionäre in Italien ermutigt. Auch hatte der unglückliche Verlauf des Krieges nicht nur die nationalen Gegensätze innerhalb des Habsburgerreichs verschärft, sondern auch zu neuen Forderungen nach einem liberalen Regierungssystem geführt.

Nicht weniger komplex waren die Gründe, die Napoleon zum Frieden mit Österreich bewogen. Die Gefahr eines französisch-deutschen Krieges, die durch die preußische Mobilmachung heraufbeschworen wurde, war zweifellos der Hauptgrund dafür, daß Napoleon direkt mit Österreich verhandelte und damit die bei Cavour und den italienischen Nationalisten erweckten Erwartungen enttäuschte. Auch die Animosität, die die französischen Katholiken gegenüber seiner italienischen Politik – wegen ihrer voraussichtlichen Folgen für den Kirchenstaat – an den Tag legten, machte auf ihn Eindruck. Wenn wir über den Horizont des Jahres 1859 hinausblicken, können wir sagen, daß Napoleon mit Magenta und Solferino den Höhepunkt seiner Laufbahn überschritten hatte. Die italienische Nationalbewegung ließ sich nicht auf halbem Wege anhalten. In den nächsten Jahren fiel ganz Italien mit der Ausnahme von Rom und Venetien dem neuen Königreich zu, und es war Englands, nicht Frankreichs diplomatische Hilfe, die zu diesen Errungenschaften beitrug. Andererseits weckte die Annexion von Savoyen und Nizza, die Napoleon Italien als Entgelt abgewann, das Mißtrauen Englands gegenüber den rücksichtslosen Zielen und Methoden der französischen Politik. Napoleons koloniale Unternehmungen in der Levante und in Mexiko während der frühen sechziger Jahre verstärkten Englands Ärger in solchem Maße, daß es den Sturz des französischen Kaiserreichs 1870 beinahe gleichgültig mitansah.

Ergebnisse des Krieges

Während es rückblickend möglich ist, in den Ereignissen von 1859 die Keime von Entwicklungen zu sehen, die schließlich Preußens ehrgeiziger Politik zugute kommen sollten, waren die unmittelbaren Ergebnisse für die preußische Regierung höchst peinlich, vor allem für den Prinzregenten, der beabsichtigt hatte, Preußens Rang unter den europäischen Mächten vor aller Augen zu führen und das bei seiner Regentschaftsübernahme abgelegte Versprechen zu erfüllen, daß Preußen in Deutschland „moralische Eroberungen" machen werde. Statt dessen hatte er sich sowohl Österreich als auch Frankreich zu Feinden gemacht und in Deutschland keine Sympathien gewonnen. Die Geschehnisse hatten in jeder Hinsicht die Machtlosigkeit der kleinsten europäischen Großmacht erwiesen.

Der Friede von Villafranca war für Wilhelm eine bittere Lehre, die ihn hinsichtlich seiner Fähigkeit zur Führung der Außenpolitik weniger zuversichtlich stimmte. Aber diese Erfahrung stärkte seine Entschlossenheit, auf dem Gebiet zu handeln, auf dem er sich ganz und gar zuständig fühlte. Er war davon überzeugt, daß eine Reform des Heeres Preußen schließlich den ihm gebührenden Respekt verschaffen würde. In General Albrecht von Roon (1803—1879) fand er den Mann, der bereit war, sich seine Gedanken anzueignen und kompromißlos für ihre praktische Verwirklichung zu kämpfen. Mit der Ernennung Roons zum Kriegsminister im Dezember 1859 wurde die Heeresreform zum zentralen Ziel der Politik des Regenten, und der Eintritt Roons ins Kabinett sollte sich als der Anfang vom Ende der liberalen „Neuen Ära" in Preußen herausstellen.

Neue Heeresorganisation

Der Aufbau der preußischen Armee, der im wesentlichen auf das Boyensche Gesetz von 1814 zurückging (siehe S. 148), war reformbedürftig. Aber die Gestalt, die diese Reform im Denken des preußischen Monarchen und seines getreuen Paladins annahm, und auch die Methoden, mittels derer sie ihr Programm zu verwirklichen gedachten, waren von Anfang an von starken politischen Überzeugungen gefärbt. Das Heeresgesetz von 1814 atmete den Geist der preußischen Reformer, die versucht hatten, die Kluft zwischen der Regierung und dem Volk, zwischen Zivilisten und Soldaten, wie sie in Preußen im 18. Jahrhundert bestanden hatte, zu schließen. Die neue Heeresorganisation sollte einem großen Teil des Volks Gelegenheit zu militärischer Erfahrung geben. Aber Boyen hatte die allgemeine Wehrpflicht nicht dazu benutzen wollen, der regulären Armee die Herrschaft über die gesamte Gesellschaft zu geben. Tatsächlich blieb der Rekrut nach dreijährigem Heeresdienst nur zwei weitere Jahre in der Reserve, die die regulären Regimenter im Kriegsfall auf volle Stärke bringen sollte. Nach diesen fünf Jahren wechselte der Reservist zur Landwehr hinüber, die in zwei Aufgebote eingeteilt war. In beiden war die Zugehörigkeitsdauer sieben Jahre. Die Regimenter des ersten Aufgebots der Landwehr, das die Altersstufe zwischen 25 und 32 Jahren umfaßte, wurden in Kriegszeiten dem Feldheer einverleibt, wo jede Brigade aus einem regulären und einem Landwehrregiment bestand, während das zweite Aufgebot von Männern zwischen 32 und 39 Jahren als Festungsgarnisonen und nichtkämpfende Truppen eingesetzt wurde.

In Friedenszeiten waren die Landwehr und die reguläre Armee weitgehend voneinander getrennt. Bis zum Range des Hauptmanns hatte die Landwehr ihre eigenen Offiziere. Sie wurden allein aus der Gruppe ausgewählt, die nur ein Jahr statt drei in der Armee zu dienen brauchte, ein Vorrecht, das Boyen denjenigen verliehen hatte, die eine höhere Schulbildung besaßen. Diese Einjährig-Freiwilligen hatten die Aussicht, später eine geachtete Stellung in ihren Heimatgemeinden einzunehmen. Dabei bildeten sie das natürliche Bindeglied zu den Männern, die die preußischen Reformer mit der Hauptverantwortung für die lokale Selbstverwaltung zu betrauen gewünscht hatten. Nicht technische Vollkommenheit, sondern tief eingewurzelte Moral, die sich von der Liebe zu Familie und Heimat herleitete, sollte die Landwehr auszeichnen, und ihr Patriotismus sollte nicht nur die Armee, sondern die gesamte Nation in Kriegszeiten beseelen.

Das Boyensche System krankte von Anfang an an gewissen Schwächen. Wegen der angespannten Finanzlage gab es immer Männer, die nicht in die reguläre Armee eingezogen werden konnten, sondern unmittelbar der Landwehr zugewiesen wurden, in der sie eine nur oberflächliche Ausbildung erhielten. Mit zunehmender Bevölkerungszahl stieg auch die Zahl dieser „Landwehrrekruten" an. Dieser Prozeß wurde nur vorübergehend aufgehalten, als in den 1820er Jahren die Dienstzeit in der regulären Armee von drei auf zweieinhalb Jahre und in den 1830er Jahren auf zwei Jahre herabgesetzt wurde. Schließlich bestand beinahe die Hälfte des ersten Aufgebots der Landwehr aus „Rekruten".

Aber nicht weniger bedenklich war die unzulängliche Ausbildung der Landwehroffiziere, denn die reguläre Armee zeigte wenig Interesse an den „Einjährig-Freiwilligen", deren Vorbereitung auf den Offiziersdienst sehr mangelhaft blieb. Allerdings waren weder diese Schwäche noch die Schwierigkeiten mit den Rekruten notwendig in dem System der Boyenschen Heeresorganisation verwurzelt. Beides hätte zum guten Teil behoben werden können, wenn die preußische Armee und die Regierung die Landwehr wirklich hätten kampfkräftig machen wollen. Aber in der tatenlosen Periode zwischen 1819 und 1848 fehlte es an der Energie, diese Probleme in Angriff zu nehmen, und das vorherrschende reaktionäre Fühlen ließ es nicht einmal sehr bedauerlich erscheinen, daß die Landwehr die Erwartungen ihrer Gründer nicht erfüllte. Überdies gab die Trennung der Landwehr von der regulären Armee den alten Berufsoffizieren Gelegenheit, die Armee wieder ganz ihrer Herrschaft zu unterwerfen. In den Jahren der Reaktion gewann das Offizierskorps den alten Kastencharakter rasch zurück. Es bestand zum größten Teil immer noch aus Junkern. Im Jahre 1859 waren zwei Drittel aller Leutnants, drei Viertel der Offiziere mittleren Ranges und neun Zehntel der Generäle Adelige. Tatsächlich war ihr Einfluß innerhalb der Armee noch größer, da sich das bürgerliche Element vor allem in den technischen Zweigen konzentrierte. Ein hoher Prozentsatz der Offiziere rekrutierte sich aus den Kadettenanstalten, die Scharnhorst vergeblich abzuschaffen gesucht hatte. Es waren meist Söhne armer Junkerfamilien, die auf diese Weise vom frühen Knabenalter an von der zivilen Welt isoliert wurden.

Um die Mitte des 19. Jahrhunderts gab es im preußischen Offizierskorps mehr allseitig gebildete Männer als in den Tagen Friedrichs des Großen. Aber der Enthusiasmus war verschwunden, mit dem ein Scharnhorst und ein Boyen die neuen humanen Gedanken ihres Zeitalters aufgegriffen und selbst gegen stärksten Widerstand in die Tat umgesetzt hatten. Obgleich die nachfolgende Generation durch umfassendere intellektuelle Ausbildung eine Bereicherung ihres persönlichen Lebens gewann, fehlte ihr der Blick für die Fragwürdigkeit sozialer und politischer Traditionen, und der Gebrauch, den sie von ihrer Bildung machte, bestand im Studium der realen Lebenstatsachen. Friedrich Meinecke hat dazu bemerkt, daß der Übergang vom idealistischen zum realistischen Zeitalter und damit von einem universal eingestellten Menschen zum modernen Fachmenschen zuerst von der militärischen Klasse vollzogen wurde.

Albrecht von Roon

Albrecht von Roon war ein vollendetes Beispiel für einen Offizier der Periode, die auf die Befreiungskriege folgte. Er hatte vielseitige geistige Interessen und besaß großes Wissen, aber sein Herz schlug ausschließlich für die Armee, für die er und in der er seit seinem Eintritt in die Kadettenanstalt aufgewachsen war. Die hervorragenden Eigenschaften der preußischen Armee lagen für ihn in ihrem Korpsgeist begründet, der sie von der bürgerlichen Gesellschaft trennte. Während Soldaten – so glaubte Roon – der Zivilbevölkerung vortrefflich als Vorbild der Disziplin dienen könnten, würden Zivilisten, die von ihrer Häuslichkeit und ihren privaten Geschäften in Anspruch genommen seien, niemals die überlegenen soldatischen Fähigkeiten und den echten soldatischen Geist zeigen. So erklärte er die Landwehr für eine unglückliche Erfindung und bezeichnete ihren vielgerühmten Beitrag zur Befreiung von 1813–1815 als größtenteils legendär. Er behauptete, eine gut ausgebildete Armee werde in einer Kriegssituation auf jeden Fall eine gesteigerte Moral an den Tag legen und bedürfe nicht der Begeisterung für das Vaterland, die die Bürger-Soldaten beseele, die überzeugt seien, daß sie bei der Verteidigung von Familie und Heimat für eine gerechte Sache kämpften. Roon glaubte, die Rücksicht auf dieses Motiv für die Tapferkeit der Bürger-Soldaten erlege der Regierung eine unerträgliche Beschränkung auf, da sie dann bei der Führung ihrer Politik immer die Reaktion des Volkes in Rechnung stellen müßte.

Roons Denken war dem der preußischen Reformer diametral entgegengesetzt. Während diese bemüht gewesen waren, den militärischen mit dem nationalen Geist zu identifizieren, wollte Roon die Armee und die zivile Gesellschaft voneinander scheiden. Er zog die zahlenmäßige Begrenzung der Armee, vorausgesetzt, daß sie gründlich ausgebildet wurde, dem Boyenschen Plan vor, der die Mobilisierung des ganzen Volkes in einer kritischen Lage der Nation vorsah. Aber auch der krasse Unterschied der politischen Überzeugungen drückt sich in diesen gegensätzlichen Meinungen aus. Die preußischen Reformer von 1813 hatten die Absicht gehabt, die besiegte Monarchie Friedrichs des Großen dadurch neu zu beleben, daß sie die Bürger zu politischer Initiative anregten und ihnen Anteil an der Leitung der öffentlichen Angelegenheiten gaben. Roon und der Prinzregent dagegen als Vertreter eines Zeitalters, in dem die Autorität der Regierung wiederhergestellt war, hielten die von den Reformern auferlegten Pflichten, wie die allgemeine Wehrpflicht, für natürliche Leistungen, die der Regierung geschuldet wurden und keine Änderung der politischen Ordnung als Gegengabe forderten. Die Revolution von 1848/49 hatte ihnen gezeigt, daß die Erhaltung dieser Ordnung die ausschließliche Herrschaft des Königs über die Armee zur Voraussetzung hatte. Auf Grund einiger vereinzelter Zwischenfälle, bei denen Landwehrleute mit Demokraten fraternisiert hatten, sahen Prinz Wilhelm und Roon in der Landwehr den liberalen Keil, der die Armee, diese Säule der königlichen Macht, auseinanderbrechen könnte.

In dem Entwurf der militärischen Reformpläne, den Roon vorbereitete und der Prinzregent sich zu eigen machte, waren politische Überzeugungen untrennbar mit beruflichen fachmilitärischen Betrachtungen verwoben. Obgleich nicht bestritten werden darf, daß die preußische Heeresorganisation reformbedürftig war, hätte diese Reform doch in anderen Formen und im Einklang mit den liberalen Kräften ausgeführt werden können. General Edwin von Manteuffel (1809–1885) verschärfte diesen Konflikt aufs äußerste. Obwohl er ein Mitglied der Kamarilla Friedrich Wilhelms IV. war, hatte er sich am Berliner Hof behauptet. Seit 1858 war er Chef der Personalabteilung des Kriegsministeriums und legte dem Prinzregenten nahe, den königlichen Oberbefehl über die Armee nicht durch das Kriegsministerium auszuüben, das dem Parlament Rede zu stehen hatte, sondern durch eine unabhängige Stelle, ein „Königliches Militärkabinett". Dieses Kabinett, das bis zu den letzten Tagen der preußischen Monarchie im Jahre 1918 fortbestand, wurde 1859 mit Manteuffel an der Spitze geschaffen. Dadurch wurden dem Kriegsministerium alle Offiziersernennungen entzogen, und der König konnte nun auch direkte Befehle an seine Truppen erlassen. Als Chef des Militärkabinetts war Edwin von Manteuffel in der Lage, den König zu ermahnen, seine königlichen Vorrechte aufs äußerste zu verteidigen. Er trat sogar als Sprecher des Offizierskorps auf, indem er listig andeutete, daß die preußischen Offiziere einen wankelmütigen Monarchen ablehnen würden.

Heeresvorlage von 1860

Dies waren die Kräfte, die bei der Geburt der Heeresvorlage von 1860 Pate standen. Diese enthielt den Vorschlag, das erste Aufgebot der Landwehr aus der Feldarmee zu entfernen. Um deren numerische Stärke aufrechtzuerhalten, sollte die Stärke der Infanteriebataillone beinahe verdoppelt, die Artillerie um 25 Prozent vermehrt und eine große Zahl neuer Kavallerieregimenter gebildet werden. Diese Verstärkung der Heereskader erforderte eine beträchtliche Verstärkung des Offizierskorps und der Zahl der Unteroffiziere. Außerdem erforderte sie die Aushebung eines jährlichen Kontingents von 63 000 statt der seit 1815 üblicherweise aufgerufenen 40 000 Rekruten. Diese Bestimmung war zweifellos die weittragendste Maßnahme des ganzen Programms. Bei einem Bevölkerungsanstieg im Preußen von 11 Millionen auf 18 Millionen seit 1815 war die allgemeine Wehrpflicht tatsächlich undurchführbar geworden, während eine immer größere Zahl von Rekruten direkt der Landwehr zugewiesen wurde, die dadurch an militärischer Qualität verlor. Aber es war nicht das Ziel der Roonschen Reform, die Boyensche Heeresorganisation neuen Bedingungen anzupassen, sondern ein ganz neues System zu schaffen. Roons Heeresvorlage verlangte, daß jeder Rekrut drei (in der Kavallerie vier) Jahre in der regulären Armee dienen und weitere vier bis fünf Jahre in der Reserve bleiben solle. Dies bedeutete, daß der Landwehr ihre beiden jüngsten Jahrgänge entzogen wurden, und darüber hinaus, daß die Landwehr aus der Feldarmee ausgeschlossen wurde, da von da ab die reguläre Armee durch die Reserven auf Kriegsstärke gebracht wurde, während die reduzierte Landwehr ersten Aufgebots außerhalb der Feldarmee blieb. Es war logisch, daß die Regierung noch geringeres Interesse am zweiten Aufgebot der Landwehr zeigte.

Die geplante neue Armee war außerordentlich teuer, nicht nur wegen des Zuwachses an neuen Berufsoffizieren und der Erhöhung der Rekrutenzahl, sondern auch infolge der längeren Dienstzeit. Nicht einmal die Mehrheit der preußischen Generäle, ja nicht einmal Roon selbst war davon überzeugt, daß drei Jahre zur Ausbildung eines guten Soldaten erforderlich wären. Von dieser Vorstellung war jedoch der Prinzregent geradezu besessen. Er glaubte, daß erst das dritte Jahr einen Mann für immer mit dem disziplinierten militärischen Geist erfüllen würde, den er im ganzen Militärwesen auszubreiten wünschte. Die meisten Offiziere wußten, daß in einem System der allgemeinen Wehrpflicht der einzelne im Durchschnitt bereit ist, sich die militärischen Fähigkeiten anzueignen, daß er aber unruhig wird, wenn er noch ein zusätzliches Jahr über die für die Ausbildung nötige Zeit hinaus der Fahne dienen muß. Trotzdem mußte Roon für die dreijährige Dienstzeit kämpfen, auf der der Prinzregent starrköpfig bestand.

Die Heeresvorlage wurde verständlicherweise vom preußischen Landtag mit Mißtrauen aufgenommen. Die Landwehr war eine bei den deutschen Liberalen populäre Einrichtung, ganz besonders beim höheren Bürgertum, das im Offizierskorps der Landwehr stark vertreten war. Das politische Fühlen dieser Gruppe spiegelte sich am deutlichsten in der Haltung der Altliberalen wider, die die Schlüsselstellung im preußischen Parlament innehatten. Trotzdem war die parlamentarische Mehrheit den Schwächen des militärischen Systems gegenüber nicht blind, und da die Abgeordneten wünschten, Preußen möge eine starke Politik in den deutschen nationalen Angelegenheiten betreiben, waren sie bereit, sowohl eine recht radikale Reorganisation wie auch eine drastische Erhöhung der jährlichen Aushebung zu billigen. Der Gegenvorschlag der parlamentarischen Mehrheit sah vor, daß mindestens ein Drittel der Feldarmee aus Landwehrsoldaten bestehen solle, die aber in einer Weise ausgebildet und organisiert würden, daß sie von den Reserven des regulären Heeres, die Roon wünschte, kaum zu unterscheiden waren. Die Mehrheit stimmte der jährlichen Aushebung von 60 000 Mann zu, lehnte dagegen die dreijährige aktive Dienstpflicht ab. Sie war überzeugt, daß das dritte Jahr überflüssig sei und eine übertriebene Vermehrung der Berufsoffiziere sowie große Ausgaben für Gebäude zur Folge haben würde.

Die Mehrheit des Abgeordnetenhauses war bereit, der Regierung große zusätzliche Fonds für militärische Zwecke zu bewilligen, versuchte jedoch, die hohe Forderung nach einer 25prozentigen Erhöhung des Staatshaushaltes herabzuschrauben. Aber aller Wahrscheinlichkeit nach wäre es für die Regierung nicht besonders schwierig gewesen, die parlamentarische Zustimmung für ein Programm zu gewinnen, dessen Verwirklichung das Heer im wesentlichen auf die gewünschte Stärke gebracht hätte. Im Kriegsministerium war man früh der Ansicht, daß das Zugeständnis der zweijährigen statt der dreijährigen Dienstpflicht die ganze Heeresvorlage retten würde. Der König und Roon jedoch, denen alle Reaktionäre eifrig beistimmten, wollten keine Geste des Kompromisses machen, obgleich eine Armee, deren Aufbau von den Vertretern des Volkes gebilligt wurde, ein viel einfacheres Verhältnis zwischen Heer und Volk garantiert hätte. Mit der Demobilisierung der preußischen Truppen nach der Krise von 1859 hatte die Regierung die Reorganisation der Armee tatsächlich schon begonnen. Prinzregent Wilhelm glaubte, daß im Artikel 46 der preußischen Verfassung, der dem König das Oberkommando über die Wehrmacht verlieh, das Recht inbegriffen sei, die Streitkräfte Preußens nach seinem Gutdünken zu organisieren. Manteuffel, der gern die Preisgabe der ganzen Verfassung gesehen hätte, und Roon ermutigten ihn, jede konkrete Arbeit des Parlaments an der Organisation des preußischen Verteidigungssystems als einen ungehörigen Eingriff in seine königlichen Vorrechte abzulehnen. Das Parlament sollte nur das Recht — oder die Pflicht — haben, die erforderlichen Geldsummen zu bewilligen. Die Heeresvorlage wurde zurückgezogen und das Parlament statt dessen ersucht, vorläufig neun Millionen Taler zu bewilligen, die die Regierung nach Belieben für militärische Ausgaben in dem am 1. Juli 1861 ablaufenden Etatjahr verwenden konnte.

Die Führer der liberalen Mehrheit, unter denen Georg von Vincke in diesem Augenblick der hervorragendste Parlamentarier war, fühlten sich in dem Gedanken erleichtert, dadurch Zeit zu gewinnen, daß sie ihre Stimme nur für eine provisorische Vorlage abgaben. Aber sie machten sich selber etwas vor, wenn sie annahmen, daß es immer noch in ihrer Macht läge, ihren militärischen Reformplan verwirklicht zu sehen. Tatsächlich ernannte die Regierung die Befehlshaber der neuen Regimenter schon ehe das Parlament das „Provisorium" bewilligt hatte. Die Regierung legte diese Bewilligung als einen deutlichen Beweis aus für den Wunsch der Liberalen, ihr Gesicht zu wahren, und empfand danach wenig Gewissensbisse, rasch an den Aufbau einer Armee zu gehen, wie sie die ursprüngliche Regierungsvorlage vorgesehen hatte. Es stellte sich heraus, daß der Entschluß der preußischen Liberalen, das „Provisorium" zu billigen, eines der verhängnisvollsten Ereignisse der deutschen Geschichte war. Für mehr als ein halbes Jahrhundert machte er Preußen zu einem absolutistischen und militaristischen Staat.

Schicksalsstunde des Liberalismus

Es war in der Tat eine Schicksalsstunde des deutschen Liberalismus. Selbst damals noch hätte es der rechte Flügel der gemäßigten Liberalen vorgezogen, das Militärprogramm einfach anzunehmen, um seinen Einfluß auf die Regierung der Neuen Ära zu behalten. Aber es ist höchst fraglich, ob die Liberalen überhaupt solchen Einfluß hatten, daß sie hätten hoffen können, das Wohlwollen des Prinzregenten zu gewinnen und auf diesem Wege den preußischen Staat umzugestalten. Prinz Wilhelm betrachtete die Minister immer als königliche Diener und nicht als Vertreter des Volkswillens. Selbst wenn die liberale Mehrheit den Wünschen Wilhelms in der militärischen Reorganisation nachgekommen wäre, hätte sie nicht die geringste Garantie dafür gehabt, daß ihre Ziele von der Regierung auf anderen Gebieten gefördert wurden. Gerade in dem Augenblick, in dem die Regierung die Hilfe des Parlaments für ihre militärischen Pläne forderte, machte sie keinerlei Anstrengungen, die Opposition des Herrenhauses gegen einige schwebende liberale Gesetzgebungsakte auf anderem Gebiete zu brechen. Aber dadurch, daß sie die Finanzvorlage annahmen, unterließen es die preußischen Liberalen, eindeutig Stellung zu nehmen, und setzten ihre zukünftige politische Stellung aufs Spiel. Wenn sie behaupteten, sie hätten nur eine provisorische Maßnahme gebilligt und es stehe ihnen frei, ein von dem Regierungsvorschlag abweichendes Militärsystem durchzusetzen, so übersahen sie die Tatsache, daß durch ihr Handeln die Aussichten auf eine Verwirklichung ihrer Hauptziele entschieden verringert wurden. Diese Aussichten verschlechterten sich noch mehr, als die Liberalen für ein weiteres „provisorisches" Budget stimmten. Um diese Zeit hatten die vielen neuen Regimenter von Wilhelm unter großem Pomp ihre Regimentsfahnen erhalten, und der König hatte bei seiner formellen Thronbesteigung, die am 2. Januar 1861 nach dem Tode seines Bruders stattgefunden hatte, den Charakter des Gottesgnadentums der preußischen Monarchie durch eine demonstrative Krönung vor Augen gestellt.

Die Opposition der Liberalen gegen die Heeresvorlage galt nicht einer starken preußischen Armee an sich, sondern lediglich einer Armee, die die Garde der Dynastie werden sollte. Die Liberalen wünschten ein im Volk verwurzeltes Heer und glaubten, nur ein solches könne dem höchsten Streben der Nation, nämlich dem Kampf um die deutsche Einheit, gerecht werden. Der italienische Krieg von 1859 und die darauffolgende Gründung des Königreichs Italien hatten tiefe Sehnsucht nach der baldigen Verwirklichung der deutschen Einheit hervorgerufen. Die Flut politischer Flugschriften zeugt von einem brennenden Interesse an der nationalen Frage, und mit der Neuen Ära hatte der Glaube an Preußen als den natürlichen Führer zur Einheit viel an Boden gewonnen. Im Januar 1858 erschien eine bezeichnenderweise „Preußische Jahrbücher" genannte Zeitschrift, in der eine Gruppe von hervorragenden deutschen Historikern die Probleme der vergangenen und zeitgenössischen Geschichte im Lichte einer preußischen Lösung der deutschen Einigung erörterte. Rudolf Haym (1821–1901) war der erste Herausgeber dieses Organs, in dem der junge Heinrich von Treitschke (1834–1896) seine Karriere als politischer Schriftsteller begann und für das auch Theodor Mommsen (1817–1903) und Wilhelm Dilthey (1834 bis 1911) Beiträge schrieben.

Öffentliche Demonstrationen

Die nationalen Demonstrationen nahmen beträchtlich zu. Gelehrte und Mitglieder der freien Berufe nutzten ihre jährlichen Kongresse zu diesem Zwecke. Noch geräuschvoller wurde bei den nationalen Massenversammlungen deutscher Schützen- und Gesangvereine demonstriert. Gebildete und einfache Leute, die sich in Deutschland so selten zu gemeinsamer Arbeit zusammenfanden, taten sich 1859 zusammen, um den 100. Geburtstag Friedrich Schillers zu einer denkwürdigen Feier im ganzen Lande zu gestalten. Außerdem begannen sich nationale Organisationen zu bilden, die dazu bestimmt waren, auf die Regierungen ständigen Druck auszuüben. Im Einklang mit der neuen „realistischen" Einstellung des nachrevolutionären Zeitalters und den Interessen des neuen Bürgertums, das im Gefolge des industriellen Aufschwungs der fünfziger Jahre aufgewachsen war, wurde als erstes eine Vertretung für wirtschaftliche Belange, der „Kongreß Deutscher Volkswirte", geschaffen. Er war ursprünglich 1858 durch die Initiative kleiner, von der zweiten Weltwirtschaftskrise schwer getroffener Geschäftsleute ins Leben gerufen worden, und bald darauf wurde er vorwiegend zum Organ derer, die am Freihandel und an einer Wirtschaftspolitik des *laissez faire* interessiert waren. Diese Gruppen waren in Norddeutschland stärker als im Süden, und es war ihr natürliches Ziel, die Politik des Zollvereins durch die preußische Regierung zu modifizieren. Letztere war für solche wirtschaftliche Bestrebungen nicht ganz unempfänglich, vorausgesetzt, daß sie von den Verfassungsforderungen des Liberalismus getrennt werden konnten. Rudolf von Delbrück, der im Begriffe war, die Leitung der preußischen Wirtschaftspolitik zu übernehmen, war ein überzeugter Freihändler. Aber in der Zusammenarbeit mit der offiziellen preußischen Regierung vergaßen die Führer des Kongresses ihre politischen Prinzipien um ökonomischer Konzessionen willen. Spätere Ereignisse sollten beweisen, daß in bestimmten Kreisen des deutschen Bürgertums die politischen Ideale des Liberalismus von den sozialen und wirtschaftlichen Interessen überschattet wurden.

Der Nationalverein

Ein direkter Versuch, eine liberale Organisation auf breiter nationaler Basis für politische Zwecke zu schaffen, war der Nationalverein, der im September 1859 unter dem Eindruck der Geschehnisse in Italien hauptsächlich dank der Initiative nordwestlicher und südwestlicher Liberaler und Demokraten gegründet wurde. Schulze-Delitzsch vertrat die Linke, Männer wie Victor von Unruh und A. L. von Rochau, der Herausgeber der Wochenschrift des Vereins, die Rechte, während Rudolf von Bennigsen einen mittleren Kurs zu steuern suchte. Der Nationalverein wollte dem ganzen Volk die Dringlichkeit der deutschen Einigung vor Augen führen. Er erklärte, daß die Frankfurter Verfassung von 1849 der wahre Ausdruck für das Verlangen des Volkes nach einem nationalen Staate gewesen sei und den rechten Weg zu seiner Verwirklichung aufgezeigt habe. Es war auffallend, daß die sogenannten Demokraten jetzt offen die kleindeutsche Lösung des deutschen Problems annahmen und, mehr als das, in der preußischen Monarchie das beste Werkzeug zur Verwirklichung der deutschen Einheit sahen. Unter den nichtexilierten deutschen Demokraten waren kaum irgendwelche republikanische Hoffnungen wachgeblieben, obgleich sie die in der Frankfurter Verfassung von 1849 und der preußischen Verfassung von 1850 enthaltenen Grundrechte zu verwirklichen wünschten.

Die Ära der Konflikte

Als die Neue Ära in die Ära der Konflikte überging, nahm die Spannung zwischen den Demokraten und den Gemäßigten beträchtlich zu. Den Gemäßigten diente der Nationalverein dazu, durch die Organisierung der Mittelklassen auf die preußische Regierung einen Druck auszuüben, damit diese eine nationale deutsche Politik verfolge. Dagegen neigten die Demokraten dazu, die nationale Einigung und die konstitutionelle Regierungsform als Ergebnis einer weitverbreiteten Volksbewegung zu erwarten. Als die Ereignisse in Preußen nach 1860 zeigten, daß die preußische Regierung für liberale Ratschläge weniger zugänglich war, gewannen die Demokraten im Nationalverein an Einfluß. Aber es erschien utopisch, den Gedanken der Einigung Deutschlands unter der Führung Preußens propagieren zu wollen, solange die preußische Regierung nicht reformiert worden war. Daher konzentrierten sich die politischen Anstrengungen der Liberalen auf die parlamentarische Tätigkeit. Der Nationalverein erreichte zeitweilig eine Mitgliedschaft von über 20 000, doch nahm die Intensität seiner Propaganda nach 1864 rasch ab.

Der Nationalverein wäre möglicherweise eine große Volksbewegung geworden, wenn er nicht nur die Unterstützung der Massen für seine politischen Ziele gesucht, sondern auch ihren sozialen Forderungen wenigstens einigen Platz in seinem Programm eingeräumt hätte. Aber in dieser Hinsicht waren sich die Liberalen und Demokraten ganz einig. Beide glaubten, die politische Führung sei eine Sache für Menschen von Bildung und Besitz, und betrachteten das *laissez faire* als den logischen Ausdruck einer solchen Weltanschauung. Zum ersten Mal seit der Revolution von 1848/49 sahen die frühen sechziger Jahre in Deutschland organisierte Bewegungen unter den Arbeitern. Im Oktober 1862 verlangte eine Arbeiterversammlung in Leipzig, der Nationalverein solle die Zahlung von Beiträgen in einer Weise festlegen, die es den Arbeitern ermöglichen werde, dem Verein beizutreten. Der Exekutivausschuß diskutierte dieses Gesuch sehr ausführlich. Es war ihm bekannt, daß die Arbeitergruppen außerdem wünschten, der Nationalverein solle einen nationalen Arbeiterkongreß einberufen und für die Einführung des allgemeinen Wahlrechts in Preußen agitieren. Der Ausschuß war besorgt, er werde dadurch seine mittelständischen Ideale und mittelständische Führerstellung gefährden. So lehnte er im Februar 1863 das Gesuch mit der recht herablassenden Feststellung ab, daß sich die Arbeiter als „geistige Mitglieder" und „geborene Ehrenmitglieder" des Vereins betrachten mögen.

Die Fortschrittspartei

Als König Wilhelm I. 1861 die Parlamentssitzung eröffnete, schlug die preußische Regierung nur wenige innere Reformen vor. Die Atmosphäre war mit bitteren Gefühlen geladen. Es gelang Georg von Vincke, dem Führer der gemäßigten Liberalen, noch einmal, eine Mehrheit zu organisieren, die am 31. Mai 1861 $7^1/_3$ Millionen Taler bewilligte, um die Kosten für die vergrößerte Armee zu bestreiten. Die Summe wurde als eine außerordentliche Bewilligung bezeichnet, mit dem Vorbehalt, daß sie im folgenden Jahr durch ein Gesetz über die

Heeresorganisation normalisiert werden sollte. Aber diesmal verwarf der linke Flügel der gemäßigten Liberalen die rückgratlose Taktik Vinckes. Zwei Adelige aus Ostpreußen, Leopold von Hoverbeck (1822–1875) und Max von Forckenbeck (1821–1892), waren die Führer der Opposition, die sich im Juni 1861 als „Deutsche Fortschrittspartei" konstituierte. Die Fortschrittspartei unterschied sich von den Altliberalen mehr in der politischen Taktik als in den politischen Zielen. Die Fortschrittler, die ihre Treue zum König bekundeten, hatten nicht vor, den Staat zu bezwingen. Sie leugneten, grundsätzlich in Opposition zur gegenwärtigen Regierung zu stehen, verlangten jedoch die volle Durchführung der Verfassung, besonders in der Verwaltung der Justiz, in der lokalen Selbstverwaltung, der Pressefreiheit, der Gewerbefreiheit, der Trennung von Staat und Kirche und vor allem anderen in der Anerkennung der Rechte der Legislative. Außerdem verlangten sie entschieden das Fortbestehen der Landwehr, die zweijährige Dienstpflicht und eine aktive preußische Politik im Hinblick auf die deutsche Einigung.

Unzweifelhaft konnte man unter den Fortschrittlern verschiedene Schattierungen der Überzeugungen wahrnehmen. Einige, wie Schulze-Delitzsch, Benedikt Waldeck, Rudolf Virchow und Leopold von Hoverbeck, legten von Anfang an einen etwas größeren Nachdruck auf die parlamentarischen Rechte der Etatbewilligung, während andere, wie Karl Twesten (1820–1870), Eduard Lasker (1829–1884), Max von Forckenbeck und Theodor Mommsen (1817–1903), ursprünglich mehr geneigt waren, eine Lösung des Problems der Heeresreform auf dem Verhandlungswege zu suchen. Aber alle waren sich in ihrem brennenden Glauben an den Rechtsstaat einig. Bei ihrem Bemühen, die moralischen Prinzipien des öffentlichen Lebens unter der Monarchie zu bestimmen, beanspruchten sie ganz bewußt für das Bürgertum den Platz im Staate, der ihm auf Grund seines Beitrages zur physischen und kulturellen Stärke der Nation zukam. Auch glaubten sie, in ihrem Kampf gegen den Absolutismus gleichzeitig die Monarchie gegen Anmaßungen des Adels zu verteidigen.

In den Wahlen vom Dezember 1861 errang die Deutsche Fortschrittspartei einen großen Sieg. Während die Konservativen nur 15 von 57 Sitzen behielten, gewannen die Fortschrittler über 100 Sitze. Die alten gemäßigten Liberalen verloren beträchtlich an Gefolgschaft, obgleich 95 von ihnen – nach ihrem Führer als Fraktion Grabow bekannt – in das neue Parlament einzogen. Weitere 50 Liberale – die Fraktion Bockum-Dolffs – nahmen ihren Platz auf der linken Mitte zwischen der Fraktion Grabow und den Fortschrittlern ein. Diese Fraktion Bockum-Dolffs, in der der rheinische Liberalismus stark vertreten war, hatte im Jahre 1862 eine entscheidende Stellung inne, da die Fraktion Grabow zur Zusammenarbeit mit ihr, nicht aber mit den Fortschrittlern bereit war. Dadurch kam ein weiteres mäßigendes Element in das neue Parlament, obgleich dieses entschieden weiter links stand als das Parlament der Neuen Ära.

Konservative Reaktion

Die preußischen Konservativen waren über den Ausgang der Wahl bestürzt, da sie ihn als das Anzeichen einer drohenden Revolution betrachteten. Der verschlagene General Edwin von Manteuffel sah daher die Gelegenheit herannahen, die Verfassung loszuwerden. Aber selbst der weniger draufgängerische Albrecht von Roon übte starken Druck auf Wilhelm I. aus, er solle keine Konzessionen machen und nicht auf die liberaler gesinnten Kabinettsmitglieder hören. Diese getreuen Vasallen der absoluten Monarchie erkühnten sich, ihrem Rat noch eine besondere Spitze zu geben, indem sie drohten, der König werde die Unterstützung der Offiziere und der Armee verlieren, wenn er hinsichtlich der königlichen Prärogativen in allen Heeresangelegenheiten zu Kompromissen bereit sei. Es bedurfte keiner großen Überredungskraft, Wilhelm I. zu bewegen, an seinem Standpunkt festzuhalten. Als das Parlament im März 1862 hörte, die Regierung lehne die zweijährige Dienstpflicht wieder ab, weigerte es sich, den Heeresetat anzunehmen, wenn nicht die Einzelposten spezifiziert aufgeführt würden. Statt dessen beschloß der König, das Parlament aufzulösen und den Rücktritt der Minister, die zur Mäßigung geraten hatten, anzunehmen.

Krise

Das neue Kabinett, an dessen Spitze offiziell Fürst von Hohenlohe-Ingelfingen stand, wurde weitgehend unter dem Einfluß von Roon gebildet, der glaubte, sobald einmal die Sache der Konservativen dem Volk richtig erklärt und nahegelegt würde, werde der einfache Mann sich hinter den Monarchen stellen. In Wirklichkeit bedeutete dies, daß von seiten der Regierung möglichst großer Druck auf die Wahl ausgeübt wurde, die im April/Mai 1862 stattfand und in der die Regierung eine verheerende Niederlage erlitt. Die Konservativen wurden auf zehn Sitze reduziert, während die Liberalen 284 der insgesamt 325 Sitze eroberten. Zusammen mit 96 Mitgliedern der Fraktion Bockum-Dolffs hatten die 135 Fortschrittler eine überwältigende Mehrheit im neuen Abgeordnetenhaus. Sie waren entschlossen, keinen weiteren Aufschub zu dulden, um ein Heeresgesetz auf streng konstitutioneller Grundlage durchzusetzen. Aber sogar jetzt waren die gemäßigten Elemente eindeutig führend. Wenn die Regierung die zweijährige statt der dreijährigen Militärdienstzeit zugestanden hätte, dann hätten die Heeresreformvorlage und die dafür nötigen Finanzgesetze im Parlament eine Mehrheit gefunden.

Tatsächlich waren das neue Kabinett und, wenigstens für einen Augenblick, sogar Roon geneigt, dieses Zugeständnis zu machen. Es war Wilhelm I., der darauf bestand, daß an der dreijährigen Dienstzeit festgehalten werden sollte und daß die Heeresreformvorlage überhaupt nicht zum Gegenstand eines Kuhhandels mit unwissenden Volksvertretern gemacht werden sollte. Nicht nur seinem monarchischen Stolz, sondern auch seinem militärisch-technischen Urteil widerstrebte, daß sich, wie ermeinte, voreingenommene Laien einmischten. Es muß jedoch am Rande erwähnt werden, daß trotz der Ergebnisse der starrköpfigen Ansichten Wilhelms I. der preußische Soldat vor 1870 nie mehr als höchstens zweieinhalb Jahre diente, da die Regierung nicht über die nötigen Geldsummen verfügte, um eine dreijährige Dienstzeit zu finanzieren. Die oft geäußerte Behauptung, Wilhelms I. militärisches Urteil habe die Grundlage für die preußischen Siege 1866 und 1870/71 gelegt, ist ganz irrig. Andererseits, wie groß auch immer seine persönlichen Vorurteile waren – und sie wurden zu diesem Zeitpunkt von Personen seiner militärischen Umgebung stark unterstützt –, es waren die Überzeugungen eines aufrichtigen Mannes. Im September 1862 weigerte sich eine große Mehrheit im Parlament, die ersten Finanzmaßnahmen für Wilhelms Heer zu billigen, und eine Mehrheit des Kabinetts riet zum Kompromiß. Der König beharrte jedoch entschlossen auf der Regierungsvorlage und drohte mit seinem Rücktritt, falls sie nicht durchkäme.

Wilhelm ließ seinen Sohn, den Kronprinzen Friedrich Wilhelm, kommen und unterrichtete ihn von seinen Absichten. Durch seine Ehe mit einer Tochter der Königin Viktoria war der Kronprinz in enge Berührung mit dem politischen Leben Englands gekommen und hatte dadurch eine liberale politische Einstellung gewonnen. Aber weder sehnte er sich nach Macht noch lockte ihn die Aussicht auf eine Thronbesteigung nach einer völligen Niederlage der monarchischen Autorität, wie sie die Abdankung seines Vaters zum Ausdruck gebracht hätte. Seine Weigerung, die Zügel der Regierung zu übernehmen, trug dazu bei, daß sich Wilhelm entschloß, politischen Möglichkeiten nachzugehen, die auszunutzen er vorher gezögert hatte. Er war Otto von Bismarck kritisch gegenübergestanden. Bismarcks antiösterreichische Tendenz hatte ihn veranlaßt, diesen von seiner Stellung als Vertreter Preußens auf dem Frankfurter Bundestag als preußischen Gesandten nach St. Petersburg an das kalte Ufer der Newa zu versetzen. Obgleich Wilhelm die tiefe Loyalität des Junkers zur Dynastie nicht bezweifelte, mißtraute er seinen politischen Vorstellungen, die ihm unorthodox erschienen, z. B. seinen Gedanken über die Möglichkeit einer Zusammenarbeit mit Frankreich, und auch seiner heftigen Sprache, die ihn bei allen Liberalen verhaßt gemacht hatte. Aber als Wilhelms Konflikt mit den Liberalen erbitterter wurde und seine Außenpolitik ohne praktische Resultate blieb, zog er die Ernennung Bismarcks zum Staatsminister in Betracht. Er hatte ihn im Frühjahr 1862 als Botschafter nach Paris geschickt, und erst als die Krise sich zuspitzte, entschied er sich, es mit Bismarck zu versuchen.

Bismarck traf am 22. September 1862 mit dem König zusammen, der eigentlich schon zur Abdankung entschlossen war, und erklärte sich bereit, die Heeresvorlage und das Prinzip der königlichen Suprematie selbst gegen ein feindseliges

Parlament zu verteidigen. Es gelang ihm, die Zuversicht des Königs zu heben und sein Vertrauen zu gewinnen. Wilhelm ernannte ihn zum Ministerpräsidenten und Außenminister. Wilhelm und Deutschland hatten ihren Meister gefunden.

Otto von Bismarck

Otto von Bismarck wurde 1815 als Sohn einer alten Junkerfamilie geboren, die jahrhundertelang ihren Sitz am östlichen Elbeufer gehabt hatte. Er verbrachte den größten Teil seiner Kindheit auf den pommerschen Gütern der Bismarcks. Wenn Friedrich der Große vom Adel gern sagte, er neige zu einem genußsüchtigen Leben, so entsprach dem Bismarcks Vater, wenigstens insofern, als er ein warmherziger, unehrgeiziger Mann war, ein Landjunker, der keine besondere Neigung zu intellektuellen Anstrengungen oder zum Staatsdienst hatte. Bismarcks Mutter entstammte einer Bürgerfamilie, die Generationen lang eine Dynastie von Universitätsprofessoren hervorgebracht hatte. Ihr Vater, A. L. Mencken (1752–1801), war indessen preußischer Diplomat geworden und war als ein aufgeklärter königlicher Kabinettssekretär unter drei Königen zu beträchtlichem Einfluß aufgestiegen. Diese anziehende, willensstarke, wenn auch nervöse Frau, die früh von körperlichen Leiden heimgesucht wurde, war allen höheren Werten des Lebens zugetan. Sie liebte das gesellschaftliche und politische Leben am Berliner Hofe und war ernstlich an geistigen Fragen interessiert. Es war ihr Wunsch, daß ihre Söhne sich zu wirklich gebildeten Männern entwickeln und den Staatsdienst zu ihrer Laufbahn wählen würden. Seinen Machttrieb, seine hohe Intelligenz und Empfindsamkeit, aber auch einen Anflug von Kälte erbte Bismarck von seiner Mutter und der mütterlichen Familie. Von dem Geschlecht der Bismarcks, das dem Irdischen zugewandt war, erbte er nicht nur seinen titanischen Körperbau, sondern auch seine Lebensfreude und seinen unbezwinglichen Mut.

Im Jünglingsalter wurden die Beziehungen Bismarcks zu seiner Mutter kühler. Er hätte gern weniger verständigen Rat und mehr spontane Liebe von ihr empfangen und zog die natürliche Wärme seines Vaters vor wie auch die ungekünstelte ländliche Welt, in der sich die Totalität der menschlichen Persönlichkeit entfalten konnte. Er war ein Junker der Abkunft nach, aber auch seine Gesinnung war die eines Junkers. Als Student in Göttingen und Berlin führte er sich durchaus als junger Aristokrat auf. Obgleich die Denkweise seiner Mutter und der Unterricht seiner humanistischen Lehrer ihn in eine liberale Richtung hätten weisen können, zeigte er sich sogar während seiner Universitätsjahre als konservativer preußischer Patriot und war wenig für die nationalen deutschen Ideen empfänglich, die unter den Studenten seiner Zeit weit verbreitet waren.

Auch von dem religiösen Glauben, den seine Mutter und seine Lehrer ihm hatten einpflanzen wollen, hatte sich Bismarck damals schon losgesagt. Seine

Mutter hielt an den Vorstellungen des rationalistischen Deismus, die sie von ihrem Vater übernommen hatte, fest, und seine Lehrer waren Schüler des deutschen Idealismus, der auf einer neuen Ebene eine Synthese von christlicher Religion und Vernunft versucht hatte. Der junge Bismarck fand beide Formen des Glaubens unbefriedigend. Sein skeptischer Geist trieb die kritischen Folgerungen des Rationalismus bis zu ihrer äußersten Konsequenz, der Verneinung der Religion, während er sich gleichzeitig weigerte, die Welt mit rationalen Augen zu betrachten. Was er vom Idealismus und von der Romantik übernahm, war der Glaube an das Individuum und sein Recht, den Weisungen seines inneren Selbst zu folgen. Das höchste Maß an Selbstausdruck und Selbsterfüllung schien ihm nicht nur gerechtfertigt, sondern auch gefordert.

Diese Byronsche Philosophie erklärt nicht die Unbändigkeit von Bismarcks Studentenjahren, seine übertriebene Geselligkeit, seine wilde Kampfeslust in Duellen und seine leidenschaftlichen Liebesaffären. Dies waren Freiheiten, die sich ein übersprudelndes Temperament herausnahm. Indessen entsprang der nach zweijähriger Lehrzeit im Staatsdienst gefaßte Entschluß, seine Karriere aufzugeben, um statt dessen das private Leben eines Landjunkers zu führen und die Verwaltung eines der Familiengüter zu übernehmen, einer nüchternen Überlegung. Die zwei Jahre, die er als Referendar im Staatsdienst verbrachte, überzeugten ihn, daß er die Geschäftsroutine nicht würde ertragen und noch weniger sich seinen bürokratischen Vorgesetzten würde unterordnen können. „Ich will aber Musik machen, wie ich sie für gut erkenne, oder gar keine.“ Er wurde zu einem tüchtigen Verwalter seiner pommerschen Güter, ohne die Befriedigung zu finden, nach der er sich sehnte. Seine innere Unruhe drückte sich in mutwilligen Streichen, lautem, ungestümem Betragen und überkühnen Argumenten aus. Damals sprachen die Nachbarn von ihm als dem „tollen Junker“. Aber es war gleichzeitig eine Periode ausgedehnter Lektüre, von Dichtung, wo ihn Shakespeare am meisten fesselte, aber auch historischer und philosophischer Lektüre.

Die Philosophie hatte wenig Bedeutung für einen Geist, der von der Wirklichkeit der Natur und des Menschenlebens nicht abstrahieren konnte. In der Berührung mit den pietistischen Kreisen jedoch (siehe S. 186), die es damals in vielen Gutshäusern des pommerschen Adels gab, fand Bismarck einen Glauben, der den zersetzenden Folgen seines radikalen Subjektivismus Einhalt gebot und die widerstreitenden Eigenschaften seiner Seele ins Gleichgewicht brachte. Wir stellen die Echtheit dieser Entwicklung nicht in Frage, wenn wir die Tatsache betonen, daß die tiefe Bewunderung für eine der jungen Damen des pietistischen Kreises, ihr plötzlicher Tod und die Liebe zu einer ihrer Freundinnen seine Empfänglichkeit für das Fühlen und Denken der Gruppe um Adolf von Thadden-Trieglaff (1796—1882) erhöhte. Er fand nicht nur die Gattin, sondern auch den Glauben an einen persönlichen Gott. Die Ergebung in Gottes unerforschliche Allmacht disziplinierte seinen gesteigerten Subjektivismus, und seine Ehe mit

Johanna von Puttkamer gab seinem menschlichen Fühlen einen festen Mittelpunkt.

Dennoch wurde Bismarck nicht zum Pietisten. Er hatte wenig Interesse an einer bestimmten christlichen Lehre oder am Dogma, er nahm nicht am Gemeindegottesdienst teil und er wünschte nicht, „durch Predigermund sich erbauen“ zu lassen. Seine Religiosität blieb voluntaristisch und subjektiv, und obgleich sie ihm ein stärkeres Gefühl für moralische Verantwortlichkeit gab, dämpfte sie seine Kampfeslust nicht. Der Mann, der nächtelang „hassend“ wachlag, der vielleicht vergessen, aber niemals vergeben konnte, hatte sich das Christentum durchaus nicht in vollem Maße angeeignet. Wie er es überhaupt verstand, einen großen Teil seines persönlichen Lebens von christlichen Gesichtspunkten freizuhalten, glaubte er auch, daß es keine christliche Politik geben könne. Seine pietistischen Freunde mißtrauten oft der Staatskirche, die in ihren Augen die echte Religiosität des einzelnen unterdrückte. Auch hatten sie den Verdacht, die Geistlichen dieser Kirche seien von den philosophischen Lehren der Universität irregeführt worden. Diese Pietisten glaubten, daß in ihrer Gemeinschaft reine Christen aufwachsen würden, die im öffentlichen Leben nach christlichen Prinzipien handeln würden.

Bismarck hatte für die gemeinschaftsbildende Funktion der Religion nichts übrig, und sein Zweifel an den Geistlichen entstammte der Furcht, sie könnten leicht der Machtgier verfallen. Er billigte das Prinzip der Staatskirche, weil er im Staat die bewegende Kraft der Geschichte sah, in der Kirche hingegen keine unabhängige, sich durch ihre Priester und Pfarrer Geltung verschaffende Größe zu sehen wünschte. Daher meinte Bismarck, die Kirche solle in öffentlichen Angelegenheiten keine Stimme haben, wie auch der einzelne Christ seine christlichen Grundsätze nicht auf seine politische Tätigkeit übertragen könne. Die Welt und ihre Ordnung seien von Gott geschaffen, der den Lauf der Geschichte lenke. Die von Gott bestätigten Autoritäten durch Einrichtungen ersetzen zu wollen, die der Mensch erfunden habe, wie es die Französische Revolution und ihre Kinder, die Liberalen und Demokraten, vorschlugen, sei vermessen. Außerdem sei ein solcher Versuch aussichtslos, weil die Geschichte bewiesen habe, daß er zu Chaos und Leiden führen und daß anschließend die autoritäre Ordnung wiederkehren würde. Aber da der Plan Gottes dem Menschen unbekannt sei, gebe es keine universalen christlichen Prinzipien, die der Staatsmann auf die Politik anwenden könne.

Bismarck konnte 1847 immer noch sagen, der Staat habe die Aufgabe, die christliche Religion zu verwirklichen. Aber solche pietistischen Gedanken wurden bald völlig unterdrückt. In seinem späteren Leben gab Bismarck gelegentlich zu, daß der Staatsmann vorübergehend in konkreten historischen Geschehnissen einen Fingerzeig Gottes zu sehen vermöge. Aber derartige Erfahrungen könnten ihm keine direkten politischen Anweisungen geben, und er müsse auf dem niedrigeren Niveau der Wirklichkeit handeln. Diese sündige Welt sei durch einen ständigen Kampf gekennzeichnet, der durch die selbstsüchtigen und ehrgeizigen Bestrebungen von Menschen, Parteien und Nationen verursacht werde. Der Staatsmann sei jedoch imstande, seinen Blick auf die höchsten, überindividuellen Kräfte des politischen Lebens, auf die Staaten, zu richten und ihre wichtigen und bleibenden Interessen zu erkennen, und dies helfe ihm dann, den Plan seines Handelns zu entwerfen. Bismarck machte die Staatsräson zum eigentlichen Leitstern seiner Politik. Dabei müssen wir betonen, daß seine Ablehnung eindeutiger Regeln des Handelns keineswegs mit Opportunismus identisch war. Bismarck hatte feste Überzeugungen, was die letzten Ziele der Staatskunst anbelangt, und war in dieser Hinsicht nie zum Kompromiß bereit, da diese Überzeugungen für ihn nicht nur Ausdruck seiner eigenen Natur, sondern auch religiöse Gebote waren.

Ziele der Staatskunst Bismarcks

Eines der absoluten Ziele war die Aufrechterhaltung der beherrschenden Stellung der Krone in der Regierung Preußens. Bismarck war nicht für die monarchische Autokratie, da diese die Vorrechte des Adels gefährdet und dadurch die Monarchie ihrer stärksten natürlichen Stütze beraubt hätte. Auch glaubte er, daß die öffentliche Kritik zu einer besseren Regierung führen und allen Klassen ein Gefühl der Beteiligung an den Staatsangelegenheiten vermitteln würde. Aber er betrachtete es als dringend geboten, daß es dem König nach wie vor freistehe, die grundsätzliche Politik des Staates zu bestimmen. Der Oberbefehl über das Heer und die ausschließliche Führung der Außenpolitik seien die Grundstützen der königlichen Gewalt, die dadurch in der Tat allen repräsentativen Organen überlegen sei.

Ein solches Ideal schwebte Bismarck für seinen Heimatstaat Preußen vor, und er wünschte nicht, daß dieser in einem deutschen Nationalstaat aufgehe. Er teilte das Nationalgefühl der Konservativen, die jeden fremden Einfluß auf die deutschen Verhältnisse verwarfen, während sie in einer Vielfalt individueller Staaten den Ausdruck des deutschen Nationalcharakters sahen. Nationalgefühl, wie es von liberalen Professoren und Parlamentariern gepredigt wurde, schien ihm ebenso wie der Liberalismus ein Produkt der Revolution zu sein. Zwar fehlte es Bismarck nicht ganz an einem deutschen Nationalgefühl, aber seiner Ansicht nach war für die deutsche Geschichte die Entwicklung einer Vielheit von Staaten charakteristisch. Unter den bestehenden Staaten sei die preußische Monarchie der am besten verwaltete, und sie trage dank ihrer militärischen Stärke am meisten zur Sicherheit Deutschlands bei. Darin liege der Anspruch Preußens auf die führende Stellung in Deutschland begründet. Aber den Versuch der Frankfurter Nationalversammlung, die Einigung mit liberalen und demokratischen Mitteln durchzusetzen, verwarf Bismarck leidenschaftlich. Es bedeutete für ihn wenig, daß die Frankfurter Versammlung dem König von Preußen die Kaiserkrone angeboten hatte, da dieser durch deren Annahme ganz von einem Parlament abhängig geworden und Preußen selbst, wenn nicht gar in seine Bestandteile aufgelöst, so doch einer nationalen Volksregierung untergeordnet worden wäre.

Nur unter der Bedingung, daß die preußische Monarchie ihren herkömmlichen Charakter beibehalte, war Bismarck gewillt, eine Reform des Deutschen Bundes gutzuheißen. Zweifellos zog er frühzeitig in Betracht, daß Preußens Macht zunehmen würde, wenn ihm die direkte Führung in Deutschland oder wenigstens in Norddeutschland zufiele, und er war sich darüber klar, daß dies nur durch Krieg in Europa erreicht werden könnte. Aber er dachte niemals daran, die grundsätzliche Ordnung Europas aufs Spiel zu setzen. Was immer die letzten politischen Folgen der Gründung des neuen Deutschen Reiches schließlich waren, Bismarck beabsichtigte niemals, das europäische Staatensystem durch die Vernichtung eines seiner Bestandteile zu verkrüppeln. Wenn er einen Wandel in den Machtverhältnissen Europas zugunsten Preußens oder eines von Preußen geführten Deutschland zu erreichen suchte, so wünschte er doch, daß sich dieser im Rahmen der traditionellen europäischen Staatenfamilie vollziehe. Bismarck war kein demokratischer Nationalist und glaubte daher nicht an nationale Selbstbestimmung. Er war bereit, das Fortbestehen des multinationalen Habsburgerreiches dadurch zu ermöglichen, daß Millionen von Deutschen außerhalb des Deutschen Reiches blieben, und er vermied auch alles, was den Argwohn des zaristischen Rußland hätte erwecken können, Deutschland könnte dadurch, daß es eine auf der Freiheit der Nationen oder Nationalitäten fußende Politik einschlüge, Rußlands Herrschaft über die baltische Provinz oder Polen gefährden.

Bismarcks politischer Konservatismus, für den er eine letzte Bestätigung in seinem christlichen Glauben fand, setzte seiner gesamten Politik eine Reihe fest umschriebener Ziele und verhütete dadurch, daß diese zu einer bloßen Sucht nach Machtexpansion entartete. Auch anerkannte Bismarck, daß der Staatsmann sich durch einige christliche Gesichtspunkte leiten lassen müsse. Die Machtausübung solle nicht persönliche Interessen fördern, sondern die natürliche Weltordnung aufrechterhalten und dem Staate dienen. Obgleich sich in dieser Vorstellung vom Dienst echt lutherische Gedanken widerspiegeln, war Bismarck dadurch, daß er die Religion nicht die konkrete Politik bestimmen ließ, von den ursprünglichen Gedanken Luthers weit entfernt (siehe Bd. I, S. 177 f.). Es ist zwar richtig, daß für Luther die politische Welt nicht der Schauplatz zur Verwirklichung des Reiches Gottes war und daß er darauf bestand, der Herrscher bedürfe, wie jeder andere, der einen gelernten Beruf ausübe, besonderer Kenntnisse und Erfahrung. Aber Luther gab keineswegs zu, daß so etwas wie die Staatsräson mit rechter Regierung vereinbar sei. Er glaubte zwar nicht, daß der

Staat an sich eine christliche Einrichtung sei, hielt es aber dennoch für die Pflicht eines jeden Christen, im politischen Leben eine von seinem christlichen Glauben hergeleitete sittliche Haltung einzunehmen. Luther rechtfertigte nur den Verteidigungskrieg und riet den christlichen Fürsten, gelegentlich lieber Unrecht zu leiden und ihre eigene „Reputation" zu vergessen als sich in einen Krieg einzulassen, der ihren Untertanen unsägliche Leiden bescheren würde. Obgleich Bismarck den Krieg nie leichten Herzens in Betracht zog und wiederholt die Präventivkriege verdammte, akzeptierte er ihn als in der Natur der Welt liegend und folglich als das rechte Mittel, um seine eigenen Ziele zu verwirklichen. Auch lehnte er Kriege ab, die aus Prestigegründen geführt wurden, nicht aber solche, bei denen die Ehre des Staates auf dem Spiel stand.

Die Rolle der Religion in der Politik

Seine frühen politischen Freunde, die Gebrüder Gerlach und noch mehr Friedrich Julius Stahl, standen der ursprünglichen Lehre Luthers näher als Bismarck. Nach Bismarcks Auffassung hatte die christliche Religion in der praktischen Politik die Funktion, den Liberalismus und die Demokratie zu widerlegen, und erlaubte andererseits die Ausübung von Gewalt als den besten Weg zur Schlichtung politischer Konflikte. Mehrere Jahre vor Bismarck begann in England William E. Gladstone seine politische Karriere als Konservativer. Wie die Gebrüder Gerlach glaubte Gladstone, daß der Staat heiligender Prinzipien *(sanctifying principles)* bedürfe, und forderte die engsten Beziehungen zwischen Staat und Kirche. Für Gladstone war die Kirche keine dem Staat untergeordnete Einrichtung, sondern hatte ihre eigene Mission. Auch als er sich dem Liberalismus zuwandte, blieben christliche Ideen normgebend für sein politisches Denken. Er fand eine Synthese von Religion und Politik, die für viele Liberale der folgenden Generation in England und Amerika vorbildlich wurde. Besonders von Woodrow Wilson kann gesagt werden, daß er in der Tradition Gladstones stand. Bismarck dagegen, der Gladstone immer für seinen schlimmsten ideologischen und politischen Gegner hielt, verneinte die Möglichkeit einer solchen Synthese. Obgleich er die christliche Religion mit der konservativen Politik verknüpfte, schuf er eine Dichotomie zwischen dem inneren Leben des einzelnen, das von christlichen Idealen geleitet werden solle, und seiner politischen Tätigkeit, die sich den Interessen des Staates anpassen müsse. Der Erfolg der bismarckschen Staatskunst sollte nach 1871 die meisten gläubigen Mitglieder der deutschen protestantischen Kirchen veranlassen, sich seine politische Ethik zu eigen zu machen, während viele, die nicht an die kirchlichen Lehren gebunden waren, einfach die christlichen Elemente seines Denkens außer Betracht ließen.

Bismarcks früher Ultrakonservativismus

Bis tief in die 1850er Jahre hinein blieben Bismarcks politische Grundsätze noch weitgehend von dem Denken seiner pietistischen Freunde und der Kamarilla Friedrich Wilhelms IV. beeinflußt. Als er zum ersten Mal als Mitglied des Vereinigten Landtags den politischen Kampfplatz betrat, zeigte er sich als ein Ultrakonservativer, der für die Klassenvorrechte der Junker kämpfte. Die Revolution von 1848 verursachte ihm Kummer, weil er sah, wie Friedrich Wilhelm IV. vor Kräften kapitulierte, die, wie er glaubte, außerhalb der großen Städte von der Armee und der königstreuen Bevölkerung hätten niedergezwungen werden können. Bald arbeitete er für die Wiedergeburt eines konservativen Preußens. Er spielte eine bedeutende Rolle bei der Bildung der konservativen Partei und der ersten revolutionsfeindlichen Regierung vom November 1848. Im ersten preußischen Parlament, das unter der von dieser Regierung oktroyierten Verfassung gewählt wurde, vertrat Bismarck mit Heftigkeit den ultrakonservativen Standpunkt. Sein monarchistisches Gefühl ließ ihn zwar von ganzem Herzen gutheißen, daß Friedrich Wilhelm IV. die ihm von der Frankfurter Nationalversammlung angebotene Krone ausschlug, aber dieses Gefühl war zu sehr auf Preußen beschränkt, als daß er ein Verfechter der Politik von Radowitz hätte werden können, obwohl diese in vieler Hinsicht der Politik verwandt war, der er 15 Jahre später zum Erfolg verhelfen sollte.

Bismarck sah noch 1849/50 in Radowitz' Erfurter Union einen Versuch, Preußen für Zwecke zu benutzen, die außerhalb preußischer Interessen lagen. In seinen Augen war die Einigung Deutschlands mit dem Odium des Liberalismus und auch der Romantik behaftet. Er hatte das Gefühl, daß Preußen, ohne zum Krieg bereit zu sein, nicht hoffen konnte, diese Einigung herbeizuführen. Aber zum Krieg war die Stunde nicht günstig und Friedrich Wilhelm nicht vorbereitet. Daher begrüßte Bismarck die Olmützer Punktation, die von vielen Preußen, auch von Wilhelm I., als demütigende Niederlage angesehen wurde, als eine vernünftige Lösung einer überflüssigen Krise. Die Rede jedoch, mit der er die Olmützer Punktation verteidigte, enthielt Töne, die mit den Gefühlen der alten preußischen Konservativen nicht ganz im Einklang standen. „Die einzige gesunde Grundlage eines großen Staates", sagte er bei dieser Gelegenheit, „ist der staatliche Egoismus und nicht die Romantik, und es ist eines großen Staates nicht würdig, für eine Sache zu streiten, die nicht einem eigenen Interesse angehört."

Bismarck als preußischer Gesandter beim Bundestag

Der Verfechter der vorrevolutionären Ordnung Deutschlands schien Friedrich Wilhelm IV. der rechte Mann zu sein, um Preußen auf dem wiederhergestellten

Bundestag zu vertreten. Von 1851 bis 1859 war Bismarck preußischer Gesandter in Frankfurt. Er lernte viel in dieser Stadt, die nicht nur die politische Börse der deutschen Staaten war, sondern auch viele Gesandtschaften europäischer Staaten beherbergte. Überdies war Frankfurt einer der Mittelpunkte der europäischen Hochfinanz und die Heimat eines wohlhabenden Bürgertums. Bismarck erweiterte seinen Horizont und begann, die Eigentümlichkeiten seiner Heimat Preußen klarer zu sehen. Aber diese neuen Erfahrungen machten ihn nur noch eifriger darauf bedacht, die Macht des preußischen Staates in Deutschland und Europa zur Geltung zu bringen.

Bismarck hatte geglaubt, daß der Deutsche Bund eine stabile konservative Politik in den deutschen Staaten gewährleisten werde. Dabei war er jedoch davon ausgegangen, daß der Bund im wesentlichen auf der Zusammenarbeit von Österreich und Preußen beruhe; diese hatte jedoch zur Voraussetzung, daß die beiden Großmächte ihre fundamentalen Interessen gegenseitig respektierten. Indes fand er, daß Österreich sein Übergewicht im Bund in einer Weise zum Ausdruck brachte, die den preußischen Stolz verletzte. Die Art, wie Bismarck auf die österreichische Politik und noch mehr auf die österreichischen Vertreter in Frankfurt reagierte, war nicht ganz fair, doch läßt sich andererseits nicht bestreiten, daß die Revolution von 1848/49 die Beziehungen der beiden Großmächte verändert hatte. Zwischen 1815 und 1848 hatte es den Anschein gehabt, daß die Einigung unter der Führung Preußens eine nur sehr entfernte Möglichkeit sei, und Metternich war imstande gewesen, eine vertrauensvolle Zusammenarbeit zwischen Österreich und Preußen aufrechtzuerhalten. Aber die Revolution von 1848/49 hatte nicht nur bewiesen, daß Preußen für die nationale Bewegung des deutschen Volkes eine magnetische Anziehungskraft besaß, sondern sie hatte auch in der Politik von Radowitz gezeigt, was für ehrgeizige Ziele in den konservativen Kreisen der preußischen Monarchie verfolgt wurden. So wurde Österreich zwangsläufig dazu getrieben, seine Beziehungen zu den kleineren deutschen Staaten – und das hieß vor allem zu Bayern, Württemberg, Sachsen, Hannover und Hessen-Darmstadt – zu festigen und im Verein mit ihnen zu versuchen, die Autorität des Bundestags zu kräftigen.

Während Bismarck bereit war, den Bund als „Assekuranz gegen Revolution und Krieg" zu billigen, verwarf er jeden Versuch, die Kompetenzen des Bundestages gegenüber den deutschen Staaten zu stärken, da die Anerkennung von Majoritätsbeschlüssen Preußen für immer die Flügel beschnitten hätte. Preußen sollte die Möglichkeit behalten, ohne Beeinträchtigung durch den Bund noch stärker zu werden. So trug Bismarck viel dazu bei, daß die österreichischen Pläne einer mitteleuropäischen Zollunion vereitelt und daß der erweiterte preußisch-deutsche Zollverein 1854 erneuert wurde (siehe S. 360). Die Notwendigkeit einer unabhängigen preußischen Politik schien Bismarck noch dringlicher, als die „Heilige Allianz" im Krimkrieg auseinanderbrach. Der Bruch zwischen

Österreich und Rußland mußte aller Wahrscheinlichkeit nach Rußland und Frankreich näher zusammenbringen und drohte, Preußen zu isolieren. Es lag im Interesse Preußens, mit Frankreich als dem natürlichen Feind des Habsburgerreiches zu einer Verständigung zu kommen. Dies würde gleichzeitig die deutschen Kleinstaaten jeder auswärtigen Hilfe berauben und sie Preußen in die Arme treiben.

Prinzipienfreiheit Bismarckscher Politik

Die Frage der Beziehungen zu Napoleon III. nötigte Bismarck die Erklärung ab, daß er gegen jede Außenpolitik sei, die auf dem Glauben an unabänderliche Prinzipien fuße. Leopold von Gerlach, dessen jüngerer Gefolgsmann Bismarck im Kampf gegen die Revolution von 1848/49 gewesen war und dessen Einfluß auf Friedrich Wilhelm IV. er seinen diplomatischen Posten verdankte, bekam jetzt von Bismarck zu hören, daß in der Außenpolitik die Haltung der alten Schule der preußischen Konservativen überholt sei. Gerlach verlangte, die preußische Politik solle sich jederzeit allem widersetzen, was von der Französischen Revolution stamme, folglich auch Napoleon III., der sein Regime auf der Volkssouveränität aufbaue. Nur das unerschütterliche Festhalten am Prinzip der Legitimität und nicht „schwankende Begriffe von Interessen" könnten der Politik Preußens Kontinuität und moralische Festigkeit verleihen. Bismarck betonte seine monarchistische Einstellung, was die preußische Innenpolitik angehe, leugnete aber, daß in der Außenpolitik Prinzipien in so radikaler Weise angewendet werden könnten. In seinen Augen bildete der Kampf zwischen Legitimität und Revolution keine eindeutigen Fronten, da die meisten modernen Regierungen nicht uneingeschränkt legitim seien, wenn dies auch mit der Zeit in Vergessenheit geraten sei. Auch betonte Bismarck, daß, ganz im Gegensatz zum Republikanismus oder zum englischen Liberalismus, der Bonapartismus kein Exportartikel sei. Aber sein Hauptargument war, daß kein Prinzip die absolute Treue zum eigenen Staat beeinträchtigen dürfe. Der Patriotismus verlange, daß alle Prinzipien und subjektiven Gefühle den Interessen des Staates untergeordnet würden, und nicht einmal der König dürfe diese „dem eigenen Gefühl von Liebe und Haß gegen Fremde" hintanstellen. Die Notwendigkeit, sich in der Führung der Außenpolitik Freiheit von Prinzipien zu bewahren, beleuchtete Bismarck später mit etwas anderen Worten, indem er sagte: „Man kann nicht Schach spielen, wenn einem 16 Felder von 64 von Haus aus verboten sind."

Damit war die Trennung Bismarcks vom politischen Denken des christlich-germanischen Kreises bewußt und offen vollzogen. Dahinter lag seine steigende Überzeugung, daß ein über den Bund auszuübendes Kondominium Österreichs und Preußens unmöglich sei, da der Bund doch nur Österreich dienen würde, um Preußen in Schach zu halten. Zu einem frühen Zeitpunkt begann er, die

Möglichkeit eines Krieges gegen die alte Kaisermacht ins Auge zu fassen, und er zögerte nicht, seine österreichischen Kollegen, denen er das Leben in Frankfurt verleidete, davor zu warnen. Keine Frage war für ihn zu gering, um sie nicht dazu zu benutzen, die Politik Österreichs in Deutschland zu bekämpfen und zu beweisen, wie nutzlos der Frankfurter Bundestag für die Ausarbeitung einer gemeinsamen deutschen Politik sei. Die Schwäche der Regierung Friedrich Wilhelms IV. und seines Ministerpräsidenten Otto von Manteuffel gab Bismarck nicht nur große Freiheit in seinen diplomatischen Manövern, sondern auch die Gelegenheit, an den Beratungen und dem Ränkeschmieden des Hofes und der Regierung in Berlin teilzunehmen. Obgleich Bismarck wußte, daß weder der König noch sein Ministerpräsident jemals Österreich bekämpfen würden, vermochte er doch wenigstens eine enge Zusammenarbeit beider Länder zu verhindern.

Bismarck in St. Petersburg

Die Regentschaft Wilhelms I. beraubte Bismarck seiner Stellung in Frankfurt, die er als die politisch wichtigste preußische Gesandtschaft zu betrachten gelernt hatte, von der aus ein Kabinettsposten in der Berliner Regierung leicht erreichbar war. Die Politik der Neuen Ära ließ es wünschenswert erscheinen, einen liberal eingestellten Vertreter in Frankfurt zu haben. So wurde Bismarck als Gesandter nach St. Petersburg geschickt. Es kränkte ihn, daß er gerade in dem Augenblick vom Mittelpunkt der politischen Entscheidungen entfernt wurde, als der italienische Krieg von 1859 die von ihm längst erhoffte Konstellation geschaffen hatte. Wenn er damals die preußische Politik hätte bestimmen können, wäre er verbündet mit Frankreich oder auch ohne Frankreich gegen Österreich vorgegangen und hätte den Deutschen Bund durch einen Bundesstaat ersetzt, der das nichtösterreichische Deutschland als Ganzes oder doch größtenteils unter preußischer Führung vereint hätte. Aber nun, wo andere Männer, die nicht einmal seinen Ratschlägen zugänglich waren, am Ruder saßen, konnte er nichts anderes tun, als sie von St. Petersburg aus beschwören, einen neutralen Kurs einzuhalten. Mit Schrecken sah er, daß der Prinzregent im Begriff stand, einen Weg einzuschlagen, der Österreich hätte retten können, aber der Friede von Villafranca brachte das Ende dieser Politik, die Bismarck für Selbstmord hielt.

Die Jahre in St. Petersburg zwischen 1859 und 1862 waren jedoch für Bismarck nützlich, weil sie ihm Einsicht in das Wesen und Wirken des russischen Hofes und der russischen Regierung und wenigstens einige Eindrücke von dem russischen Volk und seiner Kultur vermittelten. Er bemerkte, daß der deutsche Einfluß in einer immer mehr vom slawischen Nationalismus durchdrungenen Gesellschaft abnahm, und es wurde ihm klar, daß die Bauernbefreiung, die in eben diesen Jahren begonnen hatte, nur der Anfang sozialer und politischer Umwälzungen sein würde, die weit in die Zukunft hineinreichten. Die persönlichen Beziehungen zu Alexander II. und zu seinem Kanzler, Fürst Gortschakow, wie auch zu anderen politischen Persönlichkeiten Rußlands, die Bismarck damals knüpfte, sollten sich in seiner späteren Laufbahn von unschätzbarem Wert erweisen. Die Ereignisse in Berlin führten im Frühjahr 1862 zu seiner Abberufung aus St. Petersburg, aber König Wilhelm zögerte, ihn zum Minister zu ernennen, und sandte ihn statt dessen als Botschafter nach Paris; doch nach wenigen Sommermonaten in Frankreich wurde er nach Berlin zurückgerufen und zum Ministerpräsidenten ernannt.

Bismarck als Ministerpräsident

Bismarck brannte darauf, die Zügel der Macht zu ergreifen, und die Stunde schien günstig, den König für sich zu gewinnen. Wilhelm hatte es nie ganz verwunden, daß Bismarck die Olmützer Punktation und die nachfolgende Regierung Otto von Manteuffels gebilligt hatte. Seine Gattin Augusta, eine Prinzessin aus der liberalen Weimarer Dynastie, hatte zudem sein Mißtrauen gegen Bismarck wachgehalten und suchte in späteren Jahren oft Bismarcks Pläne beim König zu hintertreiben. Überdies war Bismarcks Sympathie für die französisch-preußische Zusammenarbeit Wilhelm äußerst verdächtig. Auch ist die Vermutung wahrscheinlich richtig, daß der gewissenhafte und nüchtern-arbeitsame König sich vor diesem gebieterischen Manne fürchtete, der mit seiner kühnen Sprache, seinem scharfen Witz und seiner Verschlagenheit in keine der üblichen Schablonen paßte. Auch Bismarck mußte sich überwinden und auf die Ideen des Königs eingehen. Er versprach dem König, an der Heeresvorlage, einschließlich der Bestimmung über die dreijährige Dienstzeit, festzuhalten und notfalls auch ohne ein vom Parlament genehmigtes Budget zu regieren. Auch konnte er nicht hoffen, daß der König es ihm jemals gestatten werde, mit Napoleon Geschäfte zu machen.

Bismarck glaubte nicht, daß die dreijährige Dienstzeit nötig sei, und es ist für ihn als Politiker bezeichnend, daß er aus seiner Meinung kein Hehl machte. Er sprach sich offen gegenüber den gemäßigten Liberalen aus, wobei er herauszufinden suchte, ob ein Kompromiß zwischen der Regierung und den Parteien möglich sei. Sie sollten das Regierungsprogramm auf seine Zusicherung hin annehmen, daß er sein Äußerstes tun werde, den König innerhalb von zwei Jahren zu überreden, seine Einwilligung zur zweijährigen Dienstzeit zu geben. Aber die Mehrheit des preußischen Parlaments hatte kein Vertrauen auf bloße Regierungsversprechen mehr. Der radikale Flügel der Fortschrittspartei gewann die Oberhand über die Gemäßigten und verlangte die parlamentarische Aufsicht nicht nur über die militärischen Ausgaben, sondern auch über Einteilung und Organisation des Heeres. Man hörte Stimmen, die verlangten, daß die Armee durch eine Bürgermiliz ersetzt werden solle.

Andererseits vermochten sich Royalisten wie Edwin von Manteuffel gegen Bismarck und Roon durchzusetzen. Sie erklärten, daß selbst die Entscheidung über die Friedensstärke des Heeres und die Zahl der Rekruten wie auch die ganze Heeresorganisation unter das „persönliche Regiment" des Königs falle, da sonst, wie Manteuffel es ausdrückte, die Armee glauben würde, daß „das Gesetz und nicht mehr der König Herr ist". Damit entwickelte sich dieser Streit zu einem Kampfe, bei dem es um die Wahl zwischen einer parlamentarischen und einer königlichen Armee ging. Darüber, wo Bismarck in diesem Kampfe stand, bestand natürlich nie der geringste Zweifel. Er war davon überzeugt, daß die preußische Armee königlich bleiben müsse, um die Unabhängigkeit der Krone von den Volksgewalten zu garantieren. Dagegen glaubte er nicht, daß der Absolutismus die ideale und stärkste Regierungsform sei. Unter der Voraussetzung, daß die Vormachtstellung des Königs gesichert werde, war er dazu bereit, bestimmte konstitutionelle Beschränkungen anzuerkennen, wenn er dafür die Mitarbeit einer Volksvertretung gewänne. In dieser Hinsicht unterschied sich Bismarck deutlich von der wild-reaktionären Einstellung Edwin von Manteuffels und anderer militärischer und ziviler Ultrakonservativer am Hofe und in der Partei.

Gegensatz zwischen Ministerpräsident und Parlament

Dieser Gegensatz kam jedoch in den ersten Jahren der Regierung Bismarck kaum jemals vor die Öffentlichkeit. Dieser stürzte sich mit aller Energie in den Kampf gegen die parlamentarische Mehrheit. In erregten Debatten parierte er die Angriffe der erbitterten Abgeordneten mit Sarkasmus, Spott und starrköpfigem Bestehen auf monarchischen Prinzipien. Um diese Politik zu rechtfertigen, bediente er sich einer eigentümlichen Theorie, die schon andere dem König nahegelegt hatten. Ihr zufolge autorisierte Artikel 109 der preußischen Verfassung von 1850 die Regierung, die Staatsfinanzen auf der Grundlage früherer Steuerbewilligungen zu verwalten, falls die Regierung und die beiden anderen Staatsorgane, das Abgeordneten- und das Herrenhaus, sich nicht über den Etat einigen könnten. Diese Theorie war höchst verwegen, da sie jedes Budgetrecht der Volksvertretung zur bloßen Farce machte. Tatsächlich stellte Artikel 99 ganz eindeutig fest, daß die Regierung die Verpflichtung habe, eine Einigung mit dem Parlament für den Etat zu erstreben. Aber es fehlte der parlamentarischen Mehrheit an verfassungsmäßigen Mitteln, um eine richtige Auslegung der Verfassung gegenüber der willkürlich erfundenen offiziellen Theorie zur Geltung zu bringen. Die Verfassung sah selbstverständlich noch keine Verfassungsgerichtsbarkeit vor. Wenn die Mehrheit die Regierung wirklich bekämpfen wollte, blieb ihr nichts anderes übrig, als einen Steuerstreik des Volkes zu organisieren, doch ist es fraglich, ob ein dahingehender Aufruf genug Widerhall gefunden hätte. Jedenfalls erwog keine der im preußischen Parlament vertretenen Parteien und Gruppen ernsthaft diesen Schritt, der unschwer zur offenen Revolution hätte führen können. Nicht einmal die Radikalen wünschten einen Zustand heraufzubeschwören, bei dem wieder die revolutionären Elemente hochgekommen wären, die nach Ansicht der Fortschrittler für den Mißerfolg des deutschen Liberalismus von 1848/49 die Hauptverantwortung trugen. So beschloß die parlamentarische Mehrheit, sich damit zu begnügen, die moralische Empörung des Volkes zu wecken.

Die Fortschrittler unterließen es sogar, die Unterstützung des Volkes zu organisieren, obwohl dieses zweifellos in diesen Jahren hinter ihnen stand. Sie waren immer noch eine Partei von Notabeln, die sich bei der Wahl hauptsächlich auf das soziale Prestige verließen, das sie in ihren örtlichen Wahlkreisen genossen. Die Demokraten von 1848 hatten wenigstens theoretisch das allgemeine Wahlrecht verlangt. Dagegen gaben sich die Fortschrittler 15 Jahre später mit dem Dreiklassensystem zufrieden, das im Parlament überwältigende liberale Mehrheiten schuf. Aber die Wahlbeteiligung, selbst in der ersten Wählerklasse nicht besonders eindrucksvoll, war in der zweiten und dritten außerordentlich gering. In der Wahl von 1863 gab es beinahe 1,1 Millionen Wahlberechtigte, von denen nur 30,9 Prozent ihre Stimme abgaben. In der ersten Klasse wählten 57, in der zweiten 44 und in der dritten 27,3 Prozent. Bei dieser Wahl wählten die Liberalen mit 52,8 Prozent der gesamten Stimmen 73,4 Prozent der Abgeordneten, die Konservativen dagegen mit 30,5 Prozent der Stimmen nur 10,3 Prozent der Abgeordneten. Die Konservativen, einschließlich Bismarcks, vertraten natürlich die Auffassung, daß die Wahlergebnisse kein richtiges Bild von der Stimmung des Volkes gaben.

Aber alle Indizien deuteten darauf hin, daß in diesen Jahren die Konservativen bei allgemeinem Wahlrecht nicht an relativer Stärke zugenommen hätten. Möglicherweise hätten sie eine bessere Vertretung im Parlament gefunden, wenn die Wahl durch einzelne Wahlkreise abgeschafft worden wäre. Aber es läßt sich nicht leugnen, daß das Dreiklassensystem viele Wahlberechtigte und besonders die große Masse des Volkes von den Wahlurnen fernhielt. Es ist aufschlußreich, daß die Wahlbeteiligung am schwächsten im Rheinland war, also in der Provinz mit der politisch wachsten Bevölkerung, Wenn die Fortschrittler für das allgemeine Wahlrecht eingetreten wären, hätten sie wohl aktivere Unterstützung im Volke gefunden, doch dazu hätte es wahrscheinlich politischer Führer bedurft, die mit größerem Eifer die Massen mobilisierten, als es die gesetzten Liberalen dieser Generation taten.

Heer und Beamtentum

Bismarck konnte sich bei seinen verfassungswidrigen Maßnahmen auf die Unterstützung der Armee und des Beamtentums verlassen. Freilich gab es einige

Offiziere mit liberalen Sympathien, wie es auch, vor allem in Ostpreußen, liberale Junker gab. Aber die Armee war in den Händen einer konservativen Regierung ein absolut gefügiges Werkzeug. Das Beamtentum allerdings war von liberalen Elementen durchsetzt. Es gab eine beträchtliche Zahl von Staatsbeamten, die liberale Mitglieder des Parlaments waren, und viele andere betätigten sich als liberale Redner in den Städten. Die verhältnismäßig größte Zahl der Liberalen fand sich unter den Richtern. Bismarck, der aus dem Staatsdienst ausgeschieden war, weil er sich seinen Vorgesetzten nicht unterordnen wollte, war entschlossen, keine Ansichten zu dulden, die von der Regierungspolitik abwichen, und begann bald, verschiedene Zwangsmaßnahmen anzuwenden. Aber als Ganzes war sogar das preußische Beamtentum ein zuverlässiges Exekutivorgan der Regierung. Auch liberale Beamte erfüllten ihre Pflicht, wie es ihre Vorgesetzten verlangten. Was der Sabotage noch am nächsten kam, waren milde Entscheidungen der Richter in Fällen, wo Liberale mit Regierungsverordnungen in Konflikt gerieten. Alles in allem konnte sich Bismarck nur darüber beklagen, daß sich viele Beamte nicht hinter die Regierung stellten, wenn sie als Privatpersonen handelten.

Das „elendste“ Wahlrecht

Außer dem Druck, den Bismarck auf die Beamten durch Entlassung, Beförderungsverweigerung oder Versetzung auf untergeordnete Stellen ausüben ließ, versuchte er, die Presse durch Verordnungen zu knebeln. Trotzdem brachten die 1863 abgehaltenen Wahlen, in denen die Regierung jedes ihr zu Gebot stehende Mittel zur Beeinflussung und Einschüchterung der Wählerschaft anwendete, eine nur unbedeutende Zunahme der Konservativen. Bismarck suchte die Gründe für dieses Versagen beim Dreiklassenwahlrecht. Dieses „elendste aller Wahlrechte“, so argumentierte er, gebe dem liberalen Bürgertum unverhältnismäßig viel Macht. Napoleon III. hatte bewiesen, daß das allgemeine Wahlrecht mit Erfolg dazu benutzt werden konnte, ein absolutistisches Regime aufzubauen. Mittels der staatlichen Organe und der Kirchen konnten die einfachen Leute, und dies hieß vor allem die Bauern, zur Stützung eines autoritären Systems mobilisiert werden. Und vielleicht konnte sogar die neu entstehende Klasse der Industriearbeiter mit ihrer Feindseligkeit gegen die Bourgeoisie gegen die Liberalen eingesetzt werden, obgleich hiermit Konzessionen in Richtung auf einen Staatssozialismus verbunden sein mochten. Bismarck zögerte nicht, solche Möglichkeiten mit Ferdinand Lassalle (1825—1864), dem hervorragendsten deutschen Sozialisten dieser Zeit, zu erörtern.

Aber Bismarck war von Anfang an überzeugt, daß der Schlüssel zum Siege nicht in Wahlen und parlamentarischen Debatten, sondern in der deutschen und europäischen Politik wie auch in einer Wirtschaftspolitik liege, die die Wohlhabenden zufriedenstelle. Schon 1851 hatte er an Leopold von Gerlach geschrieben: „Für sehr nützlich würde ich es halten, wenn man sich bei Zeiten mit den deutsch-materiellen Fragen befaßte. Diejenige Stelle, die darin die Initiative ergreift, sei es der Bundestag, der Zollverein oder Preußen allein, wird einen großen Vorsprung in den Sympathien der Beteiligten haben, denn die Sachen quae numero et pondere dicuntur, sind der Mehrheit der Deutschen wichtiger als Ihnen und mir." Unter dem Eindruck dessen, was er in seinen Frankfurter Jahren gesehen hatte, rückte er von dem sozialen und wirtschaftlichen Denken seiner älteren konservativen Freunde ab. Die Handwerkszünfte erschienen ihm nicht länger als eine natürliche Grundlage für christliche Erziehung und christliche Lebensführung, und er sah keinen Gewinn darin, die korporative Struktur der Gesellschaft vor der Gewerbefreiheit zu schützen.

Ausnutzung der Einigungungsbestrebungen zur Niederwerfung des Liberalismus

Bismarcks Bereitwilligkeit, die Wirtschaftspolitik des Staates den Bedürfnissen und Wünschen der politisch stärksten Klassen anzupassen, blieb ein Grundzug seiner 28jährigen Regierung. Er suchte der politischen Opposition durch materielle Konzessionen den Wind aus den Segeln zu nehmen, doch ging es ihm in den frühen Jahren vor allem darum, die nationale Einigung zur Niederwerfung des Liberalismus auszunutzen. „Wir sind eine eitle Nation", schrieb er im Jahre 1857, „es ist uns schon empfindlich, wenn wir nicht renommieren können, und einer Regierung, die uns nach Außen hin Bedeutung gibt, halten wir vieles zu Gute und lassen uns viel gefallen dafür, selbst im Beutel." Er hatte wenigstens insofern recht, als das Verlangen nach einem mächtigen Nationalstaat ganz deutlich den Vorrang unter den Zielen der Liberalen genoß. Was die Heeresvorlage Wilhelms I. und Roons in den Augen der parlamentarischen Mehrheit so wenig anziehend gemacht hatte, war der gänzliche Mangel einer zielbewußten nationalen Regierungspolitik gewesen. Und da diese Vorlagen von der Regierung so hartnäckig verteidigt wurden, schien ihr Hauptzweck die Aufrechterhaltung des Absolutismus zu sein.

„Eisen und Blut"

Im Budgetausschuß des preußischen Parlaments, wo Bismarck zum ersten Mal einige seiner Ministerpflichten darlegte, betonte er die Wichtigkeit einer aktiven Außenpolitik und griff zugleich die Liberalen heftig an. So sagte er: „Nicht auf Preußens Liberalismus sieht Deutschland, sondern auf seine Macht – Preußen muß seine Macht zusammenhalten auf den günstigen Augenblick, der schon einige Male verpaßt ist; Preußens Grenzen sind zu einem gesunden Staatsleben nicht günstig. Nicht durch Reden und Majoritätsbeschlüsse werden die großen Fragen der Zeit entschieden — das ist der Fehler 1848 und 1849 gewesen —, sondern durch Eisen und Blut." Dies war eine ziemlich unvorsichtige und unglückliche Formulierung seiner Absichten. In den Ohren der preußischen Konservativen, die an die Solidarität der Monarchien glaubten, klang sie recht schlecht. Der junge Heinrich von Treitschke gab dem unter den Liberalen vorherrschenden Gefühl Ausdruck, als er die Äußerung des „flachen Junkers" „gemein" und „lächerlich" nannte.

Österreich: Nachwirkung des italienischen Kriegs

Unterdessen verlangte Bismarck, daß Österreich die Ranggleichheit Preußens im Deutschen Bunde und seine Führerrolle in Norddeutschland vorbehaltlos anerkenne. Aber Österreich war nicht gewillt, irgendeines seiner Rechte und Privilegien in Deutschland aufzugeben. Aus dem Kriege mit Italien war es mit zerrütteten Finanzen und einem Regierungssystem hervorgegangen, das, wie sich bald deutlich zeigte, unhaltbar geworden war. Der bürokratische Absolutismus und Zentralismus, den Schwarzenberg eingeführt hatte, wurde von nationalistischen Strömungen unterwühlt. Durch das Kaiserliche Diplom vom Oktober 1860 bekam Österreich eine Verfassung, die viel von der Autonomie der Länder wiederherstellte, während sie gleichzeitig einen Reichsrat vorsah, dessen Mitglieder teils von den Landtagen gewählt, teils vom Kaiser ernannt werden sollten. Der Reichsrat sollte an der Gesetzgebung „mitwirken", obgleich seine „Zustimmung" nur in wenigen Fällen nötig war. Das Oktoberdiplom befriedigte weder die Magyaren, die die Wiederherstellung ihrer Verfassung von 1848 wünschten, noch die Südslawen, die ein eigenes Königreich erstrebten, noch die Deutschen, die es übel aufnahmen, daß sie ihrer Führerstellung im Reiche beraubt wurden.

Neuordnung des Reiches

Kaiser Franz Joseph ernannte Anton Ritter von Schmerling, ein Mitglied der Frankfurter Regierung von 1848, zum Ministerpräsidenten. Liberale, zentralistische und nationaldeutsche Gedanken waren bei Schmerling vereinigt und fanden ihren Niederschlag im Februarpatent von 1861, das die kürzlich auferlegte Ordnung drastisch änderte. Die Organe der Zentralregierung erhielten größere Machtbefugnisse. Der Reichsrat setzte sich aus einem Herren- und einem Abgeordnetenhaus zusammen, dessen Mitglieder von den Landtagen gewählt wurden. Fragen, die die westliche Reichshälfte betrafen, wurden einem engeren Reichsrat zur Beratung vorbehalten, ein erstes Zugeständnis an einen österreichisch-ungarischen Dualismus. Die konkrete Machtbefugnis des Reichsrats blieb vage, die Minister waren ihm nicht verantwortlich, und es wurde ein konkurrierendes Organ, der Staatsrat, geschaffen, eine Vertretung der hohen Bürokratie, der, obgleich theoretisch bloß eine beratende Körperschaft, beträchtlichen Einfluß auszuüben vermochte. Die durch das Februarpatent verkündete Verfassung begünstigte die Deutschen und die Liberalen. Die Ungarn erschienen niemals im Reichsrat, und die Tschechen und Polen zogen sich 1863 aus dem engeren Reichsrat zurück. Im Juli 1865 beschloß der Kaiser, den Konflikt mit den Ungarn, der politisch stärksten Nationalität, beizulegen. Schmerling wurde durch Richard Graf Belcredi ersetzt, das Februarpatent wurde aufgehoben, und bevor das Jahr zu Ende ging, versprach der Kaiser den Magyaren öffentlich, einen Kompromiß auf dualistischer Grundlage einzugehen, wenn sie in eine Revision der Verfassung einwilligten.

Die Reorganisation des Habsburgerreiches war ein verwickelter Prozeß, und man mag sich bei einigen dieser Reformen fragen, ob sie wirklich liberaler Natur waren. Aber die neue österreichische Politik wurde verständlicherweise im Verhältnis zur Schwarzenberg-Bachschen Ära und mit der reaktionären Regierung Preußens positiv bewertet. In Deutschland gewann die Politik Österreichs neue Anziehungskraft nicht nur bei den dynastischen Regierungen, die gewohnt waren, bei Österreich den Schutz ihrer Souveränität zu suchen, sondern auch bei den demokratischen Elementen Süddeutschlands. Unter diesen Umständen fühlte sich die österreichische Regierung stark genug, die Initiative zu einer Reform des Deutschen Bundes zu ergreifen. Dies geschah zu einer Zeit, als Fragen der Wirtschaftspolitik neue Konflikte in den österreichisch-preußischen Beziehungen heraufbeschworen.

Handelspolitik

Mit dem englisch-französischen Handelsvertrag von 1860, dem sogenannten Cobdenvertrag, hatten sich liberale Prinzipien in den zwischenstaatlichen Beziehungen Europas durchgesetzt. Verhandlungen zwischen Paris und Berlin führten 1862 zu einem Abkommen, das ähnliche Bestimmungen für den freien Güteraustausch enthielt und in das die Meistbegünstigungsklausel aufgenommen wurde. Gegen dieses Abkommen, das ein hervorragender österreichischer Volkswirtschaftler ein handelspolitisches „Villafranca" für Österreich nannte, erhob die österreichische Regierung Einspruch, weil es die Bildung einer mitteleuropäischen Zollunion unmöglich machte. Nachdem 1853 Versuche, eine solche Union zu bilden, sich zerschlagen hatten (siehe S. 360), waren für 1860 neue Verhandlungen versprochen worden. Aber die preußische Regierung wünschte nicht, Österreich in den Zollverein aufzunehmen. Als sich Bayern und Württemberg, die Schutz für ihre kleineren Industrien suchten, Österreichs Opposition gegen das französisch-preußische Handelsabkommen anschlossen, gab die preußische

Regierung zu verstehen, daß die Billigung dieses Abkommens eine Vorbedingung für die Erneuerung des preußisch-deutschen Zollvereins sei, erklärte sich jedoch bereit, das französische Handelsabkommen erst zu ratifizieren, wenn die Mitglieder des Zollvereins ihm formell beigetreten seien.

Österreichisch-preußischer Konflikt

Bismarck setzte diese Politik seiner Vorgänger fort, da sie seinem Ziel, Österreich aus Deutschland auszuschließen, diente. Auch wollte er gern zeigen, was Preußen in Deutschland zur Unterstützung von Handel und Industrie zu tun vermochte. Dort wünschte man fast überall den Zugang zum reichen französischen Markt und hielt wenig von der Wirtschaft der Donauländer. Sachsen, in diesen Jahren der aktivste politische Mitarbeiter Österreichs und der industrialisierteste deutsche Staat nach Preußen, fühlte sich, was seine Handelspolitik anging, mit diesem in Einklang. Selbst für die süddeutschen Staaten überwogen die Vorteile der Zugehörigkeit zum preußischen Zollverein die wirtschaftlichen Widrigkeiten, die sich aus dem Freihandel ergaben. Alle etwa aufsteigenden Zweifel wurden durch die großen Mehreinnahmen behoben, die der Zollverein für die Staatskassen brachte. Da die Zolleinkünfte nach der Bevölkerungsstärke und nicht nach dem Handelsvolumen verteilt wurden, hatten alle Mitglieder außer Preußen und Sachsen unverhältnismäßig hohe fiskalische Einnahmen. Im Jahre 1864, gerade zu der Zeit, als Preußen und Österreich scheinbar eng vereint im Kampf gegen Dänemark standen, wurde der Handelsvertrag zwischen Preußen und Frankreich ratifiziert, und im Jahre 1865 wurde der preußisch-deutsche Zollverein zum letzten Mal erneuert.

Die politische Tragweite dieser wirtschaftlichen Entwicklungen war dem Publikum in diesen Jahren wahrscheinlich nur vage bewußt, während die im engeren Sinne politischen Ereignisse im österreichisch-preußischen Konflikt die meiste Aufmerksamkeit auf sich zogen. Die Grenzen, auf die jede österreichische Politik stieß, die die Stärkung des Deutschen Bundes bezweckte, konnten niemals überwunden werden: Als ein Nationalitätenstaat konnte das Habsburgerreich selbst eine relative Unterordnung unter eine zentrale deutsche Regierung nicht auf sich nehmen. Es war auch nicht möglich, nur die deutschen Länder Österreichs einem deutschen Bundesstaat beitreten zu lassen, da gerade das deutsche Element die stärkste bindende Kraft innerhalb des Habsburgerreiches darstellte. Das Österreich des Jahres 1862 konnte nicht in die Schöpfung eines deutschen Bundesstaates einwilligen und hatte auch für die Stärkung des Staatenbundes nichts Entscheidendes zu bieten.

In Gemeinschaft mit den kleineren deutschen Königreichen, von denen Sachsen unter seinem Ministerpräsidenten Friedrich Ferdinand von Beust (1809—1886) besonders aktiv war, schlug Österreich vor, daß parlamentarische Abgeordnete der Mitgliedstaaten des Deutschen Bundes zusammentreten sollten, um eine gemeinsame Strafprozeßordnung und ein Handelsgesetzbuch zu entwerfen. Diesen Vorschlag griff Bismarck heftig an, weil er mit der Bundesakte unvereinbar sei, und brandmarkte ihn als einen Versuch Österreichs, auf Preußen Druck auszuüben. Tatsächlich setzte er es auch durch, daß der Antrag 1863 auf dem Frankfurter Bundestag abgelehnt wurde, da einige kleinere Staaten vor Bismarcks drohender Sprache Angst bekamen. Aber es erregte in Deutschland Hohngelächter, als der reaktionäre preußische Staatsmann bei dieser Gelegenheit bestritt, daß die von den Staatsparlamenten gewählten Abgeordneten die geeigneten Repräsentanten der Nation zur Behandlung gemeinsamer Angelegenheiten seien, und behauptete, nur eine direkt vom Volke gewählte Vertretung könne eine solche Funktion erfüllen.

Der polnische Aufstand von 1863

Im selben Monat brachen im russischen Polen ernste Aufstände gegen das Regime und seine gewalttätigen Methoden aus. Sie machten Rußland viel zu schaffen, um so mehr, als innerhalb seiner Regierung Anwälte einer Politik reiner Unterdrückung mit Verfechtern von Versöhnungsversuchen stritten. Bismarck war höchst beunruhigt, daß die liberalen Elemente die Oberhand gewinnen könnten und daß ein autonomes Polen zur Grundlage einer polnischen Nationalbewegung werden könnte, die die Wiederherstellung der Grenzen von 1772 verlangte. Schon die entfernte Möglichkeit einer Wiedergeburt Polens löste in Bismarck leidenschaftliche Empörung aus, da er fürchtete, der Verlust von Danzig, Westpreußen und Posen werde „Preußens beste Sehnen“ zerschneiden. In einem Brief an seine Schwester vom Jahre 1861 kleidete er seine bittere Feindseligkeit gegen die Polen in die frivolen Worte: „Haut doch die Polen, daß sie am Leben verzagen; ich habe alles Mitgefühl für ihre Lage, aber wir können, wenn wir bestehen wollen, nichts anderes tun, als sie ausrotten; der Wolf kann auch nichts dafür, daß er von Gott geschaffen ist, wie er ist, und man schießt ihn doch dafür tot, wenn man kann.“

Die Konvention Alvensleben

Der Wunsch, den Zaren zu energischem Vorgehen gegen die Polen zu überreden, führte sogleich zur Mobilisierung der Armee in den vier östlichen Provinzen Preußens und zur Entsendung des Generals Gustav von Alvensleben nach St. Petersburg. Alvensleben beeindruckte den Zaren, indem er auf die Zuverlässigkeit der traditionellen Zusammenarbeit zwischen Preußen und Rußland hinwies, und traf mit dem etwas zögernden russischen Kanzler ein Abkommen über die Zusammenarbeit der militärischen Befehlshaber auf der russischen und der preußischen Seite des polnischen Gebietes. Die am 3. Februar 1863 mit der Billigung Bismarcks abgeschlossene Konvention enthielt die Bestimmung, daß die Truppen sowohl von Rußland wie von Preußen zur gegenseitigen Hilfeleistung auf Wunsch der militärischen oder polizeilichen Autoritäten ermächtigt und, wenn nötig, berechtigt seien, bei der Verfolgung fliehender Insurgenten die Grenze zu überschreiten.

Die Konvention Alvensleben wurde von allen Seiten kritisiert. Die deutschen Liberalen sympathisierten mit den revolutionären Polen, wenn auch mit geringerem Enthusiasmus als im Jahre 1848. Sie kritisierten die verabscheuungswürdige reaktionäre Politik Bismarcks, die Preußen zu einem gefügigen Büttel des russischen Zarentums machte. Aber die Empörung, die die Konvention in Frankreich und England hervorrief, war für Bismarck noch unangenehmer. In beiden Ländern war die öffentliche Meinung entschieden auf seiten Polens. Napoleon, dem das Wiederaufflackern der Revolution in Polen anfänglich lästig war, weil sie enge französisch-russische Beziehungen hinderte, nahm die Konvention, die als preußische Intervention abgestempelt werden konnte, zum Anlaß, erneuten Druck auf die Rheingrenze auszuüben. Er begann, sich Österreich anzunähern, und suchte gleichzeitig England zu veranlassen, gemeinsam mit Frankreich gegen die Konvention zu protestieren und zu betonen, daß dadurch die Intervention anderer Mächte in Polen gerechtfertigt werde. Aber die englische Regierung ließ sich nicht so leicht auf eine Bahn führen, die damit hätte enden können, England in einem neuen Krimkrieg an Frankreich zu ketten. Nach der Annexion von Savoyen und Nizza im Gefolge des italienischen Krieges blickte man in England mit großem Mißtrauen auf Napoleon. Man erriet, daß er schließlich doch lieber im Rhein als in der Weichsel fischen wollte.

Die englische Regierung von Lord John Russell und Palmerston beklagte die Innen- und Außenpolitik Bismarcks, obgleich ihr ein starkes Preußen als Bollwerk gegen Rußland und Frankreich von größter Wichtigkeit war. Österreich galt als zu schwach, um Mitteleuropa zu verteidigen. Im Innern durch den Nationalitätenkonflikt gefährdet, hatte es sich andererseits geweigert, durch den Verkauf Venedigs an das neue Königreich der Feindschaft Italiens vorzubeugen. Preußen, so dachte man in London, würde nicht für immer und möglicherweise nicht einmal lange von Bismarck und Wilhelm I. regiert werden. Die Heirat Victorias, einer Tochter der Königin Victoria, mit dem liberalen preußischen Kronprinzen Friedrich Wilhelm im Jahre 1858 hatte die Hoffnung erweckt, daß Preußen später einmal ins liberale Lager einschwenken würde. Königin Victoria selbst wurde nicht müde, ihre Minister zu ermahnen, sie sollten vor Napoleons Bübereien auf der Hut sein und von jedem unnötig harten Vorgehen gegen Preußen absehen.

Diese Grundhaltung Englands war einer der Glücksfälle, die Bismarck damals und in den folgenden Jahren auszunutzen verstand. Er erklärte sofort, die Konvention Alvensleben sei nicht praktisch angewendet und nicht einmal ratifiziert worden, und dadurch verhütete er, daß England und Frankreich gemeinsam in Berlin diplomatisch intervenierten. Allein konnte Frankreich, das überdies damit beschäftigt war, sich eine starke Stellung in Mexiko zu schaffen, in Polen nicht eingreifen. Auch von seiten Österreichs, das um seine polnischen Besitzungen besorgt sein mußte, wurde Napoleon keine Ermutigung zuteil. Im Frühjahr und Sommer 1863 führten England und Frankreich einen Notenkrieg gegen Rußland und verlangten die Verwirklichung der politischen und bürgerlichen Rechte, die der Wiener Vertrag von 1815 Polen versprochen hatte. Dadurch vermochte zwar England der Erregung seines Volkes Luft zu machen und sie zu dämpfen, aber die Beziehungen zwischen Alexander II. und Napoleon III. waren für immer vergiftet. Während England im August 1863 die ganze Frage einfach fallenlassen konnte, war Napoleon wegen der innenpolitischen Lage auf einen Erfolg in der Außenpolitik angewiesen. Im November schlug er den europäischen Großmächten einen Kongreß vor, der alle Probleme diskutieren sollte, die den europäischen Frieden zu gefährden drohten, und gab öffentlich zu verstehen, daß er davon eine Revision des Wiener Friedens erwartete. Die europäischen Mächte glaubten, daß die Verwirklichung dieses Vorschlags die bestehenden Konflikte nur noch verschärfen würde und sogar ein Vorspiel zum Kriege werden könnte. Die englische Regierung blockierte Napoleons Plan und brachte damit dem ehrgeizigen französischen Kaiser eine empfindliche Niederlage bei. So kam es zum endgültigen Bruch des englisch-französischen Bündnisses vom Krimkriege, das schon eine Zeitlang ins Wanken geraten war. Bismarck hatte keinen Anteil daran, daß sich 1863 die europäischen Mächte umgruppierten. Das Ende der engen Beziehungen sowohl zwischen Frankreich und Rußland als auch zwischen Frankreich und England war nicht sein Werk, und es ist sogar zweifelhaft, ob die Risiken, die er mit der Konvention Alvensleben einging, den Lauf der wichtigen Ereignisse merklich beeinflußt haben. Aber es ist gar keine Frage, daß die preußisch-russische Freundschaft aus der polnischen Krise gestärkt hervorging.

Vereitelung österreichischer Pläne

Es gelang Bismarck nicht, den preußisch-österreichischen Konflikt an den Rand eines Krieges zu treiben, wie es in den Anfangsmonaten seines Ministeriums offensichtlich sein Wunsch gewesen wäre. Vorläufig mußte er sich damit zufriedengeben, die Initiative Österreichs zur Reform des Deutschen Bundes zu durchkreuzen. Wie wir schon erwähnt haben (siehe S. 398), wurde der erste Versuch Österreichs im Januar 1863 vereitelt. Aber das Kabinett Schmerling benutzte den Sommer, als Bismarcks Prestige durch seine Politik gegenüber der polnischen Revolution noch tiefer gefallen war, um ein umfassendes Reformprogramm vorzubereiten, das von einer Versammlung aller deutschen Fürsten unterstützt werden sollte. In diesem Programm wurde vorgeschlagen, ein „Direktorium“ von fünf Mitgliedern, nämlich Österreich, Preußen und Bayern und zwei anderen jeweils von den übrigen deutschen Staaten zu wählenden Mitgliedern einzusetzen. Außerdem sollte es als wichtigste gesetzgebende Körperschaft einen Rat aller Fürsten geben und neben ihm eine alle drei Jahre tagende Vertretung von Abgeordneten der Landtage. Der engere Bundesrat sollte eine Umwandlung erfahren, indem Österreich und Preußen je drei statt der üblichen einen Stimme erhielten und die Gesamtstimmenzahl von 17 auf 21 erhöht würde. Die Bundesorgane sollten um einen Obersten Gerichtshof vermehrt werden.

So sah der österreichische Plan eine engere Integration des Deutschen Bundes vor. Aber diese wäre hauptsächlich auf Kosten Preußens zustande gekommen, denn dieses hätte sich, da Österreich der Unterstützung der kleinen Staaten sicher sein konnte, bei allen Bundesratsbeschlüssen in der Minderheit befunden. Wenn der österreichische Entwurf angenommen worden wäre, hätte er es aller Wahrscheinlichkeit nach für die deutschen Staaten unmöglich gemacht, ihren militärischen Beistand zu verweigern, wie es im italienischen Krieg von 1859 der Fall gewesen war. Das österreichische Kabinett war sich darüber klar, daß auf diese Weise die deutschen Bäche dazu benützt würden, die Habsburger-Mühle zu treiben, und daß es nicht leicht sein würde, die Zustimmung Preußens zu erhalten. Daher wurde König Wilhelm I. von Kaiser Franz Joseph kurzfristig mit dem Plane konfrontiert. Doch gelang es Bismarck, Wilhelm zu bestimmen, die Teilnahme am Kongreß der deutschen Fürsten zu verweigern. Aber als sich dann zehn Tage später die deutschen Fürsten beinahe vollzählig unter scheinbar allgemeinem Beifall des Volkes in Frankfurt versammelten und den König von Sachsen entsandten, um König Wilhelm einzuladen, der sich in Baden-Baden aufhielt, war es für Bismarck noch einmal ein schwerer Kampf, Wilhelm daran zu hindern, sich seinen fürstlichen Standesgenossen zuzugesellen.

Dadurch, daß Bismarck Wilhelm von der Teilnahme am Frankfurter Kongreß abhielt, vereitelte er tatsächlich den Plan Österreichs. Dessen Drohung, die Opposition Preußens werde eine Union der anderen deutschen Staaten unter österreichischer Führung zur Folge haben, war kein glücklicher Gedanke, da die Mehrheit der deutschen Kleinstaaten, obgleich sie die Vormachtstellung Österreichs befürwortete, dem Ausschluß Preußens aus dem Bunde nicht zugestimmt hätte. Der Frankfurter Kongreß entschied sich für den österreichischen Plan, wenn auch mit dem praktisch alles zerstörenden Vorbehalt, daß die Fürsten nur so lange daran gebunden sein sollten, bis Preußen seine Haltung bekanntgeben würde. Bismarck erklärte, dieses stimme einem Direktorium nicht zu, sondern bestehe darauf, abwechselnd mit Österreich den Vorsitz zu führen. Auch verlangte er das Veto hinsichtlich der Inanspruchnahme der Militärmacht und wiederholte seine Forderung nach einem Parlament, das, von allen Deutschen direkt gewählt, die Bevölkerungsstärke der Einzelstaaten widerspiegeln würde.

Der österreichische Reformvorschlag hätte beinahe das Ende aller Zusammenarbeit zwischen den beiden Großmächten herbeigeführt. Die Österreicher hatten jedoch nicht den Mut, die Politik, die sie eingeleitet hatten, zu Ende zu führen. Napoleons Plan eines europäischen Kongresses, der erwarten ließ, daß Frankreich den Anspruch Italiens auf Venedig unterstützen würde, und das Aufflackern revolutionärer Umtriebe im österreichischen Galizien ließen Österreichs konservativen Außenminister, Freiherrn J. B. von Rechberg (1806–1899), zögern. Aber der Hauptgrund, warum Österreich seine antipreußische Politik in Deutschland zugunsten einer engen Zusammenarbeit mit Preußen aufgab, war das Wiederauftauchen der schleswig-holsteinschen Frage. Obgleich die österreichische Regierung erst kurz zuvor das Verlangen Preußens nach einem dualistischen Regime verächtlich zurückgewiesen hatte, stimmte sie nun praktisch dem Anspruch Preußens zu, gemeinsam die Führung in dieser wichtigen nationalen Frage zu übernehmen.

Schleswig-Holstein

Die Konflikte um Schleswig-Holstein, die so viel zur Niederlage der nationalen Bewegung von 1848/49 beigetragen hatten, waren von den Großmächten durch das Londoner Protokoll vom 8. Mai 1852 beigelegt worden, das Prinz Christian von Glücksburg als Erben auf dem dänischen Thron anerkannte. Aber Preußen hatte darauf bestanden, daß der Prätendent der Augustenburger Linie, Christian August, der nach deutschem Recht gültige Ansprüche auf die Thronfolge in den Herzogtümern Holstein und Schleswig hatte, freiwillig auf seine Rechte verzichten müsse. Bismarck, damals preußischer Gesandter am Frankfurter Bundestag, hatte die Verhandlungen mit Herzog Christian August geführt, der öffentlich versprach, er und seine Familie würden der Nachfolge der Glücksburger Linie in allen Besitzungen der dänischen Krone keinerlei Schwierigkeiten in den Weg stellen. Der dänische König, Friedrich VII., hatte seinerseits verkündet, daß die beiden Herzogtümer innerhalb der Monarchie ihre eigene Verwaltung und Vertretung bekommen sollten. Diese Versprechungen von 1852 waren nicht gehalten worden, und sogar der reaktionäre Bundestag des Deutschen Bundes hatte die dänische Politik mißbilligt und drohte schließlich mit militärischer Exekution. Dies bezog sich jedoch nur auf Holstein, da Schleswig außerhalb des Bundes geblieben war.

Am 13. November 1863 verabschiedete das dänische Parlament eine neue Verfassung, die Schleswig dem dänischen Königreich einverleibte. Zwei Tage später starb Friedrich VII., ohne die Verfassung unterzeichnet zu haben. Der Prinz von Glücksburg bestieg als Christian IX. den dänischen Thron. Die erregte nationalistische Stimmung des Kabinetts und des dänischen Volkes veranlaßte ihn, gegen sein besseres Wissen die Verfassung gutzuheißen. Damit wurde das Londoner Protokoll von 1852 eindeutig verletzt. Den deutschen Liberalen schien dieses Ereignis die internationalen Hindernisse für eine Union Schleswig-Holsteins mit Deutschland zu beseitigen. In Friedrich, dem liberal gesinnten Sohn des Herzogs von Augustenburg, sahen sie einen idealen deutschen Herrscher. Dieser gab bekannt, daß die Preisgabe der Augustenburger Ansprüche durch seinen Vater für ihn nicht bindend sei, und erklärte sich zum Herzog Friedrich VIII. von Schleswig-Holstein. Die Stimmung der meisten deutschen Kleinstaaten neigte dazu, den selbsternannten Herzog mit der vollen Macht des Deutschen Bundes zu unterstützen. Durch eine Abstimmung des Frankfurter Bundestags am 7. Dezember hätte man eine solche Politik beinahe zu offizieller Annahme gebracht. Der Bundestag beschloß, Bundestruppen nach Holstein zu schicken, aber Preußen und Österreich bestanden darauf, daß mit diesem Schritt nicht die dynastischen Rechte Christians IX. in Frage gestellt werden sollten.

Bismarck beschloß, die schleswig-holsteinsche Frage als internationales, nicht als deutsches Problem zu behandeln. Dem Londoner Vertrag gemäß erkannte er die Nachfolge König Christians in Dänemark und in den Herzogtümern an, verlangte aber auch von der dänischen Regierung die Erfüllung der übrigen Vertragsbestimmungen. Dies machte es für die Unterzeichner des Vertrags, vor allem für England und Rußland, von vornherein schwierig, sich in die Politik Preußens einzumischen. Zudem vermochte Bismarck auf dieser Grundlage die Mitarbeit Österreichs zu gewinnen, das an der Aufrechterhaltung des bestehenden Vertragsrechts in Europa Interesse hatte und sich davor hüten mußte, eine Politik der nationalen Selbstbestimmung zu unterstützen. Andererseits war Östereich besorgt, wenn es sich ganz zurückhielte, werde Preußen alle Lorbeeren als Verteidiger Deutschlands gegen den dänischen Nationalismus davontragen.

Krieg mit Dänemark

Am 16. Januar 1864 überreichten die österreichische und die preußische Regierung in Kopenhagen ein Ultimatum, das die Aufhebung der Verfassung vom November 1863 binnen 48 Stunden verlangte. Dieses Ultimatum wurde von der dänischen Regierung abgelehnt. Am 21. Januar marschierte ein Heer, das aus einem österreichischen, einem preußischen Korps und einer Gardedivision bestand, in Holstein ein, das schon von sächsischen und hannoverschen Truppen besetzt worden war. Anfang Februar besetzte die Armee auch Schleswig. Ihr Befehlshaber, der achtzigjährige Feldmarschall Wrangel, war kein fähiger Feldherr und ließ es geschehen, daß die dänischen Hauptstreitkräfte sich auf der Halbinsel Düppel und der benachbarten Insel Alsen verschanzten. Erst am 18. April waren die preußischen Truppen imstande, die Befestigungen von Düppel zu erstürmen und die dänische Armee zum Rückzug auf Alsen zu zwingen.

England und Rußland suchten vergeblich dem Ausbruch des Krieges vorzubeugen. Beide Mächte wünschten das Fortbestehen eines starken dänischen Staates und hielten deshalb am Londoner Protokoll fest. Aber die britische Regierung war gespalten. Palmerstons ursprüngliche Äußerungen schienen Dänemark englische Hilfe zu versprechen und erweckten bei den Dänen Hoffnungen, aber die Engländer waren keineswegs bereit, sich in einen Krieg für Dänemark einzulassen – wenigstens solange die Seewege in die Ostsee nicht unmittelbar bedroht waren. Auch erkannten sie, daß Preußen und Österreich in Schleswig-Holstein nicht durch Flottendemonstrationen aufgehalten werden konnten. Nur eine Mobilmachung Frankreichs konnte wirklichen Erfolg haben, doch nach der Behandlung, die ihm von seiten der Engländer im Zusammenhang mit Polen zuteil geworden war, war Napoleon außerordentlich vorsichtig. Angesichts des österreichisch-preußischen Bündnisses und der Popularität, die der Kampf für ein deutsches Schleswig-Holstein hatte, wünschte Napoleon nicht, Deutschland ohne die feste Zusicherung der Hilfe Englands herauszufordern. Dies hätte andererseits bedeutet, daß England französische Erwerbungen im Rheinland hätte dulden müssen. Aber schon allein der Gedanke an solche Pläne, die Belgien hätten gefährden können, war den britischen Staatsmännern zuwider, und obgleich sie Bismarck einzuschüchtern suchten, indem sie auf die Wahrscheinlichkeit der französischen Intervention hinwiesen, taten sie nichts, um das englisch-französische Bündnis wiederherzustellen. Napoleon seinerseits glaubte, daß Bismarcks Aktivität die Wasser der europäischen Politik genügend aufrühren würde, um es ihm selbst zur gegebenen Zeit zu ermöglichen, erfolgreich im trüben zu fischen. Bismarck tat sein Bestes, Napoleon seine Bereitwilligkeit zur künftigen Zusammenarbeit mit Frankreich glaubhaft zu machen.

Rußland war ebenso wie England an der Integrität Dänemarks interessiert. Aber im Gegensatz zur englischen Regierung war Zar Alexander darauf bedacht, Bismarck an der Macht zu halten. Nach seinem Fall, so glaubte man in St. Petersburg, würde der Liberalismus in Deutschland siegen, und dies würde auf alle revolutionären nationalen Bewegungen in Polen, Rumänien, Ungarn und Italien ansteckend wirken. Überdies dürfe kein zu großer Druck auf Bismarck ausgeübt werden, weil dies ihn bloß in die Arme Napoleons treiben würde, der wahrscheinlich für ein kleines Trinkgeld käuflich sei. Rußland hatte Bismarcks Haltung während der polnischen Krise nicht vergessen, und seine Annahme des Londoner Protokolls angesichts starker liberaler Opposition fand Anerkennung. Die russische Regierung war geneigt zuzugeben, daß Bismarck einen wenigstens bescheidenen Erfolg nötig hatte, um sich gegen die innere Opposition in Deutschland zu behaupten.

Die europäischen Mächte waren in den Beweggründen, Methoden und Zielen ihrer Politik tief gespalten. Darin lag für Bismarck die Möglichkeit, seinem Endziel, der Annexion der beiden Herzogtümer durch Preußen, Schritt für Schritt näherzukommen. Die Mithilfe Österreichs zur Intervention in Schleswig-Holstein auf der Grundlage des Londoner Protokolls hatte er gewonnen. Nachdem Österreich und Preußen gemeinsam Holstein und Schleswig besetzt hatten, veranlaßte Bismarck Österreich, auf eine Konvention einzugehen, durch die Preußen und Österreich das Londoner Protokoll kündigten, sich aber bereit erklärten, an einer Konferenz der europäischen Mächte teilzunehmen, die ein Einvernehmen über die konstitutionelle Stellung der Herzogtümer innerhalb der dänischen Monarchie erzielen sollte. Doch erreichte Österreich kein klares Übereinkommen darüber, was mit den Herzogtümern wirklich geschehen sollte, während es dem Vorschlag Preußens beipflichtete, dem Krieg durch den Einfall in das dänische Jütland ein Ende zu bereiten. Auf der Londoner Konferenz, die vom 25. April bis zum 25. Juni 1864 stattfand, schlug Bismarck immer noch vor, die beiden Herzogtümer unter König Christian IX. in Personalunion zu vereinigen bei gleichzeitiger politischer Trennung Schleswig-Holsteins von Dänemark.

In Wirklichkeit war dies für Bismarck nur ein taktischer Ausgangspunkt. Er erwartete die Ablehnung seines Vorschlags, da er mit der Uneinigkeit unter den europäischen Nationen und der Starrköpfigkeit der dänischen Regierung rechnete; er war auch überzeugt, daß die Konferenzteilnehmer nicht imstande sein würden, ein Abkommen zu vereinbaren und zu verwirklichen. Seine Fähigkeit für diplomatisches Manöver leistete in diesen Monaten Außerordentliches, und er überwand die Augenblicke ernster Gefahr, in denen der Widerstand Englands, Rußlands und Frankreichs sich zu vereinigen schien. Rußland und Österreich blockierten Napoleons Anregung, ein Plebiszit zu veranstalten und Schleswig nach Nationalitäten zu teilen, während Bismarck die Kandidatur des Augustenburger Fürsten bekämpfte, die Österreich im späteren Stadium der Londoner Konferenz befürwortete.

Dadurch, daß die Konferenz so weit vom Londoner Protokoll von 1852 abgewichen war, ohne zu einer neuen Lösung zu kommen, war jedes Zurückgreifen auf das Protokoll unmöglich. Als die Verhandlungen vertagt wurden, stand es Österreich und Preußen so gut wie frei, den Konflikt allein zu schlichten. Beider Truppen besetzten ganz Jütland. Am 28. Juni 1864 nahmen die Preußen in einer gut ausgeführten Landungsoperation Alsen, die Hauptinsel vor der Küste von Schleswig. Der Widerstand der Dänen wurde schwächer, und die Hoffnung auf Hilfe von England schwand schließlich dahin. In einem Präliminarfrieden vom 1. August, der später im Wiener Friedensvertrag vom 30. Oktober kodifiziert wurde, gab König Christian IX. alle Ansprüche auf Schleswig-Holstein zugunsten des Kaisers von Österreich und des Königs von Preußen auf.

Es konnte nicht ausbleiben, daß die Trennung der Herzogtümer von Dänemark, ein Ziel, das die deutschen Liberalen 1848/49 leidenschaftlich, wenn auch vergeblich verfolgt hatten, auf viele von ihnen Eindruck machte und bei einigen die Opposition gegen die preußische Regierung schwächte. Aber Bismarcks Widerstand gegen den liberalen Herzog von Augustenburg verursachte neue

Enttäuschung. Obgleich Bismarck die Reaktion des Volkes nie ganz unbeachtet ließ, war sein Hauptproblem doch, wie er mit Österreich zu einem Einverständnis über das schließliche Geschick der Herzogtümer gelangen könne. Das Bündnis mit Österreich hatte sich von unschätzbarem Wert erwiesen, um alle fremde Intervention abzuwehren, doch war es fraglich, ob es nicht eine ehrgeizige preußische Politik daran hindern würde, ihr Ziel in Deutschland zu erreichen. So eröffnete das Ende des dänischen Krieges sofort eine Zeit neuer Versuche und Prüfungen.

Zwölftes Kapitel

DIE GRÜNDUNG DES NEUEN DEUTSCHEN REICHES 1865–1871

Reform des Deutschen Bundes

Nach der erfolgreichen Beendigung des dänischen Krieges konnte Bismarck seine Karten aufdecken und die Annexion Schleswig-Holsteins durch Preußen verlangen, die vom Beginn der Krise an sein eigentliches Ziel gewesen war. Aber selbst jetzt behandelte er diese Forderung im Rahmen einer umfassenderen Politik, die auf die Reform des Deutschen Bundes hinzielte. Diese Reform konnte durch einen Krieg gegen Österreich herbeigeführt werden, möglicherweise aber auch durch eine Zusammenarbeit beider Länder, wie sie während des dänischen Feldzugs bestanden hatte. Diese Zusammenarbeit war tatsächlich 1864 für Bismarcks Plan sehr vorteilhaft gewesen, denn Österreich war dadurch mit den deutschen Mittelstaaten entzweit und der Deutsche Bund war lahmgelegt worden. Bismarck wünschte nun, die Möglichkeiten einer Fortsetzung des österreichisch-preußischen Bündnisses zu erforschen, das in Zukunft zur Teilung Deutschlands zwischen den beiden Großmächten und zu ihrer gegenseitigen Unterstützung in europäischen Angelegenheiten führen sollte. Ein solches Programm wurde in Gesprächen in Schönbrunn vom 20. bis 24. August sowohl von den beiden Monarchen als auch zwischen Bismarck und dem österreichischen Außenminister, Graf Johann Bernhard von Rechberg, diskutiert. Rechberg wollte Preußen auf ein Militärbündnis festlegen, um die Stellung Österreichs in Nord- und Mittelitalien zu garantieren und zurückzugewinnen. Dafür sollte Österreich Schleswig-Holstein den Preußen überlassen und die Hegemonie Preußens in Norddeutschland respektieren. Die norddeutschen Kleinstaaten hätten vermutlich durch Militärbündnisse und Wirtschaftsunionen zusammengeschlossen und in dieser Form Preußen untergeordnet werden können. Dies war ein völlig reaktionäres Programm, das den Zielen sowohl der deutschen wie auch der italienischen Nationalbewegung entgegengesetzt war und seinen logischen Abschluß in der Wiederherstellung des alten Bündnisses der drei östlichen Monarchien gefunden hätte. Außerdem hätte es zum Krieg mit dem Frankreich Napoleons um Italien geführt.

Die andere Möglichkeit, den Deutschen Bund bei gleichzeitiger Machterweiterung Preußens zu reformieren, war seine Umwandlung in einen deutschen oder norddeutschen Bundesstaat unter Preußens Führung. Dies hätte einen Krieg gegen Österreich erfordert, und in diesem Falle war es zweckmäßig, die Liberalen durch die Befürwortung einer nationalen Vertretung des deutschen Volkes zur Mitarbeit zu gewinnen und in der Außenpolitik eine offene Herausforderung Frankreichs zu vermeiden. Es ist für Bismarck bezeichnend, daß er die politischen Strömungen sorgfältig ergründete und sich bis zum letzten Augenblick verschiedene Wege offenhielt.

Die Gespräche von Schönbrunn führten keine Entscheidung herbei. In Schleswig-Holstein bestand das österreichisch-preußische Kondominium fort. Aber die österreichische Politik begann, einen anderen Kurs einzuschlagen. Graf Rechberg, der hauptsächliche Advokat eines konservativen Bündnisses mit Preußen, mußte zurücktreten, weil er in den Verhandlungen über den Zollverein von der preußischen Regierung keinerlei Zugeständnisse bekam. Sein Nachfolger wurde Graf Alexander Mensdorff-Pouilly, ein Kavalleriegeneral, der zwar viele gute Absichten, aber wenig diplomatische Erfahrung hatte. Unter ihm gewannen die Kräfte, die die Aufrechterhaltung der österreichischen Herrschaft über Deutschland verfochten, an Einfluß. Die österreichische Regierung drängte wiederum auf die Anerkennung des Herzogs von Augustenburg. Am 22. Februar 1865 verkündete Bismarck die Bedingungen, unter denen Preußen bereit wäre, seine Zustimmung zur Schaffung eines Herzogtums unter dem Prinzen von Augustenburg innerhalb des Deutschen Bundes zu geben. Seine Forderungen, die unter anderem die Einverleibung der schleswig-holsteinschen Truppen in die preußische Armee enthielten, hätten den Herzog mehr zu einem preußischen Vasallen als zu einem Bundesfürsten gemacht. Andere deutsche Kleinfürsten waren entsetzt und überlegten, ob Bismarck wohl beabsichtige, damit den Stil für die zukünftige Herrschaft Preußens über seine deutschen Nachbarn vorzuzeichnen. Einige von ihnen glaubten, unter diesen Bedingungen sei die einfache Annexion Schleswig-Holsteins durch Preußen vorzuziehen.

Österreich verwarf die Bedingungen Preußens, und es kam in Schleswig-Holstein zu immer mehr Reibungen zwischen den beiden Besatzungsmächten. Während die österreichischen Verwalter die Sache des Augustenburgers begünstigten, zeigten sich die Preußen entschlossen, das besetzte Land zu absorbieren, und so verschlechterten sich die österreichisch-preußischen Beziehungen rasch. In einem Kronrat vom 29. Mai gab Wilhelm zu verstehen, er sei geneigt, sich für Krieg zu entscheiden, und Moltke vertrat die Stimmung des Heeres zugunsten einer Politik der Stärke. Aber Bismarck riet gegen einen Kurs, der den Krieg unvermeidlich machen würde, obgleich er zugab, daß dieser auf längere Sicht unausweichlich sei und eine so günstige Konstellation sich schwerlich wiederholen würde. Aller Wahrscheinlichkeit nach glaubte Bismarck, man solle das Risiko eines Krieges nicht lediglich für die Annexion von Schleswig-Holstein auf sich nehmen. Österreichs Einfluß mußte dort auf jeden Fall abnehmen. Schleswig-Holstein sollte wohl der Anlaß, aber nicht der Preis einer kriegerischen Auseinandersetzung mit Österreich sein. Wenn ein Krieg ausgefochten werden mußte, sollte er die Entscheidung bringen, ob Preußen oder Österreich künftig in Deutschland die führende Macht sein werde. Aber für dieses letzte Ziel schien der Boden noch nicht genügend vorbereitet zu sein.

Konvention von Gastein

So griff Bismarck wieder auf Verhandlungen mit Österreich zurück. Um alle Konflikte zu schlichten, bot er die Teilung von Schleswig-Holstein an. Dies war ein wichtiges Zugeständnis, da es den Erwerb Holsteins durch Preußen auf Jahre hinausgezögert hätte. Der Hauptgewinn bei einer Teilung hätte darin bestanden, daß Österreich seine endgültige Zustimmung dazu gegeben hätte, den Deutschen Bund aus allen Schleswig-Holstein betreffenden Entscheidungen auszuschließen. Der österreichische Außenminister, Graf Mensdorff, hätte den Krieg einem zweifelhaften Kompromiß vorgezogen, obgleich sich Österreich in argen Finanznöten befand und zur Kürzung seines Militäretats gezwungen war. Kaiser Franz Joseph hielt es hingegen für notwendig, die revolutionäre Stimmung in Ungarn endlich zu befrieden. So ersetzte er im Juli 1865 den Ministerpräsidenten Schmerling durch Graf Richard Belcredi, der die konstitutionelle Frage Ungarns auf dem Wege von Verhandlungen mit den gemäßigten Magyaren lösen sollte. Obgleich Graf Mensdorff Außenminister im Kabinett Belcredi blieb, wurde seine preußische Politik vom Kaiser nicht angenommen. Aber dieser billigte auch nicht die Teilung Schleswig-Holsteins, wie sie von Bismarck vorgeschlagen wurde, sondern hielt es für weniger peinlich, nur die Trennung der gemeinsamen Verwaltung anzuraten. Bismarck nahm dieses lahme Angebot schleunigst an, wodurch Österreich tatsächlich einen der Hauptvorteile, den Bismarck angeboten hatte, preisgab, nämlich die Verzichtleistung Preußens auf die Souveränitätsrechte in Holstein, die es durch den Friedensvertrag mit Dänemark erworben hatte. Während der Bismarcksche Vertragsentwurf es Österreich gestattet hätte, Holstein an den Herzog von Augustenburg abzutreten, behielt Preußen jetzt seine Souveränitätsrechte in beiden Herzogtümern und gab in dem endgültigen, am 14. August 1865 in Gastein unterzeichneten Vertrag lediglich seine Zustimmung zur Trennung der gemeinsamen Verwaltung. Dieser Vertrag machte es möglich, jederzeit alle politischen Fragen, über die Preußen und Österreich miteinander gestritten hatten, wieder aufzurollen.

Die Konvention von Gastein erregte großen Unwillen in Deutschland. Die Mißstimmung richtete sich vor allem gegen Österreich, weil es die Sache des Augustenburgers nicht verteidigt und das Prinzip der Unteilbarkeit der Herzogtümer preisgegeben hatte. Um ihre Stellung wieder zu befestigen, ließen die österreichischen Verwalter Holsteins zu, daß die Agitation im Volke zugunsten des Herzogs im Januar 1866 wiederaufgenommen wurde. Bismarck erhob sofort gegen Österreich Anklage, daß es die Konvention von Gastein gebrochen habe, und drohte, volle Handlungsfreiheit für Preußen in Anspruch zu nehmen. Diesmal beschloß Österreich, nicht nachzugeben, während der preußische Kronrat am 28. Februar beschloß, nicht vor dem Krieg zurückzuschrecken, ihn aber auch nicht herauszufordern. Dieser Vorbehalt gab jedoch nur der Absicht Preußens Ausdruck, sich auf den bevorstehenden Krieg vorzubereiten, indem es Verbündete gewann.

Preußisch-italienische Allianz

Italien brannte auf den Krieg, um Venetien zu gewinnen, und wollte diese Provinz lieber durch eigene Anstrengungen erwerben als sie von einem Protektor wie Napoleon als Geschenk empfangen. Wenn die Italiener überhaupt Zweifel hinsichtlich eines Bündnisses mit Preußen hegten, entsprangen diese dem Verdacht, daß Preußen sie im Stiche lassen könne, wenn Österreich ihm im Laufe des Krieges Schleswig-Holstein überlassen würde. Bismarck versicherte der italienischen Regierung, daß das Problem Schleswig-Holsteins nunmehr nur ein Teilproblem der deutschen Frage sei. Napoleon trug dazu bei, noch die letzten Befürchtungen der Italiener hinsichtlich der Absichten Preußens zu zerstreuen. So wurden sie dazu überredet, ein Bündnis zu schließen, das sie zum Kriegseintritt verpflichtete, wenn Preußen nach dem Scheitern der Verhandlungen über die Reform des Deutschen Bundes den Krieg gegen Österreich eröffnet hätte. Diese preußisch-italienische Allianz vom 8. April 1866 war auf drei Monate beschränkt und enthielt eine Bestimmung gegen den Abschluß eines Separatfriedens vor der Eroberung der begehrten Territorien.

Napoleon III. und die deutsche Frage

Napoleon tat das Seine, das Feuer zu schüren, weil er an einem Krieg zwischen Preußen und Österreich interessiert war. Bismarck urteilte ganz richtig, daß Napoleon keine der Eigenschaften seines großen Onkels besaß und im besonderen kein militärischer Eroberer, sondern ein rechnerischer bourgeoiser Politiker war, der seine Risiken und Verpflichtungen sorgfältig abwog. Das Grundziel der napoleonischen Außenpolitik war die Annullierung des Wiener Friedens von 1815, der auf der Niederlage des ersten französischen Kaiserreichs aufgebaut und später hauptsächlich durch die konservative Solidarität der drei östlichen Monarchien erhalten worden war. Wenn Napoleon die nationale Selbstbestimmung befürwortete, so beabsichtigte er damit, die Grundlagen des Wiener Systems zu unterminieren. Seine Unterstützung der italienischen Nationalbewegung hatte zu einer drastischen Schwächung der Schlüsselstellung Österreichs geführt. Mit der Annexion von Savoyen und Nizza hatte Frankreich einen greifbaren Gewinn gemacht, der jedoch nicht besonders eindrucksvoll war und um einen sehr hohen Preis erkauft wurde. Die Annexion dieser Gebiete hatte nicht nur eine nachteilige Wirkung auf die französisch-italienische Freundschaft, sondern rief auch bei den europäischen Großmächten schweres Mißtrauen hervor.

Die deutschen Probleme stellten Napoleon vor sehr schwierige Entscheidungen. Zwar wäre die Auflösung des Deutschen Bundes, eines der vom Wiener Kongreß geschaffenen Schlüsselorgane, in Frankreich keineswegs bedauert worden, vor allem wenn der Bund in drei oder wenigstens zwei Gruppen deutscher Staaten aufgeteilt worden wäre. Aber selbst in diesem Falle hätte Napoleon gern auch noch einen sichtbaren Erfolg davongetragen, um sein Ansehen innerhalb Frankreichs zu heben. Bismarck war der Ansicht, daß Napoleon Vorsicht üben würde, da er wußte, wie empfindlich die Engländer gegenüber Änderungen waren, die die Sicherheit des Rheinlandes und der Niederlande in Mitleidenschaft ziehen könnten. Er glaubte, Napoleon werde sich mit einem geringfügigen territorialen Ausgleich zufriedengeben, z. B. mit der Wiederherstellung der Grenzen von 1814, was den Erwerb von Landau und von Teilen des Saargebiets bedeutet hätte. Vor dem Ende des österreichisch-preußischen Krieges gab es Augenblicke, in denen Bismarck offenbar das Gefühl hatte, daß ein solches Zugeständnis an Napoleon unvermeidlich werden könnte, und er ließ diesen in dem Glauben, daß Preußen sich am Ende entgegenkommend zeigen würde, obwohl er wußte, daß Wilhelm I. nicht gewillt war, irgendein deutsches Gebiet abzugeben.

Für den Fall jedoch, daß Deutschland unter der Führerschaft eines einzigen Staates, der über alle Kräfte des Landes verfügen konnte, geeinigt würde, mußte Bismarck eine viel heftigere Reaktion Frankreichs gewärtigen. Das Entstehen eines Nationalstaates, der ebenso mächtig, möglicherweise noch mächtiger als Frankreich wäre, würde eine grundsätzliche Verschiebung des europäischen Gleichgewichts bedeuten und würde aller Wahrscheinlichkeit nach die Forderung Frankreichs nach größeren Entschädigungen zur Folge haben. In diesem Falle mochte Napoleon, dessen Außenpolitik in Frankreich zunehmender Kritik begegnete und dessen Machtbasis im Innern weniger sicher geworden war, zu kühneren Wagnissen verleitet werden, als er normalerweise für klug hielt.

Bismarck hielt es nicht für nötig, die Neutralität Frankreichs durch einen Vertrag zu erkaufen, den er nur durch das Angebot von Territorien hätte zuwege bringen können. Er gab sich damit zufrieden, daß Napoleon eine im ganzen wohlwollende, wenn auch unverbindliche Haltung gegenüber einer aktiven preußischen Politik einnahm. Österreich mußte sich mit dem französischen Kaiser näher einlassen. Am 12. Juni 1866 schloß es einen Geheimvertrag mit ihm ab, in dem es versprach, nach einem siegreichen Krieg in Deutschland Venetien abzutreten. Es war ein Zeichen für die Verzweiflung und diplomatische Isolation Österreichs und für den unbeugsamen Eigenwillen des Kaisers, daß er sich zu dieser Transaktion hergab, die ihn zwang, eine österreichische Armee einen Feldzug zur Verteidigung Venetiens führen zu lassen, das er schon vorher preisgegeben hatte. Denn Franz Joseph wußte wohl, daß der Vertrag Italien nicht vom Kriege abhalten würde. Er erreichte nur, daß Frankreich neutral blieb und seine Zustimmung dazu gab, daß Österreich nach einem Siege sein Territorium vergrößerte, falls dies keine Gefährdung des europäischen Gleichgewichts bedeutete.

In einem zusätzlichen mündlichen Gedankenaustausch zwischen Frankreich und Österreich gab letzteres seine Zustimmung zur Vergrößerung von Sachsen, Württemberg und Bayern durch die Annexion kleiner deutscher Staaten und zur Bildung eines neuen deutschen Staates, der das Rheinland umfaßte. Der rheinische Staat sollte nach dem österreichischen Plan anscheinend ein Mitgliedstaat des Deutschen Bundes sein und einer der kürzlich abgesetzten Seitenlinien der Habsburger verliehen werden. Diese Besprechungen waren nicht notwendig bindend. Trotzdem bargen die französisch-österreichischen Abkommen ernste Gefahren für Deutschland. Napoleons Beweggründe und Ziele bei diesen diplomatischen Aktionen bleiben undurchsichtig. Offenbar wünschte er, im kommenden Krieg als Vermittler und Schiedsrichter fungieren zu können. Es gibt Anzeichen dafür, daß er einen langen Krieg und aller Voraussicht nach einen unentschiedenen Ausgang erwartete, und das bedeutete für ihn eher einen österreichischen als einen preußischen Sieg. In diesem Falle mag ihm der Vertrag mit Österreich vom 12. Juni 1866 als ein gutes Mittel erschienen sein, um die Gelegenheit für eine Intervention Frankreichs zu wahren.

Herannahen des Krieges

Unterdessen hatte Bismarck begonnen, die schleswig-holsteinsche Frage mit der Reform des Deutschen Bundes und dem Kampf zwischen Österreich und Preußen um die Führung in Deutschland zu verknüpfen. Am 9. April, einen Tag nach Abschluß des Bündnisses mit Italien, durch welches Preußen die Bundesakte von 1814 in flagranter Weise verletzte, beantragte es auf dem Frankfurter Bundestag die Einberufung eines deutschen Parlaments, um eine Reform der Verfassung zu beraten. Bismarck schlug wie im Jahre 1863 vor, daß dieses Parlament direkt gewählt würde. In diesem Augenblick wollte er vor allem auf die Regierungen der deutschen Staaten Druck ausüben. Aber weder seine Drohungen noch seine Lockungen vermochten einen deutschen Mittelstaat als Verbündeten zu gewinnen. Durch sein gespieltes Interesse an den ehrgeizigen Zielen Bayerns gelang es ihm immerhin, dessen Reibungen mit Österreich zu verschlimmern. Bayerns Ministerpräsident, Ludwig von der Pfordten (1811 bis 1880), hielt es für möglich, seinem Staat eine Mittelstellung zwischen Österreich und Preußen und eine führende Rolle in Süddeutschland zu geben. Er billigte die Machtausdehnung Preußens im Norden, weigerte sich jedoch, Bismarck bei einer Politik zu folgen, die auf den völligen Ausschluß Österreichs von den Angelegenheiten Deutschlands ausgerichtet war. Aber allein dadurch, daß er eine von Österreich unabhängige bayerische Politik betrieb, leistete Pfordten, ohne sich dessen bewußt zu sein, Bismarck bei seinen Bemühungen Vorschub, Österreich zu isolieren.

Während sich Österreich und Preußen schon im März 1866 zum Krieg zu rüsten begannen, versuchten europäische und deutsche Diplomaten, zwischen den beiden Regierungen zu vermitteln. Aber selbst wenn die deutschen Regierungen eine gemeinsame Taktik vertreten hätten, wären sie nicht stark genug gewesen, um einen entscheidenden Einfluß auszuüben. Auch die europäischen Mächte vermochten keine gemeinsame Politik zu entwickeln, und Napoleon sah es sogar gern, daß sich Österreich und Preußen verfeindeten. Österreich nahm das Herannahen des Krieges resigniert als eine Notwendigkeit hin, Bismarck dagegen wünschte ihn, und seine Handlungen beabsichtigten nur, Wien die Schuld für den Ausbruch des Krieges zuzuschieben. Am 1. Juni wendete sich Österreich an den deutschen Bundestag und ersuchte um seine Intervention zur Beilegung des schleswig-holsteinschen Konfliktes. Darauf beschuldigte Bismarck Österreich der Verletzung des Bündnisvertrags vom 14. Januar 1864 und der darauffolgenden Gasteiner Konvention, durch die Preußen und Österreich übereingekommen waren, die schleswig-holsteinsche Frage nur auf dem Wege gegenseitiger Verständigung zu entscheiden; letzteres hatte, nebenbei gesagt, Preußen immer wieder verhindert

Diplomatischer Kampf in Frankfurt

Am 9. Juni rückten preußische Truppen unter dem Befehl von General Edwin von Manteuffel von Schleswig nach Holstein. Bismarcks Hoffnung, dieser Einfall werde zu offenen Feindseligkeiten führen, verwirklichte sich nicht, da die österreichischen Streitkräfte sich zurückzuziehen vermochten, ohne daß ein Schuß abgefeuert wurde. Aber die diplomatischen Beziehungen wurden abgebrochen, und Österreich beantragte auf dem Frankfurter Bundestag die Mobilisierung aller nichtpreußischen Streitkräfte. Am 10. Juni legte Bismarck allen deutschen Regierungen einen Plan zur Schaffung einer neuen deutschen Verfassung für den Fall vor, daß der Deutsche Bund zusammenbräche. Er machte den Vorschlag, daß Österreich und die niederländischen Gebiete — d. h. Luxemburg — aus dem Bund ausgeschlossen würden, und riet, die Stimmen im Bundestag neu zu verteilen und eine nationale Vertretung zu schaffen, die nach dem Wahlrecht von 1849 gewählt werden sollte. Doch wäre deren Autorität nur begrenzt gewesen; sie hätte nicht einmal die Aufsicht über den Etat gehabt. Während die Armee und die Marine wie auch die Wirtschaftspolitik zu Angelegenheiten des Bundes erklärt wurden, sollten die Streitkräfte Norddeutschlands unter preußischen, die Süddeutschlands unter bayerischen Oberbefehl kommen.

Bismarcks Reformprogramm enthielt einige der Grundgedanken, auf denen die spätere Verfassung des Norddeutschen Bundes von 1867 und die des Reiches von 1871 aufgebaut werden sollten. Die Rolle, die Bayern zugedacht war, und die enge Auslegung der Gewalten des Bundes und des Parlaments verraten die taktische Anpassung an die politischen Umstände des Augenblicks und zeigen, daß Bismarck mit der Nationalbewegung des Volkes Kontakt aufnehmen wollte. Sein Vorschlag, ein nationales Parlament zu schaffen, bedeutete wenig, da dessen Machtbefugnis eng umgrenzt sein sollte und da das vorgeschlagene Wahlrecht dazu bestimmt war – und, wie die Liberalen zugaben, auch alle Aussichten hatte –, eine konservativere Volksvertretung herbeizuführen, als es der auf Grund des Dreiklassenwahlrechtes gewählte preußische Landtag gewesen war. Aber im Gegensatz zu Österreich, das für die bloße Aufrechterhaltung eines Bundessystems kämpfte, das die meisten Deutschen ohnehin ablehnten, ließ Bismarck die Hoffnung auf größere Einheit wach werden. In seiner Unterhaltung mit einigen liberalen Führern gab er sein Interesse an einem Kompromiß zu verstehen, der den Verfassungskonflikt in Preußen beilegen sollte. Aber Bismarcks Kredit war bei den liberalen Parlamentariern zu sehr gefallen, um seine Worte noch glaubwürdig erscheinen zu lassen. Tatsächlich löste er das preußische Parlament im Mai 1866 wieder auf, ohne dessen Zustimmung zum Etat erlangt zu haben. Der Wahltermin wurde auf den 3. Juli festgelegt.

Ausbruch des Krieges

Am 14. Juni 1866 traf der Bundestag eine Entscheidung über den Antrag Österreichs, alle nichtpreußischen Truppen zu mobilisieren. Bayern setzte es durch, daß dieser Antrag dahin abgeändert wurde, daß alle nichtpreußischen und nichtösterreichischen Truppen mobilisiert werden sollten. Der bayerische Ministerpräsident von der Pfordten hatte immer noch einige Hoffnung, daß der Bund zwischen den beiden deutschen Großmächten vermitteln könne. In dieser Fassung wurde der Antrag mit einer Mehrheit von neun zu sechs angenommen. Der Vertreter Preußens erklärte daraufhin, die Bundesakte sei durch diese Entscheidung verletzt worden und infolgedessen ungültig – eine schwerlich überzeugende Begründung, ganz abgesehen davon, daß die Verfassung durch das Bündnis Preußens mit Italien schon vorher verletzt worden war. Gleichzeitig lud er die deutschen Staaten ein, auf Grund des preußischen Programms vom 10. Juni einen neuen Bund zu bilden. Seine Erklärung kam im Grunde auf eine Kriegserklärung hinaus. Bayern, Württemberg, Sachsen, Hannover, Hessen-Darmstadt, Kurhessen, Nassau, Frankfurt und einige Kleinstaaten ergriffen die Partei Österreichs, während die thüringischen Staaten mit der Ausnahme von Sachsen-Meiningen, Oldenburg, den beiden Mecklenburg, Anhalt, Hamburg, Bremen und Lübeck zusammen mit Preußen stimmten. Baden enthielt sich der Stimme, wurde jedoch gezwungen, sich später den anderen süddeutschen Staaten anzuschließen, als der „Rumpf-Bundestag" die Bundesexekution gegen Preußen verhängte.

Für den Verlauf des Krieges war es von großer Bedeutung, daß Bayern und die anderen süddeutschen Staaten keine direkte militärische Zusammenarbeit mit Österreich aufnahmen. Wenn sich die bayerische Armee wie die sächsische mit dem österreichischen Heer in Böhmen vereinigt hätte, wären die preußischen Armeen, die am 21. Juni dort einrückten, überlegenen Streitkräften begegnet. Aber getrennt fochten die süddeutschen Heere in der Gegend des Maintals einen erfolglosen Kampf gegen verhältnismäßig geringe preußische Truppen unter dem Befehl Edwin von Manteuffels. Noch vor diesem fränkischen Feldzug war die hannoverische Armee völlig geschlagen worden. Zwar hatte die wacker kämpfende Truppe am 27. Juni den preußischen Streitkräften unter General Vogel von Falkenstein bei Langensalza eine empfindliche Schlappe beigebracht; aber die Unschlüssigkeit des Feindes erlaubte es den Preußen, sich neu zu gruppieren und die hannoverische Armee einzukreisen, so daß diese am 29. Juni kapitulieren mußte. Der blinde König Georg V. durfte ins Ausland gehen, während die Soldaten entwaffnet und nach Hause geschickt wurden. Diese Kämpfe in Deutschland erbrachten den Beweis für die militärische und politische Machtlosigkeit der kleineren Staaten.

In Italien war die österreichische Armee den italienischen Truppen überlegen. Der Versuch der Italiener, in Venetien einzufallen, wurde von Erzherzog Albrecht am 24. Juni in der Schlacht von Custozza vereitelt. Erst nach der Schlacht von Königgrätz, als die Österreicher gezwungen waren, Truppen aus Italien zurückzuziehen, waren die Italiener in der Lage, Venetien bis zum Isonzo zu besetzen. Aber ihre Flotte wurde am 20. Juli in der Seeschlacht von Lissa von den Österreichern unter dem Befehl von Admiral Tegetthoff besiegt.

Der böhmische Feldzug

Entscheidend für den Ausgang des Krieges war der Kampf zwischen den preußischen und österreichischen Hauptarmeen. Österreich hatte eine vorzügliche Armee von großer Erfahrung und gutem soldatischem Geist. Artillerie und Kavallerie waren der preußischen wahrscheinlich überlegen. Die Infanterie jedoch war mit altmodischen Gewehren ausgerüstet und wendete immer noch eine überholte Angriffstaktik an, die sie den modernen Zündnadelgewehren der preußischen Infanterie gegenüber noch stärker aussetzte. Infolge der Reorganisation in den Vorjahren setzte sich die preußische Armee aus jüngeren Männern zusammen. Sie dienten keine drei Jahre, obgleich König Wilhelm, wie wir sahen, diesen Streitpunkt so ernst nahm, daß er es deshalb zum Verfassungskonflikt kommen ließ. Das Kriegsministerium sah sich aus finanziellen Gründen gezwungen, die Soldaten in der Regel nach zweijähriger Dienstzeit zu entlassen.

Einer der größten Aktivposten Preußens war das norddeutsche Eisenbahnsystem, das viel besser entwickelt als das des Habsburgerreiches war. Es gestattete die rasche Mobilisierung und Konzentrierung aller preußischen Armeekorps von Ostpreußen bis zum Rheinland und erwies sich bei allen nachfolgenden Operationen als außerordentlich nützlich.

Alles in allem waren die Faktoren zugunsten Preußens nicht so stark, daß sie einen preußischen Sieg — und gar einen schnellen und vollständigen — garantiert hätten. Was den Verlauf des Krieges entscheidend bestimmte, war der Unterschied in der Befähigung der Befehlshaber, die sich gegenüberstanden. Erzherzog Albrecht war der beste Feldherr des Habsburgerreiches, aber auf Wunsch des Kaisers wurde er in Italien eingesetzt, wo es leichter war, Siege zu erringen. Statt dessen wurde Ludwig von Benedek (1804—1881), der seine ganze Militärzeit in Italien zugebracht hatte, zum Befehlshaber der Nordarmee ernannt. Obgleich ein fähiger und furchtloser Offizier, war er, wie er selbst am besten wußte, für den Oberbefehl ungeeignet, besonders unter Bedingungen, die für ihn ganz neu waren. Über seinen Protest hinweg wurde er in eine Stellung versetzt, in der er auf den Rat anderer Männer angewiesen war, unter denen Generalmajor Krismanić, der mehr von der Kriegstheorie des 18. Jahrhunderts als von den Prinzipien der modernen Kriegführung verstand, führend wurde.

Für Preußen brachte der Krieg von 1866 die Umwandlung einer militärischen Behörde in eine zentrale Institution des Staates. In den 50 Jahren seit 1815 hatte der preußische Generalstab, wie ihn Scharnhorst organisiert hatte, sozusagen eine verborgene Existenz geführt. Er war nicht untätig gewesen und hatte nicht nur ein Korps tüchtiger Stabsoffiziere ausgebildet, sondern auch, von Clausewitz' Lehren ausgehend, wichtige strategische Gedanken entwickelt. Aber als eine Instanz, die für die eigentliche Führung des Krieges gedacht war, fand der Generalstab außerhalb und sogar innerhalb der Armee in dem halben Jahrhundert des Friedens wenig Beachtung. Er war fast während dieser ganzen Zeit eine Unterabteilung des Kriegsministeriums. Der Kriegsminister vertrat das Heer vor König und Land, obgleich unter Edwin von Manteuffel der Personalchef der Armee sich von der Aufsicht des Kriegsministers so gut wie freigemacht hatte. Der Chef des Generalstabs wurde von Roon in Fragen der preußischen Heeresreform niemals konsultiert.

Moltke

Wilhelm I. hatte 1857 Helmuth von Moltke (1800—1891) zum Generalstabschef ernannt. Anscheinend hatte er Zuneigung zu Moltke gefaßt, der in den beiden vorangegangenen Jahren Adjutant seines Sohnes gewesen war. Aber selbst noch im frühen Stadium des dänischen Krieges wurde Moltkes Rat fast niemals befolgt, und er wurde über den Verlauf der Operationen nur unzureichend informiert. Erst nachdem die Fehler des senilen Feldmarschalls Wrangel unerträglich geworden waren, wurde Moltke nach Schleswig entsandt, um Wrangel und seinem Nachfolger, Prinz Friedrich Karl, als Chef des Stabes zu dienen. Moltkes Vorbereitung und Leitung der Landung auf der Insel Alsen erregten Bewunderung. Von 1865 an wurde er regelmäßig den Kronräten zugezogen, und während Manteuffels Abwesenheit von Berlin war er der Hauptsprecher der Armee in den Beratungen über den künftigen Krieg mit Österreich. Am 2. Juni 1866 autorisierte ihn Wilhelm I., in seinem Namen unter Umgehung des Kriegsministers Befehle an alle Armeekommandanten zu erlassen. Obgleich der königliche Erlaß eine Oberste Heeresleitung nur für die Dauer eines Krieges schuf, sollte Moltkes Erfolg als Feldherr sie zu einer Dauereinrichtung machen.

Der Mann, der im Alter von 65 Jahren zum eigentlichen Oberbefehlshaber der preußischen Armee wurde, entstammte einer armen Mecklenburger Junkerfamilie. Sein Vater war dänischer Offizier geworden und hatte seinen Sohn in der dänischen Kadettenanstalt erziehen lassen, von wo aus er 1819 als Leutnant in die dänische Armee eintrat. Zwei Jahre später entschloß sich Moltke, zur preußischen Armee hinüberzuwechseln. Er hatte eine spartanisch harte Jugend verbracht, die ihn zu größter Selbstdisziplin und Bescheidenheit erzog, und auch das Leben eines mittellosen preußischen Leutnants war keineswegs leicht. Die Härten von Moltkes frühen Jahren machten ihn in der Gesellschaft schüchtern. Da ihm von Natur aus weniger daran lag, die Menschen zu beherrschen, als die Welt durch Beobachtung und Gedanken zu meistern, wirkte er nicht nur wie ein Soldat, sondern auch wie ein Gelehrter. Die Bildung, die er sich durch unermüdliches Studium aneignete, umfaßte Sprachen und Literatur, Geschichte, Geographie und Ökonomie. Seine Privatbriefe und Schriften machten ihn berühmt als Meister des deutschen Prosastils. Seine humanistischen Neigungen waren auf ein klares und präzises Erfassen der Tatsachen gerichtet, nicht auf reine Spekulation. Die Ausbildung seiner Persönlichkeit und seine geistige Tätigkeit waren von der Hoffnung getragen, daß ein gründliches Verständnis der Wirklichkeit in Verbindung mit eiserner Selbstdisziplin es ihm in einem kritischen Augenblick gestatten werde, der Armee und dem Staate entscheidende Dienste zu leisten. Die Macht der Überredung durch Wissen und scharfes logisches Denken schien ihm ein besseres Werkzeug zum Handeln zu sein als der Kampf um persönlichen Einfluß.

Abgesehen von fünf Jahren als Leutnant, hatte Moltke nicht bei der Truppe gedient. Von 1828 an bekleidete er ständig Stabs- oder Lehrstellen oder als Adjutant preußischer Prinzen auch beides zugleich. Zwischen 1835 und 1839 wurde er der türkischen Armee als militärischer Ratgeber ausgeliehen, und er erlebte die Niederlage der Türken bei Nisib in ihrem Krieg gegen Mehmed Ali. Anfang Juni 1866 übernahm er als General das Kommando über die preußische Armee, ohne je in seinem Leben eine Kompanie kommandiert zu haben. Er übte seinen Einfluß lediglich durch strategische Weisungen an die Armeekommandanten aus, ein geschichtlich einzigartiger Vorgang. Denn bis zu diesem Zeitpunkt hatte jeder große Feldherr einen Feldzug nicht allein durch Marschbefehle und Anweisungen hinsichtlich der Schlachtordnung geleitet, sondern durch die persönliche Einwirkung auf den Geist der Soldaten vor und während der Schlacht. Zweifellos erforderten die Bedingungen des modernen Krieges einen neuen Feldherrntypus. Für die nationalen Armeen war es nicht länger möglich, sich um einen einzigen Feldherrn zu scharen, um so mehr, als Straßen und Eisenbahnen den Operationsraum ausdehnten. Treue und Disziplin mußten den Truppen in Friedenszeiten eingepflanzt werden, und die Aufrechterhaltung des Kampfgeistes sowie die Taktik des Gefechts fielen den Befehlshabern kleinerer Einheiten als Aufgabe zu. Moltke leitete alle preußischen Operationen telegraphisch von Berlin aus und kam erst vier Tage vor der Schlacht von Königgrätz auf dem böhmischen Kriegsschauplatz an.

Es war Moltkes große Leistung, daß er die veränderten Bedingungen des Krieges klar erkannt hatte. Bei seiner Methode, die einzelnen Armeen getrennt marschieren zu lassen, aber so, daß ihre Vereinigung auf dem Schlachtfeld möglich war, konnte er von dem modernen Nachrichtenwesen den vorteilhaftesten Gebrauch machen. Auch vermochte er auf diese Weise, Operationen gegen die Flanke und den Rücken des Feindes auszuführen, das erfolgversprechendste Mittel zur Herbeiführung durchschlagender Entscheidungen. In einem Zeitalter der überlegenen Schußwaffen wurde die Defensive wichtiger, und frontale Angriffe waren nicht mehr sehr aussichtsreich. Aber die eigentliche Größe der Führerschaft Moltkes lag in der Elastizität all seines Planens. Er machte aus der Not eine Tugend, indem er seine Pläne nicht nur den Handlungen und Reaktionen des Feindes entsprechend ergänzte, wie es jeder Heerführer tun muß, sondern auch nach den taktischen Erfolgen und Fehlern der eigenen Befehlshaber im Felde modifizierte. Er ließ sich durch keinerlei Schwierigkeiten dieser Art aus der Fassung bringen, denn ihm eignete die Fähigkeit, für jede neue Situation eine ihr gemäße Lösung zu finden und dabei unbeirrt seine letzten strategischen Ziele zu verfolgen. Seine Kriegführung, die auf einem ungewöhnlichen Verständnis für menschliche Beweggründe und Handlungen beruhte, war durchaus undoktrinär. Seine wichtigen Entscheidungen waren oft von außerordentlicher Kühnheit, dabei bauten sie aber niemals auf einem blinden Vertrauen auf das Glück, sondern auf einer klugen Berechnung der voraussichtlichen Gegenaktionen des Feindes.

Wenn Bismarck Moltke kalt und einen reinen Generalstabsmenschen nannte, kann er dessen wahre Natur nicht erfaßt haben. In Wirklichkeit war Moltke umfassend gebildet und außerordentlich sensibel. Aber Bismarck lernte ihn immer nur als den scheinbar kühlen Planer von Feldzügen und Schlachten kennen und außerdem als den Verfechter einer spezifisch militärischen Auffassung von der Kriegführung. Für Clausewitz' Lehre, daß der Krieg ein Akt der Politik ist und die rechte Kriegführung die Unterordnung der Strategie unter die Politik verlangt, hatte Moltke kein Verständnis. Er vertrat den Standpunkt, daß der militärische Führer nach Ausbruch des Krieges von den politischen Forderungen des Staatsmanns nicht behelligt werden dürfe, wenn er den vollen Sieg erlangen solle, worunter Moltke vor allem die Vernichtung der feindlichen Heere verstand. Erst nach der Erringung des militärischen Sieges sollte der Staatsmann die Leitung der staatlichen Politik wiederaufnehmen. Diese unrealistische Vorstellung setzt die Gewaltenteilung zwischen der Armee und der Regierung voraus, die im Ersten Weltkrieg einer der Hauptgründe für die deutsche Niederlage werden sollte. Aber der Staatsmann, dessen Politik die preußischen Siege 1864, 1866 und 1870/71 ermöglichte, war nicht bereit, die Armeechefs seine Arbeit ruinieren zu lassen. Bismarck bekämpfte Moltkes Forderungen energisch, und sein Einfluß beim König war jetzt stark genug, um diesen zu veranlassen, politische Fragen zu seinen Gunsten zu entscheiden. Moltke seinerseits suchte für sich selbst keine politische Macht und fügte sich den Entscheidungen des Königs. So blieben die Konflikte zwichen Bismarck und Moltke ohne ernste Folgen.

Schlacht von Königgrätz

Gegen die zögernde Defensivtaktik Benedeks und Krismanić' war Moltkes schnelle Strategie höchst erfolgreich. Am 3. Juli 1866, zehn Tage nach Eröffnung der Feindseligkeiten, erlitt die österreichische Armee bei Königgrätz eine vernichtende Niederlage. Obgleich Moltke nicht alle seine Hoffnungen erfüllt sah, da es weder zu einer Einkreisung des Feindes noch zu einer raschen und energischen Verfolgung der geschlagenen Armee kam, ist Königgrätz eine der entscheidenden Schlachten der europäischen Geschichte. Nachdem ein Viertel der Armee verloren war und die übrigen Streitkräfte sich in Richtung auf Wien zurückzogen, war die österreichische Regierung bereit, den Kampf um Deutschland und Italien aufzugeben. Es war für Österreich unmöglich, es bis zum äußersten Widerstand kommen zu lassen, da es sich auf einige seiner nichtdeutschen Nationalitäten nicht verlassen konnte. Bismarck hatte schon vor dem Krieg mit der revolutionären Bewegung in Ungarn Kontakt aufgenommen und veranlaßte jetzt die Organisation einer ungarischen Legion. Preußen und Italiener ermutigten die Serben und Südslawen zum Aufstand.

Friedensabkommen

Aber Bismarck wollte keineswegs durch die Anstiftung nationaler Revolutionen das Habsburgerreich auflösen. Solche Kräfte hätte er nur in einer verzweifelten Lage entfesselt. Auch ohne dies schuf der Sieg von Königgrätz ernste politische Probleme. Die öffentliche Meinung in Frankreich reagierte leidenschaftlich gegen die Entstehung eines deutschen Nationalstaates unter der Führung Preußens, und Napoleon sah sich gezwungen, das Prestige seines Landes bei der Beilegung des Krieges zur Geltung zu bringen. Frankreich war zwar zu schlecht vorbereitet, um mit militärischen Mitteln einzugreifen, doch konnte diese Möglichkeit nicht ganz ausgeschlossen werden. Österreich rief Napoleon eilends um Vermittlung an und trat Venetien am 5. Juli an ihn ab. Bismarck wurde gezwungen, mit der französischen Regierung zu verhandeln. Er drohte, jede aktive Intervention von seiten Frankreichs werde von Preußen mit der Annahme der Frankfurter Verfassung von 1849 beantwortet werden, was es ihm ermöglichen würde, die liberalen Bewegungen von Nord- und Süddeutschland zu einem Nationalkrieg gegen fremde Intervention aufzurufen. Aber auch diese Drohung, die Bismarck wiederholte, als der russische Zar gegen seine Politik Einspruch erhob, drückte nicht seine wahren Absichten aus. Die konstitutionelle Ordnung, die er in Deutschland zu schaffen hoffte, war entschieden weniger liberal als die Frankfurter Verfassung und sah für Preußen eine viel stärkere Stellung im zukünftigen Bundesstaat vor. Um einer solchen Lösung willen war Bismarck tatsächlich gewillt, die neue Union vorläufig auf Norddeutschland zu beschränken.

Napoleon, der offenbar fürchtete, das deutsche Nationalgefühl herauszufordern, wenn er territoriale Zugeständnisse verlangte, erklärte sich bereit, Bismarck in Norddeutschland freie Hand zu lassen. Der preußische Botschafter in Paris, Robert von der Goltz, erzielte ein Übereinkommen, das die Ablösung des Deutschen Bundes durch einen Norddeutschen Bund unter der Führung Preußens vorsah und die süddeutschen Staaten berechtigte, einen Südbund zu bilden. Schleswig-Holstein sollte preußisch werden mit der Ausnahme von Nordschleswig, wo ein Plebiszit entscheiden sollte, welche Bezirke an Dänemark fielen. Schließlich erklärte sich Napoleon mit preußischen Annexionen, die bis zu vier Millionen Menschen umfassen dürften, einverstanden, bestand aber auf dem Fortbestehen des Königreichs Sachsen.

Friede von Nikolsburg

Auf dieser Grundlage vermochte Bismarck sich mit Österreich über einen Präliminarfrieden zu verständigen, der am 26. Juli in Nikolsburg unterzeichnet wurde. Österreich zog sich aus Deutschland zurück und zahlte eine geringe Kriegsentschädigung, brauchte jedoch keine Territorien abzutreten. Auch respektierte Bismarck den Wunsch Österreichs, daß Sachsen, sein treuester Verbündeter, unangetastet bleibe. Dabei hatte er den Widerstand von König Wilhelm zu überwinden, der scharfe Einwände gegen den Versuch Bismarcks erhob, nicht nur schleunig mit Österreich Frieden zu schließen, bevor die europäischen Mächte intervenieren könnten, sondern dies auch in einer Form zu tun, die es ihm künftig erlauben würde, die Zusammenarbeit mit Österreich in internationalen Angelegenheiten wiederaufzunehmen. Wilhelm I. hätte gern beinahe jeden, der gegen Preußen gekämpft hatte, damit bestraft, daß er von ihm territoriale Abtretungen verlangte. Nur zögernd gab der König den Argumenten nach, die Bismarck in stürmischen Sitzungen mit leidenschaftlicher Vehemenz vortrug.

Bismarck warnte den König davor, sich die süddeutschen Staaten zu entfremden, da er sie als demnächst notwendige Verbündete gegen Frankreich und als zukünftige Mitglieder eines deutschen Bundesstaates betrachtete. Aus diesem Grunde wollte er ihnen keine Gebiete abnehmen. In Norddeutschland dagegen wünschte er Annexionen, um die östliche und die westliche Hälfte Preußens, die infolge des Wiener Friedens getrennt waren, wieder zu vereinen, und zwar wünschte er die Annexion von ganz Hannover, Kurhessen, Nassau und Frankfurt, da die erzwungene Abtretung eines Teiles ihrer Gebiete diese Staaten zu widerstrebenden und unzuverlässigen Mitgliedern des Norddeutschen Bundes machen würde. Wilhelm I. fand die Absetzung legitimer fürstlicher Häuser, darunter der ältesten noch in Deutschland bestehenden Dynastie, der Welfen, mit monarchischen Prinzipien unvereinbar. Aber schließlich blieb Bismarck Sieger.

Ausländischer Druck

Nach dem Nikolsburger Frieden entstanden neue Gefahren für die Bismarcksche Politik, als Napoleon plötzlich territoriale Kompensationsforderungen erhob. Diese beschränkten sich ursprünglich auf die Grenzen von 1814, wurden aber bald zu Ansprüchen auf Mainz und die bayerische Pfalz erweitert. Bismarcks Antwort, diese übertriebenen Forderungen sähen wie Bedingungen aus, die nach einem siegreichen Kriege auferlegt werden, hatte zur Folge, daß sie rasch zurückgezogen wurden. Bismarck, der persönlich vielleicht bereit gewesen wäre, Napoleon geringe Zugeständnisse zu machen, wenn dadurch freundliche Beziehungen zwischen Frankreich und Preußen hergestellt worden wären, war jetzt nicht mehr in der Lage, sich auch nur auf die geringfügigsten Grenzveränderungen einzulassen, da Wilhelm I. nach dem Sieg Preußens über Österreich unerschütterlich auf seiner Weigerung beharrte, Frankreich irgendein deutsches Gebiet abzutreten. Als Napoleon etwas später von Preußen aktive Hilfe für die Annexion von Luxemburg und Belgien zu gewinnen suchte, erhielt er von Bismarck keinerlei Zusicherung.

Die französischen Kompensationsforderungen, die zum ersten Mal am Tage der Unterzeichnung des Präliminarfriedens von Nikolsburg erhoben wurden, hätten noch peinlicher werden können, wenn andere Mächte interveniert hätten. Am folgenden Tage, dem 27. Juli, schlug Rußland einen europäischen Kongreß zur Beilegung des Krieges vor. Dieser Vorschlag wurde von England abgelehnt, wo der Sieg Preußens über Österreich beinahe allgemein begrüßt wurde. Aber der Zar war über die revolutionären Methoden der Bismarckschen Politik tief beunruhigt. Die Ermutigung des tschechischen Nationalismus von seiten der preußischen Befehlshaber in Böhmen, die Unterstützung der ungarischen Revolutionäre, der Vorschlag, ein deutsches Parlament zu schaffen, und nicht zuletzt die Absetzung alter Dynastien erweckten ernste Befürchtungen sowohl hinsichtlich der letzten Ziele Bismarcks als auch der Wirkung, die seine Politik auf die innerpolitische Lage Rußlands ausüben könnte. Bismarck entsandte General Edwin von Manteuffel nach St. Petersburg, um den Zaren zu beruhigen. Der General machte dem Zaren klar, daß jede Einmischung in die Politik Bismarcks diesen noch mehr dem Nationalismus und dem Liberalismus in die Arme treiben würde. Doch ließ Bismarck gleichzeitig durch Manteuffel das Angebot Preußens übermitteln, er wolle Rußland behilflich sein, den Pariser Vertrag von 1856 zu revidieren, vor allem die Bestimmung aufzuheben, die den Bau einer russischen Flotte im Schwarzen Meer verbot. Obgleich die Mission Manteuffels nicht alle Befürchtungen der Russen hinsichtlich der Entwicklungen in Mitteleuropa beschwichtigte, da England sich abseits hielt und keine Aussicht bestand, eine gemeinsame ideologische und politische Linie mit dem Frankreich Napoleons III. zu finden, hatten Bismarcks Versicherungen eine beruhigende Wirkung.

Verträge mit süddeutschen Staaten

Der Druck Frankreichs verstärkte Bismarcks Wunsch, mit den süddeutschen Staaten eine Übereinkunft über die Vereinigung Deutschlands zu treffen. Zwischen dem 13. und dem 22. August schloß er mit Württemberg, Baden und Bayern Bündnisverträge ab, in denen die unterzeichnenden Staaten ihre gegenseitige Unverletzlichkeit erklärten und vereinbarten, im Kriegsfall alle ihre militärischen Kräfte dem Befehl des preußischen Königs zu unterstellen. Damit wurde eine Bestimmung des endgültigen Friedensvertrags mit Österreich, der am 23. August 1866 in Prag unterzeichnet wurde, von vornherein kompromittiert. Bismarck hielt den Artikel, der die internationale Unabhängigkeit eines künftigen süddeutschen Bundes stipulierte, für unrealistisch und schädlich: für unrealistisch, weil er mit Recht glaubte, daß ein derartiger Bund niemals ins Leben treten würde, da sich Württemberg und Baden Bayern nicht unterordnen würden; für schädlich, weil er beabsichtigte, die Kräfte Süddeutschlands nicht nur für die nationale Verteidigung, sondern auch zur Fortsetzung des preußisch-deutschen Zollvereins auszunutzen. Überdies bestand ein süddeutscher Staat, Hessen-Darmstadt, aus zwei getrennten Teilen, von denen der eine, Oberhessen, nördlich des Mains lag und ein Mitglied des Norddeutschen Bundes wurde, während Rheinhessen außerhalb dieses Bundes blieb.

Während Bismarck alles tat, um es nicht zu einer schroffen Trennung zwischen Nord- und Süddeutschland kommen zu lassen, war er es wohl zufrieden, den Aufbau eines Bundesstaates auf Norddeutschland zu beschränken. Bei der ungeheuren Überlegenheit, die Preußen in Norddeutschland besaß, vor allem nachdem es Schleswig-Holstein, Hannover, Kurhessen, Nassau und Frankfurt absorbiert hatte, konnte die neue Verfassung seine Führerstellung fester verankern und dabei zentralistischer und weniger liberal gestalten, als wenn die süddeutschen Staaten sofort einbeschlossen worden wären; denn dies hätte zwangsläufig zu Konzessionen geführt. Die süddeutschen Regierungen hätten umfassende föderalistische Rechte verlangt, die starken katholischen und demokratischen Volksgruppen hätten auf einer liberaleren Verfassung bestanden, als sie Bismarck anzubieten bereit war.

Ende des Verfassungskonflikts

Bismarck war sich jedoch darüber klar, daß es an der Zeit sei, den Verfassungskonflikt zu beenden. Viele preußische Konservative, zu denen wahrscheinlich auch die meisten preußischen Offiziere gehörten, glaubten, die Schlacht von Königgrätz habe sowohl den Verfassungskonflikt als auch die Zukunft Deutschlands entschieden. Sie erwarteten, daß es der monarchischen Regierung nach so ungeheuren Erfolgen freistehen werde, entweder ohne die Verfassung zu regieren, zumal der König diese erst 1850 freiwillig gewährt hatte, oder aber der Verfassung einen absolutistischen Charakter zu geben. Bismarck stimmte mit ihnen überein, daß Königgrätz die Entscheidung in seinem Kampf mit dem Liberalismus herbeigeführt habe, wie er es erhofft hatte, als er den Krieg gegen Österreich eröffnete. Und da er überzeugt war, daß nicht nur Österreich, sondern auch der deutsche Liberalismus auf den böhmischen Schlachtfeldern unterlegen war, wünschte er, den Kampf, wenn auch nur seinen eigenen Bedingungen gemäß, zu beenden. Er fühlte sich sogar stark genug, der parlamentarischen Opposition einige Zugeständnisse zu machen. Er war überzeugt, daß der Friede zwischen der Regierung und dem Parlament nötig sei, um die annektierten deutschen Staaten mit Preußen zu verschmelzen und um Preußen in den Augen der fremden Mächte stark erscheinen zu lassen. Außerdem sollte ihm das Bündnis mit den deutschen Liberalen die Stärke geben, die partikularistischen Kräfte zu bekämpfen, wie sie die deutschen Fürsten und in Preußen selbst auch einige Volksgruppen vertraten.

Aus diesen Gründen unterbreitete Bismarck dem preußischen Parlament die sogenannte Indemnitätsvorlage, wodurch es ersucht wurde, der Regierung für die Führung ihrer Verwaltung ohne Etatbewilligung durch das Parlament die Indemnität zu erteilen. Obgleich für die Anwendung dieser Praxis in der Vergangenheit keine Entschuldigungen vorgebracht und keine Zusicherungen für die Zukunft abgegeben wurden, bedeutete die Vorlage doch die Anerkennung der

Etatrechte des Parlaments und war als solche eine versöhnliche Geste. Wilhelm I. entschloß sich nur schwer, diesen Schritt seines Ministers zu billigen, und die meisten preußischen Konservativen hielten die Vorlage für einen Akt des Defätismus und reagierten darauf mit heftiger Empörung.

Das preußische Parlament war am 9. Mai 1866 aufgelöst worden, als der Krieg bevorstand. Am 25. Juni waren unter dem Eindruck der frühen militärischen Erfolge Wahlmänner gewählt worden, und die endgültigen Wahlen hatten am 3. Juli, dem Tag der Schlacht von Königgrätz, stattgefunden. Der Umschwung der politischen Stimmung war erstaunlich. Obwohl die Beteiligung gegenüber den früheren Wahlen der sechziger Jahre nicht merklich gestiegen war und von den Wählern der dritten Wahlklasse wieder nur 27 Prozent zur Abstimmung gingen, wurden die Fortschrittler und die Linksliberalen von 253 auf 148 Sitze reduziert, während die Konservativen 142 statt ihrer früheren 38 Sitze gewannen. Die Ablehnung der Kriegskredite, zu der sich die Mehrheit der liberalen Kandidaten bekannte, wurde von der Wählerschaft schlecht aufgenommen, und Bismarcks Politik hatte die liberalen Führer in große Verwirrung versetzt. Innerhalb der liberalen Opposition interessierten sich einige Gruppen mehr für eine national-deutsche Politik Preußens als für demokratische Rechte, während eine andere Gruppe durchaus bereit war, mit der Regierung zusammenzuarbeiten, vorausgesetzt, daß das Prinzip des Freihandels und der Gewerbefreiheit gefördert wurde. Diese am besten von Otto Michaelis vertretene Gruppe wurde durch die liberale Wirtschaftspolitik bestärkt, die Rudolf von Delbrück im Ministerium Bismarck verfolgen durfte. Die anderen Gruppen hatten seit dem dänischen Krieg in ihrer Haltung gegen die preußische Regierung geschwankt. Der Krieg mit Österreich erbrachte den Beweis, daß den meisten deutschen Liberalen mehr an der Einheit als an der Freiheit gelegen war, obgleich es charakteristische Unterschiede in ihrer Haltung gab, die später zu neuen Spaltungen im deutschen Liberalismus führten. Neben Männern, die, wie Heinrich von Treitschke, in der Einheit Deutschlands schlechthin die Erfüllung ihrer politischen Träume sahen, gab es solche, die Bismarck nur deshalb unterstützten, weil sie glaubten, die liberalen Ziele ließen sich in einem Nationalstaat leichter verwirklichen. Dieser Gegensatz der Anschauungen trat am klarsten im Denken der beiden Hauptführer der Liberalen Hannovers hervor. Während Johannes Miquel (1828—1901) wenig Bedauern über die Beschränkungen der liberalen Rechte durch Bismarck zeigte, erkannte Rudolf von Bennigsen (1824—1902) darin die Niederlage des Liberalismus. Er gab zu, die deutsche Nation könne schwerlich erwarten, den Parlamentarismus und alle Freiheiten von der Gnade der preußischen Krone und des „deutschen Richelieu" ausgehändigt zu bekommen, glaubte aber, wenn die liberale Partei sich entschieden hinter Bismarcks deutsche Politik und Außenpolitik stelle, könne sie hoffen, zur Belohnung dafür der Regierung wichtige Zugeständnisse abzugewinnen.

So war die Mehrheit der deutschen Liberalen bereit, die Indemnitätsvorlage als eine Brücke zu benutzen, die von der Opposition zur Zusammenarbeit führte. Am 3. September wurde sie vom preußischen Parlament mit 230 gegen 75 Stimmen angenommen. Die Liberalen, die für die Regierung stimmten — unter ihnen die Hälfte der Fortschrittler und zwei Drittel der Bockum-Dolffs-Gruppe —, konnten sich keinerlei Illusionen darüber hingeben, daß sie im Verfassungskonflikt die Besiegten waren und daß das Parlament nur einen begrenzten Einfluß haben würde. Bismarck hatte es nicht unterlassen, eigens darauf hinzuweisen, wie nebensächlich die Rolle sei, die das Parlament in militärischen Angelegenheiten spielte: er hatte die bedingungslose Bewilligung eines Kriegsschatzes verlangt. Andererseits weckte er die Hoffnung auf Besserung der inneren Zustände Preußens, indem er einige Versprechungen erfüllte, die mit der Verfassung gegeben waren. Überdies kündigte er an, daß ein norddeutscher Reichstag sich an der Gestaltung einer deutschen Verfassung beteiligen werde.

Die Nationalliberale Partei

Nach Beendigung der Session des preußischen Parlaments gaben 24 ehemalige Fortschrittler, unter ihnen Karl Twesten, Eduard Lasker und Max von Forckenbeck, eine Erklärung ab, in der sie ihre Absicht bekräftigten, die Außenpolitik der Regierung zu unterstützen, im Innern dagegen weiterhin „die Pflichten einer wachsamen und loyalen Opposition" zu übernehmen. Als der norddeutsche Reichstag im Februar 1867 zusammentrat, verschmolz diese „neue Fraktion der nationalen Partei" mit der nationalliberalen Partei, die von Rudolf von Bennigsen im Winter in Hannover gegründet worden war und sich in anderen Staaten zu organisieren begonnen hatte. Die neue nationalliberale Partei, deren Vorsitzender Bennigsen wurde, hatte ihr Schwergewicht in den nichtpreußischen und den kürzlich von Preußen annektierten Staaten. Was ihre soziale Zusammensetzung anlangte, stützte sich diese nationale und gemäßigt-liberale Partei hauptsächlich auf das höhere Bürgertum, die Industriellen, die Kaufleute und die Akademiker.

In den parlamentarischen Debatten von 1866/67 überlebte jedoch die Fortschrittspartei. Benedikt Waldeck, Rudolf Virchow, Theodor Mommsen, Hermann Schulze-Delitsch und Leopold von Hoverbeck traten weiterhin für die unverfälschten Ideale aus den Jahren des Verfassungskonflikts ein. Obgleich die Fortschrittspartei in den Wahlen für den norddeutschen Reichstag schlecht abschnitt, gewann sie später eine große Gefolgschaft, vor allem in kleineren Mittelstaaten.

Das konservative Lager

Die Vorgänge des Jahres 1866 führten nicht nur zu einer Neuorientierung der liberalen Partei, sondern brachten auch die Konservativen in Bewegung. Schon im Mai protestierte Ludwig von Gerlach, der 20 Jahre vorher dazu beigetragen hatte, Bismarck für die politische Laufbahn zu gewinnen, gegen dessen Politik, die ihm, dem alten Mitglied des christlich-germanischen Kreises Friedrich Wilhelms IV., alle Prinzipien der politischen Moral zu verletzen schien. Jetzt sprach er sich in einer Broschüre nachdrücklich gegen die Ungesetzlichkeit der preußischen Annexionen aus. Aber nur einige Konservative empfanden über die Absetzung deutscher Fürsten Gewissensbisse, die meisten waren eingeschworene Anhänger der preußischen Monarchie und machten sich wenig Gedanken über den Ausschluß Österreichs aus Deutschland oder über die Geschicke anderer deutscher Staaten. Dagegen waren sie bitter enttäuscht, als Bismarck, statt die militärischen Siege zur Annullierung der Verfassung auszunutzen, einer Verständigung mit dem Liberalismus sogar noch näherrückte. Zwar konnten sie sich eine offene Opposition nicht leisten, aber sie zeigten deutlich ihre Enttäuschung und hätten es möglicherweise fertiggebracht, die parlamentarische Zusammenarbeit mit den Nationalliberalen zu sabotieren, von der der Erfolg der neuen inneren Ordnung so weitgehend abhing.

Unter diesen Umständen war es bedeutend, daß sich eine Gruppe von Konservativen von der alten Partei abspaltete und die Freikonservative Partei gründete, die nach 1871 zur Deutschen Reichspartei wurde. Diese neue Partei setzte sich zum großen Teil aus reichen schlesischen und rheinischen Adeligen zusammen, die oft genug industrielle Interessen mit agrarischen verbanden. Ihnen gesellten sich viele ehemalige hohe Staatsbeamte und Diplomaten zu. Im ganzen war diese Gruppe vorurteilsloser und anpassungsfähiger als die Junker, die die konservative Mitgliedschaft des Parlaments ausmachten. Es mag fraglich sein, ob die Freikonservativen eine politische Partei im engeren Sinne darstellten, da sie keine streng organisierte Gefolgschaft hatte, aber es war eine außerordentlich einflußreiche Gruppe von Honoratioren. Sie erklärten sich bereit, die nationalen Ziele zu unterstützen, die ihrer Meinung nach die Einführung verfassungsmäßiger Einrichtungen erforderten. Dabei waren sie weit davon entfernt, auch nur im geringsten die autoritäre Struktur des deutschen Staates und der deutschen Gesellschaft umgestalten zu wollen. Sie waren bloß weniger dogmatisch und provinziell als die alten Konservativen und glaubten vor allem an Bismarck. Graf Bethusy-Huc (1829—1893) und Wilhelm von Kardorff (1828—1907) waren die ersten hervorragenden Führer dieser Gruppe, die nicht nur Bismarck vor der Kritik der preußischen Ultrakonservativen zu schützen halfen, sondern auch zwischen der Regierung und den Nationalliberalen vermittelten.

Im Gegensatz zu den Altkonservativen vermochten die Freikonservativen ohne weiteres, den konservativen Vertretern der nichtpreußischen Länder eine politische Plattform anzubieten. Trotzdem gingen vor 1871 nur wenige nichtpreußische Konservative freiwillig eine politische Zusammenarbeit mit Bismarck ein. Graf Georg von Münster (1820—1902), ein Sohn des Grafen Münster, dessen diplomatischen Bemühungen auf dem Wiener Kongreß das Königreich Hannover seine Wiederherstellung verdankte, war einer der wenigen Aristokraten, die die nationalen Ideale über ihre regionalen Bindungen stellten. Später sollte er ein hervorragender Botschafter des neuen Deutschen Reiches werden. Hier in Hannover empfanden die konservativen Gruppen, die aus der Mehrzahl des Adels, den Katholiken und aus großen Teilen der lutherischen Bauernschaft zusammengesetzt waren, eine besonders starke Animosität gegen die Annexion durch Preußen, die hier, wie überall sonst, ohne vorherige Befragung des Volkes von oben her auferlegt worden war. Diese partikularistische Bewegung sollte sich in Hannover bis in die Tage der Weimarer Republik in beträchtlicher Stärke halten. Die Einverleibung Kurhessens durch Preußen stieß auf wenig Widerstand. Die frivole Regierung der hessischen Fürsten hatte die moralischen Wurzeln der Anhänglichkeit des Volkes zerschnitten. Aber anfänglich wurde sogar hier der Versuch gemacht, eine Bewegung zugunsten der früheren Dynastie zu organisieren. In allen Staaten, die Mitglieder des Norddeutschen Bundes wurden, ganz gleich, ob es sich um Sachsen handelte, das unter Druck beitrat, oder um Mecklenburg, das seit alters durch nahe Beziehungen mit Preußen verbunden war, half der Adel der Regierung, die Rechte der Einzelstaaten zu verteidigen.

Der Norddeutsche Bund

Aus diesen Gründen konnte Bismarck nicht umhin zu wünschen, daß die liberale Bewegung nicht zu sehr abebben würde. Er brauchte die Liberalen, um die Fürsten einzuschüchtern, damit sie die Zugeständnisse machten, die er für nötig erachtete, um einen starken Bund zu gründen. Bei seinen Verhandlungen mit den Regierungen über einen Vertrag zur Bildung des neuen Bundes scheute er sich nicht zu drohen, er werde „den Acheron in Bewegung setzen", womit er meinte, er werde die neue Verfassung im Bunde mit den Liberalen machen, selbst wenn dies das Einstürzen von Thronen zur Folge hätte. Aber bald sagte er das gerade Gegenteil und warnte, wenn das Parlament in seinen Forderungen nach Gewalt über die Regierung zu weit gehe, werde er den Bund ausschließlich auf Abkommen mit den deutschen Fürsten gründen. Es war das Geheimnis der Verfassungspolitik Bismarcks, daß er die Fürsten nötigte, einen Teil ihrer Souveränität dem Bund zu übertragen, indem er den Liberalismus und Nationalismus im Volke als Druckmittel benutzte, während er gleichzeitig durch sein Bündnis mit den Fürsten jeden Versuch der Liberalen, die Vorherrschaft der monarchischen Regierung zu untergraben, in Schach hielt. Bei seinem Verfassungsentwurf machte Bismarck von diesem System der Gewichte und Gegengewichte meisterhaften Gebrauch, und da es in der Verfassung perpetuiert wurde, sollte es das politische Leben Deutschlands im nächsten halben Jahrhundert beherrschen.

Am 18. August 1866 hatte Preußen einen Bundesvertrag mit den norddeutschen Staaten abgeschlossen, die auf seiner Seite gekämpft hatten. Abgesehen von der gegenseitigen Garantie ihrer Unverletzlichkeit waren die unterzeichnenden Staaten übereingekommen, eine neue Verfassung zu schaffen, die dem Programm entsprach, das Preußen am 10. Juni 1866 dem Bundestag vorgelegt hatte. Die Regierungen sollten gemeinsam ein auf Grund des allgemeinen Wahlrechts gewähltes Parlament berufen, um die endgültige Verfassung zu vereinbaren. Sachsen und Hessen-Darmstadt, letzteres für seine Gebiete nördlich des Mains, sowie zwei kleine thüringische Fürstentümer erklärten ihren Beitritt zum Bunde in den Friedensverträgen mit Preußen, die etwas später unterzeichnet wurden.

Bismarck, der die Monate Oktober und November in Putbus auf Rügen verbrachte, wo er Erholung von Krankheit und Erschöpfung suchte, ließ durch verschiedene preußische Ministerien die technischen Aspekte der künftigen Verfassung ausarbeiten. Aber sogar aus der Entfernung entwarf er deren Umrisse in schriftlichen Direktiven. Nach seiner Rückkehr nach Berlin Anfang Dezember konzentrierte er sich auf die Vorbereitung des endgültigen Entwurfs, der am 15. Dezember einer Konferenz der deutschen Regierungen vorgelegt wurde. Mit der Ausnahme einiger nebensächlicher Details war dieser Entwurf ein getreuer Niederschlag von Bismarcks Vorstellungen. Bismarck hatte sein Möglichstes getan, um jede Festlegung auf konstitutionelle Prinzipien zu vermeiden. In einer seiner Direktiven empfahl er sogar, in der Verfassungsurkunde „mit elastischen unscheinbaren, aber weitgreifenden Ausdrücken“ dem Bunde äußerlich die Form eines Staatenbundes zu geben, wobei er jedoch seiner Natur nach praktisch ein Bundesstaat werden sollte. Es ist zweifelhaft, ob dies Bemühen um die Quadratur des Kreises erfolgreich war. Aber aus demselben Grunde, d. h. um den Schritt, der zur Integrierung der deutschen Staaten unternommen werden sollte, kleiner erscheinen zu lassen, hielt Bismarck streng an bestehenden Institutionen und traditionellen Methoden fest. Wie er selbst es ausdrückte: „Je mehr man an die früheren Formen anknüpft, umso leichter wird sich die Sache machen, während das Bestreben, eine vollendete Minerva aus dem Kopfe des Präsidiums entspringen zu lassen, die Sache in den Sand der Professorenstreitigkeiten führen würde.“

So schlug der Entwurf vom 15. Dezember als das Hauptorgan des neuen Bundes eine Einrichtung vor, die wie eine aufgefrischte Kopie des Frankfurter Bundestags aussah. Bismarck übernahm jedoch den Engeren Rat des Frankfurter Bundestages (siehe S. 141) nicht, sondern nahm das Plenum zum Vorbild, in dem jeder Staat mindestens eine Stimme und Österreich wie auch die vier Königreiche vier Stimmen hatten. Er ließ die Stimmenverteilung unverändert mit der einen Ausnahme, daß er die 13 Stimmen der von Preußen annektierten Staaten den vier Stimmen hinzufügte, über die Preußen vorher verfügt hatte. Obgleich das Verhältnis von 17 zu den im ganzen 43 Stimmen sich bescheiden ausnahm, wenn man bedenkt, daß Preußen vier Fünftel von Norddeutschland umfaßte, wurde in Wirklichkeit die Lage aller Kleinstaaten durch den Ausschluß Österreichs automatisch verändert. Bisher hatten sie ihre Hauptstärke von den Spannungen und Eifersüchteleien zwischen den beiden Großmächten hergeleitet. Sobald diese Spannungen beseitigt waren, vermochten die Kleinstaaten Norddeutschlands nicht, sich gegen die Hegemonie Preußens zu behaupten. Die Zwergstaaten, wie Anhalt, Lippe, Waldeck, Reuss usw., waren sogar nur selten imstande, auch nur eine geringfügige Meinungsverschiedenheit anzumelden. Preußen konnte mit Sicherheit auf die zusätzlichen fünf Stimmen zählen, die für eine Majorität nötig waren. Alle Beschlüsse des neuen Bundesrats, wie Bismarck den so unpopulär gewordenen ehemaligen Bundestag umbenannte, wurden durch einfache Mehrheit gefaßt. Nur Verfassungsänderungen bedurften einer Zweidrittelmehrheit, und hierbei genügten die 17 Stimmen Preußens, um jede unerwünschte Vorlage zu blockieren.

Die Autorität des Präsidialstaates wurde bedeutend erweitert. Während im Deutschen Bund die Präsidialrolle des österreichischen Gesandten auf den Vorsitz der Bundestagssitzungen beschränkt war, sollte das „Präsidium" des Norddeutschen Bundes weitreichende Machtbefugnisse bekommen. Es vertrat den Bund in internationalen Fragen, hatte das Recht, Krieg zu erklären und Frieden zu schließen, übte den Oberbefehl über alle militärischen Streitkräfte aus und hatte die Pflicht, die Ausführung der Entscheidungen des Bundes in den Mitgliedstaaten zu überwachen und, wenn nötig, zu erzwingen.

Der neue Bund erhielt die ausschließliche Kontrolle nicht nur über die Streitkräfte und die Außenpolitik, einschließlich des Außenhandels, sondern auch über die innere Wirtschaftspolitik, wie Gewerbefreiheit, Freizügigkeit, freies Niederlassungsrecht, Eisenbahnen, Schiffahrt, Post und Telegraph, sowie über die Gesetzgebung auf dem Gebiet des Handelsrechts. So bekam der neue Bundesrat weitreichende Machtbefugnisse, die er nur in sehr geringem Umfang mit einer Volksvertretung zu teilen hatte. Der Entwurf sah ein Parlament vor, das nach allgemeinem, nicht aber nach geheimem Wahlrecht gewählt werden sollte, was nach Bismarcks Meinung der Regierung einen sehr entscheidenden Einfluß auf die Wahlen gestattete. Zudem sollte dem Parlament nur geringe Macht eingeräumt werden. Erstens gab es keine ihm verantwortliche Instanz, wie ein Bundeskabinett oder einen Bundeskanzler, denn wenn auch ein solcher im Verfassungsentwurf vorgesehen war, so ging seine Funktion doch nicht über die eines Bundesratsvorsitzenden hinaus. Tatsächlich sah sich das Parlament dem ganzen Bundesrat gegenüber, einer amorphen Gruppe von über 20 Staatsabgeordneten. Zweitens sollte das Parlament nur sehr beschränkte Budgetrechte haben. Obgleich der Militäretat jetzt zur Bundesangelegenheit erklärt wurde, sollte er nicht durch jährliche Bewilligungen gedeckt werden, sondern nach einem unveränderlichen, in der Verfassung verankerten Schema. Das Bundesheer sollte aus einem

Prozent der Bevölkerung bestehen, und für jeden Soldaten war ein jährlicher Beitrag von 225 Talern vorgesehen, den der Bund bezahlte. Das Präsidium des Bundes wurde autorisiert, von den Mitgliedstaaten jährliche Beiträge einzuziehen, deren Höhe in der Weise ausgerechnet wurde, daß man 225 Taler mit einem Prozent der Bevölkerungszahl der einzelnen Staaten multiplizierte. Diese Verfassungsbestimmung hätte den Militäretat völlig der parlamentarischen Zustimmung, sowohl in den Staaten als auch im Bunde, entzogen. Und da außerdem der Militäretat mehr als neun Zehntel des Bundeshaushalts ausmachte, hätte diese Bestimmung dem nationalen Parlament nur wenig Macht belassen. Dieses hätte dem Entwurf gemäß die Bevölkerungszahlen jedes zehnte Jahr überprüfen sollen, und außerdem stand ihm frei, über die Gesetze, die ihm vom Bundesrat vorgelegt wurden, zu debattieren. Aber es war zu erwarten, daß ohne parlamentarisches Budgetrecht keinerlei Debatten imstande wären, Gesetze zu ändern, von denen gesagt werden konnte, sie seien das Ergebnis schwieriger Kompromisse zwischen 22 Regierungen.

Norddeutscher Reichstag

Die Beratungen über den Bismarckschen Entwurf durch die deutschen Staatsregierungen nach dem 15. Dezember 1866 führten zu vielen Änderungsvorschlägen. Die Vertreter Preußens geruhten nur wenige von ihnen in Erwägung zu ziehen, und Bismarck nahm noch weniger davon an. Durch die Drohung, er könne mit dem Parlament allein eine Verfassung machen, zwang er die Vertreter der Staatsregierungen, einen Verfassungsentwurf anzunehmen, der im wesentlichen seinen ursprünglichen Ideen entsprach. Am 4. März 1867 wurde der Entwurf dem Norddeutschen Reichstag vorgelegt. In diesem Parlament von 297 Abgeordneten hatte keine einzige Partei eine Mehrheit, und eine Mehrheit für die Regierung konnte von der Rechten nur zusammen mit der nationalliberalen Partei erzielt werden, die 79 Mitglieder hatte. Man konnte noch auf 40 nicht parteigebundene gemäßigte Liberale zählen, während die Fortschrittler nur 19 Sitze hatten. Auf der Rechten gab es 59 Konservative und 40 Freikonservative. Der Rest der Mitglieder bestand aus einer großen Vielzahl von Partikularisten.

Obgleich die Nationalliberalen wesentlich von den Freikonservativen abhingen, nahmen sie während der Reichstagssitzung eine entschlossene und geschickte Haltung ein und gewannen Bismarck wichtige Zugeständnisse ab. So gelang es ihnen, die Stellung des Reichstags zu stärken: durch die Immunität seiner Mitglieder vor jeder Art von Strafverfahren, durch das Recht, dem Bundesrat oder dem Kanzler Petitionen vorzulegen, und durch die Begrenzung des Rechts der Regierung, Sitzungen des Reichstags zu vertagen oder nach seiner Auflösung seine Wiederwahl zu verzögern. Von beträchtlicher Bedeutung war die Modifizierung des allgemeinen Wahlrechts, von dem die Liberalen mit Recht vermuteten, es sei ein Mittel der Regierung zur Beeinflussung der Wahlen. Diesen Zweck suchten sie zu durchkreuzen, indem sie das Wahlgeheimnis forderten. Nur mit äußerstem Zögern gestand Bismarck die geheime Wahl zu, ebenso die Wählbarkeit von Regierungsbeamten, die er aus dem Parlament hatte ausschließen wollen, da er sich erinnerte, welche Rolle Staatsbeamte, vor allem Richter, während des Verfassungskonflikts im preußischen Parlament gespielt hatten. Aber er lehnte alle Diäten für Abgeordnete ab in der vergeblichen Hoffnung, damit das Emporkommen einer Klasse von Berufspolitikern zu verhüten.

Die Mehrheit des Norddeutschen Reichstags zwang Bismarck zu einer beträchtlichen Erweiterung des parlamentarischen Budgetrechtes. Der Verfassungsentwurf hatte vorgesehen, daß der Reichstag nichtmilitärische Ausgaben auf drei Jahre hin billigen solle, hinsichtlich der entsprechenden Staatseinnahmen dagegen nichts zu sagen habe. Letztere sollten von Zöllen, Post- und Telegraphengebühren wie auch von allgemeinen indirekten Steuern herkommen. Darüber hinaus wurde das Präsidium ermächtigt, von den Staaten sogenannte Matrikularbeiträge zu verlangen. Der Reichstag erklärte, diese Matrikularbeiträge seien nur als eine vorübergehende Maßnahme annehmbar, und sprach dem Bund das Recht zu, nicht nur indirekte, sondern auch direkte Steuern zu erheben. Außerdem wurde jetzt festgesetzt, daß alle Bundeseinnahmen und -ausgaben dem Reichstag in der Form eines jährlichen Budgetgesetzes vorgelegt werden sollten. Hierbei wurde jedoch eine wichtige Ausnahme gemacht. Die militärischen Ausgaben, die Bismarck vorgeschlagen hatte, wurden auf Grund eines eigens hierfür erlassenen Gesetzes bis Ende 1871 gebilligt. Die parlamentarische Mehrheit betrachtete dieses Gesetz als eine Übergangsregelung, während Bismarck, wie wir sehen werden, dabei andere Gedanken hatte. Anders als bei den haushaltsrechtlichen Änderungen gegenüber seinem Verfassungsentwurf empfand Bismarck geringe Bedenken, die Befugnis des Bundes auf weitere Gebiete der Gesetzgebung, auf das Staatsbürgerrecht, das Straf-, Zivil- und Strafprozeßrecht, die Aufsicht über das öffentliche Gesundheitswesen, den Bau von Land und Wasserstraßen, die Beaufsichtigung der Eisenbahnen usw., auszudehnen.

Die wichtigste Einzelfrage in den Debatten betraf jedoch den Charakter des Präsidiums. Die Liberalen erhoben verständlicherweise gegen seinen anonymen Charakter Einspruch. Tatsächlich beabsichtigte Bismarck nicht, hiermit ein echtes Bundesorgan zu schaffen, sondern faßte bloß die Ernennung eines Unterstaatssekretärs im preußischen Auswärtigen Amt ins Auge, der als Bundeskanzler den Sitzungen des Bundesrates vorsitzen und seine Instruktionen vom preußischen Außenminister bekommen sollte. Karl Friedrich von Savigny, der letzte diplomatische Vertreter Preußens auf dem Frankfurter Bundestag, wurde für diesen Posten vorgesehen. Die Liberalen arbeiteten dagegen auf Einsetzung eines vollständigen, dem Parlament verantwortlichen Kabinetts hin. Sie sahen darin zweifellos die Vorstufe einer parlamentarischen Regierungsform, und aus eben diesem Grunde bekämpfte Bismarck ihre Forderung mit äußerster Entschlossenheit, indem er argumentierte, daß ein solches Ministerium mit einem Bundesstaat unvereinbar sei. Obgleich diese in so allgemeine Begriffe gefaßte Behauptung nicht der Wahrheit entsprach, war es doch richtig, daß ein dem Parlament verantwortliches Ministerium die Stellung des Bundesrats beeinträchtigt hätte.

Bismarck ließ sich jedoch bewegen, einem Kompromißvorschlag Bennigsens zuzustimmen. Artikel 17 der Verfassung lautete demnach: „Dem Präsidium steht die Ausfertigung und Verkündigung der Bundesgesetze und die Überwachung der Ausführung derselben zu. Die Anordnungen und Verfügungen des Bundespräsidiums werden im Namen des Bundes erlassen und bedürfen zu ihrer Gültigkeit der Gegenzeichnung des Bundeskanzlers, welcher dadurch die Verantwortlichkeit übernimmt." Dieser Verfassungsartikel bedeutete für die Liberalen wenigstens einen ersten Schritt zu einer parlamentarischen Regierung. Doch sollte es zu deren Verwirklichung weder im Norddeutschen Bund noch später im Reich kommen. Bismarck und seine Nachfolger legten die „Verantwortlichkeit des Kanzlers" lediglich als die Verpflichtung aus, das Parlament über die Gesetzgebung zu unterrichten, nicht einmal notwendigerweise dagegen über politische Maßnahmen, die das Vorrecht des Präsidiums waren, wie die Führung der Außenpolitik oder die Ausübung der Kommandogewalt über das Heer. „Verantwortlichkeit" wurde auch nicht in dem Sinne verstanden, daß das Vertrauen einer parlamentarischen Mehrheit für den Kanzler erforderlich sei. Trotzdem erhöhte die von Bennigsen erreichte Änderung die Bedeutung des Reichstags, insofern es ihn zum Forum für regelmäßige Debatten über alle das nationale Leben betreffende Fragen machte. Auch schuf es die Anfänge einer selbständigen deutschen Bundesregierung. Während nach dem Bismarckschen Verfassungsentwurf sowohl die Vorbereitung als auch die Ausführung von Bundesgesetzen bei den Staatsregierungen gelegen hätten, war jetzt zur Überwachung ihrer Durchführung eine Bundesbehörde nötig. Unter diesen Umständen wurde Bismarcks ursprünglicher Gedanke, Bundesangelegenheiten im Rahmen des preußischen Auswärtigen Amtes zu behandeln, untunlich. Er selber mußte zu seinem Amt als preußischer Ministerpräsident noch das des Bundeskanzlers übernehmen und eine Behörde schaffen, die mit der Bundesverwaltung beauftragt wurde.

In dieser Form wurde die Verfassung vom Norddeutschen Reichstag und danach von allen Staatsparlamenten angenommen. Am 1. Juli 1867 trat sie in Kraft und blieb ein halbes Jahrhundert bestehen, denn als die süddeutschen Staaten dem Bunde 1871 beitraten, wurden nur geringfügige Änderungen vorgenommen. Die Zugeständnisse, die Bismarck dem Norddeutschen Reichstag und der nationalliberalen Partei gemacht hatte, waren von weittragender Bedeutung. Er erreichte zwar seine Hauptziele, die Hegemonie Preußens und den Ausschluß einer parlamentarischen Regierung, aber der Bund war — späterer Argumente ungeachtet — ein Bundesstaat. Änderungen in der Verfassung erforderten gemeinsames Tätigwerden des Bundesrats und des Reichstags. Darüber hinaus besaß der Bund die sogenannte Kompetenz-Kompetenz, d. h. die Kompetenz, die Zuständigkeit des Bundes auf neue Gebiete auszudehnen.

Zollverein

Daß Bismarck so viele Wünsche der Nationalliberalen berücksichtigte, geschah wegen der auswärtigen Lage. Zur Zeit der parlamentarischen Debatten erreichte die europäische Krise um Luxemburg ihren Höhepunkt, und Bismarck wollte den Anschein vermeiden, daß Deutschland durch innere Zwistigkeiten geschwächt sei. Überdies glaubte er, daß der Kompromiß mit dem norddeutschen Liberalismus, wie er in der endgültigen Verfassung verkörpert war, das zur Gewinnung des süddeutschen Liberalismus erforderliche Minimum darstelle. In diesen Monaten nach Königgrätz wandelte sich Bismarck von einem ausschließlich preußischen zu einem deutschen Staatsmann. Die Bündnisse mit den süddeutschen Staaten zeigen deutlich seine Absicht, diese schließlich in einen deutschen Bund einzubeziehen. Er tat einen weiteren Schritt in dieser Richtung, als er im Sommer 1867 den Zollverein erneuerte. Er bestand darauf, daß dieser in enger Analogie mit dem Norddeutschen Bund reorganisiert werde. Im neuen Zollbundesrat hatte genau wie im Bundesrat Preußen 17 Stimmen, Sachsen vier, Mecklenburg und Braunschweig je zwei. Die einzige Ausnahme bestand darin, daß auch die süddeutschen Staaten, die Mitglieder des Zollvereins waren, mehr als eine Stimme bekamen; nämlich Bayern sechs, Württemberg vier, Baden und Hessen-Darmstadt je zwei Stimmen. Aber das Vetorecht, das früher jedes Mitglied hatte, wurde abgeschafft. Statt dessen traf der Zollbundesrat seine Entscheidungen durch einfache Mehrheit. Außerdem wurde ein Zollparlament geschaffen. Es bestand aus den Mitgliedern des norddeutschen Reichstags, denen 83 eigens gewählte Vertreter aus den süddeutschen Staaten beigegeben wurden. Bayern und Württemberg nahmen diesen Plan nur mit großem Widerstreben an, denn sie hatten mit Recht den Verdacht, Bismarck werde diese Volksvertretung benutzen, um auf sie Druck auszuüben. Aber solche Absichten wurden durch die Wahlergebnisse vereitelt. Während in Baden und Hessen-Darmstadt vorwiegend Nationalliberale gewählt wurden, gewannen die Partikularisten in Bayern und Württemberg die Oberhand. Immerhin wurde der Rahmen geschaffen, der wenige Jahre später die Einigung aller deutschen Staaten außerhalb Österreichs ermöglichte. Infolge der Annexion Schleswig-Holsteins durch Preußen umschloß das Gebiet der Zollunion seit 1867 auch dieses strategisch wichtige Land, das die Ostsee mit der Nordsee verband. Sogar Mecklenburg und Lübeck traten dem Zollverein jetzt bei. Nur die beiden großen Hafenstädte Hamburg und Bremen blieben ihm noch fern, da sie von dem Fortschritt des internationalen Freihandels größeren Vorteil als von der Beteiligung am Zollverein erwarteten.

Der Norddeutsche Bund nach 1867

Bismarck war nicht sicher, wie rasch es zur vollen politischen Einigung Deutschlands kommen würde. Oft neigte er dazu, ein solches Ereignis einer fernen Zukunft zuzuschreiben, aber er überprüfte immer wieder sorgfältig die innen- und außenpolitischen Entwicklungen, damit ihm ja nicht unversehens eine Gelegenheit zum Handeln entginge. Unterdessen arbeitete er stetig an der Stärkung und Festigung des Norddeutschen Bundes. Offenbar fürchtete er zeitweise, er habe vielleicht dem Liberalismus die Tore zu weit geöffnet und die liberale Flut könne die Grundmauern der Monarchie fortschwemmen. Vor allem schien ihm die absolute Kommandogewalt des Königs über das Heer gefährdet. Im Jahre 1870 war es zu ernsten Reibungen über die Frage gekommen, welche Form der Militäretat, der die vorläufigen Regelungen von 1867 ablösen würde, in Zukunft annehmen solle. Andererseits wollte Bismarck der Regierung eine breitere Unterstützung beim Volk verschaffen und hatte aus diesem Grund gar nicht den Wunsch, die parlamentarische Kritik zu unterdrücken. Ganz im Gegenteil schien sie ihm oft willkommen, um nicht nur die Fürsten, sondern auch seinen eigenen König zu größerem Verständnis der Erfordernisse der Gegenwart zu bringen.

„Eine Verstimmung der abhängigen Massen kann eine akute Krankheit hervorrufen, für die wir Heilungsmittel haben; eine Verstimmung der gebildeten Minorität ruft eine chronische Krankheit hervor, deren Diagnose schwer und deren Heilung langwierig ist. Und deshalb lege ich das Hauptgewicht auf die Erziehung und die Gesinnung der gebildeten Klassen in jedem Land“, schrieb Bismarck im Jahre 1895. Es ist fraglich, ob er wirklich ein gutes Heilmittel für die Unzufriedenheit der unteren Klassen kannte, und wenn er von den „gebildeten Klassen“ sprach, dachte er nicht an die Professoren und ihr Gefolge, für die er nichts übrig hatte, sondern an die neuen kapitalistischen Großkaufleute und Industriellen. Zwar war er nicht gewillt, ihnen eine verantwortliche Beteiligung an der Leitung des Staates einzuräumen, aber er war bereit, ihre sozialen und ökonomischen Forderungen weitgehend zu erfüllen. Während die reaktionären Regierungen in den Jahren 1848/49 und durchweg in den fünfziger Jahren die traditionellen Zünfte unterstützt und damit versucht hatten, die große Masse der Handwerker dem Liberalismus zu entfremden (siehe S. 330), erkannte Bismarck die Ansprüche an, welche die modernen Kapitalisten auf Kosten der Handwerker stellten, denn er wollte sie zu einem Kompromiß in bezug auf ihre politischen Ideale bewegen. Daß seine Politik erfolgreich war, beweist der Klassencharakter der nationalliberalen und freikonservativen Wählerschaft oder, negativ gesagt, die soziale Zusammensetzung der Fortschrittspartei.

Unter den Gesetzen, die in den Jahren nach 1867 erlassen wurden, kennzeichnet die Einführung der Gewerbefreiheit Bismarcks Einstellung am besten.

Wie viel Bismarck an ihr gelegen war, zeigt die Tatsache, daß er sie durch eine provisorische Verordnung vom 8. Juli 1868 einführte, nachdem parlamentarische Debatten und Ausschüsse das von der Regierung vorgelegte Gesetz verzögert hatten. Einige Staaten waren Preußen schon zu Beginn der sechziger Jahre mit einer solchen Gesetzgebung vorangegangen. Gleichzeitig mit der Gewerbefreiheit wurden viele andere Neuerungen eingeführt, die die ungehinderte Entwicklung der kapitalistischen und industriellen Wirtschaft förderten, so z. B. Freizügigkeit für das Volk, die Freiheit zur Gründung von Industrie- und Handelsgesellschaften und Arbeitervereinen, eine einheitliche Wechselordnung, ein norddeutsches Handelsrecht und die Einrichtung eines obersten Handelsgerichts, ein einheitliches Patent- und Urheberrecht und schließlich sogar ein norddeutsches Strafrecht. Auch die persönliche Freiheit wurde erweitert, z. B. durch Abschaffung von Hindernissen, die die Regierung Eheschließungen entgegenstellte, und vor allem durch die Erklärung der Religionsfreiheit, die allen Klassen zugute kam.

Das Verkehrs- und Nachrichtenwesen erfuhr durch die Abschaffung von Zöllen auf Land- und Wasserstraßen und die Schaffung eines norddeutschen Post- und Telegraphendienstes eine Verbesserung. Letzteres war das Werk Heinrichs von Stephan, eines für die praktische Verwaltung außerordentlich begabten Mannes, der ein Jahrzehnt später den Weltpostverein gründete. Der Konsulardienst wurde sofort dem Bund unterstellt, der auswärtige Dienst folgte 1870 nach. Auch die Einführung einer gemeinsamen Flagge diente dem Zweck, den Bund im Ausland als einen geeinten Staat erscheinen zu lassen. Aber Bismarck lehnte die Fahne ab, die in den letzten 50 Jahren überall geweht hatte, wo Deutsche für die deutsche Einheit und die Freiheit des Volkes demonstrierten. In seinen und seines Königs Augen war die schwarz-rot-goldene Fahne der Burschenschaft, des Liberalismus und der Jahre 1848/49 von revolutionären und großdeutschen Erinnerungen befleckt. Die preußische schwarz-weiße und die hanseatische rot-weiße Fahne wurden als die am häufigsten auf deutschen Schiffen geführten Farben zur neuen deutschen Trikolore schwarz-weiß-rot vereinigt, die Bismarck Wilhelm I. zuliebe auch als eine Synthese der preußischen und brandenburgischen Fahnen erklären konnte.

Die Reformen der Anfangsjahre des Deutschen Bundes öffneten, wie gesagt, die Türen für eine freie kapitalistische Entwicklung in Deutschland. Während diese Freiheit von den Industriellen und Unternehmern begrüßt wurde, bedeutete sie für die Handwerker und die kleinen Kaufleute öfters eine Verschlechterung ihrer Lage. Die politische Spaltung des deutschen Liberalismus in die fortschrittliche und die nationalliberale Partei leitete ihre soziale Bedeutung von dieser Wirtschaftspolitik her.

In Preußen wurden weittragende politische Reformen durchgeführt. Die Annexion von Hannover, Schleswig-Holstein, Kurhessen, Nassau und Frankfurt war von der preußischen Bürokratie in diktatorischer Weise vollzogen worden. Die neuen Verwalter führten nicht nur das Steuersystem und den Militärdienst Preußens ein, sondern wandten auch auf allen anderen Gebieten mehr und mehr preußische Gesetze an. Während das Rheinland nach 1815 sein französisches Recht behalten hatte, wurden die neuen 1866 annektierten Provinzen – zum Bedauern nicht nur der Konservativen und der partikularistischen Gruppen, sondern auch der Nationalliberalen – der meisten ihrer alten deutschen Einrichtungen beraubt.

Preußen und die annektierten Provinzen

Bismarck befürwortete keine übertriebene Zentralisierung und Gleichmacherei; doch war er zu sehr mit der norddeutschen Verfassung beschäftigt, um der Durchführung der Annexionen viel Aufmerksamkeit zuzuwenden. Als der preußische Fiskus im Juli 1867 ohne weiteres bedeutendes Staatseigentum von Hannover und Kurhessen in Besitz nahm und die Bevölkerung daraufhin heftig protestierte, hielt die preußische Regierung zum ersten Mal Konferenzen mit führenden Persönlichkeiten der neuen Provinzen ab. Sie führten zu wichtigen Zugeständnissen hinsichtlich der künftigen Verwaltung dieser Gebiete. Hannover erhielt einen Provinziallandtag, der bis zu einem gewissen Grad den Landtag des früheren Königtums fortsetzte. Doch hatte der Provinziallandtag eine breitere Vertretung als sein Vorgänger, der am Übergewicht des Adels krankte. Die Autorität des Provinziallandtags ging nicht sehr weit. Hilfe für die Landwirtschaft, Straßenbau sowie die Verwaltung von Anstalten für Geisteskranke und Taubstumme waren seine Hauptaufgaben, die ihm jedoch nicht nur zur Beratung, sondern auch zur Beschlußfassung und Ausführung zuerteilt wurden. Der Landtag konnte Landesbehörden schaffen und ihre Operationen beaufsichtigen. Der preußische Staat leistete einen festen jährlichen Beitrag zur Selbstverwaltung des Landes. Auch rettete Hannover einige Formen seiner Kommunalverwaltung. Ähnliche Einrichtungen wurden für Kurhessen und Nassau geschaffen.

Diese Pläne für ein bescheidenes Maß von Selbstverwaltung in den neuen Provinzen stießen auf den starken Widerstand der preußischen Konservativen. Früher hatten die ostdeutschen Junker die Stärkung der provinzialen Einrichtungen als eine Sicherung gegen den Zentralismus der preußischen Ministerien oder, seit 1848, den Zentralismus des Parlaments in Berlin verlangt. Die Haltung Bismarcks rührte zum Teil von dieser Tradition her. Aber die preußischen Konservativen der späten sechziger Jahre sahen in einer Reform der Organe der provinzialen Selbstverwaltung eine Bedrohung ihrer privilegierten Stellung in den östlichen Provinzen. Vor allem fürchteten sie ihre Rechte in der Orts- und Kreisverwaltung zu verlieren. Es kennzeichnet ihre Denkweise, daß gerade diese

Befürchtungen ihre Abneigung gegen die westelbischen Deutschen und die ihnen von Bismarck eingeräumten Zugeständnisse entstehen ließen. Zwar wurde die neue Gesetzgebung für Hannover und Hessen vom preußischen Parlament verabschiedet, in dem die Freikonservativen und die Nationalliberalen unterdessen ihre Anzahl durch das Hinzutreten der Vertreter aus den neuen Provinzen vermehrt hatten. Aber es war ein bitterer Kampf, in dessen Gefolge die Regierung weitere Maßnahmen verschob, obgleich noch andere preußische Provinzen, wie das Rheinland, Sachsen und Schlesien, das Verlangen nach Reformen laut werden ließen. Statt dessen legte die Regierung 1869 ein Gesetz über die Kreisverwaltung vor, das aber noch nicht verabschiedet worden war, als die Parlamentssession schloß. Erst 1872 wurde ein Gesetz über die Reorganisation der Kreisverwaltung angenommen, und drei Jahre später wurde die provinziale Selbstverwaltung gesetzlich neu geregelt.

In diesen Jahren wurde wieder darüber debattiert, ob es wünschenswert sei, die preußischen Provinzen zu Staaten auszubauen und zugunsten der norddeutschen Regierung Preußens Parlament und Regierung abzuschaffen. Im Gegensatz zu einigen Liberalen in den Jahren 1848/49 zog Bismarck die Auflösung des preußischen Staates nicht in Betracht. Ganz im Gegenteil sollte seiner Meinung nach die preußische Monarchie nicht nur in den Provinzen, sondern auch im übrigen Deutschland als zentralisierende Macht fungieren. Er sah wohl die Schwierigkeiten, die das Nebeneinanderbestehen des preußischen Parlaments, das vier Fünftel von Norddeutschland vertrat, und des norddeutschen Parlaments heraufbeschwören mochte. Aber er glaubte, daß die Reibungen zwischen diesen Parlamenten dazu dienen könnten, den Parlamentarismus zurückzudrängen, und daß die preußische Regierung einer deutschen Bundesregierung immer genügend Rückhalt gewähren würde. Die Reform der preußischen Provinzialverwaltung sollte nicht über das in diesen Jahren geplante bescheidene Maß hinausgehen. Preußen blieb immer noch ein hochzentralisierter Staat, und da die sozialen und politischen Privilegien der Junker aufrechterhalten wurden, verschaffte diese Zentralisierung den alten östlichen Provinzen einen beherrschenden Einfluß in Preußen. Aber seit 1866 lagen sechs der zwölf preußischen Provinzen westlich der Elbe, und diese waren, was ihre Bevölkerung und Industrie betraf, bedeutend reicher als die östliche Hälfte der Monarchie. Ihr Gewicht ließ sich zwar in Schranken halten, aber keineswegs übersehen. Vor allem im Wirtschafts- und Gesellschaftsleben begannen westliche Interessen und Gewohnheiten den Charakter des alten preußischen Staates zu verwandeln.

Die Angliederung der neuen Provinzen an Preußen machte nach 1866 raschen Fortschritt, da bei der Bevölkerung das Nationalgefühl die lokalen Bindungen überwog. Unter diesen Umständen genügten sogar die bescheidenen Gesten der preußischen Verwaltung in Richtung auf eine Modernisierung der lokalen und provinzialen Regierung, um die meisten Bewohner der neuen Provinzen zufriedenzustellen. Angesichts des Übergewichts Preußens im Norddeutschen Bund löste die Annexion von Hannover, Hessen, Nassau, Frankfurt und Schleswig-Holstein viele Probleme, die bei der Gründung des Bundes aufgetaucht waren. Der wichtigste Bundesstaat war Sachsen. Österreich, Rußland und Frankreich hatten sich aufs äußerste bemüht, dem Königreich wenigstens eine Scheinsouveränität zu sichern. Weder verlor es, wie im Jahre 1815, eines seiner Gebiete noch wurde sein König all seiner Kommandofunktionen über das Heer beraubt. König Johann, einer der gebildetsten Fürsten seiner Zeit, beugte sich dem Urteil des Krieges und arbeitete getreu für den Erfolg des Norddeutschen Bundes. Sein intensiv industrialisiertes Land war mit dem umgebenden Preußen durch tausend Fäden verknüpft, und der Krieg von 1866 hinterließ keine Feindschaft zwischen dem preußischen und dem sächsischen Volk.

Die nationale Bewegung in Süddeutschland

Die Beziehungen zwischen den norddeutschen und süddeutschen Staaten blieben unbeständig. Als ein unmittelbares Ergebnis des Krieges schien die öffentliche Meinung im Süden enge Zusammenarbeit oder sogar Föderation mit dem Norden zu verlangen. Die drohende Intervention Frankreichs entfachte das Nationalgefühl in Süddeutschland, während das Ansehen Österreichs infolge seiner engen Abhängigkeit von Napoleon III. Einbuße erlitt. Aber als die partikularistischen Kräfte sich wieder sammelten und frische Unterstützung im Volke fanden, begann die erste Welle nationaler Begeisterung abzuebben und zu versiegen. Die norddeutsche Verfassung mit ihrer engen Begrenzung der Macht des Parlaments begegnete der scharfen Mißbilligung der Demokraten Süddeutschlands und enttäuschte auch die Liberalen. Überdies gaben die Einführung der preußischen Militärorganisation, die durch die Militärbündnisse mit Preußen notwendig geworden war, und die damit verbundenen hohen Kosten der Bewegung gegen die „Verpreußung“ eine konkrete Zielscheibe. Im Süden spottete man, die norddeutsche Verfassung enthalte nur drei Artikel, nämlich die drei Imperative: zahle Steuern, diene im Heer, halte dein Maul.

Die Stimmen im Volke, die einen baldigen Beitritt zu dem neuen Bund befürworteten, waren verhältnismäßig am zahlreichsten im Südwesten. In Hessen-Darmstadt stimmte im Juni 1867 die zweite Kammer für, die erste gegen den Beitritt. Die eigentliche politische Macht in Darmstadt lag in den Händen des Ministerpräsidenten, Baron K. F. R. Dalwigk (1802—1880), des letzten aktiven deutschen Staatsmannes, in dem der Patriotismus des alten Reichs noch lebendig war, der sich freilich unter den veränderten Verhältnissen der Zeit nur in Form einer radikal großdeutschen und partikularistischen Politik äußern konnte. Dalwigk war geneigt, alles zu tun, um die Absorbierung Hessen-Darmstadts durch den neuen Bund zu verhindern oder, besser noch, die Erfolge Bismarcks rückgängig zu machen. Zu diesem Ende war er sogar zur Zusammenarbeit mit Frankreich bereit. Aber er war nicht imstande, das Rad der Geschichte zurückzudrehen. Oberhessen, der nördlich des Mains gelegene Teil des Großherzogtums, war bereits ein Mitglied des Norddeutschen Bundes, und im April 1867 schloß Hessen eine Militärkonvention und ein Militärbündnis mit Preußen ab. Immerhin lähmte die Tätigkeit Dalwigks die nationale Bewegung Hessens und hinderte auch Baden an einem unmittelbaren Kontakt mit Preußen, den es eifrig suchte.

Wie Kronprinz Friedrich Wilhelm von Preußen hatte sich Großherzog Friedrich I. von Baden, der Schwager Wilhelms I., seine politischen Anschauungen unter dem Einfluß des Prinzgemahls Albert von England gebildet. Er wollte ein konstitutioneller Herrscher sein und das Verlangen des Volkes nach einem Nationalstaat befriedigen. Zusammen mit Karl Mathy (1806—1868) und später mit Julius Jolly (1823—1891), die er zu Ministerpräsidenten ernannte, bereitete er den Beitritt Badens zum Norddeutschen Bunde vor. Da Bismarck sich 1867 weigerte, Baden in den Bund aufzunehmen, wenn Hessen-Darmstadt sich nicht auch anschlösse, und später vorzog, zu warten, bis ganz Süddeutschland beitreten werde, versuchte die badische Regierung, mit der Gesetzgebung des Norddeutschen Bundes Schritt zu halten und die Reorganisation der Armee nach preußischem Vorbild zu beschleunigen.

Die Dynastie Württembergs war nicht gewillt, sich der deutschen Einigungsbewegung unterzuordnen, und wurde darin von der stark antipreußischen Haltung weiter Kreise des schwäbischen Volkes bestärkt. Am lautesten wurde dieser Standpunkt von der demokratischen Deutschen Volkspartei vertreten, die für die bürgerlichen und militärischen Institutionen der Schweiz eintraten, weil sie zum schwäbischen Charakter besser paßten als die der preußischen Militärmonarchie mit ihren starren Klassenunterschieden. Zwischen diesem Gefühl und der Haltung der stolzen und eigenwilligen Königin Olga, der Schwester des Zaren Alexander, die sich einfach weigerte, irgendwelche Souveränitäten aufzugeben, lag eine Welt. König Karl teilte weitgehend ihre Ansichten, aber da es ihn erschüttert hatte, zu sehen, wie schlecht seine Armee abgeschnitten hatte, drang er vor allem auf eine Militärreform, und die Frage, ob Württemberg unabhängig blieb oder sich dem neuen Bund anschloß, war für ihn zweitrangig. Auch in der Außenpolitik war er vorsichtiger als die Königin. Er behielt zwar seinen Außenminister, den anpassungsfähigen Friedrich Freiherrn von Varnbühler (1809 bis 1889), entließ aber zwei andere Minister, die für den antipreußischen Kurs der württembergischen Politik vor 1866 die Hauptverantwortung trugen, nämlich den Präsidenten des Geheimen Rates, Konstantin Freiherrn von Neurath, und den Kriegsminister Julius von Hardegg. Danach folgte er in allen militärischen Fragen dem Rat eines Majors aus Mecklenburg, des energischen Albert von Suckow (1828—1893), der zuerst als Adjutant des neuen Kriegsministers und seit 1870 als Minister die württembergische Armee nach preußischem Muster reorganisierte. Aber abgesehen von diesen Militärreformen, die, wenigstens in den Augen des Königs, kein klares politisches Ziel verfolgten, wurde zwischen 1866 und 1870 kein Fortschritt gemacht.

Der Schlüssel zur künftigen Politik Süddeutschlands lag in Bayern, obgleich dieser größte süddeutsche Staat den anderen Staaten keine Befehle erteilen konnte. Der Gedanke, einen süddeutschen Bund zu bilden, der in den Prager Frieden aufgenommen worden war, zeigte sich als völlig unrealistisch, sobald die bayerische Regierung ihn zu verwirklichen suchte. Süddeutschland besaß keine andere Einheit als den gemeinsamen Wunsch der einzelnen süddeutschen Staaten, ihre Autonomie zu erhalten. Keiner der drei anderen süddeutschen Staaten war bereit, Bayern irgendeine politische Suprematie einzuräumen. Der junge König Ludwig II. (1845—1886), dem es bei seiner Thronbesteigung 1864 an jeder Vorbereitung für die Regierungsgeschäfte fehlte, war nicht in der Lage, einen festen Kurs zu steuern. Er stand in diesen Jahren stark unter dem Einfluß Richard Wagners, den er nach München gezogen hatte. Seine Begeisterung für die moderne Oper und seine Sucht, phantastische Schlösser zu bauen, erfüllten Ludwig II. vollkommen. Anzeichen einer Geisteskrankheit, die am Ende zum Wahnsinn führen sollten, machten sich schon vor 1870 bemerkbar.

In den letzten Tagen des Jahres 1866 ernannte Ludwig II. Fürst Chlodwig zu Hohenlohe-Schillingsfürst (1819—1901) zum Ministerpräsidenten. Dieser fränkische Magnat, ein liberaler Katholik, hatte sich am Vorabend des österreichisch-preußischen Krieges für die Zusammenarbeit von Bayern und Preußen eingesetzt. Er hielt die deutsche Einigung für unvermeidlich und glaubte, es sei für Bayern leichter beizutreten, wenn es gelänge, Österreich wieder enger mit Deutschland zu verbinden, womöglich in der Form eines Dauerbündnisses. Aber die Österreicher waren nicht in der Stimmung, ihre Niederlage von 1866 als endgültig hinzunehmen. Zum Außenminister hatte Kaiser Franz Joseph den Freiherrn Friedrich Ferdinand von Beust (1809—1886) ernannt, der als Ministerpräsident von Sachsen dieses Land auf der Seite Österreichs in den Krieg gegen Preußen geführt hatte. Diese Wahl ließ deutlich erkennen, daß der Kaiser die Hoffnung auf eine Umkehrung der Entscheidung von Königgrätz noch nicht aufgegeben hatte. Unter der Regierung Beusts erlangten die Ungarn im sogenannten Ausgleich beinahe volle Autonomie innerhalb des Habsburgerreiches, das jetzt den Namen Österreich-Ungarn annahm. Nur auf dem Gebiet der Außenpolitik und der Verteidigung wurden gemeinsame Einrichtungen aufrechterhalten. Der Ausgleich, der in der Erwartung abgeschlossen wurde, er werde es dem Habsburgerreich ermöglichen, Deutschland gegenüber wieder eine aktive Politik zu betreiben, sollte am Ende dazu beitragen, daß Österreich seine Trennung von Deutschland endgültig akzeptierte. Die Magyaren wünschten nicht, Österreich in die deutschen Angelegenheiten verwickelt zu sehen, und in dem Maße, in dem ihr Einfluß auf die Führung der Außenpolitik Wiens stieg, wurden alle Gedanken an eine Erneuerung des Kampfes um Deutschland in den Hintergrund gedrängt. Vor 1871 war jedoch Österreich nicht gewillt, mit Deutschland ein Verhältnis einzugehen, das die Anerkennung der durch die preußischen Siege von 1866 geschaffenen Lage bedeutet hätte.

Weder hatte die Politik des Fürsten Hohenlohe viel Aussicht auf Verwirklichung noch vermochte sie das Wiedererwachen stark partikularistischer Gefühle aufzuhalten. Wie wir früher erwähnt haben (siehe S. 434), zeigten schon die Wahlen für das Zollparlament im Jahre 1868, daß die antipreußische Stimmung zunahm. Die Wahl in Bayern für die zweite Kammer brachte 1869 eine weitere Kräftigung der Bayerisch-Patriotischen Partei; sie gewann die Majorität über die national gesinnten Gruppen. Die bayerischen Partikularisten hatten ihre Hauptstütze im Adel, bei der römisch-katholischen Geistlichkeit und bei deren Gefolgschaft im Volke, besonders in Altbayern. Da Hohenlohe sich die Feindschaft dieser Kreise auch durch seine Innenpolitik zugezogen hatte, mußte er im Februar 1870 zurücktreten. Sein Nachfolger wurde der bayerische Gesandte in Wien, Graf Otto Bray-Steinburg (1807—1899), ein überzeugter Anhänger der Unabhängigkeit Bayerns und der bayerisch-österreichischen Zusammenarbeit.

Der Stillstand der nationalen Bewegung in Süddeutschland nach 1867 beunruhigte Bismarck tief. Es besteht kein Zweifel, daß er die süddeutschen Staaten in den Bund einzubeziehen wünschte, aber er beabsichtigte nicht, ihre Unterstützung um den Preis konstitutioneller Zugeständnisse zu erkaufen; er wollte die Suprematie der königlichen Gewalt nicht gefährden, nachdem er sie im Norden gesichert hatte und ihretwegen bereitwillig darauf eingegangen war, daß die süddeutschen Staaten dem Bund des Jahres 1866 fernblieben. So konnte er sagen, es werde möglicherweise noch eine weitere Generation bis zur vollen Verwirklichung der deutschen Einheit dauern. Zudem war er sich bewußt, daß der Beitritt Süddeutschlands aller Wahrscheinlichkeit nach eine schwere internationale Krise mit sich bringen würde, die freilich auch dazu beitragen konnte, den Widerstand zu brechen, den viele süddeutsche Kreise gegen die Einigung mit dem Norden empfanden.

Beziehungen zu Frankreich

Wenn oft behauptet worden ist, daß Bismarck seit 1866 auf einen Krieg mit Frankreich hoffte oder sogar auf ihn hinarbeitete, so entspricht dies nicht den Tatsachen. Obgleich er wußte, welche Furcht und Feindseligkeit die deutsche Einigungsbewegung in Frankreich auslöste, war er sich doch auch darüber klar, daß der Widerstand Napoleons mehr durch innenpolitische Notwendigkeiten als durch persönliche Überzeugung veranlaßt wurde. Bismarck hielt es nicht für ausgeschlossen, daß die Franzosen die deutsche Einigung schließlich hinnehmen würden. Noch im Jahre 1869, als das Zweite Kaiserreich zu einer konstitutionellen Monarchie wurde, gab er der Hoffnung Ausdruck, diese Tatsache werde zu einer solchen Entwicklung beitragen. Er erkannte die schweren Gefahren eines französisch-deutschen Krieges. Aber nach dem österreichischen Krieg war Bismarck abgeneigt, Zugeständnisse zu machen, um die Gefühle der Franzosen zu besänftigen, vor allem Zugeständnisse, die ihn der leisesten Kritik von seiten der deutschen Nationalisten hätten aussetzen können. Dies zeigte sich schon in der ersten französisch-preußischen Krise, die auf den preußischen Krieg gegen Österreich folgte. Nach Königgrätz wünschte Napoleon, wie wir sahen (siehe S. 422), deutsches Gebiet zu annektieren, und Bismarck wich seinen zudringlichen Forderungen aus. Um den Prestigeverlust wettzumachen, den er infolge von Königgrätz und seiner mexikanischen Abenteuer erlitten hatte, wandte sich Napoleon Belgien und Luxemburg als möglichen Objekten der französischen Expansion zu. Tatsächlich hatte ihn Bismarck in dieser Richtung ermutigt. Da der Erwerb Belgiens zum unmittelbaren Konflikt mit England führen mußte, suchte Napoleon Luxemburg zu annektieren.

Die Luxemburgkrise

Die Stellung Luxemburgs war äußerst verwickelt. Es war Mitglied des Deutschen Bundes gewesen, und die Stadt Luxemburg war eine Bundesfestung, in der Preußen eine Garnison hielt. Auch gehörte das Land zum Deutschen Zollverein. Aber der König der Niederlande war Großherzog von Luxemburg, und der Prager Friede hatte bestimmt, daß die Besitzungen der Niederlande nicht in den Norddeutschen Bund aufgenommen werden sollten. So war die Stellung Luxemburgs sehr schwierig geworden. Wenn Napoleon unmittelbar nach dem Prager Frieden von Luxemburg Besitz ergriffen hätte, wäre wahrscheinlich nichts dagegen unternommen worden. Im Frühjahr 1867 jedoch war das deutsche Nationalgefühl stärker geworden, und nach der Gründung des Norddeutschen Bundes legte Bismarck es darauf an, eine entschiedenere Stellung einzunehmen. Napoleon verhandelte mit König Wilhelm III. der Niederlande über den Verkauf Luxemburgs. Letzterer hätte gern das französische Geld angenommen, um damit auch zugleich den Schwierigkeiten zu entgehen, die sich aus der Personalunion Luxemburgs mit den Niederlanden ergaben, wagte es aber nicht, ohne Wissen der preußischen Regierung vollendete Tatsachen zu schaffen. So setzte er sich über die Einwände der Franzosen hinweg mit Berlin ins Einvernehmen. Bismarck stand daher vor der Forderung, aktiv und offen mit Frankreich zusammenzuarbeiten, um ein Land preiszugeben, das von den Deutschen als ein Teil Deutschlands angesehen wurde. Er beschloß, sich auf die Seite der deutschen Nationalbewegung zu stellen. Er brauchte ihre Unterstützung gerade in diesen Wochen für die Vollendung der Norddeutschen Verfassung und die Befestigung der Militärbündnisse mit den süddeutschen Staaten. Am 3. April 1867 riet er dem König von Holland, den Verkauf nicht abzuschließen, da angesichts der öffentlichen Agitation ein Krieg so gut wie unvermeidlich war, wenn Luxemburg an Frankreich abgetreten würde.

Dieser Herausforderung konnte sich Napoleon nicht beugen, und über zwei Wochen lang hatte es den Anschein, daß der Krieg bevorstünde. Aber Napoleon wußte, daß die französische Armee mangelhaft vorbereitet war, während andererseits Bismarck sich darüber klar war, daß der Krieg um ein Land, von dem er erklärt hatte, es könne nicht in den Norddeutschen Bund aufgenommen werden, sich nicht leicht rechtfertigen ließ. Er verwarf Moltkes Argument, der Krieg mit Frankreich sei unausweichlich und solle daher jetzt ausgefochten werden, wo Deutschland militärisch überlegen sei. Nachdem die Norddeutsche Verfassung zum Abschluß gekommen war, nahm er einen russischen Kompromißvorschlag an, der auf einer Anfang Mai 1867 in London abgehaltenen diplomatischen Konferenz der großen Mächte zur endgültigen Regelung wurde. Die preußische Garnison mußte aus Luxemburg zurückgezogen werden, und die Befestigungen wurden geschleift. Die Unabhängigkeit des Großherzogtums wurde unter eine etwas lose formulierte gemeinsame Garantie der Großmächte gestellt. Luxemburg blieb ein Mitglied des preußisch-deutschen Zollvereins.

Im ganzen gesehen bedeutete das Endergebnis der luxemburgischen Krise eine kaum verhüllte diplomatische Niederlage Napoleons. Dieser nahm sogleich eine Reform des Heeres vor, das in den folgenden Jahren modern bewaffnet wurde. Gleichzeitig versuchte er, Bündnisse anzubahnen, die Preußen zwingen sollten, die Sonderexistenz der süddeutschen Staaten zu respektieren. Er hoffte, Österreich und Italien für diese Zwecke zu gewinnen. Aber Italien hatte keinen guten Grund, zum Scheitern der deutschen nationalen Einigung beizutragen, es sei denn, daß eine solche Politik seine eigene nationale Einigung zum Abschluß gebracht hätte. Abgesehen von den Ansprüchen, die sie gegen Österreich erhoben, war den Italienern vor allem daran gelegen, Rom zu gewinnen; aber diesen Wunsch zu erfüllen sah sich Napoleon nicht imstande, denn er hätte dadurch die Unterstützung der klerikalen Gruppen eingebüßt. Doch auch mit der Donaumonarchie war es für Napoleon nicht leicht, ein Bündnis zu schließen. Österreich hätte dabei riskiert, sich die Sympathien des Volkes in Deutschland zu verscherzen. Nicht einmal unter den vielen süddeutschen Partikularisten oder den Deutschen im eigenen Lande wäre ein solches Bündnis populär gewesen. Die Ungarn ihrerseits wünschten nicht, die Donaumonarchie in die Rheinprobleme verwickelt zu sehen, erstrebten jedoch die Hilfe Frankreichs gegen die Russen am Balkan. Der Entwurf eines Geheimvertrags zwischen Frankreich, Österreich und Italien, der im Mai 1869 endgültige Form bekommen hatte, wurde nie unterzeichnet. Die Kaiser tauschten lediglich persönliche Briefe aus, die nicht bindender Natur waren, obgleich Napoleon offenbar glaubte, nunmehr auf Österreich rechnen zu können.

Es ist höchst zweifelhaft, ob Bismarck in diesen Bemühungen eine ernstliche Bedrohung des Norddeutschen Bundes sah. Die preußisch-russischen Beziehungen hatten sich 1867/68 sehr günstig entwickelt, vor allem infolge der österreichisch-russischen Konflikte über die Balkanprobleme. Bismarck nahm zwar den russischen Vorschlag eines Zweibundes im März 1868 nicht an, kam aber mit dem Zaren zu einer allgemeinen Verständigung, wonach sich beide Seiten gegenseitig Hilfe für den Fall versprachen, daß eines der Länder von zwei Mächten angegriffen würde. Aber der lebhafte diplomatische Austausch zwischen Frankreich, Österreich und Italien warf einen Schatten über den Kontinent und ermutigte alle, die sich Preußen oder wenigstens jedem weiteren Fortschritt der deutschen Einigung unter preußischer Führung widersetzten. Die Tatsache, daß die drei Mächte zusammenrückten, erhöhte die Zuversicht der Partikularisten, obgleich sogar im Falle der bayerischen Klerikalen die Beteiligung des antipäpstlichen Italien einige Verwirrung hervorrief. Diese Wirkung der französischen Diplomatie veranlaßte Bismarck, seine eigenen politischen Minen gegen Frankreich zu legen. Dazu boten die Ereignisse in Spanien Gelegenheit.

Die spanische Thronkandidatur

Im Jahre 1868 hatten die konservativen Gruppen in Spanien unter der Führung der Armee die ausschweifende Königin Isabella in die Verbannung getrieben. Danach hatten die Spanier begonnen, nach einem geeigneten Kandidaten für ihren Thron Ausschau zu halten, und schließlich fiel ihre Wahl auf den Prinzen Leopold, den Sohn des Fürsten Karl Anton von Hohenzollern-Sigmaringen. Während ihre Vettern im späten Mittelalter zu fränkischen und brandenburgischen Herrschern aufstiegen, waren die Sigmaringer Hohenzollern in Schwaben geblieben. Sie hatten an dem römisch-katholischen Glauben festgehalten und ein kleines Fürstentum aufgebaut, das sogar in den Rheinbund Napoleons und später in den Deutschen Bund aufgenommen wurde. Im Jahre 1849 hatte jedoch der regierende Fürst Karl Anton die Herrschaft an Preußen abgetreten. Seither galten die Sigmaringer Hohenzollern als Mitglieder des preußischen Königshauses. Fürst Karl Anton war preußischer Ministerpräsident in der Neuen Ära, während seine beiden Söhne, Leopold und Karl, als Offiziere in der preußischen Armee dienten.

Der jüngere Bruder, Prinz Karl, war mit der Genehmigung und der Hilfe Napoleons der Herrscher von Rumänien geworden. Leopold, der eine portugiesische Pinzessin geheiratet hatte, war durch seine Mutter, eine Murat, mit Napoleon verwandt. Diese Beziehungen ließen die spanischen Befürworter seiner Kandidatur hoffen, Napoleon werde schließlich nichts dagegen einzuwenden haben. Aber die einfachste Methode, die Haltung des französischen Kaisers zu erforschen, nämlich eine Konsultation, wurde absichtlich von Spanien vermieden. Allerdings konnte Napoleon nach Einführung der konstitutionellen Regierungsformen solche Fragen nicht mehr eigenmächtig entscheiden. Nachdem das *empire libéral* eingeführt worden war, übte die öffentliche Meinung in Frankreich einen viel größeren Einfluß auf die Regierung aus als vorher.

Die erste offizielle Fühlungnahme zwischen Marschall Prim, der die spanische Regierung vertrat, und Prinz Leopold von Hohenzollern-Sigmaringen fand im Februar statt. Schon damals tat Bismarck sein Bestes, um es dem Prinzen zu ermöglichen, den Thron anzunehmen. Aber trotz Bismarcks Vorstellungen weigerte sich König Wilhelm, das Projekt zu begünstigen, geschweige denn, Prinz Leopold, der seine Einwilligung von solchen ausdrücklichen Anordnungen abhängig machte, anzuweisen, sich auf die Verhandlungen einzulassen. Doch gab Bismarck Marschall Prim zu verstehen, diese Weigerung solle nicht als endgültig betrachtet werden. Gleichzeitig sandte er Gesandtschaften nach Spanien mit dem Geheimauftrag, so über die inneren Zustände des Landes zu berichten, daß Prinz Leopold davon überzeugt würde, es stünden einem neuen monarchischen Regime keine ernsten Schwierigkeiten entgegen. Als sich dann die Spanier erneut an Leopold wandten, erklärte sich dieser am 19. Juni 1870 im Prinzip zur Annahme bereit, und seine entschlossene Haltung veranlaßte König Wilhelm, sich mit seiner Kandidatur einverstanden zu erklären.

Wie er selbst zugestand, war Bismarck sowohl für das erneute spanische Angebot als auch für seine Annahme verantwortlich. Wir haben keinen ausreichenden Beweis dafür, daß er diese Aktionen einleitete, um einen Brand anzustiften, der im Kriege zwischen Frankreich und Preußen enden würde. Aber die spanische Kandidatur war ein Schachzug, um Napoleon lästig zu werden, und Bismarck sah ganz klar, daß er große politische Spannungen hervorrufen würde. Wenn ein Hohenzoller auf dem spanischen Throne säße, würden, so hoffte er, in Zeiten internationaler Krisen wenigstens einige französische Streitkräfte an den Pyrenäen gebunden sein. Offenbar sah er voraus, daß die Einsetzung eines Hohenzollernfürsten in Madrid auf den Widerstand der Franzosen stoßen würde, doch scheint er geglaubt zu haben, er könne jeden französischen Gegenzug vereiteln, wenn er seine eigenen Handlungen streng geheimhielt. Er erklärte, die Zustimmung König Wilhelms zur Kandidatur des Prinzen Leopold sei eine rein persönliche Angelegenheit des Familienoberhauptes. Da die Wahl durch die spanischen Cortes die erste öffentliche Bekanntmachung der Transaktionen sein würde, müßten die Franzosen, wenn sie Einspruch erheben wollten, den Spaniern das Recht bestreiten, ihre inneren Angelegenheiten nach eigenen Wünschen zu ordnen. Anscheinend hoffte Bismarck, die Franzosen würden genötigt werden, alle Gedanken an eine Intervention in Spanien aufzugeben. Daß er infolge einer solchen diplomatischen Niederlage ernstliche Unruhen in Frankreich erwartete, läßt sich nicht einwandfrei beweisen, sondern nur vermuten.

Am 2. Juli verlautbarte das spanische Kabinett die Kandidatur des Prinzen Leopold und verkündete ein baldiges Zusammentreten der Cortes, um ihn zu wählen. Diese Nachricht rief großen Unwillen in Frankreich hervor. Da dort nicht unbekannt geblieben war, daß Bismarck direkte Fühlung mit Spanien aufgenommen hatte, vermuteten die Regierung und das Publikum sogleich eine preußische Verschwörung gegen die Sicherheit der südlichen Grenzen Frankreichs. Die Behauptung des preußischen Auswärtigen Amtes, die Regierung habe mit der Kandidatur nichts zu tun und König Wilhelm habe seine Einwilligung nicht in seiner Eigenschaft als König, sondern lediglich als das Haupt des Hauses Hohenzollern gegeben, konnte nur als eine recht unverfrorene Ausrede ausgelegt werden und empörte die Franzosen noch mehr. Die französische Kammer schürte die Flammen der nationalen Erregung, und am 5. Juli gab der französische Außenminister, Herzog von Gramont, in drohender Sprache zu verstehen, Frankreich werde es nicht dulden, „daß eine fremde Macht einen ihrer Prinzen auf den Thron Karls V. setze".

Da Bismarck nicht in Berlin anwesend war und die französische Regierung nicht hoffen konnte, in seiner Abwesenheit befriedigende Verhandlungsresultate mit Berlin zu erzielen, schickte sie ihren Botschafter, Graf Benedetti, nach Ems, wo König Wilhelm sich zur Kur aufhielt. Zwischen dem 9. und 13. Juli traf der König viermal mit dem Botschafter zusammen. Er gab offen zu, daß er die Handlungen des Prinzen gebilligt habe, und erklärte, er werde zwar seine Haltung nicht ändern, aber auch keinen Einwand erheben, wenn der Prinz freiwillig auf die Kandidatur verzichte. Tatsächlich fürchtete er, die Thronbesteigung des Prinzen, die ihm nie besonders geheuer gewesen war, könne nun zur Kriegsursache werden. Da Prinz Leopold, der auf Ferien in der Schweiz weilte, nicht erreichbar war, überredete Wilhelm I. den Vater Leopolds, Fürst Karl Anton, die Kandidatur seines Sohnes zu widerrufen. Karl Anton benachrichtigte am 12. Juli Madrid und Paris von der Verzichtleistung seines Sohnes. Paris blieb natürlich etwas skeptisch, ob diese Erklärung den Absichten des Prinzen Leopold ganz entspräche. Aber gleichzeitig wünschte die französische Regierung, den augenscheinlichen Rückzug Preußens dazu auszunutzen, um die Überlegenheit Frankreichs zu demonstrieren. Benedetti wurde angewiesen, von Wilhelm I. eine Erklärung zu verlangen, daß er nicht nur Leopolds Verzicht billige, sondern auch in Zukunft keine Kandidatur des Prinzen dulden würde.

Als Benedetti am 13. Juli Wilhelm I. diese Forderung in Ems vortrug, erklärte sich der König bereit, den Verzicht des Prinzen zu billigen, weigerte sich jedoch, eine Garantie für die Zukunft zu übernehmen. Doch gab er in der Unterhaltung, die in höflicher Form verlief, dem Botschafter zu verstehen, er werde ihn möglicherweise noch einmal sehen wollen, nachdem ihm Karl Anton den Verzicht des Prinzen, über den er bisher nur in der Zeitung gelesen hatte, bestätigt habe. Als das Schreiben aus Sigmaringen eingelaufen war, informierte der König Benedetti durch seinen Flügeladjutanten, daß er die Verzichtleistung billige und, da er darüber hinaus nichts mitzuteilen habe, weitere Besprechungen für überflüssig hielte. Hierdurch beabsichtigte der König keineswegs eine Brüskierung des französischen Diplomaten, mit dem er am nächsten Tag am Emser Bahnhof vor dessen Abfahrt freundliche Worte austauschte. Der Beweggrund zu seiner Botschaft vom Nachmittag des 13. Juli lag teilweise in dem, was er nach seinem morgendlichen Treffen mit Benedetti über die Haltung Bismarcks erfahren hatte.

Zu der Zeit, als die Nachricht von der Kandidatur Leopolds in Madrid bekannt wurde, hielt sich Bismarck auf seinem pommerschen Gut Varzin auf. Die drohende Sprache des Herzogs von Gramont und der französischen Kammer erregten seinen heftigen Zorn. Er wollte alles vermieden sehen, was den Anschein erwecken konnte, daß Preußen sich unter französischem Druck zurückziehe. Offenbar fürchtete er vor allem die Wirkung eines solchen Eindrucks auf die süddeutschen Staaten, wo die partikularistischen Bestrebungen in letzter Zeit große Fortschritte gemacht hatten. Alle Schritte Bismarcks in diesen Tagen zeigen seine Entschlossenheit, der Drohung Frankreichs unnachgiebig zu begegnen, selbst wenn dies den Krieg bedeuten sollte. Aber Wilhelm I. hatte durch seine Gespräche mit Benedetti und seine Vorstellungen bei den Sigmaringer Hohenzollern, sie sollten die spanische Kandidatur aufgeben, Bismarcks Politik durchkreuzt. So entschloß sich dieser, nach Ems zu gehen, um seine Absichten durchzusetzen. Falls es ihm nicht gelänge, den König zu überzeugen, gedachte er zurückzutreten. Nach seiner Ankunft in Berlin erfuhr er von der Verzichtleistung Leopolds und entschloß sich, nicht nach Ems weiterzureisen, da er glaubte, er habe das Spiel verloren.

Die Emser Depesche

Aber Bismarck war nicht der Mann, einen Kampf leicht aufzugeben. Der König erfuhr durch den Innenminister, Graf Eulenburg, mit welchem Zorn Bismarck auf die Begebenheiten in Ems und Sigmaringen reagiert hatte. Graf Eulenburg sah den König kurz nach dessen Treffen mit Benedetti, und sein Bericht hatte Einfluß auf den Entschluß des Königs, diesen nicht wiederzusehen. Der Geheime Rat Abeken, der sich als Vertreter des Auswärtigen Amts in der Umgebung des Königs befand, sandte an Bismarck eine Depesche, in der die Ereignisse des 13. Juli in genauer und wahrheitsgemäßer Weise geschildert wurden. Das Telegramm enthielt den Zusatz, der König überlasse es dem Gutdünken Bismarcks, „ob nicht die neue Forderung Benedettis und ihre Zurückweisung sogleich sowohl unseren Gesandten als der Presse mitgeteilt werden solle“.

Als diese „Emser Depesche“ vom 13. Juli einlangte, saß Bismarck mit Moltke und Roon beim Essen. Sie waren über die nachgiebige Haltung des Königs niedergeschlagen, da sie den Franzosen zu einem diplomatischen Triumph verholfen zu haben schien. Aber das Kommuniqué, das Bismarck für die Presse und die preußischen Gesandten entwarf, war so herausfordernd, daß sich die Stimmung der Gesellschaft bald wieder hob. Bismarck machte sich die Zumutung zunutze, die in der französischen Forderung lag, der König solle versprechen, auch in Zukunft eine Hohenzollern-Kandidatur nicht zuzulassen. Dadurch, daß er alles andere, was zwischen dem König und Benedetti besprochen worden war, ausließ und lediglich berichtete, der König habe es „daraufhin" abgelehnt, den Botschafter noch einmal zu sehen, und habe ihn später durch seinen Adjutanten wissen lassen, er habe ihm sonst nichts mitzuteilen, erweckte er den Eindruck, daß die Franzosen mit ihrer anstößigen Politik die französisch-preußischen Beziehungen dem Abbruch nahegebracht hätten. Diese Mitteilung Bismarcks an die Presse enthielt schwerwiegende Entstellungen der tatsächlichen Vorgänge. Andererseits muß man sagen, daß es die französische Politik darauf abgesehen hatte, Bismarck in die Enge zu treiben und Preußen durch die Kriegsdrohung zu demütigen.

Nach einigen Beratungen hatte die französische Regierung entschieden, daß die Ergebnisse der Verhandlungen Benedettis mit Wilhelm I. genügten, um der Kammer die Erklärung zu gestatten, das französische Reich habe wieder, wie im Jahre 1866, als es Preußen am Main zum Stillstand brachte, seinen beherrschenden Einfluß auf dem Festland bewiesen. Aber der Fehdehandschuh, den Bismarck hinwarf, machte eine solche Erklärung unmöglich. Unter diesen Umständen am Frieden festzuhalten hätte in den Augen der Welt wie das Hinnehmen einer Beleidigung ausgesehen und Napoleons Stellung in Frankreich erheblich geschwächt. Der Kaiser hatte tatsächlich Grund, über die Haltung der Armee besorgt zu sein. Obgleich das Plebiszit vom Frühjahr 1870, durch das die zur Schaffung des *empire libéral* nötigen Verfassungsänderungen gebilligt worden waren, eine kräftige Unterstützung für Napoleon bedeutet hatte, waren die vielen gegnerischen Stimmen in der Armee beunruhigend gewesen. Andererseits fühlte sich die französische Regierung mächtig, sowohl was die Stärke des Heeres als was ihre internationalen Beziehungen anbetraf. Sie rechnete nicht nur auf Österreich, sondern auch auf die Neutralität der süddeutschen Staaten, denn sie glaubte, die Tatsache, daß es sich um Spanien handle, werde ihnen eine ausgezeichnete Entschuldigung an die Hand geben, die Defensivbündnisse von 1866/67 für unanwendbar zu erklären. Diese Überlegungen veranlaßten die französische Regierung zur Kriegserklärung gegen Preußen.

Kriegserklärung

Es besteht kein Zweifel, daß Bismarck am Vorabend des 13. Juli 1870 wußte, daß seine Mitteilung an die Presse diese französische Reaktion hervorrufen würde. Tatsächlich wünschte er auch dieses Ergebnis, da er der Ansicht war, eine ernste diplomatische Niederlage würde die Aussichten auf die schließliche Verwirklichung der deutschen Einigung beeinträchtigen. Die Begeisterung für dieses Ziel war schon eine Zeitlang abgeflaut. Nichts konnte die nationale Bewegung in Süddeutschland erfolgreicher anfeuern als eine Drohung oder Kränkung von seiten Frankreichs. Bismarcks politisches Urteil erwies sich auch als völlig richtig. Als die bayerische Regierung des Grafen Bray einen lahmen Versuch machte, sich den Verpflichtungen ihres Bündnisses mit Preußen zu entziehen, zeigte sich rasch, daß eine solche Politik angesichts der leidenschaftlichen antifranzösischen Stimmung des Volkes nicht verfolgt werden konnte. Auch in seiner Beurteilung der internationalen Lage irrte Bismarck nicht. Er nahm mit Recht an, daß nicht nur Süddeutschland auf seiten Preußens kämpfen würde, sondern daß auch Österreich-Ungarn auf Grund von Meinungsverschiedenheiten in der Regierung und infolge der Haltung Rußlands sich vom Krieg fernhalten würde. Zudem sah er richtig voraus, daß die internationale Reaktion auf die diplomatischen Ereignisse im allgemeinen günstig für Preußen sein werde. Der König von Preußen hatte große Geduld mit dem ungestümen Verhalten der Franzosen bewiesen, und erst deren unerträgliche Forderung, er solle ein Versprechen für die Zukunft abgeben, hatte den Abbruch der französisch-deutschen Beziehungen heraufbeschworen. Noch ein anderer günstiger Umstand trat hinzu. England sah voll Mißvergnügen auf die imperialistischen Eingriffe Napoleons in der westlichen Hemisphäre und in der Levante, während ihm der Gedanke einer deutschen Einigung unter der Führung des protestantischen Preußen von jeher sympathisch gewesen war.

So waren es sowohl auf der französischen wie auf der preußischen Seite internationale und nationale Gründe, die den blutigsten europäischen Krieg des 19. Jahrhunderts verursachten, einen Krieg, der einerseits zur deutschen Einigung, gleichzeitig aber auch zu ungelösten Spannungen führen sollte, von denen sich Europa nie wieder erholt hat.

Als die Franzosen am 19. Juli 1870 den Krieg erklärten, ahnten sie nichts von der Geschwindigkeit der deutschen Mobilmachung. Sie ließen sich durch die lange Verzögerung bei der Eröffnung der Feindseligkeiten von 1866 irreführen. Aber diese war nicht durch technische Schwierigkeiten hervorgerufen worden, sondern durch den langwierigen politischen Kampf zwischen Bismarck und Wilhelm I. Die französischen Truppen sammelten sich noch im Innern Frankreichs, als die deutschen Heere vom Saargebiet und der Pfalz aus bereits die Offensive ergriffen. Das im Krimkrieg und in den italienischen Kriegen der fünfziger Jahre erprobte französische Heer war im Grunde ein Berufsheer. Jeder Soldat in der Armee des Zweiten Kaiserreichs hatte im Durchschnitt sieben Jahre gedient, während die preußischen Soldaten nicht mehr als eine zweieinhalbjährige Dienstzeit absolvierten. Zahlenmäßig waren die deutschen Truppen der französischen Armee weit überlegen. Die Kavallerietaktik der Franzosen war veraltet, und ihre Artillerie kämpfte immer noch mit Vorderladern gegen Krupps Hinterlader. Aber in ihren „Mitrailleuses" besaßen sie ein frühes Maschinengewehr, und ihre Infanterie war mit dem Chassepotgewehr ausgerüstet, das erheblich besser als das preußische Zündnadelgewehr war.

Krieg gegen Frankreich

Im ganzen gesehen läßt sich sagen, daß Mannschaftsstärke und Strategie den ersten Teil des französisch-preußischen Krieges entschieden. Obgleich Moltkes Autorität jetzt bereitwilligere Anerkennung als im Jahre 1866 fand, durchkreuzten die Handlungen einzelner Heereskommandeure seinen ursprünglichen Plan, der eine Entscheidungsschlacht — wie Königgrätz — gleich zu Beginn des Feldzuges suchte. Immerhin waren die frühen Erfolge der deutschen Armeen von Bedeutung. Sie wurden im nördlichen Elsaß gegen die Armee MacMahons und in Lothringen gegen die stärkste französische Armee gewonnen, die, ursprünglich von Napoleon kommandiert, bald Bazaine unterstellt wurde. Diese frühen deutschen Siege begruben alle Aussichten auf eine Invasion der Franzosen in Deutschland und trugen so dazu bei, daß Österreich-Ungarn beschloß, neutral zu bleiben. Außerdem erschütterten die Grenzschlachten die Zuversicht der französischen Armeeführer. MacMahons Armee war noch nicht einmal in voller Kriegsbereitschaft, als ihr vom Heer des preußischen Kronprinzen die ersten Schlappen beigebracht wurden. MacMahon zog sich mit seiner Armee nach Châlons zurück, um sie dort zu verstärken.

Bazaines Armee fiel in Richtung Metz zurück, verfolgt von den Deutschen, die in einer kühnen Operation die Mosel südlich von Metz überschritten und dadurch seine Verbindungslinien mit dem Innern Frankreichs bedrohten. Zwischen dem 16. und 18. August wurden bei Mars-la-Tour-Vionville und St. Privat-Gravelotte mörderische Schlachten mit verkehrten Fronten — die deutsche Front gegen Osten gerichtet — geschlagen. Der Ausgang des bitteren Kampfes war lange in der Schwebe. Die zeitweilige Einmischung des Königs von Preußen in das Kommando und die Sturheit eines seiner Armeekommandeure führten zu kritischen Augenblicken. Die Entscheidung fiel am 18. August, als es dem Kronprinzen Albert von Sachsen gelang, sein sächsisches Armeekorps in die nördliche Flanke der französischen Linien eindringen zu lassen. Die Franzosen wurden gezwungen, sich in die Festung Metz zurückzuziehen, die von starken deutschen Truppen unter dem Befehl von Prinz Friedrich Karl von Preußen belagert wurde.

Zwei deutsche Armeen unter dem Oberbefehl des Kronprinzen von Preußen und des Kronprinzen von Sachsen marschierten auf die Champagne zu, wo sie MacMahon eine Schlacht zu liefern hofften. Dieser hatte sich jedoch unterdessen nordwärts gewandt in der Absicht, an den deutschen Armeen vorbei Metz vom

Nordwesten her zu erreichen und so die Belagerung aufzuheben. Aber die Deutschen entdeckten MacMahons Operationen zeitig genug, um ihm nach Norden zu folgen. Die Franzosen waren in ihren Operationen durch die belgische Grenze behindert, und daher gelang es Moltke, MacMahon zu zwingen, sich am 1. September 1870 bei Sedan zur Schlacht zu stellen. Die Deutschen legten einen eisernen Ring um die alte Festungsstadt, und obgleich die französischen Truppen tapfer kämpften, konnten sie die Einkreisung nicht durchbrechen. Am 2. September mußte sich die Armee MacMahons und mit ihr Kaiser Napoleon ergeben. Dieser glänzende Sieg erschien der großen Mehrheit des deutschen Volkes als eine volle Rechtfertigung für das militärische System und die Führerschaft Preußens, unter der Deutsche aus allen Teilen der Nation gekämpft hatten. Dank dieser nationalen Einigkeit, so argumentierte man, war es schließlich geglückt, die Schmach zu rächen, die Ludwig XIV. und die beiden Napoleon Deutschland in der Vergangenheit angetan hatten.

Krieg gegen die französische Republik

Überall in Deutschland war die patriotische Begeisterung groß. Das Volk übte auf die Regierungen erhöhten Druck aus, Deutschland zu einem Reich zu vereinigen, das die süddeutschen Staaten einschließen würde. Doch verlangte der nationale Stolz auch eine äußere Genugtuung in der Form der Rückgabe des Elsaß. Bismarck und noch mehr Moltke waren überzeugt, daß nunmehr die Grenze Deutschlands am Oberrhein weiter nach Westen verschoben werden müsse. Aber die republikanische „Regierung der nationalen Verteidigung", die am 4. September in Paris unter General Trochu gebildet wurde und in der Léon Gambetta das Innere und Jules Favre das Äußere übernahmen, verwarf alle Zugeständnisse dieser Art und hatte in dieser Frage die ganze französische Nation hinter sich. So wurde der Krieg fünf weitere Monate nach dem Zusammenbruch des Zweiten Kaiserreichs fortgesetzt.

Da die kaiserlich-französische Armee in der Hauptsache den Charakter eines Berufsheeres hatte, war nur ein kleiner Teil der wehrfähigen französischen Bevölkerung mobilisiert worden. Aber der amerikanische Bürgerkrieg schien den Beweis erbracht zu haben, daß große Armeen ohne ein umfangreiches Offizierskorps und andere Berufssoldaten gebildet werden konnten. Tatsächlich gelang es der provisorischen Regierung in Frankreich, 600 000 Mann einzuziehen, deren Qualität jedoch sehr ungleichmäßig war. Ihre Waffen und ihre Ausrüstung, zum Teil in großer Hast in England und in den Vereinigten Staaten gekauft, waren bunt zusammengewürfelt. Trotzdem bildeten diese Armeen, die in den südlichen und westlichen Provinzen aufgestellt wurden, für die Deutschen in Frankreich eine ernste Bedrohung. Bei der preußischen Heeresreform Wilhelms I. und Roons war die Ausbildung der Landwehr und die Schaffung eines großen

Reservoirs von Reserveoffizieren vernachlässigt worden, und man hatte keine leicht ausführbare Methode vorgesehen, um die preußische Armee in Kriegszeiten zu vergrößern. Diese bestand 1870 aus jungen Rekruten, die intensiv von einem vorwiegend aus Adeligen zusammengesetzten Korps von Berufsoffizieren ausgebildet worden waren. Daher war es schwierig, die deutschen Streitkräfte wesentlich zu verstärken.

Die deutschen Armeen, die bei Sedan gekämpft hatten, kamen am 19. September vor Paris an, waren aber nicht stark genug, um eine vollständige Belagerung der großen französischen Hauptstadt durchzuführen. Zwar wurden durch den Fall von Metz und die Gefangennahme von Bazaines Heer am 3. Oktober die Truppen von Prinz Friedrich Karl verfügbar, aber einige von ihnen mußten bald zum Kampf in den Provinzen abgeordnet werden. Moltke sah keine Möglichkeit, Paris rasch zu erobern. Ein Sturm auf die Stadt hätte schwere Verluste mit sich gebracht, und der Sieg war unsicher. Eine Bombardierung der Stadt, die Bismarck verlangte, hatte wenig Aussicht auf Erfolg, solange die deutsche Armee nur wenige Belagerungsgeschütze besaß, und es hätte viele Wochen gedauert, eine beträchtliche Anzahl von ihnen aus Deutschland heranzubringen. Unter diesen Umständen war die Aushungerung der Stadt die wichtigste Waffe. Bismarck war über das langsame Tempo der militärischen Operationen und die Gefahr eines wachsenden nationalen Widerstandes in Frankreich tief beunruhigt. Auch aus diesem Grunde schien es ihm, daß es den Generälen an Entschlossenheit fehle. Gelegentlich verlangte er die Anwendung terroristischer Methoden als das beste Mittel, um die Franzosen daran zu hindern, einer Handvoll ehrgeiziger politischer Hitzköpfe zu folgen. Dies war eine seltsame Fehleinschätzung des Patriotismus des französischen Volkes und seiner Führer.

Tatsächlich hätte Bismarck nur allzugern den Nationalstolz der Franzosen und die Regeln der Humanität respektiert, vorausgesetzt, daß er eine französische Regierung hätte finden können, die bereit gewesen wäre, auf seine Friedensbedingungen, insbesondere auf die Abtretung von Gebieten am Oberrhein, einzugehen. Eine Zeitlang dachte er an die Möglichkeit, Napoleon III. oder Marschall Bazaine zu diesem Zweck einzusetzen. Aber diese unbestimmten Pläne führten zu nichts; ihr Scheitern hinterließ bei Bismarck die ständige Furcht vor einem Krieg von ungewisser Dauer, der den neutralen Großmächten Gelegenheit geben würde, zu intervenieren und die Frage eines französisch-deutschen Friedensschlusses vor ihr Forum zu bringen. Daher verdoppelte er seine Anstrengungen, auf das militärische Planen des Krieges Einfluß zu gewinnen. Aber hier fand er sich als der Gefangene seiner eigenen früheren Politik. Im preußischen Verfassungskonflikt hatte er die ausschließliche Kommandogewalt des Königs in Heeresangelegenheiten nachdrücklich verteidigt. Folglich blieb er selber, als preußischer Ministerpräsident und Bundeskanzler, ohne Gewalt über die Armee.

Konflikt zwischen Moltke und Bismarck

Moltke betrachtete sich als den Hüter der preußischen Armeetradition und den ausschließlichen militärischen Ratgeber des Königs und seines Ministerpräsidenten, der seinerseits des Königs oberster politischer Berater war. Er war der Ansicht, daß „für den Gang des Krieges vorwiegend militärische Rücksichten maßgebend" seien. Er gab zu, daß die Entscheidung, zu welchem Zeitpunkt ein Krieg begonnen werden sollte, beim Staatsmann liege und daß dieser über den Friedensschluß entscheiden müsse, aber erst nachdem der Erfolg oder Mißerfolg des Krieges von den Soldaten entschieden worden sei. Moltke definierte den Erfolg als das Erreichen „des höchsten Zieles, welches die gebotenen Mittel überhaupt erreichbar machen". Im Falle des augenblicklichen Krieges mit Frankreich bedeutete dies die Gefangennahme aller französischen Streitkräfte und die vollständige Besetzung Frankreichs. Er glaubte, daß die endgültige Niederlage der Franzosen erreichbar sei und daß nur eine solche absolute Niederlage in Zukunft eine Bedrohung Deutschlands durch Frankreich verhindern würde.

Moltke hatte sich, wie wir schon sahen, die Grundlehre von Clausewitz, daß der Krieg ein „politischer Akt" sei und einzig „die Unterordnung des militärischen Gesichtspunktes unter den politischen" vernünftig sei, nicht angeeignet. Er faßte den Krieg als einen von fachmännischen Militärs ausgefochtenen Zweikampf auf und sah daher nicht ein, warum ein Feldherr ständiger politischer Ratgeber bedürfe, geschweige denn, warum ein Krieg unter der Leitung eines Staatsmanns geführt werden solle. Er erkannte nicht, daß er durch sein Verlangen nach dem totalen Sieg dem Staat eine Politik auferlegte, die schwer zu verantworten war und, selbst wenn sie Erfolg hätte, aller Wahrscheinlichkeit nach keine bleibenden Gewinne erzielen würde. Aber würden die europäischen Mächte in einem langen Krieg passiv zusehen und nicht doch vielleicht eingreifen? Andererseits, angenommen daß den deutschen Armeen nach der Vernichtung aller französischen Streitkräfte die vollständige Besetzung Frankreichs gelänge, mit wem sollte dann Deutschland Frieden schließen? Und würde nicht die französische Nation nach einer solchen Erniedrigung alle ihre Energien auf eine Wiederherstellung ihrer nationalen Stellung verwenden?

Obwohl Bismarck seine Kritik an den militärischen Operationen zeitweilig auf Gebiete übertrug, die mit Staatsführung nichts zu tun hatten, war doch seine Forderung gerechtfertigt, das militärische Kommando solle der politischen Leitung des Staates untergeordnet werden. Konflikte zwischen militärischen und zivilen Führern über die politische Seite der Kriegführung hat es zwar unter jedem Regierungssystem gegeben, aber in einer Militärmonarchie ist es besonders schwer, sie zu schlichten. Der König neigte natürlich dazu, sich auf die Seite der Generäle zu stellen, vor allem, wo die Armee durch große Siege ihre Tüchtigkeit im Kampfe bewiesen hatte. Im Konflikt zwischen Bismarck und Moltke in den Jahren 1870/71 trat eine strukturelle Schwäche des Bismarckschen Staates zutage, die 45 Jahre später viel zu seinem Fall beitragen sollte.

In den Jahren 1870/71 zeigte sich jedoch die Willenskraft des Staatsmanns der des Heerführers weit überlegen. Moltkes ruhigem Geist verlangte nicht nach persönlicher Macht, und sein Pflichtgefühl verbot ihm, gegen eine vom König getroffene Entscheidung zu rebellieren. Wilhelm I. wurde von dem widerspruchsvollen Rat, der ihm zuteil wurde, aufs qualvollste hin und her gerissen, aber schließlich konnte er den leidenschaftlichen Vorstellungen seines Ministerpräsidenten nicht widerstehen, der ihn so sicher durch manche beängstigende Krise hindurchgesteuert hatte. So gelang es Bismarck Mitte Januar 1871 sogar die Verhandlungen über die Übergabe von Paris in die Hand zu bekommen. Im Gegensatz zu Moltke, der dem Feind eine harte „Kapitulation" auferlegen wollte, schloß der Kanzler eine „Konvention" ab, bei der ängstlich alles vermieden wurde, was nach Vergeltung aussah. Während des Waffenstillstandes, der am 28. Januar 1871 unterzeichnet wurde, blieb die Stadt Paris sogar von der Besetzung durch deutsche Truppen verschont. Es war Bismarcks Hauptwunsch, die Bildung einer französischen Regierung zu fördern, die zum Friedensschluß bereit war. Die Konvention vom 28. Januar sah baldige allgemeine Wahlen für eine französische Nationalversammlung vor, die Frankreich in den Friedensverhandlungen mit Deutschland vertreten könne. Diese trat am 13. Februar in Bordeaux zusammen und ernannte eine provisorische Regierung mit Adolphe Thiers an der Spitze. Eine Woche später trafen Adolphe Thiers und Jules Favre in Versailles ein, um die Diskussion über einen Präliminarfrieden zu eröffnen.

Friedensverhandlungen

Die neue französische Regierung fand sich auf der internationalen Ebene völlig isoliert. Ganz Europa sympathisierte zwar mit Frankreich, vor allem nach dem Fall des Kaiserreiches, und keine einzige Regierung, einschließlich Rußlands, billigte die deutschen Kriegsziele. Aber das Zeitalter des europäischen Konzerts war vorüber. Die französisch-deutsche Grenze, die der Wiener Kongreß von grundlegender Bedeutung für die Aufrechterhaltung des europäischen Friedens gehalten hatte, war jetzt dem Diktat einer einzigen Macht ausgeliefert. Der österreichische Ministerpräsident Graf Beust hatte sich nach der Schlacht von Sedan darum bemüht, eine Front neutraler Mächte aufzubauen, die zwischen Frankreich und Deutschland über den Abschluß eines Waffenstillstandes und nachfolgenden Friedens vermitteln könnten. Aber die russische Regierung weigerte sich, an diesen Bemühungen teilzunehmen, und beschloß statt dessen, von Bismarck bestärkt, sich von einer verhaßten Verpflichtung zu befreien, die der Pariser Friede von 1856 Rußland auferlegt hatte. Am 9. November 1870 kündigte sie die sogenannte Pontus-Klausel, die Rußland die Unterhaltung einer

Flotte im Schwarzen Meer verbot. Dieser Bruch des internationalen Rechts verursachte in England tiefe Mißstimmung nicht nur gegen Rußland, sondern auch gegen Deutschland, von dem man mit gutem Grund annahm, daß es seine Hand mit im Spiele hätte. Aber England hielt einen Krieg mit Rußland für wenig aussichtsreich, selbst wenn Österreich sich als Bundesgenosse beteiligen würde, wo wenigstens im Augenblick kriegerische Elemente die Oberhand zu gewinnen schienen. So gab sich schließlich die englische Regierung damit zufrieden, daß Rußland auf den Vorschlag Bismarcks einging, die Pontus-Klausel von einer Konferenz der unterzeichnenden Mächte des Pariser Vertrags aufheben zu lassen. Diese Konferenz trat im Januar 1871 in London zusammen. Frankreichs Hoffnung, zugelassen zu werden und seine eigene Sache vor den europäischen Mächten zu vertreten, wurde von Rußland und Preußen durchkreuzt. Erst im März 1871, d. h. nach der Unterzeichnung des Präliminarfriedens zwischen Deutschland und Frankreich, wurden die Vertreter Frankreichs zugelassen.

In den Verhandlungen, die zwischen Bismarck auf der einen und Adolphe Thiers und Jules Favre auf der anderen Seite abgehalten wurden, forderte der Kanzler von Frankreich die Abtretung des Elsaß (mit Straßburg), einer Gruppe deutschsprachiger Bezirke von Lothringen sowie der Festung Metz mit dem umliegenden großen französischsprachigen Gebiet. Außerdem verlangte er die Abtretung der Festung Belfort, die die burgundische Pforte zwischen den Vogesen und dem Schweizer Jura beherrschte, und die Zahlung einer Kriegsentschädigung von sechs Milliarden Francs.

Bismarck legte in den Verhandlungen mit Frankreich mehr Zweifel und weniger Selbstsicherheit an den Tag als beim Friedensschluß mit Österreich. Im Jahre 1866 war er entschlossen gewesen, einen Frieden durchzusetzen, der die Versöhnung und künftige Zusammenarbeit mit Österreich gewährleisten würde. Auch in den Jahren 1870/71 trachtete er offenbar, einen Gewaltfrieden zu vermeiden, im Gegensatz zu Moltke, der den Franzosen gern noch weitere Bedingungen auferlegt hätte, wie die Beschränkung ihrer Armeestärke oder das Schleifen ihres Festungssystems. Trotzdem verhinderte der Friede, den Frankreich unterzeichnen mußte, die Wiederherstellung freundlicher Beziehungen zwischen den beiden Ländern auf absehbare Zeit, und Bismarck war sich dieser ernsten Folgen voll bewußt.

Die Annexion von Elsaß-Lothringen

Bismarck hatte nichts gegen den laut vorgetragenen Wunsch des deutschen Volkes nach der Annexion von Elsaß-Lothringen einzuwenden und tat sein Bestes, die Stimmen — vor allem der Sozialisten und Demokraten —, die vor Annexionen warnten, zum Schweigen zu bringen. Aber er teilte nicht die Beweggründe und Erwartungen, die eine erregte öffentliche Meinung veranlaßten, auf die Wiedergewinnung alter deutscher Lande zu drängen. Die deutschen Nationalisten, die jetzt tonangebend wurden, bestanden auf der Erwerbung von Elsaß-Lothringen, weil die Bevölkerung der Rasse und Sprache nach deutsch war. Das Argument, daß diese Bevölkerung glückliche und loyale französische Bürger waren, wurde leichthin beiseitegefegt. Nach der Rückgabe von Elsaß-Lothringen an Deutschland würden, so erklärte man, die Herzen der Elsässer bald im selben Rhythmus wie die der Deutschen schlagen, die jetzt in einem einzigen deutschen Nationalstaat vereinigt waren. Auch war es in Deutschland Mode geworden, sich die Franzosen als eine physisch und moralisch dekadente Nation vorzustellen. Heinrich von Treitschke ließ sich zu der geradezu hysterisch klingenden Behauptung hinreißen: „Die Beherrschung eines deutschen Stammes durch Franzosen blieb jederzeit ein ungesunder Zustand, heute ist sie ein Verbrechen wider die Vernunft der Geschichte, eine Knechtung freier Männer durch halbgebildete Barbaren", und: „Wir Deutschen, die wir Deutschland und Frankreich kennen, wissen besser, was den Elsässern frommt, als jene Unglücklichen selber, die in der Verbindung ihres französischen Lebens von dem neuen Deutschland ohne treue Kunde blieben. Wir wollen ihnen wider ihren Willen ihr eigenes Selbst zurückgeben." Dies war die Sprache eines Nationalisten, der eine vulgarisierte Hegelsche Philosophie mit einem nicht dazupassenden Darwinismus verband.

Bismarck glaubte nicht an das Prinzip der nationalen Selbstbestimmung. Auch war er nicht überzeugt, daß man die Bevölkerung dieser oberrheinischen Gegend, die sich unter Frankreich seit den Tagen Napoleons I. zu einer der reichsten des europäischen Festlandes entwickelt hatte, ohne weiteres zu zufriedenen deutschen Untertanen machen könne. Das Elsaß war im Jahre 1871 ein moderneres Land als Baden auf der anderen Seite des Rheins oder sonst eines der deutschen Länder. Überdies spielten die Elsässer eine wichtige Rolle im öffentlichen und kulturellen Leben Frankreichs. Bismarck kannte offenbar all diese Tatsachen. Sein Entschluß, die Grenzen von 1815 zu verändern, beruhte auf strategischen Überlegungen. Er hielt die Annexion des Elsaß mit Straßburg für notwendig, um die Sicherheit Süddeutschlands zu erhöhen und jeden möglichen Druck Frankreichs auf die süddeutschen Staaten zu verhindern.

Dieses Ziel hätte möglicherweise durch die Annexion der deutschsprachigen Gegenden auf dem linken Rheinufer erreicht werden können. Angesichts der eindeutigen Haltung der Elsässer hätte freilich auch diese Entscheidung das Recht der Selbstbestimmung nicht berücksichtigt, aber sie wäre von der Welt als ein Anzeichen dafür genommen worden, daß sich Deutschland mit seiner nationalen Einigung begnügte und nicht eine Stellung dauernder strategischer Überlegenheit über Frankreich zu gewinnen suchte. Tatsächlich zögerte Bismarck auch, über die Annexion der deutschsprachigen Gebiete hinauszugehen, aber da er seinen Kampf mit der Armee in politischer Hinsicht gewonnen hatte, war er nun geneigt, Moltkes militärischen Vorschlägen größeres Gewicht beizumessen. Persönlich war er überzeugt, die Franzosen würden in jedem Fall, ganz bestimmt jedoch nach der Abtretung des Elsaß, versuchen, die Ergebnisse des gegenwärtigen Krieges rückgängig zu machen. Daher schien ihm die Gewinnung einer militärisch günstigen Grenze alle anderen Überlegungen in den Schatten zu stellen. Moltke schrieb dem Besitz von Belfort eine große und dem von Metz eine noch größere Bedeutung zu. Mit einigem Zögern nahm Bismarck die Abtretung von Belfort und Metz in sein ursprüngliches Friedensprogramm auf, ging aber wieder einen halben Schritt zurück, als er in seinen Verhandlungen mit Thiers und Favre den Anspruch auf Belfort fallenließ. Selbst in seinem späteren Leben scheint Bismarck niemals ganz davon überzeugt gewesen zu sein, daß die Besitznahme von Metz eine weise Entscheidung war. Aber im Jahre 1871 war auch er von dem kriegerischen Nationalismus affiziert, der sowohl das deutsche als auch das französische Volk während des Krieges ergriffen hatte. Der Friede, den er abschloß, war nicht dazu angetan, den bösen Geist dieses Nationalismus zu bannen, und trug im Gegenteil viel dazu bei, daß er im nachfolgenden Zeitalter noch weiter um sich griff.

Der am 26. Februar unterzeichnete Präliminarfriede enthielt noch ein weiteres Zugeständnis. Die französische Kriegsentschädigung wurde von sechs auf fünf Milliarden Francs (vier Milliarden Mark) herabgesetzt. Die Festung der Termine für die Zahlungen, die mit dem Abzug der deutschen Truppen aus Frankreich zusammenfallen sollten, und die genaue Bestimmung der abzutretenden Gebiete sowie die Einzelheiten für ihre Übergabe wurden späteren Verhandlungen überlassen. Diese Fragen wurden schließlich im Friedensvertrag von Frankfurt geklärt, über den Bismarck mit Jules Favre Anfang Mai verhandelte. Im endgültigen Vertrag erhielt Frankreich bei Belfort eine militärisch günstigere Grenze, als im Präliminarfrieden vorgesehen war, während Deutschland einige zusätzliche Gebiete bekam, die zufällig reich an Erzlagern waren.

Nationale Einigung Deutschlands

Schon ehe die Verhandlungen über die französischen Friedensverträge begonnen hatten, war ein neues Deutschland entstanden. Die rasche Hilfe der süddeutschen Staaten zur Zeit des Kriegsausbruchs und die frühen Siege der Armeen, die aus Truppen aller deutschen Staaten bestanden, hatten den Forderungen des Volkes nach der Vollendung der deutschen Einheit neuen Auftrieb gegeben. Der Stimmungswandel war besonders überraschend bei den süddeutschen Demokraten, deren großdeutsche Sympathien plötzlich erloschen und die ihre demokratischen Ideale den Wünschen nach nationaler Einheit hintanstellten, selbst wenn dies bedeutete, daß sie sich der Führung Preußens fügen mußten. Aber auch die Liberalen in Nord- und Süddeutschland — vor allem in Baden, wo ihre Stellung am stärksten war — verdoppelten ihre Bemühungen um die Einheit der Nation. Die liberale Regierung des Großherzogs Friedrich I., eines Schwagers Wilhelms I., hatte schon 1867 die Zulassung zum Norddeutschen

Bund gesucht, und Friedrich selbst bemühte sich 1870/71 aufs eifrigste, nicht nur Baden an Norddeutschland anzuschließen, sondern auch Bismarck behilflich zu sein, die Schwierigkeiten zu überwinden, die der raschen Verwirklichung der deutschen Einheit im Wege standen.

Die Opposition konzentrierte sich um die süddeutschen Höfe und genoß, wenigstens im Falle Bayerns, beträchtliche Unterstützung im Volke. Nur in den Städten und protestantischen Gegenden von Mittelfranken und der Rheinpfalz gab es eine starke nationale Bewegung, während die ländlichen Gemeinden, vor allem in Altbayern, immer noch an ihrem Sondercharakter festhielten und ihre politische Vertretung in der klerikalen Partei fanden. In Württemberg mißbilligten zwar König Karl und erst recht Königin Olga die Verminderung ihrer Souveränität, die ein deutscher Bundesstaat mit sich bringen würde, aber diese Bedenken fanden im Volk wenig Widerhall. Am ablehnendsten unter allen deutschen Fürsten verhielt sich der Großherzog von Hessen-Darmstadt, der sich vor 1870 unbedenklich den Franzosen als Verbündeter angeboten hatte, aber er tröstete sich für das Scheitern seiner Hoffnungen mit dem Gedanken, daß die neue Ordnung nicht sehr lange dauern würde. Da die Hälfte seines Landes, Oberhessen, schon dem Norddeutschen Bunde angehörte und die Bevölkerung die nationale Einheit lebhaft begünstigte, blieb ihm keine andere Wahl.

Bismarck war bestrebt, die Gründung des deutschen Bundesstaates ohne weiteren Verzug zu vollenden. Er wollte sich die damals herrschende nationale Begeisterung zunutze machen, um alle Teile zur Zusammenarbeit zu gewinnen. Auch sah er in der Umwandlung Deutschlands in einen Bundesstaat eine unmittelbare Stärkung von dessen internationaler Stellung. Er weigerte sich, die Probleme wieder aufzurollen, die 1866/67 entschieden worden waren, und den Norddeutschen Bund aufzulösen, um einen neuen deutschen Staat zu gründen. Ein solches Verfahren wäre zeitraubend und politisch gefährlich gewesen. Es hätte Verhandlungen mit vielen Regierungen erfordert und außerdem den politischen Parteien die Möglichkeit gegeben, lange Debatten zu führen. Viele preußische Konservative fürchteten, ein durch den Beitritt der Süddeutschen erweitertes norddeutsches Parlament werde eine reichlich demokratische Färbung annehmen. Daher schlugen sie die Schaffung eines Oberhauptes vor, das aus den deutschen Fürsten und Regierungen zusammengesetzt sein sollte. Dieser Gedanke hatte Befürworter unter den süddeutschen Regierungen und auch in Sachsen. Die sächsische Regierung hoffte, daß durch den Beitritt der süddeutschen Länder ein Bundesstaat entstehen würde, in dem die mittelgroßen Staaten mehr Einfluß bekämen, als Sachsen im Norddeutschen Bund gehabt hatte.

Aber Bismarck lehnte es kategorisch ab, von einer neuen Verfassung zu reden, und bestand darauf, daß nur eine Erweiterung des Norddeutschen Bundes erwogen werde. Doch hütete er sich, den Anschein zu erwecken, als ob er den süddeutschen Staaten seine Absichten diktiere. Wenn diese Staaten loyale und zufriedene Mitglieder des neuen Bundesstaates werden sollten, mußten sie sich einbilden können, aus freiem Willen beigetreten zu sein. Allerdings wußten die süddeutschen Regierungen wohl, daß Preußen die Macht hatte, ihren Beitritt zu einem späteren Zeitpunkt zu erzwingen. Der preußisch-deutsche Zollverein mußte 1876 erneuert werden, und für die preußische Regierung würde es dann ein leichtes sein, die Erneuerung der Mitgliedschaft einem Staate abzuschlagen, der nicht zum deutschen Bundesstaat gehörte. Nicht einmal Bayern hätte sich eine solche wirtschaftliche Isolierung leisten können, besonders da die Rheinpfalz geographisch von Bayern getrennt war. Zudem war die Mitgliedschaft im Zollverein finanziell immer vorteilhaft gewesen.

Die Novemberverträge

Der bayerische Ministerpräsident, Graf Bray-Steinburg, war kein Freund der deutschen Einigung, und er wußte wohl, wie empfindlich König Ludwig gegen jeden Verlust seiner Unabhängigkeit war. Selbst in diesen Wochen nahm der König von regelmäßigen Konferenzen mit seinen Ministern Abstand, die untereinander nicht ganz einig waren. Trotz seines Bedenkens hielt es Graf Bray für geboten, die Initiative in der Einigungsfrage zu ergreifen, denn er hoffte, daß Bismarck daraufhin Bayern Sonderrechte im Bundesstaat zubilligen werde, so daß es eine Preußen gleichberechtigte Stellung einnehmen könnte. So brachte er den Plan eines besonderen süddeutschen Bundes, der mit dem Norddeutschen Bund durch lose Bande verknüpft werden sollte, wieder zur Sprache. Aber seine Erwartungen erwiesen sich als unrealistisch. Vor 1870 hätte Bismarck vielleicht eingewilligt, Bayern nur lose mit Norddeutschland zu verbinden, aber Zeiten und Umstände hatten sich geändert, und er lehnte entschieden alles ab, was zu einem neuen Dualismus führen könnte, nachdem der österreichisch-preußische Dualismus soeben begraben worden war. Aus demselben Grunde verwarf er kurz darauf andere Vorschläge zugunsten Süddeutschlands, z. B. daß sich Bayern an der Leitung der Außenpolitik beteiligen solle oder daß das Amt des Kaisers abwechselnd vom preußischen und vom bayerischen König bekleidet werden solle.

Sowohl der bayerische wie der württembergische Herrscher verkannten in seltsamer Weise die Zeichen der Zeit, wenn sie glaubten, die Gelegenheit für territoriale Annexionen ausnutzen zu können, wie es die Fürsten des Rheinbundes unter Napoleons Protektion getan hatten. Der König von Bayern wünschte einen Korridor durch Nordbaden, der die Rheinpfalz mit dem eigentlichen Bayern verband, und der König von Württemberg begehrte das preußische Hohenzollern. Sie schlugen vor, Preußen und Baden sollten dafür einige elsässische Gebiete übernehmen. Für den Großherzog von Baden und den König von Preußen bestand jedoch kein Grund, Länder und eine Bevölkerung herzugeben, die unter ihrer Herrschaft ganz zufrieden war, und erst recht nicht, das Elsaß zugunsten zweier süddeutscher Staaten zu zerstückeln. Elsaß-Lothringen war durch den gemeinsamen militärischen Einsatz aller deutschen Staaten gewonnen worden, und Bismarck war entschlossen, es zu einem Reichsland zu machen.

Unter diesen Umständen konnten die süddeutschen Königreiche mit Bismarck lediglich über ein Höchstmaß von Sonderrechten verhandeln. Da die Bayern überzeugt waren, daß ihnen mehr als allen anderen Staaten gebührte, machten sie keine Anstalten, sich bei ihren diplomatischen Schritten mit Württemberg, geschweige denn mit den anderen deutschen Staaten zu verständigen. Bismarck seinerseits fand es äußerst praktisch, daß er mit jedem Staat besondere Verhandlungen führen konnte, obgleich seit Ende Oktober alle diese Staaten in Versailles vertreten waren. Die Verträge mit Baden und dem Großherzogtum Hessen wurden am 15. November unterzeichnet, und auch der Vertrag mit Württemberg war schon fertig, als eine Hofintrige die Unterzeichnung verzögerte. So wurde der Vertrag mit Bayern, obwohl er mit den größten Schwierigkeiten zustande gekommen war, am 23. November, zwei Tage vor dem Vertrag mit Württemberg, abgeschlossen.

Die Verfassung von 1871

Die Hauptwirkung, die die Novemberverträge auf die norddeutsche Verfassung von 1867 hatten, war die Stärkung der föderalistischen Tendenzen auf Kosten unitarischer Einrichtungen. Während nach der Verfassung von 1867 der Präsident die Befugnis hatte, Krieg zu erklären, verlangte die Verfassung von 1871 die Zustimmung des Bundesrates dazu, „es sei denn, daß ein Angriff auf das Bundesgebiet oder dessen Küsten erfolgt". Wichtiger war, daß der Präsident der Zustimmung des Bundesrates bedurfte, um die Ausführung von Bundesgesetzen zu erzwingen oder die Bundesexekution gegen widerspenstige Mitgliedsstaaten einzuleiten. Und in dem neuen Bundesrat war die Stellung Preußens beträchtlich geschwächt. Den 43 Stimmen des norddeutschen Bundesrates wurden 15 neue Stimmen hinzugefügt. Jede Verfassungsänderung, so wurde weiterhin bestimmt, konnte von 14 Stimmen abgelehnt werden. Dies gab den drei Königreichen — Bayern mit sechs, Württemberg und Sachsen mit je vier Stimmen — ein Veto, wenn sie unter sich einig waren, und dasselbe galt für die süddeutschen Staaten, wenn Baden und das Großherzogtum Hessen die Stelle Sachsens einnahmen. Allerdings behielt Preußen mit seinen 17 von insgesamt 58 Stimmen ein unabhängiges Veto gegen jede Verfassungsänderung.

Der föderative Charakter des neuen Bundes wurde besonders dadurch unterstrichen, daß man von dem Prinzip der Gleichberechtigung aller Mitgliedsstaaten abwich und den Einzelstaaten eine Anzahl von Sonderrechten gewährte. Einige davon waren von Anfang an bedeutungslos, wie z. B. die Bestimmung, daß der bayerische Vertreter als Vorsitzender des Bundesrates fungieren solle, wenn Preußen am Vorsitz verhindert sei, oder daß bayerische Diplomaten für einen abwesenden Chef einer deutschen diplomatischen Mission einspringen könnten.

Die wichtigen Änderungen betrafen die Verleihung sogenannter Reservatrechte. Alle süddeutschen Staaten wurden von der Bier- und Branntweinsteuer des Bundes befreit; Bayern und Württemberg behielten ihre besondere Eisenbahn-, Post- und Telegraphenverwaltung.

Durch ihre Zugehörigkeit zum Bundesstaat waren nun auch die süddeutschen Staaten wie vor ihnen die norddeutschen verpflichtet, die preußische Heeresorganisation einschließlich ihrer Militärdienstregelung bei sich einzuführen. Die jährliche Präsenzstärke des deutschen Heeres wurde vom Bund festgesetzt. Aber innerhalb dieser Grenzen erhielten Württemberg und Baden besondere Vorrechte. Obgleich das württembergische Armeekorps nun zur preußischen Armee gehörte und seine Befehlshaber, wenn auch nicht seine Offiziere, vom Kaiser ernannt wurden, blieb die Heeresverwaltung ein Ressort des württembergischen Kriegsministeriums. In Bayern übte der König in Friedenszeiten nach wie vor den Oberbefehl über die zwei bayerischen Armeekorps aus, während diese in Kriegszeiten automatisch dem Befehl des Kaisers unterstellt und auf ihn vereidigt wurden. Sogar in Friedenszeiten hatte der Kaiser das Recht, die bayerischen Truppen auf ihre Kriegstüchtigkeit hin zu inspizieren. Die Bayern behielten jedoch nicht nur ihr eigenes Kriegsministerium, sondern auch ihren eigenen Generalstab. Um ihrem Wunsch, sich an der Führung der Außenpolitik zu beteiligen, entgegenzukommen, führte Bismarck eine merkwürdige Einrichtung ein. Es wurde ein Ausschuß des Bundesrats für auswärtige Angelegenheiten geschaffen, dessen Vorsitz Bayern führen sollte und in dem Sachsen und Württemberg zusammen mit zwei anderen jährlich zu wählenden Staaten dauernd vertreten waren.

Die Reservatrechte schienen zunächst dem streng unitarischen Charakter der neuen Regierung Abbruch zu tun. Aber tatsächlich ergab sich, daß sie keine ernstlichen Folgen hatten. Der Ausschuß des Bundesrats für auswärtige Angelegenheiten gewann niemals irgendwelchen Einfluß auf die Führung der deutschen Außenpolitik. Er tagte unter Bismarck nur einmal, um gewisse vertrauliche Informationen über das österreichische Bündnis im Jahre 1879 zu erhalten, und trat auch unter seinem Nachfolger nur selten zusammen. Von den anderen Reservatrechten war nur die Befreiung der süddeutschen Staaten von der Bier- und Branntweinsteuer von Belang, weil diese Bestimmung die Stellung der Einzelstaaten in der Organisation des deutschen Steuersystems stärkte. Bismarck hatte recht, wenn er glaubte, diese Zugeständnisse würden den Zusammenschluß aller Einzelstaaten zu einem Gesamtstaat nicht aufhalten, während die süddeutschen Staaten bereitwilliger beitreten würden, wenn sie die Zusicherung hätten, daß die neue Ordnung ihre geschichtlich gewachsene Sonderexistenz nicht völlig auslöschen würde. Im Laufe der Verhandlungen gab es sogar Anzeichen dafür, daß die süddeutschen Staaten für ihre eigenen politischen Zwecke das Ausmaß der gesetzgeberischen Autorität der Bundesregierung zu erweitern wünschten. Die württembergische Regierung, die fürchtete, sie werde von ihrem liberalen Landtag keine befriedigende Regelung des Vereins- und Presserechts erreichen, bestand erfolgreich auf einer Änderung der Verfassung von 1867, wonach diese Fragen zu Angelegenheiten des Bundes gemacht wurden.

Kaiserproklamation

Bismarck wußte jedoch einen noch besseren Weg, um die deutsche Einheit sicherzustellen. Es war der sehnsüchtige Traum der nationalen Bewegung gewesen, das deutsche Kaiserreich wiederherzustellen. Die Frankfurter Nationalversammlung hatte vergeblich versucht, diesen Traum zu erfüllen, aber Bismarck sah, daß jetzt der Augenblick für dessen Verwirklichung gekommen war. Die Namen Kaiser und Reich würden, so glaubte er, seinen Bundesstaat im Gefühlsleben der großen Mehrheit des deutschen Volkes fest verankern und dem Streben nach Einigkeit einen starken Antrieb geben. Aber er wußte, daß Wilhelm I. den Kaisertitel nicht schätzte, der, ohne ihm mehr Macht zu verleihen, nur seinen Titel König von Preußen, auf den er ungewöhnlich stolz war, überschatten würde. Der Kaisertitel beschwor für Wilhelm Erinnerungen an die Revolution von 1848/49, und wenn er ihm vom Parlament angeboten worden wäre, hätte er ihn überhaupt nicht in Betracht gezogen. Die Kreierung eines Kaisers durch Parlamentsbeschluß war auch noch aus einem weiteren Grund ausgeschlossen: sie hätte den Anschein erweckt, Preußen wolle sich die deutschen Fürsten mit Hilfe demokratischer Kräfte unterordnen. Nur eine Aufforderung durch die deutschen Fürsten konnte Wilhelm I. umstimmen, und der König von Bayern, als der ranghöchste der deutschen Fürsten, schien hierfür die geeignetste Person zu sein. Ludwig II., mit dem Bismarck durch den Oberstallmeister Graf von Holstein verhandelte, ließ sich überreden, an Wilhelm I. einen Brief zu schreiben, in dem er ihn aufforderte, die Kaiserwürde anzunehmen. Gleichzeitig legte er den anderen deutschen Fürsten nahe, ihre Zustimmung hierzu zu erklären. Ludwigs Brief wurde von Bismarck aufgesetzt, der zugleich dem unglücklichen König behilflich war, seiner Bauleidenschaft zu frönen, ohne vom bayerischen Parlament behindert zu werden. In einer höchst merkwürdigen geheimen Abmachung versprach Bismarck die jährliche Zahlung einer Summe von 300 000 Mark an den König, die auch tatsächlich bis zur Zeit von Ludwigs Tod im Jahre 1884 geleistet wurde, wobei Graf Holstein als geheimer Kurier diente. Anscheinend entnahm Bismarck das Geld dem sogenannten Welfenfonds, dem großen Vermögen der königlich hannoverschen Familie, das er eingezogen hatte, weil Georg V. sich weigerte, seine Ansprüche auf den Thron fallenzulassen. Bismarck benutzte die Einkünfte des großen Welfenfonds für seine eigenen geheimen Operationen.

Die Verträge mit den süddeutschen Staaten mußten noch vom norddeutschen Reichstag und den süddeutschen Landtagen gebilligt werden. Die Nationalliberalen und Fortschrittler des norddeutschen Reichstags und selbst viele preußische Konservative waren über die Reservatrechte äußerst bestürzt. Aber sie wagten nicht, die Verabschiedung der Verträge und der neuen Verfassung zu blockieren, damit ihnen nicht der Vorwurf gemacht werden könnte, sie hätten die Einigung der Nation zum Scheitern gebracht. Der bayerische Landtag hätte den Novembervertrag, den die meisten als schmähliche Kapitulation vor Preußen betrachteten, lieber abgelehnt, aber selbst in München war der Druck des Volkes stark, und der Vertrag ging mit einer Mehrheit von zwei Stimmen durch.

Am 18. Dezember 1870 erschien eine Abordnung des norddeutschen Reichstags vor Wilhelm I. in Versailles. An ihrer Spitze stand Eduard Simson, der als Führer einer Delegation der Frankfurter Nationalversammlung 1849 Friedrich Wilhelm IV. die deutsche Krone angetragen hatte. Damals war sie als ein Geschenk des Volkes gedacht gewesen; diesmal wurde sie von den Fürsten angeboten, und die Abgeordneten traten nur auf, um den König zu bitten, sie anzunehmen – ein Unterschied, der für den Machtverlust der demokratischen und liberalen Kräfte in Deutschland durchaus symbolisch war.

Bis zum letzten Augenblick sträubte sich Wilhelm I., die Kaiserwürde anzunehmen. Als ihm Bismarck auseinandersetzte, er dürfe sich, um die Fürsten nicht vor den Kopf zu stoßen, nicht „Kaiser von Deutschland“ oder „Kaiser der Deutschen“, sondern nur „Deutscher Kaiser“ nennen, verlor die Kaiserwürde in seinen Augen vollends jede Bedeutung. Gerade in diesen Tagen vor der Proklamation war das Verhältnis zu seinem Kanzler aufs äußerste gespannt. Zudem litt er damals schwer unter dem Streit zwischen Bismarck und Moltke über die Frage, wie der Krieg gegen Frankreich zu beenden sei.

Am 18. Januar 1871, dem Jahrestag der Krönung des ersten preußischen Königs, wurde Wilhelm I. im Spiegelsaal des Versailler Schlosses zum deutschen Kaiser ausgerufen. Mit einer Menge von Fahnen deutscher Regimenter als Hintergrund, umgeben von Fürsten und Generälen, empfing Wilhelm I. die Huldigung einer großen Versammlung von Offizieren, die alle verschiedene Einheiten der deutschen Armee um Paris vertraten. *Exercitus facit imperatorem* (das Heer macht den Kaiser) pflegten die Römer zu sagen, und der kriegerische Prunk des Tages, der danach jährlich in Deutschland als Geburtstag des neuen Reiches gefeiert wurde, erweckte beinahe den Anschein, als sei der römische Brauch wieder ins Leben getreten. Obgleich die feierliche Proklamation keine Wahl durch die Legionen darstellte, bekundete sie doch immerhin, daß das Reich wie vor ihm die preußische Monarchie dem Militär den Rang einer Elite in der Nation einräumen würde. Die Armee garantierte die eigentliche Unabhängigkeit der Krone vom Willen des Volkes. In der Stunde des Sieges über Frankreich war die große Mehrheit des deutschen Volkes dahin gelangt, die privilegierte Stellung der Armee in Staat und Gesellschaft zu akzeptieren oder wenigstens sich damit abzufinden.